Joachim Steinwendner, Roland Schwaiger

Neuronale Netze programmieren mit Python

Rheinwerk
Computing

Liebe Leserin, lieber Leser,

Neuronale Netze sind derzeit in aller Munde. Sie stehen im Mittelpunkt, wenn es um künstliche Intelligenz und maschinelles Lernen geht und gewinnen in der Welt der Programmierung nicht nur durch den steigenden Einfluss von ChatGPT und Co. an Prestige. Vor Jahrzehnten entwickelt, sind sie in jüngerer Zeit zu neuer Bedeutung gelangt – weil sie mit riesigen Datenmengen trainiert werden können und weil speziell für sie entwickelte Hochleistungs-Prozessoren zur Verfügung stehen.

Es geht aber auch einfacher, ohne spezialisierte Hardware oder große Datensätze und ohne Vorkenntnisse über künstliche Intelligenz. Neuronale Netze lassen sich mit einfachen Mitteln selbst programmieren. Darum geht es in diesem Buch.

Sie werden in Python programmieren, und es kommt etwas Mathematik ins Spiel. Beides können Sie parallel lernen bzw. auffrischen, und was Sie in diesem Buch brauchen, finden Sie auch hier – wenn auch in knapper Form. Falls Sie tiefer eintauchen möchten oder es ausführlicher mögen, könnte ein jeweils eigenes Buch gute Dienste tun.

Die Autoren zeigen Ihnen verschiedene Netztypen und laden Sie ein, den Aufbau und die Einstellungen zu variieren und verschiedene Wege des maschinellen Lernens zu erkunden. Vom einfachen Netz bis zum Deep Learning, erst »zu Fuß« und dann mithilfe von Frameworks.

Ein Wort noch in eigener Sache: Wir möchten unsere Arbeit und unsere Bücher immer besser machen. Feedback und konstruktive Kritik sind uns deshalb willkommen.

Jetzt wünsche ich viel Spaß und Erfolg mit den Neuronalen Netzen!

Ihre Almut Poll
Lektorat Rheinwerk Computing

almut.poll@rheinwerk-verlag.de
www.rheinwerk-verlag.de
Rheinwerk Verlag · Rheinwerkallee 4 · 53227 Bonn

Auf einen Blick

Impressum

Wir hoffen, dass Sie Freude an diesem Buch haben und sich Ihre Erwartungen erfüllen. Ihre Anregungen und Kommentare sind uns jederzeit willkommen. Bitte bewerten Sie doch das Buch auf unserer Website unter **www.rheinwerk-verlag.de/feedback**.

An diesem Buch haben viele mitgewirkt, insbesondere:

Lektorat Almut Poll, Lisa Helmus
Korrektorat Friederike Daenecke, Zülpich
Herstellung Stefanie Häb
Typografie und Layout Vera Brauner
Einbandgestaltung Eva Hepper
Coverbild Shutterstock: 465182669 © Andrii Vodolazhskyi
Satz SatzPro, Krefeld, gesetzt aus der Cambria (9,75/13 pt) in FrameMaker
Druck mediaprint solutions, Paderborn

PEFC
PEFC/04-31-0810

Dieses Buch wurde mit mineralölfreien Farben auf chlorfrei gebleichtem und PEFC®-zertifiziertem Offsetpapier (90 g/m^2) gedruckt.

Der Umwelt zuliebe wurde auf die Einschweißfolie verzichtet.

Hergestellt in Deutschland.

Bibliografische Information der Deutschen Nationalbibliothek:
Die Deutsche Nationalbibliothek verzeichnet diese Publikation in der Deutschen Nationalbibliografie; detaillierte bibliografische Daten sind im Internet über *http://dnb.dnb.de* abrufbar.

ISBN 978-3-367-10254-9

3. Auflage 2025

Rheinwerk Verlag GmbH • Rheinwerkallee 4 • 53227 Bonn
service@rheinwerk-verlag.de

Informationen zu unserem Verlag und Kontaktmöglichkeiten finden Sie auf unserer Verlagswebsite **www.rheinwerk-verlag.de**. Dort können Sie sich auch umfassend über unser aktuelles Programm informieren und unsere Bücher und E-Books bestellen.

Inhalt

Vorwort

Über das Buch, die Macher und die Motivation dahinter.

Nach über zwei Jahren Arbeit an dem Buch haben wir es geschafft und haben endlich die Dinge »ausgespeichert«, die wir loswerden wollten. Wir beide, Joachim und Roland haben natürlich das Buchprojekt und unsere Zeitkontingente maßlos unter- bzw. überschätzt. Aber natürlich hatten wir einen guten Grund, uns selbst zu belügen: Wir wollten, ja, wir mussten aus innerem Antrieb unsere Erfahrung aus den letzten, sagen wir mal, 25 Jahren aufs Papier bringen.

In dieser Zeit hat sich viel im Bereich der neuronalen Netze getan. Damals haben wir damit begonnen, Frameworks in C(++) zu entwickeln, um überhaupt durch Parallelität die Berechnungen für die (Mini-)Netze durchführen zu können. Inzwischen, in Zeiten von TensorFlow und GPU-Berechnungen, ist das unvorstellbar.

Wir sind tatsächlich sehr begeistert von den unglaublichen Angeboten für Entwickler, die es derzeit gibt. Python und das Jupyter Notebook gehören unbedingt dazu. All das möchten wir Ihnen auf sehr praktische Art und Weise vorstellen – zugegebenermaßen eine spannende Aufgabe für uns beide. Und natürlich gehört/gehören die Geschichte(n) der Neuronalen Netze für das tiefere Verständnis auch dazu. Diese wird und werden sicher nicht zu kurz kommen.

Zu einem richtigen Vorwort gehören unbedingt Danksagungen. Das werden wir jetzt gleich mal erledigen, aber zuvor noch einige einleitende Sätze, warum wir das tun:

Schreiben ist für uns wie das Erstellen eines Halbfertigproduktes. Dabei muss aus dem Rohmaterial das Halbfertigprodukt erzeugt werden. Das Rohmaterial haben wir Autoren meistens im Kopf, jedoch der Weg auf das Papier ist der steinige, der ohne die Lektoren und die anderen Mitarbeiter des Verlags kaum gelingen kann. Geduld und Beharrlichkeit sind in dieser Phase der Schlüssel zum Erfolg. Und die kann schon mal etwas länger dauern als initial gedacht.

Ist das Halbfertigprodukt erst mal geliefert, läuft es weiter wie am Schnürchen, und es dauert nicht mehr lange, bis die glücklichen Autoren »ihr« Buch in der Hand halten können und damit beim Fertigprodukt angekommen sind. Das Marketing läuft, auch ohne

Zutun des Autors, und macht Hoffnung auf gute Verkäufe. In unserem Fall ist diese Hoffnung verknüpft mit einem punktgenauen Marketing, sodass unser Buch genau dort landet, wo es landen soll, nämlich beim potenziellen Kunden. Und so sind wir nun bei Ihnen angekommen, lieber Leser, und freuen uns darauf, Ihnen spannende Inhalte zu präsentieren, und das hoffentlich auf unterhaltsame Art und Weise.

Wir möchten uns von Herzen bedanken bei

- Almut Poll, unserer unermüdlichen Lektorin, die mit Kompetenz und Beharrlichkeit uns von Verlagsseite her unterstützt, die richtigen Leute kennt und auch mal auf den Inhalt losgeht, wenn es denn sein muss – danke, Almut.
- Johannes Ernesti und Peter Kaiser dafür, dass sie auch während ihrer heißen Dissertationsphase Zeit hatten, das Buchkonzept zu lesen, und wertvolle Hinweise zur Umstrukturierung lieferten – danke, Johannes und Peter.
- Christoph Meister für das unermüdliche Streben nach Perfektion und die Unterstützung von Almut – danke, Christoph.
- Philipp Fischbeck für das fachliche Lektorat, das dem Buch so richtig gutgetan und uns angeregt hat, einige Dinge inhaltlich zu überdenken und neu darzustellen (Buchtipp: »Fit fürs Studium – Informatik« von Arne Boockmeyer, Philipp Fischbeck, Stefan Neubert, Rheinwerk Verlag, 2017) – danke, Philipp.
- Petra Biedermann für die spitze Feder und den sprachlichen Schliff – danke, Petra.
- Und allen, die emsig im Hintergrund arbeiten und das Buch entstehen lassen – danke euch allen!

Ich, Joachim Steinwendner, möchte mich zuallererst bei meiner geduldigen Familie bedanken. Bei meiner Frau Julia, die mich bei solchen Projekten unterstützt und meine manchmal durch Stress geprägte Laune ausgleicht. Natürlich geht mein Dank an meine drei Buben, Emil, Clemens und Anton, die mir auch zu Hause (manchmal) die nötige Ruhe zum Arbeiten verschafft und mich mit der Frage »Wann wird's denn endlich fertig?« ständig angetrieben haben.

Auch möchte ich meinen Kolleginnen und Kollegen des Laboratory for Web Science der Fernfachhochschule Schweiz danken, die mir die Zeit und Unterstützung durch Diskussionen und Ermutigungen zu diesem Buch gegeben haben.

Ich, Roland Schwaiger, darf mich wieder einmal bei meiner Familie für die Zeit und Geduld während des Buchprojekts bedanken, und das natürlich im Speziellen bei meiner Frau Ursula, die stetig den Alltag managt und für die nötige Konstanz der Familie sorgt. Danke, Ursula, dafür – ohne dieses solide Fundament wäre solch ein Projekt nicht zu schaffen!

Waren meine früheren Buchprojekte eher Einzelarbeit, so freue ich mich darüber, dass unsere Kinder Elisa, Marie und Nico diesmal für diverse Aufgaben »eingespannt« werden konnten. Danke, Elisa und Marie, für das Probelesen und eure Korrekturen, die dem Buch sprachlich und inhaltlich zum Vorteil gereichten. Danke an Nico für das Herumspielen mit dem Code, das natürlich – so wie es sein sollte – einige Fehler zutage brachte.

Ein großes Dankeschön geht außerdem an Helmut A. Mayer, mit dem ich Themen rund um künstliche neuronale Netze und genetische Algorithmen seit vielen Jahren auf immer wieder neue Art und Weise betrachten und diskutieren darf. Danke für die Gespräche; ich freue mich jetzt schon auf das nächste.

Sünikon und Bad Dürrnberg, im Oktober 2019

Joachim Steinwendner und **Roland Schwaiger**

Vorwort zur 2. Auflage

1. Auflage: »Leder sind wir«.
2. Auflage: »Luder sind wir«.
3. Auflage: »Leider sind wir«.
4. Auflage: »Leda sind wir«.
5. Auflage: »Lieder sind wirr«.
*– Ulrich Erckenbrecht (*1947), deutscher Schriftsteller*

Wenn man im Bereich des maschinellen Lernens, der künstlichen Intelligenz und der neuronalen Netze arbeitet und die Unmenge an Literatur zu diesem Thema sieht, so beschleicht einen schnell mal das Gefühl, als wäre das schon ubiquitäres Wissen. Wer interessiert sich da noch für unser Buch?

Die Autoren dieser 2. Auflage, Roland Schwaiger und Joachim Steinwendner, wurden eines Besseren belehrt, und wir waren geradezu überwältigt vom Feedback, das wir von unseren geschätzten Lesern erhalten haben.

Für das möchten wir uns aufs Allerherzlichste bedanken, und wir haben jede Rückmeldung analysiert und in diese 2. Auflage einfließen lassen. Und beim Downloadmaterial haben wir die Struktur noch deutlicher gemacht.

Am liebsten würden wir ja jeden Mitarbeiter des Rheinwerk Verlags und jeden einzelnen Leser mit ihren wertvollen und motivierenden Kommentaren hier aufführen, das würde jedoch die Seitenanzahl in unendliche Weiten treiben. Aus diesem Grund verbleiben die Autoren mit einem einzigen großgeschriebenen

DANKE!

Sünikon und Bad Dürrnberg, im Jänner 2020

Joachim Steinwendner und **Roland Schwaiger**

Vorwort zur 3. Auflage (in Kooperation mit einem Transformer Neural Network)

Die Zahl 3 – wie ein gutes Buch: Der Anfang entfacht die Neugier, der Mittelteil fordert die Gedanken heraus, und das Ende hinterlässt uns verändert.

Mit großer Dankbarkeit und Demut blicken wir auf die Entwicklungen der letzten vier Jahre zurück, in denen sich das Feld der künstlichen Intelligenz, insbesondere durch den sprunghaften Fortschritt generativer Modelle, dramatisch gewandelt hat. Als wir die zweite Auflage dieses Buches veröffentlichten, ahnten wir nicht, in welchem Ausmaß Technologien wie generative neuronale Netze, Transformer-Modelle und große Sprachmodelle (wie GPT und Co.) das Feld des maschinellen Lernens revolutionieren würden.

Die vergangenen Jahre haben gezeigt, dass das, was einst als futuristische Vision galt, heute allgegenwärtige Realität ist. Generative Modelle sind mittlerweile nicht nur Forschungsgegenstand, sondern prägen aktiv den Alltag: von der automatischen Texterstellung über Bilderzeugung bis hin zu kreativen Anwendungen, die neue Horizonte eröffnen. Für uns als Autoren war es faszinierend und herausfordernd zugleich, mit diesen rasanten Entwicklungen Schritt zu halten und die Auswirkungen auf die Praxis in dieser neuen Auflage aufzugreifen.

Unser tief empfundener Dank gilt Ihnen, unseren Leserinnen und Lesern, die uns auf diesem Weg begleitet haben. Ihre Rückmeldungen, Fragen und Anregungen waren uns in dieser Zeit eine wichtige Quelle der Inspiration und Motivation. Sie haben uns gezeigt, dass auch in einem derart schnell wachsenden Feld ein tieferes Verständnis und strukturierte Wissensvermittlung weiterhin hoch geschätzt werden. Diese dritte Auflage spiegelt nicht nur den technologischen Fortschritt wider, sondern auch Ihre wertvollen Beiträge und Anregungen.

Ein besonderer Dank gilt außerdem dem Team des Rheinwerk Verlags, das uns in dieser aufregenden Zeit mit unermüdlichem Einsatz unterstützt hat. Wir haben versucht, die neuen Entwicklungen klar und verständlich zu integrieren und gleichzeitig das Fundament zu bewahren, das unsere bisherige Leserschaft so sehr schätzt.

So verbleiben wir, mit einem Blick zurück auf vier Jahre bahnbrechender Entwicklungen und voller Vorfreude auf das, was noch kommt, mit einem großen, von Herzen kommenden DANKESCHÖN.

Sünikon und Bad Dürrnberg, im September 2024

Joachim Steinwendner und **Roland Schwaiger**

Kapitel 1

Einleitung

Neuronale Netze sind das Herzstück moderner künstlicher Intelligenz und tauchen in Bereichen wie Machine Learning, Deep Learning und großen Sprachmodellen auf. Sie ermöglichen Technologien wie Bilderkennung, Sprachverarbeitung und selbstfahrende Autos. In dieser Einführung werfen wir einen Blick auf ihre Struktur und Funktionsweise und erklären, warum neuronale Netze die Grundlage vieler KI-Durchbrüche sind.

Unsere Motivation ist es, hinter den Vorhang zu schauen und Ihnen, liebe Leserinnen und Leser, neuronale Netze von Grund auf zu erläutern, sowohl praktisch als auch historisch und einfach theoretisch. Dabei setzen wir für Sie natürlich gewisse Schwerpunkte, um den Zugang zur Thematik zu erleichtern. Das bedeutet, dass wir Ihnen nicht unbedingt alle Arten von neuronalen Netzen nahebringen können – ja, da gibt es mehrere –, aber zumindest jene, die aus jetziger Sicht die am meisten verwendeten sind. Wir wollen nicht lange um den heißen Brei herumreden und einen Schnellstart in die Thematik der *künstlichen neuronalen Netze* (KNN, engl. *artificial neural networks* = ANN) hinlegen. Ein einfaches Beispiel dient uns zur Motivation, und ein konkretes KNN, das das Problem lösen kann, wird unser Motivationsvehikel.

1.1 Wozu neuronale Netze?

Neuronale Netze haben sich in der Informatik als ein nützliches Werkzeug für Aufgabenstellungen erwiesen, die Flexibilität benötigen. Sie haben ihren Platz in Themengebieten gefunden, die aufgrund ihrer Komplexität nicht durch Programme mit einfachen Regeln gelöst werden können. Denken Sie zum Beispiel an Bilderkennung, die geradezu eine Paradedisziplin für KNN darstellt, da eine Unmenge an Daten verarbeitet werden muss und diese Berechnungen nicht nach einfachen Wenn-dann-Regeln implementiert werden können.

Aufgrund der simplen Grundelemente der KNN können wir uns die Art und Weise, wie sie Daten verarbeiten, intuitiv vorstellen. Im Allgemeinen wird die Analogie zum Gehirn herangezogen, die wir auch gerne nutzen. Wobei uns natürlich der komplexere Aufbau der KNN ein wenig ein Schnippchen schlägt. Durch die hochgradige Vernetzung in einem KNN entstehen genau die technischen Fähigkeiten, die für komplexe Aufgabenstellungen benötigt werden.

Neuronale Netze sind lernfähig und können sich an neue Situationen anpassen. Das heißt: Ändert sich das Umfeld, so ändern sich die KNN und ihre Antworten entsprechend. Für ein KNN besteht die Welt nicht nur aus *wahr* und *falsch* oder – wie die Informatiker sagen – aus null und eins, sondern es kennt auch Abstufungen zwischen 0 und 1, und damit werden feine Abstufungen der Antworten möglich. Aufgrund der hohen Leistungsfähigkeit moderner Rechnerbausteine und ausgefeilter Softwarewerkzeuge können KNN ihre Aussagen sehr schnell liefern. Das heißt, die Berechnungen der Auswertungen in KNN sind effizient programmiert und können mittlerweile durch Smartphones erledigt werden.

Aufgrund der technischen Lösungen, die sich mit den KNN verwirklichen lassen, wird mittlerweile erwartet, dass jeder Softwareentwickler, jede Softwareentwicklerin Grundwissen über neuronale Netze mitbringt, um zum Beispiel eine zu entwickelnde App besser an ihre jeweiligen User anzupassen und so die User Experience zu steigern. Wer freut sich nicht über eine Autokorrektur, die die eigenen Tippfehler effizient eliminiert? Hier erfahren Sie, wozu neuronale Netze noch imstande sind.

1.2 Über dieses Buch

Dies ist ein Praxisbuch zum Einstieg in das Thema KNN. Wir zeigen Ihnen, unterstützt durch Grafiken, Anwendungsbeispiele und Python-Code, wie künstliche neuronale Netze funktionieren und wie Sie sie selbst programmieren können.

Dieses Buch hat zwei Teile. Der erste Teil ermöglicht Ihnen einen kompakten Durchmarsch von der Idee bis zur Umsetzung unterschiedlichster neuronaler Netzwerke. Wir erklären Ihnen praxisbezogen und anschaulich, was zu tun ist, um ein neuronales Netzwerk zu bauen. Sie lernen verschiedene neuronale Ansätze kennen, und am Ende haben Sie mehrere funktionierende Netzwerke programmiert und verstanden. Der erste Teil zeigt Ihnen also, wie Sie in der Praxis zu funktionierenden Lösungen gelangen.

Der zweite Teil bietet Hintergründe und Zusammenhänge für Sie, weil Sie nun das Thema breiter angehen und Ihren Einstieg auch mit etwas Theorie unterfüttern möchten. Wir thematisieren die historische Entwicklung, biologische Vergleiche, unterschiedliche Netzarten und schließlich unterschiedliche Lernalgorithmen für Netze. Sie lernen mehr Fachwörter kennen, erfahren etwas über weiterführende Konzepte und können die einzelnen Schritte zum fertigen Netzwerk in eine größere Systematik einordnen. Konkret wäre hier bereits das *Neocognitron-Netz* von Kunihiko Fukushima, einem Pionier im Bereich der KNN-Forschung, zu nennen, das aus unserer Sicht der Wegbereiter für die modernen *Convolutional Neural Networks* (CNN) war und dafür die entsprechende Würdigung von uns bekommt.

Damit Ihnen der Einstieg so leicht wie möglich gelingt, haben wir die notwendigen Vorkenntnisse auf ein Minimum reduziert. In zwei Crashkursen im Anhang des Buchs erläutern wir wichtige Python- und Mathegrundlagen, und Sie erhalten eine kleine Einführung in die Version 2 von TensorFlow. Alle anderen Grundlagen erklären wir möglichst einfach und verständlich direkt in den Praxiskapiteln. Falls Sie mit der Programmierung erst wenig Erfahrung haben, sollten Sie unbedingt Kapitel 2 und Anhang A durcharbeiten und bei Bedarf noch auf Python-Bücher oder -tutorials zurückgreifen. Hier bietet der Rheinwerk Verlag fantastische Bücher an. Wenn Sie schon Programmiererfahrung mitbringen, können Sie Anhang A überfliegen, um die Python-Syntax besser kennenzulernen. Ähnliches gilt für Mathematikkenntnisse und Anhang B.

Durch Zusammenfassungen und Aufgabenabschnitte möchten wir Ihnen helfen, Ihr Wissen zu vertiefen. Die Aufgaben dienen aber auch dazu, die beschriebenen Konzepte noch einmal anschaulich zu machen. Außerdem erklären wir, wo die Anwendungsfelder für neuronale Netze liegen, und wir liefern einen (kurzen) Überblick über die wichtigsten Begriffe der *künstlichen Intelligenz* (KI). Referenzen zu den Originalartikeln bzw. weiterführenden Quellen am Ende der einzelnen Kapitel bieten Ihnen zusätzliche Möglichkeiten, das bereits erworbene Wissen zu vertiefen und in die diversen Wissensgebiete vorzudringen.

In diesem Buch verwenden wir Python mit und ohne Bibliotheken, um KNN zu programmieren, wobei wir im Bereich der Bibliotheken auf *TensorFlow 2* mit integriertem *Keras* setzen. TensorFlow ist eine *Open-Source-Python-Bibliothek* von *Google* für neuronale Netze, die so konzipiert ist, dass sie für GPU-Ressourcen bestmöglich verwendbar ist.

Die in diesem Buch vorkommenden Code-Listings haben wir in sogenannten Jupyter Notebooks (zu den Details siehe Kapitel 2) abgelegt, die über die Downloadmaterialien zur Verfügung stehen. Diese Notebooks bestehen aus Zellen, in die die Listings eingetragen sind. Vor jeder Zelle ist die Listing-Nummer im Buch angegeben. Auch gibt es in den Notebooks Anweisungen, die Python-Warnungen deaktivieren. Das erscheint auf den ersten Blick eigenartig, allerdings geht die Entwicklung so schnell, dass sich in der Python-Community eine Strategie entwickelt hat, die vor veralteten Funktionen oder Funktionsteilen warnt. Das ist manchmal störend und wird durch die Deaktivierung der Warnungen abgeschaltet. Die Ausgabe der Code-Listings wird im Buch mit `# Ausgabe:` eingeleitet. Trotz Deaktivierung der Warnungen – kommt hier gleich eine Warnung: Manche Code-Listings bauen aufeinander auf, deshalb sollten sie im Jupyter Notebook in der vorgegebenen Reihenfolge abgearbeitet werden, denn Fehlermeldungen werden selbstverständlich nicht abgeschaltet.

1.3 Der Inhalt kompakt

Wir befinden uns jetzt in der Einleitung, in der wir Ihnen Lust auf neuronale Netze, Python und auf das Experimentieren mit unserem Buch machen wollen. In diesem Abschnitt liefern wir eine thematische Einordnung der neuronalen Netze in das weite Gebiet der künstlichen Intelligenz. Wir erläutern Konzepte, Zusammenhänge und Begriffe wie *künstliche Intelligenz*, *Machine Learning* (ML) und *Data Science*.

Dieser Abschnitt bietet Ihnen einen Blick aus der Vogelperspektive auf unser Thema und zeigt Ihnen die wichtigsten Wege auf, wie man Netze trainiert. Sie erfahren hier auch, wie Netze lernen. Wir stellen Ihnen die wichtigsten *Lernverfahren* vor – *überwachtes*, *unüberwachtes* und *verstärkendes* Lernen – mit ihren Anwendungsgebieten, und das an konkreten Beispielen.

Danach geht's in den praktischen **Teil I**, »Up and running«. Dieser Teil ist zum Mitmachen gedacht, und darüber hinaus werden wir uns die Zeit nehmen, die Themen mit Theorie leicht verdaulich zu verknüpfen. Es ist uns wichtig, dass Sie die Ergebnisse praktisch erarbeiten und dadurch einen intimen, intuitiven Zugang zu dem Wissen über die internen Vorgänge in Netzen erhalten. Zu diesem Zweck werden wir unter anderem die nötigen Werkzeuge für die Programmierung installieren, den Aufbau und die Auswertungsberechnungen im Netz programmieren und die Visualisierung der Ergebnisse umsetzen. Schritt für Schritt und in Form von leicht verständlichen Tutorials werden wir Sie sogar bis zur Programmierung der *Lernalgorithmen* von neuronalen Netzen begleiten – mal ohne und mal unter Zuhilfenahme der *TensorFlow*-Bibliothek.

In **Kapitel 2** erfahren Sie alles, was Sie zur Installation und Einrichtung der benötigten Entwicklungswerkzeuge wissen müssen. Sie lernen die Data-Science-Plattform *Anaconda*, die Programmierumgebung *Jupyter* und die ersten Zeilen *Python* kennen. Dies wird ein wichtiges Grundlagenkapitel, da die Fertigkeiten, die Sie sich im Umgang mit der webbasierten, interaktiven Programmierumgebung *Jupyter Notebook* erarbeiten, Ihnen die darauffolgenden Programmierschritte erleichtern werden. Um bei allen Lesern und Leserinnen eine einheitliche Rechner-Plattform zu gewährleisten, empfehlen wir Ihnen, die Web-Platform von Google für Jupyter Notebooks zu verwenden – *Google Colab*.

In **Kapitel 3** beschreiben wir einfache neuronale Netze und zeigen Ihnen Schritt für Schritt, wie Sie Berechnungen mit diesen ausführen. Sie werden natürlich selbst den Code für diese Netze mithilfe eines Jupyter Notebooks implementieren.

Dem *Perceptron*, einem Neuronenmodell, das bis heute die Grundlage der KNN darstellt, ist **Kapitel 4** gewidmet. Dazu nehmen wir uns Aufgabenstellungen vor, die – ganz einfach gesagt – darin bestehen, Dinge in Gruppen einzuteilen, wie zum Beispiel festzustellen, ob eine Biene eine Königin ist oder nicht oder ob eine E-Mail Spam ist oder nicht. Bei der Diskussion des Perceptrons werden Sie gewisse Schwachstellen dieses Neuronenmodells entdecken, wie zum Beispiel jene, dass eine mögliche Lösung für eine Aufgabenstellung nicht *stabil* erlernt werden kann. Das bedeutet: Obwohl das Perceptron bereits einmal die richtige Antwort zu einer Frage gelernt hat, wird es diese Antwort durch neue Beispiele wieder »vergessen«. Das ist in vielen Fällen eine nicht befriedigende Situation, und darum beschreiben wir als eine mögliche Gegenmaßnahme zum Gedächtnisverlust des Perceptrons die Implementierung eines weiteren Netzes, des sogenannten *Adaline*. Das Adaline bleibt nicht nur stabil, sondern merkt sich die erlernten Antworten. Sich etwas merken zu können, ist eine Voraussetzung für das Lernen – und so ist Adaline ein simples Beispiel, wie Lernen auch bei großen neuronalen Netzen funktioniert. Sie werden viel Neues dabei erfahren, zum Beispiel, was ein *quadratischer Fehler* ist und wie er beim Lernen von Nutzen sein kann.

In **Kapitel 5** werden wir uns der Lösung einer historischen Aufgabenstellung für Perceptrons widmen, dem sogenannten *XOR-Problem*. XOR, das *Exklusiv-Oder*, steht für eine bestimmte logische Verknüpfung, so wie AND oder OR. So viel sei bereits an dieser Stelle verraten: Das XOR-Problem ist ein unlösbares Problem für das Perceptron. Dies führte dazu, dass die Forschung im Bereich der neuronalen Netze eine Zeit lang auf Eis lag. Jedoch hat sich eine Lösung aufgetan, und diese lautet: Nimm mehrere Perceptrons, ordne sie in Schichten, und staple sie übereinander. Und genau so werden Sie die Lösung des XOR-Problems kennenlernen und implementieren.

Mit dieser Anpassung lernen die KNN, auch komplexere Aufgabenstellungen abzuarbeiten, bei denen keine eindeutige Zuordnung zu einer Gruppe möglich ist. Denken Sie zum Beispiel an die Unterscheidung von drei Arten von Bienen: Im Bienenstock haben Sie die Königin, die Drohnen und die Arbeiterinnen. Wenn Sie die Länge der Bienenkörper messen, werden sich Gruppen aufgrund der Länge herauskristallisieren; jedoch wird es auch immer Bienen geben, die nicht eindeutig einer Gruppe zuzuordnen sind.

Kapitel 6 hat es in sich, da wir das Lernen in mehrschichtigen Netzen selbst realisieren werden. Damit werden Sie ein tiefes Verständnis für die inneren Abläufe in KNN erlangen. Dazu wird etwas Mathematik benötigt, die natürlich, wie versprochen, in Anhang B näher erläutert und in diesem Kapitel in Teilen diskutiert wird. In diesem Zuge werden Sie die Bedeutung von so schönen Begriffen wie *Gradientenabstieg*, *Feed-forward-Berechnung*, *Backpropagation* bis zur Ausgabeschicht, Backpropagation bis zur verborgenen Schicht, Korrektur der Gewichtungen sowie Backpropagation in Matrixform erlernen. Lauter spannende Dinge, die Sie mithilfe von `numpy`, einem Python-Modul für mathematische Berechnungen, implementieren werden.

Kapitel 7 führt Sie logisch weiter zu den sogenannten *tiefen neuronalen Netzen* (*Deep Neural Nets*) bzw. *Deep Learning*. Aus den Tausenden von Netzwerkarchitekturen picken wir zwei aus unserer Sicht wesentliche Architekturen heraus und erklären diese. Das sind zum einen *Convolutional Neural Networks* (CNN), die hauptsächlich in der aktuellen maschinellen Verarbeitung von Bild- und Audiodateien eingesetzt werden; zum anderen die *Transformer Neural Networks*, die vor allem in der Text- und Sprachverarbeitung eingesetzt werden und die Grundlage für *große Sprachmodelle* (*Large Language Models* oder abgekürzt LLM) darstellen.

Während in Kapitel 7 noch eher theoretische Erläuterungen im Vordergrund stehen, widmen wir uns in **Kapitel 8** der Anwendung dieses Wissens. Ein einfaches Beispiel für den Durchlauf der Schichten wird zur Vertiefung des Wissens herangezogen. Dazu verwenden wir unter anderem den Klassiker unter den Bilderkennungsaufgaben: die Erkennung von handgeschriebenen Ziffern.

Kapitel 8 setzt also das Wissen aus Kapitel 7 um. Hier verwenden wir Python-Bibliotheken, um Sie zu Ihren eigenen, modernen neuronalen Netzen zu führen. Weil die Entwicklung einer vollständig selbst implementierten Python-Lösung für neuronale Netze sehr komplex wäre, greifen wir auf die bereits erwähnte Open-Source-Bibliothek *TensorFlow* zurück.

In **Teil II**, »Deep Dive«, erfahren Sie noch mehr rund um das Thema neuronale Netze. Dazu gehören die biologischen Hintergründe, die Forschungsgeschichte der KNN und ein Überblick über die verschiedenen Anwendungsbereiche von neuronalen Netzen.

In **Kapitel 9** werden wir ausgehend von der Biologie die Bestandteile von künstlichen neuronalen Netzen erläutern: *Soma, Dendriten, Axon, Zellkörper, Aktionspotenzial* ... Wir verfolgen damit den Plan, dass Sie in die Lage versetzt werden, eigene Experimente durchzuführen, die Elemente von neuronalen Netzen verändern. Vielleicht wollen Sie die Neuronen biologienäher modellieren oder tiefer in die Biologie eintauchen – wir wollen den Anfang Ihres Weges für Sie ebnen.

In **Kapitel 10** zeigen wir Ihnen die unterschiedlichsten Netzwerkarchitekturen. Derzeit sind Deep Learning und CNN in aller Munde, jedoch gibt es auch andere Netze, die Ihre Fantasie anregen und das eigenständige Experimentieren fördern sollten. Dazu unternehmen wir einen Ausflug in die Geschichte der Netze, wobei wir das bereits Besprochene in den historischen Kontext setzen. Wir haben es uns nicht nehmen lassen, einen weiteren Klassiker, das sogenannte *Hopfield-Netzwerk*, zu implementieren. Dieser Netztyp gehört zur Klasse der *Netze mit Rückkopplung* (bzw. *Feedback-Netze*). Seine Einsatzmöglichkeiten sind vielfältig; zum Beispiel hilft er dabei, Gegenstände in verrauschten Bildern zu erkennen.

In **Kapitel 11** erläutern wir die Aspekte des Machine-Learning-Prozesses im Zusammenhang mit neuronalen Netzen. Dieses Kapitel greift einen wesentlichen Aspekt auf – den Umgang mit den Daten im ethischen und im technischen Sinne. Die Algorithmen der künstlichen Intelligenz haben eine solche Reife erreicht, dass sie das Leben der Menschen wesentlich beeinflussen. Daum kommen wir nicht umhin, ethische Aspekte zu diskutieren. Im Leben eines Data Scientists ist aber auch die Aufbereitung von Daten für Machine-Learning-Algorithmen oder neuronale Netze das tägliche, oft mühsame Brot. Diese Aufbereitung wird auch als *Feature Engineering* bezeichnet. Durch die Lektüre dieses Kapitels erhalten Sie einen kleinen, aber wohlsortierten Werkzeugkoffer für den Umgang mit unterschiedlichen Datentypen.

In **Kapitel 12** steigen wir sehr praktisch in die unterschiedlichen *Lernverfahren* ein. Wir zeigen, welche Lernstrategien es gibt und wozu diese jeweils verwendet werden. Wir werden auch zwei schöne Varianten implementieren. Sie erfahren Details zu *überwachtem, unüberwachtem* und zu *verstärkendem Lernen*, also zu den Hauptvertretern der Lernverfahren für KNN. Derzeit wird hauptsächlich mit überwachtem Lernen gearbeitet, wo dem Netz zu einem Input, also zum Beispiel der Körperlänge einer Biene, ein erwartetes Ergebnis ebenfalls mitgeteilt wird – zum Beispiel, ob es sich um eine Königin, eine Drohne oder eine Arbeiterin handelt. Ermittelt das Netz zu einem Input einen Output, der nicht zu dem gewünschten Ergebnis passt, dann muss es lernen. Speziell für das unüberwachte und das verstärkende Lernen, die beide nicht so oft im Fokus der Betrachtungen stehen, haben wir unsere Programmierfinger krachen lassen und unter anderem sogenannte *Software-Agenten* trainie rt. Unter einem Software-Agenten können Sie sich zum Beispiel einen simulierten *Roboter* vorstellen, der sich in einer Umgebung bewegen kann. Der Agent sollte von sich aus eine Strategie entwickeln, sodass er sich sicher in unbekanntem Gelände bewegen kann. Das Kapitel wird durch Werkzeuge abgerundet, die der Qualitätssicherung des Trainings von KNN dienen. Außerdem zeigen wir, wie Modelle miteinander verglichen werden können.

Kapitel 13 zeigt anhand spannender Beispiele die unterschiedlichen Einsatzgebiete von neuronalen Netzen in der Praxis.

Wir wissen, wie schwer es teilweise ist, im Web die passenden Informationen zu konkreten Fragestellungen zu finden. Meistens wird man durch die Menge an Informationen erschlagen, und gerade, wenn man in ein neues Lerngebiet einsteigt, ist es nochmals schwerer, die Relevanz der Informationen zu beurteilen. Darum haben wir für Sie, wie bereits erwähnt, die aus unserer Sicht zentralen Informationen für einen Schnellstart in Python, Mathematik und TensorFlow in **Anhang A**, **Anhang B** und **Anhang C** zusammengestellt.

Noch eine gute Nachricht: Sie können jeden Code, jedes Jupyter Notebook und die im Buch verwendeten Datensätze von der Website dieses Buches herunterladen, was wir Ihnen auch dringend ans Herz legen möchten. Wählen Sie dazu unter *https://www.rheinwerk-verlag.de/5925* die Registerkarte MATERIALIEN ZUM BUCH, und klicken Sie auf die Schaltfläche HERUNTERLADEN.

1.4 Ist diese Biene eine Königin?

Stellen Sie sich vor, dass Sie in einem Bienenstock automatisiert die Königin von den Arbeitsbienen und den Drohnen unterscheiden möchten – wahrscheinlich haben Sie von einem Imker einen Auftrag bekommen. Es gibt laut Ihrem Auftraggeber dafür einige Kriterien, wir verwenden aber hier nur das folgende: Die Königin ist am längsten, gefolgt von den Drohnen, während die Arbeitsbienen am kürzesten sind, so wie in Abbildung 1.1 mit künstlerischer Freiheit dargestellt. Alle Imker unter uns bitten wir um Verzeihung für diese didaktische Vereinfachung der Realität.

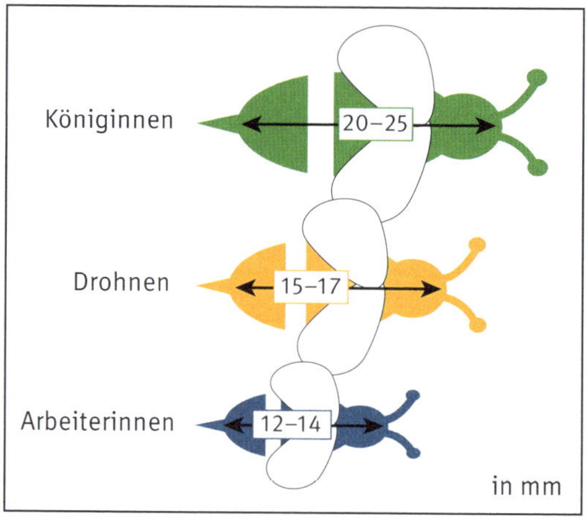

Abbildung 1.1 Die Bienenklassifikation

In unserem kleinen Experiment liefert ein technisches System die Länge einer herumschwirrenden Biene. Das bedeutet, dass uns ein Wert – also die Länge – zur Verfügung steht, um zu bestimmen, zu welcher Gruppe die Biene gehört. Zugegebenermaßen lässt sich diese Aufgabenstellung der Klassifikation durch eine Wenn-dann-Regel lösen, zum Beispiel durch folgenden Pseudocode:

```
wenn( länge(biene) größer gleich 20mm ) dann
    ist_königin = true
sonst
    ist_königin = false
```

Andererseits lässt sich dieses Beispiel auch wunderbar verwenden, um die Funktionsweise eines KNN zu erläutern, was wir im nächsten Abschnitt erledigen wollen.

1.5 Ein künstliches neuronales Netz für den Bienenstaat

Wir stellen Ihnen nun ein simples Netz vor, das diese Aufgabe löst. Sehen Sie sich bitte die schematische Darstellung in Abbildung 1.2 genau an – sie wird Sie durch das Buch begleiten. Und es werden noch Elemente hinzukommen, wenn Sie komplexere neuronale Netze kennenlernen.

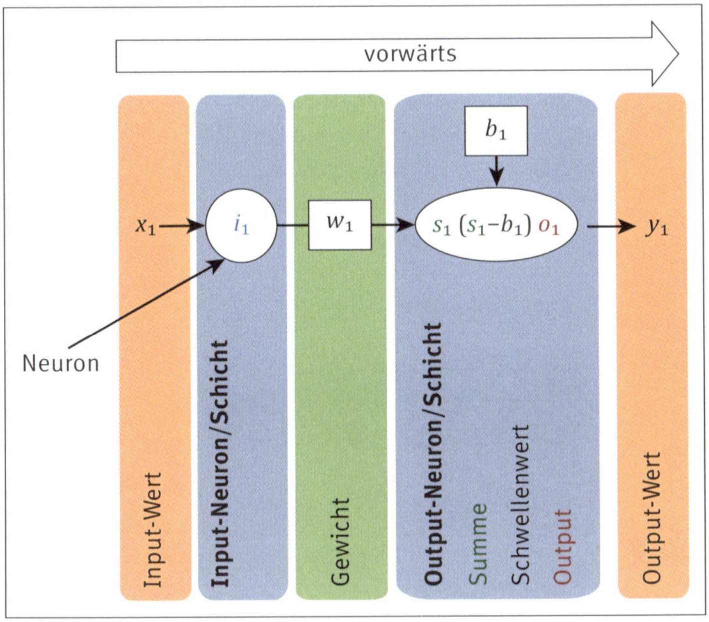

Abbildung 1.2 Ein einfaches KNN

Sie erkennen es bereits jetzt: Wir haben bewusst *Schichten* (engl. *Layers*) eingezeichnet, und zwar so, dass zusammengehörige Elemente mit der gleichen Farbe gekennzeichnet werden. Die einzelnen Elemente der Zeichnung werden wir im Folgenden Schritt für Schritt durchgehen und erläutern.

Die Aufgabe dieses Netzes lautet, eine Länge entgegenzunehmen und eine Klassifizierung, d. h. eine Einteilung in zwei Gruppen, durchzuführen: Königin und Nicht-Königin. Die Länge x_1 ist also der *Input-Wert* des Netzes – manchmal auch nur als *Input* bezeichnet –, und die Ausgabe, also den *Output-Wert* oder kurz *Output*, nennen wir y_1, und wir legen fest, dass der Wert 1 dafür stehen soll, dass eine Biene die Königin ist. Andernfalls soll das Netz den Wert 0 ausgeben.

Die *Input-Schicht* (engl. *Input-Layer*) besteht aus *Input-Neuronen*, und zwar so vielen, wie eben für die konkrete Aufgabenstellung benötigt werden. In unserem Fall ist das ein Input für die Länge. Es könnte aber zum Beispiel auch noch das Gewicht der Biene dazukommen, dann hätten wir schon zwei Input-Neuronen. Genauso verhält es sich für die *Output-Schicht*, auch *Output-Layer* genannt. Das bedeutet für uns, dass nur ein Input-Neuron nötig ist, da wir ja nur die Länge der Biene zur Verfügung haben. Am Output haben wir ebenfalls genau ein Neuron, das Auskunft darüber gibt, ob es sich um eine Bienenkönigin handelt oder nicht.

Neuronen sind kleine **Berechnungseinheiten**, die je nach Art des Neurons Berechnungsschritte ausführen. In unserem Beispiel sind das die folgenden Schritte:

1. Ein **Input-Neuron** reicht den Input-Wert an die nächste Schicht weiter, zum Beispiel »21 mm«. Das wäre in der Bienenklassifikation eine Königin. Damit hat das Input-Neuron den Wert 21, wie Sie in Abbildung 1.3 sehen. Die 21 im Input-Neuron haben wir anstatt seines Namens i_1 geschrieben. Die 1 bei der Bezeichnung des Input-Neurons ist ein *Index*. Wenn man mehrere Inputs hätte, könnte man sie mit dem Kleinbuchstaben *i* bezeichnen und einfach den Zähler hochsetzen. Dann hätte zum Beispiel der Input für das Gewicht der Biene den Index 2.

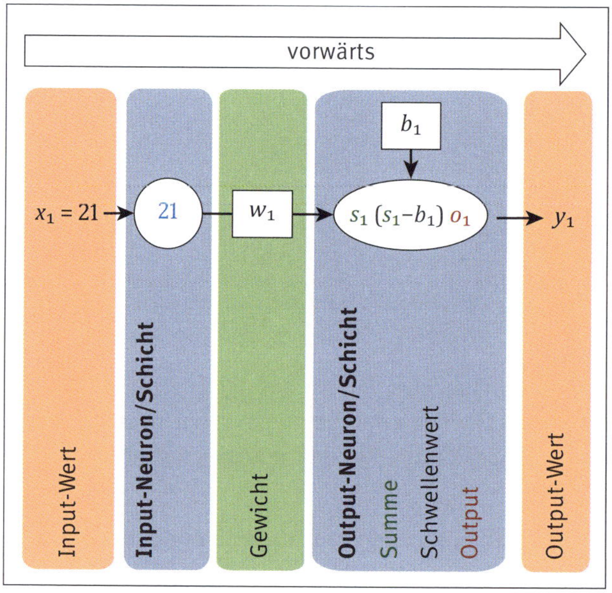

Abbildung 1.3 Der Input-Wert 21 wird an das Netz übergeben.

2. Jedes einzelne **Output-Neuron** zählt die Werte aller seiner Eingänge zusammen, und zwar so, dass jeder Eingangswert mit dem Gewicht der Eingangsverbindung multipliziert wird. Man nennt dann diese Summe naheliegenderweise eine *gewichtete Summe*. Ein *Gewicht* regelt in dieser Rechnung den Anteil, den der Eingangswert an der Eingangssumme hat. Wenn das Gewicht einer Verbindung zum Beispiel 0 ist, dann hat der Eingangswert keinen Einfluss, da 0 multipliziert mit einem Wert immer 0 ergibt. Wir haben in unserem Netz nur einen Eingang zum Output-Neuron mit dem Gewicht w_1, also ergibt sich für die gewichtete Summe:

$s_1 = i_1 \cdot w_1$

Setzen wir zum Beispiel das Gewicht w_1 auf den Wert 1, so wie in Abbildung 1.4 gezeigt, ergibt sich:

$s_1 = i_1 \cdot w_1 = 21 \cdot 1 = 21$

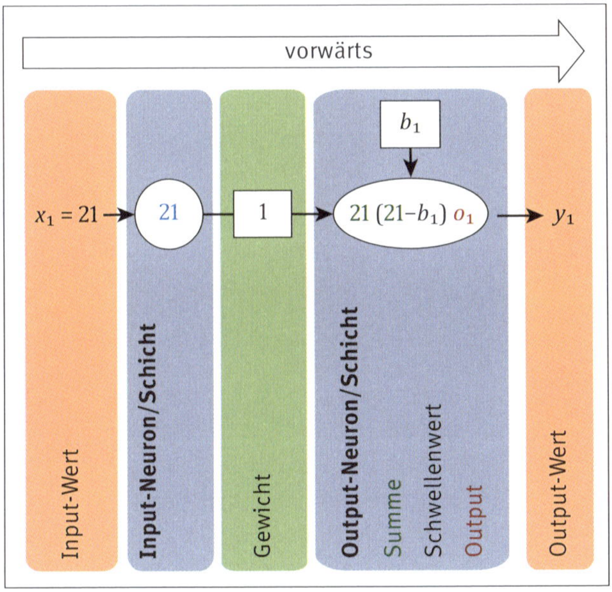

Abbildung 1.4 Der gewichtete Input zum Output-Neuron wird berechnet.

In dem Bienenklassifikationsnetz haben wir nur einen Eingang zum Output-Neuron, in komplexeren Netzen haben die Output-Neuronen jedoch viel mehr Eingänge, die auch als *Vorgänger* bezeichnet werden.

3. Jedes **Output-Neuron** nimmt die berechnete Summe und vergleicht sie mit einem *Schwellenwert*, im Englischen auch als *Bias* und in Abbildung 1.4 mit b_1 bezeichnet. Dieser Schwellenwertvergleich ist ein zentraler Schritt im Berechnungsalgorithmus, den wir in Kapitel 9 noch biologisch motivieren werden. Der Vergleich kann als $s_1 >= b_1$ geschrieben werden oder auch durch Umformung als $s_1 - b_1 >= 0$. Für unser Beispiel haben wir den Schwellenwert b_1 mit 20 festgelegt und in Abbildung 1.5 b_1 durch 20 ersetzt. Wenn Sie sich jetzt fragen: »Warum 20?«, dann stellen Sie bereits eine wichtige und sehr berechtigte Frage. Wir werden später sehen, wie dieser Wert errechnet werden kann, aber für unser Beispiel ist er so gewählt, dass die Unterscheidung der Königin vom Rest der Bienen berechenbar wird.

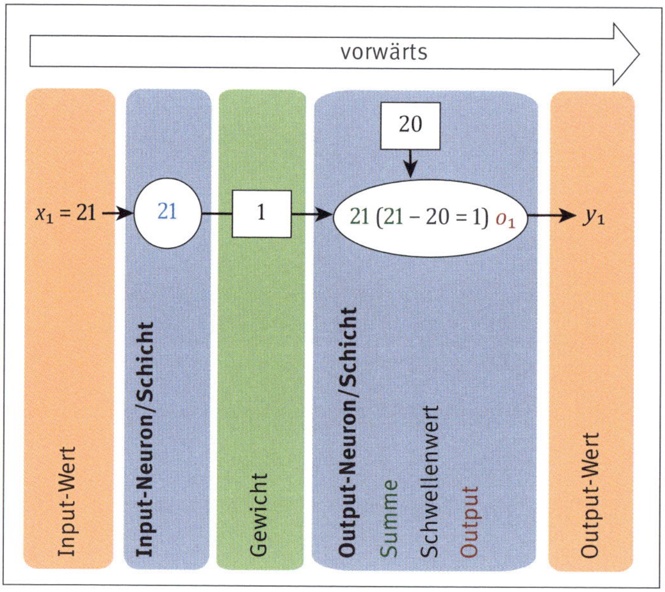

Abbildung 1.5 Schwellenwertberechnung

Die Schwellenwertberechnung ergibt für unser Beispiel 1, d. h., der Wert ist größer als 0. Das Ergebnis der Berechnung kann somit größer, gleich oder kleiner als 0 sein. Wir wollen aber eine Gruppierung in zwei Gruppen erreichen, nämlich 0 (»keine Königin«) oder 1 (»Königin«). Dies führt uns zum letzten Schritt, der Berechnung des Outputs.

Wenn das Ergebnis der Schwellenwertberechnung einen beliebigen Wert kleiner als 0 hat, dann sollte das Output-Neuron den Wert 0 liefern, also »keine Königin«. Wenn das Ergebnis hingegen größer oder gleich 0 ist, dann sollte der Wert 1 geliefert werden, so wie in Abbildung 1.6 zu sehen ist.

Den Wert 1 haben wir ja eingangs als Wert für die Königin festgelegt, daher hat das KNN die 21-mm-Biene aufgrund ihrer Länge korrekt als Königin klassifiziert.

Zusammenfassend stellen wir fest, dass wir für unser KNN die folgenden Komponenten festgelegt haben:

- Dem Gewicht von der Input-Schicht zur Output-Schicht haben wir den Wert 1 zugewiesen.
- Für die Ausgabefunktion haben wir eine Stufenfunktion verwendet, die auch als *Heaviside-Funktion* bezeichnet wird (siehe Abbildung 1.10).
- Den Schwellenwert haben wir auf 20 gesetzt.

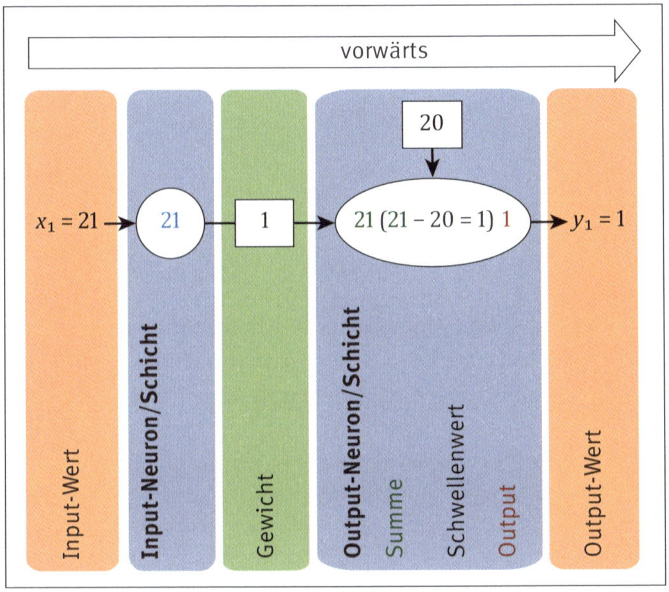

Abbildung 1.6 Output-Berechnung

Je komplizierter die Aufgabe ist, desto mehr Neuronen werden benötigt, deshalb werden zwischen Input und Output noch die sogenannten *versteckten Neuronen* oder *Hidden Neurons* platziert. Wenn man mit neuronalen Netzen zu tun hat, dann übergibt man Daten an die Input-Neuronen und erhält Ergebnisse von den Output-Neuronen; mit den Neuronen dazwischen kommt man nicht in Kontakt, daher die Bezeichnung »versteckt« bzw. »hidden«.

Auf dem Weg vom Input i_1 bis zum Output o_1 hat das Netz den Wert von Schicht zu Schicht weitergereicht – und zwar immer nach vorn. Solche KNN nennen sich *Feed-forward-Netzwerke* (englisch für *vorwärtsgerichtete Netze*). Später werden wir Ihnen auch *Recurrent Networks* (englisch für *rückgekoppelte Netze*) vorstellen, bei denen es Rückkopplungen zwischen den gleichen oder vorangegangenen Schichten gibt.

Aufgabe

Nun sind Sie an der Reihe. Probieren Sie es doch einmal mit einem Input von 14. Ist die Biene eine Königin? Was ist die Antwort des KNN?

Lösung:

Korrekt, die Antwort lautet 0, es handelt sich somit um keine Königin.

Obwohl dieses KNN so einfach ist, konnten wir Ihnen bereits mit ihm die Grundbausteine zeigen, die genauso in Netzen vorkommen, die derzeit die Bestenlisten bei internationalen Wettbewerben für Bilderkennung, natürliche Sprachverarbeitung oder Spiele anführen. Dabei werden jedoch Tausende Neuronen, viele Schichten und Millionen von Verbindungen eingesetzt.

1.6 Von der Biologie zum künstlichen Neuron

Der Begriff *Neuron* ist tatsächlich von einem biologischen Vorbild motiviert und nach diesem konzipiert: *Bionik* – so bezeichnet man die Wissenschaftsdisziplin, die für die technische Umsetzung von Erkenntnissen aus biologischen Systemen und deren Analysen verantwortlich zeichnet. Der Grundgedanke ist ein mehrfach bewährter Ansatz: Man nehme ein System aus der Natur, das sich in jahrtausendelanger Evolution optimiert und entwickelt hat, und versuche, es so gut es geht nachzubauen.

So wie der Vogelflug die Menschheit zum Fliegen animiert hat, nach dem Vorbild der Kletten der Klettverschluss erfunden wurde oder Saugnäpfe von Kraken oder Käfern abgeschaut wurden, so sind auch neuronale Netze ein gutes Beispiel aus der Bionik – man nehme ein (nicht unbedingt menschliches) Gehirn, analysiere es und setze es in einen mathematischen Algorithmus um, der schwierige Aufgaben lösen kann.

Die Idee der neuronalen Netze hat bereits einige Jahre auf dem Buckel und reicht bis in die 1940er-Jahre zurück. Damals wurde sie von dem Neurophysiologen Warren McCulloch und dem Mathematiker Walter Pitts eingeführt. Die Entwicklung der künstlichen neuronalen Netze hat eine wechselvolle Geschichte hinter sich, worüber Sie im zweiten Teil dieses Buches Näheres erfahren werden, und sie hat gerade in den letzten Jahren unter dem Begriff *Deep Learning* einen immensen Aufschwung erlebt.

Künstliche neuronale Netze sind mächtig, skalierbar und werden für viele komplexe *Machine-Learning*-Aufgaben herangezogen, zum Beispiel für die automatische Klassifikation einer Unzahl von Bildern im Google-Netz, für die Spracherkennung auf dem iPhone, für Videoempfehlungssysteme auf *YouTube* oder um zu lernen, den Weltmeister im Go, dem strategischen Brettspiel aus China, zu schlagen.

1.6.1 Das biologische Neuron und seine technische Kopie

Das menschliche *Gehirn* ist ein wirklich einmaliges Objekt. Es wiegt durchschnittlich 1400 Gramm und besteht im Wesentlichen aus ca. 86 Milliarden *Nervenzellen*. Mit diesen ermöglicht es uns nicht nur, zu sehen, zu hören oder komplexe Bewegungen unseres Körpers zu steuern, sondern auch, kreativ zu sein: Bücher zu schreiben, Filme zu drehen, zu malen, zu diskutieren usw.

Neuronen (Nervenzellen) kommunizieren, indem sie untereinander Signale auf chemischem Wege übertragen, und innerhalb der Neuronen werden einkommende Signale elektrisch weitergeleitet. Das klingt noch nicht so kompliziert, faszinierend wird es aber dann, wenn im Hirn innerhalb weniger Sekunden die 86 Milliarden Neuronen miteinander kommunizieren, um auf visuelle (Sehen), auditive (Hören), olfaktorische (Riechen), gustatorische (Schmecken) und taktile (Berühren) Reize entsprechend reagieren zu können, zum Beispiel mit schnellem Weglaufen beim Angriff eines brüllenden Tigers. Und das funktioniert unentwegt mit einer durchaus beeindruckenden Erfolgsquote, sonst gäbe es die Menschheit nicht.

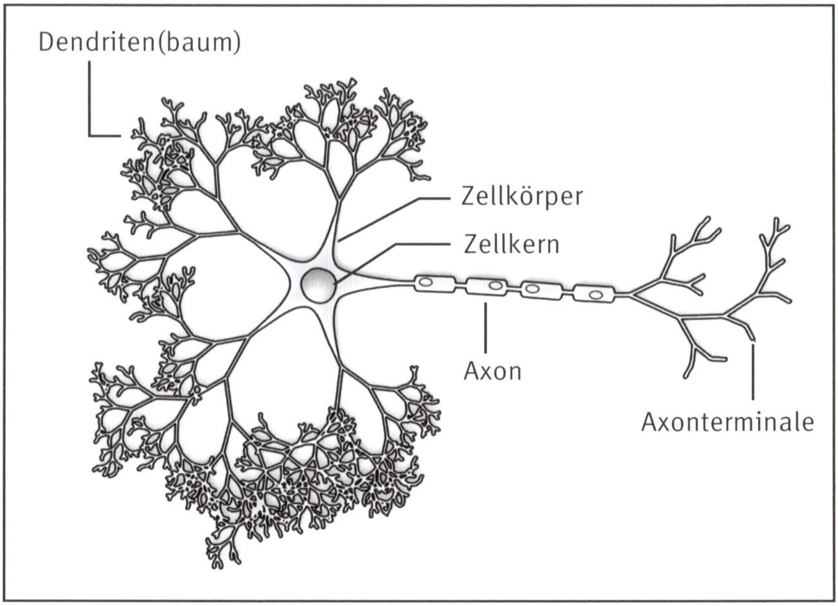

Abbildung 1.7 Schematische Darstellung eines Neurons[1]

Die eingehenden chemischen Signale von anderen Neuronen erreichen über meist stark verzweigte *Dendriten* den *Zellkörper* des Neurons. Die Abgabe von Information erfolgt über sogenannte *Axone*, die bis zu einen Meter lang sein können. Die meisten Neuronen haben genau ein Axon, an dessen baumartiger Endverzweigung die Information an mehrere Neuronen weitergegeben wird. Die Dendriten und Axone docken über *Synapsen* an die Neuronen bzw. deren Zellkörper an. Diese Synapsen sind eine Art Schnittstelle: Sie wandeln das chemische Signal (zwischen den Neuronen) in ein elektrisches Signal (innerhalb des Neurons) um und haben dabei eine hemmende oder erregende Wirkung auf die Signale.

1 Von Nicolas.Rougier/CC-BY-SA-3.0, *https://commons.wikimedia.org/w/index.php?curid=2192116*

Eine Besonderheit bei der Übertragung des Signals innerhalb des Neurons ist das *Alles-oder-nichts-Gesetz*, das heißt, die über die Dendriten an den Zellkörper übertragenen Signale werden nur dann an das Axon weitergereicht, wenn eine gewisse Gesamtsignalstärke erreicht wird. Im Bienenbeispiel haben wir das durch Verwendung eines Schwellenwerts nachgebaut.

Alles-oder-nichts-Gesetz

Dieses Gesetz beschreibt eine Eigenheit von Nervenzellen, nämlich dass eine Reaktion auf einen Reiz entweder vollständig oder überhaupt nicht erfolgt. Es muss ein gewisser Schwellenwert überschritten werden, um eine Reaktion auszulösen.

1.6.2 Das künstliche Neuron und seine Elemente

Nachdem wir oben einen Blick auf das biologische Neuron geworfen haben und seine Elemente und Aufgaben kennen, versuchen wir nun, ein künstliches Neuron zusammenzubauen und das auch grafisch darzustellen.

Da wir mit diesem künstlichen Neuron später auch rechnen müssen, bedienen wir uns der allseits beliebten Sprache der Mathematik, um die einzelnen Bestandteile zu bezeichnen.

Wir halten uns an Abbildung 1.8, gehen von links nach rechts vor und beginnen mit den Dendriten, über die die Eingangssignale an den Zellkörper gehen. Wir gehen einmal von einem *Dendritenbaum* mit n Ästen aus. Das erste Eingangssignal bezeichnen wir also als x_1, das zweite als x_2 usw. und das letzte (das n-te) als x_n. Diese Zahlenreihe fassen wir in einem *Eingangsvektor* $\vec{x}$ zusammen.

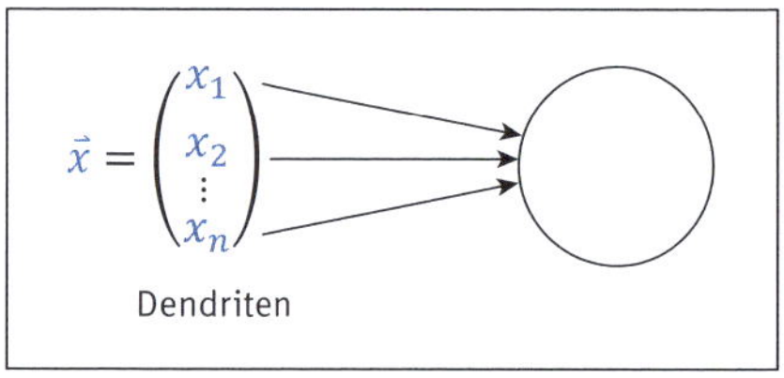

Abbildung 1.8 Künstliche Dendriten

Die Dendriten geben die Signale von anderen Neuronen an den Zellkörper unseres Neurons über eine *hemmende* bzw. *verstärkende* Schnittstelle weiter, die Synapse. Diese Synapsen bilden wir als Zahlenwerte $w_1, w_2, \dots, w_n$, also für jedes Eingangssignal. Diese Werte werden auch als *Gewichte* bezeichnet, und die Gesamtheit der Werte ist der *Gewichtsvektor* $\vec{w}$. Die Gewichte werden mit den Eingangssignalen schlussendlich multipliziert und zusammengezählt, sodass der gesamte *Reiz*, der im Zellkörper ankommt, als

Summe der Eingangssignale multipliziert mit den *Synapsengewichten* dargestellt werden kann:

$$\sum_{i=1}^{n} x_i \cdot w_i$$

Anmerkung zur Multiplikation

Manchmal wird die Multiplikation zwischen dem Gewicht und dem Eingang mit einem Punkt dargestellt, und manchmal wird der Punkt weggelassen.

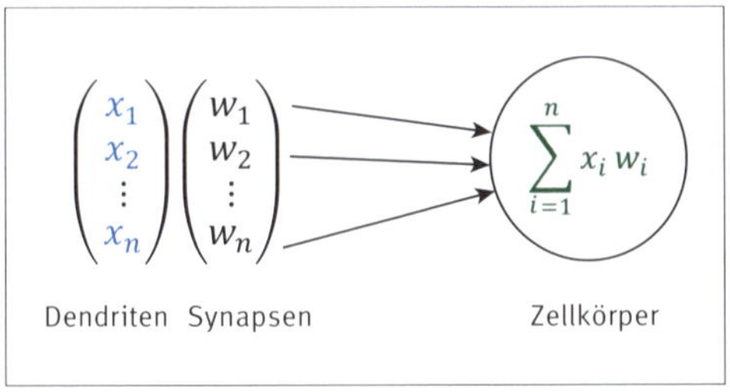

Abbildung 1.9 Künstliche Dendriten mit Synapsen(gewichten)

Nun könnten wir einfach diese Summe als Ausgangssignal über das künstliche Axon an die nächsten Neuronen weitergeben, wenn da nicht das Alles-oder-nichts-Gesetz wäre. Das bedeutet, wir können das Signal nur weitergeben, wenn die Summe einen gewissen Schwellenwert übersteigt.

Hier helfen wir uns mathematisch, indem wir diese (*gewichtete*) *Summe* an eine Funktion übergeben, die das Alles-oder-nichts-Gesetz erfüllt. Diese Funktion wird auch als *Aktivierungsfunktion* f_{akt} bezeichnet und liefert uns schlussendlich die Ausgabe

$$y = f_{\text{akt}}\left(\sum_{i=1}^{n} x_i w_i\right)$$

des Zellkörpers, die über das Axon übergeben wird. Diese Aktivierungsfunktion kann nun verschiedene Ausprägungen haben, durch die wir das Alles-oder-nichts-Gesetz zu einer Art Gummiparagraf machen, zu einem Fast-alles-oder-fast-nichts-Gesetz. In Abbildung 1.10 haben wir ein paar Beispiele skizziert.

Die *Heaviside*-Funktion ist die klassische Stufenfunktion mit den Werten 0 bzw. 1, wobei die Funktion als Ergebnis 1 liefert, wenn der Input zur Funktion größer gleich 0 ist. Die *semilineare* Funktion steigt von 0 bis 1 mittels einer Geraden an und kann dadurch bereits Zwischenwerte annehmen, genauso wie die sogenannte *sigmoide Funktion*, die wir später des Öfteren einsetzen werden. Durch diese unterschiedlichen Aktivierungsfunktionen gibt es keinen harten Schwellenwert, sondern dieser bewegt sich in einem Werteintervall – auf diese Weise sehen wir wieder die Fähigkeit des KNN, feine Abstufungen bei den Antworten zu berücksichtigen. Damit haben wir alle Entsprechungen nachgebildet und zeigen unser fertiges künstliches Neuron in Abbildung 1.11.

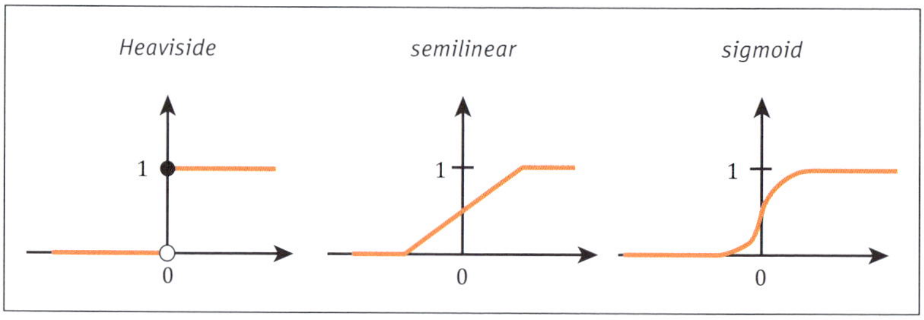

Abbildung 1.10 Beispiele für die Aktivierungsfunktion f_{akt}

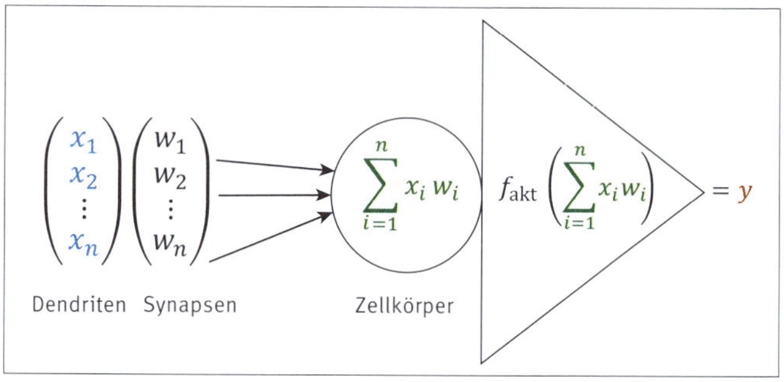

Abbildung 1.11 Das künstliche Neuron

1.7 Einordnung und der Rest

Sie haben im vorherigen Abschnitt die prinzipielle Wirkungsweise und den Aufbau von neuronalen Netzen gesehen. Sind Sie nun ernüchtert wegen der Einfachheit der Bauteile?

Dennoch finden Sie Superlative in den Nachrichten, die sich im Spannungsfeld zwischen dem Untergang der Welt aufgrund von künstlichen Intelligenzen bis hin zur kooperativen Entlastung der Menschheit von stupiden, nicht kreativen Arbeiten durch die künstlichen Intelligenzen bewegen.

Um Ihnen eine qualifizierte Bewertung der Ist-Situation zu ermöglichen, haben wir es uns zur Aufgabe gemacht, Ihnen die grundlegenden Mechanismen und Techniken zu zeigen, die hinter »intelligenten« Ansätzen stecken, und dadurch wieder etwas Normalität bei der Bewertung der Möglichkeiten einkehren zu lassen.

Daher bitte einmal fest durchschnaufen, und Fokus!

Wir werden unsere Energie darauf konzentrieren, künstliche neuronale Netze in den passenden Kontext zu setzen. Wenn Sie, lieber Leser, liebe Leserin, der Lerntyp sind, der gerne mit einem Überblick startet und sich auf breiter Front zu den Details vorarbeitet, sind Sie hier goldrichtig.

1.7.1 Big Picture

Einfach ist es nicht, die Entwicklung der Begriffe und deren Abhängigkeiten zu zeigen. Wir versuchen es einmal mit der stark fokussierten und zusammenhangsoptimierten *künstlichen Intelligenz*:

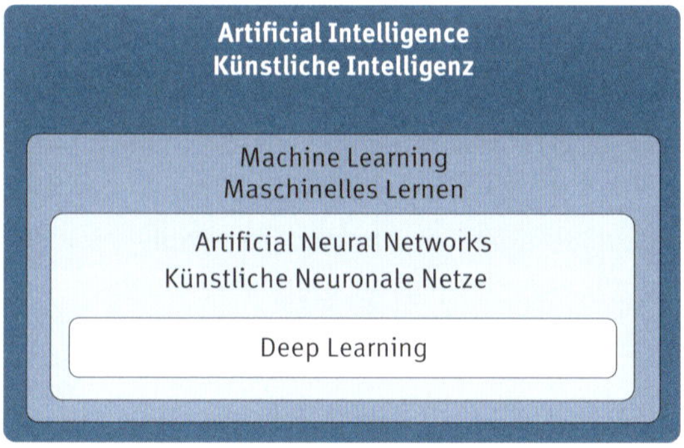

Abbildung 1.12 Begriffszwiebel für »künstliche Intelligenz«

Darin sehen Sie die thematischen Abhängigkeiten der Begriffe, die wir in weiterer Folge noch etwas detaillieren möchten. Die unterschiedlichsten Fachdisziplinen, zum Beispiel die Psychologie, Neurologie oder auch die Mathematik, tragen zu den Grundlagen und Inhalten der dargestellten Themen bei, wobei die Informatik eine große und zentrale Rolle spielt.

1.7.2 Artificial Intelligence (künstliche Intelligenz)

Der Begriff *künstliche Intelligenz* (KI, auch *Artificial Intelligence* oder kurz AI) bezeichnet ein Teilgebiet der Informatik, das sich mit der Simulation von Verhalten befasst, das von Menschen als »intelligent« interpretiert wird.

Wir hören schon die Ersten rufen: »Moment, Moment, was bedeutet ›intelligent‹?« Sehr berechtigter Einwurf – dafür können wir leider auch keine Definition abliefern, eher Symptome, an denen wir den Begriff aufhängen würden, wie zum Beispiel eigenständiges Lösen von Problemen oder Interaktionsverhalten wie das eines Menschen unter Zuhilfenahme einer Kombination aus Hardware, Software und Netzwerken.

Der sogenannte *Turing-Test* (TT), der nach dem Mathematiker Alan Turing benannt und auch von diesem definiert wurde, stellt eine operative Definition von Intelligenz bereit (»Computing Machinery and Intelligence«, 1950, Abschnitt 1, »The Imitation Game«). Demzufolge besteht, grob zusammengefasst, ein Algorithmus den Intelligenztest, wenn ein Mensch, der schriftliche Fragen gestellt hat, nicht feststellen kann, ob die gegebene Antwort von einem Menschen oder von dem Algorithmus kommt. Dazu braucht es aus Sicht der Programmierung schon einiges, zum Beispiel:

- **Natural Language Processing (NLP)**, also die Verarbeitung, Interpretation, Generierung und Ausgabe von natürlicher Sprache, da die Fragen ja von einem Menschen in natürlicher Sprache gestellt werden und dieser auch die Antwort in dieser Form erwartet.
- **Wissensrepräsentation**, damit die Fragen inhaltlich verstanden werden und die Antworten aus dem Wissenskontext der Frage geschöpft werden
- **logisches Schließen**, zum Beispiel mit »Wenn … dann«: Wenn du dir eine Kinokarte gekauft hast und auf dem Weg ins Kino bist, dann wirst du dir wahrscheinlich einen Film ansehen.
- **Machine Learning (ML)**, um sich an neue Kontexte anzupassen, zu verallgemeinern und grundlegende Strukturen zu erkennen, zum Beispiel die kontextabhängige Interpretation von Begriffen

Anmerkungen zum Turing-Test

Der Turing-Test, der ursprünglich von Alan Turing 1950 vorgeschlagen wurde, galt lange als Maßstab dafür, ob eine Maschine menschliche Intelligenz *nachahmen* kann. Der Turing-Test wird heute zunehmend als unzureichend betrachtet, um echte Intelligenz oder Bewusstsein zu beurteilen, weil:

- **Imitationsfähigkeit vs. Verständnis:** Der Test misst lediglich die Fähigkeit einer Maschine, menschliches Verhalten zu *imitieren*, nicht aber, ob sie tatsächlich *versteht*, was sie »sagt«. Eine KI kann zwar menschenähnliche Konversationen führen, aber das bedeutet nicht, dass sie Bewusstsein oder echtes Verständnis besitzt.
- **Fortschritte in der KI:** Heutige Sprachmodelle und KIs können den Turing-Test unter bestimmten Bedingungen bestehen, ohne »echte« Intelligenz oder ein Verständnis der Welt zu besitzen. Sie verarbeiten riesige Datenmengen, um menschenähnliche Antworten zu generieren, ohne die Inhalte zu »begreifen«.
- **Neue Bewertungsansätze:** Forscher entwickeln anspruchsvollere Tests, die über die reine Imitation hinausgehen. Sie fokussieren sich auf Aspekte wie Kreativität, Problemlösung, moralisches Urteilsvermögen oder den Umgang mit komplexen realen Szenarien.

- **Ethik und Bewusstsein:** Der Turing-Test ignoriert wichtige Fragen über Bewusstsein und ethisches Verhalten. Eine Maschine kann den Test bestehen, aber dennoch ohne ein Verständnis von Moral oder ethischer Verantwortung agieren.

Insgesamt wird der Turing-Test heute oft als veraltet angesehen, da er lediglich die Oberflächenleistung der KI beurteilt und nicht tiefere Konzepte wie Verständnis, Bewusstsein oder emotionale Intelligenz erfasst.

Und damit sind auch schon die Hauptgebiete und Hauptaufgabenstellungen der künstlichen Intelligenz aufgelistet, die sich wunderbar vom ursprünglichen Turing-Test ableiten lassen.

Als Maß für Intelligenz dient aber immer noch der Mensch selbst, mit dem Wunsch, dass künstliche Intelligenzen Aufgabenstellungen autonom lösen können und Unterstützungsfunktionen für den Menschen anbieten, speziell für superlangweilige Routineaufgaben, wie zum Beispiel Briefe nach Postleitzahlen zu sortieren.

Innerhalb der AI lassen sich zwei große Gruppen unterscheiden: Die Gruppen der starken und die der schwachen AI. Vertreter der *schwachen AI* wollen konkrete Anwendungsprobleme des menschlichen Denkens meistern. Man könnte auch sagen, dass es um die *Simulation* von intelligentem Verhalten geht. In den letzten Jahren wurden im Bereich der schwachen AI bedeutende Fortschritte gemacht, wobei zum Beispiel Bild- und Spracherkennung sowie Spracherzeugung zu nennen sind. Vertreter der *starken AI* setzen sich dahingegen zum Ziel, eine Intelligenz zu schaffen, die das menschliche Denken mechanisieren, d. h. zumindest die gleichen intellektuellen Fähigkeiten wie der Mensch erlangen soll.

1.7.3 Geschichte

Der offizielle Beginn der AI wird im Jahr 1956 verortet; was davor geschah, sehen wir uns im zweiten Teil dieses Buches an. 1956 organisierte John McCarthy, damals am Dartmouth College tätig, mit Marvin Minsky, Claude Shannon und Nathaniel Rochester einen zweimonatigen Workshop, der sich mit sieben Themen der künstlichen Intelligenz beschäftigte. Dabei sollten zwei Monate lang zehn Personen an einer Studie über diese Themen arbeiten. Interessant dabei ist die Arbeitshypothese, der zufolge jeder Aspekt des Lernens oder generell von Intelligenz so präzise beschrieben werden kann, dass er dadurch von einer Maschine **simuliert** werden kann. Aufgrund dieser Zusammenkunft bildete sich eine Forschungsrichtung heraus, die für viele Forscher seit dieser Zeit und bis heute ein breites Betätigungsfeld anbietet, aber auch durch teils übertriebene Ankündigungen und Hoffnungen geprägt ist.

Fun Fact

Übrigens wurde der Begriff »Artificial Intelligence« (dt. *künstliche Intelligenz*) zum ersten Mal im Aufruf zum Workshop von McCarthy verwendet. Somit kann man ihm die Urheberschaft des Begriffs zuordnen (nachzulesen unter *http://www-formal.stanford.edu/jmc/history/dartmouth.pdf*).

In den 1950er- und 1960er-Jahren wurden stark die Ansätze der *symbolischen AI* vorangetrieben, neben den bereits früher entstandenen *subsymbolischen* oder auch *konnektionistischen* Ansätzen. In dieser Aufzählung ist der Begriff des *Konnektionismus* am passendsten für den Ansatz der KNN, da er sich mit dem Verhalten von vernetzten Informationsverarbeitungseinheiten beschäftigt.

Moment, was bedeuten nun »symbolisch« und »subsymbolisch«, und wo ist tatsächlich der Unterschied? Die Unterscheidung zwischen *symbolischer* und *subsymbolischer* AI rührt von der Art her, wie Wissen repräsentiert wird. In der **symbolischen** AI wird Wissen, d. h. Beispiele und abgeleitete Regeln, explizit repräsentiert. Man könnte auch sagen, dass Wissen **explizit** vorhanden ist und mittels mathematischer Logik verarbeitet wird. »Explizit« bedeutet, dass dadurch Erklärungsmöglichkeiten gegeben sind und dass wir als Menschen verstehen, wie es zu Entscheidungen gekommen ist. Als Beispiele für die Darstellung des Wissens denken Sie bitte einfach an Wenn-dann-Regeln, also zum Beispiel: »Wenn es regnet, dann nehme ich einen Schirm mit« oder »Wenn die Länge >= 20 mm ist, dann ist es eine Königin«.

In der **subsymbolischen** AI, wie zum Beispiel bei künstlichen neuronalen Netzen, wird Wissen **implizit** repräsentiert. Das bedeutet, dass keine expliziten Regeln über die Wissensrepräsentation vorliegen und somit für den Menschen das Problem besteht, das Wissen menschenverständlich zu machen. Andererseits zeigen die täglichen Sensationsnachrichten über subsymbolische Systeme, dass eine beachtliche Leistungsfähigkeit in diesem Ansatz steckt. Beispiele zu diesem Ansatz werden Sie im Laufe der Lektüre dieses Buches zuhauf selbst implementieren.

Die Geschichte hat sich, wie wir gesehen haben, (derzeit) zugunsten der subsymbolischen Systeme entwickelt. Dem Problem der tatsächlich vorhandenen Komplexität der Realität wird mit neuen Algorithmen und gesteigerter Rechenkraft begegnet. Einige der dafür geeigneten Modelle, nämlich *Convolutional Neural Networks* bzw. *Transformer Networks*, werden in diesem Buch entsprechend prominent behandelt.

Wie oben bereits erwähnt, ist eines der Teilgebiete der AI das sogenannte *Machine Learning*, das wir uns im nächsten Abschnitt genauer ansehen werden.

1.7.4 Machine Learning (maschinelles Lernen)

Täglich wird eine Unzahl an Daten produziert, zum Beispiel durch Telefonate, Einkäufe, Stromablesungen oder Sensoren – Terabyte an Daten. Wie sollten diese analysiert werden? Welches »Wissen« kann daraus gewonnen werden?

Terabyte

Wenn für eine Milliarde Menschen pro Mensch eine Seite mit Text erfasst wird, was wiederum ungefähr einem Kilobyte an Daten entspricht, dann wird insgesamt ein Terabyte an Daten erfasst.

Genau mit diesen Fragen beschäftigt sich das *Machine Learning* (ML) – ein Begriff, der 1959 von Arthur Samuel geprägt wurde. Die Auswirkungen dieser Technikdisziplin sind allen bewusst, die Onlinehandel benutzen. Ständig bekommen wir Dinge vorgeschlagen und werden von diesen auch noch durch das Netz verfolgt. Bei der Auswahl der Artikel, die uns verfolgen, werden Regeln angewendet, zum Beispiel: »Kunde X ist so ähnlich (zumindest vom Kaufverhalten her) wie Kunde Y, und daher wird er sich wohl für ähnliche Dinge interessieren wie die, die Y bereits gekauft hat.«

Machine Learning wird als ein Teilgebiet der künstlichen Intelligenz verstanden, das zum Ziel hat, Muster in den Daten zu erkennen, generell den Daten neue Erkenntnisse zu entlocken, die für Menschen auf den ersten Blick nicht erkennbar sind, und auch bisher unbekannte Fälle verallgemeinern zu können. Da die Erkenntnisse von vornherein nicht klar sind, ergibt sich auch nicht die Möglichkeit, dass explizite Programme mit fest kodierter Logik entwickelt werden, da die innere Struktur des zu erstellenden Programms nicht bekannt wäre.

Also ist ML mit der Generierung von *Wissen aus Erfahrung* beschäftigt. Ein System lernt Muster aus Beispielen und kann basierend darauf noch nicht bekannte Beispiele verallgemeinern. Diese Art von Lernen wird auch als *induktives Lernen* oder *Lernen aus Beobachtungen* bezeichnet.

Als gelernte *Data Scientists* sprechen wir davon, dass *Modelle* gelernt werden, die hinreichend gut für ihr gedachtes Einsatzgebiet funktionieren. Unter einem Modell wird die (vereinfachte) Repräsentation der Realität verstanden, wie zum Beispiel durch ein neuronales Netz. Die Unterscheidung der unterschiedlichen Methoden im ML richtet sich nach der Art und Weise, wie gelernt wird. Dabei werden hauptsächlich *überwachtes* (engl. *supervised*), *unüberwachtes* (engl. *unsupervised*) und *verstärkendes* Lernen (engl. *reinforcement learning*) unterschieden, so wie in Abbildung 1.13 dargestellt.

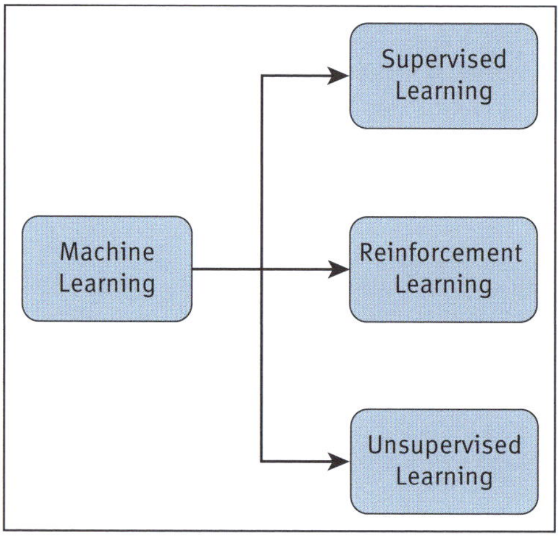

Abbildung 1.13 Lernstrategien im Machine Learning

Unter *Supervised Learning* (dt. *überwachtes Lernen*) versteht man das Lernen anhand von Beispielen. Zu einem Beispiel wird dem Algorithmus auch das gewünschte Ergebnis zur Verfügung gestellt. Wenn dem Algorithmus neue, ungelernte Beispiele präsentiert werden, dann sollte er eine Antwort in Analogie zu den gelernten Beispielen finden.

Beim *Unsupervised Learning* (dt. *unüberwachtes Lernen*) werden dem Algorithmus nur Input-Daten ohne einen gewünschten Output zur Verfügung gestellt. Ziel ist es, dass der Algorithmus eine Verteilung der Daten findet und damit neue Erkenntnisse zu den Daten liefert.

Zu guter Letzt noch das *Reinforcement Learning* (dt. *verstärkendes Lernen*), also Lernen mit Belohnung: Bei diesem Ansatz werden Methoden angewendet, die es einem *Software-Agenten* (das ist ein Computerprogramm, das in einem gewissen Maße eigenständiges und eigendynamisches Verhalten aufweist) ermöglichen, Strategien zu erlernen, sodass die erzielte Belohnung maximiert wird. Ein schönes Beispiel dafür, wo dieser Ansatz angewendet wird, ist das Erlernen von Videospielen.

1.7.5 Deep Neural Networks

Wie wir angedeutet haben, werden in ML-Ansätzen die unterschiedlichsten Arten von KNN eingesetzt. In den letzten Jahren hat sich eine spezielle Kategorie von KNN entwickelt, die sogenannten *Deep Neural Networks*. Diese möchten wir besonders hervorheben, da mit dieser Art von Netzen großartige Erfolge erzielt werden konnten und ein Ende der Erfolgsserie noch nicht in Sicht ist. In Abbildung 1.14 haben wir das sehr vereinfachte Schema eines Deep Neural Networks dargestellt.

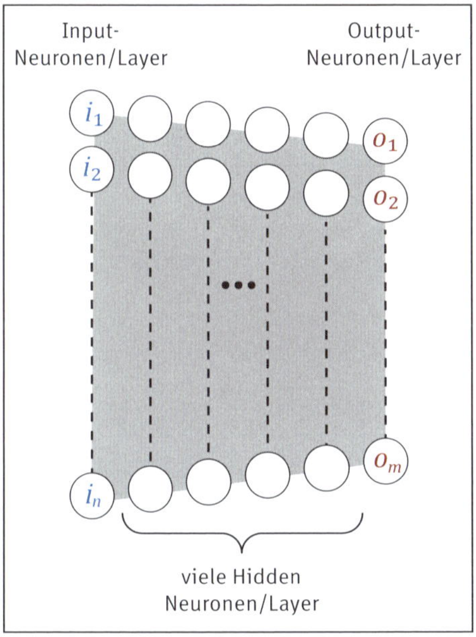

Abbildung 1.14 Deep-Neural-Network-Schema

1.7.6 Transformer Neural Networks

Ein *Transformer Neural Network* oder auch *Transformer-Netz* ist ein spezielles Modell, das vor allem bei der Verarbeitung von Sprache in der künstlichen Intelligenz eingesetzt wird. Anders als ältere Methoden, die Wörter nacheinander lesen, kann ein Transformer alle Wörter eines Satzes gleichzeitig betrachten und Verbindungen zwischen ihnen erkennen. Dadurch kann dieses Netz schneller und genauer verstehen, was in einem Satz wichtig ist. Es besteht aus zwei Teilen: einem *Encoder*, der den Text einliest, und einem *Decoder*, der daraus eine sinnvolle Antwort erzeugt. Dieses System wird für viele moderne KI-Anwendungen genutzt, zum Beispiel bei Übersetzungen oder großen Sprachmodellen wie *GPT* (*Generative Pre-trained Transformer*). Wir werden später noch mehr zu den Transformer-Netzwerken erklären.

Kurz eine Anmerkung zur Notation: Bei der Bienenkönigin haben wir als Bezeichnung i_1 für die Input-Neuronen und o_1 für die Output-Neuronen verwendet. Danach haben wir den *Subscript*, also den tiefer gesetzten Index, beim Eingangsvektor $\vec{x}$ verwendet, um die unterschiedlichen Eingänge zu bezeichnen, zum Beispiel x_1 für den ersten Eingang. In Abbildung 1.14 nutzen wir dieselbe Notation wie bei der Bienenkönigin, wobei wir zusätzlich eine große Anzahl an versteckten Neuronen ergänzt haben, die nicht näher bezeichnet werden.

Deep Neural Networks unterscheiden sich von herkömmlichen Netzen, so wie Sie es zum Beispiel bei der Bienenkönigin gesehen haben, dadurch, dass sie eine viel höhere Komplexität hinsichtlich ihres Aufbaus haben. Sie besitzen eine hohe Anzahl an inneren Verarbeitungseinheiten, den sogenannten *Hidden Neurons* in den *Hidden Layers*. Durch diese vielen versteckten Schichten, die zu einer tiefen Schichtung des Netzes führen, ist es dem Netz möglich, sehr komplexe Abbildungen vom Input zum Output zu erlernen. Wir werden uns dazu in Kapitel 8 einige praktische Beispiele für die Leistungsfähigkeit dieser Netze ansehen.

Noch eine Frage am Ende: Warum hat man nicht schon früher komplexere Netze praktisch angewandt? Die ganz einfache Antwort lautet: Uns fehlten die Rechenleistung und die Daten.

CPU und GPU und TPU

Zentrale Recheneinheiten (Central Processing Units, *CPUs*) sind darauf optimiert, eine hohe Verarbeitungsgeschwindigkeit (GHz) zu liefern, wohingegen *Graphical Processing Units* (*GPUs*), also die Berechnungseinheiten auf den Grafikkarten in Rechnern, für den Durchsatz optimiert sind. CPUs besitzen lediglich eine kleine Anzahl an *Cores* (Hauptprozessorkernen in einem Chip) – im Gegensatz zu GPUs, die Hunderte bis Tausende Cores besitzen.

Eine *TPU* (Tensor Processing Unit) wiederum ist ein spezialisierter Prozessor, der von Google entwickelt wurde, um maschinelles Lernen und KI-Algorithmen effizienter und schneller auszuführen – insbesondere solche, die auf *TensorFlow* basieren.

Speziell durch die Veränderung im Bereich der Hardware wurden die KNN wieder reanimiert und lösten den derzeitigen Hype aus. Berechnungen werden bevorzugt auf Grafikkarten ausgeführt, und damit können Komplexitäten erreicht werden, die noch vor einigen Jahren unvorstellbar waren – um präziser zu sein: vor dem Jahr 2011, in dem sich die Firma NVIDIA mit dem Forscher Andrew Ng von Stanford zusammentat, mit NVIDIA-GPUs gegen CPUs antrat und bestehen konnte. Damit hatte sich die Hardware-Eintrittshürde für die Berechnung hochkomplexer Netzwerke – wir reden hier von Netzen mit Milliarden von Neuronen und Verbindungen – drastisch verringert.

Fun Fact

Die Anzahl der Neuronen im Hirn wird auf ungefähr $8{,}6 \cdot 10^{10}$ geschätzt. Zum Vergleich: Es leben insgesamt rund 10^{10} Bakterien auf unserer Hautoberfläche.

1.8 Zusammenfassung

Das war's mit der Einleitung, in der wir Ihnen, wie wir hoffen, einen ersten Überblick über neuronale Netze und ihr Drumherum verschaffen konnten. Für uns war es wichtig, bereits ein kleines konkretes Beispiel zu zeigen und damit ein wenig Realität im Umgang mit neuronalen Netzen zu präsentieren. Die folgenden zentralen Punkte haben wir besprochen:

- ein einfaches KNN zur Ermittlung der Bienenkönigin
- die Herleitung des künstlichen Neurons aus dem biologischen Neuron
- die Einordnung der neuronalen Netze im Bereich der KI

Danke, dass Sie bei uns geblieben sind. Sie sind aus dem Holz geschnitzt, das für dieses Buch benötigt wird: Ausdauer, Durchhaltevermögen und Wissensdurst. Wir hoffen, wir haben es für Sie so schonend wie möglich gemacht und Ihnen den Einstieg in die Materie und dieses Buch ermöglicht.

So, nun genug der Einleitung – und auf zum ersten praktischen Thema im ersten Teil, in dem es um die Installation des von uns verwendeten Frameworks geht: Python, TensorFlow und Jupyter Notebook.

1.9 Referenzen

- Russel, Stuart und Norvig, Peter: Künstliche Intelligenz, Pearson 2012.
- A. M. TURING; I.: COMPUTING MACHINERY AND INTELLIGENCE, *Mind*, Volume LIX, Issue 236, 1. Oktober 1950, Seiten 433–460.
- Volodymyr Mnih et al.: Playing Atari with Deep Reinforcement Learning. *DeepMind*, 2013. *https://arxiv.org/pdf/1312.5602v1.pdf.*

Teil I

Up and running

Dieser Teil ist für Praktiker (neudeutsch: Maker) gedacht. Schlanke Einführung, schnell ins Praktische, um Ergebnisse zu sehen, zum Beispiel die Einrichtung einer Entwicklungsumgebung, ein erstes Perceptron programmieren etc. In Form eines leicht verständlichen Tutorials nehmen wir Sie, lieber Leser, liebe Leserin, an die Hand und leiten Sie bis zur Programmierung eines fertigen neuronalen Netzes.

Kapitel 2

Das minimale Starterkit für die Entwicklung von neuronalen Netzen mit Python

»Am Ende sieht's ein Tor, ein Klügrer in der Mitte,
und nur der Weise sieht das Ziel beim ersten Schritte.«
– Friedrich Rückert (deutscher Schriftsteller, 1788–1866)

Damit der erste Schritt leichter fällt, werden wir uns in diesem Kapitel zuerst ein Arbeitsumfeld schaffen. Aus technischer Sicht ist das eine Entwicklungsumgebung für die Programmierung von neuronalen Netzen in der Programmiersprache Python.

2.1 Die technische Entwicklungsumgebung

Als Erstes installieren eine sogenannte *integrierte Entwicklungsumgebung*, die Werkzeuge zum Editieren des Quellcodes, zum Testen, zum Debuggen (d. h. zur Fehlersuche) und natürlich zum Kompilieren (d. h. zum Übersetzen in computerverständlichen Code) enthält. Im Englischen ist dafür auch die Abkürzung *IDE* gebräuchlich, die für *Integrated Development Environment* steht.

Es gibt unzählige Arten, Python auf Rechnern mit unterschiedlichen Betriebssystemen zu installieren. Auf der Website der Python Software Foundation (*https://docs.python.org/3/using/index.html*) finden Sie Installationsanweisungen für die drei wichtigsten Betriebssysteme macOS, Windows und Linux.

2.1.1 Die Anaconda-Distribution

Die Installationsanweisungen auf der Website der Python Software Foundation sind sehr lehrreich, dennoch empfehlen wir die Verwendung der Anaconda-Distribution (*https://www.anaconda.com*). Anaconda ist eine der beliebtesten Data-Science-Plattformen und bietet einige sehr hilfreiche Eigenschaften:

- eine große Anzahl an wichtigen Data-Science-Modulen, mit den für uns wichtigen Modulen NumPy, scikit-learn, TensorFlow und Keras

- den Virtual Environment Manager für Windows, Linux und macOS. Er erlaubt das Arbeiten in Entwicklungsumgebungen mit ganz spezifischen Versionen von Modulen.
- das Conda-Paket zur Installation und zum Upgraden von Modulen

Wichtig ist zu erwähnen, dass wir in diesem Buch durchgängig Python Version 3 verwenden, also sollten Sie auch die Anaconda-Version für Python 3.x herunterladen (*x* steht hier für eine beliebige Zahl größer gleich 0). Die detaillierten Installationsanleitungen finden Sie unter der URL *https://docs.anaconda.com/anaconda/*.

Diese Webseite enthält noch zusätzliche Informationen und Tausende von Paketen, die bei Bedarf sehr einfach installiert werden können.

Aufgabe

Bevor Sie nun mit dem Buch fortfahren, installieren Sie zuerst die Anaconda-Distribution auf Ihrem Rechner. Die Distribution ist so gestaltet, dass die Installation wenig Aufwand erfordert und selbstständig durchläuft. Laden Sie auch gleich das *Cheat Sheet* für Anaconda (*https://docs.anaconda.com/anaconda/user-guide/cheatsheet*) herunter, das eine kompakte Übersicht zur Anaconda-Distribution bietet. Danach starten Sie den Anaconda Navigator.

Anaconda Navigator

Für die Verwaltung und das Starten von Entwicklungsumgebungen bietet die Anaconda-Distribution den sogenannten *Anaconda Navigator* an (siehe Abbildung 2.1). Dieses Programm erlaubt die Administration der verschiedenen Python-Pakete, und Sie können daraus unter anderem unser Hauptwerkzeug für die Python-Programmierung, das Jupyter Notebook, starten.

Sobald der Anaconda Navigator gestartet ist, ist es möglich, unterschiedliche Applikationen unter der aktuellen Umgebung (bzw. Environment) zu starten – am Beispiel von Abbildung 2.1 wären das QT Console, Spyder, Glueviz, Orange 3, RStudio.

Deutsch oder Englisch?

Für viele Moduldistributionen, die wir hier verwenden, gibt es oft nur englische Dokumentation und Begriffe. Wir werden versuchen, diese Begriffe zu erklären, aber im Text den englischen Begriff verwenden. Wir opfern also die Schönheit der deutschen Sprache gezwungenermaßen der Eindeutigkeit. Das sei an folgendem Beispiel illustriert: Im Anaconda Navigator kann man unterschiedliche *Umgebungen* einrichten, im Navigator werden sie aber als *Environments* bezeichnet.

Abbildung 2.1 Der Anaconda Navigator

Das aktuelle Environment ist bei ausgewähltem HOME-Menü in der obersten Zeile angegeben. In unserem Beispiel in Abbildung 2.2 ist das die Umgebung mit der Bezeichnung ENV_NN.

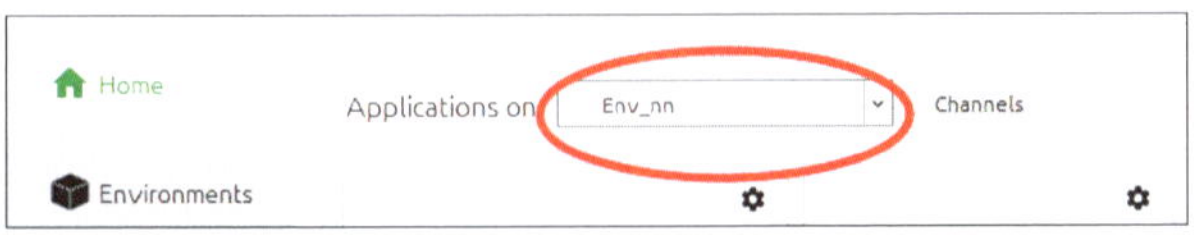

Abbildung 2.2 Die aktuelle Umgebung (Environment)

Erstellen von neuen Environments

Welchen Sinn eigene *Environments* haben, wird an folgenden Beispielen deutlich:

- Für manche Projekte brauchen Sie nur eine kleine Anzahl an Modulen. Da wäre es sinnlos, alle vorhandenen Pakete in einem Environment zu installieren.
- Die Open Source Community ist sehr schnell. Das bedeutet auch, dass unterschiedliche Versionen des gleichen Moduls existieren. Manchmal brauchen Module, die aufeinander aufbauen, aber ganz bestimmte Versionen.

- Manche Module haben geräteabhängige Versionen (zum Beispiel *TensorFlow* und *TensorFlow-gpu* für PCs mit einer oder mehreren GPUs). Auch dafür lassen sich eigene Environments einrichten.

Im Anaconda Navigator befindet sich im linken Bereich der Menüpunkt ENVIRONMENTS, der uns im mittleren Bereich eine Übersicht der Environments zeigt und im rechten Bereich eine vollständige Liste der pro Environment installierten Pakete (siehe Abbildung 2.3).

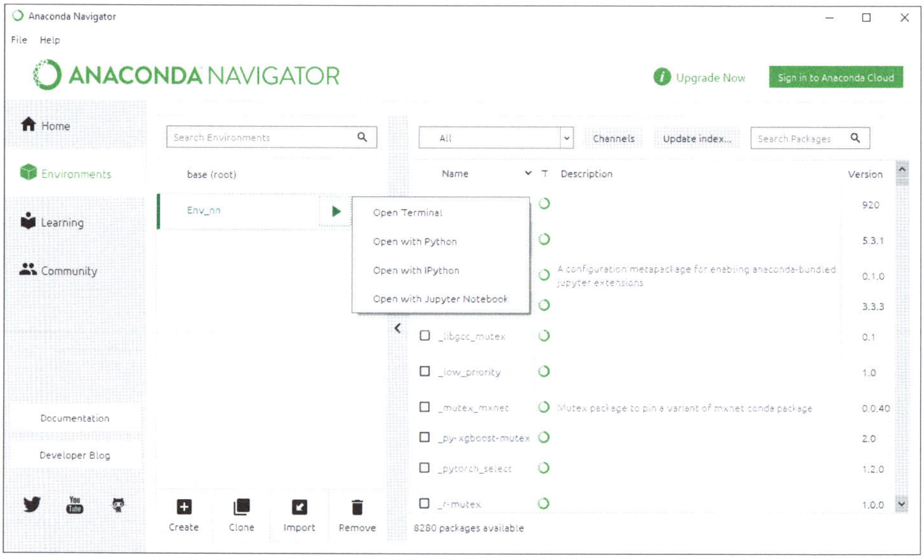

Abbildung 2.3 Das »Environment«-Fenster

Indem Sie auf den CREATE-Button klicken (mittlerer Bereich unten), können Sie ein neues Environment erstellen und einen passenden Namen vergeben.

Installation von neuen Paketen

Für die Installation von neuen Pakten in einem Environment gibt es mehrere Methoden – hier werden wir zwei Möglichkeiten zeigen. Eine richtet sich mehr an die Fans von grafischen Benutzeroberflächen (Graphical User Interface, GUI), während die andere für Verfechter der Kommandozeile (Command-Line Interface, CLI) gedacht ist.

- **Installation über die grafische Benutzeroberfläche (GUI)**
  Zuerst müssen Sie ein Environment auswählen oder neu erstellen. Wählen Sie dazu den Menüpunkt ENVIRONMENTS im Explorer-Teil, der sich links im Anaconda Navigator befindet (siehe Abbildung 2.3). Dann klicken Sie im nun erscheinenden mittleren Teil auf ein Environment (oder erstellen ein neues). Anschließend wählen oder

suchen Sie im rechten Teil ein Paket, das installiert werden soll. Nach der Auswahl eines Pakets (oder mehrerer Pakete) erscheint rechts unten eine Schaltfläche APPLY. Das Anklicken dieser Schaltfläche startet die Installation.

- **Installation über die Kommandozeile (CLI)**

  Eine weitere Installationsmöglichkeit ergibt sich über die Eingabe des folgenden Kommandos in ein *Terminal*. Das Terminal öffnen Sie, indem Sie in der ENVIRONMENT-Ansicht mit der linken Maustaste auf das Dreiecksymbol neben einem Environment-Namen klicken: Dann öffnet sich ein Untermenü, wie Sie es in Abbildung 2.3 sehen. Der erste Menüpunkt, OPEN TERMINAL, öffnet ein Kommandozeilenfenster. In der Eingabeaufforderung (die auch als *Prompt* bezeichnet wird) ist auch das aktuelle Environment zu erkennen.

  Für die Installation eines Pakets (in unserem Beispiel `scipy`) ist folgender Befehl im Terminal einzugeben:

  `conda install scipy` (für die neueste `scipy`-Version) oder

  `conda install scipy=0.15.0` (für die `scipy`-Version 0.15.0)

Terminal = Kommandozeilenfenster

Das Fenster für die Eingabe von Kommandozeilen wird oft auch als *Terminal* bezeichnet, so auch hier im Anaconda Navigator. Die Eingabezeile im Terminal beginnt mit einer sogenannten *Eingabeaufforderung* oder *Prompt*. Diese Prompts sehen abhängig vom Betriebssystem sehr unterschiedlich aus (Windows: `C:\>`, Unix: `benutzer@maschine:~$`). In der Kommandozeile ist ein Befehl einzugeben, der mit der Eingabetaste abgeschlossen und ausgeführt wird.

Dieser Installationsvorgang kann durchaus ein paar Minuten dauern, da zum einen Pakete aus dem Internet heruntergeladen werden und zum anderen Abhängigkeiten zu anderen Paketen bestehen können, die es erfordern, zusätzliche Pakete zu installieren. Aber keine Angst, die Abhängigkeiten sind vorgegeben, und jedes Paket weiß sozusagen selbst, was es noch braucht. Abbildung 2.4 zeigt die Kommandozeilen-Variante der Installation von `scipy`, und im unteren Drittel des Terminals sind die zusätzlich notwendigen Pakete bzw. Updates angezeigt.

Aufgabe

Erstellen Sie ein neues Environment mit dem Namen »Env_nn«. Installieren Sie das Paket `numpy` über die grafische Benutzeroberfläche (GUI) und das Paket `pandas` über das Kommandozeilenfenster (CLI).

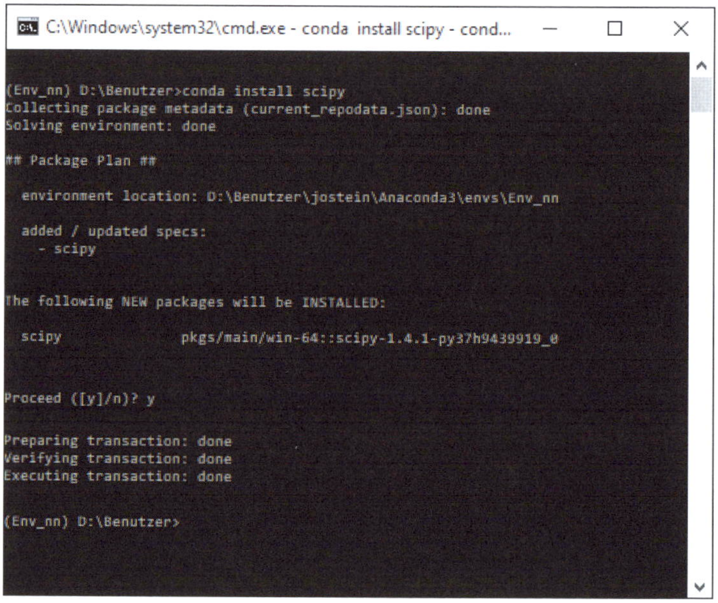

Abbildung 2.4 Installation via Terminal im Environment »Env_nn«

2.1.2 Unser Cockpit: Jupyter Notebook

Ein *Jupyter Notebook* ist eine Webapplikation, die es erlaubt, Dokumente zu kreieren und mit einer Community zu teilen, und die Python-Code, Gleichungen, Visualisierungen sowie erklärenden Text enthält. Jupyter Notebooks sind also eine Art digitaler Notizblock. Neben dem Vorteil der Kombination von Dokumentation und Code können diese Notizblöcke auch leicht ausgetauscht werden. Die Notebooks werden im sogenannten *JSON*-Format gespeichert.

Es ist somit das ideale Werkzeug bzw. die ideale Entwicklungsumgebung, um mit neuronalen Netzen und Python-Code zu experimentieren, aber auch um ernsthafte Applikationen zu entwickeln.

Der Begriff Jupyter

Das Jupyter Notebook ist ein Ergebnis des Projekts Jupyter (*http://jupyter.org*). Der Projektname leitet sich von den drei Programmiersprachen **Ju**lia, **Pyth**on und **R** ab.

Starten von Jupyter Notebook

Sie starten das Jupyter Notebook im Anaconda Navigator entweder im HOME-Bereich oder im ENVIRONMENT-Bereich:

- Im HOME-Bereich (siehe Abbildung 2.1) wählen Sie zuerst das gewünschte Environment unter APPLICATIONS ON aus und klicken dann auf das Icon von Jupyter Notebook (im Bild links oben).
- Im ENVIRONMENT-Bereich klicken Sie auf das Dreieckssymbol neben dem entsprechenden Environment und wählen dann OPEN WITH JUPYTER NOTEBOOK (siehe Abbildung 2.3).

Jupyter Notebook in der Cloud

Mit Anaconda haben Sie Jupyter Notebook lokal auf Ihrem Rechner installiert und sind damit mehr oder weniger unabhängig von einer Anbindung an das Internet. Da Jupyter Notebook jedoch eine Webapplikation ist, bietet es sich an, dieses Werkzeug in der Cloud zur Verfügung zu stellen. Das hat den Vorteil, dass Sie mehr Rechenpower einsetzen können, was vor allem beim Arbeiten mit tiefen neuronalen Netzen mit vielen Daten von Vorteil ist.

Erfreulicherweise gibt es eine Unmenge an Anbietern, die Ressourcen via Jupyter Notebook zur Verfügung stellen – allerdings sind diese ab einer gewissen Nutzungsintensität kostenpflichtig. Außerdem müssen Sie sich registrieren und oftmals auch eine Kreditkarte angeben. In Abschnitt 2.1.5, »Weitere Jupyter Notebook-Cloud-Ressourcen«, finden Sie eine (unvollständige) Liste von Anbietern.

Die Zellen eines Jupyter Notebooks

Ein Dokument, das mit Jupyter Notebook erstellt wird, besteht aus einer Liste von aufeinanderfolgenden Zellen. Diese Zellen können verschiedene Ausprägungen annehmen (siehe Abbildung 2.5). Wir interessieren uns hier nur für die zwei wichtigsten:

1. **Markdown-Zelle:** Dieser Zelltyp erlaubt es, einen erklärenden Text einzugeben. Er ist allerdings viel mächtiger, denn wir können den Text auch formatieren, um die Schriftart zu wechseln oder Fettdruck, Formeln, Weblinks, Bildern etc. darzustellen. Markdown ist eine Auszeichnungssprache, die mit dem Ziel entwickelt wurde, dass schon die Ausgangsform leicht lesbar ist. Diese besteht aus reinem Text inklusive Formatierungszeichen. Zum Beispiel erzeugt die Eingabe `**Fettdruck**` in einer Markdown-Zelle **Fettdruck**.
2. **Code-Zelle:** Mit Zellen dieser Art können Sie programmieren. Hier können Sie Python-Code eingeben. Natürlich können Sie auch hier Python-Kommentare eingeben, allerdings ohne Formatierungsmöglichkeit.

Beiden Zelltypen ist gemeinsam, dass ein Text eingegeben wird (entweder Text mit Formatierungszeichen oder Python-Code). Um den Inhalt dann als formatierten Text auszugeben oder den Code ablaufen zu lassen, muss die Zelle erst »ausgeführt« werden. Das heißt, der Prozess zur Übersetzung in formatierten Text bzw. zur Durchführung der Codeanweisung muss erst angestoßen werden, entweder durch eine Menüauswahl (CELL • RUN CELLS) oder durch eine Tastenkombination (⇧+↵).

Das Jupyter-Notebook-Dokument wird im sogenannten JSON-Format abgespeichert und hat die Dateierweiterung *.ipynb*. Das Dokument kann auf diese Weise einfach weitergegeben werden. Informationen zum JSON-Format finden sich auf der Website *http://www.json.org*. Wir gehen hier nicht näher darauf ein; gesagt sei nur so viel, dass es sich um ein schlankes Datenaustauschformat handelt, das für Menschen einfach zu lesen und zu schreiben ist und für Computer leicht zu übersetzen und zu erzeugen ist.

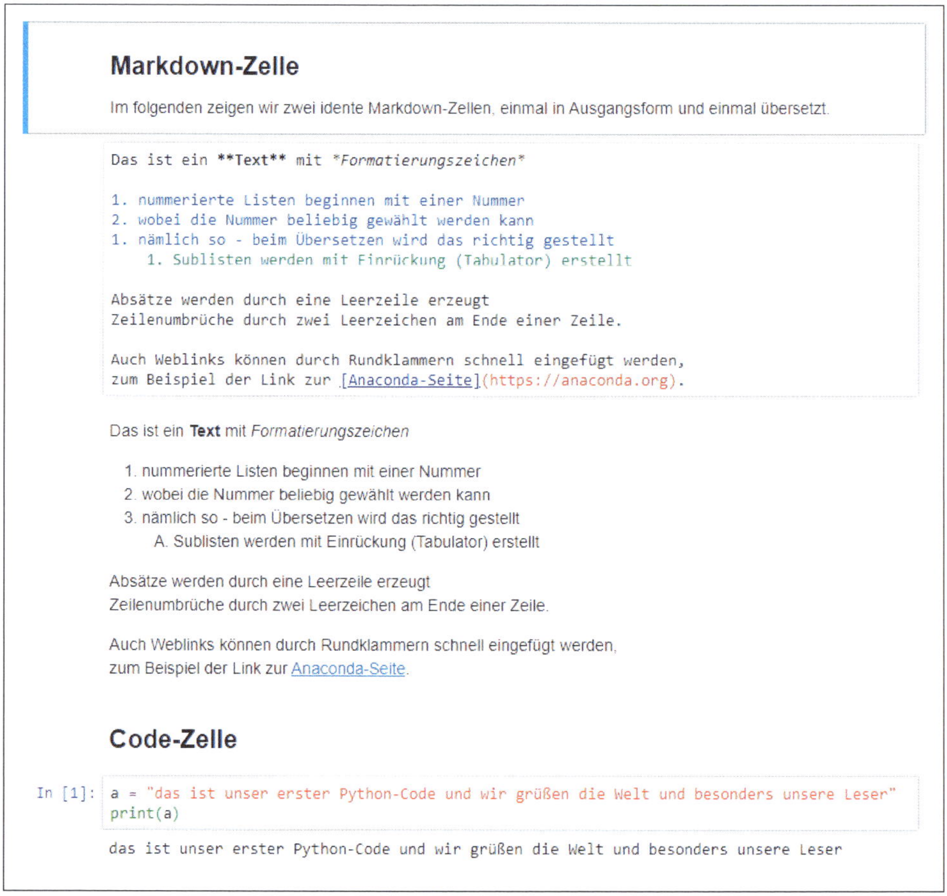

Abbildung 2.5 Markdown- und Code-Zellen in einem Jupyter-Notebook-Dokument

Aufgabe

Und los geht's. Starten Sie ein Jupyter Notebook, und versuchen Sie, die Inhalte von Abbildung 2.5 nachzubauen. Experimentieren Sie mit dieser Entwicklungsumgebung. Wer des Programmierens noch nicht so mächtig ist bzw. noch keine Erfahrung mit Python hat, kann sich jetzt Anhang A, »Python kompakt«, zu Gemüte führen und schon einige Codebeispiele im Jupyter Notebook ausprobieren.

Interaktives Python

Jupyter ist so konzipiert, dass man es mit verschiedenen Programmiersprachen verwenden kann, daher auch die Herkunft des Namens (siehe den Kasten »Der Begriff Jupyter«). Um andere Sprachen verwenden zu können, müsste der entsprechende Kernel installiert werden. Wir verwenden den Python-Kernel oder genauer gesagt den IPython-Kernel, wobei das »I« in IPython für »Interactive« steht. Dieser IPython-Kernel bietet uns noch erweiterte Funktionalitäten, die wir in den Notebooks zur Verfügung haben. Zumeist sind das Kommandos, die mit speziellen Zeichen, wie [%], [?], [!] oder auch der [⭾]-Taste aufgerufen bzw. kombiniert werden. Die Kommandos, die mit dem Präfix [%] aufgerufen werden, nennt man auch *Magic Functions*. Die Magic Function `%quickref`, die einfach in eine Code-Zelle eines Jupyter Notebooks eingegeben wird, liefert eine sehr gute Übersicht über die Interaktivitätsfunktionalitäten von Jupyter. Wir beschreiben im Folgenden einige wenige und wichtige Beispiele zum Zugriff auf die Dokumentation von Python-Funktionen bzw. zum Debuggen von Python-Code in Jupyter Notebooks.

Zugriff auf Hilfe und Dokumentation

In Bereich Data Science ist eine unglaubliche Fülle an Informationen vorhanden, die es auch einem erfahrenen Data-Science-Experten kaum möglich macht, alles im Kopf zu behalten. Viel wichtiger ist das effektive und schnelle Auffinden von Informationen, sei es im Internet, in Bedienungsanleitungen oder innerhalb der Entwicklungsumgebung.

Jupyter Notebooks bietet für den Benutzer einige einfache und schnelle Methoden, um Fragen zu beantworten, beispielsweise:

- Welche Argumente braucht dieser Funktionsaufruf?
- Wie wurde eine Funktion oder Klasse implementiert?
- Was enthält das importierte Modul an Funktionen, Methoden etc.?

Eine schnelle und nützliche Informationsquelle ist der *Docstring*, der eine knappe und präzise Zusammenfassung eines Objekts enthält. Die folgenden Codebeispiele zeigen, wie man schnell zu dieser Information kommt:

```
# Der Docstring kann mit der Funktion help ausgegeben werden
help(print)
# Ausgabe:
Help on built-in function print in module builtins:

print(...)
    print(value, ..., sep=' ', end='\n', file=sys.stdout, flush=False)

    Prints the values to a stream, or to sys.stdout by default.
    Optional keyword arguments:
    file:  a file-like object (stream); defaults to the current sys.stdout.
    sep:   string inserted between values, default a space.
    end:   string appended after the last value, default a newline.
    flush: whether to forcibly flush the stream.
```

Listing 2.1 Docstring-Ausgabe

Anstatt die Funktion `help()` aufzurufen, können Sie aber auch ganz einfach ein Fragezeichen ans Ende des Funktionsnamens setzen. Je nach Entwicklungsumgebung wird wird die Beschreibung in einer Ausgabezelle angezeigt, in einem Pop-up-Fenster oder in Jupyter Notebook in einem eigenen Ausgabebereich (siehe Abbildung 2.6).

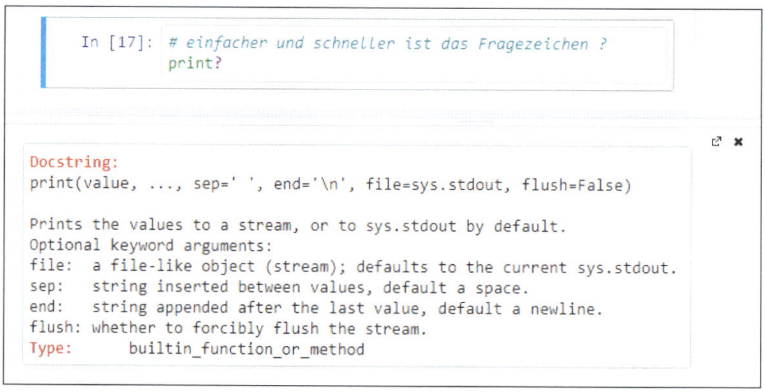

Abbildung 2.6 Ausgabebereich bzw. Pager im Jupyter Notebook

Das Fragezeichen kann sehr vielfältig eingesetzt werden. Es kann an Funktionen angehängt werden oder aber auch an Objekte, wie in Listing 2.2 zu sehen ist. Dabei gibt es im ersten Fall Information zur Funktion `myList.append` im Docstring-Format aus und im zweiten Fall Informationen über das Objekt `myList`, wie Typ, Form oder Länge.

```
# das Fragezeichen ? kann vielfältig eingesetzt werden
myList = ['NumPy', 'scikit', 'Keras', 'TensorFlow']
myList.append?
# Ausgabe: (im Pager-Fenster - ganz unten im Webbrowser)
Signature: myList.append(object, /)
Docstring: Append object to end of the list.
Type:      builtin_function_or_method

# oder einfach, um Informationen über ein Objekt zu erhalten
myList?
# Ausgabe: (im Pager-Fenster - ganz unten im Webbrowser)
Type:        list
String form: ['NumPy', 'scikit', 'Keras', 'TensorFlow']
Length:      4
Docstring:
Built-in mutable sequence.

If no argument is given, the constructor creates a new empty list.
The argument must be an iterable if specified.
```

Listing 2.2 Das Fragezeichen

Hinweis

Da sich die Open-Source-Welt sehr schnell ändert, können die hier dargestellten Ausgaben auf Ihrem Rechner je nach installierter Python-Version etwas anders aussehen. Die Ausgaben in diesem Listing zeigen Ausgaben in der Python-Version 3.7.

Jupyter Notebook bietet natürlich auch über die grafische Benutzeroberfläche eine Möglichkeit, schnell an Informationen über Funktionen und Objekte zu kommen. Setzen Sie den Cursor auf den Funktions- oder Objektnamen und drücken Sie die Tastenkombination [⇧]+[⇆], erscheint eine Ballonhilfe wie in Abbildung 2.7.

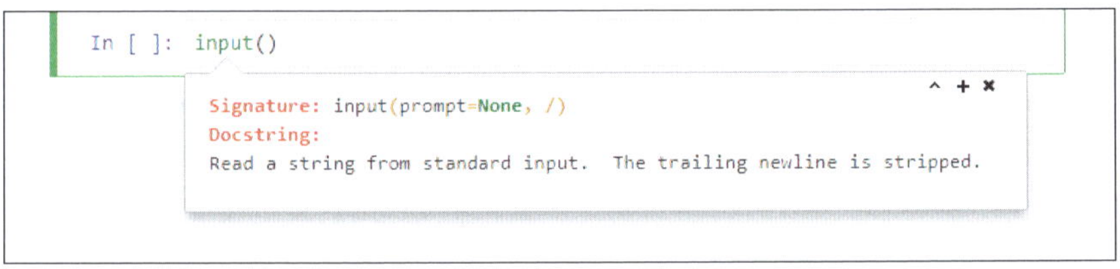

Abbildung 2.7 Kontexthilfe zur Built-in-Funktion »input()«

Aber auch die Tabulator-Taste ⭾ lässt Sie Inhalte von Modulen, Klassen oder Objekten erforschen. In Abbildung 2.8 sehen Sie eine Auflistung der Funktionen des Moduls `math` bei Eingabe von `m.` ⭾ in eine Code-Zelle von Jupyter.

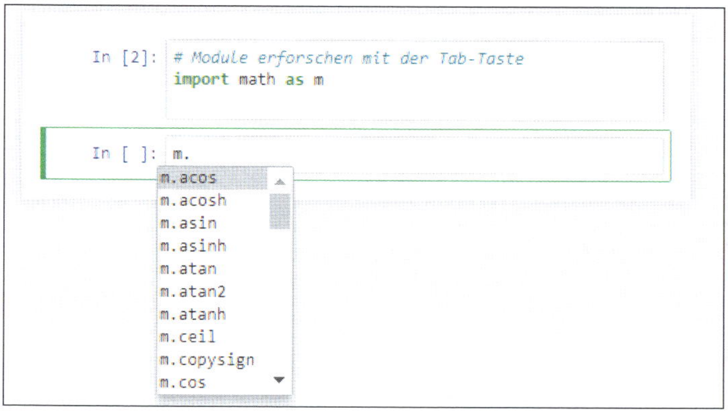

Abbildung 2.8 Mit der Tabulator-Taste lassen Sie sich die Attribute und Funktionen von Modulen auflisten ...

Das gilt natürlich auch für unser Listenobjekt `myList` aus Listing 2.2. In Abbildung 2.9 sehen Sie die Liste, die Sie durch Eingabe von `myList.` ⭾ erhalten.

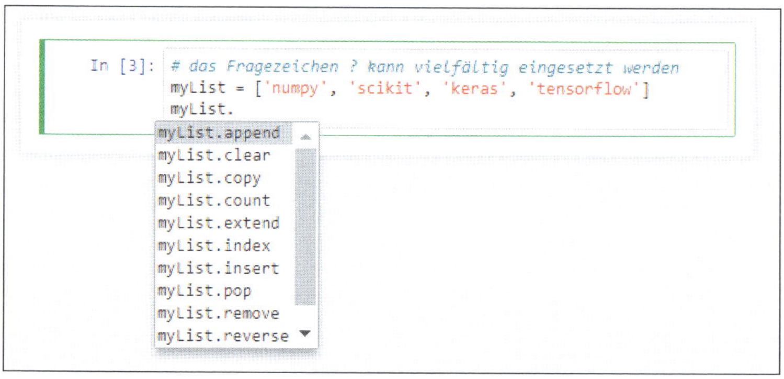

Abbildung 2.9 ... und auch von Objekten.

Fehler und Debugging

Für eine einfache Fehleranalyse gibt es die Magic Function `%xmode`, die es Ihnen erlaubt, die Menge der ausgegebenen Fehlerinformationen zu steuern. Diese Funktion verlangt eines der Argumente `Plain`, `Context` oder `Verbose`, die den Detaillierungsgrad an Debug-Informationen im Falle eines Fehlers steuern.

Debugging – Fun Fact

Unter *Debugging* versteht man in der Welt der Programmierung das Nachverfolgen des Anwendungsablaufs. Das wird vor allem dann gemacht, wenn die Anwendung nicht das tut, was sie sollte, beziehungsweise einen Fehler (also einen *Bug*) generiert. Der Ursprung des Wortes wird oft auf den 9. September 1945 datiert.

Man fand Ungeziefer (engl. *bug*), genauer gesagt eine Motte, in einem Relais eines Computers. Diese Motte war für einen Fehler verantwortlich, der diesen Computer lahmlegte. Abbildung 2.10 zeigt das damalige Logbuch mit der eingelegten Motte. Allerdings wurde der Begriff schon vorher in diesem Sinne verwendet; die damalige Mitarbeiterin fand es aber wie wir witzig, dass ein echter Bug zu einem Computerausfall führte.

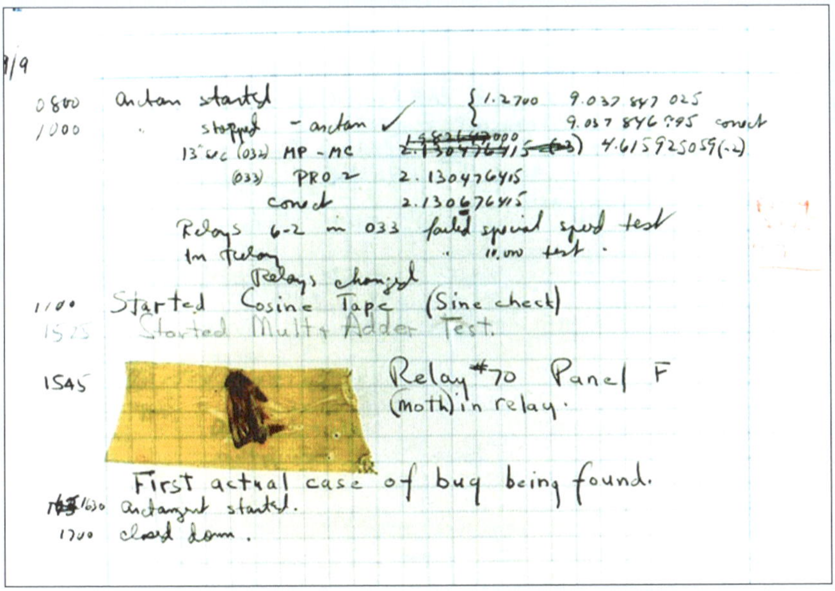

Abbildung 2.10 Der erste Bug in der Computergeschichte (Quelle: U.S. Naval Historical Center Online Library)

In den folgenden Beispielen sehen Sie die Auswirkungen der Argumente. Wir greifen hier schon ein bisschen auf die Python-Programmierung vor. Wenn Sie sich darin noch unsicher fühlen, verweisen wir Sie auf Anhang A.

In Listing 2.3 definieren wir zuerst eine einfache Funktion `avg_beelength()`, die die Aufgabe hat, die Mittelwerte der Längen unserer Bienen zu berechnen. Innerhalb dieser Funktion rufen wir dann die Funktion `fehlerfunc()` auf, wohl wissend, dass der Aufruf einen Fehler generieren könnte.

```
def fehlerfunc(x,y):
    return x/y

def avg_beelength(valuelist):
    total = sum(valuelist)
    count = len(valuelist)

    return fehlerfunc(total,count)

bees = (3, 3.5, 4.1, 5.2, 5, 2)
nobees = ()
avg_beelength(bees)
# Ausgabe:
3.8000000000000003
```

Listing 2.3 Die Funktion »avg_beelength« ohne Fehler

So weit, so gut: Listing 2.3 definiert unsere beiden Funktionen. Mit der Liste der Bienenlängen, bees, erhalten wir ein passables Ergebnis und vor allem keinen Fehler.

Sehen wir uns nun in Listing 2.4 an, welche Fehlermeldung angezeigt wird (abhängig vom eingestellten %xmode), wenn wir die gleiche Funktion mit nobees, also einer Liste ohne Werte, aufrufen:

```
# Das ist die Standardeinstellung
%xmode Context
avg_beelength(nobees)
# Ausgabe:
---------------------------------------------------------------------------
ZeroDivisionError                         Traceback (most recent call last)
<ipython-input-11-be3dced12b16> in <module>
      1 # Das ist die Standardeinstellung
      2 get_ipython().run_line_magic('xmode', 'Context')
----> 3 avg_beelength(nobees)

<ipython-input-10-185b8ad2cde6> in avg_beelength(valuelist)
      6     count = len(valuelist)
      7
----> 8     return fehlerfunc(total,count)
      9
     10 bees = (3, 3.5, 4.1, 5.2, 5, 2)
```

```
<ipython-input-10-185b8ad2cde6> in fehlerfunc(x, y)
      1 def fehlerfunc(x,y):
----> 2     return x/y
      3
      4 def avg_beelength(valuelist):
      5     total = sum(valuelist)

ZeroDivisionError: division by zero
# etwas kompaktere Fehlermeldung
%xmode Plain
avg_beelength(nobees)
# Ausgabe:
Exception reporting mode: Plain
Traceback (most recent call last):

  File "<ipython-input-12-fe49876a1c72>", line 3, in <module>
    avg_beelength(nobees)

  File "<ipython-input-10-185b8ad2cde6>", line 8, in avg_beelength
    return fehlerfunc(total,count)

  File "<ipython-input-10-185b8ad2cde6>", line 2, in fehlerfunc
    return x/y

ZeroDivisionError: division by zero

# ausführliche Fehlermeldung
%xmode Verbose
avg_beelength(nobees)
# Ausgabe:
Exception reporting mode: Verbose
---------------------------------------------------------------------------
ZeroDivisionError                         Traceback (most recent call last)
<ipython-input-13-3d86e356f330> in <module>
      1 # ausführliche Fehlermeldung
      2 get_ipython().run_line_magic('xmode', 'Verbose')
----> 3 avg_beelength(nobees)
        global avg_beelength = <function avg_beelength at 0x0000000004FE1B88>
        global nobees = ()
```

```
<ipython-input-10-185b8ad2cde6> in avg_beelength(valuelist=())
      6     count = len(valuelist)
      7
----> 8     return fehlerfunc(total,count)
        global fehlerfunc = <function fehlerfunc at 0x000000000500BDC8>
        total = 0
        count = 0
      9
     10 bees = (3, 3.5, 4.1, 5.2, 5, 2)

<ipython-input-10-185b8ad2cde6> in fehlerfunc(x=0, y=0)
      1 def fehlerfunc(x,y):
----> 2     return x/y
        x = 0
        y = 0
      3
      4 def avg_beelength(valuelist):
      5     total = sum(valuelist)

ZeroDivisionError: division by zero
```

Listing 2.4 Fehlermeldungen mit unterschiedlichem Detailgrad

In allen Modi wird ein sogenannter *Stacktrace* bzw. *Traceback* angezeigt, der den Fehlerverlauf anzeigt. Er beginnt mit der Funktion auf der obersten Ebene und geht bis zum letzten Element, das den Fehler ausgelöst hat. In unserem Fall ist das `return x/y` in der Funktion `fehlerfunc()`.

Der Standardmodus `Context` liefert aber nicht nur die Funktionenfolge wie im Modus `Plain`, sondern auch die unmittelbare Umgebung im Programmcode. Damit findet man zum einen die Programmstellen leichter, zum anderen liegt die Fehlerursache oft in der unmittelbaren Umgebung.

Der Modus `Verbose` zeigt uns noch mehr, nämlich den Wert der lokalen Variablen. Es zeigt in den letzten Zeilen, dass die Werte für `x` und `y` gleich 0 sind. Damit ist uns die Ursache schon klar – wir haben durch die Zahl 0 dividiert (*Division by Zero*), was natürlich nicht geht.

Wird der Code allerdings komplexer, kann die Analyse der Fehlermeldung sehr schwierig werden, da der Traceback extrem lang werden kann.

Traceback (bzw. Stacktrace)

Der Traceback ist ein Werkzeug zur Rückverfolgung eines Programmfehlers. Ausgehend vom Auftreten des Fehlers werden alle daran beteiligten Funktionen angezeigt, was die Rückverfolgung bis zur Fehlerursache ermöglicht. Je komplexer und verschachtelter der Programmcode ist, desto länger werden solche Stacktraces.

Manchmal liefert der Code keinen Fehler, tut aber trotzdem nicht ganz das, was man eigentlich erreichen wollte. Um dann genauere Informationen zu erhalten, was alles bei der Ausführung des Programmcodes passiert, verwendet man einen *Debugger*. Im Jupyter Notebook wird der interaktive Debugger mit dem Befehl `%debug` gestartet.

Rufen wir nun diesen interaktiven Debugger auf, dann wird ein Kommandozeilenfenster geöffnet mit dem Prompt `ipdb>`. In dieser Kommandozeile können wir Befehle eingeben, die uns unter anderem die Inhalte unserer Variablen anzeigen. Somit können wir hoffentlich erkennen, wo der Fehler liegt. Listing 2.5 zeigt, wie der interne Debugger zu verwenden ist.

In unserem Traceback erkennen wir, dass wir zumindest zwei Stufen haben. Die letzte zeigt in der Funktion `fehlerfunc(x,y)`, wo genau der Fehler passiert ist. Hier haben wir Zugriff auf alle Variablen innerhalb der Funktion, also `x`, `y`, und natürlich auf eventuelle globale Variablen. Wollen wir eine Stufe höher gehen, in diesem Fall in die Funktion `avg_beelength()`, so müssen wir innerhalb des Debuggers den Befehl `up` eingeben. Mit der Ausgabe der Variablen `count` und `total` auf dieser Stufe ergibt dies beide Male `0` und führt uns zum eigentlichen Fehler, nämlich zur Eingabe einer leeren Liste.

```
%debug

# Ausgabe:
> <ipython-input-1-78d6430f450b>(2)fehlerfunc()
      1 def fehlerfunc(x,y):
----> 2     return x/y

ipdb> print(x, y)
0
ipdb> print(count)
*** NameError: name 'count' is not defined

ipdb> up
> <ipython-input-10-185b8ad2cde6>(8)avg_beelength()
      6     count = len(valuelist)
      7
```

```
---->  8     return fehlerfunc(total,count)
       9
      10 bees = (3, 3.5, 4.1, 5.2, 5, 2)

ipdb> print(total, count)
0 0
ipdb> quit
```

Listing 2.5 Die Verwendung des interaktiven Jupyter Debuggers

Natürlich könnte man wie immer Bücher über das Thema Fehleranalyse und Debugging schreiben. Für unsere Zwecke reichen die hier vorgestellten Werkzeuge aber aus.

2.1.3 Wichtige Python-Module

In diesem Abschnitt beschreiben wir in aller Kürze die für dieses Buch wichtigen Python-Module. Für jedes dieser Module gibt es sogenannte *Cheat Sheets*, die auf einer DIN-A4-Seite die wichtigsten Funktionen und Klassen zu einem Modul beispielhaft zeigen. Sie finden sie unter *https://www.datacamp.com/community/data-science-cheatsheets*. Dennoch sei an dieser Stelle bereits gewarnt, dass wir im Verlauf des Buches Elemente aus Modulen verwenden, die wir nicht extra vorstellen oder genauer beschreiben. Diese Arbeitsweise ist durchaus typisch in Python-Projekten, da es fast zu jeder Aufgabe eine Bibliothek gibt, die einfach zu verwenden ist und uns eine Menge Arbeit erspart, genauer gesagt: Wir müssen nicht selbst programmieren.

NumPy

NumPy steht für *Numerical Python* und hat für das wissenschaftliche Rechnen eine große Bedeutung. Dieses Modul enthält eine optimierte Datenstruktur für mehrdimensionale Matrizen und die dazugehörigen Funktionen der linearen Algebra.

Das Herzelement dieses Moduls ist die Klasse `ndarray` für mehrdimensionale Matrizen.

Sie finden NumPy unter *http://www.NumPy.org*.

matplotlib

Dieses Modul erlaubt die Erstellung von wissenschaftlichen Diagrammen und Visualisierungen. Es stellt Funktionen für Liniendiagramme, Histogramme und Streudiagramme zur Verfügung. Wird matplotlib mit Jupyter Notebook verwendet, so können die Visualisierungen direkt im Notebook dargestellt werden.

Sie finden matplotlib unter *http://www.matplotlib.org*.

scikit-learn

scikit-learn ist ein sehr beliebtes Werkzeug und enthält eine große Anzahl an modernen Machine-Learning-Algorithmen. Es ist gleichermaßen in der Industrie und im Universitätsbereich in Verwendung.

Sie finden scikit-learn unter *https://scikit-learn.org*.

pandas

pandas erlaubt die Datenvorverarbeitung und Zusammenführung von Daten aus unterschiedlichen Quellen. Im Besonderen können Daten durch eine SQL-ähnliche Sprache mittels Abfragen und dem Zusammenführen von Tabellen zu den Strukturen `Series` (eindimensional), `DataFrames` (zweidimensional) und `Panels` (dreidimensional) eingelesen werden. Vor allem die `DataFrames` sind für uns von Bedeutung.

Sie finden pandas unter *https://pandas.pydata.org*.

TensorFlow

TensorFlow ist eigentlich ein ganzes Paket an Bibliotheken, Online-Ressourcen etc., das wir genauer in Anhang C beschreiben werden. Google ist es zu verdanken, dass wir damit für das Deep Learning entwickelte Machine-Learning-Bibliotheken zur Verfügung haben. Die Berechnungen erfolgen mit sogenannten *Datenflussgraphen* (engl. *data flow graphs*). Ein Graph wiederum besteht aus Knoten, die durch Kanten verbunden sind. Jeder mit TensorFlow berechnete Algorithmus besteht aus mathematischen Operationen (repräsentiert als *Knoten*) und Daten (repräsentiert als *Kanten*). Damit lassen sich alle Berechnungen von einer einfachen Summe bis zu hochkomplexen Matrixoperationen durchführen und darstellen.

Im Buch verwenden wir die Version TensorFlow 2, die eine von Francois Chollet entwickelte Keras-Bibliothek zur einfacheren Handhabung von Deep Neural Nets enthält.

Sie finden das Framework unter *http://www.tensorflow.org*.

Keras

Keras ist eine eigenständige Bibliothek, die mit verschiedenen Neuronale-Netze-Modulen arbeiten kann, wie zum Beispiel mit TensorFlow, MXNet oder Theano. Diese Module werden als *Backends* bezeichnet. Mit dem Release TensorFlow 2 hat Google Keras vollständig integriert. Keras wird aber auch als eigenständige Bibliothek weitergeführt, obwohl auch Francois Chollet den Benutzern vorschlägt, in Zukunft nur mit TensorFlow 2 zu arbeiten.

Sie finden die Bibliothek und ihre Dokumentation hier:

- *http://www.keras.io*
- *https://www.tensorflow.org/guide/keras*

2.1.4 Die Google Colab-Plattform für Jupyter Notebooks

Sie wissen nun, dass Jupyter Notebooks eine webbasierte Entwicklungsumgebung ist. Der dazu notwendige Webserver kann lokal auf Ihrem eigenen Rechner laufen. Anaconda hilft Ihnen bei der Bereitstellung der notwendigen Applikationen. Als webbasierte Anwendung können Sie diese Entwicklungsumgebung aber auch in der Cloud laufen lassen. Wir empfehlen Ihnen dazu Google Colab – nicht, weil wir von Google bezahlt werden, sondern weil es folgende Vorteile bietet:

- **Einheitliche Plattform:** Alle Leser und Leserinnen haben die gleiche Plattform und Installation. Wichtige Bibliotheken, wie TensorFlow, Keras, pandas etc. sind bereits mit ihren aktuellen Versionen installiert.
- **GPU/TPU-Unterstützung:** Google Colab bietet einen kostenlosen Zugang zu leistungsstarken Hardwarebeschleunigern (GPUs/TPUs), die für das Trainieren von neuronalen Netzen unerlässlich sind.
- **Freigabe und Zusammenarbeit:** Ähnlich wie Google Docs können Jupyter Notebooks geteilt und gemeinsam bearbeitet werden. Finden sich Lesergruppen, die gemeinsam ein Projekt angehen?
- **Integration in Google Drive:** Notebooks und Daten können in Google Drive gespeichert werden und dort direkt geöffnet bzw. verwendet werden.

Sehen wir uns dazu erst einmal in Abbildung 2.11 an, wie Abbildung 2.5 im Google Colab-Kleid aussieht:

An dieser Abbildung fällt auf, dass Google Colab für die Markdown-Zellen einen Editor integriert hat. Somit können wir wie gehabt Markdown-Elemente verwenden, müssen sie aber nicht auswendig lernen, denn mit dem Editor würden die Markdown-Kommandos automatisch eingefügt.

Wir raten Ihnen, alle Eigenschaften und Funktionen von Google Colab selbstständig zu erforschen. Hier weisen wir nur auf die wichtigsten Elemente hin, die das Arbeiten mit diesem Werkzeug vereinfachen.

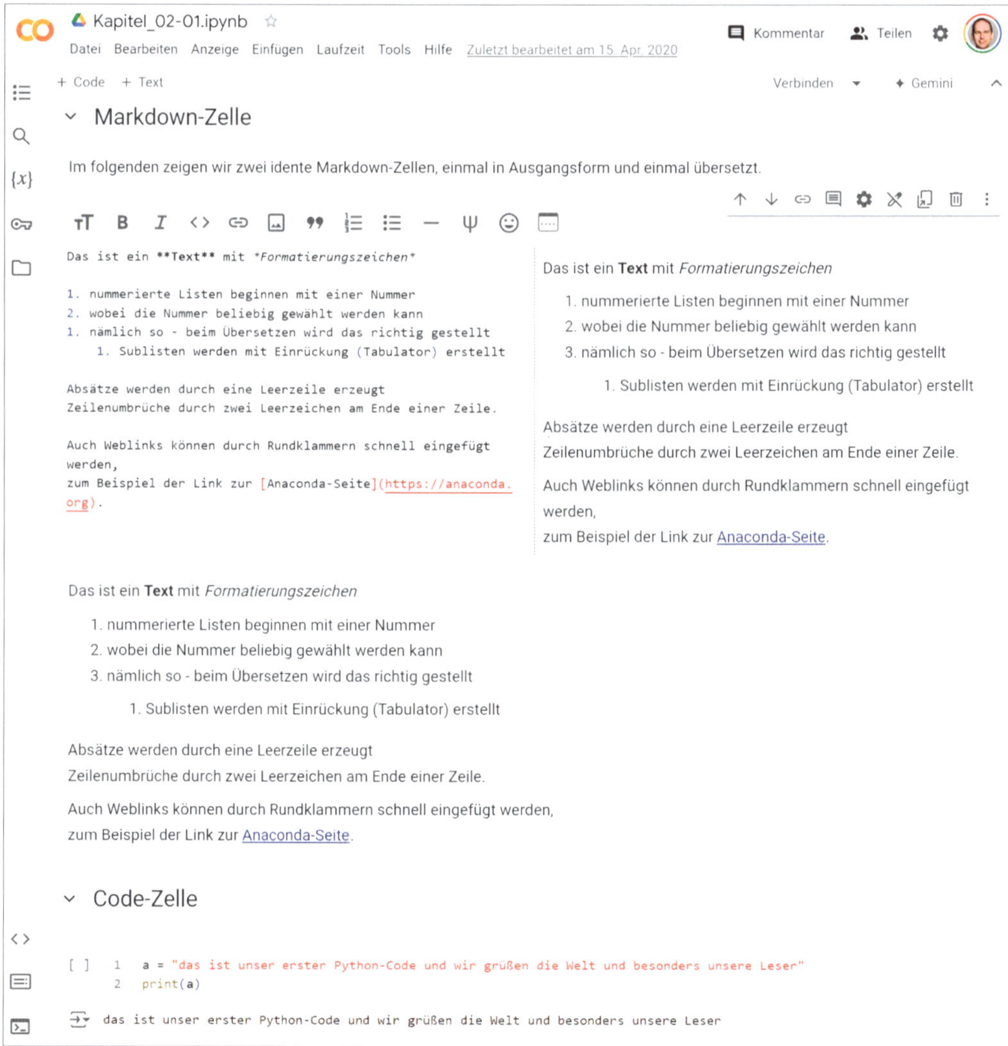

Abbildung 2.11 Jupyter Notebook in Google Colab

Verzeichnis und Google Drive-Verbindung

Die vertikale Toolbar ganz links enthält einen Button mit einem Aktenordner-Symbol. Dieser Button blendet die Verzeichnisstruktur, in der dieses Jupyter Notebook läuft, ein oder aus.

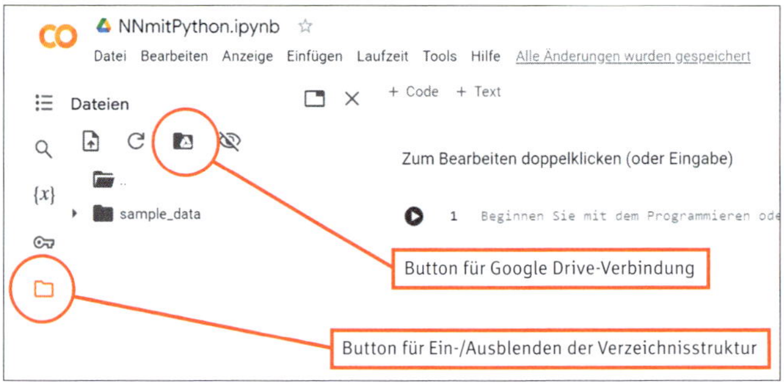

Abbildung 2.12 Buttons für dise Verzeichnisstruktur und die Google Drive-Verbindung

Um eigene Daten in diese Verzeichnisstruktur einzufügen, reicht es, die gewünschte Datei in den ausgeklappten Bereich der Verzeichnisstruktur zu ziehen. Sie können dasselbe auch über folgende Programmzeilen in einer Code-Zelle erreichen:

```
from google.colab import files
uploaded = files.upload()

for fn in uploaded.keys():
  print('Datei "{name}" mit Länge {length} bytes'.format(name=fn, length=
len(uploaded[fn])))
```

Listing 2.6 Öffnen eines Auswahlfensters zum Laden von lokalen Dateien

Ähnlich funktioniert auch das Speichern von Dateien von der Google Colab-Umgebung auf den lokalen Rechner: entweder manuell, indem Sie mit der rechten Maustaste auf die Datei klicken und den Menüpunkt HERUNTERLADEN wählen, oder über im Programm über eine Code-Zelle:

```
from google.colab import files

with open('Beispiel.txt', 'w') as f:
    f.write('Neuronale Netze sind beeindruckend!')

files.download('Beispiel.txt')
```

Listing 2.7 So speichern Sie Dateien von der Google Colab-Umgebung auf das lokale Dateisystem.

Wollen Sie Ihr Notebook mit Google Drive verbinden, klicken Sie auf den in Abbildung 2.12 markierten Button. Diese Verbindung wird durch den Ordner *drive* in der Verzeichnisstruktur angezeigt, der in Abbildung 2.13 zu sehen ist.

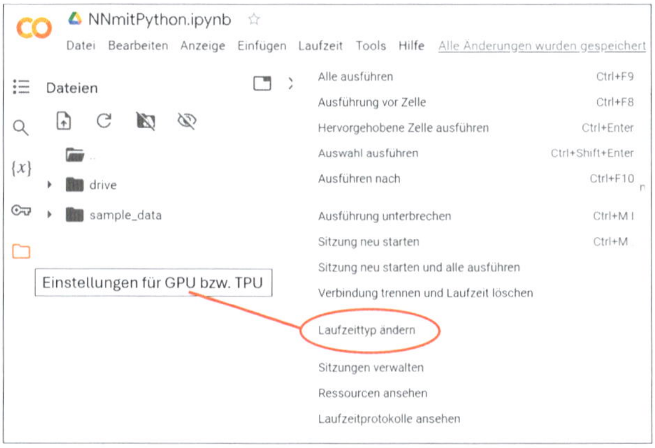

Abbildung 2.13 Menüpunkt zur Einstellung von GPU oder TPU

Nun haben Sie viel Speicherplatz für die oft großen Trainingsdaten für neuronale Netze zur Verfügung.

Kostenlose GPU bzw. TPU

Möchten Sie in den Genuss einer kostenlosen GPU oder TPU kommen, so rufen Sie in der horizontalen Menüleiste den Menüpunkt LAUFZEIT auf, der Ihnen die Möglichkeit bietet, sden Laufzeittyp zu ändern (siehe Abbildung 2.13). Wichtig ist, diese Änderung vor dem Arbeiten mit dem Notebook durchzuführen. Wird der Laufzeittyp geändert, so startet das Notebook neu und löscht alle bisherigen Abläufe und Ausführungen.

Wir müssen noch erwähnen, dass die GPU Ihnen nur für begrenzte Zeiträume von ein paar Stunden zur Verfügung steht. Ein Trainieren von neuronalen Netzen ist daher nicht möglich, es sei denn, Sie wählen eine bezahlte Version von Google Colab. Für die Beispiele in diesem Buch ist die kostenlose Version jedoch völlig ausreichend.

Ausführen von Code-Zellen

Abbildung 2.13 zeigt das Untermenü des Menüpunkts LAUFZEIT. In seinem oberen Bereich können Sie durch Auswahl des entsprechenden Menüpunkts oder durch die entsprechende Tastenkombination einzelne oder alle Zellen ausführen. Jede Code-Zelle ist zusätzlich mit einem Button mit dem Zeichen für das Starten ausgestattet, der sich links von der Code-Zelle befindet – ein weiterer Weg, um eine Code-Zelle auszuführen.

2.1.5 Weitere Jupyter Notebook-Cloud-Ressourcen

Die folgende Liste ist ein guter Startpunkt, aber aus mehreren Gründen unvollständig. Zum einen gibt es eine fast unüberschaubare Anzahl an Anbietern, zum anderen bieten die angegebenen Webseiten viel mehr als nur Jupyter Notebooks an. Wir haben einige ausgewählt, die bis zu einem gewissen Grad die Ressourcen gratis zur Verfügung stellen.

Jupyter Community

Zuerst muss natürlich die Webseite der *Jupyter Community* erwähnt werden, die Jupyter-Ressourcen zur Verfügung stellt – allerdings ohne GPU-Unterstützung und eigentlich nur zum Ausprobieren.

- *https://jupyter.org/try*

Kaggle

Kaggle ist eine Data-Science-Plattform, die sich ursprünglich auf Machine Learning Competitions spezialisiert hatte. Sie ist inzwischen eigentlich ein Muss, wenn Sie Expertenwissen in der Data Science erwerben wollen.

- *https://www.kaggle.com/notebooks*

Microsoft Azure

Auch Microsoft ist mit *Azure* sehr stark in der Machine-Learning-Szene vertreten.

- *https://notebooks.azure.com*

Amazon SageMaker

Wie viele Cloud-Anbieter hat auch Amazon mit Amazon Web Services (AWS) – einer davon ist der SageMaker – Jupyter Notebooks im Portfolio.

- *https://aws.amazon.com/de/sagemaker*

2.2 Zusammenfassung

Dieses Kapitel bot Ihnen eine Einführung in den Anaconda Navigator, in Jupyter Notebook und dazugehörige Jupyter Notebook-Cloud-Ressourcen, die zusammen eine komfortable technische Entwicklungsumgebung für die Programmiersprache Python darstellen. Um eine kleine Einführung in Python zu erhalten, können Sie jetzt zu Anhang A, »Python kompakt«, vorblättern.

Python bietet eine Unmenge an Bibliotheken. Die wichtigsten für die Programmierung von neuronalen Netzen haben wir hier kurz beschrieben, mit Verweisen auf sehr gute Tutorials. Eine Liste mit weiteren Anbietern von Jupyter Notebooks in der Cloud vervollständigte dieses Kapitel.

Kapitel 3

Ein einfaches neuronales Netz

Ein erster Schritt: ein einfaches Netz, das die Einordnung von »Dingen« in zwei Kategorien ermöglicht.

Dieses Kapitel beschreibt die einfachste Form neuronaler Netze, die sogenannten *Perceptrons*, die auch als *lineare Klassifizierer* bezeichnet werden. Wir werden Schritt für Schritt mit Bildern und Codes die Funktionsweise der Perceptrons erarbeiten. Einfache Beispiele erläutern die Materie, und am Ende können Sie einem fahrenden Roboter beibringen, Löcher zu erkennen oder es zu vermeiden, in die Wand zu fahren.

3.1 Vorgeschichte

Stellen Sie sich vor, Sie müssen keine Planung mehr machen, weil ein neuronales Netz diese für Sie übernimmt. Lassen Sie uns diese Art von Planung als »automatische Planung« bezeichnen. Das Szenario sieht folgendermaßen aus: Personen sollen nach individuellen Terminwünschen und unternehmerischen Bedarfen so geplant werden, dass der unternehmerische Zweck mithilfe ebendieser Personen umgesetzt werden kann. Beispiele dafür sind die *Personaleinsatzplanung* eines Tante-Emma-Ladens oder der Stundenplan in einer Schule.

3.2 Her mit dem neuronalen Netz!

Eine Frage vorweg: Wie würden Sie die zwei Gruppen in Abbildung 3.1 voneinander trennen, wenn Sie einen Stift und ein Lineal verwenden dürften? Und wenn Sie das geschafft haben – finden Sie noch weitere Möglichkeiten?

Abbildung 3.1 Linea(l/r)e Trennung

Für uns Menschen ist es denkbar einfach, diese Aufgabe zu lösen. Wir sehen sofort, dass zwei Gruppen vorhanden sind, die wir einfach durch eine *Gerade* trennen können. Doch wie kann dieser Vorgang maschinell durchgeführt werden, welche Ansätze stehen dafür zur Verfügung? Die sperrige Antwort lautet je nach Fachgruppe:

- Computerwissenschaftler: durch einen *Klassifikator*
- Statistiker: durch einen *linearen Diskriminator*
- Data Scientist: durch ein *Perceptron*, ein spezielles KNN
- [Wählen Sie bitte Ihre Fachgruppe]: [Wählen Sie bitte Ihren Ansatz]

Wir werden natürlich die Linie des Data Scientists weiterverfolgen. Aber was ist mit *Perceptron* gemeint? Diese Frage wird uns bis zum Ende dieses Kapitels beschäftigen, und zwar mit folgendem Beispiel:

Die Filialleiterin (Frau Äppel) eines kleinen Ladens hat zwei Mitarbeiter zu planen: Herrn Lauch und Frau Karotte. Beide haben von Montag bis Freitag prinzipiell Zeit zum Arbeiten. Samstags und natürlich am Sonntag ist der Laden zu. Frau Äppel hätte gerne jeden Tag **mindestens einen** Mitarbeiter zur Seite, also zum Beispiel am Montag

- Frau Karotte allein
- oder Herrn Lauch allein
- oder beide gemeinsam, aber sicher mindestens einen von beiden

Wenn man das so hört, klingt es ein wenig kompliziert. Einfacher ist das Problem zu verstehen, wenn wir es in Form von Tabelle 3.1 aufschreiben:

Frau Karotte	**Herr Lauch**	**-->**	**Montag**
nicht anwesend	nicht anwesend	-->	**nicht okay**
anwesend	nicht anwesend	-->	**okay**
nicht anwesend	anwesend	-->	**okay**
anwesend	anwesend	-->	**okay**

Tabelle 3.1 Erster Personalplan

Wenn Frau Karotte und Herr Lauch nicht anwesend sind, dann ist der Wunsch von Frau Äppel nicht erfüllt. Es ist keiner da zum Helfen, und nach so einem Tag ist Frau Äppel »nicht okay«, da sie alles allein machen muss. Besser ist es, wenn zum Beispiel Frau Karotte anwesend ist, denn das ist auf alle Fälle »okay« für Frau Äppel.

Mit dieser Tabellendarstellung sind die möglichen Kombinationen schon viel einfacher zu verstehen. Aber optimal ist das immer noch nicht. Ein KNN kann mit den Begriffen »nicht anwesend«, »anwesend«, »nicht okay« und »okay« nicht rechnen, und daher müssen wir uns eine andere Darstellung mit Zahlen überlegen.

Anmerkung am Rande: Datenaufbereitung

Dieser Schritt der Datenaufbereitung ist einer der schwierigsten Schritte im Gesamtprozess des Arbeitens mit KNN. Woher soll man bitte wissen, in welches Format die Daten für das KNN zu transformieren sind? Woher soll man wissen, was aus »anwesend«/ »nicht anwesend« werden soll? In Teil II werden wir uns dieses Thema noch genauer vornehmen.

Ohne jetzt großartig eine Theorie zur Datenvorverarbeitung für das Arbeiten mit KNN zu entwickeln, stellen wir aber trotzdem die Frage, wie man Text wie »okay« oder »nicht okay« als KNN-Input passend aufbereitet: Haben Sie dazu eine Idee? Wie könnte die Vorverarbeitung aus Ihrer Sicht aussehen? Bitte kurz nachdenken!

Danke für das Nachdenken, wir haben uns dazu folgenden Vorschlag überlegt: Wenn ein Mitarbeiter *anwesend* ist, dann schreiben wir »1«, und wenn der Mitarbeiter *nicht anwesend* ist, »0«. Diese Festlegung scheint möglicherweise willkürlich, und in der Tat ist sie das auch. Jedoch ist der Wert 1, wenn etwas »an« oder »gut« ist, passend für das positive Ereignis, und 0 für »aus« oder »schlecht« auch intuitiv nachvollziehbar. Daher passt diese Zuordnung in diesem Kontext aus unserer Sicht ganz gut. Andererseits ersetzen wir »nicht okay« durch »0« und »okay« durch »1«, um darzustellen, wie das gewünschte Ergebnis der Planung aussehen sollte.

Wenn wir unsere Überlegungen wieder im Tabellenformat darstellen, bekommen wir die Inhalte in Tabelle 3.2:

Frau Karotte	Herr Lauch	-->	Montag
0	0	-->	0
1	0	-->	1
0	1	-->	1
1	1	-->	1

Tabelle 3.2 Zweiter Personalplan mit KNN-geeigneter Codierung

Damit können wir nun rechnen. Moment einmal, wieso rechnen? Wir wollen einem KNN beibringen, dass es **nicht okay** ist, wenn **kein Mitarbeiter** da ist, und dass die Situation in allen anderen Anwesenheitskonstellationen immer **okay** ist. Das heißt, dass wir uns eine Berechnung überlegen müssen, um das gewünschte Ergebnis zu bekommen. Fürs Erste beginnen wir ohne ein KNN, also so richtig mit Nachdenken und Selberrechnen. Das wird superwichtig für das Verständnis der eigentlich sehr einfachen Berechnungen, die in einem KNN durchgeführt werden.

Der erste Versuch könnte darin bestehen, dass Frau Karotte und Herr Lauch zusammengezählt werden – es werden nicht wirklich die Personen summiert, sondern die Anwesenheit der beiden. Das Ergebnis wird dann von dieser Summe mit einer einfachen Regel abgeleitet, die da lautet: »Wenn die Summe größer gleich 1 ist, dann ist das Ergebnis 1, ansonsten ist das Ergebnis 0.«

Sehen wir uns das Ganze nun in Form von Tabelle 3.3 an:

Frau Karotte	Berechnung	Herr Lauch	-->	Summe	Ergebnis
0	+	0	=	0	0
1	+	0	=	1	1
0	+	1	=	1	1
1	+	1	=	2	1

Tabelle 3.3 Errechneter Personalplan aus den Anwesenheiten

Diese Überlegungen könnten wir natürlich in Form eines Netzes darstellen, so wie es in Abbildung 3.2 zu sehen ist, um eine andere Sicht als die der Tabellendarstellung zu erhalten. Wir wollen uns ja schrittweise der KNN-Visualisierung nähern.

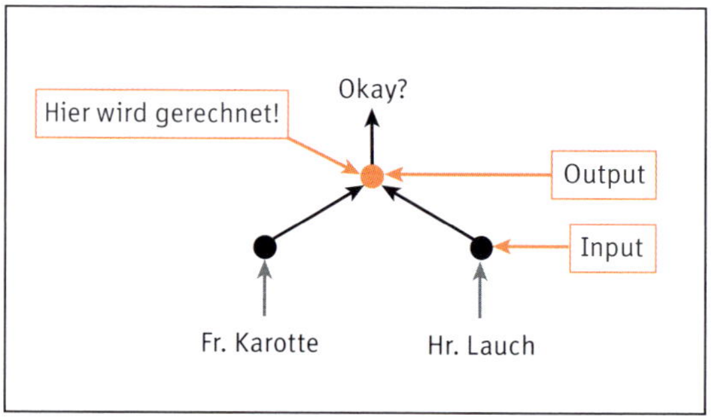

Abbildung 3.2 Die Entscheidung für Frau Karotte und Herrn Lauch berechnen

Diese Art der Darstellung ist nicht mehr weit weg von der Darstellung eines KNN. Wir müssen noch ein paar Details ergänzen, aber im Prinzip sind wir schon fertig – fast.

3.3 Neuron-Zoom-in

Eines der Details, die noch zu ergänzen sind, betrifft die Art der Berechnung. Sehen wir uns das Neuron genauer an.

Aus Tabelle 3.3 wissen wir, dass wir eine Berechnung und dann eine Entscheidung benötigen. Diese Erkenntnis ergänzen wir in der Darstellung des Berechnungsknotens in Abbildung 3.3.

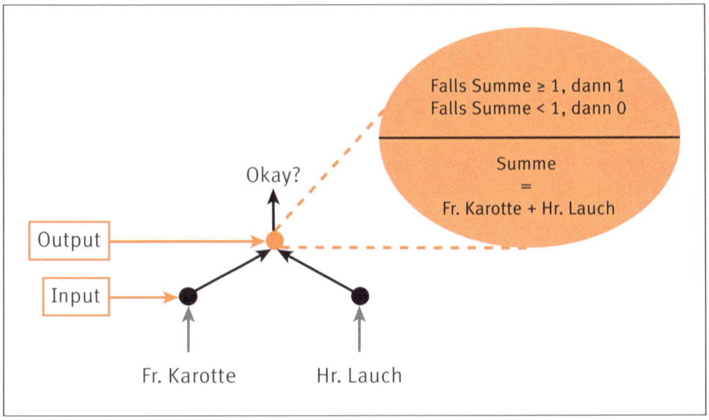

Abbildung 3.3 Die Ergebnisberechnung für Frau Karotte und Herrn Lauch im Detail

Um die Details zum Berechnungsknoten so in Form zu bringen, dass ein Python-Programm damit umgehen kann, benötigen wir eine Formel bzw. eine Rechenvorschrift, und die könnte so aussehen:

$$Summe = Fr.Karotte + Hr.Lauch$$

und

$$Ergebnis = Entscheidung(Summe)$$

wobei

$$Entscheidung = \begin{cases} 1, & \text{falls } Summe \geq 1 \\ 0, & \text{falls } Summe < 1 \end{cases}$$

Noch ein Wort zu der Zeile *Ergebnis = Entscheidung (Summe)*: Wir haben die sogenannte *Funktionsschreibweise* für die Berechnung der Entscheidung verwendet. Diese besagt nur, dass das Ergebnis der Funktion *Entscheidung* von der *Summe* abhängt. Oder anders gesagt, dass das Ergebnis der Funktion *Entscheidung* in Abhängigkeit von der *Summe* ermittelt wird. Sehr oft werden die Funktionen mit $f(x)$ bezeichnet, wie zum Beispiel $f(x) = x^2$. Das besagt nur, dass die Funktion f in Abhängigkeit von x definiert ist.

Die Funktionsschreibweise kann direkt in die Python-Programmierung übernommen werden. Wir machen das nun und definieren uns eine Funktion mit der eben beschriebenen Funktionalität. Falls Sie Ihr Jupyter Notebook noch nicht gestartet haben, dann bitten wir Sie, das nun zu erledigen. Sie können auch gerne nochmals zu Kapitel 2, »Das minimale Starterkit für die Entwicklung von neuronalen Netzen mit Python«, blättern und die Details nachlesen. Wir werden die Programmbeispiele in unterschiedlichen Notebooks organisieren, wobei wir pro Kapitel ein Notebook vorgesehen haben. Ihr nächster Schritt besteht somit darin, dass Sie sich ein neues Notebook anlegen (siehe Abbildung 3.4).

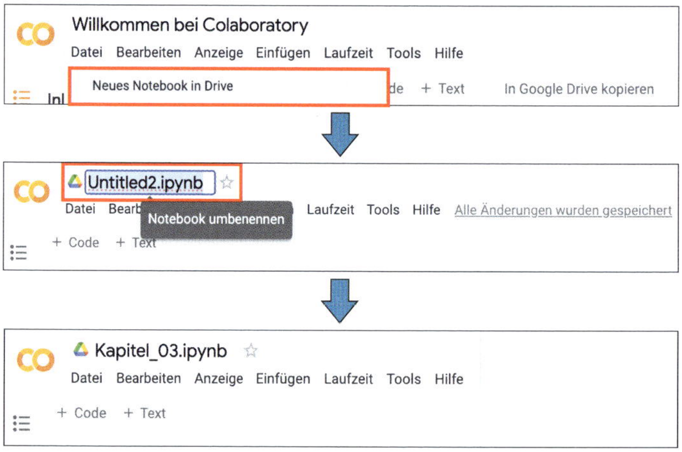

Abbildung 3.4 Das Notebook »Kapitel_03« anlegen

Nutzen Sie dazu im Menü DATEI den Menüeintrag NEUES NOTEBOOK IN DRIVE. Daraufhin erzeugt Colab das neue Notebook, und Sie können mittels Mausklick auf den Text UNTITLED.IPYNB einen Namen für das Notebook vergeben, zum Beispiel »Kapitel_03«.

Sie können den Text direkt überschreiben. Damit wird das Notebook in »Kapitel_03« umbenannt, und Sie können mit dem Programmieren beginnen. Wir werden zwei Zellen verwenden; die erste Zelle enthält die Überschrift und die zweite Zelle den Code.

Wir werden die Zelle als TEXT-Zelle einfügen (siehe Abbildung 3.5), um dem Code in der folgenden Zelle eine Überschrift zu spendieren. Klicken Sie dazu auf den Button + TEXT.

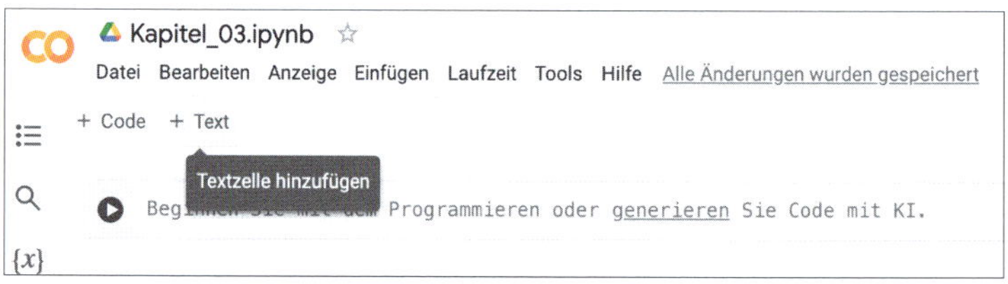

Abbildung 3.5 Eine Zelle mit »Text« einfügen

Nachdem dies geschehen ist, können Sie die Auszeichnungselemente für eine Überschrift in der Zelle eingeben, zum Beispiel ein »#« für eine Überschrift der Ebene 1 und, durch ein Leerzeichen getrennt, den Text für die Überschrift (siehe Abbildung 3.6). Natürlich können Sie auch die Texteditor-Toolbar von Colab verwenden, um die Formatierungen durchzuführen. Rechts neben der Eingabe erscheint bereits die Vorschau (*Preview*) des Textes mit den Formatierungsauswirkungen.

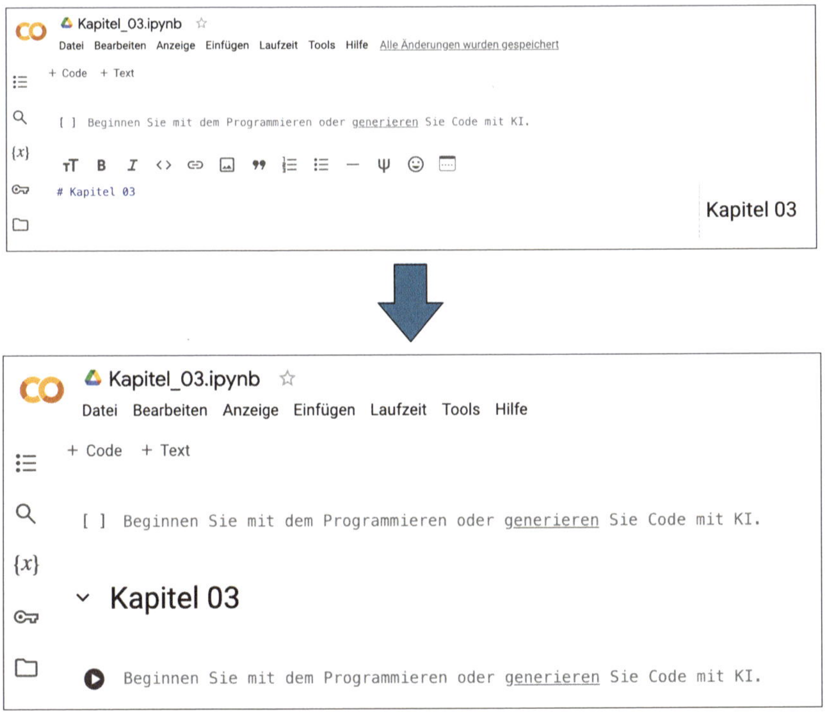

Abbildung 3.6 Notebook mit Überschrift

Wenn Sie Ihre Eingabe mit der Tastenkombination [⇧] + [↵] bestätigen, wird der Text in der Markdown-Zelle formatiert dargestellt.

Immer wiederkehrender Header

Wir haben in den Notebooks zum Herunterladen noch zwei Aspekte eingefügt, die beinahe in allen Notebooks vorkommen:

- einen Hinweis, dass Sie beim erstmaligen Start den Menüpunkt LAUFZEIT • ALLE AUSFÜHREN aufrufen sollten. Dies empfehlen wir, da auf diese Weise gewährleistet ist, dass die Scripts in allen Code-Zellen der Reihe nach ausgeführt und die besprochenen Outputs erzeugt werden.

- eine MARKDOWN-Zelle und eine CODE-Zelle, die eine etwaige Warnung zum Beispiel hinsichtlich zukünftiger *deprecated*-Anweisungen (dt. *veralteter Anweisungen*) unterdrücken. Wenn Sie die Warnung sehen wollen, dann setzen Sie einfach ein Kommentarzeichen vor den Code in der Zelle.

Klicken Sie nun auf eine Zelle und bewegen Sie die Maus zum oberen oder unteren Rand der Zelle. Dadurch erscheint eine Toolbar, mit deren Hilfe Sie sehr einfach eine Code- oder Text-Zelle einfügen können. In dieser Zelle platzieren Sie nun weitere Markdowns bzw. Ihren Code, zum Beispiel den aus Listing 3.1:

```
def entscheidung( summe ):
    """ Berechnung der Entscheidung zum Wert summe
    Input:  summe
    Output: 1, falls summe >= 1,
            0 sonst
    """
    if summe >= 1:
        return 1
    else:
        return 0
#-----------------------------
# Berechnung der entscheidung
ergebnis = entscheidung(1)
# Ausgabe in Zelle als String
print('Input: ', 1)
print('Output:', ergebnis)
# Ausgabe:
Input:  1
Output: 1
```

Listing 3.1 Die Entscheidung als Stufenfunktion

Die vorher besprochene Berechnung der Entscheidung bilden wir als Funktion `entscheidung` mit dem Parameter `summe` ab. Danach folgt im Code ein Funktions-*Docstring* (Dokumentationsstring), der die Funktion erläutert, so wie in Kapitel 2 beschrieben. Sehen Sie sich dazu bitte Abbildung 3.7 an.

Nach dem Docstring folgt der Code für die Berechnung der Entscheidung. Falls der übergebene Wert größer als oder gleich 1 ist, dann wird als Ergebnis der Berechnung 1 zurückgegeben, ansonsten 0.

Wir haben direkt nach der Definition den Aufruf der Funktion eingefügt und mit dem Wert 1 getestet. Der Rückgabewert wird in der Variable `ergebnis` gespeichert und am Ende mit dem `print`-Befehl nach der Code-Zelle ausgegeben. Die Ausgaben der Programme werden wir hinter dem Code platzieren und fett markieren. Das Ergebnis in Ihrem Jupyter Notebook sollte dann so ähnlich aussehen wie in .

Abbildung 3.7 Programm und Ausgaben für die Funktion »entscheidung«

Wir hoffen, dass Sie mit diesen ausführlich beschriebenen Schritten gut gewappnet an die nächste Programmierung gehen, in der wir kurz die Anwendung des Moduls `matplotlib` besprechen werden. Dieses Modul kann, wie wir bereits in Kapitel 2 erwähnt habsen, für die Erstellung von Diagrammen verwendet werden. Naheliegenderweise werden wir den Output der Funktion `entscheidung` mit ihm visualisieren.

3.4 Stufenfunktion

In der Funktion `entscheidung` haben wir unterschieden, ob die Summe kleiner als 1 ist oder nicht (dann ist sie größer oder gleich 1). Der Wert 1 wird als *Schwellenwert* bezeichnet, da wie bei einer Türschwelle ein Höhensprung – oder Tiefensprung, falls ich von oben komme – eingebaut ist. Schlagartig ändert sich der berechnete Wert der Funktion von 0 in 1.

Die Mathematiker haben sich für solch eine Funktion die Bezeichnung *Stufenfunktion* ausgedacht, im Englischen findet man die Bezeichnungen *step function*. Dabei kann der Schwellenwert einen beliebigen Wert annehmen. Falls der Schwellenwert 0 ist, wird die Stufenfunktion als *Heaviside-Funktion* bezeichnet, benannt nach dem Mathematiker *Oliver Heaviside*.

Wir verwenden für das einfache KNN, das wir gleich bauen werden, genau diese Stufenfunktion. Die Python-Funktion `entscheidung` dafür haben wir ja bereits programmiert. Bevor wir uns dem KNN zuwenden, werden wir aber noch ein weiteres Python-Script programmieren, um das Erstellen von Grafiken zu üben. Das Python-Modul `matplotlib` eignet sich hervorragend dafür, da es Funktionen für Liniendiagramme, Histogramme, Streudiagramme usw. zur Verfügung stellt. Außerdem haben wir als Jupyter-Notebook-Verwender den Vorteil, dass die Visualisierungen der Diagramme direkt im Notebook dargestellt werden.

Legen Sie für das neue Script wieder eine Markdown-Zelle mit der Überschrift »Stufenfunktion« an, so wie Sie es bereits vorher gemacht haben, und zusätzlich eine Code-Zelle für das folgende Script in Listing 3.2.

Noch eine Anmerkung, bevor es losgeht: Wir werden die Funktion `entscheidung` in diesem Script wiederverwenden. Damit dies gelingen kann, ist es nötig, dass Sie die Zelle mit der Funktion `entscheidung` ausführen. Erst dann kann Ihr Script in einer Code-Zelle eine Funktion in einer anderen Code-Zelle aufrufen.

```
# Import der Module für Plots
import matplotlib.pyplot as plt
# Ganz wichtig, sonst wird der Plot nicht angezeigt
%matplotlib inline

def entscheidung( summe ):
    """ Berechnung der Entscheidung zum Wert summe
    Input:  summe
    Output: 1, falls summe >= 1,
            0 sonst
    """
```

```
    if summe >= 1:
        return 1
    else:
        return 0
#------------------------------
# x-Werte des Graphen
x = [-1,0,0.999,1,2]
# y-Werte mit der Funktion entscheidung berechnen und mithilfe
# einer List Comprehension eine neue Liste erzeugen (siehe Anhang A)
y = [ entscheidung(i) for i in x ]
# Erzeugen des Graphen mit einer orangefarbigen Stufe und der Bezeichnung step
plt.step(x, y, color='Orange', label='step')

# Die Achsen setzen
plt.grid(True)
# Die horizontale und vertikale 0-Achse etwas dicker in Schwarz zeichnen
plt.axhline(0, color='black', lw=1)
plt.axvline(0, color='black', lw=1)

# Achsenbeschriftung und Titel
plt.xlabel('Summe')
plt.ylabel('Ergebnis')
plt.title('Stufenfunktion')

# Legendenplatzierung festlegen
plt.legend(loc='center right')

# Den Graphen anzeigen
plt.show()
```

Listing 3.2 Verwendung von »pyplot«

In Abbildung 3.8 sehen Sie das Ergebnis: eine Stufenfunktion.

Zuerst ist es natürlich nötig, `matplotlib.pyplot` zu importieren und einen passenden Namen im lokalen Namensraum zu definieren; `plt` hat sich als Name dafür eingebürgert. Die Anweisung `%matplotlib inline` ist eine sogenannte *Magic Function*. Mit ihr wird festgelegt, dass der Output der `plot`-Anweisung inline direkt unter der produzierenden Zelle im Notebook durchgeführt wird. (Mehr zu den Magic Functions finden Sie in Kapitel 2.)

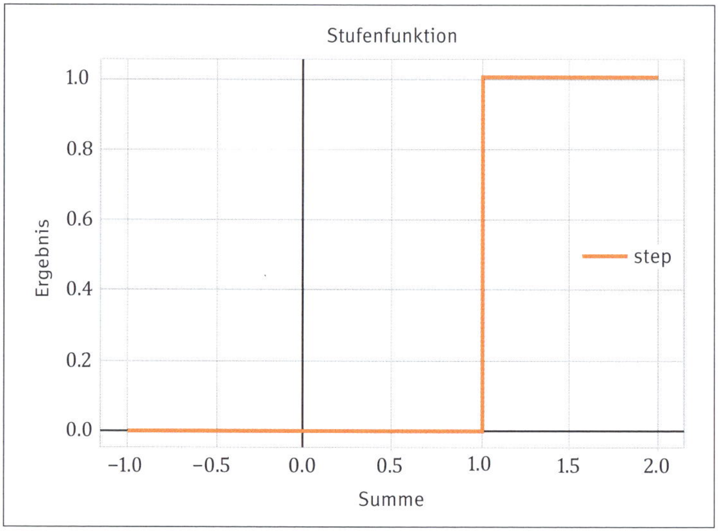

Abbildung 3.8 Stufenfunktion

Danach werden die Daten in Listen zusammengestellt. Wir verwenden eine Liste mit `x`- und eine mit `y`-Werten. Die Werte der `y`-Liste werden durch die Funktion `entscheidung` berechnet, indem für alle Elemente der `x`-Liste die Funktion aufgerufen wird. Die Funktion `plt.step` erzeugt die Stufe, wobei zum Beispiel die Farbe zum Zeichnen angegeben werden kann. Dazwischen folgen einige Detailbearbeitungen der `figure`, und schlussendlich wird die `figure` mit `plt.show()` angezeigt.

3.5 Perceptron

Durch unsere Vorüberlegungen wird es jetzt sehr einfach, auf das sogenannte *Perceptron* zuzusteuern. Das Perceptron ist eines der ältesten und einfachsten KNN-Modelle. Es entstand im Jahre 1957 und wurde von Frank Rosenblatt erfunden. Die Knoten im Perceptron werden als *Linear Threshold Unit* (LTU) bezeichnet, weil das Perceptron als Ausgabefunktion die Stufenfunktion verwendet und damit eine lineare Trennung der Eingabedaten durchführt. Zur besseren Veranschaulichung haben wir in Abbildung 3.9 eine Schautafel mit allen Bestandteilen des Perceptrons und der Berechnungsbausteine zusammengestellt. Sie ist wie ein kleiner Experimentierkasten, aus dem wir nun nach und nach Teile herausholen und besprechen werden.

Tritt Ihnen der Schweiß auf die Stirn, wenn Sie diese ganzen mathematischen Symbole sehen? Unserer Meinung nach verschleiert die kompakte und elegante mathematische Notation die Einfachheit des Modells.

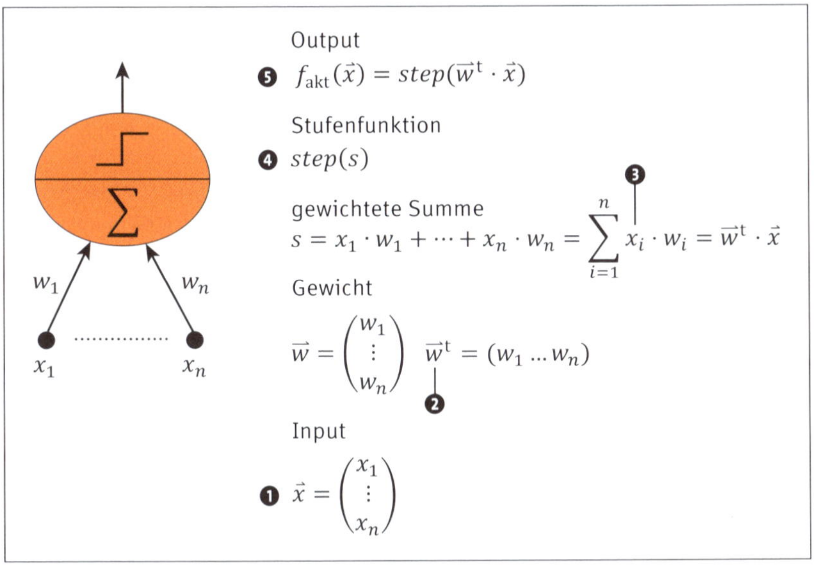

Abbildung 3.9 Perceptron – Bestandteile und Berechnungsbausteine

Wir haben damit nämlich aufgeschrieben, was wir bis jetzt bei der Planung von Frau Karotte und Herrn Lauch gemacht haben – nur allgemeiner. Um Ihnen das zu beweisen, gehen wir die einzelnen Bausteine aus der Schautafel in den nächsten Abschnitten Punkt für Punkt durch:

- Baustein ❶, Input $\vec{x}$, betrachten wir in Abschnitt 3.6, »Punkte im Raum – Vektorrepräsentation«.
- Baustein ❷, $\vec{w}^{"t"}$, erläutern wir in Abschnitt 3.7, »Horizontal und vertikal – Spalten- und Zeilenschreibweise«.
- Baustein ❸, $\sum_{i=1}^{n} x_i \cdot w_i$, ist Thema von Abschnitt 3.8, »Die gewichtete Summe«.
- Baustein ❹, $step(s)$, sehen wir uns in Abschnitt 3.9, »Schritt für Schritt – Stufenfunktionen«, an.
- Baustein ❺, den Output, betrachten wir in Abschnitt 3.10, »Die gewichtete Summe reloaded«.

3.6 Punkte im Raum – Vektorrepräsentation

Los geht's: Der Input x_1 steht für die **Anwesenheit** von Frau Karotte; er kann die Werte 0 (dann ist sie leider nicht anwesend) oder 1 (sie kann glücklicherweise mithelfen) annehmen. Der Input x_2 steht für die Anwesenheit von Herrn Lauch und kann natürlich mit denselben Werten belegt werden. Wenn zum Beispiel Frau Karotte anwesend ist und Herr Lauch noch Urlaub hat, könnten wir das so schreiben:

$$\vec{x} = \begin{pmatrix} x_1 \\ x_2 \end{pmatrix} = \begin{pmatrix} 1 \\ 0 \end{pmatrix}$$

Die Schreibweise für die kombinierten Werte nennt man übrigens *Vektorschreibweise*. Die Anzahl der Werte nennt man die *Dimension*; in unserem Fall wäre die *Dimension* = 2, dies wird auch *zweidimensional* genannt. Der Punkt liegt also in einer zweidimensionalen Ebene, wenn man von oben aus der dritten Dimension hinuntersieht[1]. Punkte lassen sich auch in Diagrammen darstellen, wie das vorherige Beispiel in Abbildung 3.10.

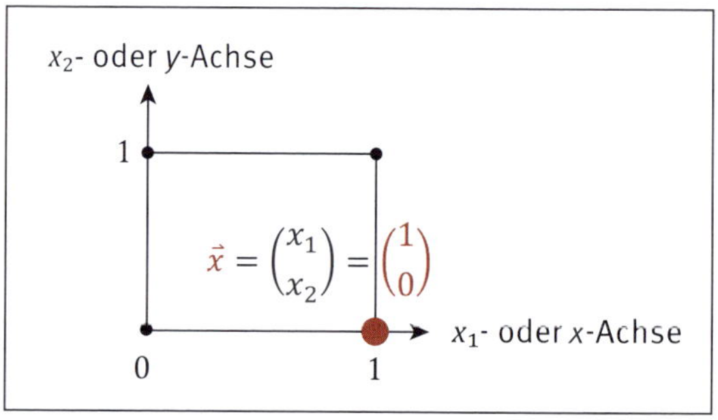

Abbildung 3.10 Punkt im kartesischen Koordinatensystem

Wir zeichnen die Werte in einem sogenannten *Koordinatensystem* ein. (Super wäre jetzt kariertes Papier, da sind schon so schöne Kästchen für das Einzeichnen der Punkte vorgedruckt.) Eine Dimension ist die x_1- oder einfach x-Dimension, wobei die möglichen Werte dieser Dimension im Koordinatensystem auf der x-Achse dargestellt werden. Und die zweite Achse, die x_2- oder auch y-Achse, wird darauf im rechten Winkel gezeichnet. Mit diesen zwei Angaben, x_1 und x_2, ist die Lage eines Punktes eindeutig festgelegt.

3.6.1 Aufgabe: Werte vervollständigen

Nun sind Sie wieder an der Reihe: Zeichnen Sie die anderen möglichen Punkte für unser Planungsbeispiel mit Herrn Lauch und Frau Karotte im Koordinatensystem ein, und beschriften Sie die Punkte mithilfe der Vektorenschreibweise, so wie vorher besprochen.

Lösung:

Das Ergebnis sehen Sie in Abbildung 3.11.

1 Eine schöne Geschichte zu den Dimensionen ist »Flatland. A Romance of Many Dimensions«, 1884, von Edwin Abbott unter dem Pseudonym A. Square.

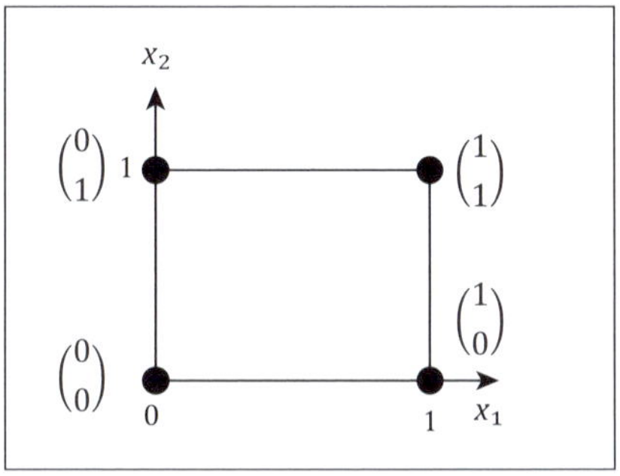

Abbildung 3.11 Alle Punkte zum Planungsbeispiel in Vektorenschreibweise

Als Belohnung für den erfolgreichen Abschluss der Übung schreiben Sie ein kleines Python-Script, das für Sie das Zeichnen der Punkte übernimmt (siehe Listing 3.3). Dort sehen Sie, wie in Python ein Vektor deklariert wird, und zusätzlich setzen Sie zur Visualisierung einen *Scatter-Plot* (dt. ein *Streudiagramm*) ein. Ein *Scatter-Plot* stellt Wertepärchen als Punkte in einem Diagramm im kartesischen Koordinatensystem dar.

```
# Mathematik
import numpy as np
# Import der pyplot-Funktionen
import matplotlib.pyplot as plt
# Ganz wichtig, sonst wird der Plot nicht angezeigt
%matplotlib inline

# Die Funktion array wandelt eine Python-Liste in ein numpy-Array um
# Die x1 = x-Koordinaten
x1    = np.array([0, 0, 1, 1])
# Die x2 = y-Koordinaten
x2    = np.array([0, 1, 0, 1])
# Die Farben für die Punkte
color = np.array(['black', 'black', 'red', 'black'])
# Die Punktgröße für jeden Punkt
size  = np.array([100, 100, 500, 100])

# Den Vektor x1 mit allen x1-Koordinaten ausgeben
print('Der Vektor x1: ', x1)

# Die Achsen setzen
plt.grid(True)
```

```
# Den Plot zeichnen für die x1- und x2-Koordinaten, Farbe und Größe
plt.scatter(x1, x2, c=color, s=size)

# Die Achsen setzen
plt.xlabel('x1')
plt.ylabel('x2')

# Die Achseneinteilungen setzen
plt.xticks([0.0,1.0])
plt.yticks([0.0,1.0])

# Endlich das Diagramm ausgeben
plt.show()
# Ausgabe:
Der Vektor x1:  [0 0 1 1]
```

Listing 3.3 Scatter-Plot

Das Ergebnis sehen Sie in Abbildung 3.12.

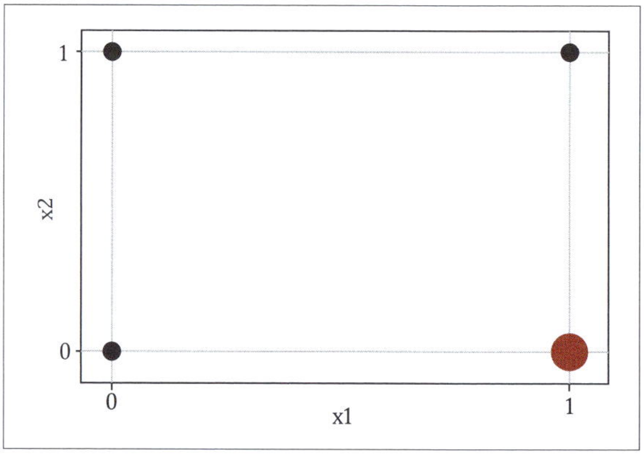

Abbildung 3.12 Scatter-Plot für die Planungspunkte

Wir starten im Script, indem wir das Modul `numpy` für mathematische Operationen importieren. Es eignet sich speziell für das Rechnen mit Vektoren und anderen mathematischen Konstrukten, die wir später noch besprechen werden. Danach importieren wir das `matplotlib.pyplot`-Modul und vergeben dafür den Namen `plt`. Anschließend folgt ein erklärungsbedürftiger Abschnitt im Programm. In den vorherigen Erläuterungen haben wir Punkte mit einem Vektor dargestellt, der aus den zwei Dimensionen x_1 und x_2 besteht. Der Einsatz der `scatter`-Funktion erfordert es, dass die Koordinaten der einzelnen Vektoren in zwei `np.array`-Objekte aufgeteilt werden, also pro Dimension ein Array und pro Punkt ein Eintrag im Array. Zur Kontrolle geben wir das Array für die x_1-Dimension mit der `print`-Funktion aus.

Im weiteren Verlauf setzen wir für den Plot die gewünschten Eigenschaften, zum Beispiel die Achsenbeschriftungen mit `plt.xlabel('x1')`, `plt.ylabel('x2')` und die Achseneinteilungen mit `plt.xticks()` und `plt.yticks()`. Am Ende des Scripts wird der Plot mittels `plt.show()` ausgegeben und gezeichnet.

3.6.2 Aufgabe: Den Iris-Datensatz als Scatter-Plot ausgeben

Die folgende Aufgabe dient dazu, Ihnen zu zeigen, wie Sie Daten aus einer Datei in Python importieren, zeilenweise verarbeiten und für die Visualisierung verwenden können. Die ersten Schritte, die das Einlesen betreffen, müssen wir natürlich detailliert erläutern, da wir dieses Thema noch nicht besprochen haben.

Als Datenmaterial für den Plot haben wir den berühmten *Iris-Datensatz* auserkoren, der einen typischen Testfall für Klassifikationstechniken darstellt. In diesem Datensatz befindet sich eine Menge von 150 Beobachtungen von je vier Eigenschaften von Schwertlilien. Die vier Eigenschaften sind die Breite und die Länge des Kelchblatts (*Sepalum*) sowie die Breite und die Länge des Kronblatts (*Petalum*), gemessen in Zentimeter. Weiterhin ist zu jeder vorhandenen Eigenschaftskombination die Art von Schwertlilie angegeben. Das sind *Iris-setosa*, *Iris-virginica* oder *Iris-versicolor*.

Sepal Length	Sepal Width	Petal Length	Petal Width	Class
5.1	3.5	1.4	0.2	Iris-setosa
7.0	3.2	3.5	1.0	Iris-versicolor
6.3	3.3	6.0	2.5	Iris-virginica
...	...	...	...	...

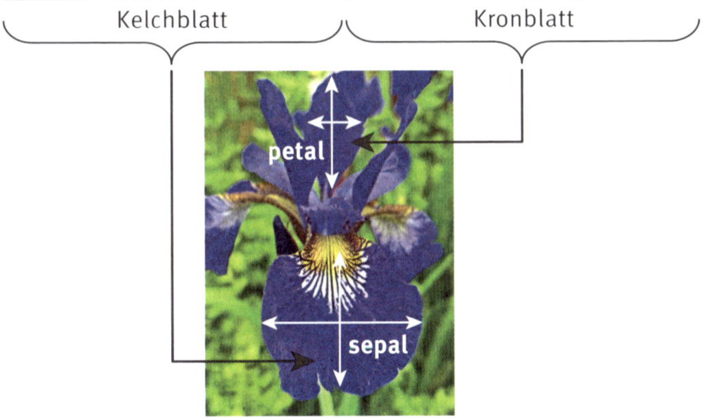

Abbildung 3.13 Blattmaße für Schwertlilien (© Kaggle)

Ihre Aufgabe besteht nun darin, einen *Scatter-Plot* mit den Python-Mitteln zu zeichnen, die wir bisher besprochen haben. Natürlich müssen wir Ihnen noch verraten, woher Sie den Datensatz für die Schwertlilien beziehen können. Besuchen Sie die Webseite zum Buch, und laden Sie von dort das Material zum Buch und damit den Datensatz *iris.csv* herunter (Verzeichnis *Kapitel_03*). Gehen Sie nun wie folgt vor:

1. Bevor Sie mit dem Coding beginnen, laden Sie bitte das *iris.cvs*-File aus unserem Download in den Sitzungsspeicher Ihrer Colab-Sitzung hoch, damit die Datei dann ohne Pfadangabe eingelesen werden kann.
2. Lesen Sie zunächst das *iris.csv*-File ein. Verwenden Sie dazu die Anweisung `with open("iris.csv", "r") as fobj:`, die Ihnen ein File-Handle zum Auslesen (Parameter `"r"`) zurückgibt. Mit der Anweisung `for line in fobj:` können Sie den Datensatz Zeile für Zeile abarbeiten, und nachdem Sie alle Zeilen verarbeitet haben, wird das File-Handle `fobj` automatisch geschlossen.
3. Erzeugen Sie drei Python-Listen, `x1`, `x2` und `colors`, um die Daten für `Sepal Length`, `Sepal Width` und die Farben für die Datenpunkte aufzunehmen. Um diese Daten ermitteln zu können, benötigen Sie noch den Spaltenaufbau des Datensatzes pro Zeile, den Sie in Abbildung 3.13 sehen können.

   Dabei erfolgen die Längenangaben in den Spalten in Zentimeter, und die Spalte `Class` kann die folgenden Werte annehmen:

   - `Iris-setosa`
   - `Iris-versicolor`
   - `Iris-virginica`

   Die einzelnen Spalten sind durch ein Komma getrennt.
4. Nutzen Sie `matplotlib.pyplot` für die Erzeugung des Scatter-Plots.

Lösung:

```
# Mathematik
import numpy as np
# Import der pyplot-Funktionen
import matplotlib.pyplot as plt
# Ganz wichtig, sonst wird der Plot nicht angezeigt
%matplotlib inline

# x1 sind die Koordinaten der x-Achse, x2 die der y-Achse
x1     = []
x2     = []
# Farben für die Datenpunkte
colors = []
```

```
# Mapping der Schwertlilien zu Farben mit
# einem python dictionary
iris_colors = { 'Iris-setosa' : 'red',
                'Iris-versicolor' : 'green',
                'Iris-virginica' : 'blue'
              }
# File-Inhalt einlesen
# Voraussetzung: Das File iris.csv ist in den Sitzungsspeicher hochgeladen
# File Handle fobj wird automatisch geschlossen
with open("iris.csv", "r") as fobj:
    # Den Datensatz zeilenweise verarbeiten
    for line in fobj:
        # Split in einzelne Worte
        words = line.rstrip().split(",")
        # Leerzeilen auslassen
        if len(words) != 5:
            continue
        # SepalLength
        x1.append(float(words[0]))
        # SepalWidth
        x2.append(float(words[1]))
        # Farbe
        colors.append(iris_colors[words[4]])
# Gitter im Scatter-Plot zeichnen
plt.style.use('seaborn-whitegrid')
# Achsenbeschriftung und Titel
plt.xlabel('Sepal Length')
plt.ylabel('Sepal Width')
plt.title('Scatter Plot')
# Den Plot ausgeben
plt.scatter(np.array(x1), np.array(x2), color=colors )
# Plot anzeigen
plt.show()
```

Listing 3.4 »Sepal Length« und »Sepal Width« als Scatter-Plot

Anfangs importieren wir wieder die benötigten Module für Plot und Arrays. Danach wird der Datensatz zeilenweise gelesen und verarbeitet. Mit der Funktion `line.rstrip()` wird eine Kopie des Strings `line` erzeugt, aus dem die Leerzeichen am Ende entfernt wurden. Mittels `split(",")` wird dann der String in seine Einzelwerte zerlegt, immer am Komma getrennt, und die Einzelwerte werden zum Array `words` zusammengefügt. Die ersten zwei Werte im `words`-Array, `words[0]` und `words[1]`, definieren die Koordinaten für den Plot. Der letzte Wert im Array an der Position 4 ist der Name der Lilie, die für die Ermittlung der Farbe verwendet wird. Mit dem Python-Dictionary `iris_colors` findet die Zuordnung zwischen den Namen und den Farben statt. Danach setzen wir noch die Ausgabe eines Rasters im Plot, übergeben die Daten an den Scatter-Plot und bekommen damit die Ausgabe aus Abbildung 3.14.

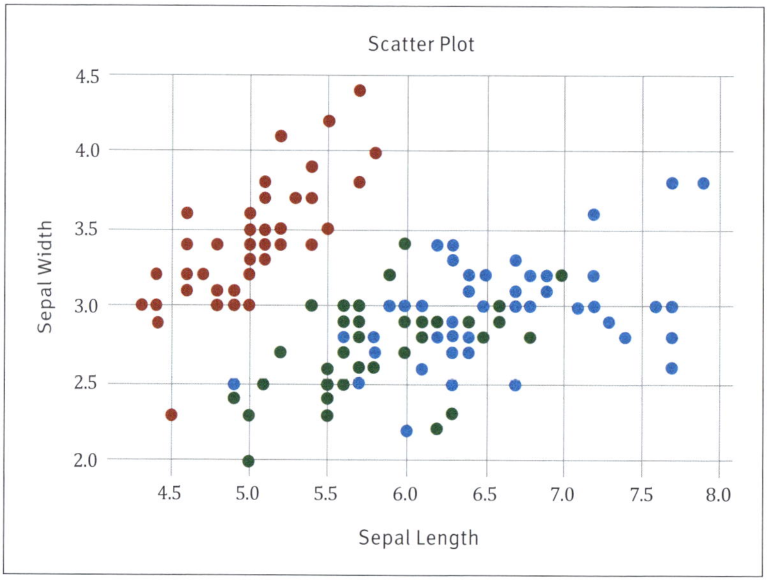

Abbildung 3.14 Die Lilien als Scatter-Plot mit den Koordinaten »Sepal Length« und »Sepal Width«

3.7 Horizontal und vertikal – Spalten- und Zeilenschreibweise

$\vec{w}$ wird als *Gewichtsvektor* bezeichnet. Wenn wir vom *Lernen* in neuronalen Netzen sprechen, dann ist damit die **Anpassung der Gewichte** gemeint. Um zu verstehen, was ein Gewicht ist, stellen Sie sich eine Verbindung zwischen zwei Neuronen vor. Das eine Neuron, nennen wir es A, sendet ein Signal an das zweite Neuron, B. Wie stark das Signal in B ankommt, steuert das Gewicht der Verbindung. Wenn das Gewicht einen Wert zwischen 0 und 1 hat, dann wird die Signalstärke verkleinert; wenn der Wert größer als 1 ist, dann wird das Signal verstärkt, und wenn der Wert kleiner als 0 ist, dann wird das Signal negativ. Somit regelt das Gewicht die Signalstärke, die beim Neuron B ankommt. Details dazu sehen Sie in Kapitel 4, wenn wir das *Perceptron-Lernen* besprechen.

Zusätzlich zum Inputvektor, in dem wir die Werte übereinandergeschrieben haben (die sogenannte *Spaltenschreibweise*), haben wir den Gewichtsvektor auch in *Zeilenschreib-*

weise angeführt. Dabei werden die Werte in einer Zeile nebeneinandergeschrieben. Damit man den Unterschied zu einem Spaltenvektor sehr einfach erkennt, wird dem $\vec{w}$ einfach ein t verpasst, und damit wissen wir, dass es in Zeilenschreibweise dargestellt wird. »Verpassen« ist jetzt ein wenig unmathematisch, nennen wir es also *transponieren*. Der Grund, warum wir den ganzen Hokuspokus aufführen, ist, dass wir damit einfach die Multiplikation zwischen den Input-Werten und den Gewichten mathematisch beschreiben und damit die Berechnung in Python optimal implementieren können, nämlich mit $\vec{w}^{t} \cdot \vec{x}$ anstatt mit $w_1 \cdot x_1 + w_2 \cdot x_2 + \cdots + w_n \cdot x_n$, wobei die Anzahl der Komponenten in $\vec{w}$ und $\vec{x}$ gleich sein muss. Das ist doch viel netter, oder? Jedenfalls kurz und bündig.

So führen Sie also die Multiplikation zwischen den Vektoren durch: w_1 mal x_1 plus w_2 mal x_2 plus ... bitte selbstständig vervollständigen.

$$\vec{w}^{t} \cdot \vec{x} = (w_1 w_2 \ldots w_n) \cdot \begin{pmatrix} x_1 \\ x_2 \\ \vdots \\ x_n \end{pmatrix} = w_1 \cdot x_1 + w_2 \cdot x_2 + \cdots + w_n \cdot x_n$$

3.7.1 Aufgabe: Das Skalarprodukt mithilfe von NumPy ermitteln

Python sieht die Multiplikation von Vektoren mithilfe von Funktionen des Moduls `numpy` vor, genauer gesagt mit der Funktion `dot`. Die Multiplikation wird als *Dot-Product*, *Skalarprodukt* oder *inneres Produkt* bezeichnet. Sie macht aus zwei Sequenzen von Zahlen eine Zahl, wie Sie zuvor gesehen haben.

Fun Facts

1. Die Multiplikation zwischen den Vektoren heißt *Skalarprodukt*, weil das Ergebnis ein Skalar, also ein Wert, ist und kein Vektor.
2. Der englische Name *dot product* kommt daher, dass bei der Multiplikation zwischen den Vektoren ein Punkt steht.

Nun wird es Zeit, das Skalarprodukt mithilfe von Python zu berechnen. Dafür benötigen Sie wieder eine Code-Zelle in Ihrem Jupyter Notebook und, wenn Sie wollen, auch eine Markup-Zelle für eine Überschrift.

Bevor Sie mit der Implementierung beginnen, lesen Sie sich das folgende Python-Script Zeile für Zeile genau durch, und analysieren Sie die Berechnungen. Nach Ihrer Analyse werden wir Sie nach **zwei** Möglichkeiten fragen, um mithilfe von NumPy das innere Produkt zu berechnen.

```
# Die Multiplikation von Vektoren mit numpy
#  Dot Product, Skalarprodukt, inneres Produkt
#   macht aus zwei Sequenzen von Zahlen eine Zahl (algebraisch)
```

```
# Es ist der Cosinus des Winkels zwischen zwei Vektoren (geometrisch),
#  multipliziert mit deren Längen
# Mathematik
import numpy as np

# numpy array erzeugen
x = np.array([0,1])
# numpy array erzeugen
w = np.array([0.5,0.7])

# Vektor x ausgeben
print("x =", x)
# Vektor w ausgeben
print("w =", w)

# numpy arrays sind keine Matrizen, und
# die Operatoren *, +, -, / funktionieren Element für Element
print("w*x =",w*x)

# Inneres Produkt. Man muss den Vektor nicht transponieren,
# das erledigt numpy für uns
print("np.dot(w,x) =", np.dot(w,x))

# Alternative Syntax zum Dot Product
print("w.dot(x) =", w.dot(x))
# Ausgabe:
x = [0 1]
w = [0.5 0.7]
w*x = [0.  0.7]
np.dot(w,x) = 0.7
w.dot(x) = 0.7
```

Listing 3.5 Skalarprodukt mit Python

Welche zwei Möglichkeiten würden Sie für die Ermittlung des inneren Produkts mit NumPy in Betracht ziehen? Natürlich haben Sie die NumPy-`dot()`-Varianten als die passenden Kandidaten gefunden!

Wir machen weiter mit unserer Erläuterung der Elemente im Baukasten. Das dritte Element aus dem Baukasten ist die Darstellung der *gewichteten Summe*.

3.8 Die gewichtete Summe

Die Mathematiker leihen sich für die Summe der $w_i \cdot x_i$ ein Symbol aus dem griechischen Alphabet – das große Sigma: Σ. Außerdem werden einige zusätzliche »Mascherl« am Sigma befestigt:

$$\sum_{i=1}^{n}$$

Die Mascherl bedeuten, dass die Laufvariable i von einem Anfangswert bis zu einem Endwert nacheinander alle Werte annimmt. (Man sagt, sie *durchläuft* den Bereich in ganzen Schritten). In unserem Beispiel läuft sie vom Anfangswert 1 bis zum Endwert n. Nehmen wir an, dass $n = 3$, dann sind das die Schritte 1, 2 und 3. Mit diesem Wissen können Sie die Summe aller $w_i \cdot x_i$ – nennen wir sie s – jetzt sehr kompakt schreiben:

$$s = \sum_{i=1}^{n} w_i \cdot x_i$$

Damit ergibt sich der dritte Baustein:

$$s = \sum_{i=1}^{n} w_i \cdot x_i = \vec{w}^{\mathrm{t}} \cdot \vec{x} = w_1 \cdot x_1 + w_2 \cdot x_2 + \cdots + w_n \cdot x_n$$

Weiter geht es zum vierten Baustein im Baukasten, der Stufenfunktion. Diese haben wir zwar bereits mehrfach besprochen, jedoch wollen wir sie hier in einer mathematischen Darstellung präsentieren.

3.9 Schritt für Schritt – Stufenfunktionen

Für die Stufenfunktion $step(s)$ definieren wir die folgende Funktion:

$$step(s) = \begin{cases} 0, & \text{falls } s < \theta \\ 1, & \text{falls } s \geq \theta \end{cases}$$

Egal, mit welchem Wert Sie die Stufenfunktion aufrufen, das Ergebnis ist entweder 0 oder 1, jedoch ist es vom Schwellenwert *Theta*, dem griechischen Buchstaben θ, abhängig, wann der Sprung von 0 auf 1 stattfindet. Nachdem der Wert der Schwelle nicht mehr fixiert ist, kann er auch durch Lernen verändert werden.

Nachdem wir die Stufenfunktion verallgemeinert haben, können wir uns das fünfte Element aus dem Baukasten ansehen, die Berechnung der Funktion $f_{\text{akt}}(\ )$.

3.10 Die gewichtete Summe reloaded

Hier folgt noch eine Überlegung zu der gewichteten Summe und der Stufenfunktion. Das geht doch einfacher zu schreiben als diese komplizierte Unterscheidung zum Beispiel bei der Heaviside-Funktion: »falls größer θ, dann das, sonst das ...«

$$w_1 \cdot x_1 + w_2 \cdot x_2 + \cdots + w_n \cdot x_n \geq \theta$$

Wenn wir die Ungleichung nun umformen, also einfach das θ auf die andere Seite bewegen, dann erhalten wir den erweiterten Gewichtsvektor, der um die eine Dimension für den Schwellenwert erweitert wird. Diese neue Dimension sollte am Index 0 eingefügt werden, damit der ursprüngliche Vektor mit seinen Indizes erhalten bleibt:

$$w_1 \cdot x_1 + w_2 \cdot x_2 + \cdots + w_n \cdot x_n - \theta \geq 0$$

Noch ein kleiner Trick aus der Zauberkiste: Damit wir den Schwellenwert an der Stelle 0 einfügen können, nennen wir $-\theta$ nun einfach w_0. Ist das nicht super? Damit können wir Folgendes schreiben:

$$w_1 \cdot x_1 + w_2 \cdot x_2 + \cdots + w_n \cdot x_n + w_0 \geq 0$$

Damit haben wir eine schöne einheitliche Form gefunden, um wieder $\vec{w}^t \cdot \vec{x}$ zu schreiben. Natürlich muss der Vektor $\vec{x}$ ebenfalls um ein Element verlängert werden. Das hat aber einen sehr einfachen Wert. Können Sie sich vorstellen, welchen? Kurz nachdenken ...

Das können wir mit folgender Abbildung 3.15 beantworten, in der Sie sehen, dass das Neuron für den Input x_0 immer den Wert 1 hat. Es wird als *Bias-Neuron* bezeichnet.

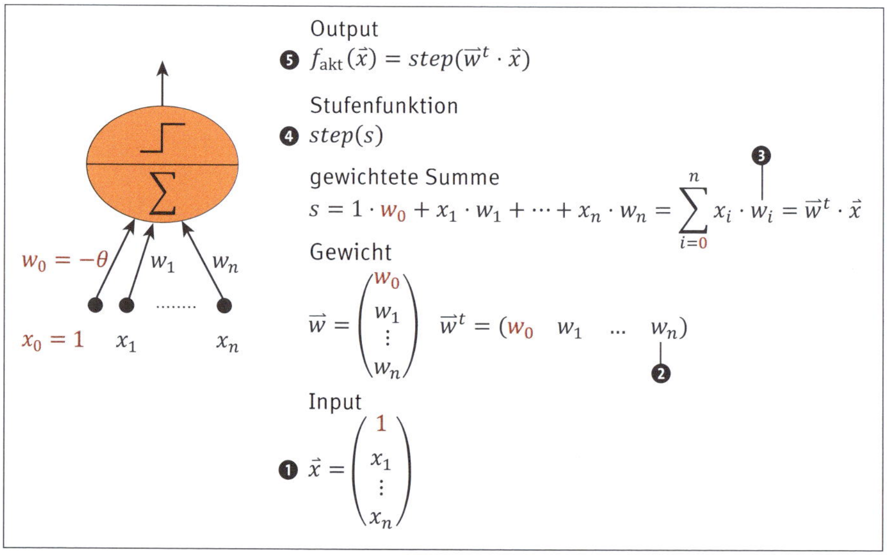

Abbildung 3.15 Bausteine des Perceptrons

Falls Sie das Nachdenken beendet haben, finden Sie die Erweiterungen zu den Vektoren und der gewichteten Summe rot markiert in Abbildung 3.15.

3.11 Alles zusammen

Es wird Zeit, ein kleines Python-Programm zu schreiben, um unsere Erkenntnisse zum Perceptron in Programmcode umzuwandeln. Sehen Sie sich dazu zuerst die folgenden Erläuterungen und Codezeilen an, und übertragen Sie diese in eine neue Code-Zelle in Ihrem Jupyter Notebook, um den gezeigten Output zu produzieren.

Als Input verwenden wir die An- bzw. Abwesenheiten von Herrn Lauch und Frau Karotte. Jede Zeile in Tabelle 3.4 stellt einen Input-Vektor mit drei Werten dar: 1 steht für das Bias-Neuron, für die Anwesenheit Frau Karotte und für die Anwesenheit Herr Lauch.

Bias-Neuron	Frau Karotte	Herr Lauch	-->	Montag	Input-Vektor
1	0	0	-->	0	1
1	0	1	-->	1	2
1	1	0	-->	1	3
1	1	1	-->	1	4

Tabelle 3.4 Der erweiterte Input-Vektor für das Planungsproblem

Im Beispiel (1, 0, 1) steht 1 für das Bias-Neuron; 0 für Frau Karotte bedeutet »nicht anwesend«; 1 für Herr Lauch bedeutet »anwesend«, und das ergibt insgesamt eine 1 für eine akzeptable Planungssituation. Insgesamt haben wir vier Input-Vektoren, die am einfachsten mithilfe eines zweidimensionalen Arrays verwaltet werden. Weil die Input-Vektoren schon mit `x` bezeichnet werden, verwenden wir ein großes `X` als Bezeichnung für das Array. Die gewünschten Outputs, die Sie in der Tabelle in der Spalte »Montag« finden, fassen wir als Vektor `y` zusammen. In der folgenden Implementierung haben wir die Heaviside-Funktion für die Stufenfunktion implementiert, also mit dem Schwellenwert 0, da wir den Schwellenwert zuvor in die gewichtete Summe integriert haben.

Des Weiteren haben wir den Aspekt der **Fehlerberechnung** ergänzt. Für jeden Input wird der berechnete Output mit dem gewünschten Output verglichen. Weil das Perceptron nur 0 oder 1 aufgrund der Heaviside-Funktion ausgeben kann und der gewünschte Output nur 0 oder 1 ist, kann die Differenz aus dem gewünschten und dem errechneten Wert nur die Werte –1, 0, 1 annehmen. Um die Einzelfehler summieren und damit die Gesamtaussage über die Ermittlungsgenauigkeit des Perceptrons für die Daten liefern zu können, wenden wir in Listing 3.6 noch den Betrag auf den Einzelfehler an. Ansonsten würde ein Fehler von –1 den Gesamtfehler verringern.

```
# Mathematik
import numpy as np
# Plot
import matplotlib.pyplot as plt

# 3-dimensionaler Input = Bias-Neuron, Fr. Karotte, Hr. Lauch
# 4 Inputvektoren
X = np.array([
    [1,0,0],
    [1,0,1],
    [1,1,0],
    [1,1,1]])
# Die 4 gewünschten Ergebniswerte
y = np.array([0,1,1,1])

# Heaviside-Funktion
def heaviside( summe ):
    """ Berechnung der Entscheidung zum Wert summe
    Input:  summe
    Output: 1, falls summe >= 0,
            0 sonst
    """
    if summe >= 0:
        return 1
    else:
        return 0

# Perceptron-Berechnung (Forward Path)
def perceptron_eval(X,y):
    """ Perceptron-Berechnung
    Input:  X, Inputvektor
            y, der gewünschte Output
    Output: Der Gesamtfehler, d. h. Summe aus dem Betrag der Differenz
            von errechnetem und gewünschtem Output
    """
    # Der Gesamtfehler
    gesamtfehler = 0;
    # Die Gewichte so wählen, dass das OR-Problem gelöst werden kann
    w = np.array([-1,1,1])
```

```
    # Index i und Element x Ermittlung vom Array X
    for i, x in enumerate(X):
        # x = Zeile für Zeile verwenden
        # Inneres Produkt zwischen x und w
        summe = np.dot(w,x)
        ergebnis = heaviside(summe)
        # Fehler
        fehler = np.abs(ergebnis - y[i])
        # Gesamtfehler
        gesamtfehler += fehler
        # Ausgabe
        print("Fr. Karotte = {}, Hr. Lauch = {},
          gewünschtes Ergebnis = {}, errechnetes Ergebnis = {}, Fehler = {}".
          format(x[1], x[2], y[i], ergebnis, fehler))
    # Gesamtfehler pro Epoche über ganzen Trainingsdatensatz
    return gesamtfehler
#-------------------------------
# Core Function zum Auswerten des Inputs
gesamtfehler = perceptron_eval(X,y)
print("Gesamtfehler = %1d" % (gesamtfehler))
# Ausgabe:
Fr. Karotte = 0, Hr. Lauch = 0, gewünschtes Ergebnis = 0, errechnetes Ergebnis
= 0, Fehler = 0
Fr. Karotte = 0, Hr. Lauch = 1, gewünschtes Ergebnis = 1, errechnetes Ergebnis
= 1, Fehler = 0
Fr. Karotte = 1, Hr. Lauch = 0, gewünschtes Ergebnis = 1, errechnetes Ergebnis
= 1, Fehler = 0
Fr. Karotte = 1, Hr. Lauch = 1, gewünschtes Ergebnis = 1, errechnetes Ergebnis
= 1, Fehler = 0
Gesamtfehler = 0
```

Listing 3.6 Lösung für das sehr einfache Personalplanungsproblem

Der Fehler ist in unserem Beispiel natürlich 0, da wir den Gewichtsvektor optimal gewählt haben. Experimentieren Sie mit den Gewichten im Gewichtsvektor `w`, sehen Sie sich die möglichen Fehler an, und versuchen Sie, diese anhand der vorher besprochenen und implementierten Berechnungen nachzuvollziehen.

3.12 Aufgabe: Roboterschutz

Wir haben noch eine Aufgabe für Sie vorbereitet, die darin besteht, einen Roboter vor dem Absturz zu schützen. Dieser kleine Roboter fährt vor sich hin und führt nichts Böses im Schilde. Doch die Umgebung ist ihm nicht wohlgesonnen, und große gefährliche Löcher meinen es nicht gut mit ihm. Glücklicherweise besitzt der Roboter zwei Hell-Dunkel-Sensoren, links und rechts vorn montiert, die die Bodenhelligkeit vor ihm bestimmen können.

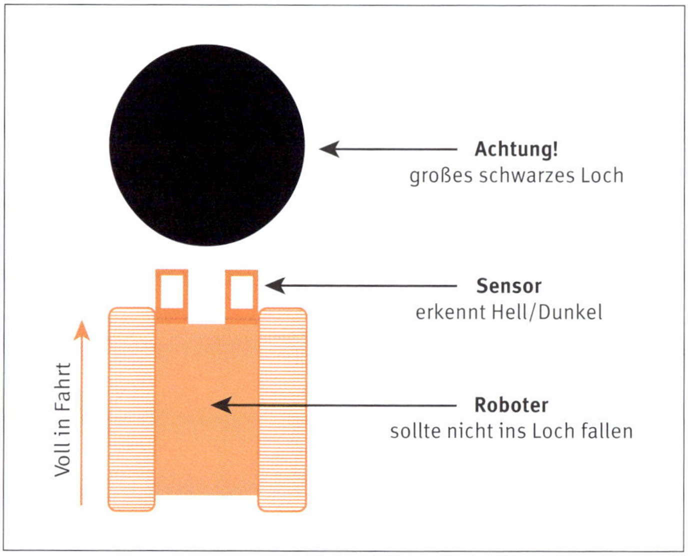

Abbildung 3.16 Einfache Robotersensorik

Wenn ein Sensor **Hell** erkennt, dann liefert dieser den Wert 0, wenn er **Dunkel** erkennt, dann liefert der Sensor 1. Um das Leben des Roboters zu schützen, wäre es schön, wenn Sie ein einfaches Perceptron entwickeln, das erkennt, ob sich ein Loch direkt vor dem Roboter befindet oder ob eine ungefährliche Fahrt möglich ist.

Um das Script zu implementieren, legen Sie bitte eine neue Code-Zelle in Ihrem Jupyter Notebook an und entwickeln dort Ihre Lösung. Orientieren Sie sich bei dem Beispiel an Listing 3.6.

Lösung:

Wenn wir uns die Helligkeitsaussagen der Sensoren ansehen, dann kann mal der linke Sensor anschlagen und mal der rechte oder beide oder gar keiner. Die Kombinationen der Helligkeitsaussagen veranschaulichen wir uns mithilfe von Tabelle 3.5.

Sensor links	Sensor rechts	Loch
0	0	0
1	0	0
0	1	0
1	1	1

Tabelle 3.5 Locherkennung mithilfe der Sensorwerte

Wir haben in Listing 3.7, so wie von uns empfohlen, die Implementierung aus Listing 3.6 verwendet und den gewünschten Output `y = np.array([0,0,0,1])` und den Gewichtsvektor auf `w = np.array([-2,1,1])` angepasst, sodass das gewünschte Ergebnis aus Tabelle 3.5 berechnet wird. Zusätzlich haben wir den Text der Ausgabe an die Aufgabenstellung angepasst:

```
# Mathematik
import numpy as np
# Plot
import matplotlib.pyplot as plt
# 3-dimensionaler Input = Bias-Neuron, Sensor links, Sensor rechts
# 4 Inputvektoren
X = np.array([
    [1,0,0],
    [1,0,1],
    [1,1,0],
    [1,1,1]])
# Die 4 gewünschten Ergebniswerte
y = np.array([0,0,0,1])
# Heaviside-Funktion
def heaviside( summe ):
    """Berechnung der Entscheidung zum Wert summe
        Input:  summe
        Output: 1, falls summe >= 0,
                0 sonst
    """
    if summe >= 0:
        return 1
    else:
        return 0
```

```
# Perceptron-Berechnung (Forward Path)
def perceptron_eval(X,y):
    """ Perceptron-Berechnung
    Input:  X, Inputvektor
            y, der gewünschte Output
    Output: Der Gesamtfehler, d. h. Summe aus dem Betrag der Differenz
            von errechnetem und gewünschtem Output
    """
    # Der Gesamtfehler
    gesamtfehler = 0;
    # Die Gewichte so wählen, dass das Roboter-Problem gelöst werden kann
    w = np.array([-2,1,1])
    # Index i und Element x Ermittlung vom Array X
    for i, x in enumerate(X):
        # x = Zeile für Zeile verwenden
        # Inneres Produkt zwischen x und w
        summe = np.dot(w,x)
        ergebnis = heaviside(summc)
        # Fehler
        fehler = np.abs(ergebnis - y[i])
        # Gesamtfehler
        gesamtfehler += fehler
        # Ausgabe
        print("Sensor L = {}, Sensor R = {}, gewünschtes Ergebnis = 
{}, errechnetes Ergebnis = {}, Fehler = {}".
              format(x[1], x[2], y[i], ergebnis, fehler))
    # Gesamtfehler pro Epoche über ganzen Trainingsdatensatz
    return gesamtfehler
#-------------------------------
# Core Function zum Auswerten des Inputs
gesamtfehler = perceptron_eval(X,y)
print("Gesamtfehler = %1d" % (gesamtfehler))
# Ausgabe:
Sensor L = 0, Sensor R = 0, gewünschtes Ergebnis = 0, errechnetes Ergebnis = 0, 
Fehler = 0
Sensor L = 0, Sensor R = 1, gewünschtes Ergebnis = 0, errechnetes Ergebnis = 0, 
Fehler = 0
Sensor L = 1, Sensor R = 0, gewünschtes Ergebnis = 0, errechnetes Ergebnis = 0, 
Fehler = 0
```

```
Sensor L = 1, Sensor R = 1, gewünschtes Ergebnis = 1, errechnetes Ergebnis = 1,
Fehler = 0
Gesamtfehler = 0
```

Listing 3.7 Die Perceptron-Steuerung für den Roboter

3.13 Zusammenfassung

Das Perceptron gehört nun Ihnen: Sie haben den Aufbau und die Berechnungen im Perceptron theoretisch und praktisch durchgeführt. Dabei sind so wichtige Dinge wie die gewichtete Summe, Schwellenwertberechnungen, Grafiken und grafische Analysen vorgekommen. Zugegebenermaßen haben wir bis jetzt ausschließlich Auswertungen umgesetzt und das Lernen des Perceptrons noch nicht berücksichtigt. Das werden wir im folgenden Kapitel sofort nachholen.

3.14 Referenzen

- Rosenblatt, F.: The Perceptron: A Probabilistic Model for Information Storage and Organization in The Brain. 1958. *http://citeseerx.ist.psu.edu/viewdoc/summary?doi=10.1.1.588.3775*
- *https://archive.ics.uci.edu/dataset/53/iris*

Kapitel 4

Lernen im einfachen Netz

Was bedeutet das Lernen in einem neuronalen Netz? Wie sieht das konkret aus? Und anscheinend kann man auf mehr als eine Art lernen!

Dieses Kapitel führt uns zu den Anfängen des Lernens von KNN. 1949 entdeckte Donald Hebb den Effekt, dass die Verbindung zwischen zwei Neuronen gestärkt wird, falls sie »gleichzeitig« feuern, was den grundsätzlichen Mechanismus für Lernen und Gedächtnis darstellt. Motiviert durch diese Entdeckungen bildete sich eine richtungsgebende Lernstrategie heraus. Diese erläuterte das Lernen für Datenmengen, die schön sauber trennbar sind, und wurde als *Perceptron-Lernen* bezeichnet. Angespornt durch die Erfolge dieses Lernansatzes und im Wissen um seine Defizite wurde die nächste Strategie entwickelt, die unter anderem die theoretische Basis für die aktuellen Lernstrategien darstellt, das *Adaline*.

4.1 Vorgeschichte: Man lässt planen

Unsere Ausgangssituation ist relativ klar: Wir wissen, was wir wollen, nämlich ein Perceptron, das aufgrund gewisser Vorgaben ein gewünschtes Ergebnis liefert (siehe Tabelle 4.1).

P1	P2	-->	E
0	0	-->	0
0	1	-->	1
1	0	-->	1
1	1	-->	1

Tabelle 4.1 Das altbekannte Planungsproblem

Die Auswertung durch das Netz haben wir in Kapitel 3 ziemlich zerpflückt und wir haben uns jeden auch noch so kleinen Aspekt angesehen. Unsere Erkenntnisse sind in Abbildung 4.1 zusammengefasst. Bitte konzentrieren Sie sich in der folgenden Zeichnung auf den Vorwärtspfad, und denken Sie kurz nochmals über die grünen Punkte nach. Was passiert zu diesen Zeitpunkten?

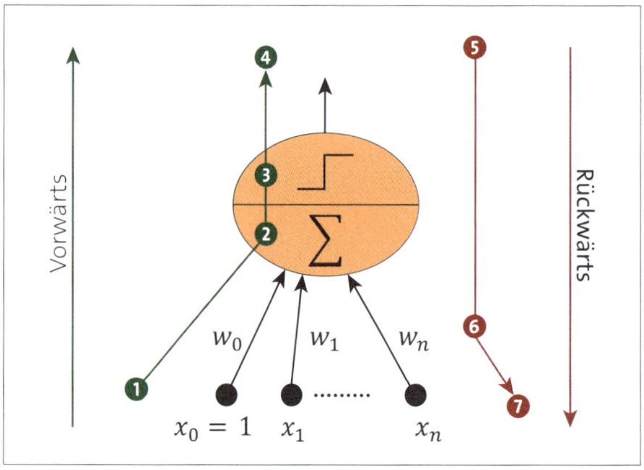

Abbildung 4.1 Vorwärts und rückwärts im Perceptron

Die Hauptschritte waren die folgenden:

Den Input x_i bereitstellen ❶. Anschließend die gewichtete Summe berechnen $\vec{w}^t \cdot \vec{x}$ ❷. Die Stufenfunktion anwenden ❸. Und zu guter Letzt den Output bewundern ❹.

Sehr gut!

Ab nun ist der **Rückwärtspfad** der für uns interessante Weg, weil dieser Pfad das Lernen im KNN betrifft. Basierend auf dem ermittelten Fehler in ❺ werden die Gewichte angepasst ❻, und der Input wird auch bei der Berechnung des Fehlers einbezogen ❼. Diese Schritte werden wir uns nun wieder schön langsam ansehen. Dazu werden wir bei den Implementierungen auf der grünen Wiese starten und uns dabei an einer *scikit-learn*-Implementierungsschablone orientieren. In dieser Vorlage gibt es eine Methode, die das KNN an das Problem anpasst (Methode `fit`), und eine Methode, mit der Sie das KNN für Auswertungen verwenden (Methode `predict`).

4.2 Lernen im Python-Code

Sie werden nun unterschiedliche Varianten des Perceptron-Lernens kennenlernen: zum einen solche, die super funktionieren, wenn der Datensatz tatsächlich **linear trennbar** ist, die aber komplett scheitern werden, wenn dies nicht der Fall ist. Einen anderen Ansatz, der auch mit der zweiten Situation umgehen kann, werden wir natürlich auch besprechen. So viel sei schon verraten: Der Ansatz nennt sich *Adaline*.

4.3 Perceptron-Lernen

Stellen Sie sich noch einmal die Tabellen mit den Nullen und Einsen vor. Wir nehmen uns nun eine Zeile und wollen, dass das KNN für die Eingaben ein bestimmtes Ergebnis liefert. Natürlich wird das nicht immer klappen, und das Netz wird abweichende Ergebnisse ermitteln. Das bedeutet, dass etwas im Netz verändert werden muss. Wenn wir uns nochmals die Berechnung ansehen, dann können wir uns überlegen, welche Parameter prinzipiell anpassbar sind:

$$s = \sum_{i=0}^{n} \mathrm{w}_i \cdot x_i = \vec{w}^{\mathrm{t}} \cdot \vec{x}$$

Übersetzt bedeutet das, dass die Eingangswerte x_i von den Vorgängerneuronen mit einem Gewicht w_i multipliziert und summiert werden. Zum Beispiel sähe für die Gewichtswerte $\vec{w}^{\mathrm{t}} = (0.1, 0.1, 0.1)$ die Gleichung so aus:

$$s = 0.1 \cdot x_0 + 0.1 \cdot x_1 + 0.1 \cdot x_2$$

Und für den Input $\vec{x} = (1.0, 0.0, 0.0)$ ergibt das:

$$s = 0.1 \cdot 1.0 + 0.1 \cdot 0.0 + 0.1 \cdot 0.0 = 0.1$$

Nun sind Sie an der Reihe!

Aufgabe

Wie sieht die Gleichung für die Gewichtswerte $\vec{w}^{\mathrm{t}} = (-0.9, 0.1, 0.1)$ aus?

Wie sieht der Wert für $\vec{x} = (1.0, 0.0, 0.0)$ aus?

Lösung:

$$s = -0.9 \cdot 1.0 + 0.1 \cdot 0.0 + 0.1 \cdot 0.0 = -0.9$$

Was haben Sie entdeckt, das geändert werden kann? Nachdem die Eingaben x_i ja durch die Fragestellung vorgegeben sind, können in dieser Gleichung nur die Gewichte angepasst werden. Damit ist klar, dass es um die **Anpassung** der Gewichte gehen muss, wenn wir vom Lernen sprechen.

Sie werden sich jetzt möglicherweise fragen: »Wie sollten wir die Gewichte anpassen?« Danke für die Frage, und natürlich haben wir dafür eine Antwort parat:

1. Wir werden dem Netz ein Lernbeispiel präsentieren,
2. es die Berechnungen durchführen lassen und
3. dann den **errechneten** Wert $\hat{y}$ mit dem **gewünschten** Wert y des Lernbeispiels vergleichen.
4. Basierend auf dem Vergleichsergebnis werden wir dann die Gewichte anpassen.

Dabei sollte das KNN die Beispiele immer besser lernen und die gewünschten Ergebnisse liefern. Auf diese Weise sollte jeder Durchgang eine Verringerung des Berechnungsfehlers liefern. Dieses Verhalten nennt man *Konvergenz*, und die Regel, nach der dies erreicht wird, wird als *Lernalgorithmus* bezeichnet. Solch ein Lernalgorithmus könnte folgendermaßen aussehen:

1. Initialisiere die Gewichte und dadurch auch den Schwellenwert. Die Gewichte können beliebig kleine Werte, meistens im Intervall (–1,1), annehmen. Für die Initialisierung gibt es die unterschiedlichsten Strategien; wir wollen es einfach halten und starten mit einer zufälligen Auswahl im Intervall (–1,1).
2. Wenn die errechnete Ausgabe eines Neurons 1 (bzw. 0) ist und der gewünschte Wert 1 (bzw. 0), dann werden die Gewichte nicht verändert. Warum auch, da ermittelt das Netz ja schon die korrekten Werte!
3. Ist die Ausgabe 0, aber der Wunschwert 1, dann müssen alle Gewichte erhöht werden. Dies geschieht aus dem einfachen Grund, dass der ermittelte Wert zu gering ist und eine Veränderung stattfinden muss, sodass dann das berechnete Ergebnis höher ausfällt. Die Höhe der Veränderung findet relativ zum Fehler statt.
4. Ist die Ausgabe 1, aber der Wunschwert 0, dann werden die Gewichte vermindert.

Der oben beschriebene Vorgang lässt sich natürlich in die Sprache der Mathematik übersetzen, und damit erhalten wir die folgende Darstellung des Lernalgorithmus:

$$w_i^{\text{neu}} = w_i^{\text{alt}} + \Delta w_i$$

wobei

$$\Delta w_i = (y - \hat{y}) \cdot x_i$$

w_i^{alt} bezeichnet das Gewicht mit dem aktuellen Wert, also zum Beispiel -0.3.

w_i^{neu} ist das Gewicht nach einer Änderung des alten Gewichts, also falls zum Beispiel 0.1 zum alten Gewicht dazugezählt wird. Für unser Beispiel wäre das –0.3 + 0.1 = -0.2.

Δw_i wird als »Delta w_i« gesprochen. Das kleine Dreieck wird also als *Delta* bezeichnet und soll ausdrücken, dass eine Änderung stattfindet. Das bedeutet somit, dass mit jedem Schritt jedes Gewicht verändert wird, und das entweder um –1, 0 oder +1.

Aufgabe

Woher kommt die Gewissheit, dass die Gewichtsänderung pro Schritt nur entweder –1, 0 oder +1 sein kann? Die Schritte zur Lösung können Sie in Abbildung 4.2 betrachten.

Dabei bedeuten im Lernalgorithmus die unterschiedlichen Elemente das Folgende:

- w_i ist das i-te Gewicht des Gewichtsvektors, wobei w_0 der negative Schwellenwert – θ ist – das ist klar, das kennen wir schon.
- Δw_i ist die Änderung des Gewichts w_i.
- y ist die gewünschte Ausgabe des Neurons für das Lernbeispiel.
- $\hat{y}$ ist die tatsächliche, errechnete Ausgabe für das Lernbeispiel.
- x_i ist der Input zum Neuron des Lernbeispiels, wobei $x_0 = 1$ gilt. Das haben wir so festgelegt, damit der Schwellenwert $-\theta$ in die schön einheitliche Darstellung der gewichteten Summe eingebaut werden kann. Manchmal wird dieses Vorgehen als *Bias-Trick* bezeichnet.

Wenn wir von »Gewicht alt« und »Gewicht neu« sprechen, impliziert das, dass dazwischen Zeit vergeht oder zumindest ein Zeitschritt. In Abbildung 4.2 zeigen wir Ihnen einen Schritt. Wir starten zum Zeitpunkt t, das ist zum Beispiel der 150. Lernschritt, und wechseln zu Schritt $t + 1$, das wäre der 151. Lernschritt.

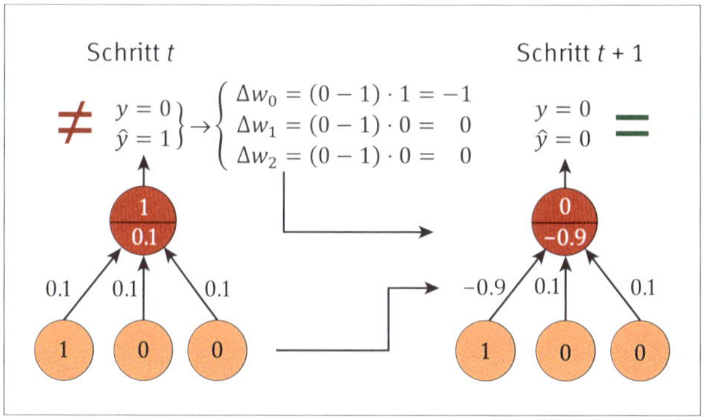

Abbildung 4.2 Ein Perceptron-Lernschritt

Lösung:

Eine Gewichtsanpassung vom Schritt t zum Schritt $t + 1$ wird aufgrund der Differenz zwischen dem gewünschten und dem errechneten Output ermittelt, so wie in Abbildung 4.2 dargestellt. Ausgangssituation ist die Formel:

$$\Delta w_i = (y - \hat{y}) \cdot x_i$$

Der Output kann aufgrund der Stufenfunktion nur 0 oder 1 sein, und der gewünschte Output kann ebenfalls nur 0 oder 1 sein; damit ergibt sich die in Tabelle 4.2 dargestellte Situation.

y_i	$\hat{y}_i$	$(y-\hat{y})$	$(y-\hat{y})\cdot x_i$
0	0	0	0
0	1	-1	$-x_i$
1	0	1	x_i
1	1	0	0

Tabelle 4.2 Mögliche Fehler im Perceptron und die dazu passende Änderung des Gewichts

Mit diesen Erkenntnissen können Sie nun wieder in die Formel $w_i^{\text{neu}} = w_i^{\text{alt}} + \Delta w_i$ gehen und Ersetzungen durchführen:

- w_i^{neu} ist der Wert im Schritt t + 1, also können wir $w_i(t+1)$ schreiben.
- w_i^{alt} ist der Wert im Schritt t, also können wir $w_i(t)$ schreiben.

Aus diesen Ersetzungen ergeben sich die folgenden Berechnungsschritte für die Veränderung der Gewichte:

- $w_i(t+1) = w_i(t)$ bei korrekter Ausgabe
- $w_i(t+1) = w_i(t) + x_i$ bei Ausgabe 0 und gewünschter Ausgabe 1
- $w_i(t+1) = w_i(t) - x_i$ bei Ausgabe 1 und gewünschter Ausgabe 0

4.4 Trenngerade für einen Lernschritt

In Abbildung 4.3 haben wir die Trenngerade eingezeichnet, die die 0- und die 1-Regionen voneinander trennt. Das sind die zwei gewünschten Ergebnisse, die auch als *Klassen* oder *Kategorien* bezeichnet werden. Wenn Sie sich für die Mathematik dahinter interessieren, dann blättern Sie zu Anhang B. Dort zeigen wir Ihnen, wie Sie von den Gewichten zu einer Trenngeraden kommen.

Ermittlung der Trenngerade für Schritt t+1

Wir gehen von der gewichteten Summe aus:

$x_0 \cdot w_0 + x_1 \cdot w_1 + x_2 \cdot w_2 = 0$

Nun setzen wir die Werte ein:

$1 \cdot (-0.9) + x_1 \cdot 0.1 + x_2 \cdot 0.1 = 0$

Durch das Umformen für x_2 ergibt sich:

$x_2 = -x_1 + 9$

Punkt 1: *Wenn* $x_1 = 0$, *dann* ist $x_2 = 9$, d. h., der Punkt (0,9) liegt auf der Trenngeraden.

Punkt 2: *Wenn* $x_1 = 9$, *dann* ist $x_2 = 0$, d. h., der Punkt (9,0) liegt auf der Trenngeraden.

Im Schritt t ist der Punkt (0,0) noch in der falschen Region (wir haben den Punkt in Abbildung 4.3 rot hinterlegt) – er wird als 1 klassifiziert, sollte aber eigentlich 0 sein. Der Lernalgorithmus ändert nun im Schritt $t + 1$ die Gewichte, und Sie können erkennen, dass sich die Trenngerade dadurch verschiebt. Das bedeutet wiederum, dass sich die 0- und 1-Regionen verschoben haben, ganz so wie für unser einzelnes Beispiel aus dem *Trainingsdatensatz* gewünscht. Beim Lernschritt werden die Trainingsdatensätze durchlaufen und die entsprechenden Änderungen an den Gewichten durchgeführt.

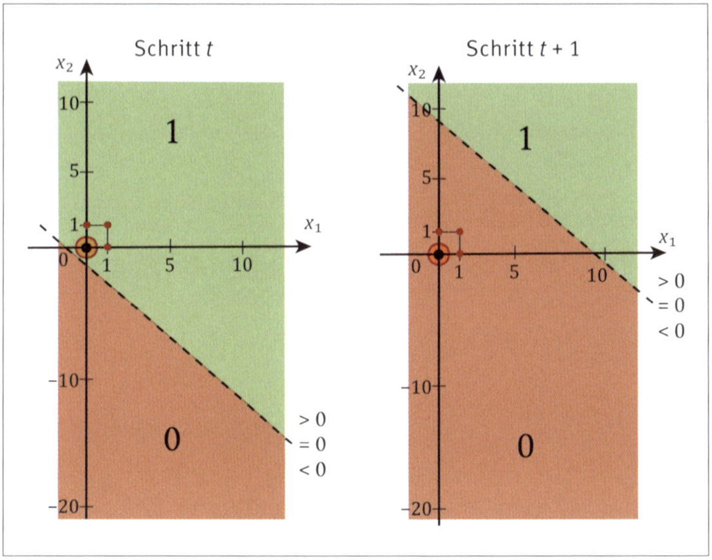

Abbildung 4.3 Die Veränderung der Lage der Trenngeraden durch einen Lernschritt, in dem die Gewichte angepasst werden

Die Änderungen an den Gewichten werden im Algorithmus ohne Umschweife sofort durchgeführt. Frank Rosenblatt konnte im *Konvergenztheorem* beweisen, dass mit dem obigen Lernverfahren alle Lösungen erlernt werden können, die ein Perceptron repräsentieren kann, d. h. alle linear trennbaren. Andererseits gilt: Wenn die Eingabemenge nicht linear trennbar ist, dann hält der Algorithmus nicht an.

Zeit fürs Coden: Sehen wir uns anhand eines ausführlichen Python-Codes die Details zur Implementierung des Perceptron-Lernalgorithmus an. Als einfaches Beispiel dient uns wieder die Planungsaufgabe. Falls Sie die Tabelle nicht mehr im Kopf haben, dann sehen Sie sich bitte noch mal Tabelle 4.1 an.

4.5 Perceptron-Lernalgorithmus

Als ersten Schritt empfehlen wir Ihnen, ein neues Notebook anzulegen und den Titel »Lernen im einfachen Netz« zu vergeben. Danach erstellen Sie zwecks Lesbarkeit eine Markdown-Zelle mit einer Überschrift, zum Beispiel »Perceptron-Lernalgorithmus«, und eine Code-Zelle für den Code.

Das Herzstück des Codes ist die Funktion `fit`, in der das Lernen mittels Gewichtsanpassung geschieht. Der Parameter `iterations` legt dabei fest, wie viele Schritte für das Lernen der `training_data_set`-Daten verwendet werden.

```
# Plot
import matplotlib.pyplot as plt
# Zufallszahlen-Generator
from random import choice
# Für die mathematischen Operationen
from numpy import array, dot, zeros, random
# Ganz wichtig, sonst wird der Plot nicht angezeigt
%matplotlib inline

# Die heaviside-Stufenfunktion als Lambda-Funktion
heaviside = lambda x: 0 if x < 0 else 1

# Training
def fit(iterations, training_data_set,w):
    """ Lernen im Perceptron

    iterations: Ein Vorwärts- und Rückwärtslauf aller Trainingsbeispiele
    trainings_data_set: Die Trainingsbeispiele
    w: Die Gewichte zum Starten

    """
    errors = []
    weights = []
    for i in range(iterations):
        # zufällige Auswahl eines Trainingsbeispiels random.choice
        training_data = choice(training_data_set)
        x = training_data[0]
        y = training_data[1]
        # Den errechneten Output ermitteln: Gewichtete Summe mit
        # nachgelagerter Stufenfunktion
        y_hat = heaviside(dot(w, x))
```

```
            # Fehler berechnen als Differenz zwischen gewünschtem und
            # aktuellem Output
            error = y - y_hat
            # Fehler sammeln für die Ausgabe
            errors.append(error)
            # Gewichte sammeln für spätere Ausgabe
            weights.append(w)
            # Gewichtsanpassung = Das Lernen… x_i ist entweder 0 oder 1
            w += error * x
            # Rückgabe der Fehler und Gewichte
        return errors, weights

def main():
    """ Hauptprogramm
    Hier werden die einzelnen Bausteine zusammengesetzt
    """
    # Trainingsdaten
    # Pro Zeile: die binären Inputdaten und die gewünschte binäre Ausgabe
    # in einer Liste von Tupeln
    # An der Indexposition 0 des Inputvektors ist das Bias-Neuron
    training_data_set = [
        (array([1,0,0]), 0),
        (array([1,0,1]), 1),
        (array([1,1,0]), 1),
        (array([1,1,1]), 1),
    ]

    # Anfangsinitialisierung des Zufallgenerators wegen
    # Reproduzierbarkeit der Ergebnisse
    random.seed( 12 ) # irgendein Wert

    # Array von Länge 3 mit 0 initialisieren
    w = zeros(3)
    # Die Anzahl der Durchläufe. Erfahrungswert durch Probieren
    iterations = 30

    # Trainieren mit fit()
    # Wir sammeln die Fehler/Gewichte in jedem Schritt für die grafische Ausgabe
    errors, weights = fit(iterations, training_data_set,w)
```

```
    # Den letzten Gewichtsvektor ausgeben
    w = weights[iterations-1]
    print("Gewichtsvektor am Ende des Trainings:")
    print(w)

    # Auswertung nach dem Trainieren
    print("Auswertung am Ende des Trainings:")
    for x, y in training_data_set:
        y_hat = heaviside(dot(x, w))
        print("{}: {} -> {}".format(x, y, y_hat))

    # Grafik für Fehler pro Lernbeispiel :-)
    # Aktuelle Achsen holen, um die Sichtbarkeit des Rasters zu setzen
    ax = plt.gca()
    # Sichtbarkeit steuern
    ax.grid(True)
    # Figure Nummern Start
    fignr = 1
    # Druckgröße in inch
    plt.figure(fignr,figsize=(10,10))
    # Ausgabe Fehler als Plot
    plt.plot(errors)
    # Raster
    plt.style.use('seaborn-whitegrid')
    # Labels
    plt.xlabel('Iteration')
    # Label der y-Achse mithilfe von LaTeX
    plt.ylabel(r"$(y - \hat y)$")
    # Plot anzeigen
    plt.show()

# Hauptprogramm
main()
# Ausgabe: Perfekt!
Gewichtsvektor am Ende des Trainings:
[-1.  1.  1.]
Auswertung am Ende des Trainings:
[1 0 0]: 0 -> 0
[1 0 1]: 1 -> 1
```

```
[1 1 0]: 1 -> 1
[1 1 1]: 1 -> 1
```

Listing 4.1 Perceptron-Lernalgorithmus

Abbildung 4.4 zeigt die grafische Ausgabe.

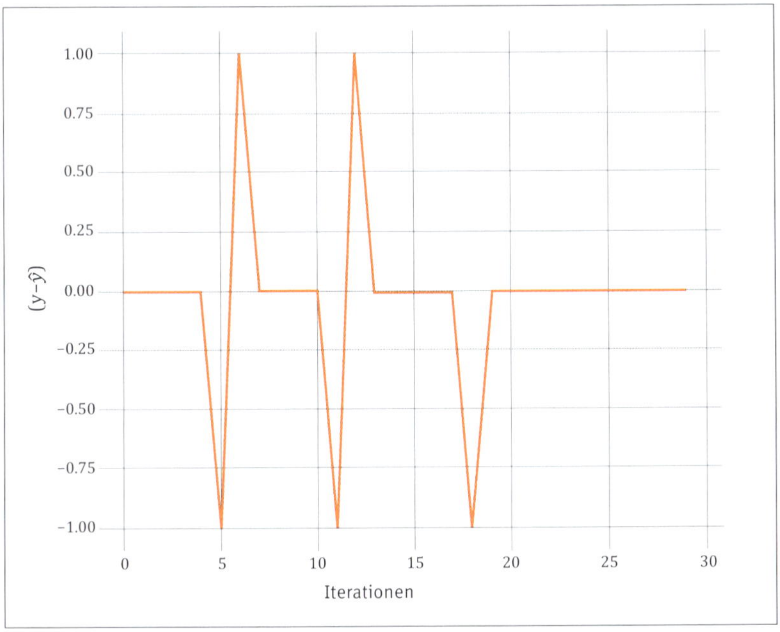

Abbildung 4.4 Die Differenz zwischen gewünschtem und errechnetem Output $(y - \hat{y})$ beim Lernen, pro zufällig gewähltem Trainingsbeispiel

Das Wichtigste, was wir am Anfang benötigen, sind die Trainingsdaten. Sie bestehen aus den Eingaben und der gewünschten Ausgabe. Die Eingaben sind die Vektoren, die bei Informatikern zum Beispiel als *Array* oder *Liste* bezeichnet werden.

Die Ausgabe ist ein einfacher Wert, d. h. ein *Skalar*. Im Code haben wir die Menge der Trainingsdaten als `training_data_set` bezeichnet. Wenn Sie genau hinsehen, erkennen Sie, dass mehrere Beispiele in *Tupeln* im Array abgelegt sind. Diese Art der Ablage ist eher willkürlich und aus einer Laune heraus entstanden. Sie könnte genauso gut als zweidimensionale Liste oder ganz anders im Programm gehalten werden (z. B. `numpy ndarray`).

Im Code folgt die Definition der Ausgabefunktion mithilfe eines *Lambda*-Konstrukts: eine Stufenfunktion, benannt nach dem Mathematiker und Physiker Oliver Heaviside.

Diese springt schlagartig im Punkt 0 auf den Ausgabewert 1. Danach werden die Gewichte initialisiert (wie gesagt, auch gerne mit 0), und die Anzahl der Lerndurchläufe (`iterations`) wird festgelegt.

Im Falle des Perceptrons ist das gar nicht so einfach. Falls das Problem aus Sicht des Perceptrons nicht lösbar ist, dann hört es nicht mehr auf zu lernen und versucht krampfhaft, eine Lösung zu finden. Eine Möglichkeit, das Lernen auf alle Fälle zu beenden, besteht darin, eine fixe Anzahl an Lernschritten vorzugeben, die auch manchmal als *Iterationen* bezeichnet werden.

Der Zusammenhang mit anderen nützlichen Begriffen steht für Sie in Tabelle 4.3 bereit. Wir verwenden in unserem Programm 25 Iterationen mit der Batch Size 1.

Begriff deutsch	Begriff englisch	Beschreibung
Epoche	*epoch*	ein Vorwärts- und Rückwärtslauf **aller** Trainingsbeispiele
Batch Size	*batch size*	die **Anzahl** der Trainingsbeispiele in einem Vorwärts- und Rückwärtslauf
Iterationen	*iterations*	Die Anzahl der Läufe, wobei jeder Lauf mit der Batch-Size-Anzahl von Beispielen läuft

Tabelle 4.3 Epoche, Batch Size und Iterationen

Dann kommt im Programm schon die Funktion, die das Lernen durchführt: `fit`. Der Name leitet sich ab vom `fit` aus scikit-learn, wie wir gleich sehen werden. Das Lernen geschieht *online*, weil wir dem Perceptron ein Lernbeispiel nach dem anderen präsentieren und es jeweils lernen lassen, d. h., Gewichte anpassen. In diesem Fall spricht man von einer Batch Size = 1, da genau ein Beispiel zum Lernen verwendet wird. Die Lernbeispiele werden zufällig ausgewählt. Dann werden die gewichtete Summe (`dot`) und die Ausgabefunktion (`heaviside`) berechnet, und eine Gewichtsanpassung wird durchgeführt, die auch mal entfallen kann, wenn alles bereits korrekt erkannt wurde. Pro Schritt merken wir uns die Differenz zwischen dem gewünschten und dem errechneten Output, damit wir dazu einen *Graphen* zeichnen können.

Diesen Graphen werden Sie in Zukunft noch gespannt beobachten. Wird das Netz die Aufgabe lernen oder nicht? Dieser Graph ist eines Ihrer wichtigsten *Analysewerkzeuge*. Wie Sie in Abbildung 4.4 erkennen, springen die Differenzen $(y - \hat{y})$ pro zufällig gewähltem Trainingsbeispiel am Anfang wild zwischen –1, 0 und 1 hin und her, um sich dann nach einigen Iterationen auf 0 einzupendeln. Das heißt, die Aufgabenstellung wurde für die Trainingsbeispiele erlernt, die mittels `choice()` gewählt wurden.

4.6 Die Trenngeraden bzw. Hyperplanes oder auch Hyperebenen für das Beispiel

Die lineare Trennbarkeit, also die Aufteilung der Input-Beispiele, kann für niedrige Dimensionen auch schön veranschaulicht werden. Das wollen wir Ihnen in diesem Abschnitt nun zeigen.

Bilder sagen doch mehr als tausend Worte. Darum sehen wir uns das Beispiel von vorher an, wo wir bereits den Fehler des Perceptron-Lernalgorithmus visualisiert haben. Nun betrachten wir, wie der Perceptron-Lernalgorithmus Iteration für Iteration die Gewichte anpasst, um zur korrekten Klassifikation zu kommen. Aber zuerst haben wir noch eine kleine Rechenaufgabe für Sie, in der Sie erst einmal von Hand die Gewichte anpassen und korrigieren.

Aufgabe: Korrektur der Gewichte

Nehmen wir an, dass der Gewichtsvektor die Werte (-0.28, 0.02, 0.05) hat. Als Input wird dem KNN der Vektor (1,0,1) übergeben mit de–m gewünschten Output 1. Wie sehen die neuen Gewichte nach der Korrektur aus? Wir bitten um Ihre Berechnungen!

Lösung:

1. Zuerst $\hat{y}$ berechnen:

$-0.28 \cdot 1 + 0.02 \cdot 0 + 0.05 \cdot 1 = -0.23 < 0 \rightarrow 0$

2. Dann das Δw:

$(1 - 0) \cdot x = 1 \cdot (1{,}0{,}1) = (1{,}0{,}1)$

3. Großes Finale, das neue Gewicht:

$(-0.28, 0.02, 0.05) + (1{,}0{,}1) = (0.72, 0.02, 1.05)$

Trara! Das Ergebnis stimmt glücklicherweise mit der Zeile 1 in Tabelle 4.4 überein, die wir nun im Folgenden aufbauen werden.

Die Trenngeraden, die wir im Trainingsdatensatz eingezeichnet haben, verändern sich von Schritt zu Schritt. Der Lernalgorithmus passt die Gewichte an, und dadurch verändert sich wiederum die Lage der Trenngerade. In unserem Beispiel gelingt es dem Perceptron innerhalb von 9 Schritten, eine Lösung für die Aufgabenstellung zu finden.

In Tabelle 4.4 haben wir die Schritte zusammengefasst. Wir starten mit einer zufälligen Initialisierung des Gewichtsvektors. Die Spalte »Schritt« bezeichnet den *Laufindex*, der mit 0 beginnt und pro Schritt um 1 hochgezählt wird. In der Spalte ganz rechts steht die Abbildung, die zum Schritt gehört.

Schritt	x	y	$\hat{y}$	Fehler $(y - \hat{y})$	Korrektur $(y - \hat{y}) \cdot x$	w	Abbildung
						(−0.28, 0.02, 0.05)	
0	(1,0,0)	0	0	0	(0,0,0)	(−0.28, 0.02, 0.05)	Abbildung 4.5
1	(1,0,1)	1	0	1	(1,0,1)	(0.72, 0.02, 1.05)	Abbildung 4.5
2	(1,0,1)	1	1	0	(0,0,0)	(0.72, 0.02, 1.05)	Abbildung 4.5
3	(1,1,0)	1	1	0	(0,0,0)	(0.72, 0.02, 1.05)	Abbildung 4.6
4	(1,0,0)	0	1	−1	(−1,0,0)	(−0.28,0.02,1.05)	Abbildung 4.6
5	(1,0,0)	0	0	0	(0,0,0)	(−0.28,0.02,1.05)	Abbildung 4.6
6	(1,1,1)	1	1	0	(0,0,0)	(−0.28,0.02,1.05)	Abbildung 4.7
7	(1,1,0)	1	0	1	(1,1,0)	(0.72,1.02,1.05)	Abbildung 4.7
8	(1,0,0)	0	1	−1	(−1,0,0)	(−0.28,1.02,1.05)	Abbildung 4.7

Tabelle 4.4 Lernschritte und Anpassungen

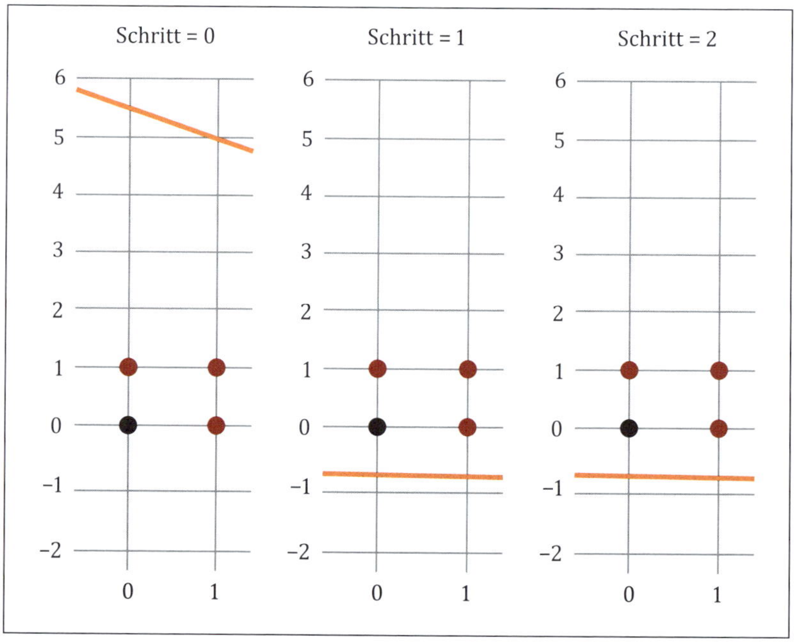

Abbildung 4.5 Schritt 0, Schritt 1 und Schritt 2

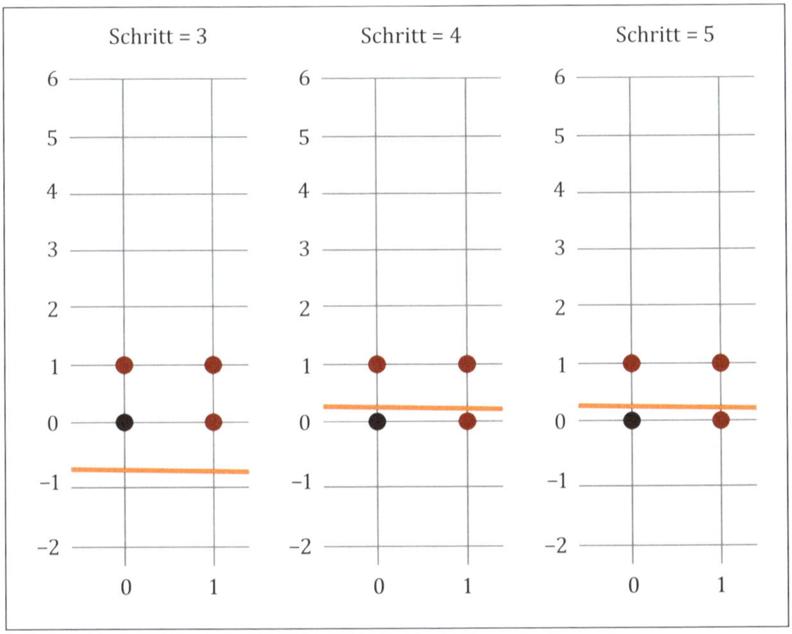

Abbildung 4.6 Schritt 3, Schritt 4 und Schritt 5

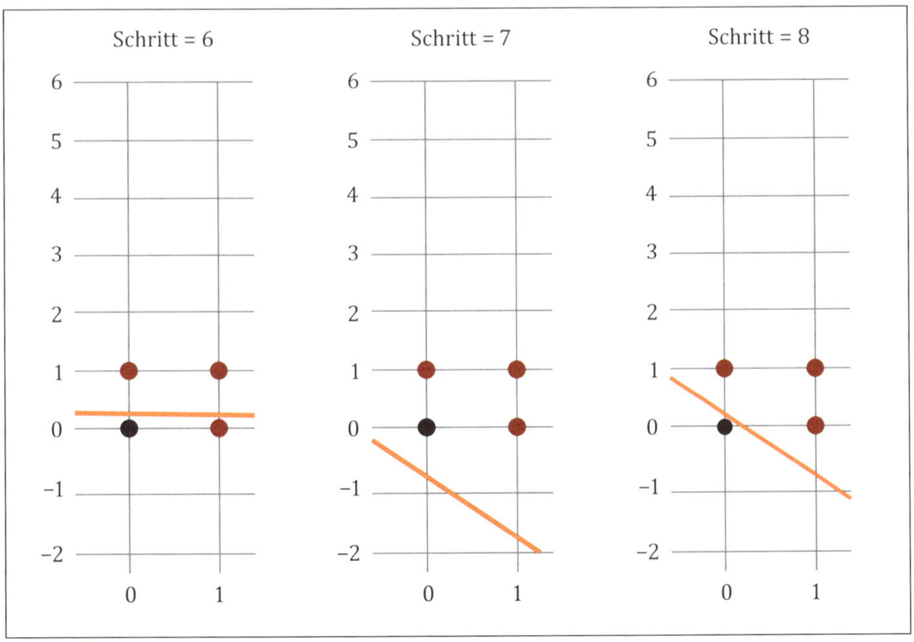

Abbildung 4.7 Schritt 6, Schritt 7 und Schritt 8

In der ersten Zeile wird nur das Startgewicht gezeigt, das ja zufällig initialisiert wurde mit (-0.28, 0.02, 0.05). In Abbildung 4.5 sehen Sie die dazu passende Gerade bzw. die dadurch entstandenen Bereiche für die Klassifikation. Noch nicht sehr erbauend. Daher ist eine Korrektur nötig!

Nun folgt die Verwendung der scikit-learn-Schablone für die Implementierung von KNN, im Fachjargon als *Estimator* bezeichnet. Schließlich geht's uns ja ums Programmieren!

Falls Sie möchten, können Sie, bevor wir die Implementierung besprechen, in Anhang A noch einiges zur Objektorientierung nachlesen. Nach dieser Lektüre werden Sie die folgenden Zeilen sehr einfach verstehen.

4.7 scikit-learn-kompatibler Estimator

In Hinblick auf eine Wiederverwendung wäre es natürlich jetzt praktisch, den entwickelten Code in einer scikit-learn-kompatiblen Implementierung abzulegen. Tatsächlich gibt es Vorlagen, die man dafür benutzen kann und die wir hier eingefügt haben. Dabei sind die folgenden Objekte die Grundbausteine der Implementierung – etwa das *Estimator*-Objekt für das Lernen und das *Predictor*-Objekt für die Ausführung der Klassifikation:

- **Estimator:** Ein *Estimator* ist ein Objekt, das aus Daten lernt, zum Beispiel mithilfe eines Klassifikations-, Regressions- oder Clustering-Algorithmus. Das Basisobjekt `sklearn.base.BaseEstimator` implementiert die `fit`-Methode, um dann von den Daten zu lernen:

  ```
  estimator = Perceptron.fit(data,targets)
  ```

  Mit `Perceptron` haben wir ein Objekt bezeichnet, das wir mithilfe des Estimators `PerceptronEstimator` instanziieren werden. Beim Aufruf der Methode `fit` wird die Referenz auf das Objekt selbst zurückgegeben, daher kann der Objektreferenz `estimator` die zurückgegebene Objektreferenz zugewiesen werden. Den Estimator `PerceptronEstimator` werden wir gleich gemeinsam entwickeln.

- **Predictor:** Im *Predictor*-Objekt implementiert man zum Beispiel die Methode zur Klassifikation für überwachtes Lernen:

  ```
  prediction = Perceptron.predict(data)
  ```

  Wir werden später die Predictor-Methode ebenfalls im `PerceptronEstimator` implementieren.

- **Transformer:** Im *Transformer*-Objekt könnten wir Datenfilterungen oder Datenänderungen implementieren, das machen wir aber nicht.

  ```
  new_data = obj.transform(data)
  ```

- **Model:** Im *Model*-Objekt können wir die Qualität nach dem »Goodness of fit«-Maß implementieren, das lassen wir auch aus.
  `score = obj.score(data)`

Die Erklärung für die Implementierung unseres Estimators werden wir nun in Teile zerlegen, und Sie denken sich bitte den Code in einem Stück ohne die ganzen Erklärungen. Weiterhin dürfte es für Sie sehr einfach sein, den Code zu verstehen, da Sie ihn bereits entwickelt haben. Wir verteilen die Coding-Passagen nur passend in die Methoden.

Legen Sie sich bitte wieder eine Code-Zelle im Ihrem Jupyter Notebook an, und übernehmen Sie von hier beginnend die unterschiedlichen Coding-Passagen untereinander in die Zelle. Los geht es mit der Deklaration:

- Der neue Estimator, den wir bauen, erbt von den Klassen `BaseEstimator` und `ClassifierMixin`:

```
# Numpy hilft uns mit den arrays
import numpy as np
# Grafische Darstellung
import matplotlib.pyplot as plt
# Das sind unsere Basisklassen
from sklearn.base import BaseEstimator, ClassifierMixin
# Prüfroutinen für die Konsistenz der Daten etc.
from sklearn.utils.validation import check_X_y, check_is_fitted,
check_random_state
# Puffern der unterschiedlichen Zielwerte
from sklearn.utils.multiclass import unique_labels
# Ganz wichtig, sonst wird der Plot nicht angezeigt
%matplotlib inline

# Unser Estimator, passend bezeichnet, und die Basisklassen
class PerceptronEstimator(BaseEstimator, ClassifierMixin):
```

Listing 4.2 Deklarationsteil und Klassenvererbung

- Der *Classifier* hat drei Methoden: Initialisieren (`__init__`), Lernen (`fit`) und Auswerten (`predict`).
- Die `__init__`-Methode sollte keine Trainingsdaten übernehmen, sondern diese sollten an die `fit`-Methode übergeben werden.
- Der *Estimator* sollte auch ohne Parameter instanziierbar sein. Das heißt, alle Parameter der `__init__`-Methode benötigen einen Default-Wert.

- Alle Parameter der `__init__`-Methode müssen in namensgleichen Objektattributen abgelegt werden.

```
# Initialisierung
def __init__(self, n_iterations=20, random_state=None):
    """ Initialisierung der Objekte
    n_iterations: Anzahl der Iterationen für das Lernen
    random_state_seed: Um Wiederholbarkeit zu garantieren, sollte ein
                       numpy.random.RandomState Objekt konstruiert werden,
                       das mit random_state_seed-Seed initialisiert wurde
    """
    # Die Anzahl der Iterationen
    self.n_iterations = n_iterations
    # Die Seed für den Zufallsgenerator
    self.random_state = random_state
    # Die Fehler im Lernprozess für den Plot gepuffert
    self.errors = []
```

Listing 4.3 Die »__init__«-Methode

- Die Stufenfunktion schreiben wir so wie bisher, aber nicht mehr als Lambda, sondern als Methode:

```
# Eine Stufenfunktion, benannt nach dem Mathematiker und Physiker
# Oliver Heaviside
def heaviside(self, x):
    """ Eine Stufenfunktion

    x: Der Wert, für den die Stufenfunktion ausgewertet wird

    """
    if x < 0:
        result = 0
    else:
        result = 1
    return result
```

Listing 4.4 Die Stufenfunktion als Methode

- Falls im Code ein Zufallsgenerator verwendet wird, was in unserem Fall ja gegeben ist, dann sollte `numpy.random.random()` nicht verwendet werden, sondern `numpy.random.RandomState`. Aus Gründen der Wiederholbarkeit, speziell wenn die `fit`-Methode mehrfach aufgerufen wird, sollte die Erzeugung des Zufallsgenerators in der `fit`-Methode stattfinden, und das geht so: Die `__init__`-Methode benötigt einen Parameter namens `random_state` und soll diesen mit `None` vorbelegen. Zusätzlich soll die Methode den `random_state` in einem Attribut unverändert speichern.

- Die `fit`-Methode erzeugt mittels `check_random_state` einen Zufallsgenerator und speichert diesen in einem Attribut namens `random_state_` ab:

```
# Lernen
def fit(self, X=None, y=None ):
    """ Trainieren
    X: Array-ähnliche Struktur mit [N,D], wobei
       N = Zeilen = Anzahl der Lernbeispiele und
       D = Spalten = Anzahl der Features
    y: Array mit [N], mit N so wie oben
    """
    # Erzeugung des Zufallsgenerators (RNG)
    random_state = check_random_state(self.random_state)
    # Initialisierung der Gewichte
    # np.size(.,1) = Anzahl der Spalten
    self.w = random_state.random_sample(np.size(X,1))
    # Prüfe, ob X und y die korrekte shape haben: X.shape[0] = y.shape[0]
    X, y = check_X_y(X, y)
    # Die eindeutigen Zielwerte speichern
    self.classes_ = unique_labels(y)
    # Lerndaten für spätere Prüfung in Methode predict speichern
    self.X_ = X
    self.y_ = y
    # Lernen
    for i in range(self.n_iterations):
        # zufälliges Durchwürfeln, für batch size = 1
        # np.size(.,0) = Anzahl der Zeilen
        rand_index = random_state.randint(0,np.size(X,0))
        # Ein zufälliger Inputvektor
        x_ = X[rand_index]
        # Ein dazu passender Output
        y_ = y[rand_index]
        # Den errechneten Output ermitteln:
        # Gewichtete Summe mit nachgelagerter Stufenfunktion
        y_hat = self.heaviside(np.dot(self.w, x_))
        # Fehler berechnen als Differenz zwischen gewünschtem und
        # aktuellem Output
```

```
            error = y_ - y_hat
            # Fehler sammeln für die Ausgabe
            self.errors.append(error)
            # Gewichtsanpassung = Das Lernen
            self.w += error * x_
            # Rückgabe des Estimators für verknüpfte Aufrufe
        return self
```

Listing 4.5 Die »fit«-Methode

Zur `fit`-Methode können wir ein paar Worte mehr verlieren. Sie bekommt die Trainingsdaten im zweidimensionalen Array `X` und die gewünschten Werte im Array `y` übergeben. Danach wird ein neuer Zufallsgenerator mit dem *Initialisierungswert* (*Seed*) `random_state` erzeugt. Die Initialisierung der Gewichte geschieht abhängig von der Größe des Eingabevektors `x`. Ob die Vektoren zusammenpassen, prüft die Methode `check_X_y`. Die Lerndaten werden in Objektattributen abgelegt, und die bekannten Lerniterationen finden statt. Das war es mit der Lernmethode.

Nun folgt die letzte Methode, `predict`. Damit kann die Auswertung stattfinden. Auch hier stellt scikit-learn Hilfsmethoden zur Verfügung, zum Beispiel die Prüfung, ob das Lernen bereits stattgefunden hat.

```
    # Auswerten
    def predict(self, x):
        """ Auswerten eines Vektors

        x: Ein Test-Inputvektor

        """
        # Prüfen, ob fit bereits aufgerufen wurde
        # Die Daten wurden in der Methode fit gesetzt
        check_is_fitted(self, ['X_', 'y_'])
        # Auswerten, Forward Path
        y_hat = self.heaviside(np.dot(self.w,x))

        return y_hat
```

Listing 4.6 Die Methode »predict«

Natürlich können wir in der Estimator-Klasse auch Methoden implementieren, die uns neben den Standardmethoden nützlich sein können, zum Beispiel eine Methode zur Ausgabe der Fehlerkurve. Wir haben diese Methode `plot` genannt:

```
    # Plot
    def plot(self):
        """ Ausgabe des Fehlers

        Die im Fehlerarray gespeicherten Fehler als Grafik ausgeben

        """
        # Figure-Nummern Start
        fignr = 1
        # Druckgröße in inch
        plt.figure(fignr,figsize=(10,10))
        # Ausgabe Fehler als Plot
        plt.plot(self.errors)
        # Raster
        plt.style.use('seaborn-whitegrid')
        # Labels
        plt.xlabel('Iteration')
        plt.ylabel(r"$(y - \hat y)$")
```

Listing 4.7 Die »plot«-Methode

Damit ist die Estimator-Klasse fertig, und wir kommen schon zur Verwendung. Zunächst werden die Trainingsdaten in der `main()`-Funktion, die wir nur zur besseren Strukturierung des Scripts anlegen, aufgebaut; dann wird bereits unser Perceptron-Estimator instanziiert. Wir haben die Anzahl der Iteration auf `30` gesetzt und als Anfangswert für den Zufallsgenerator `10` gewählt. Die `fit`-Methode bekommt die Trainingsdaten zum Lernen, und daraufhin kann unser Estimator schon zum Auswerten verwendet werden:

```
def main():
    # Trainingsdaten
    X = np.array([[1,0,0], [1,0,1], [1,1,0],[1,1,1]])
    y = np.array([0,1,1,1])
    # Lernen
    Perceptron = PerceptronEstimator(30,10)
    Perceptron.fit(X,y)
    # Testdaten
    x = np.array([1,0,0])
    # Auswertung nach dem Trainieren
    print("Auswertung am Ende des Trainings:")
    for index, x in enumerate(X):
        p = Perceptron.predict(x)
```

```
        print("{}: {} -> {}".format(x, y[index],p))
    # Graph ausgeben
    Perceptron.plot()

# Hauptprogramm
main()
```

Listing 4.8 Testen des eigenen Estimators

Die `predict`-Methode wertet die Trainingsdaten korrekt aus, und auch der Plot zeigt, was er zeigen sollte: Erfolg!

```
# Ausgabe:
Auswertung am Ende des Trainings:
[1 0 0]: 0 -> 0
[1 0 1]: 1 -> 1
[1 1 0]: 1 -> 1
[1 1 1]: 1 -> 1
```

Listing 4.9 Output zur »predict«-Methode

Abbildung 4.8 zeigt die grafische Ausgabe.

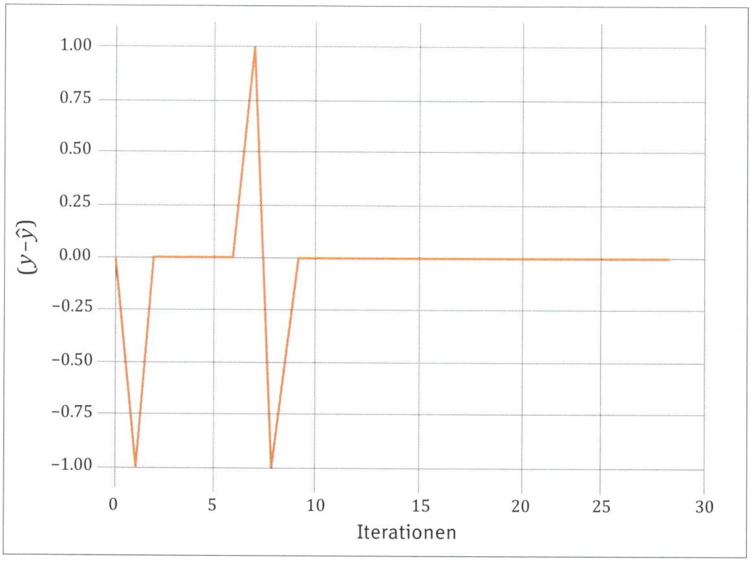

Abbildung 4.8 Differenzen beim Output des Perceptron-Estimators

Geschafft, das war doch ein ordentliches Stück Arbeit. Super, Gratulation!

Aber Moment mal, könnte es nicht sein, dass sich bereits ein emsiger Entwickler die Arbeit gemacht hat und ein Perceptron in *scikit-learn* programmiert hat? Sehen wir nach!

4.8 scikit-learn-Perceptron-Estimator

Nach einer kurzen Recherche auf *scikit-learn.org* mittels einer Suche nach `Perceptron`, steht fest, dass in *scikit-learn* eine Implementierung bereits zur Verfügung steht. Aber die Zeit für unsere eigene Implementierung war nicht vergeudet, ganz im Gegenteil: Erstens macht Übung den Meister, und zweitens verstehen Sie die nun folgende Verwendung des Perceptrons ohne große Erklärungen. Wir werden für das Lernen und Auswerten in diesem Abschnitt auf ein weiteres Feature von scikit-learn zugreifen: auf das Erzeugen von Datensätzen für das Lernen und Auswerten. Am besten legen Sie eine neue Code-Zelle in Ihrem Jupyter Notebook an, und los geht es mit der Implementierung. Wir importieren zuerst die benötigten Klassen aus `sklearn`, um die Datensätze zu erzeugen und das Perceptron verwenden zu können. Danach folgen die Datenerzeugung, das Lernen und die grafische Auswertung:

```
# Mathematik
import numpy as np
# Grafische Ausgabe für Daten-Blobs und Klassifikation
import matplotlib.pyplot as plt
# Datenerzeugung
from sklearn import datasets
# Ladies and Gentlemen - das Perceptron
from sklearn.linear_model import Perceptron

# Daten erstellen für das Lernen mithilfe von scikit-learn
# Wir erzeugen zwei Punkthaufen mit zwei Kategorien, die linear trennbar sind
# n_samples = Anzahl an Datenpunkten pro Kategorie
# n_features = Anzahl der Kategorien
# centers = Anzahl der Punkthaufen
# random_state = Seed für Zufallsgenerator
X, y = datasets.make_blobs(n_samples=100, n_features=2, centers=2,\
                           random_state=3)
# Klassifikationen
# Aufbau eines Rasters, um auszuwerten und zu zeichnen
s = 0.02  # Schrittweite im Raster
# Ermittlung der 1-D-Arrays, die die Koordinaten im Raster repräsentieren
# Slices werden in Anhang A erläutert
x_min, x_max = X[:, 0].min() - 1, X[:, 0].max() + 1 # erste Koordinate
```

```
y_min, y_max = X[:, 1].min() - 1, X[:, 1].max() + 1 # zweite Koordinate
# np.arange liefert ein ndarray mit gleichmäßig verteilten Werten
# np.meshgrid liefert Koordinatenmatrizen von Koordinaten-Vektoren
xx, yy = np.meshgrid(np.arange(x_min, x_max, s),
                     np.arange(y_min, y_max, s))
# Das Perceptron instanziieren
# max_iter = Maximale Anzahl an Iterationen
# tol = Stoppkriterium
Perceptron = Perceptron(random_state=42,max_iter=1000)
# Lernen, bitte
Perceptron.fit(X,y)
#
 Auswertung für alle Rasterpunkte; dazu wird ein Array aus Rasterpunkten erzeugt
# ravel() erzeugt ein 1-D-Array
# np.c_ erzeugt ein Punktpärchen Arrays für jeden Rasterpunkt,
#       die als Input für das Perceptron dienen
Prediction = Perceptron.predict(np.c_[xx.ravel(), yy.ravel()])
# Daten anzeigen in einem Plot
# Zuerst Plotten der Punkthaufen
plt.plot(X[:, 0][y == 0], X[:, 1][y == 0], 'b^') # blaue Dreiecke
plt.plot(X[:, 0][y == 1], X[:, 1][y == 1], 'ys') # gelbe Quadrate
# Umwandlung des 1-D-Arrays in die Rasterdimensionen
#                               [x_min, x_max] mal [y_min, y_max]
Prediction = Prediction.reshape(xx.shape)
# Plotten der Vorhersagen
plt.contourf(xx, yy, Prediction, cmap=plt.cm.Paired)
# und alles anzeigen
plt.show()
```

Listing 4.10 Die scikit-learn-Implementierung des Perceptrons mit Datensatzerzeugung und Visualisierung der Kategorien

Zuerst importieren wir wieder `numpy` für die schönen mathematischen Berechnungen und `matplotlib.pyplot` für die grafische Ausgabe, in der wir diesmal die Kategorien einzeichnen werden. Dann holen wir uns noch die Klasse `datasets` aus `sklearn`, um die Daten erzeugen zu können, und das Objekt der Begierde, den *Perceptron*-Estimator.

Mit `make_blobs()` wird der Datensatz erzeugt, der aus zwei Kategorien mit jeweils 100 Datenpunkten besteht. Wir haben darauf geachtet, dass sich die Datenhaufen linear trennen lassen.

Danach bereiten wir die Daten für den Plot vor und erzeugen ein `meshgrid`, mit dessen Hilfe dann die Auswertungen des Perceptrons durchgeführt werden und in weiterer Folge visualisiert werden können.

Sofort danach folgt die Instanziierung des Perceptron-Estimators, mit Zufallszahl-Seed und der Anzahl an Iterationen, 1000 in unserem Beispiel. Die Zeile nach der Instanziierung ruft mit der Funktion `fit()` das Lernen des Perceptrons auf, und darauf folgt sofort `predict()` zur Vorhersage der Meshgrid-Punkte. Damit stehen die vorhergesagten Werte des Perceptrons für den Plot zur Verfügung, der in den darauffolgenden Programmzeilen erstellt wird und den Sie in Abbildung 4.9 betrachten können.

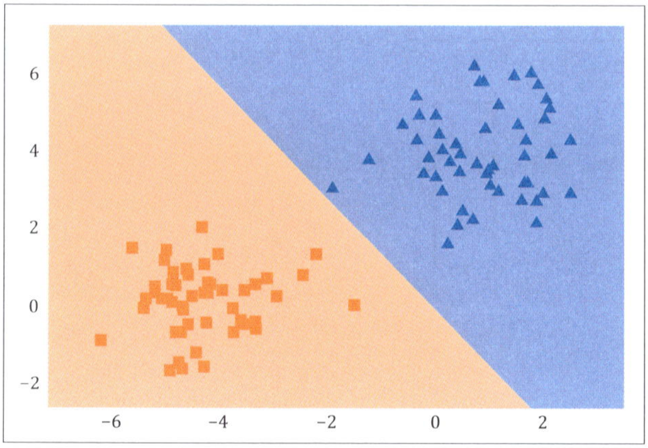

Abbildung 4.9 scikit-learn-Perceptron-Auswertung und Datenpunkte

4.9 Adaline

Am Perceptron ist problematisch, dass es keine stabile Lösung liefert, falls das Problem nicht linear trennbar ist. Und Hand aufs Herz: Die meisten Probleme in der Realität sind einfach nicht linear trennbar. Sorry! Also wird ein KNN benötigt, das wenigstens stabil bleibt, auch wenn es eine Aufgabe nicht perfekt lösen kann. Das heißt in diesem Fall, dass es nicht gleich alles vergisst, was es schon gelernt hat. Kurze Zeit nach der Entwicklung des Perceptrons schlugen Bernard Widrow und Marcian Hoff ein solches KNN vor: *Adaline*, benannt nach den Begriffen *adaptive linear*. (Man liest als Erklärung auch *ADAptive LInear Neuron* oder *ADALINE* oder *ADAptive LInear Element*).

Adaline basiert auf dem Perceptron, verwendet aber eine andere Art der Fehlerberechnung, die *Root Mean Square* (RMS) genannt wird.

Adaline-Lernen

Die Fehlerkorrektur ermittelt nach wie vor, wie stark die Gewichte zu ändern sind, also Δw_i. Anstelle des binären Outputs $\hat{y}$ verwenden Widrow und Hoff aber s, also kontinuierliche Werte (siehe Abbildung 4.10).

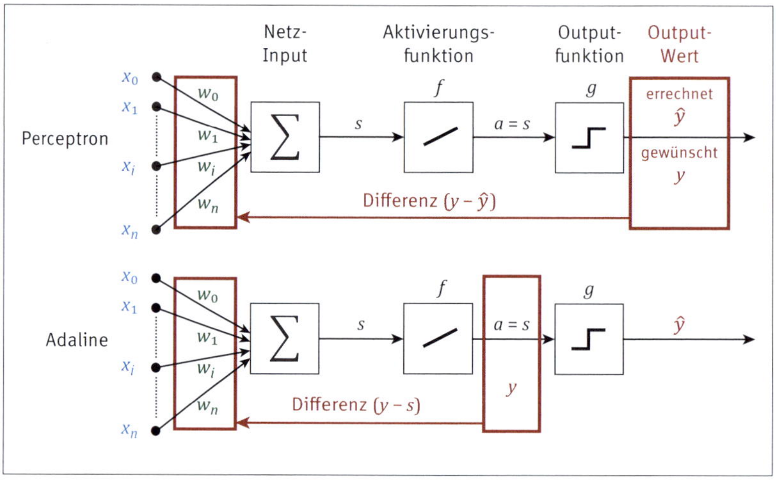

Abbildung 4.10 Die Differenzermittlung bei Perceptron und Adaline im Vergleich

Damit erreichen sie eine viel feinere Abstufung. Beim Perceptron-Lernen haben Sie in Tabelle 4.4 gesehen, dass nur drei Fehlerwerte für die Korrektur der Gewichte zur Verfügung stehen: -1, 0, 1. Im Falle des Adaline-Lernens können wir uns den optimalen Gewichten stattdessen kontinuierlich annähern.

Aus

$\Delta w_i = \eta \cdot (y - \hat{y}) \cdot x_i$, bzw.

$\Delta w_i = (y - \hat{y}) \cdot x_i$, für $\eta = 1$

wird damit:

$\Delta w_i = \eta \cdot (y - s) \cdot x_i$

Die Implementierung des Adaline ähnelt der des Perceptrons, allerdings wird zusätzlich die *Lernrate* η (ein griechischer Buchstabe, der als `eta` bezeichnet wird) eingeführt, die definiert, wie stark der Einfluss der Fehlerwerte auf die neuen Gewichte ist.

Lernrate

Der Wert der Lernrate wird im Allgemeinen aus dem Intervall (0,1] gewählt. Je kleiner der Wert der Lernrate ist, desto kleiner ist auch die Auswirkung bei der Fehlerkorrektur;

je größer der Wert ist, desto größer ist auch die Auswirkung. In Abbildung 4.11 veranschaulicht, welche Auswirkungen die Auswahl des Wertes der Lernrate hat.

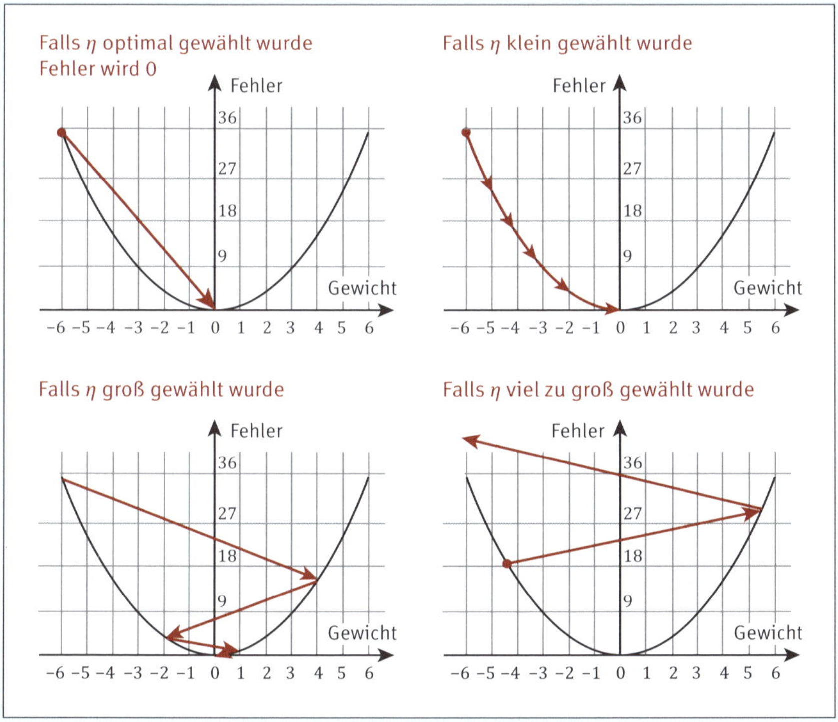

Abbildung 4.11 Auswirkungen der Wahl der Lernrate auf die Fehlerminimierung

Der Fehler wird mithilfe einer quadratischen Funktion dargestellt, die in Abhängigkeit von der Wahl des Gewichts einen Fehlerwert besitzt, zum Beispiel für das Gewicht −3 den Fehler 9. Beim Lernen geht es um die Korrektur des Gewichts, und je nachdem, wie die Lernrate gewählt wird, kann es eine optimale Veränderung hin zum Fehlerwert 0 oder andere Änderungen mit Fehlerwerten ungleich 0 geben. Wir haben in Abbildung 4.11 die Auswirkungen der Wahl der Lernrate dargestellt.

Weiterführende Informationen finden Sie in Kapitel 6, »Lernen im mehrschichtigen Netz«.

Die Fehlerberechnung stützt sich auf *s*; alles andere kann bleiben wie beim Perceptron.

Sehen wir uns die Änderung im Code an. Dieser ist wieder nach dem scikit-learn-Estimator-Muster implementiert. Das heißt, dass die Methoden `__init__`, `fit` und `predict` vorhanden sind. Der Code ist zwar etwas länger, jedoch kennen Sie die einzelnen Passagen bereits in Teilen.

Als Anwendungsbeispiel erzeugen wir im `main()`-Abschnitt (siehe Listing 4.15) einen zufälligen Datensatz mit zwei Klassen, bei dem wir steuern können, wie gut die Klassen linear trennbar sind.

```
# Numpy hilft uns mit den arrays
import numpy as np
# Grafische Darstellung
import matplotlib.pyplot as plt
# Das sind unsere Basisklassen
from sklearn.base import BaseEstimator, ClassifierMixin
# Prüfroutinen
from sklearn.utils.validation import check_X_y, check_array, check_is_
fitted, check_random_state
# Speichern
from sklearn.utils.multiclass import unique_labels
# Ganz wichtig, sonst wird der Plot nicht angezeigt
%matplotlib inline

# Unser Estimator, passend bezeichnet, und die Basisklassen
class AdalineEstimator(BaseEstimator, ClassifierMixin):
    # Initialisierung
    def __init__(self, eta=.001, n_iterations=500, random_state=None):
        """ Initialisierung der Objekte
        eta:          Lernrate
        n_iterations: Anzahl der Iterationen für das Lernen
        random_state: Um Wiederholbarkeit zu garantieren, sollte ein
                      numpy.random.RandomState-Objekt konstruiert werden,
                      das mit random_state-Seed initialisiert wurde
        """
        # Die Anzahl der Iterationen
        self.n_iterations = n_iterations
        # Die Seed für den Zufallsgenerator
        self.random_state = random_state
        # Die Fehler im Lernprozess für den Plot gepuffert
        self.errors = []
        # Die Lernrate
        self.eta = eta
        # Gewichte für die Berechnung im KNN
        self.w = []
```

```
        # Alle Gewichte für Plot, zum Zeichnen der Trenngeraden
        self.wAll = []
```

Listing 4.11 Deklaration des »AdalineEstimator« mit der __init__-Methode

Im Gegensatz zum `PerceptronEstimator` wird für den `AdalineEstimator` auch die Lernrate benötigt, die der `__init__`-Methode übergeben wird. Des Weiteren puffern wir die Daten der Gewichte, um später im Plot die Trenngeraden einzuzeichnen und so deren Lageveränderung im Laufe des Trainings zu veranschaulichen:

```
    # Der gewichtete Input
    def net_i(self, x):
        """ Den gewichteten Input w*x berechnen
        x: Ein Vektor
        """
        return np.dot(x, self.w)

    # Aktivierungsfunktion
    def activation(self, x):
        """ Lineare Aktivierungsfunktion
        """
        return self.net_i(x)

    # Output-Funktion, wobei der Output 1 und -1 sein kann,
    # im Gegensatz zum Perceptron, wo 1 und 0 ausgegeben werden
    def output(self, x):
        """ Output-Funktion
        """
        if self.activation(x) >= 0.0:
            return 1
        else:
            return -1
```

Listing 4.12 Gewichteter Input, Aktivierung und Output als separate Methoden

In dieser Implementierung haben wir die Berechnung des gewichteten Inputs, der Aktivierung und des Outputs als eigene Methoden abgebildet:

```
    # Lernen
    def fit(self, X=None, y=None):
        """ Trainieren
        X: Array-ähnliche Struktur mit [N,D], wobei
```

```
        N = Zeilen = Anzahl der Lernbeispiele und
        D = Spalten = Anzahl der Features
    y: Array mit [N], mit N so wie oben
    """
    # Erzeugung des Zufallsgenerators (RNG)
    random_state = check_random_state(self.random_state)
    # Initialisierung der Gewichte
    # np.size(.,1) = Anzahl der Spalten
    self.w = random_state.random_sample(np.size(X,1))
    # Prüfe, ob X und y die korrekte Shape haben: X.shape[0] = y.shape[0]
    X, y = check_X_y(X, y)
    # Lerndaten für spätere Verwendung ablegen
    self.X_ = X
    self.y_ = y
    # Lernen mit Gradientenabstieg
    for i in range(self.n_iterations):
        # zufälliges Durchwürfeln, für batch size = 1
        # np.size(.,0) = Anzahl der Zeilen
        rand_index = random_state.randint(0,np.size(X,0))
        # Ein zufälliger Inputvektor
        x_ = X[rand_index]
        # Ein dazu passender Output (+1,-1)
        y_ = y[rand_index]
        # net input s berechnen
        s = np.dot(x_, self.w)
        # Fehler berechnen als Quadrat der Differenz zwischen
        # gewünschtem Output und net input
        error = (y_ - s)**2
        self.errors.append(error)
        # Online-Adaline-Lernen, so wie beschrieben
        self.w += self.eta * x_ * (y_ - s)
        # .copy() kopiert die Liste
        self.wAll.append(self.w.copy())
```

Listing 4.13 Lernen im Adaline

Im Gegensatz zum Perceptron-Lernen basiert im Adaline die Korrektur auf der Differenz zwischen dem gewünschten Output und dem Input, wie in der Zeile nach dem Kommentar `# Online-Adaline-Learnen` zu sehen ist und wie wir vorher besprochen und in Abbildung 4.10 gezeigt haben.

```
    # Auswerten
    def predict(self,x):
        """ Auswerten eines Vektors
        x: Ein Test-Inputvektor
        """
        # Prüfen, ob fit aufgerufen wurde
        # Die Daten wurden in der Methode fit gesetzt
        check_is_fitted(self, ['X_', 'y_'])
        # Auswerten, Forward Path
        y_hat = self.output(x)

        return y_hat

    # Plot
    def plot(self):
        """ Ausgabe des Fehlers und der Lernkurve
        Die im Fehlerarray gespeicherten Fehler als Grafik ausgeben
        Die Trenngeraden aus den gespeicherten Gewichten ausgeben
        """
        x1 = []
        x2 = []
        colors = []

        for i in range(self.X_.shape[0]):
            x1.append(self.X_[i][1])
            x2.append(self.X_[i][2])
            y = self.y_[i]
            if y == 1:
                colors.append('r') # rot
            else:
                colors.append('b') # blau
        # Raster
        plt.style.use('seaborn-whitegrid')
        # Errors
        plt.plot(self.errors)
        # Learning Curve
        plt.figure(1)
        plt.show()
        # Scatter
        plt.figure(2)
```

```
        plt.scatter(x1, x2,c=colors)
        # Result Line
        x1Line = np.linspace(0.0, 1.0, 2)
        x2Line = lambda x1, w0, w1, w2: (-x1*w1 - w0) / w2;
        alpha = 0.0
        for idx, weight in enumerate(self.wAll):
            # alpha = Transparenz, je näher zum Ziel, desto dunkler
            if(idx % 100 == 0):
                alpha = 1.0 #( idx / len(self.wAll) )
                plt.plot(x1Line, x2Line(x1Line,weight[0],weight[1],weight[2]),
alpha=alpha , linestyle='solid', label=str(idx), linewidth=1.5)
        # Ergebnisgerade
        plt.plot(x1Line, x2Line(x1Line,weight[0],weight[1],weight[2]),
alpha=alpha , linestyle='solid', label=str(idx), linewidth=2.0)
        plt.legend(loc='best', shadow=True)
```

Listing 4.14 Die Methoden »predict« und »plot« für Adaline

Die predict-Methode deckt sich weitestgehend mit der im Perceptron. Die plot-Methode jedoch unterscheidet sich insofern, als zusätzlich zu den Datenpunkten auch die Fehlerkurve und die Trenngeraden während des Trainingsverlaufs gezeigt werden. Sie sehen also, wo die Trenngerade nach 0, 100, 200 und 299 Iterationen liegt.

```
def main():
    # Erzeugung des Zufallsgenerators (RNG)
    random_state = check_random_state(1)
    # Initialisierung der Datensätze
    I = []
    o = []
    # Datensätze für zwei Kategorien aufbauen
    # Dieses Mal ohne scikit-learn
    for x in random_state.random_sample(20):
        y = random_state.random_sample()
        I.append([1, x, y+1.0]) # Falls +0.0, dann überlappende Kategorien
        o.append(1)

    for x in random_state.random_sample(20):
        y = random_state.random_sample()
        I.append([1, x, y-1.0]) # Falls +0.0, dann überlappende Kategorien
        o.append(-1)
```

```
    # Trainingsdaten
    X = np.array(I)
    y = np.array(o)
    # Walte deines Amtes, Estimator
    Adaline = AdalineEstimator(eta=0.01,n_iterations=300, random_state=10)
    # Lernen
    Adaline.fit(X,y)
    # Graphen ausgeben
    Adaline.plot()

# Hauptprogramm
main()
```

Listing 4.15 Die Die »main«-Funktion von Adaline

Die main-Funktion fasst wieder die Schritte zusammen, die nötig sind, um den Estimator zu nutzen und mit Daten zu versorgen. Wir haben eigene Datensätze aufgebaut, bei denen wir den Grad der Überlappung steuern können.

Der Output, der durch den Aufruf von main() erzeugt wird, ist in Abbildung 4.12 und Abbildung 4.13 dargestellt.

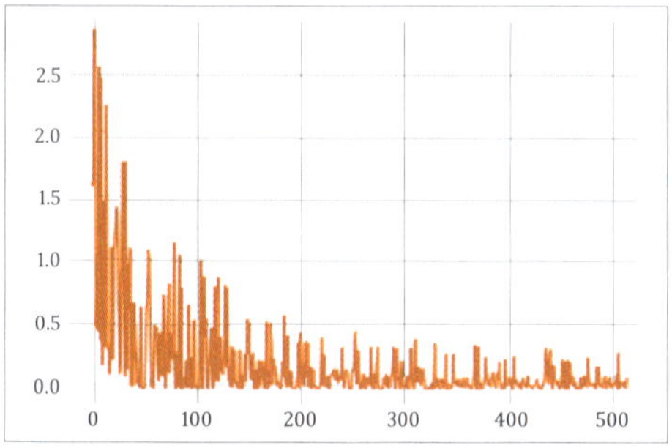

Abbildung 4.12 Adaline-Lernkurve

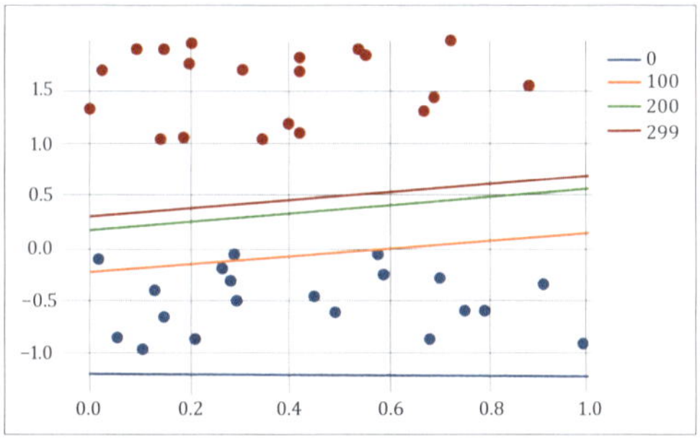

Abbildung 4.13 Adaline-Trenngeraden in unterschiedlichen Schritten

Zwei Stellen im Code möchten wir nochmals besonders hervorheben – zuerst die Implementierung der fit-Methode:

Der Fehler wird nun nicht mehr wie im Perceptron auf Basis der Outputs des KNN ermittelt, sondern auf Basis des Net-Inputs *s*. Das hat einen tief liegenden mathematischen Grund, den wir in Kapitel 6, »Lernen im mehrschichtigen Netz«, und in Kapitel 6 besprechen werden. Spätestens beim sogenannten *Backpropagation-Algorithmus* schlägt die Stunde des *Least Mean Square*-(LMS-)Errors. Hier und jetzt nennen wir ihn einfach *qua-*

dratischer Fehler, weil die Differenz aus Net-Input und gewünschtem Output quadriert wird:

```
self.w += self.eta * x_ * (y_ - s)
```

Das neue Gewicht errechnet sich ähnlich wie beim Perceptron, jedoch ist hier die Differenz zwischen dem gewünschten Output `y_` und dem Net-Input `s` ausschlaggebend. Außerdem sehen Sie, dass die Lernrate `self.eta` verwendet wird, um die Größe des Beitrags zu ändern – betrachten Sie dazu auch Abbildung 4.11. Bei einem typischen Wert von 0.01 sorgt die Lernrate für ein langsames Ändern der Gewichte. Bei einem großen Wert, zum Beispiel 0.5, ändern sich die Gewichte sprunghaft, und dies kann zu Problemen führen – zum Beispiel, wenn eine mögliche bessere Lösung quasi übersprungen und deshalb nicht gefunden wird. Zuerst sollten Sie praktische Erfahrungen mit den Parametern sammeln, darum haben wir für Sie die folgenden Aufgaben vorbereitet.

Aufgabe: Lernrate

Ändern Sie die Anzahl der Iterationen beliebig von 500 bis 1500 und die Lernrate von 0.1 bis 0.001. Beobachten Sie dabei die Entwicklung der Lernkurve und die Lage der Trenngeraden.

Lösung:

In Abbildung 4.14 sehen Sie drei mögliche Ergebnisse.

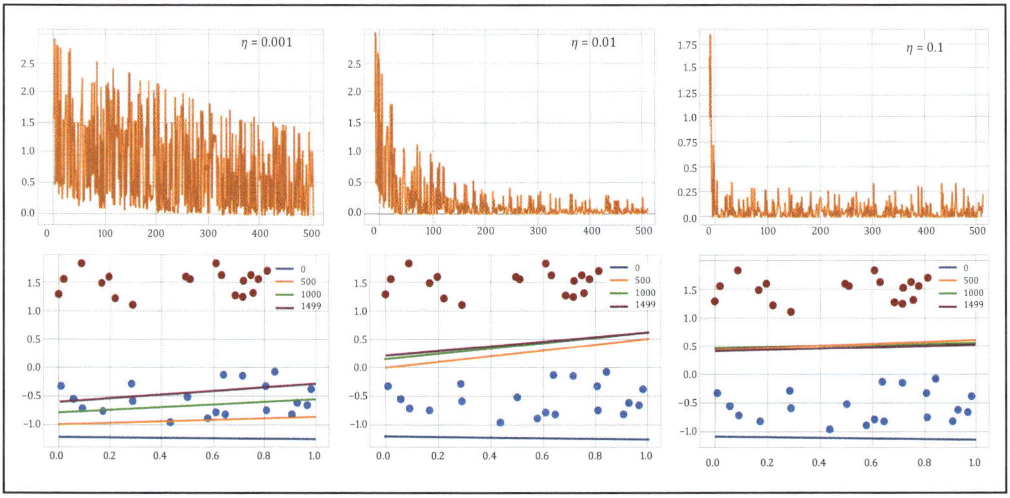

Abbildung 4.14 Lernratenvergleich

Aufgabe: Ändern Sie den Überlappungsfaktor

Beim Wert $y + 1.0$ und $y - 1.0$ haben Sie eine optimale Trennung, also auch kein Problem für ein Perceptron. Verändern Sie den Trennwert, und beobachten Sie die Trenngeraden in Hinblick auf die Konvergenz der Lage der Trenngeraden.

Lösung:

Abbildung 4.15 zeigt mögliche Lösungen.

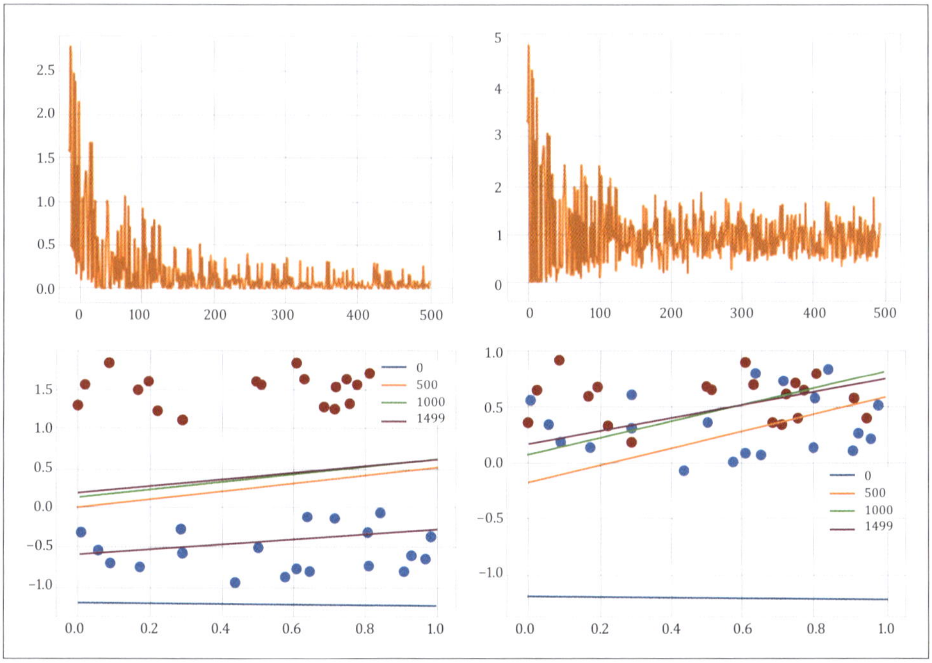

Abbildung 4.15 Überlappungsfaktor der zwei Klassen

4.10 Zusammenfassung

In diesem Kapitel haben wir auf Frank Rosenblatts *Perceptron* geblickt und uns intensiv damit beschäftigt. Wir hoffen, dass wir Ihnen anschaulich gezeigt haben, dass durch eine einfache Lernregel bereits erste Erfolge zu erzielen sind und dass Perceptrons das Lernen lernen.

$w_i^{\text{neu}} = w_i^{\text{alt}} + \Delta w_i$, wobei

$\Delta w_i = (y - \hat{y}) \cdot x_i$

So wie in der Geschichte der KNN folgten wir dem Pfad zum Adaline, das anschließend und motiviert durch das Perceptron entstand. Der Hauptunterschied zwischen beiden KNN ist, dass im Adaline der Net-Input zur Fehlerberechnung verwendet wird, im Gegensatz zur Stufenfunktion im Perceptron. Damit wurde es Bernand Widrow und Marcian Hoff möglich, das Lernen analytisch herzuleiten und die *Delta-Regel* zu beschreiben.

Rosenblatt:

$\Delta w_i = \eta \cdot (y - \hat{y}) \cdot x_i$, bzw.

$\Delta w_i = (y - \hat{y}) \cdot x_i$, für $\eta = 1$

Widrow-Hoff:

$\Delta w_i = \eta \cdot (y - s) \cdot x_i$

Diese Ergänzungen ermöglichen es uns nun, das abstrakte Neuronenmodell weiter zu verfeinern. Sehen Sie sich dazu Abbildung 4.16 an. Die Berechnung des Net-Inputs haben wir allgemein mit der Funktion *net*() bezeichnet, und das Neuron haben wir grau hinterlegt und mit *Neuron j* bezeichnet. Mit dem hochgestellten (k) bei Input und Output deuten wir an, dass es beliebig viele Trainingsbeispiele geben kann. Die Aktivierungsfunktion ist anzuwenden wie in Kapitel 1, »Einleitung«, besprochen. Wir werden uns im nächsten Kapitel spezielle Aktivierungsfunktionen für mehrschichtige KNN ansehen.

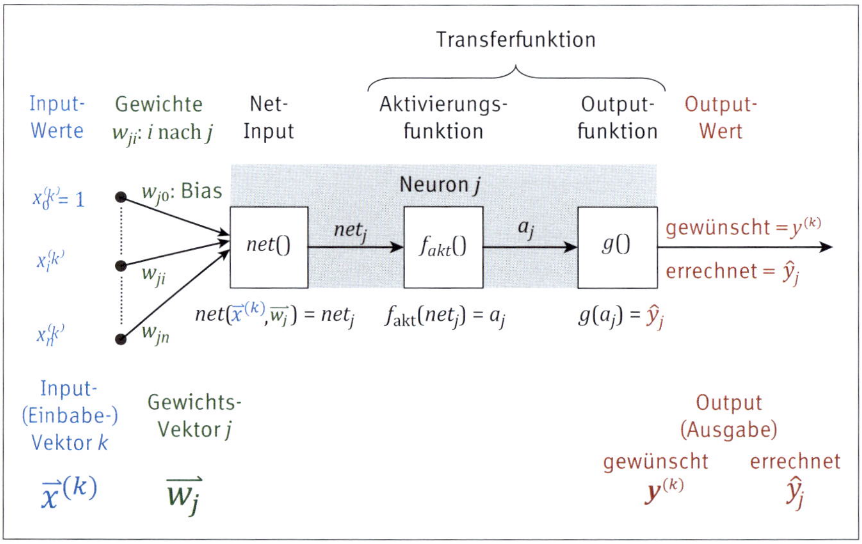

Abbildung 4.16 Verallgemeinertes Neuronenmodell mit Details aus diesem Kapitel

4.11 Referenzen

- Estimator in scikit-learn: *http://scikit-learn.org/stable/developers/contributing.html#rolling-your-own-estimator*
- Widrow, Bernand und Hoff, Marcian E.: Adaptive Switching Circuits, 1960, IRE WESCON Convention Record, Part 4. *http://www-isl.stanford.edu/~widrow/papers/c1960adaptiveswitching.pdf*

Kapitel 5

Mehrschichtige neuronale Netze

So mächtig bereits das Perceptron und Adaline sind – es gibt Aufgabenstellungen, die sie nicht lösen können. Daher werden wir uns ansehen, wie die Netzarchitektur so verändert werden kann, dass weitere Problemkategorien ebenfalls lösbar werden.

Fangen wir wieder ganz von vorn an. Bis jetzt haben wir Eingabewerte, die gewichtet an ein Neuron geleitet werden, und das führt dann seine Berechnungen aus. Unser einziger Anwendungsfall war bis jetzt die Klassifikation von Daten in zwei Klassen, wobei die Daten mithilfe eines Lineals, Entschuldigung, linear getrennt wurden.

Jetzt kommt aber das Hammerproblem, das das Perceptron gekillt hat, zumindest für kurze Zeit. Wir werden es wieder in Form des Planungsproblems schildern.

5.1 Ein echtes Problem

Die Aufgabe lautet folgendermaßen: Wir befinden uns im Einkaufsladen von Frau Äppel. Pro Tag stehen die zwei Mitarbeiter Frau Karotte und Herr Lauch zur Unterstützung bereit, und ihr Einsatz soll geplant werden. Dabei soll **genau ein** Mitarbeiter im Laden sein, da sich herausgestellt hat, dass der Laden zu klein für zwei Mitarbeiter ist, und außerdem sind die Kosten pro Mitarbeiter nicht zu vernachlässigen. Schauen wir uns die Planung in Form einer Tabelle an. P1 ist die erste Person und P2 die zweite. E ist das gewünschte Ergebnis.

P1	**P2**	**-->**	**E**
0	0	-->	0
1	0	-->	1
0	1	-->	1
1	1	-->	**0**

Tabelle 5.1 Ein verstecktes XOR-Problem

Tabelle 5.1 sieht zwar unschuldig aus, aber wenn Sie genauer hinsehen, verschwindet diese Unschuld sehr schnell. Abbildung 5.1 zeigt, warum.

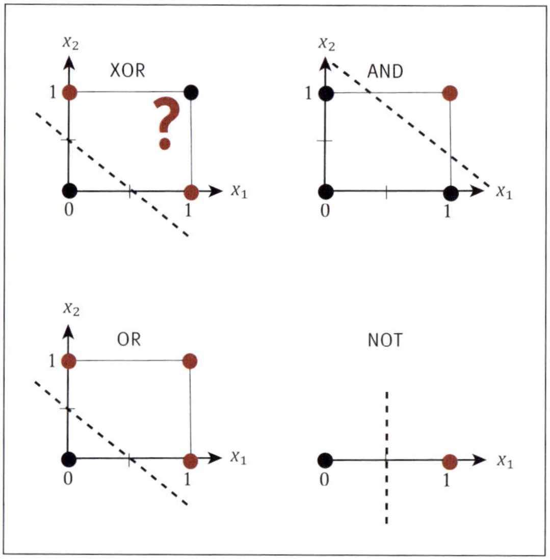

Abbildung 5.1 Wie soll man diese Planungsaufgabe lösen?

Wie würden Sie mithilfe eines Lineals die Aufgabenstellung XOR lösen? Sie haben genau eine Linie zur Verfügung, da ein Perceptron genau eine Linie repräsentiert!

Nice to know: Wahrheitstafeln und boolesche Algebra

Wir haben in Abbildung 5.1 vier Tafeln aufgezeichnet, die die unterschiedlichen Kombinationen aus Nullen und Einsen zeigen (0,0), (0,1), (1,0) und (1,1). x_1 und x_2 können die Werte 0 und 1 annehmen. Dies wird jeweils durch einen Punkt angezeigt. Jeder logische Operator wird in einer eigenen Tafel dargestellt. Ist der Punkt schwarz, dann ist der Wert »falsch« (*false* oder 0) zugeordnet. Rote Punkte repräsentieren den Wert »wahr« (*true* oder 1).

Zum Beispiel bekommt beim AND nur die Kombination (1,1) den Wert 1 zugewiesen (roter Punkt), ansonsten den Wert 0 (schwarzer Punkt). Und damit landen wir bei der *booleschen Algebra*, die die Grundlage der Elektronik darstellt und in allen modernen Programmiersprachen vorkommt.

Aufgabe: XOR logisch

Wenn Sie wollen, können Sie gerne versuchen, XOR mithilfe von NOT, AND und OR darzustellen.

Lösung:

(NOT x_1 AND x_2) OR (x_1 AND NOT x_2)

x_1	x_2	NOT x_1	NOT x_2	(NOT x_1 AND x_2)	(x_1 AND NOT x_2)	OR
0	0	1	1	0	0	0
0	1	1	0	1	0	1
1	0	0	1	0	1	1
1	1	0	0	0	0	0

Tabelle 5.2 Wahrheitstafel für das XOR-Problem

Sie haben recht, das Problem kann man so leider nicht lösen, und das hat der Popularität des Perceptrons nicht gutgetan. Es führte tatsächlich zu einem fundamentalen Vertrauens- und Forschungsgeldentzug, der für längere Zeit die Forschung im Bereich KNN negativ beeinflusste. Die gute Antwort lautet: Das XOR-Problem ist lösbar.

5.2 XOR kann man lösen

Schritt für Schritt werden wir uns eine Lösung für das XOR-Problem erarbeiten und so zu einem komplett neuen Typ von KNN kommen. Bitte begleiten Sie uns bei folgender Idee: Wenn die XOR-Aufgabenstellung nicht durch eine Gerade in zwei Gruppen aufteilbar ist, dann auf alle Fälle durch eine zusätzliche zweite Gerade, so wie in Abbildung 5.2 skizziert. Durch die beiden Geraden können wir zwei Gruppen bilden, genau so, wie wir wollten. Bitte seien Sie kreativ, und zeichnen Sie Ihre eigenen Lösungen für zwei Geraden ein, die ebenfalls die gewünschte Gruppierung durchführen.

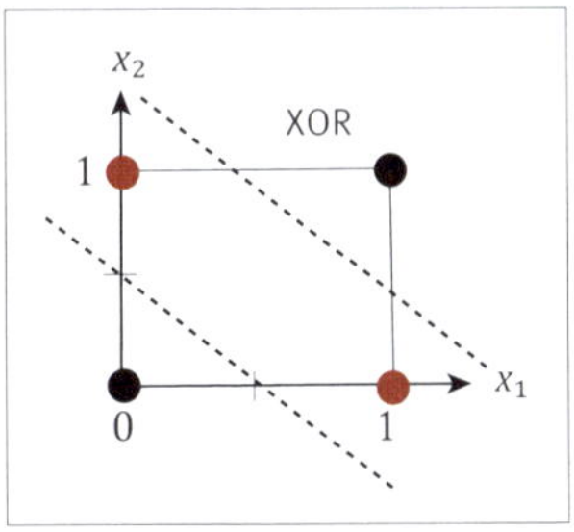

Abbildung 5.2 XOR gelöst

Aber wie können wir für diese Überlegung unser Wissen über das Perceptron nutzen? Probieren wir mal das Folgende: Wir verwenden jetzt nicht ein, sondern **zwei Percep-**

trons, die aber von den gleichen Eingängen gespeist werden, so wie aus Abbildung 5.3 ersichtlich.

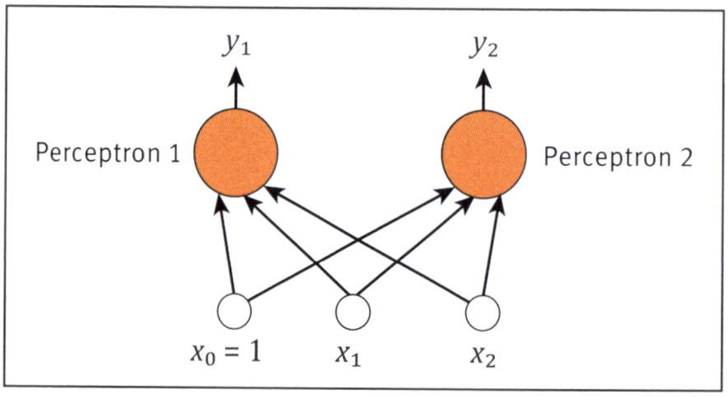

Abbildung 5.3 Zwei Perceptrons

Die zwei Perceptrons, in der Abbildung als »Perceptron 1« und »Perceptron 2« bezeichnet, sollten nun als gewünschte Ausgaben die zwei Kategorien 0 und 1 liefern. Abbildung 5.4 zeigt, was wir uns von den Neuronen versprechen. Das linke Neuron soll OR und das rechte Neuron NOT AND lernen.

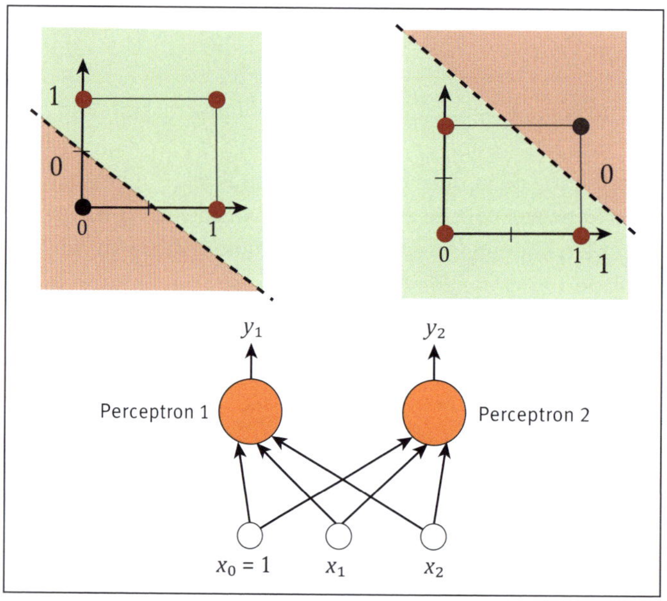

Abbildung 5.4 Lernaufgaben von Perceptron 1 und Perceptron 2

Mit diesen Anforderungen sieht die Wahrheitstabelle für die Lerninhalte der Perceptrons so aus, wie in Tabelle 5.3 zusammengestellt.

x_1	x_2	Perceptron 1 (y_1)	Perceptron 2 (y_2)
0	0	0	1
1	0	1	1
0	1	1	1
1	1	1	0

Tabelle 5.3 Perceptron 1 und Perceptron 2

Damit es letztendlich zu einer Gesamtentscheidung kommen kann, benötigen wir ein zusätzliches Perceptron, das die Outputs der zwei Perceptrons zusammenführt (siehe Tabelle 5.4). Das bedeutet, dass Perceptron 3 die Outputs als Inputs bekommt und lernt, diese abzubilden.

x_1	x_2	Perceptron 1 (y_1)	Perceptron 2 (y_2)	Perceptron 3 ($\hat{y}$)
0	0	0	1	0
1	0	1	1	1
0	1	1	1	1
1	1	1	0	0

Tabelle 5.4 Perceptron 3 muss auch lernen.

Natürlich machen wir uns dazu wieder eine Zeichnung (siehe Abbildung 5.4), damit wir besser sehen können, was Perceptron 3 zu lernen hat.

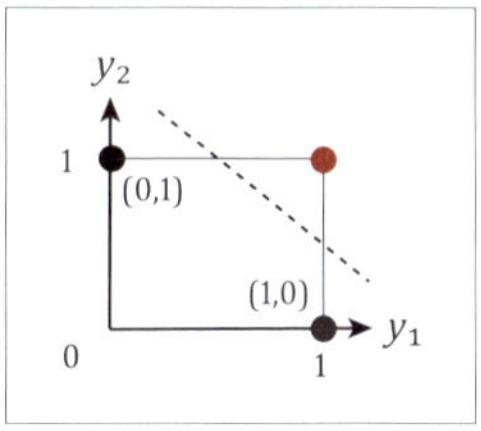

Abbildung 5.5 Perceptron 3 hat gelernt.

Auf alle Fälle erkennen Sie bei genauer Betrachtung der Spalten »Perceptron 1« und »Perceptron 2« bereits eine Sache, wenn Sie sich die Tabellenzeilen gründlich ansehen. Ein kleiner Tipp: Sind alle Wertkombinationen aus 0 und 1 vorhanden?

Korrekt, der Punkt (0,0) wurde durch die Wahl von Perceptron 1 und 2 eliminiert. Dies erkennen Sie am besten, indem Sie die möglichen Input-Vektoren (Perceptron 1, Perceptron 2) aufschreiben:

- Zeile 1: (0,0)
- Zeile 2, 3: (1,0)
- Zeile 4: (1,1)

Mit dieser Einsicht können wir das Netzwerk fertigstellen. Abbildung 5.6 zeigt eine Möglichkeit für die Gewichtswerte. Solche *mehrschichtigen* Netze werden *Multi-Layer-Perceptrons* (MLP) genannt. Eine Schicht aus Neuronen gibt dabei die Daten an die nächste Schicht weiter.

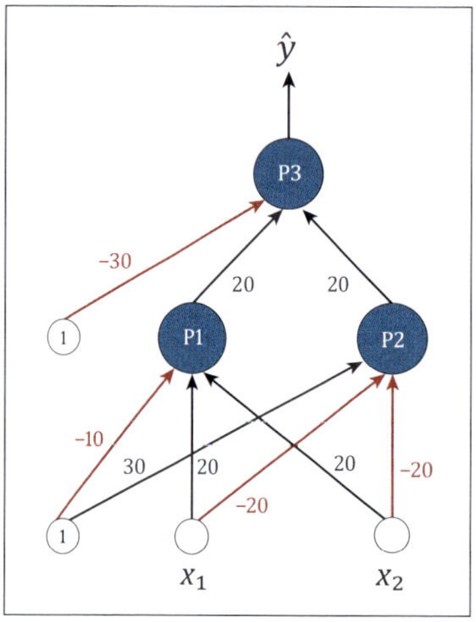

Abbildung 5.6 Das Netzwerk für das XOR-Problem

Zum Beispiel ergeben sich für den Input $(x_1, x_2) = (1,0)$ folgende Ergebnisse:

$net_{P_1} = -10 + 20 \cdot 1 + 20 \cdot 0 = 10 \rightarrow 1$

$net_{P_2} = 30 + (-20) \cdot 1 + (-20) \cdot 0 = 10 \rightarrow 1$

$net_{P_3} = -30 + 20 \cdot 1 + 20 \cdot 1 = 10 \rightarrow 1$

Für alle Inputs ergibt das die Berechnungen aus Tabelle 5.5:

Input $(1, x_1, x_2)$	**Output P1**	**Output P2**	**Output P3 $(\hat{y})$**
(1,0,0)	$-10 \cdot 1 + 20 \cdot 0$ $+20 \cdot 0 = -10$ $\rightarrow 0$	$30 \cdot 1 - 20 \cdot 0$ $-20 \cdot 0 = 30$ $\rightarrow 1$	$-30 \cdot 1 + 20 \cdot 0$ $+20 \cdot 1 = -10$ $\rightarrow 0$

Tabelle 5.5 Ermittlung der Outputs der unterschiedlichen Neuronen

Input $(1, x_1, x_2)$	Output P1	Output P2	Output P3 $(\hat{y})$
(1,0,1)	$-10 \cdot 1 + 20 \cdot 0$ $+20 \cdot 1 = 10$ $\rightarrow 1$	$30 \cdot 1 - 20 \cdot 0$ $-20 \cdot 1 = 10$ $\rightarrow 1$	$-30 \cdot 1 + 20 \cdot 1$ $+20 \cdot 1 = 10$ $\rightarrow 1$
(1,1,0)	$-10 \cdot 1 + 20 \cdot 1$ $+20 \cdot 0 = 10$ $\rightarrow 1$	$30 \cdot 1 - 20 \cdot 1$ $-20 \cdot 0 = 10$ $\rightarrow 1$	$-30 \cdot 1 + 20 \cdot 1$ $+20 \cdot 1 = 10$ $\rightarrow 1$
(1,1,1)	$-10 \cdot 1 + 20 \cdot 1$ $+20 \cdot 1 = 30$ $\rightarrow 1$	$30 \cdot 1 - 20 \cdot 1$ $-20 \cdot 1 = 10$ $\rightarrow 0$	$-30 \cdot 1 + 20 \cdot 1$ $+20 \cdot 0 = -10$ $\rightarrow 0$

Tabelle 5.5 Ermittlung der Outputs der unterschiedlichen Neuronen (Forts.)

Aufgabe: Eigene Gewichte für das MLP finden

Finden Sie andere Gewichtsbelegungen, um das XOR-Problem zu lösen. Papier und Bleistift oder Excel sind jetzt hilfreich.

Als Lösungsstrategie für die gestellte Aufgabe könnten Sie Abbildung 5.4 heranziehen. Jede Trenngerade, die die Trennung des Eingaberaums erledigt, so wie für Perceptron 1 und 2, kann als Lösung verwendet werden, und dadurch können die Gewichte ermittelt werden.

In Abschnitt B.1.6, »Matrizen und Vektoren miteinander multiplizieren«, werden die Rechenschritte dazu näher erläutert.

Lösungsvorschlag:

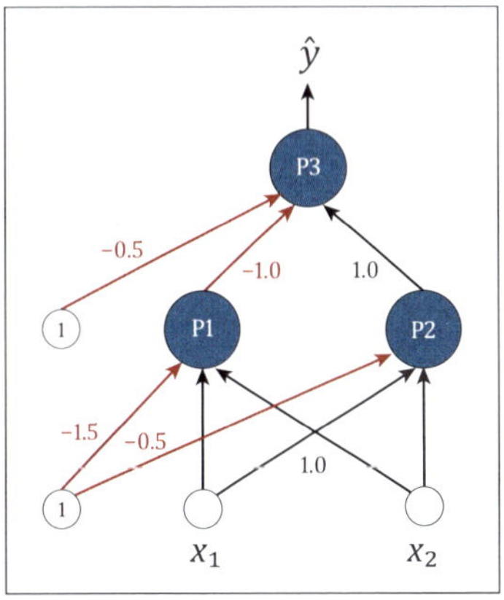

Abbildung 5.7 Lösungsvorschlag zu den Gewichten im MLP

Input $(\mathbf{1}, x_1, x_2)$	**Output P1**	**Output P2**	**Output P3** $(\hat{y})$
(1,0,0)	$-1.5 \cdot 1 + 1.0 \cdot 0$ $+1.0 \cdot 0 = -1.5$ $\rightarrow 0$	$-0.5 \cdot 1 + 1.0 \cdot 0$ $+1.0 \cdot 0 = -0.5$ $\rightarrow 0$	$-0.5 \cdot 1 - 1.0 \cdot 0$ $+1.0 \cdot 0 = -0.5$ $\rightarrow 0$
(1,0,1)	$-1.5 \cdot 1 + 1.0 \cdot 0$ $+1.0 \cdot 1 = -0.5$ $\rightarrow 0$	$-0.5 \cdot 1 + 1.0 \cdot 0$ $+1.0 \cdot 1 = 0.5$ $\rightarrow 1$	$-0.5 \cdot 1 - 1.0 \cdot 0$ $+1.0 \cdot 1 = 0.5$ $\rightarrow 1$
(1,1,0)	$-1.5 \cdot 1 + 1.0 \cdot 1$ $+1.0 \cdot 0 = -1.5$ $\rightarrow 0$	$-0.5 \cdot 1 + 1.0 \cdot 1$ $+1.0 \cdot 0 = 0.5$ $\rightarrow 1$	$-0.5 \cdot 1 - 1.0 \cdot 0$ $+1.0 \cdot 1 = 0.5$ $\rightarrow 1$
(1,1,1)	$-1.5 \cdot 1 + 1.0 \cdot 1 + 1.0 \cdot 1 = 0.5$ $\rightarrow 1$	$-0.5 \cdot 1 + 1.0 \cdot 1$ $+1.0 \cdot 1 = 1.5$ $\rightarrow 1$	$-0.5 \cdot 1 - 1.0 \cdot 1 + 1.0 \cdot 1 = -0.5$ $\rightarrow 0$

Tabelle 5.6 Lösungsvorschlag für die Gewichtung im MLP

Hinweis und Ausblick

Bei den komplexeren Netzen werden sehr viele Schichten verwendet. Diese Netze werden dann als *Deep Neural Networks* bezeichnet. In Kapitel 7 zu den *Convolutional Neural Networks* erfahren Sie mehr darüber.

5.3 Vorbereitungen für den Start

Super, wir haben eine Lösung. Damit wir gleich die Berechnung effizient durchführen können, werden wir uns jetzt überlegen, wie wir das Netz in Python umsetzen können. Dazu kippen wir das Netz nach rechts und legen es hin. Also fließen in Abbildung 5.8 die Daten nicht mehr von unten nach oben, sondern von links nach rechts durch das Netz. Dafür gibt es natürlich einen einfachen Grund: Wir wollen die Berechnungen möglichst einfach darstellen, und das funktioniert in der liegenden Position besser.

In Abbildung 5.8 liegt das gekippte Netz, zumindest der Übergang vom Input- zum Hidden Layer. Wir beginnen mit dem Input-Layer ganz links mit den Input-Werten. Die Darstellung sieht schon aus wie ein *Vektor*, wobei x_0 immer den Wert 1 besitzt, was wir in Kapitel 4 besprochen haben. Danach sehen Sie die grünen Kästchen, das sind die *Gewich-*

te w_{ji}, oberhalb der Verbindungen vom Input-Neuron zum Hidden Neuron, wobei das i den Index des Input-Neurons und das j den Index des Hidden Neurons bezeichnet. Beim Hidden Neuron haben wir die Bezeichnung net_j verwendet, um zu zeigen, dass es sich um die Berechnung der *gewichteten Summe* handelt, also um den Net-Input. Zum Beispiel errechnet sich net_1 aus $w_{10} \cdot x_0 + w_{11} \cdot x_1 + w_{12} \cdot x_2$. Das können wir für alle Berechnungen etwas eleganter aufschreiben.

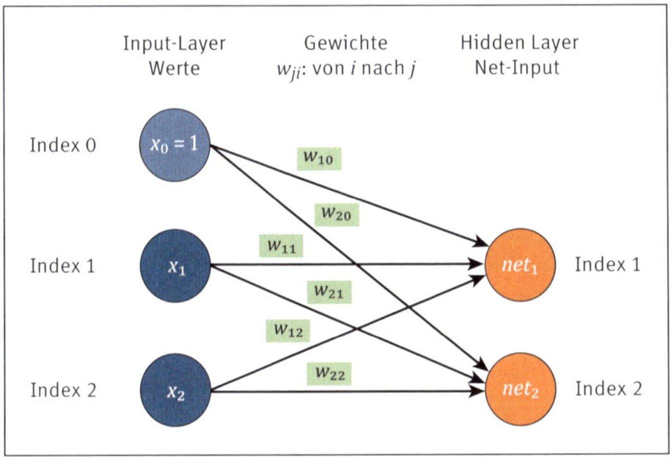

Abbildung 5.8 Die Berechnung im mehrschichtigen Netz

Abbildung 5.9 zeigt eine etwas strukturiertere Darstellung der Berechnung, als es durch die grafische Darstellung des Netzes möglich ist. Aber eigentlich steckt darin keine neue Information. Jedoch ist diese Darstellung ein wichtiger Schritt in Richtung eines effizienten Berechnungsalgorithmus für die Auswertung im Netz.

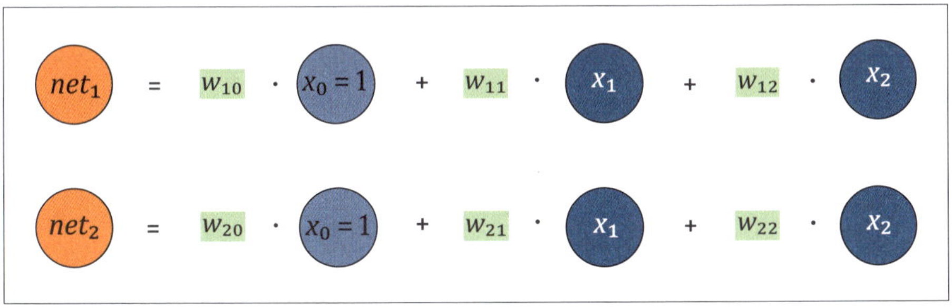

Abbildung 5.9 Auf dem Weg zur Matrixmultiplikation

Schlussendlich resultiert daraus die NumPy-Berechnung, die wir für den Algorithmus benötigen:

```
net = numpy.dot(W,x)
```

Die `numpy.dot()`-Funktion haben wir bereits beim Perceptron eingesetzt. Dort haben wir zwei Vektoren miteinander multipliziert. Und `numpy.dot()` ist so flexibel, dass man auch mehrere Vektoren auf einmal miteinander multiplizieren kann. Übrigens nennen die Mathematiker die Gewichtsvektoren von Abbildung 5.10 in der gezeigten Darstellung eine *Matrix*. (Sie können sie in Anhang B näher kennenlernen.) Den Begriff mussten wir erwähnen, da er sehr oft vorkommt und noch vorkommen wird und weil er außerdem an eine kultige Filmtrilogie erinnert.

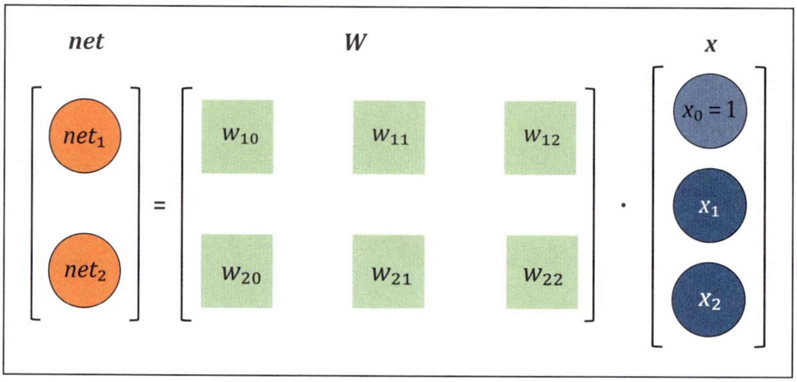

Abbildung 5.10 Matrixmultiplikation, super geeignet für »numpy«

5.4 Der Plan für die Umsetzung

Als Plan für die Implementierung dient uns die Skizze in Abbildung 5.11. Die Buchstaben I, H und O bezeichnen die *Input*-, die *Hidden*- und die *Output*-Schicht. W_HI sind die Gewichte vom Input-Layer (2 + 1 Neuronen) zum Hidden Layer (2 + 1 Neuronen). W_OH steht für die Gewichte vom Hidden Layer (2 + 1 Neuronen) zum Output-Layer (1 + 1 Neuron). Das »1« in der Anzahl der Neuronen kommt natürlich immer vom Bias-Neuron an der Indexposition 0.

Die Zahlen bezeichnen die Indizes für die späteren Rechenoperationen. Die Gewichte in der Matrix sind genauso angeordnet wie vorher besprochen. Das »von« und »nach« in den Matrizenzeilen und -spalten bedeutet, dass ein Gewicht für eine Verbindung gilt, die **von** einem Neuron **zu** einem Neuron führt, zum Beispiel bezeichnet das Gewicht w_{10} das Gewicht der Verbindung von Neuron 0 nach Neuron 1. Um noch einen Index zu vermeiden, schreiben wir nicht extra, ob das Gewicht in der Matrix W_HI oder W_OH steckt. Das sollte aus dem Kontext klar werden.

Noch etwas: Das »dummy« in der Abbildung bedeutet, dass es egal ist, welche Werte darin stecken, wobei wir immer den Wert 0 verwenden. Warum? Überlegen Sie mal: Das »dummy« steht in der Zeile mit dem Index 0. Das bedeutet, dass von einem beliebigen

Neuron x im Input-Layer eine Verbindung zum Neuron 0 in der Hidden-Schicht besteht. Das Neuron 0 ist ja immer das Bias-Neuron mit dem fixen Wert 1. Das bedeutet, dass es irrelevant ist, welches Gewicht eine solche Verbindung hat.

I

x = o
$x_0 = 1$
$x_1 = o_1$
$x_2 = o_2$

W_HI

von / nach	0	1	2
0	dummy		
1	(1,0)	(1,1)	(1,2)
2	(2,0)	(2,1)	(2,2)

H

net	a	o
dummy		1
net_1	a_1	o_1
net_2	a_2	o_2

W_OH

von / nach	0	1	2
0	dummy		
1	(1,0)	(1,1)	(1,2)

O

net	a	o
dummy		
net_1	a_1	o_1

Abbildung 5.11 Die Bausteine des Netzwerks

Die Spalten »net«, »a« und »o« bezeichnen die Net-Input-Werte zum Neuron, die Aktivierung nach Anwendung der *Aktivierungsfunktion* und den Output nach der Output-Berechnung. Somit erscheint in der letzten Schicht, der Output-Schicht, also in der Spalte »o«, die Ausgabe des Netzwerks. Um an vorherige Darstellungen anzuknüpfen, haben wir in der Input-Schicht den Input x dargestellt, der identisch zum Output o der Input-Schicht ist. Man könnte auch sagen, dass der Input x einfach durchgereicht wird, ohne die Berechnungen durchzuführen, die in den anderen Schichten stattfinden.

5.5 Das Setup (»class«)

Diesen Bauplan werden wir jetzt in Python umsetzen, und zwar mithilfe der Objektorientierung. Das KNN soll als Python-Klasse realisiert werden; und weil es sich um ein mehrschichtiges neuronales Netz handelt, werden wir die Klasse `MLP` nennen. Wir halten den Overhead ganz gering und definieren die Klasse `MLP` als Schale für die wichtigsten Methoden `__init__` und `predict`. Als Goodie implementieren wir noch die Methode `print`, die die Netzwerkarchitektur ausdruckt, wie Sie sie in Abbildung 5.11 bereits gesehen haben. Wir werden die Implementierung in Häppchen erklären, um Sie nicht mit dem kompletten Code zu überrollen.

Legen Sie dazu ein neues Notebook namens »Kapitel 5« in Jupyter an und nutzen Sie wieder die altbewährte Kombination aus Markdown- und Code-Zelle. Als Überschrift tragen Sie »Multi-Layer-Perceptron« ein, und in der Code-Zelle beginnen wir mit dem Code aus Listing 5.1:

```
# Für die mathematischen Operationen
import numpy as np
```

```
# Die identische Funktion
def func_id(x):
    return x

# Eine weltberühmte Aktivierungsfunktion: Die Sigmoide
def func_sigmoid(x):
    # Wichtig: Nicht math.exp, sondern np.exp wegen array
    # Operationen verwenden
    return 1.0 / (1.0 + np.exp(-x))
```

Listing 5.1 Die Import- und die Funktionsdefinitionen

Wir benötigen natürlich NumPy, aber diesmal so richtig. Damit werden wieder die Dot-Products berechnet zwischen Vektoren und – Achtung, das ist neu – auch mit Matrizen.

Dann haben wir zwei Funktionen definiert, die wir für die Output-Funktion (`func_id`) und für die Aktivierungsfunktion (`func_sigmoid`) in der Klasse verwenden werden. Die Sigmoide, die oft auch anmutiger als *Schwanenhalsfunktion* bezeichnet wird, ist eine der klassischen Aktivierungsfunktionen. Sie war früher total populär, und wir werden sie uns in Kapitel 6, wenn es ums Lernen geht, noch genauer ansehen. Heutzutage ist aber eher die sogenannte *Rectifier*-Funktion beliebt, da mit ihr z. B. schnelleres Lernen möglich ist.

Gut zu wissen

Neuronen, in denen die Rectifier-Funktion verwendet wird, werden als *ReLU (Rectified Linear Unit)* bezeichnet.

Definiert ist die Rectifier-Funktion als

$$f_{ReLU}(x) \;= \max\,(0, x)$$

In der folgenden Aufgabe werden Sie sich etwas mit der Rectifier-Funktion beschäftigen, da sie Ihnen später bei den komplexeren Netzwerken zugutekommen wird.

Aufgabe: Eine neue Aktivierungsfunktion implementieren

- Visualisieren Sie die Rectifier-Funktion mithilfe eines Graphen.
- Legen Sie die Funktion `func_relu(x)` an, die den Wert der Rectifier-Funktion zurückliefert. Achten Sie darauf, dass Sie ein Array als Parameter übergeben, da die Aktivierungsfunktion auf mehrere Elemente angewendet werden soll.

- Platzieren Sie den Code zum Beispiel hinter den vorher besprochenen Funktionsdefinitionen, aber auf alle Fälle vor der folgenden Klassendefinition, damit wir später die Funktion verwenden können.

Lösung:

Der Graph sieht so wie in Abbildung 5.12 aus.

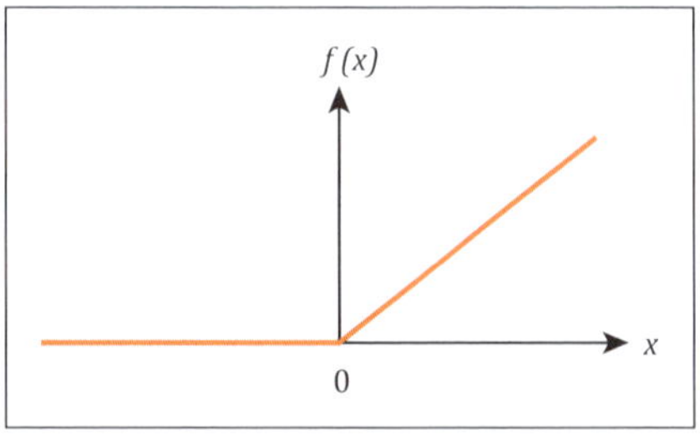

Abbildung 5.12 Die Rectifier-Funktion

```
def func_relu(x):
    return np.maximum(0,x)
```

Listing 5.2 Rectifier-Funktion

5.6 Die Initialisierung (»__init__«)

Sehen wir uns das Coding weiter an: Wir definieren die Klasse `MLP`, die die Methoden für das Aufbauen der Netzwerkarchitektur, die Auswertung (`predict`) und den Druck (`print`) der Netzwerkarchitektur beheimatet.

In der Klasse `MLP` wird außerdem die `__init__`-Methode zur Initialisierung von Objekten, so wie in allen Klassen, verwendet. Wir haben einige selbsterklärende Parameter definiert, mit denen wir das Aussehen des Netzes beeinflussen können, jedoch ist die Grundarchitektur mit einem Input-Layer, einem Hidden Layer und einem Output-Layer derzeit fix verdrahtet.

```
# Die Netzwerkklasse definieren
class MLP(object):
    """ Das mehrschichtige Perceptron, MLP """
    def __init__(self,
                 n_input_neurons=2,n_hidden_neurons=2,n_output_neurons=1,
                 weights=None,
                 *args, **kwargs):
```

```
""" Initialisierung des Netzwerkes
Wir verwenden eine fixe I-H-O-Struktur für den Anfang:
(Input-Hidden-Output)
Die Anzahl der Neuronen ist flexibel
Zusätzlich ist es möglich, das Netzwerk mit Gewichten zu initialisieren:
[W_HI,W_OH]
"""

# Aktivierungs- und Output-Funktion
self.f_akt = func_sigmoid
self.g_out = func_id
# Anzahl der Neuronen pro Layer
self.n_input_neurons=n_input_neurons
self.n_hidden_neurons=n_hidden_neurons
self.n_output_neurons=n_output_neurons
# Gewichtsinitialisierung
self.weights = weights
W_HI=[]
W_OH=[]

# Hier werden alle Daten zur Netzberechnung abgelegt
self.network=[]
# Input-Layer + Bias-Neuron: Spalten = o_i
self.inputLayer = np.zeros((self.n_input_neurons+1,1))
# Bias-Neuron Output ist immer +1
self.inputLayer[0] = 1.0
# Den Input-Layer zum Netzwerk hinzufügen
self.network.append(self.inputLayer)
# Weights vom Input-Layer zum Hidden Layer W_HI
# Neuron: Zeile x Spalten: Zeilen = # Hidden, Spalten = # Input
# Nur initialisieren, falls tatsächlich Gewichte vorhanden sind
# Einfache Existenz-Prüfung
if weights:
    W_HI = self.weights[0]
else:
    W_HI = np.zeros((self.n_hidden_neurons+1,self.n_input_neurons+1))
self.network.append(W_HI)
# Hidden Layer + Bias-Neuron: Spalten = net_i,a_i,o_i
self.hiddenLayer = np.zeros((self.n_hidden_neurons+1,3))
# Bias-Neuron-Output ist immer +1
self.hiddenLayer[0] = 1.0
```

```
        # Den Hidden Layer zum Netzwerk hinzufügen
        self.network.append(self.hiddenLayer)
        # Weights vom Hidden Layer zum Output-Layer W_OH
        # Neuron: Zeile x Spalten: Zeilen = # Output, Spalten = # Hidden
        if weights:
            W_OH = self.weights[1]
        else:
            W_OH = np.zeros((self.n_output_neurons+1,self.n_hidden_neurons+1))
        self.network.append(W_OH)
        # Output-Layer + Bias-Neuron: Spalten = net_i,a_i,o_i
        self.outputLayer = np.zeros((self.n_output_neurons+1,3))
        # Bias-Neuron Output = 0, da nicht relevant
        # Nur wegen einheitlicher Indizierung vorhanden
        self.outputLayer[0] = 0.0
        # Den Output-Layer zum Netzwerk hinzufügen
        self.network.append(self.outputLayer)
```

Listing 5.3 Klassendefinition und die »__init__«-Methode

In der `__init__`-Methode wird die Netzwerkstruktur aufgebaut, werden die Gewichte initialisiert, und es werden die Aktivierungsfunktion (`self.f_akt`) und die Output-Funktion (`self.g_out`) festgelegt durch Zuweisung von Funktionen, in unserem Fall sind das `func_sigmoid` und `func_id`. Der Aufbau des Netzwerks entspricht Abbildung 5.11. Die Anzahl der Neuronen lässt sich variieren, wobei wir ein **2-2-1**-Netz als Default vorschlagen, also 2 Input-Neuronen, 2 Hidden-Neuronen und 1 Output-Neuron, die vollständig miteinander verbunden sind. Die Schichten (Layer) und Gewichte werden durch Matrizen realisiert, da für diese die performanceoptimierten Operationen aus NumPy verwendet werden können. Die Dimensionen, das heißt, die Zeilen und Spalten, richten sich nach der Anzahl der Neuronen. Die Matrizen werden der Reihe nach in das `network`-Array eingefügt und sind somit später in der Berechnung ganz einfach per Index auslesbar.

Die Bias-Neuronen an der Indexposition 0 in der I(nput)- und H(idden)-Schicht werden immer mit 1.0 initialisiert. Die Gewichte werden entweder mit den Initialgewichten aus dem Parameter versorgt oder mit Nullen initialisiert, und damit ist die Initialisiererei vorbei.

Aufgabe: Ermitteln Sie die Dimensionen der Matrizen für die Initialwerte

Wie viele Zeilen und Spalten hat

- die Input-Schicht?
- die Hidden-Schicht?

- die Output-Schicht?
- die Gewichtsmatrix W_HI?
- die Gewichtsmatrix W_OH?

Lösung (vergleichen Sie die Angaben mit Abbildung 5.11):

- 3,1 (2 Input-Neuronen + 1 Bias-Neuron, 1 Output-Neuron)
- 3,3 (2 Hidden-Neuronen + 1 Bias-Neuron, 1 Net-Input + 1 Aktivierungs- und 1 Output-Neuron)
- 2,3 (1 Output-Neuron + 1 Bias-Neuron, 1 Net-Input + 1 Aktivierungs- und 1 Output-Neuron)
- 3,3 (von 3 Input- zu 3 Hidden-Neuronen)
- 2,3 (von 3 Hidden- zu 2 Output-Neuronen)

5.7 Was für zwischendurch (»print«)

Zum Auflockern schreiben wir uns noch eine Methode, die die Matrizen der Reihe nach ausgibt, also vom Input-Layer bis zum Output-Layer. In Python übernimmt die `print`-Funktion die Aufbereitung für NumPy-Matrizen, dazu müssen wir gar nicht viel tun. Die einzige Einstellung, die wir vornehmen, bewirkt, dass drei Nachkommastellen angedruckt werden, um einen in Spalten ausgerichteten Output zu bekommen:

```
def print(self):
    print('Multi-Layer-Perceptron - Netzwerkarchitektur')
    # Insgesamt 7 Stellen, mit drei Nachkommastellen ausgeben
    np.set_printoptions(
        formatter={'float': lambda x: "{0:7.3f}".format(x)})
    for nn_part in self.network:
        print(nn_part)
        print('----------v----------')
```

Listing 5.4 Ausgabe der Netzwerkarchitektur

Das Ergebnis werden Sie weiter unten sehen. Es ist nicht spektakulär, aber sehr praktisch für die Fehleranalyse. Übrigens: Wenn es »pythonischer« sein soll, dann können Sie die Methode `def __str__(self)` definieren, die den auszugebenden String zurückliefert. Der Aufruf lautet dann ganz einfach `print(mlp)`.

5.8 Die Auswertung (»predict«)

Für die nun folgende Methode haben wir die ganze Schufterei bis jetzt geleistet: für die Auswertung oder, wie wir umgangssprachlich sagen, die predict-Methode. Als Parameter wird der predict-Methode nur ein Vektor übergeben, der ausgewertet werden soll und der den Input zum Netz repräsentiert. »Ausgewertet« heißt, dass die Berechnungen von Schicht zu Schicht durchgeführt werden. Natürlich wäre es super, wenn die Dimension des Input-Vektors mit der Dimension der Input-Schicht zusammenpasst. Sonst »kracht es«, weil wir keine besonderen Prüfungen eingebaut haben.


```
def predict(self,x):
    """ Für die Eingabe x wird die Ausgabe y_hat berechnet
    Für den Vektor x wird eine Vorhersage berechnet und
    die Matrizenwerte der Layer (nicht die Gewichte) werden angepasst
    """
    # Input-Layer
    # Die Input-Werte setzen: Alle Zeilen, Spalte 0
    self.network[0][:,0] = x
    # Hidden Layer
    # Start von Zeile 1 wegen Bias-Neuron auf Indexposition 0
    # net_i
    self.network[2][1:,0] = np.dot(self.network[1][1:,:],
                                   self.network[0][:,0])
    # a_i
    self.network[2][1:,1] = self.f_akt(self.network[2][1:,0])
    # o_i
    self.network[2][1:,2] = self.g_out(self.network[2][1:,1])
    # Output-Layer
    # Start von Zeile 1 wegen Bias-Neuron auf 0
    # net_i
    self.network[4][1:,0] = np.dot(self.network[3][1:,:],
                                   self.network[2][:,2])
    # a_i
    self.network[4][1:,1] = self.f_akt(self.network[4][1:,0])
    # o_i
    self.network[4][1:,2] = self.g_out(self.network[4][1:,1])
    # Die Rückgabe ist der Output-Vektor
    return self.network[4][1:,2]
```

Listing 5.5 Die »predict«-Methode

Eine Technik, die in Listing 5.1 sehr oft eingesetzt wird, ist das *Slicing* von Arrays und Spaltenzugriff, zum Beispiel wie in den folgenden Zeilen:

```
# Die Input-Werte setzen: Alle Zeilen, Spalte 0
        self.network[0][:,0] = x
```

Wir verwenden den Input-Layer, d. h. die Matrix an der Indexposition 0 im `network`-Array. Dort sind alle Zeilen und die eine Spalte betroffen. Möchten Sie die Zeilen oder die Spalten einschränken, so erreichen Sie dies mit einer Indexangabe vor und nach dem Doppelpunkt (`start:end`). Wenn mich z. B. nur die Output-Werte im Input-Layer ohne Bias-Neuron interessieren, dann wäre das `self.network[0][1:,0]`. Mehr zum Thema Slicing finden Sie in Anhang A.

In der Implementierung der Methode wird zuerst der **Net-Input** für den Hidden Layer berechnet. Er ergibt sich aus der Multiplikation der Gewichte W_HI mit dem Output des Hidden Layers. Das hatten wir schon mehrfach. (Übrigens, eine gute Nachricht: Komplizierter wird es wahrscheinlich nicht.)

Nach der Ermittlung des Net-Inputs werden die Aktivitätswerte mittels der *Activation Function* berechnet. Wir verwenden die Sigmoide. Zuletzt wird aus der **Activity** der **Output**-Wert berechnet, wobei in unserem Fall der Output-Wert immer mit dem Aktivitätswert übereinstimmt, da die *identische Funktion* zur Berechnung verwendet wird.

Das Vorgehen wiederholt sich für die nächste Schicht. In unserem 2-2-1-Netz ist das schon die Output-Schicht, es könnte aber bei komplexeren Netzen natürlich die nächste versteckte Schicht sein. Als Ergebnis liefert die `predict`-Methode dann das Array mit den Output-Werten mittels `return` an den Aufrufer zurück.

Aufgabe: Die Aktivierungsfunktion dynamisieren

Suchen Sie die Stellen, an denen die `func_sigmoid`-Funktion der Aktivierungsfunktionsvariable `self.f_akt` zugewiesen wird, und ersetzen Sie die `func_sigmoid`- durch die `func_relu`-Funktion.

Lösung:

Zum Beispiel:

```
self.f_akt = func_relu
```

Nachdem Sie die Aktivierungsfunktion geändert und das Programm gestartet haben, werden Sie bemerken, dass der errechnete Output nun nicht mehr dem gewünschten Output entspricht. An diesem Beispiel sieht man wunderbar, dass die gewählten bzw.

gelernten Gewichte zur Aktivierungsfunktion passen müssen. Die Anpassung der Gewichte im MLP werden wir uns im nächsten Kapitel genauer ansehen.

So, jetzt haben wir alles, was für die Auswertung samt neuem Aufsetzen eines MLP nötig ist. Der nächste Schritt ist die Verwendung unseres Wunderwerks.

5.9 Die Verwendung

Die Verwendung ist sehr einfach. Zuerst wird das Netz initialisiert und dann wird die `predict`-Methode aufgerufen. Die Initialisierung haben wir mit Gewichten realisiert, die wir vorher als mögliche Lösung für das XOR-Problem ermittelt haben. Wichtig: Die Gewichte gelten für die `sigmoid`-Aktivierungsfunktion, nicht für die `relu`!

```
def main():
    # Initialisierung der Gewichte
    W_HI = np.matrix([[0.0,0.0,0.0],[-10,20.0,20.0],[30,-20.0,-20.0]])
    W_OH = np.matrix([[0.0,0.0,0.0],[-30,20.0,20.0]])
    weights=[]
    weights.append(W_HI)
    weights.append(W_OH)
    nn = MLP(weights=weights)
    # Netzwerk ausgeben
    nn.print()
    # Test
    X=np.array([[1.0,1.0,1.0],[1.0,0,1.0],[1.0,1.0,0],[1.0,0,0]])
    y=np.array([0,1.0,1.0,0])
    print('Predict:')
    for idx,x in enumerate(X):
        print('{} {} -> {}'.format(x,y[idx],nn.predict(x)))

# Hauptprogramm
main()
```

Listing 5.6 Die Verwendung der Klasse »MLP«

Wenn Sie den obigen Code ausführen, wird die Netzwerkstruktur mit den Matrizen ausgegeben und die Vorhersage für unsere XOR-Lernbeispiele geliefert:

```
# Ausgabe:
Multi-Layer-Perceptron - Netzwerkarchitektur
[[  1.000]
```

```
 [  0.000]
 [  0.000]]
----------v----------
[[  0.000    0.000    0.000]
 [-10.000   20.000   20.000]
 [ 30.000  -20.000  -20.000]]
----------v----------
[[  1.000    1.000    1.000]
 [  0.000    0.000    0.000]
 [  0.000    0.000    0.000]]
----------v----------
[[  0.000    0.000    0.000]
 [-30.000   20.000   20.000]]
----------v----------
[[  0.000    0.000    0.000]
 [  0.000    0.000    0.000]]
----------v----------
Predict:
[  1.000    1.000    1.000] 0.0 -> [  0.000]
[  1.000    0.000    1.000] 1.0 -> [  1.000]
[  1.000    1.000    0.000] 1.0 -> [  1.000]
[  1.000    0.000    0.000] 0.0 -> [  0.000]
```

Listing 5.7 Ausgabe der Architektur mit Gewichten und der Vorhersage

Voilà!

5.10 Zusammenfassung

Dieses Kapitel hat Sie ein Riesenstück vorangebracht. Wir haben ausgehend von einem Perceptron ein Netz aus mehreren Perceptrons aufgebaut, das das gemeine XOR-Problem lösen konnte. Dabei haben Sie nicht nur dieses Netz aufgebaut, sondern bereits eine eigene Aktivierungsfunktion entwickelt. Ganz nebenbei sind hoffentlich einige spannende NumPy-Aspekte hängen geblieben. Zumindest mit den Vektor- und Matrixmultiplikationen haben Sie schon intensiven Kontakt pflegen dürfen.

Das Nachdenken über Aktivierungsfunktionen führte uns dazu, dass wir ein Feed-forward-Netzwerk aufgebaut haben, das die Sigmoide als Aktivierungsfunktion einsetzte. Wie angekündigt, wird uns diese Verwendung im nächsten Kapitel sehr zugutekommen, da wir damit das Lernen im mehrschichtigen Netz implementieren können.

Kapitel 6

Lernen im mehrschichtigen Netz

Lernen ein Leben lang, immer und immer wieder, fast so wie der Backpropagation-Algorithmus ...

6

Um neuronale Netzwerke zu verstehen, wird etwas programmierbare Mathematik benötigt, die dieses Kapitel liefert: *Gradientenabstieg*, *Feed-forward-Berechnung*, *Backpropagation* bis zur Ausgabeschicht, Backpropagation bis zur verborgenen Schicht, Korrektur der Gewichtungen, Backpropagation im Schneckentempo oder so schnell wie eine Rakete – etwas Mathematik schadet nicht.

6.1 Wie misst man einen Fehler?

»Fehler« ist ja ein Wort, das nicht so positiv belegt ist. In unserer Aufgabenstellung, dem KNN das Lernen beizubringen, ist es aber super, weil wir dadurch die Möglichkeit bekommen, dem Netz den Weg des Lernens vorzugeben. Der Fehler ist hier das Maß, das bestimmt, wie die Gewichte angepasst werden müssen. Die Frage, die wir auf den folgenden Seiten beantworten werden, lautet: Wie kann mithilfe eines gemessenen Fehlers für ein KNN das Lernen programmiert werden?

Überlegen wir uns zuerst, wie man einen Fehler bzw. eine Abweichung von einem Zielwert misst. Bis jetzt haben wir am Output-Layer unserer Netze gesehen, dass es einen gewünschten Output y und einen tatsächlichen Output $\hat{y}$ gibt. Beim *Perceptron* haben wir in Kapitel 4 den Fehler mit $E = (y - \hat{y})$ gemessen, also gewünschter Output des Perceptrons minus errechnetem Output, wobei der errechnete Output mithilfe der *Stufenfunktion* ermittelt wurde. Beim *Adaline* haben wir den Fehler anders gemessen, nämlich mittels $E = (y - s)$, wobei s der Net-Input ist. Für die Berechnung des Fehlers könnte man beliebige Berechnungen anwenden; es spräche nichts dagegen, den Fehler als

$$E = (y - \hat{y})^2$$

zu beschreiben – natürlich mit dem Hintergedanken, den Fehler zwischen gewünschtem und berechnetem Wert so klein wie möglich zu halten. Wenn wir beide Fehler-Messverfahren, also $(y - \hat{y})$ und $(y - \hat{y})^2$, miteinander vergleichen, dann sieht das grafisch so aus wie in Abbildung 6.1.

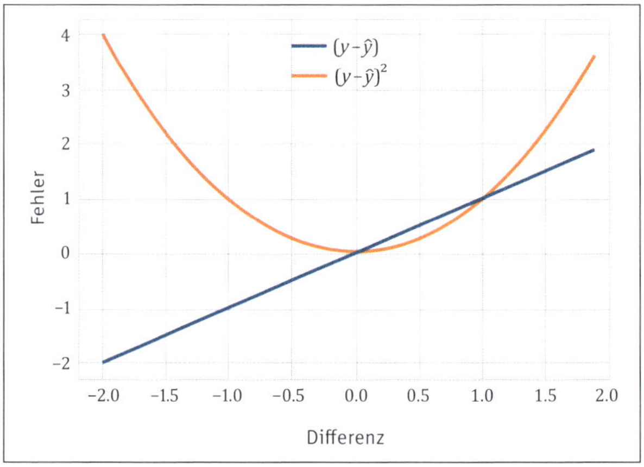

Abbildung 6.1 Fehlerkurven

Bei der Perceptron-Lernregel ist das Verhalten eigentlich ziemlich logisch. Wir haben zum Ziel, dass der Fehler 0 wird. Falls die Differenz aus gewünschtem und errechnetem Wert < 0 ist, dann ist der errechnete Wert größer als der gewünschte. Das heißt, wir müssen die Gewichte verringern, damit die Differenz geringer, also wertmäßig größer wird. Die umgekehrte Situation gilt genauso. Also steigen wir entweder die Gerade hinauf oder rutschen sie hinunter.

Wenn wir uns die quadratische Fehlermessung ansehen, die bei der Herleitung der Adaline-Lernregeln eine zentrale Rolle spielt, dann entdecken wir eine komplett andere Situation, die durch das Quadrat des Fehlers (Spezialisten sagen dazu *quadratischer Fehler*) hervorgerufen wird. Wie können wir hier vorgehen, damit der Fehler 0 wird? Wenn wir eine Kugel wären, dann hätten wir es einfach: Wir würden einfach unser Hirn ausschalten und die Schwerkraft und die Reibung walten lassen. Da ginge es auf der einen Seite runter und vielleicht auf der anderen Seite wieder rauf, aber mit jedem Mal hin und her kämen wir der 0 näher, dafür würden eben die Reibung und die Schwerkraft sorgen.

Leider stehen uns die Schwerkraft und die Reibung nicht zur Verfügung, um festzustellen, in welche Richtung es nach unten geht, aber wir haben ein anderes Mittel, und das nennt sich *Gradientenabstieg*. »Abstieg« ist relativ klar, also wie beim Bergsteigen, aber was ist dieser *Gradient*? Da hilft vielleicht ein alternativer Name für den Gradientenabstieg. Er lautet *Verfahren des steilsten Abstiegs*. Dieses – natürlich – mathematische Verfahren hilft uns, die Richtung zu finden, in der es zu weniger Fehlern kommt. Keine Panik aufgrund des Wortes »mathematisch«; wir werden einfach die Ergebnisse aus den mathematischen Grundlagen präsentieren und diese als gegeben akzeptieren. Für die Mutigen und Unerschrockenen haben wir in Abschnitt 6.2, »Gradientenabstieg an einem Beispiel«, einen kurzen Exkurs in die mathematischen Grundlagen des Gradientenabstiegs bereitgestellt.

Kurzum, das Lernverfahren, das auf dem Gradientenabstieg beruht, ist der sogenannte *Backpropagation-Algorithmus* (kurz *Backprop*), der eine Verallgemeinerung der *Delta-Regel* darstellt. Dieser Algorithmus sorgt dafür, dass die Gewichte so angepasst werden, dass der Gesamtfehler E minimiert wird. Das bedeutet, dass wir, wenn wir den Backprop verwenden wollen, auch wissen müssen, wie man den Abstieg (also die Gradienten) berechnet. Wir werden Ihnen diese Information zur Verfügung stellen.

6.2 Gradientenabstieg an einem Beispiel

Auch für die Erschrockenen unter Ihnen gibt es nun den Gradientenabstieg in Bildern. Dieser Ansatz spielt eine zu zentrale Rolle, als dass wir ihn einfach mit »das ist so« quittieren dürften.

6.2.1 Gradientenabstieg – die Idee

Die Grundidee des Gradientenabstiegs ist einfach:

Finde die Richtung, in der der Fehler abnimmt.

Unser Ziel ist es, die Idee und den Algorithmus des Gradientenabstiegs grafisch darzustellen und auf diese Weise ein Bild für Sie zu entwickeln und in Ihrem Kopf entstehen zu lassen. Das wird Ihnen dann bei den komplexeren Themen helfen, ein intuitives Gefühl für die Algorithmen zu entwickeln.

Nehmen wir zum Beispiel den Begriff des Gradienten. Dieser wird ja permanent verwendet. Was bedeutet dieses Wort, welches Konzept steht dahinter? Wie immer hilft es, sich anzusehen, was die ursprüngliche Bedeutung des Wortes war und ist. Im Falle von *Gradient* liegt der Ursprung im lateinischen *gradiens* und bedeutet »Anstieg«, »Gefälle« oder »Steigung«. Wenn ich also ein Bergsteiger bin, der den Berg hochsteigt, dann interessiert mich eher der Anstieg. Wenn ich ein Autofahrer mit einem Riesenanhänger auf dem Weg zum Meer bin und ich mich gerade auf dem Katschberg in Österreich befinde, knapp vor der Abfahrt, dann interessiert mich eher der Gefälleaspekt des Gradienten, und der liegt beim Katschberg bei 15 %.

Sehen Sie sich Abbildung 6.2 an. Darin haben wir drei Pfeile eingezeichnet, t, u und v, die nach unten zeigen und vom gleichen Startpunkt ausgehen. Zur Erinnerung: Wir wollen den Fehler minimieren, daher interessieren wir uns für das Gefälle. Von der Führerscheinprüfung wissen Sie sicher noch, dass das Gefälle als Verhältnis von Höhe zu Strecke errechnet wird.

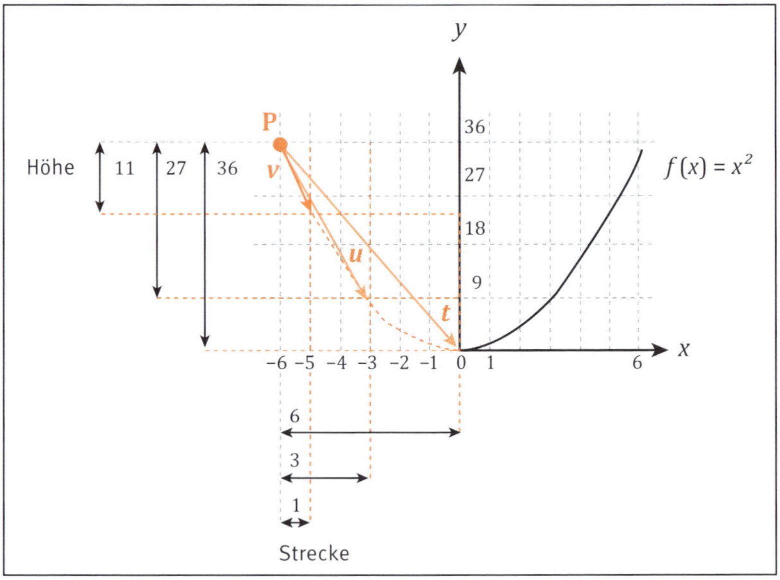

Abbildung 6.2 Der Gradient

Wenn wir das Gefälle für *t*, *u* und *v* in einer Tabelle zusammenstellen, dann werden Sie eine interessante Feststellung machen. Sehen Sie sich die »Gefälle«-Spalte an.

Vektor	Höhe	Strecke	Gefälle (Höhe/Strecke)
t	36	6	6
u	27	3	9
v	11	1	11
	5,75	0,5	11,5
	1,19	0,1	11,9
	immer kleiner	immer kleiner	12

Tabelle 6.1 Die Annäherung – Schritt für Schritt zum Gradienten

Sie haben sicher erkannt, dass sich das Gefälle an den Wert 12 annähert. Also können wir sagen, dass das Gefälle an der Stelle –6 den Wert 12 hat. Als Mathematiker würden wir sagen, dass der Wert des Gradienten bzw. die *erste Ableitung* von $f(x) = x^2$ an der Stelle –6 den Wert –12 besitzt. Damit haben wir intuitiv entdeckt, wie der Wert des steilsten Abstieges ermittelt wird.

Aufgabe

Erstellen Sie die Steigungstabelle für die Funktion $f(x) = x^2$, wobei Sie an der Stelle $x = 0$ starten und für die Strecke 6, 3, 1 und 0.1 jeweils die Steigung berechnen.

Lösung:

Die Tabelle überlassen wir Ihnen, jedoch sollte sich die Steigung dem Wert 0 nähern.

Sie haben in der vorherigen Aufgabe den Gradienten für einen Punkt ermittelt, auf dem sich das Minimum der Funktion befindet, und der ist 0. Diese Erkenntnis stellt somit auch unser definiertes Ziel für die Ermittlung des Minimalpunktes dar: In welchem Punkt der Fehlerfunktion ist der Wert des Gradienten gleich 0?

6.2.2 Algorithmus für den Gradientenabstieg

Natürlich haben wir auf diese Frage eine Antwort. Wir zeigen den Algorithmus wieder anhand eines Diagramms (siehe Abbildung 6.3). Im Vergleich zu vorhin ändern wir jetzt die Bezeichnungen, sodass wir uns hinsichtlich der Namensgebung in Richtung neuronaler Netze bewegen.

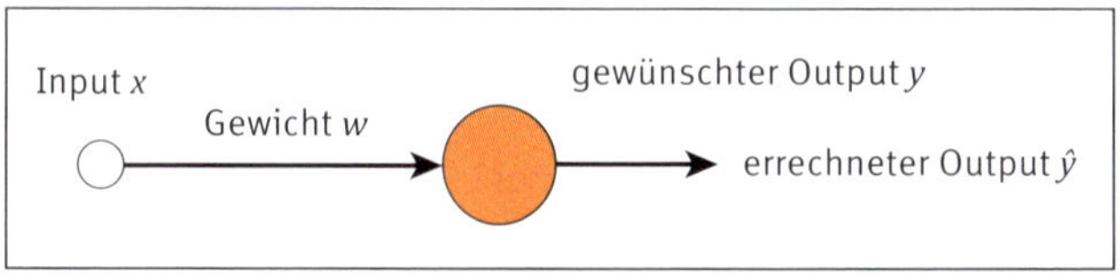

Abbildung 6.3 Einfaches KNN

Zuerst mal das KNN: Es ist wirklich einfach, es gibt nur einen Input und ein Neuron und als Aktivitätsfunktion die identische Funktion $f(x) = x$. Und nehmen wir einmal an, dass dem Netzwerk als Input $x = 0.2$ am Eingang präsentiert wird, und als Output hätten wir gerne $y = 0.2$. Abbildung 6.4 zeigt den Fehler an, der durch die Veränderungen des Gewichtes w entsteht:

$$E(w) = \frac{1}{2} \cdot (y - \hat{y})^2$$

Dabei bezeichnet $E(w)$ die sogenannte *Kostenfunktion* (engl. *cost function* oder *loss function*), die wir durch Veränderung des Gewichts w minimieren wollen. Das wiederum bedeutet, dass wir jenes w finden wollen, bei dem $E(w)$ minimal wird.

Der Faktor $\frac{1}{2}$ wird für die Vereinfachung der mathematischen Berechnung eingefügt. Die Details dazu und für die folgenden Erklärungen finden Sie in Abschnitt B.2.4.

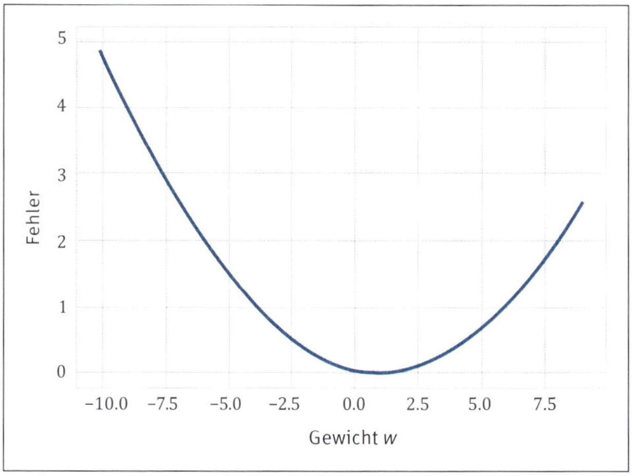

Abbildung 6.4 Fehler je nach Gewicht w

Aus dem Graphen in Abbildung 6.4 kann man erahnen, dass beim Gewicht $w = 1$ der Fehler 0 ist. Den Wert wollen wir nun durch das *Gradientenabstiegsverfahren* ermitteln, das sich sehr einfach folgendermaßen zusammenfassen lässt:

1. Wir starten bei einem beliebigen Wert für das Gewicht w.
2. Dann ermitteln wir den negativen Gradienten zu diesem Gewicht. Wie wir oben beschrieben haben, zeigt der ja zum niedrigsten Punkt.
3. Als Nächstes wandern wir den negativen Gradienten entlang in Richtung Minimum, aber nur für eine gewisse Schrittlänge (wir Konnektionisten nennen das die *Lernrate*).
4. Im neuen Punkt, den wir ermittelt haben, beginnt alles wieder von vorn (gehe zu Schritt 2), außer wir haben einen Fehler erreicht, der für uns ausreichend ist, zum Beispiel kleiner als 0.001 oder so, oder falls sich der Fehler nicht mehr verkleinern lässt.

Wir müssen Ihnen noch die Formel für die Ermittlung des Gradienten an der Stelle w verraten. Für die Funktion

$$E = \frac{1}{2} \cdot (y - \hat{y})^2 = \frac{1}{2} \cdot (y - w \cdot x)^2$$

lautet der Gradient:

$$\nabla E(w) = \frac{1}{2} \cdot 2 \cdot (y - w \cdot x) \cdot (-1) \cdot x = (-1) \cdot x \cdot (y - \hat{y})$$

Das Symbol ∇ kennzeichnet, dass es sich um den Gradienten handelt. Es hat einen interessanten Namen: *Nabla*. Für unseren Spezialfall mit einem Gewicht und einem Input-

Wert kennen Sie wahrscheinlich eine andere Bezeichnung und ein anderes Symbol für den Gradienten. Erstens wird der Gradient als *erste Ableitung* bezeichnet, und zweitens wird nicht das Nabla-Symbol verwendet, sondern ein Apostroph. Dann sieht die Formel so aus:

$$E'(w) = (-1) \cdot x \cdot (y - \hat{y})$$

Da wir nicht in die Richtung des stärksten Anstieges gehen wollen, sondern in die entgegengesetzte Richtung, müssen wir den Gradienten $E'(w)$ noch mit (–1) multiplizieren:

$$(-1) \cdot E'(w) = (-1) \cdot (-1) \cdot x \cdot (y - \hat{y}) = x \cdot (y - \hat{y})$$

Die Background-Storys zum Anhängerfahren aus dem vorherigen Abschnitt sind nur bedingt relevant für die Implementierung des Algorithmus für den Gradientenabstieg. Es ist im Prinzip ausreichend zu wissen, dass die Korrektur des Gewichtes erfolgt, indem man $x \cdot (y - \hat{y})$ addiert.

Listing 6.1 zeigt die Implementierung des Gradientenabstiegs für das einfache KNN. Der Output des Programms liefert die Tabelle 6.2 mit den Zwischenergebnissen und einen Plot mit der Veränderung des Fehlers und der Gewichtsänderung in Schritten.

```
# Grafische Darstellung
import matplotlib.pyplot as plt
# Ganz wichtig, sonst wird der Plot nicht angezeigt
%matplotlib inline

# Identische Funktion
def func_id(x):
        return x

# Initialisierungen
x = 0.2
y = x
# Startgewicht
weight = -10.0
# Für den Plot
weights = []
errors = []
w_deltas = []

# Tabelle erzeugen
# Print Überschrift
print("Input x = {:.6f}, Gewünschter Output y = {:.2f}".format(x,y))
```

```
print("{}\t{}\t{}\t{}\t{}\t{}\t{}\t{}\t{}\t{}"
        .format('Iter', 'x','w','net i',
                'a','y_hat','y','E',"E'",'w delta'))
# Fixe 120 Schritte
for step in range(120):
    # Net-Input berechnen
    net_i = weight * x
    # Aktivierung (identische Funktion)
    activation = func_id(net_i)
    # Errechneter Output
    y_hat = activation
    # Quadratischer Fehler: Gewünschter - Errechneter Output
    error = 0.5*(y - y_hat)**2
    # Gradient
    derivative = (-1.0)*x*(y - y_hat)
    # Delta für Gewichtsanpassung
    w_delta = (-1)*derivative
    # Daten für den Plot (weight,error)
    weights.append(weight)
    errors.append(error)
    w_deltas.append(w_delta)
    # Ausgabe der Änderungen alle 10 Schritte
    if step % 10 == 0:
        print("{}\t{}\t{:6.2f}\t{:5.2f}\t{:5.2f}"
              "\t{:5.2f}\t{:.2f}\t{:.2f}\t{:.2f}\t{:.2f}"
          .format(step, x,weight,net_i,activation,y_hat,
                  y,error,derivative,w_delta))
    # Dafür machen wir das alles: Gewichtsanpassung = Lernen
    weight += w_delta

# Plot erzeugen
# Figure und Subplot
fig, ax1 = plt.subplots()
ax1.plot(weights, errors, label="Fehler")
ax1.plot(weights,w_deltas, label="w deltas")
# Titel
ax1.set_title('Gradientenabstieg')
# Legende
legend = ax1.legend(loc='best', fancybox=True, framealpha=0.5)
# Raster
```

```
plt.style.use('seaborn-whitegrid')
# Label
plt.xlabel('Gewicht w')
plt.show()
```

Listing 6.1 Gradientenabstieg für das einfache KNN

Das Programm besteht im Prinzip aus der Initialisierung der benötigten Variablen, dann aus der Schleife mit den Iterationen, in der die Variablen des Netzwerks berechnet werden, und aus der Ausgabe der gesammelten Daten. Sehen wir uns in Tabelle 6.2 den Output des Programms an, der in den Iterationen gesammelt wird. Pro Zeile werden die Daten dargestellt, die in dieser Iteration berechnet werden. Wir haben nicht alle Iterationen in die Tabelle mit aufgenommen, sondern nur alle 10 Iterationsschritte. Die ersten Spalten sollten alle bereits bekannt sein. Interessant wird es ab Spalte »E«, wo der quadratische Fehler ausgegeben wird. Der Gradient folgt in der nächsten Spalte, und als Letztes wird die Änderung des Gewichts (»w delta«) dargestellt. Bevor die nächste Iteration beginnt, wird das Gewicht mittels »w delta« angepasst, so wie weiter oben im Code nachzulesen ist.

Iteration	x	w	Net-Input	a	y_hat	y	E	E'	w delta
0	0.2	-10.00	-2.00	-2.00	-2.00	0.20	2.42	-0.44	0.44
10	0.2	-6.31	-1.26	-1.26	-1.26	0.20	1.07	-0.29	0.29
20	0.2	-3.86	-0.77	-0.77	-0.77	0.20	0.47	-0.19	0.19
30	0.2	-2.23	-0.45	-0.45	-0.45	0.20	0.21	-0.13	0.13
40	0.2	-1.15	-0.23	-0.23	-0.23	0.20	0.09	-0.09	0.09
50	0.2	-0.43	-0.09	-0.09	-0.09	0.20	0.04	-0.06	0.06
60	0.2	0.05	0.01	0.01	0.01	0.20	0.02	-0.04	0.04
70	0.2	0.37	0.07	0.07	0.07	0.20	0.01	-0.03	0.03
80	0.2	0.58	0.12	0.12	0.12	0.20	0.00	-0.02	0.02
90	0.2	0.72	0.14	0.14	0.14	0.20	0.00	-0.01	0.01
100	0.2	0.81	0.16	0.16	0.16	0.20	0.00	-0.01	0.01
110	0.2	0.88	0.18	0.18	0.18	0.20	0.00	-0.00	0.00
120	0.2	0.92	0.18	0.18	0.18	0.20	0.00	-0.00	0.00

Tabelle 6.2 Gradientenabstieg für das einfache KNN

Wenn Sie sich an Kapitel 4 erinnern, werden Sie feststellen, dass die Formel, die wir vorhin hergeleitet haben, beinahe der Widrow-Hoff-Regel entspricht, bis auf die Lernrate η: Die haben wir gleich 1.0 gesetzt, und daher kann sie entfallen.

Aufgabe

Erweitern Sie das Programm so, dass eine Lernrate gesetzt werden kann, und experimentieren Sie damit.

Testen Sie Ihr Programm für die Lernraten 2.0, 1.5, 1.0 und 0.01.

- Möglicherweise müssen Sie die Anzahl der Iterationen anpassen.
- Möglicherweise müssen Sie die Ausgabegenauigkeit der Spalte »E« anpassen (`{:.6f}`).

Lösung:

```
# Initialisierungen
x = 0.2
y = x
eta = 0.1
```

und

```
# Delta für Gewichtsanpassung
    w_delta = (-1)*derivative*eta
```

In Abbildung 6.5 wird der Abbau des Fehlers je nach Gewichtsänderung gezeigt. Bei jedem Iterationsschritt sammeln wir die Daten zu den Gewichten, den quadratischen Fehler und die errechnete Schrittlänge für die nächste Gewichtsänderung.

Sie können wunderbar sehen, dass sich die Gewichtsänderungsrate an den Restfehler anpasst: Je größer der Fehler ist, desto größer ist die Gewichtsänderung, und je kleiner der Fehler ist, desto kleiner ist die Gewichtsänderung.

Bisher haben wir in unserem Programm für den Gradientenabstieg nur eine lineare Aktivierungsfunktion, nämlich die *identische Funktion*, verwendet. Damit können nur linear trennbare Funktionen erlernt werden, egal wie viele Neuronen wir später in einem komplexen Netzwerk miteinander verbinden. Daher besteht Ihre nächste Aufgabe darin, die sigmoide Funktion in den Gradientenabstieg einzupflanzen.

Aufgabe

Ändern Sie den Gradientenabstieg so ab, dass die sigmoide Aktivierungsfunktion verwendet wird.

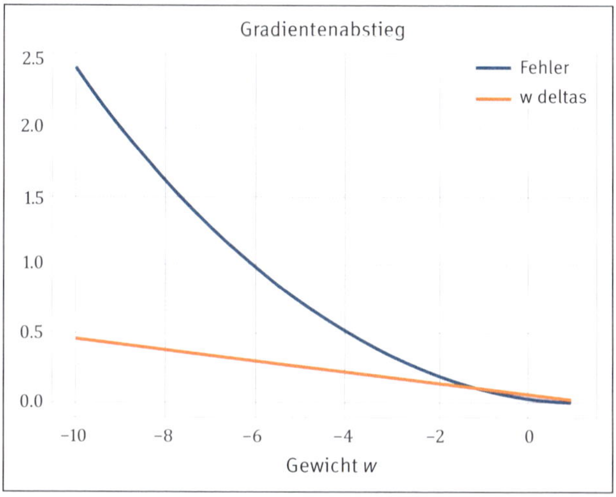

Abbildung 6.5 Fehler beim Gradientenabstieg und Schrittlänge bei der Gewichtsanpassung

Lösungshinweise:

Natürlich gilt: Ob Sie es erst einmal selbst probieren oder sich gleich den ersten Hinweis ansehen, sei Ihnen überlassen.

- **Erster Hinweis**: Definieren Sie die Sigmoide (bitte auch `numpy` importieren), so wie im vorherigen Kapitel:

  $$f(x) = \frac{1}{1 + e^{-x}}$$

- **Zweiter Hinweis**: Berechnen Sie die Aktivierung so wie im vorherigen Kapitel.
- **Dritter Hinweis**: Berechnen Sie die Ableitung neu. Das ist der schwerste Teil, da Sie die Ableitung der Sigmoide kennen müssen (siehe Abbildung 6.6):

  sigmoide' = *sigmoide* · (1 – *sigmoide*)

```
# Gradient
#     derivative = (-1.0)*x*(y - y_hat)
    derivative = (-1.0)*activation*(1.0-activation)*(y - y_hat)
```

- **Letzter Hinweis**: Möglicherweise müssen Sie die Anzahl der Iterationen und die Lernrate anpassen.

Die letzte Übung hatte es in sich. Aber wie Sie sehen werden, war das die optimale Vorbereitung für den *Backpropagation-Algorithmus*, den wir im nächsten Abschnitt besprechen werden.

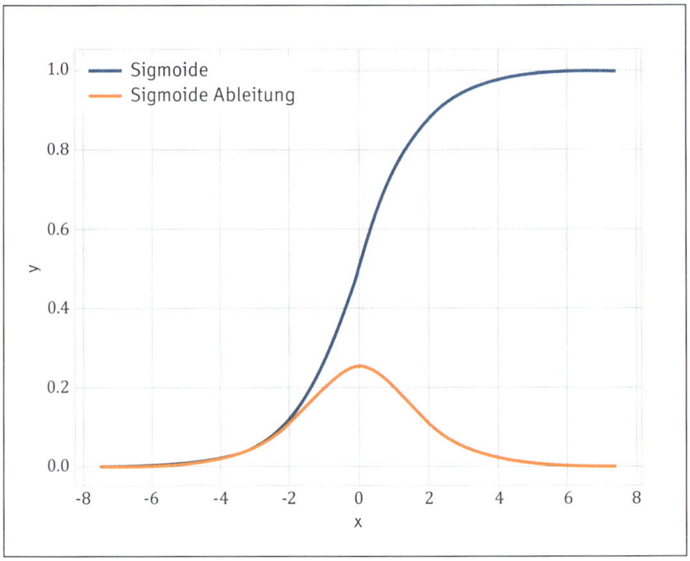

Abbildung 6.6 Sigmoide und die Ableitung der Sigmoide

6.3 Ein Netz aus sigmoiden Neuronen

Für die nächsten Schritte nehmen wir an, dass alle Neuronen außer den Input-Neuronen eine *Sigmoide* als Aktivierungsfunktion verwenden. Der große Kniff, den wir jetzt anwenden, besteht darin, dass wir das Lernproblem mithilfe einer kleinen Fehlerformel darstellen, so wie vorher beim Gradientenabstieg.

Als Output des KNN haben wir einerseits einen gewünschten Output-Wert, zum Beispiel 0.5, und einen berechneten, zum Beispiel 0.8. Der Unterschied zwischen beiden Werten ist die *Differenz*. Da die Differenz auch negativ sein kann, wie zum Beispiel bei 0.5 – 0.8 = –0.3, benötigen wir ein Mittel, um immer nur positive Werte zu erhalten, sonst funktioniert ja der Gradientenabstieg nicht. (Wohin soll ich wandern, wenn der Wert beliebig klein werden kann?) In der Diskussion zuvor haben wir das Quadrat der Differenz, die auch viel lässiger als *Squared Error* (SE) oder *Mean Squared Error* (MSE) bezeichnet wird, als Lösungsweg erkannt. Die so definierte Berechnung des Fehlers müssen wir natürlich noch für alle Output-Neuronen ausführen. Wenn wir uns das als kompakte Formel zusammenstellen, dann verstehen wir, warum Mathematiker so gerne in Symbolen sprechen. Ein Absatz in einer Zeile – wenn das kein Argument für die Mathematik ist!

$$E = \frac{1}{2} \cdot \sum_{i=1}^{n} (y_i - \hat{y}_i)^2$$

Wir hoffen, Sie haben bereits einen Blick auf den Gradientenabstieg im vorherigen Abschnitt geworfen, denn dann erkennen Sie, dass wir mithilfe der Summe die Fehlerformel von einem Neuron auf eine Vielzahl von Neuronen erweitert haben.

Die eigentliche Suche beginnt jetzt erst. Wir wollen ja die Gewichte so ändern, dass der gewünschte Output möglichst gut erreicht wird. Das heißt, wir wollen das E in der obigen Formel möglichst klein halten. Aber wo sind denn da die Gewichte? Die haben sich versteckt, aber nicht gut genug für uns. Wenn wir uns nun hinsetzen und eine Menge Mathematik auspacken, dann kommen wir zu den Grundregeln, wie die Gewichte anzupassen sind. Das Vorgehen wird als *Error-Backpropagation* bezeichnet. Es wurde durch David Rumelhart und seine Mitarbeiter 1985 wiederentdeckt und ist seitdem als Grundwerkzeug eines gestandenen Konnektionisten nicht mehr wegzudenken. *Let's start.*

Wie gesagt steht für uns die Änderung der Gewichte im Fokus. Der Algorithmus liefert dazu die bereits besprochene Rechenvorschrift:

$w_{ji}{}^{\text{neu}} = w_{ji}{}^{\text{alt}} + \Delta w_{ji}$, mit

$\Delta w_{ji} = -\eta \cdot \delta_j \cdot o_i$

Das *Eta*, also η, ist wieder die Lernrate, o_i ist der Output des Neurons i, und klein *Delta j*, also δ_j, ist der Wert, der anteilig für das Gewicht w_{ji} errechnet wurde. Somit bekommt jedes Gewicht ein kleines Stück vom Fehlerkuchen ab. Und jetzt kommt die Frage der Fragen: Wie groß ist der Anteil für jedes einzelne Gewicht? Auch dafür liefert der Algorithmus eine Berechnungsvorschrift, die wir bereits für die Verwendung der sigmoiden Aktivierungsfunktion, so sie wie weiter oben definiert wurde, angepasst haben (betrachten Sie dazu auch Abbildung 6.8):

$$\delta_j = \begin{cases} o_j \cdot (1 - o_j) \cdot (y_j - \hat{y}_j), & \text{falls } j \text{ Output-Neuron} \\ o_j \cdot (1 - o_j) \cdot \sum_k \delta_k \cdot w_{jk}\,, & \text{falls } j \text{ Hidden-Neuron} \end{cases}$$

Geheimnis

Wir haben die Berechnungsvorschrift für δ_j für die Sigmoide angepasst. Natürlich könnten auch andere Aktivierungsfunktionen verwendet werden, wobei dann in der Berechnungsvorschrift das $o_j \cdot (1 - o_j)$ ersetzt werden müsste. Die Details dazu finden sich wieder, für Unerschrockene, in Anhang B.

Wenn Sie vorhin den Abschnitt zum Gradientenabstieg aktiv durchgearbeitet haben, kommt Ihnen der Backpropagation-Algorithmus wahrscheinlich bereits sehr vertraut vor. Sehen wir uns das Ganze anhand einer Implementierung an. Wir werden dazu auf

Matrix- und Vektoroperationen in NumPy zurückgreifen, um auch die nötige Geschwindigkeit beim Berechnen zu erreichen.

6.4 Der coole Algorithmus mit Vorwärts-Delta und Rückwärts-Propagation

Sehen wir uns den Algorithmus mal schrittweise an. Wir haben wie immer einige Beispiele zum Klassifizieren: X ist die Menge der Input-Vektoren x_i, die jeweils mit einem gewünschten Ergebnis y_i daherkommen, zum Beispiel ein Bild eines Verkehrszeichens als Input und 1, falls darin ein Stoppzeichen vorkommt.

1. Zuerst erfolgt die Vorwärtsberechnung, also die Methode `predict`. Diese haben wir bereits im letzten Kapitel implementiert.
2. Dann folgen die Rückwärtsschritte:
   - Ermittlung des Fehlers am Output-Layer
   - daraufhin die Ermittlung der Fehler in den Hidden Layers
3. Korrektur der Gewichte

Zur Vorwärtsberechnung gibt es nicht mehr viel zu sagen, oder? Wenn wir uns den Backpropagation-Algorithmus von oben noch einmal genauer ansehen, dann scheint die Berechnung von δ_j etwas aufwendiger zu sein. Bei genauerer Betrachtung fällt auf, dass o_j für die Ermittlung des Outputs ja bereits berechnet werden muss. Somit können wir bereits im Vorwärtsgang den Wert für die Ableitung $o_j \cdot (1 - o_j)$ ganz einfach berechnen und für jedes Neuron zwischenspeichern.

6.4.1 Die __init__-Methode

Bevor wir mit der Implementierung beginnen können, benötigen wir noch zusätzliche Parameterdeklarationen und Attribute in der `__init__`-Methode:

- `eta`: Für die Lernrate benötigen wir den Parameter `eta` und das Attribut `self.eta`, das den Wert aus den Parametern übernimmt.
- `n_iterations`: Die Anzahl der Iterationen wird ebenfalls als Parameter mitgegeben und im Attribut `self.n_iterations` gespeichert.
- Für die Vorgabe des Seed-Wertes zur Initialisierung des Zufallsgenerators benötigen wir den Parameter `random_state` und natürlich das Attribut `self.random_state`.
- Für das Sammeln der Fehler sollten in den Attributen noch `self.errors` definiert werden, damit wir später damit eine Fehlerkurve zeichnen können.

Wir haben die Änderungen in den Code aus Kapitel 5, »Mehrschichtige neuronale Netze«, eingebaut und die geänderten Stellen mit `# NEW` markiert.

Nach den Änderungen sieht die `__init__`-Methode nun folgendermaßen aus:

```
def __init__(self,
                n_input_neurons=2,
                n_hidden_neurons=2,
                n_output_neurons=1,
                weights=None,
                # NEW
                eta=0.01,n_iterations=10,random_state=2,
                *args, **kwargs):
    """ Initialisierung des Netzwerks
    Wir verwenden eine fixe I-H-O-Struktur für den Anfang
         (Input-Hidden-Output)
    Die Anzahl der Neuronen ist flexibel
    Zusätzlich ist es möglich, das Netzwerk mit Gewichten
        zu initialisieren[W_HI,W_OH]
    """
    # Aktivierungs- und Output-Funktion
    self.f_akt = func_sigmoid
    self.g_out = func_id
    # Anzahl der Neuronen pro Layer
    self.n_input_neurons=n_input_neurons
    self.n_hidden_neurons=n_hidden_neurons
    self.n_output_neurons=n_output_neurons
    # Gewichtsinitialisierung
    self.weights = weights
    W_HI=[]
    W_OH=[]
    # NEW Lernrate
    self.eta = eta
    # Iterationen
    self.n_iterations=n_iterations
    # NEW Zufallsgenerator
    self.random_state = random_state
    # NEW Erzeugung des Zufallsgenerators (RNG)
    random_state = check_random_state(self.random_state)
    # NEW Fehler beim fit
    self.errors=[]
```

```
# Hier werden alle Daten zur Netzberechnung abgelegt
self.network=[]
# Input-Layer + Bias-Neuron: Spalten = n
#   et_i, a_i, o_i,d_i,delta_i
self.inputLayer = np.zeros((self.n_input_neurons+1,5))
# Bias-Neuron-Output ist immer +1
self.inputLayer[0] = 1.0
# Den Input-Layer zum Netzwerk hinzufügen
self.network.append(self.inputLayer)
# Weights vom Input-Layer zum Hidden Layer W_HI
# Neuron: Zeile x Spalten:
#   Zeilen = # Hidden, Spalten = # Input
if weights:
    W_HI = self.weights[0]
else:
    # NEW
    W_HI = 2 * random_state.random_sample(
    (self.n_hidden_neurons+1,self.n_input_neurons+1)) - 1
self.network.append(W_HI)
# NEW Hidden Layer + Bias-Neuron:
# Spalten = net_i,a_i,o_i,d_i,delta_i
self.hiddenLayer = np.zeros((self.n_hidden_neurons+1,5))
# Bias-Neuron-Output ist immer +1
self.hiddenLayer[0] = 1.0
# Den Hidden Layer zum Netzwerk hinzufügen
self.network.append(self.hiddenLayer)
# Weights vom Hidden Layer zum Output-Layer W_OH
# Neuron: Zeile x Spalten:
#   Zeilen = # Output, Spalten = # Hidden
if weights:
    W_OH = self.weights[1]
else:
    # NEW
    W_OH = 2 * random_state.random_sample(
    (self.n_output_neurons+1,self.n_hidden_neurons+1)) - 1
self.network.append(W_OH)
# NEW Output-Layer + Bias-Neuron:
# Spalten = net_i,a_i,o_i,d_i,delta_i
self.outputLayer = np.zeros((self.n_output_neurons+1,5))
# Bias-Neuron-Output = 0, da nicht relevant
```

```
        # Nur wegen einheitlicher Indizierung vorhanden
        self.outputLayer[0] = 0.0
        # Den Output-Layer zum Netzwerk hinzufügen
        self.network.append(self.outputLayer)
```

Listing 6.2 Die angepasste »__init__«-Methode

6.4.2 Die predict-Methode

Aufgabe

Passen Sie die Methode predict aus Kapitel 5 so an, wie wir es eben für die Methode __init__ gezeigt haben.

Vorbereitung: In der __init__-Methode müssen Sie die Arrays für self.inputLayer, self.hiddenLayer und self.outputLayer um eine Spalte für die Ableitung erweitern. Das könnte für den Input-Layer folgendermaßen aussehen:

```
# Input-Layer + Bias-Neuron: Spalten = net_i,a_i,o_i,d_i
  self.inputLayer = np.zeros((self.n_input_neurons+1,4))
```

- **Hinweis 1:** Die neuen bzw. geänderten Stellen sind mit NEW gekennzeichnet.
- **Hinweis 2:** Der Input-, der Hidden und der Output-Layer haben in der Implementierung denselben Aufbau. Sie werden mit einem Array mit drei Spalten (»net«, »act«, »out«) realisiert.
- **Hinweis 3:** Falls Sie noch die round()-Funktion für die Ermittlung des Outputs verwenden, so wie es in Kapitel 5, »Mehrschichtige neuronale Netze«, in einem Beispiel gefordert war, dann müssen Sie diese Funktion jetzt ausbauen, da ansonsten der Algorithmus nicht funktionieren würde.

Lösung:

```
    def predict(self,x):
        """ Für die Eingabe x wird die Ausgabe y berechnet.
        """
        ###############
        # Input-Layer
        # Die Inputs setzen: Alle Zeilen, Spalte 2
        self.network[0][:,2] = x
        ###############
        # Hidden Layer
        # Start von Zeile 1 wegen Bias-Neuron auf Index-Position 0
```

```
        # net_j = W_ij . x
        self.network[2][1:,0] = np.dot(self.network[1][1:,:],
                                       self.network[0][:,2])
        # a_j
        self.network[2][1:,1] = self.f_akt(
                                       self.network[2][1:,0])
        # o_j
        self.network[2][1:,2] = self.g_out(self.network[2][1:,1])
        # NEW der_j = o_j*(1-o_j) Ableitung für Sigmoide
        self.network[2][1:,3] = self.network[2][1:,2] * \
                                ( 1.0 - self.network[2][1:,2])
        ###############
        # Output-Layer
        # Start von Zeile 1 wegen Bias-Neuron auf 0
        # net_k = = W_jk . h
        self.network[4][1:,0] = np.dot(self.network[3][1:,:],
                                       self.network[2][:,2])
        # a_k
        self.network[4][1:,1] = self.f_akt(
                                       self.network[4][1:,0])
        # o_k
        self.network[4][1:,2] = self.g_out(self.network[4][1:,1])
        # NEW der_k = o_k*(1-o_k) Ableitung für Sigmoide
        self.network[4][1:,3] = self.network[4][1:,2] * \
                                ( 1.0 - self.network[4][1:,2])
        # Rückgabe des Output-Vektors
        return self.network[4][:,2]
```

Listing 6.3 An die Bedürfnisse des Backpropagation-Algorithmus angepasste »predict«-Methode

Beim ersten Schritt im Rückwärtsgang wird der Fehler am Output berechnet. Den haben wir oben im Algorithmus bereits beschrieben. Dann geht es weiter rückwärts, und dabei ist nun sehr spannend, wie der Fehler in den versteckten Schichten verteilt wird. In Abbildung 6.7 können Sie das Schema betrachten.

Die folgende Schicht vom Hidden Layer aus gesehen, also die Output-Schicht, haben wir bereits berechnet. Dort wurde für jedes Neuron das δ_k ermittelt. Somit ergibt sich der Fehleranteil für das Neuron j durch die folgende Berechnung:

$$\delta_j = o_j \cdot (1 - o_j) \cdot \sum_k \delta_k \cdot w_{kj}$$

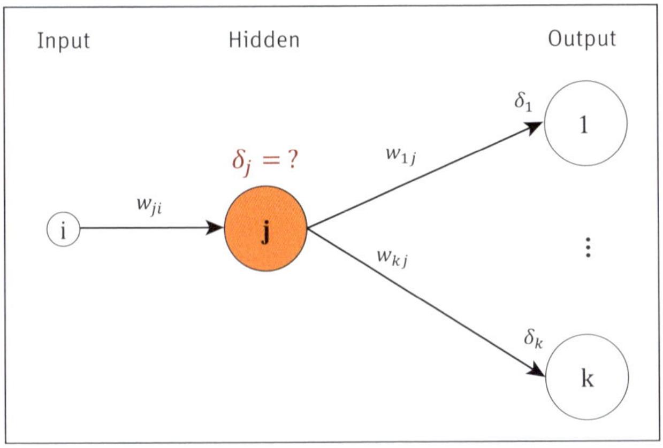

Abbildung 6.7 Vom Output zur versteckten Schicht

Dieser Schritt kann in der vorher erklärten Art und Weise auf beliebig viele Schichten angewendet werden. Und weil ja ein Bild mehr sagt als 1000 Formeln, haben wir wieder ein Schaubild vorbereitet.

In Abbildung 6.8 sehen Sie die Multiplikationen, die nötig sind, um den Algorithmus zu implementieren. Mit ❶ haben wir den Vorwärtspfad markiert, der von Schicht *i* nach *j* und von *j* nach *k* führt. Mit ❷ ist der Weg zurück gekennzeichnet. Der Fehler *e* am Ausgang kann ganz einfach als Differenz zwischen dem gewünschten und dem tatsächlichen Output berechnet werden. Am besten fügen Sie dafür wieder eine neue Spalte für jede Schicht ein.

Aufgabe

Fügen Sie eine neue Spalte für den Fehler bzw. das Delta beim Rückwärtspfad ein.

Orientieren Sie sich an der vorherigen Lösung bzw. am folgenden Hinweis für den Input-Layer:

```
# Input-Layer + Bias-Neuron: Spalten = net_i,a_i,o_i,d_i,delta_i
  self.inputLayer = np.zeros((self.n_input_neurons+1,5))
```

Lösung:

Im Hinweis oben haben wir gezeigt, wie man den Input-Layer erweitern sollte, sodass die Speicherung des Deltas möglich ist. Genau diese Änderung ist für den Hidden und den Output-Layer umzusetzen. Somit ergibt sich als Codeänderung

```
# Spalten = net_i,a_i,o_i,d_i,delta_i
self.hiddenLayer = np.zeros((self.n_hidden_neurons+1,5))
```

und:

```
# Spalten = net_i,a_i,o_i,d_i,delta_i
self.outputLayer = np.zeros((self.n_output_neurons+1,5))
```

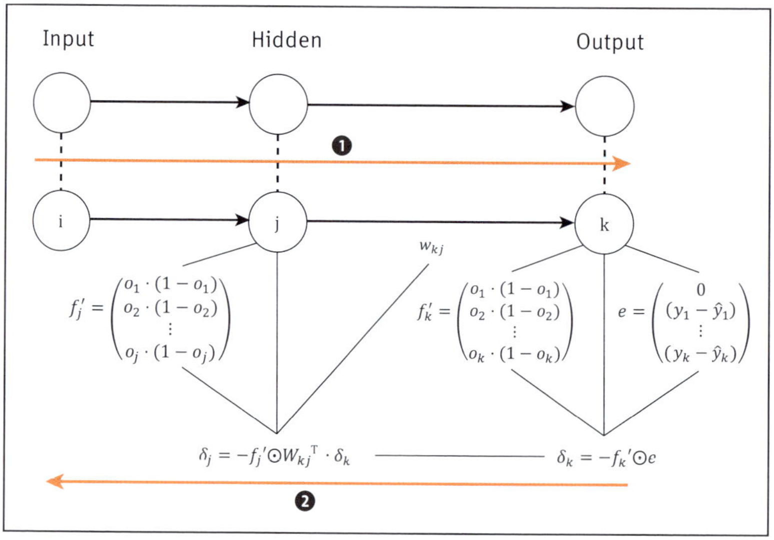

Abbildung 6.8 Vektor- und Matrixmultiplikationen für die Programmierung

Bitte beachten Sie die Multiplikation zum Beispiel bei $\delta_k = -f_k' \odot e$. Bei dieser Multiplikation werden im Gegensatz zum *Dot-Product* (*inneres Produkt*) die Komponenten miteinander multipliziert, und der Vektor hat danach dieselbe Dimension, also genauso viele Einträge wie vorher. Falls es Sie interessiert: Diese Multiplikation nennt sich *Hadamard-Produkt* (siehe Abbildung 6.9).

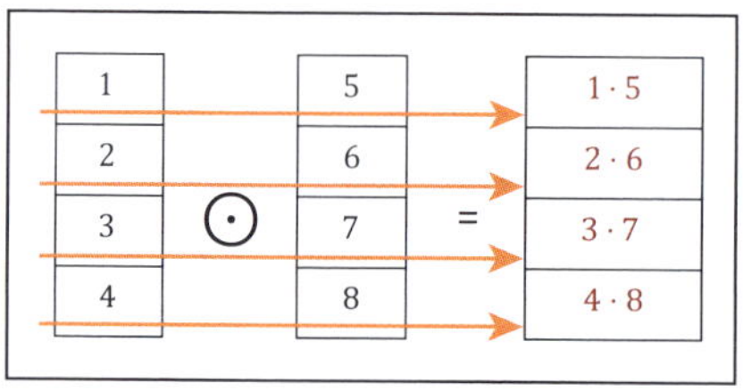

Abbildung 6.9 Hadamard-Produkt

Dieses Wissen ist aber nicht unbedingt nötig, um den Algorithmus zu implementieren, weil NumPy für uns das folgendermaßen übernimmt:

```
import numpy as np
a= np.array([1, 2, 3, 4])
```

```
b= np.array([5, 6, 7, 8])
print(a*b)
# Ausgabe:
[ 5 12 21 32]
```

Listing 6.4 Hadamard-Multiplikation in NumPy

Ein weiteres Detail betrifft die Gewichtsmatrix ${W_{jk}}^{T}$; das hochgestellte T bedeutet, dass die Matrix transponiert ist. Details dazu finden Sie in Anhang B. Also tauschen wir das »von« bzw. »nach« durch das Transponieren aus, womit wir wieder die Matrixmultiplikation von NumPy nutzen können.

Zu guter Letzt geht es um die Anpassung der Gewichte. Dabei ist es wichtig, dass die Anpassung erst stattfindet, wenn alle Korrekturwerte berechnet wurden, sonst kommt es zu einer Verfälschung der Abstiegsrichtung. Und damit es richtig schnell geht, können wir dafür wieder Matrixmultiplikationen verwenden:

$$\Delta W_{kj} = \eta \cdot \delta_k \cdot {o_j}^{T}$$
$$\Delta W_{ji} = \eta \cdot \delta_j \cdot {o_i}^{T}$$

Damit Sie sich besser vorstellen können, was die Berechnungsvorschrift bedeutet, zeigt Abbildung 6.10 die Multiplikation $\delta_k \cdot o_j$ bzw. $\delta_j \cdot o_i$ im Detail.

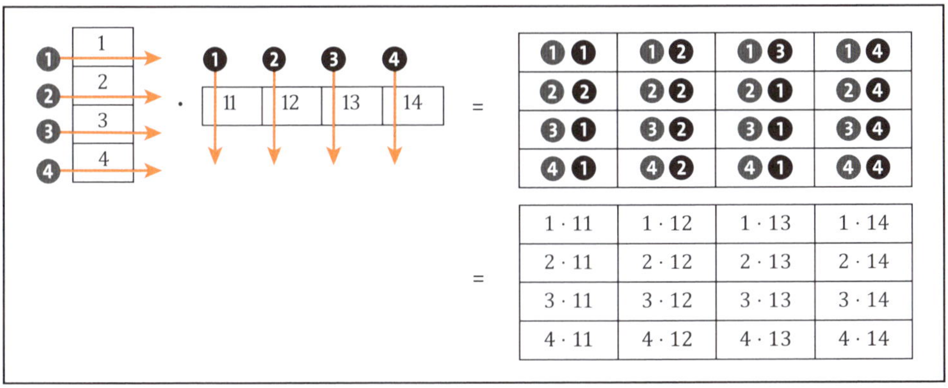

Abbildung 6.10 Vektormultiplikation

Hey, da entsteht aus der Multiplikation von zwei Vektoren eine neue Matrix! Da können wir aber froh sein, dass NumPy diese Berechnungen für uns durchführt.

Puh – das war ein anstrengender Teil mit der notwendigen Portion Theorie, entschlackt auf das Allernötigste, aber es hat sich gelohnt. Damit haben wir die Basis geschaffen, um den Backpropagation-Algorithmus zu implementieren, und das machen wir im nächsten Abschnitt.

6.4.3 Die fit-Methode

Die Implementierung des Rückwärtspfades befindet sich in der Methode `fit` der `MLP`-Klasse. Als Parameter benötigen wir die Trainingsbeispiele *X* und die gewünschten Ergebnisse *Y*. Wir haben bei den Beispielen wieder an der Indexstelle 0 den Wert `1.0` hinterlegt für das Bias-Neuron. Im Falle des Ergebnisses ist das nur ein Dummy-Wert, damit wir die Berechnungen einheitlich durchführen können.

```
def fit(self,X,Y):
    """ Lernen
    """
    # Gewichtsänderungen
    delta_w_jk = []
    delta_w_ij = []
    # Fehler
    self.errors = []
    # Alle Iterationen
    for iteration in range(self.n_iterations):
        # Für alle Trainingsbeispiele
        error = 0.0
        #for xIdx,x in enumerate(X):
        for x,y in zip(X,Y):
            ######################
            # Vorwärtspfad
            y_hat = self.predict(x)
            # Differenz
            diff = y - y_hat
            # Quadratischer Fehler
            error += 0.5 * np.sum(diff * diff)
            # Für eine kompaktere Notation
            net = self.network
            ######################
            # Output-Layer
            # delta_k in der Output-Schicht = der_k * diff
            net[4][:,4] = net[4][:,3] * diff

            ######################
            # Hidden Layer
            # delta_j in der Hidden-Schicht =
            #   der_j * dot(W_kj^T,delta_k)
            net[2][:,4] = net[2][:,3] * \
                          np.dot(net[3][:].T,net[4][:,4])
```

```
            ######################
            # Gewichtsdeltas von W_kj
            # delta_w = eta * delta_k . o_j^T
            delta_w_jk = self.eta * \
                         np.outer(net[4][:,4],net[2][:,2].T )
            # Gewichtsdeltas von W_ji
            # delta_w = eta * delta_j . o_i^T
            delta_w_ij = self.eta * \
                         np.outer(net[2][:,4],net[0][:,2].T )
            ######################
            # Gewichte anpassen
            net[1][:,:] += delta_w_ij
            net[3][:,:] += delta_w_jk

        # Sammeln des Fehlers für alle Beispiele
        self.errors.append(error)
```

Listing 6.5 Der Backpropagation-Algorithmus in der Methode »fit«

Wir beginnen mit der Ermittlung des Ergebnisses für ein Beispiel aus `X` mithilfe der Methode `predict`. Danach folgt die Berechnung der Differenz `diff` für die Output-Neuronen, und der quadratische Fehler wird für die spätere Ausgabe mithilfe der `plot`-Methode gesammelt, die Sie in Abbildung 6.11 sehen.

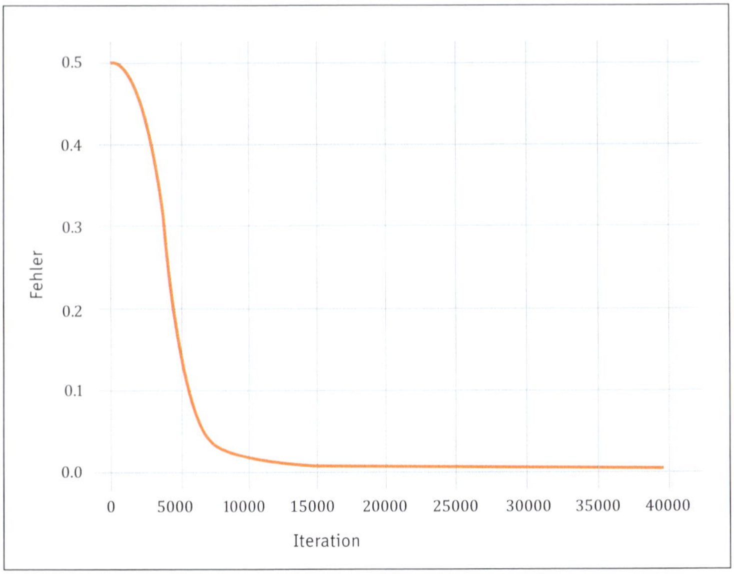

Abbildung 6.11 Was für eine schöne Fehlerkurve, wie aus dem Bilderbuch!

6.4.4 Die plot-Methode

Die Fehlerkurve geben wir mithilfe einer Funktion aus. Dazu gibt es nicht viel zu sagen, da wir diese Art von Ausgabe bereits mehrfach gemacht haben.

```
def plot(self):
    """ Ausgabe des Fehlers
    Die im Fehlerarray gespeicherten Fehler als Grafik ausgeben
    """
    # Figure Nummern Start
    fignr = 1
    # Druckgröße in inch
    plt.figure(fignr,figsize=(5,5))
    # Ausgabe des Fehlers als Plot
    plt.plot(self.errors)
    # Raster
    plt.style.use('seaborn-whitegrid')
    # Labels
    plt.xlabel('Iteration')
    plt.ylabel('Fehler')
```

Listing 6.6 Ausgabe der Fehlerkurve

6.4.5 Alles im Konzert

Das KNN muss natürlich initialisiert werden und die Variablen müssen mit Anfangswerten belegt werden. Die Trainingsbeispiele dürfen auch nicht fehlen. In X stecken zeilenweise die Inputs, und am Index 0 steht wieder konstant 1.0 für den Bias-Neuron-Output. Für die Outputs Y halten wir uns an die Konvention, dass der Index 0 für das Bias-Neuron reserviert ist, jedoch wird dort der Wert 0.0 konstant hinterlegt, da es im Output-Layer ja eigentlich kein Bias-Neuron gibt.

```
def main():
    # Initialisierung der Trainingsbeispiele
    X=np.array([[1.0,1.0,1.0],[1.0,0,1.0],[1.0,1.0,0],[1.0,0,0]])
    Y=np.array([[0.0,0.0],[0.0,1.0],[0.0,1.0],[0.0,0.0]])
    # Netzwerk initialisieren
    nn = MLP(eta=0.03,n_iterations=40000,random_state=42)

    # Trainieren des Netzes mit der fit-Methode und
    # Ausgabe nach dem Trainieren
    nn.fit(X,Y)
```

```
    nn.print()

    # Error-Ausgabe als Graph
    nn.plot()

    # Testen der Vorhersage des Trainingsdatensatzes
    print('Predict:')
    for x,y in zip(X,Y):
        print('{} {} -> {}'.format(x,y[1],nn.predict(x)[1:2]))

# Hauptprogramm
# Achtung: Benötigt etwas länger, um eine Ausgabe zu produzieren
main()
```

Listing 6.7 Das Programm

Nachdem das »Programm« gelaufen ist, erscheint die Netzwerkarchitektur mit den errechneten Werten für die Gewichte und mit der Auswertung des Vektors, der für die letzte Iteration verwendet wurde. In unserem Beispiel ist das (0, 0).

```
# Ausgabe:
Multi-Layer-Perceptron - Netzwerkarchitektur
[[  1.000   1.000   1.000   1.000   1.000]
 [  0.000   0.000   0.000   0.000   0.000]
 [  0.000   0.000   0.000   0.000   0.000]]
----------v----------
[[  7.495  -5.248  -6.321]
 [  2.108  -5.657  -5.653]
 [ -6.578   4.224   4.223]]
----------v----------
[[  1.000   1.000   1.000   1.000  -0.005]
 [  2.108   0.892   0.892   0.097   0.001]
 [ -6.578   0.001   0.001   0.001   0.000]]
----------v----------
[[  0.416  -0.959   0.940]
 [  4.037  -8.164  -8.261]]
----------v----------
[[  0.000   0.000   0.000   0.000   0.000]
 [ -3.253   0.037   0.037   0.036  -0.001]]
----------v----------
```

```
Predict:
[  1.000   1.000   1.000] 0.0 -> [  0.042]
[  1.000   0.000   1.000] 1.0 -> [  0.957]
[  1.000   1.000   0.000] 1.0 -> [  0.957]
[  1.000   0.000   0.000] 0.0 -> [  0.037]
```

Listing 6.8 Output des Programms

Sehr wir uns die einzelnen Abschnitte der Ausgabe an:

`Multi-Layer-Perceptron - Netzwerkarchitektur`

1. Sie beginnt mit der **Input-Matrix** (fünf Spalten für Net-Input, Activation, Output, Derivative und Delta); in der dritten Spalte sieht man den letzten Input-Vektor (1,0,0), wobei die erste Dimension ja für das Bias-Neuron gedacht ist. Aus diesem Grund ist der Input (0,0).
2. Dann kommt ein **Trennstrich** `----------v----------`, und das wiederholt sich für jede Matrizenausgabe.
3. Anschließend folgt die **Gewichtsmatrix** für die Verbindungen vom Input-Layer zum Hidden Layer.
4. Danach kommt die Matrix für die **Hidden-Neuronen**, die genauso aufgebaut ist wie die Input-Matrix.
5. Es fehlt noch die **Gewichtsmatrix** von der Hidden- zur Output-Schicht, und
6. die letzte Matrix stellt den **Output** für den angelegten Input dar. Der errechnete Wert ist wieder in Spalte 3 zu finden, nämlich 0.037, also ungefähr 0.

`Predict:`

Nach der Ausgabe der Matrizen wird die Anwendung des Netzwerks auf den Trainingsdatensatz gezeigt. Wenn Sie sich die errechneten Zahlen im `Predict`-Abschnitt ansehen, erkennen Sie, dass der gewünschte Output bereits gut durch die errechneten Outputs erreicht wird, also erwartet wurde:

$$\boldsymbol{y} = \begin{pmatrix} 0 \\ 1 \\ 1 \\ 0 \end{pmatrix} \cdot \hat{\boldsymbol{y}} = \begin{pmatrix} 0.042 \\ 0.957 \\ 0.957 \\ 0.037 \end{pmatrix}$$

Im nächsten Abschnitt sehen wir uns jetzt Schritt für Schritt den Weg durch den Algorithmus an.

6.5 Ein fit-Durchlauf

Der Durchlauf bezieht sich auf den Netzaufbau, so wie in Abbildung 6.12 dargestellt. In diesem Abschnitt sehen wir uns den Wechsel der Netzwerkarchitektur von einem Zustand »ALT« in den Zustand »NEU« an.

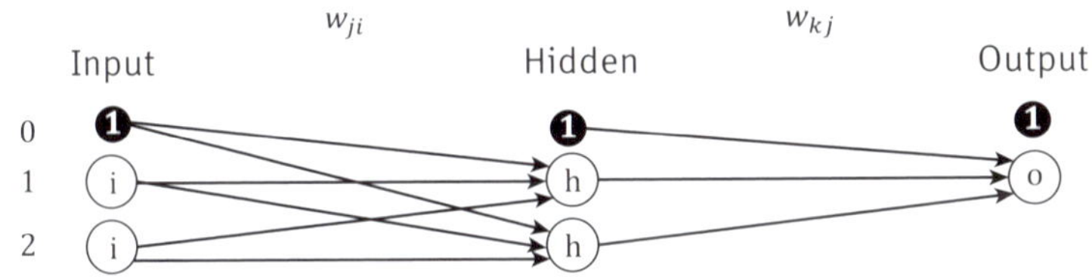

net	act	out	der	delta
-	-	1.0	-	
-	-	1.0	-	
-	-	1.0	-	

net	act	out	der	delta
-	-	1.0	-	

net	act	out	der	delta
-	-	-	-	-

w_{ji}			
von / nach	0	1	2
0	–	–	–
1			
2			

w_{kj}			
von / nach	0	1	2
0	–	–	–
1			

Abbildung 6.12 Netzaufbau für die Iteration

Der Zustandsübergang entsteht durch die Anpassung der Gewichte mittels Backpropagation-Algorithmus, so sie wie in Abbildung 6.13 für die zwei Zustände dargestellt und durch den Code in Listing 6.9 erzeugt wird.

```
# Mathematik
import numpy as np

def main():
    # Trainingsdaten
    X=np.array([[1.0,1.0,1.0]])
    Y=np.array([[0.0,0.0]])

    # Das Netzwerk mit einer Iteration initialisieren
    nn = MLP(eta=0.03,n_iterations=1,printOn=False,random_state=42)
```

```
    # Predict und Netzwerkarchitektur ausgeben
    nn.predict(X[0])
    nn.print()

    # Ein Beispiel lernen und die Netzwerkarchitektur ausgeben
    nn.fit(X,Y)
    nn.print()

# Hauptprogramm
main()
```

Listing 6.9 Ein Lernschritt im MLP

Der Zustand »ALT« auf der linken Seite von Abbildung 6.13 stellt die Situation der Architektur nach der Initialisierung des MLP und der Vorhersage basierend auf dem Input `X[0]` dar. Auf der rechten Seite sehen Sie den Zustand »NEU«, der nach einem Lernschritt aus dem Zustand »ALT« hervorgeht. Dazu verwenden wir für den Lernschritt den Input x = `X[0] = [1.0,1.0,1.0]` mit dem gewünschten Output y = `Y[0] = [0.0, 0.0]`. Tipp: Mehr zum Lernen finden Sie in Kapitel 12, »Lernverfahren«.

ALT

Input	net	act	out	der	delta
0	1.000	1.000	1.000	1.000	1.000
1	0.000	0.000	1.000	0.000	0.000
2	0.000	0.000	1.000	0.000	0.000

W_ji nach \ von	0	1	2
0	-0.251	0.901	0.464
1	0.197	-0.688	-0.688
2	-0.884	0.732	0.202

Hidden	net	act	out	der	delta
0	1.000	1.000	1.000	1.000	1.000
1	-1.179	0.235	0.235	0.180	0.000
2	0.051	0.513	0.513	0.250	0.000

W_kj nach \ von	0	1	2
0	0.416	-0.959	0.940
1	0.665	-0.575	-0.636

Output	net	act	out	der	delta
0	0.000	0.000	0.000	0.000	0.000
1	0.203	0.551	0.551	0.247	0.000

Matrixindex: 0 (Input), 1 (W_ji), 2 (Hidden), 3 (W_kj), 4 (Output)

NEU

Input	net	act	out	der	delta
0	1.000	1.000	1.000	1.000	1.000
1	0.000	0.000	1.000	0.000	0.000
2	0.000	0.000	1.000	0.000	0.000

W_ji nach \ von	0	1	2
0	-0.254	0.899	0.461
1	0.198	-0.688	-0.688
2	-0.883	0.733	0.203

Hidden	net	act	out	der	delta
0	1.000	1.000	1.000	1.000	-0.091
1	-1.179	0.235	0.235	0.180	0.014
2	0.051	0.513	0.513	0.250	0.022

W_kj nach \ von	0	1	2
0	0.416	-0.959	0.940
1	0.661	-0.576	-0.638

Output	net	act	out	der	delta
0	0.000	0.000	0.000	0.000	0.000
1	0.203	0.551	0.551	0.247	-0.136

Abbildung 6.13 Von »ALT« zu »NEU«, ein Iterationsschritt

Die Matrizen sind in einer Python-Liste abgelegt, wobei die Zugriffsindizes zwischen »ALT« und »NEU« ersichtlich sind. Je Zustandsbeschreibung der Netzwerkarchitektur werden untereinander die Matrizen mit den Werten dargestellt. Zum Beispiel befinden sich unter »ALT« zeilenweise die Daten für den Input-Layer. Der Net-Input (»net«) und die Aktivierung (»act«) sind in diesem Layer noch nicht relevant. In der Output-Spalte (»out«) ist der Ausgabewert des Input-Neurons zu finden, zum Beispiel 1.000 für Neuron 0 (Bias-Neuron), 1 und 2. Die Werte, die grau eingefärbt sind, sind für die Berechnungen nicht relevant und sind dort nur aus technischen Gründen (Dummy) vorhanden, damit die Matrixoperationen angewendet werden können. In der Spalte »der« wird der Wert der Gradientenberechnung zwischengespeichert, und »delta« bezeichnet das Delta für die Gewichtsänderung, wobei »delta« in »ALT« noch nicht berechnet ist.

Unterhalb der Input-Layer-Matrix befindet sich die Gewichtsmatrix vom Input- zum Hidden Layer, hier mit W_{ji} bezeichnet. Die Zelle »von/nach« bezeichnet genauer, wie die Matrix zu lesen ist. Von Input-Neuron 0 nach Hidden Neuron 1 beträgt das Gewicht zum Beispiel 0.197.

Das Ergebnis der Berechnungen aus der Methode `predict` lässt sich am Output-Layer in der Spalte »out« ablesen. Der Output-Layer ist auch jener Layer, mit dem die Anpassungen beginnen.

6.5.1 Initialisierung

Die Initialisierung der Gewichte geschieht in der Methode `__init__`. Wir haben die Gewichte aus dem Intervall [1.0,1.0] ausgewählt.

```
*********************************************
Multi-Layer-Perceptron - Netzwerkarchitektur
*********************************************
[[1.000 1.000 1.000 1.000 1.000]
 [0.000 0.000 1.000 0.000 0.000]
 [0.000 0.000 1.000 0.000 0.000]]
----------v---------
[[-0.251 0.901 0.464]
 [0.197 -0.688 -0.688]
 [-0.884 0.732 0.202]]
----------v---------
[[1.000 1.000 1.000 1.000 1.000]
 [-1.179 0.235 0.235 0.180 0.000]
 [0.051 0.513 0.513 0.250 0.000]]
----------v---------
[[0.416 -0.959 0.940]
 [0.665 -0.575 -0.636]]
----------v---------
```

```
[[0.000 0.000 0.000 0.000 0.000]
 [0.203 0.551 0.551 0.247 0.000]]
----------v----------
```

Listing 6.10 Belegung der Matrizen nach der Initialisierung

6.5.2 Forward

Der erste Schritt in der Backpropagation ist die Auswertung eines Trainingsbeispiels:

```
def fit(self,X,Y):
        # Gewichtsänderungen
        delta_w_jk = []
        delta_w_ij = []
        # Alle Iterationen
        for iteration in range(self.n_iterations):
            # Für alle Trainingsbeispiele
            error = 0.0
            for x,y in zip(X,Y):
                ######################
                # Vorwärtspfad
                y_hat = self.predict(x)
```

Listing 6.11 Der relevante Abschnitt in der »fit«-Methode für den Vorwärtspfad

Als Input wird der Vektor x und als gewünschter Output wird y verwendet. Im Code bezeichnet y_hat den errechneten Output.

```
---------- Forward
x = [1.000 1.000 1.000]
y = [0.000 0.000]
Result
[0.000 0.551]
```

Listing 6.12 Input »x« und gewünschter Output »y« führen zum errechneten Output, dem Resultat.

Das Ergebnis der Berechnung ist 0.551 – nicht ganz das, was wir haben wollten, geplant war 0.0. Somit haben wir den Bedarf, zu lernen, und der Rückwärtspfad kann beginnen.

6.5.3 Output

Begonnen wird der Rückwärtspfad an der Output-Schicht. Es wird die Differenz zwischen gewünschtem und errechnetem Output ermittelt (siehe Listing 6.13). Danach wird für die Ausgabe der Fehlerkurve der quadratische Fehler ermittelt:

```
######################
# Vorwärtspfad
y_hat = self.predict(x)
# Differenz
diff = y - y_hat
# Quadratischer Fehler
error += 0.5 * np.sum(diff * diff)

######################
# Output-Layer
# delta_k in der Output-Schicht = der_k * diff
self.network[4][:,4] = self.network[4][:,3]*diff
```

Listing 6.13 Ermittlung der Differenz, des quadratischen Fehlers und von »delta_k«

Als Ergebnis dieser Verarbeitungsschritte sehen Sie den Wert der Differenz, natürlich als Vektor, und das errechnete `delta_k`. Zuerst wird die Differenz `diff` ermittelt:

```
y - y_hat = [0.0,0.0] - [0.0,0.551] = [0.0,-0.551]
```

Dann wird der quadratische Fehler berechnet, der für die Darstellung des Plots ausschlaggebend ist (wir überlassen es Ihnen als Hausaufgabe, diese Berechnung nachzuvollziehen), und danach das `delta_k`:

```
self.network[4][:,4] = self.network[4][:,3]*diff
```

Für Spalte 4, das ist die »delta«-Spalte der Matrix am Index 4 (also der Output-Matrix), wird der Wert ermittelt. Dazu wird der Wert aus der Gradientenspalte »der« in der Output-Matrix mit der zuvor ermittelten Differenz multipliziert (siehe Abbildung 6.14).

$$
\begin{aligned}
delta_k = diff \odot der \\
&= (y - out) \odot der \\
&= \begin{pmatrix} 0.0 \\ -0.551 \end{pmatrix} \odot \begin{pmatrix} 0.0 \\ 0.247 \end{pmatrix} \\
&= \begin{pmatrix} 0.0 \\ -0.136 \end{pmatrix}
\end{aligned}
$$

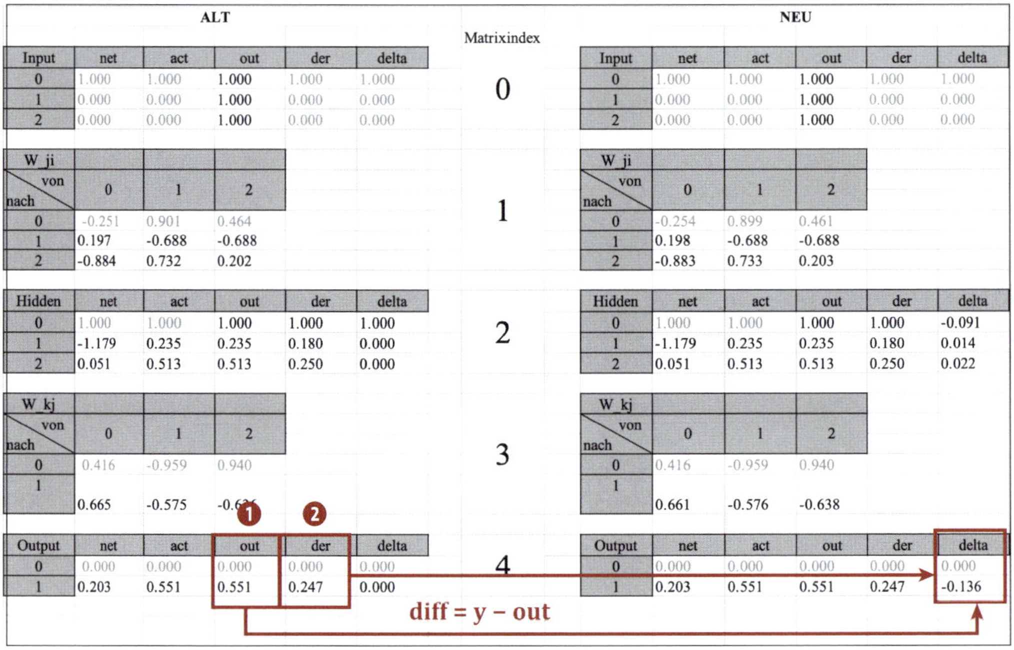

Abbildung 6.14 Berechnung der Output-Schicht

6.5.4 Hidden

Im Hidden Layer werden ebenfalls die Deltas berechnet. Die Berechnung basiert, wie wir vorher bereits besprochen haben, auf den Deltas der Output-Schicht, den Gewichten zwischen der Hidden- und der Output-Schicht und dem Gradientenwert in der Hidden-Schicht (siehe Listing 6.14):

```
#####################
# Hidden Layer
# delta_j in der Hidden-Schicht = der_j * dot(W_jk^T,delta_k)
self.network[2][:,4] = \
self.network[2][:,3] * np.dot(self.network[3][:].T,self.network[4][:,4])
```

Listing 6.14 »delta_j«-Berechnung im Hidden Layer

In der Matrix mit dem Index 2, das ist die Matrix der Hidden-Layer-Neuronen, wird die Spalte mit dem Index 4, das ist das δ_j, berechnet. Dazu werden die Daten, wie in Abbildung 6.15 dargestellt, zur Berechnung herangezogen.

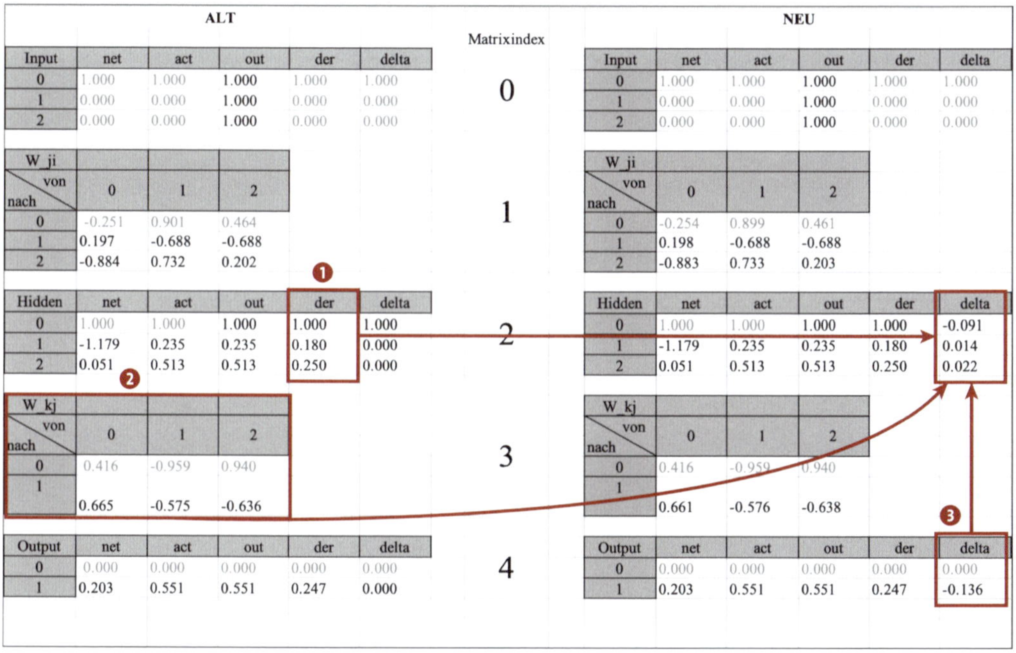

Abbildung 6.15 Delta-Berechnung in der Hidden-Schicht

Wenn wir nun die Zahlen in die Berechnungsvorschrift einsetzen, dann sieht das folgendermaßen aus:

$$
\begin{aligned}
delta_j &= \begin{pmatrix} 1.000 \\ 0.180 \\ 0.250 \end{pmatrix} \odot \begin{pmatrix} 0.416 & 0.665 \\ -0.959 & -0.575 \\ 0.940 & -0.636 \end{pmatrix} \cdot \begin{pmatrix} 0.000 \\ -0.136 \end{pmatrix} \\
&= \begin{pmatrix} 1.000 \\ 0.180 \\ 0.250 \end{pmatrix} \odot \begin{pmatrix} -0.091 \\ 0.078 \\ 0.086 \end{pmatrix} \\
&= \begin{pmatrix} -0.091 \\ 0.014 \\ 0.022 \end{pmatrix}
\end{aligned}
$$

Es gibt hier immer einen kleinen Rundungsfehler, natürlich aufgrund der beschränkten Anzahl an Nachkommastellen.

6.5.5 Delta W_kj

Die Berechnung der Änderung der Gewichte kann im nächsten Schritt durchgeführt werden. Hier benötigen wir wieder die Transponierte und die NumPy-Operation `outer`, um die zwei Vektoren miteinander zu multiplizieren (siehe Listing 6.15):

```
######################
# Gewichtsdeltas von W_kj
# delta_w = eta * delta_k . o_j^T
delta_w_jk = self.eta * np.outer(self.network[4][:,4],self.network[2][:,2].T )
# Gewichtsdeltas von W_ij
# delta_w = eta * delta_j . o_i^T
delta_w_ij = self.eta * np.outer(self.network[2][:,4],self.network[0][:,2].T )
```

Listing 6.15 Berechnung der Gewichtsdeltas

ALT

Matrixindex 0

Input	net	act	out	der	delta
0	1.000	1.000	1.000	1.000	1.000
1	0.000	0.000	1.000	0.000	0.000
2	0.000	0.000	1.000	0.000	0.000

Matrixindex 1

W_ji (nach \ von)	0	1	2
0	-0.251	0.901	0.464
1	0.197	-0.688	-0.688
2	-0.884	0.732	0.202

Matrixindex 2

Hidden	net	act	out	der	delta
0	1.000	1.000	1.000	1.000	1.000
1	-1.179	0.235	0.235	0.180	0.000
2	0.051	0.513	0.513	0.250	0.000

Matrixindex 3

W_kj (nach \ von)	0	1	2
0	0.416	-0.959	0.940
1	0.665	-0.575	-0.636

Matrixindex 4

Output	net	act	out	der	delta
0	0.000	0.000	0.000	0.000	0.000
1	0.203	0.551	0.551	0.247	0.000

NEU

Matrixindex 0

Input	net	act	out	der	delta
0	1.000	1.000	1.000	1.000	1.000
1	0.000	0.000	1.000	0.000	0.000
2	0.000	0.000	1.000	0.000	0.000

Matrixindex 1

W_ji (nach \ von)	0	1	2
0	-0.254	0.899	0.461
1	0.198	-0.688	-0.688
2	-0.883	0.733	0.203

Matrixindex 2 (❷: out)

Hidden	net	act	out	der	delta
0	1.000	1.000	1.000	1.000	-0.091
1	-1.179	0.235	0.235	0.180	0.014
2	0.051	0.513	0.513	0.250	0.022

Matrixindex 3 (ΔW_{kj})

W_kj (nach \ von)	0	1	2
0	0.416	-0.959	0.940
1	0.661	-0.576	-0.638

Matrixindex 4 (❶: delta)

Output	net	act	out	der	delta
0	0.000	0.000	0.000	0.000	0.000
1	0.203	0.551	0.551	0.247	-0.136

Abbildung 6.16 Berechnung des Gewichtsdeltas für W_{kj}

Für die folgende Berechnung haben wir eine Lernrate von $\eta = 0.03$ verwendet:

$$\Delta W_{kj} = 0.03 \cdot \begin{pmatrix} 0.000 \\ -0.136 \end{pmatrix} \cdot \begin{pmatrix} 1.000 & 0.235 & 0.513 \end{pmatrix}$$

$$= 0.03 \cdot \begin{pmatrix} 0.000 & 0.000 & 0.000 \\ -0.136 & -0{,}032 & -0.070 \end{pmatrix}$$

$$= \begin{pmatrix} 0.000 & 0.000 & 0.000 \\ -0.004 & -0.001 & -0.002 \end{pmatrix}$$

6.5.6 Delta W_ji

Aufgabe

Berechnen Sie das Delta für W_{ji}.

Verwenden Sie als Rechenvorschrift diese Programmzeile:

```
delta_w_ij = self.eta *
np.outer(self.network[2][:,4],self.network[0][:,2].T ).
```


Lösung:

$$\Delta W_{ji} = \begin{pmatrix} -0.003 & -0.003 & -0.003 \\ 0.000 & 0.000 & 0.000 \\ 0.001 & 0.001 & 0.001 \end{pmatrix}$$

6.5.7 W_ji

Wir sind nun fast am Ende unseres Beispiels angelangt. Nachdem die Gewichtsänderungen für die Gewichtsmatrix berechnet wurden, können wir sie einfach zu den ursprünglichen Gewichten addieren:

$$\begin{aligned} W_{ji}{}^{\text{NEU}} = W_{ji}{}^{\text{ALT}} + \Delta W_{ji} \\ &= \begin{pmatrix} -0.251 & 0.901 & 0.464 \\ 0.197 & -0.688 & -0.688 \\ -0.884 & 0.732 & 0.202 \end{pmatrix} \\ &+ \begin{pmatrix} -0.003 & -0.003 & -0.003 \\ 0.000 & 0.000 & 0.000 \\ 0.001 & 0.001 & 0.001 \end{pmatrix} \\ &= \begin{pmatrix} -0.254 & 0.899 & 0.461 \\ 0.198 & -0.688 & -0.688 \\ -0.883 & 0.733 & 0.203 \end{pmatrix} \end{aligned}$$

Wieder bitten wir Sie, Rundungsfehler großzügig zu überlesen.

6.5.8 W_kj

Aufgabe

Berechnen Sie die neue Gewichtsmatrix für W_{kj}.

Verwenden Sie das Vorgehen aus dem vorherigen Abschnitt.

Lösung:

$$W_{kj}^{\text{NEU}} = \begin{pmatrix} 0.416 & -0.959 & 0.940 \\ 0.661 & -0.576 & -0.638 \end{pmatrix}$$

Damit haben Sie es geschafft: Sie haben eine Iteration für ein Trainingsbeispiel per Hand durchgeführt. Wenn Sie noch Energie haben, können Sie nun das zweite Trainingsbeispiel in Listing 6.7 angehen.

6.6 Zusammenfassung

Dieses Kapitel hat Sie tief in die Implementierung von Lernalgorithmen geführt. Sie haben den Error-Backpropagation-Algorithmus mit Python implementiert. Gratulation! Das war ein sicher anstrengendes, aber auf alle Fälle lohnendes Kapitel.

Zuerst haben wir die theoretischen Grundlagen wie den Gradientenabstieg erläutert, und Sie haben dadurch gesehen, was Lernen eigentlich bedeutet, nämlich Fehlerminimierung. Der minutiöse Durchlauf, um eine Lerniteration durchzuführen, hat sicher Ihren Taschenrechner oder Ihr Smartphone zum Glühen gebracht.

Aus Sicht der Programmierung war das garantiert der anspruchsvollste Teil des Buches. In weiterer Folge werden wir uns auf Frameworks konzentrieren und Ihnen deren Verwendung näherbringen, wie zum Beispiel *TensorFlow* in Kapitel 8, »Programmierung von Deep Neural Networks mit TensorFlow 2«.

6.7 Referenz

- Rojas, Raul: Theorie der neuronalen Netze. Springer Verlag 1991, ISBN 3-540-56353-9

Kapitel 7

Beispiele für tiefe neuronale Netze

Tiefe Erfahrungen sind unvergessliches Wissen.

In den letzten Jahren sind vermehrt Netzwerkarchitekturen aufgekommen, die etwas erzeugen: Bilder, Text, Videos etc. Der Sammelbegriff für diese Art von Netzwerk lautet *generative KI*. Netzwerkarchitekturen, die etwas unterscheiden, klassifizieren bzw. segmentieren, gehören entsprechend zur *diskriminativen KI*. In diesem Kapitel widmen wir uns jeweils einem Vertreter aus diesen beiden Gruppen, die wesentliche Meilensteine in der Entwicklung von neuronalen Netzen und bei ihrem Erfolg repräsentieren.

Die erste Netzwerkarchitektur nennt sich *Convolutional Neural Network*. Netze dieser Art tun sich besonders bei der Verarbeitung von Bildern und Videos hervor. Die zweite Netzwerkarchitektur – die *Transformer Neural Networks* – läutete im Jahr 2017 den Beginn der *Large-Language-Modelle* ein. Zu ihnen zählen zum Beispiel ChatGPT von OpenAI, LLama von Meta oder Gemini von Google.

7.1 Convolutional Neural Networks

Ein *Convolutional Neural Network* (CNN) ist ein spezielles mehrschichtiges Feed-forward-Netzwerk, das hauptsächlich in der maschinellen Verarbeitung von Bild- und Audiodateien eingesetzt wird. CNNs gehören zur Klasse der tiefen neuronalen Netze oder englisch *Deep Neural Nets* bzw. Deep-Learning-Verfahren. Wir werden uns in diesem Kapitel auf die Verarbeitung von Bilddaten konzentrieren.

Was ist das Besondere an dieser Form von neuronalen Netzen, und warum verwenden wir nicht einfach die mehrschichtigen Netzwerke, die wir in den vorigen Kapiteln kennengelernt haben? Dafür gibt es mehrere Gründe: Zum einen funktionieren diese Netzwerke zwar durchaus gut für einfache Bilder, aber mit der Größe und Komplexität der Bilder steigt die Anzahl an notwendigen Neuronen und Verbindungen ins nahezu Unermessliche. Zum anderen stellen sie das zweidimensionale Bild als einen eindimensionalen langen Vektor dar, wodurch wir wertvolle Nachbarschaftsinformationen verlieren.

Die höhere Bildverarbeitung oder auch *Computer Vision* ist eine der Königsdisziplinen der Mustererkennung und hat eine lange Wissenschaftsgeschichte hinter sich, die allerdings nur Teilerfolge mit sich brachte. Auch hier gab es immer wieder Versuche, Algorithmen zu entwickeln, die sich an der Funktionsweise des menschlichen visuellen Systems orientieren.

Das Bild, das aus dem Gesichtsfeld unseres optischen Apparats, also unserem Auge aufgenommen wird, wird an den visuellen Cortex weitergegeben (siehe Abbildung 7.1). Dieser Teil des Gehirns ist hauptsächlich an der Verarbeitung visueller Information beteiligt.

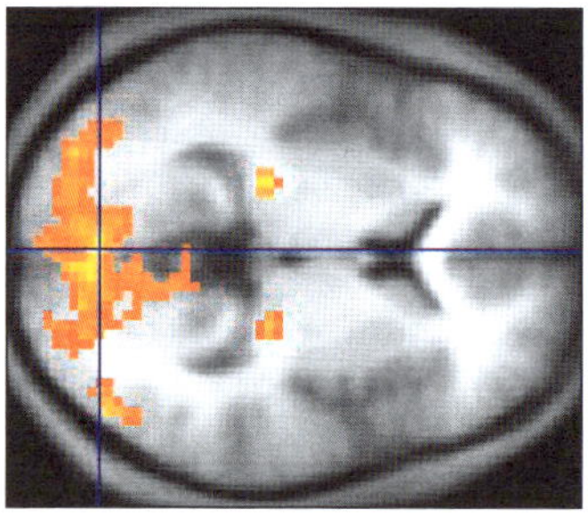

Abbildung 7.1 Eine Aufnahme eines fMRI-Bilds, das die Aktivität (gelb-rote Färbung) im visuellen Cortex bei visuellen Reizen darstellt

Funktionelles Magnetresonanzbild (fMRI)

Mit *fMRI* wird ein bildgebendes Verfahren bezeichnet, das auf Basis der Magnetresonanztomografie physiologische Funktionen bzw. Aktivitäten im Körper, vor allem im Gehirn, darstellt. Erhöhte Aktivität im Gehirn bedeutet vermehrte Stoffwechselvorgänge, die zu einer Erhöhung des Sauerstoffgehalts (Oxygenation) in den aktiven Arealen führen – und der Unterschied zwischen weniger und mehr oxygenierten Bereichen lässt sich durch fMRI sehr gut erkennen und darstellen.

Wir wissen ja nun schon, dass der visuelle Cortex als Teil des Gehirns aus Neuronen besteht, die untereinander verbunden sind. Aber wie genau sind diese Neuronen angeordnet und verbunden, und welche Aufgaben erfüllen sie für die Bildverarbeitung?

Glücklicherweise lieferten David H. Hubel und Torsten N. Wiesel bereits in den Jahren 1958 und 1959 in einer Reihe von Experimenten an Katzen und Affen wichtige Hinweise zum Aufbau des visuellen Cortex. Sie erhielten für diese bahnbrechenden Erkenntnisse 1981 den Nobelpreis in Physiologie und Medizin.

Sie stellten unter anderem folgende Eigenschaften der Neuronen im visuellen Cortex fest:

- Viele Neuronen reagieren nur auf einen kleinen Bereich des Gesichtsfeldes und haben also nur ein lokales Wahrnehmungsfeld.
- Die Wahrnehmungsfelder der Neuronen können sich überlappen.
- Es gibt Neuronen mit gleichem Wahrnehmungsfeld, die unterschiedlich reagieren. Das heißt, ein Neuron reagiert mehr auf horizontale Linien, während das andere auf punktförmige visuelle Stimuli reagiert.
- Es gibt Neuronen mit einem größeren Wahrnehmungsfeld, die auf komplexere Reize reagieren, die sie von Neuronen mit kleinerem Wahrnehmungsfeld übertragen bekommen.

Wie können wir diese Erkenntnisse nun auf eine Netzwerkstruktur übertragen? Da Neuronen nur auf Signale eines lokalen Wahrnehmungsfeldes reagieren und auch Neuronen mit größerem Wahrnehmungsfeld nur auf Reize von einem Ausschnitt aus vorgelagerten Neuronen reagieren, braucht es kein Fully Connected Netzwerk, sondern eines mit viel weniger Verbindungen. Die Neuronen sind schichtweise angeordnet, wobei jede nachfolgende Schicht nur auf einen lokalen Bereich der Vorgängerschicht reagiert.

Die erste Arbeit, die Erkenntnisse von Hubels und Wiesels Experimenten umsetzt, ist das sogenannte *Neocognitron* aus dem Jahre 1980. Durch die technische Entwicklung und Verfügbarkeit von mehr Rechenpower entwickelte sich das Convolutional Neural Network (CNN), dessen Urform im Jahre 1998 in einer Arbeit von Yann LeCun vorgestellt wurde.

7.1.1 Die Architektur von Convolutional Networks

Die typische Architektur eines Convolutional Neural Networks setzt sich aus zwei Abschnitten zusammen: aus dem Kodierungs- und aus dem Prädiktionsblock. Der *Kodierungsblock* besteht aus einer Folge von *Convolutional Layer* (dt. *Faltungsschicht*), *Activation Layer* (dt. *Aktivierungsschicht*) und *Pooling Layer*. Diese Schichten dienen zur Extraktion von komplexen Eigenschaften eines Bildes. Das Ergebnis des Kodierungsblocks ist, wie der Name sagt, eine kodierte Repräsentation des Bildes.

Anschließend folgt der *Prädiktionsblock*, der typischerweise aus einem herkömmlichen neuronalen Netzwerk besteht, das die kodierte Repräsentation des Bildes klassifiziert – zumeist wird dazu ein Fully Connected Netzwerk verwendet, es könnte aber eigentlich ein beliebiges Machine-Learning-Verfahren sein. Abbildung 7.2 zeigt die Struktur eines typischen CNN mit Kodierungsblock und Prädiktionsblock.

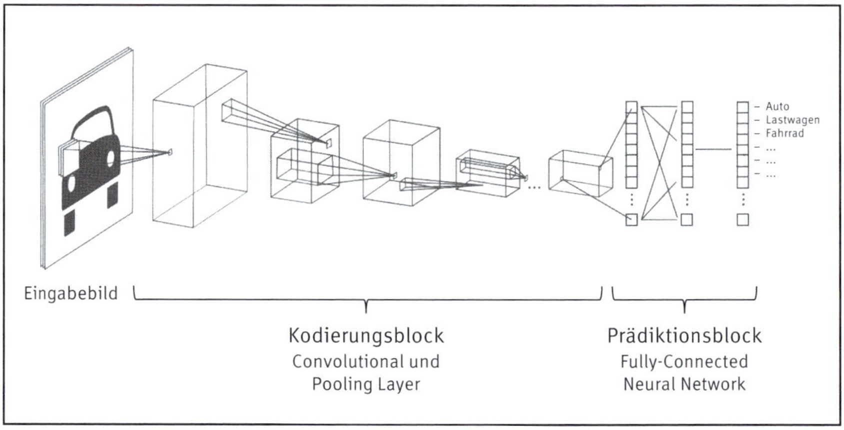

Abbildung 7.2 Die Struktur eines CNN mit Kodierungs- und Prädiktionsblock

Was ist Convolution?

Was bedeutet *Convolution*? Die deutsche Übersetzung wäre der mathematische Begriff der *Konvolution* oder *Faltung*, in unserem Fall genauer die *diskrete Faltung*. Mathematisch kann die Faltung als Produkt von zwei Funktionen verstanden werden. In der Bildverarbeitung bedeutet die diskrete Faltung das »Filtern« eines Bildes mit einer 3×3- oder 5×5-Matrix (siehe Abbildung 7.3), wobei es unterschiedliche Filtertypen gibt (Linienfilter, Kantenfilter, Weichzeichner etc.). Beim Convolutional Neural Network passiert in den ersten Ebenen genau das: Das Eingangsbild wird »gefiltert«, um gewisse Merkmale zu betonen (Linien, Kanten, Punkte, Ecken etc.).

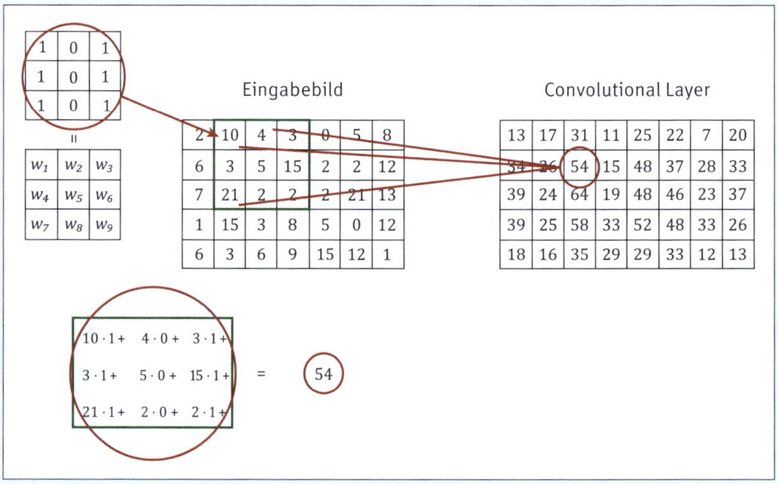

Abbildung 7.3 Eine diskrete Faltung mit einem vertikalen Linienfilter

7.1.2 Der Kodierungsblock

Ein Convolutional-Modul besteht aus *Convolutional Layer, Activation Function* und *Pooling* oder *Subsampling Layer* und ist der wesentliche Baustein, aus dem sich der Kodierungsblock eines CNN aufbaut. Dieses Convolutional-Modul kann mehrfach hintereinandergeschaltet werden. Die Idee dahinter ist, dass zuerst einfache Strukturen wie Kanten, Linien und Punkte erkannt werden. Im darauffolgenden Komplex werden dann Strukturen erkannt, die sich aus Kanten, Linien und Punkten zusammensetzen. Mit dem nächsten Komplex werden noch komplexere Strukturen erkannt, bis zum Schluss ein sehr großer Kodierungsvektor übrig bleibt, der das Bild beschreibt bzw. kodiert.

Der Convolutional Layer

In den bisherigen Kapiteln haben wir einen Layer im neuronalen Netz immer als einen Vektor betrachtet und dargestellt. Jetzt betrachten wir die Eingabe als (zweidimensionale) Ebene bzw. Matrix. Der Übergang vom Bild zu einer Matrix ist denkbar einfach, wie Sie in Abbildung 7.4 sehen. Diese Abbildung zeigt ein Grauwertbild bzw. einen Kanal (Rot, Grün oder Blau) eines Farbbildes. Das Bild ist der Eingangswert zu unserem Convolutional Neural Network.

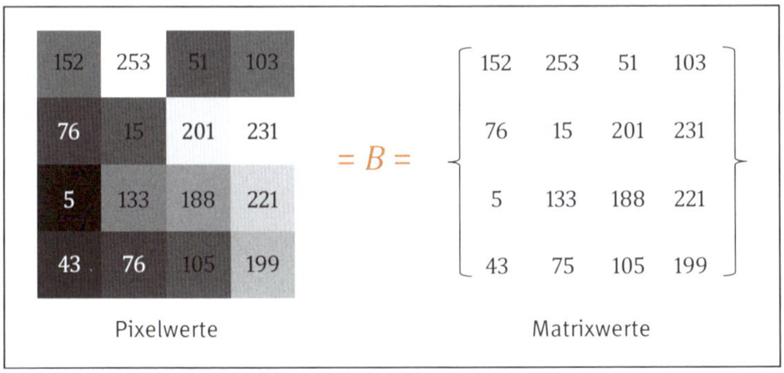

Abbildung 7.4 Vom Bild (Pixelwerte) zur Matrix

Betrachten wir nun den ersten Convolutional Layer, der direkt nach dem Eingangsbild angeordnet ist. Diese Ebene besteht aus einer Menge von Neuronen, wobei jedes Neuron auf einen kleinen Ausschnitt des Bildes, die lokale Wahrnehmung, reagiert. Der Ausschnitt des Bildes ist typischerweise eine 3×3- oder 5×5-Matrix, die über das ganze Bild läuft. Jedes Neuron einer Ebene reagiert aber auch nur auf ein bestimmtes Muster, das eben durch einen 3×3- bzw. 5×5-Filter gegeben ist. Das bedeutet, dass alle Neuronen dieser Ebene zum Beispiel nur auf das Muster *horizontale Linie* oder *vertikale Kante* in einem bestimmten 3×3-Feld des Eingangsbildes reagieren. Das hat den Vorteil, dass die Gewichte vom Eingangsbild zum entsprechenden Neuron im Convolutional Layer für alle Filter immer gleich sind (siehe Abbildung 7.5).

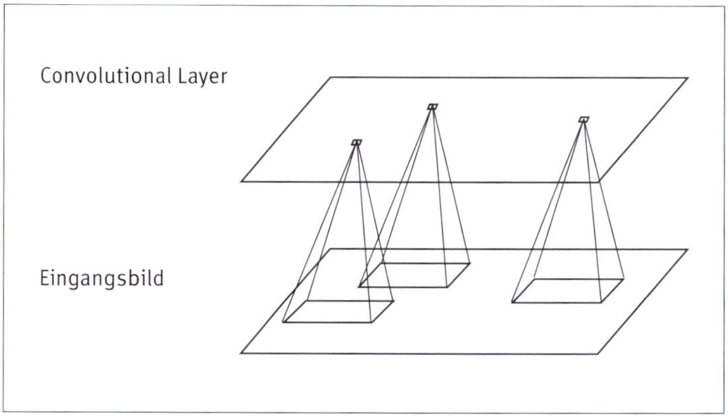

Abbildung 7.5 Der erste Convolutional Layer

Wenn nun diese Ebene nur auf ein Muster reagiert, dann ist uns das natürlich zu wenig. Daraus folgt, dass der erste Convolutional Layer nicht nur aus einer Ebene bestehen kann, sondern aus mehreren Ebenen, wobei jede Ebene auf ein anderes Muster bzw. Feature im Eingangsbild reagiert. Die einzelnen Ebenen eines Convolutional Layers werden deshalb auch als *Feature Maps* bezeichnet (siehe Abbildung 7.6).

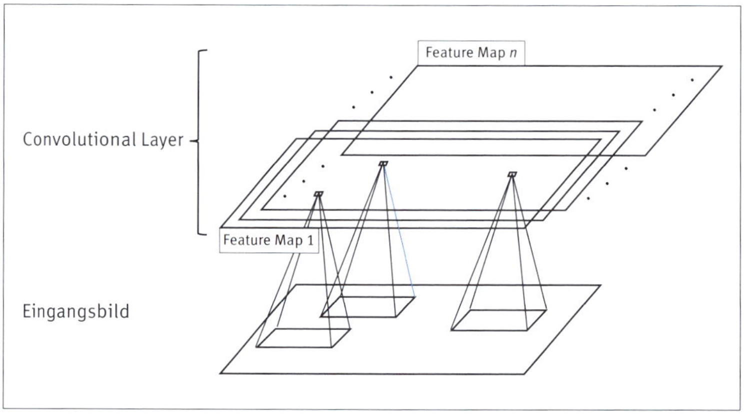

Abbildung 7.6 Ein Convolutional Layer besteht aus mehreren Feature Maps.

Damit ist das Eingangssignal für alle Neuronen $c_{i,j}$ an der Position i und j der Feature Maps im ersten Convolutional Layer mit dem Eingangsbild E und den dazugehörigen Pixeln $e_{l,m}$ und einem 3×3-Filter $\vec{w}$ folgendermaßen definiert:

$$c_{i,j} = w_1 e_{i-1,j-1} + w_2 e_{i-1,j} + w_3 e_{i-1,j+1} + w_4 e_{i,j-1} + w_5 e_{i,j} + w_6 e_{i,j+1} + w_7 e_{i+1,j-1} + w_8 e_{i+1,j} + w_9 e_{i+1,j+1}$$

Beachten Sie, dass die Gewichte $\vec{w} = (w_1, \dots, w_9)$ für alle Neuronen einer Ebene des Convolutional Layers gleich sind. Beim Training werden daher für eine Feature Map nur diese Gewichte trainiert.

Da ein Convolutional Layer aus mehreren Ebenen (Feature Maps) besteht, wird er in symbolischen Darstellungen meist als Quader dargestellt (siehe Abbildung 7.2).

Wie viele Feature Maps brauchen Sie?

Woher weiß man, wie viele Feature Maps man braucht und auf welches Muster im Bild eine Feature Map reagiert? Nun, die richtige Anzahl zu finden, ist nicht so einfach und eine Sache der Erfahrung bzw. des Experimentierens. Die gute Nachricht ist, dass die Muster (also die Gewichte, die durch den 3×3-Filter repräsentiert werden) durch das CNN selbstständig gelernt werden! Allerdings bedarf es dazu einer großen Anzahl an Bildern in der Trainingsphase – aber dazu kommen wir später.

Die Activation Function

Wie wir bereits wissen, braucht jedes Neuron c auch eine Aktivierungsfunktion. Die Aktivierungsfunktion hat einen wesentlichen Einfluss auf das Lernen in einem großen neuronalen Netz mit vielen Neuronen und Verbindungen.

Eine der Aktivierungsfunktionen, die für CNN bestens geeignet sind, wird als *ReLU-Funktion* bezeichnet (siehe Abbildung 7.7). Die Abkürzung ReLU steht für **re**ctified **l**inear **u**nit, und die Funktion ist sehr einfach definiert:

ReLU: $f_{\text{akt}}(c) = f_{\text{ReLU}}(c) = \max(0, c)$

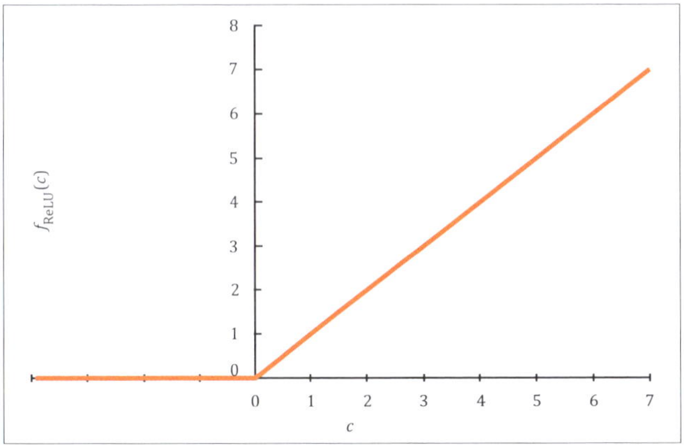

Abbildung 7.7 Darstellung der ReLU-Aktivierungsfunktion

Dabei ist c das Eingangssignal.

Einer der Vorteile dieser Funktion ist die schnelle Berechnung, was bei großen Netzen sehr wichtig ist.

Was ist ein Hyperparameter?

Jeder Algorithmus braucht gewisse Einstellungen. Das können Parameter zur Definition der Aktivierungsfunktion sein oder überhaupt die Festlegung, welche Aktivierungsfunktion verwendet wird. Das kann auch die Bestimmung sein, welche Fehlerfunktion verwendet wird, oder ganz spezifische Parameter, die vom Algorithmus abhängen. Man kann diese Parameter mit Schaltern, Rädchen und Schräubchen vergleichen, die vor dem Start eingestellt werden müssen und das Ergebnis wesentlich beeinflussen können. Solche Parameter nennen wir *Hyperparameter*.

Es gibt natürlich Verfahren, die versuchen, selbstständig die optimalen Einstellungen zu finden. Diese Verfahren sind allerdings sehr aufwendig, da für jede Änderung eines Hyperparameters ein neues Training durchgeführt werden muss. Sie eignen sich daher nur für Aufgaben mit nicht allzu großer Datenmenge oder dann, wenn die entsprechenden Rechenkapazitäten zur Verfügung stehen.

Der Pooling Layer

Die Idee, ein Pooling vorzunehmen, stammt aus der Neurobiologie und dem Konzept der *lateralen Hemmung*, das ein Verschaltungsprinzip von Nervenzellen beschreibt, bei dem eine aktive Nervenzelle die Aktivität der benachbarten Zellen hemmt.

Das Ziel des Poolings ist eine Reduktion der Dimensionalität. Dabei wird die davorliegende Schicht gefiltert und deren Ausbreitung in x- und y-Richtung reduziert. Der Vorgang entspricht eigentlich dem der Convolutional Layers, mit dem Unterschied, dass es hier keine Gewichte gibt. Zumeist passiert das über das sogenannte *Max Pooling*. Hierbei wird innerhalb eines Filters mit kleiner Größe (2 × 2, 3 × 3) der maximale Wert bestimmt, und nur der kommt in die nächste Schicht weiter; die anderen Werte werden lateral gehemmt, um es neurobiologisch auszudrücken.

Es gibt auch ein *Average Pooling*, bei dem der Durchschnitt aller Werte im Filter berechnet und weitergegeben wird. Abbildung 7.8 zeigt, dass das mit üblicherweise nicht überlappenden Filterbereichen gemacht wird. In diesem Beispiel hat der Filter eine Dimension von 2 × 2 und wird immer mit der Schrittlänge 2 weitergeführt – im Gegensatz zu den Filterbereichen im Convolutional Layer, wo üblicherweise mit überlappenden Filterbereichen (also lokalen Wahrnehmungsbereichen) gearbeitet wird.

Durch den Pooling Layer wird zudem die Anzahl der zu erlernenden Gewichte wesentlich reduziert, was sich natürlich auch auf den Rechenaufwand auswirkt.

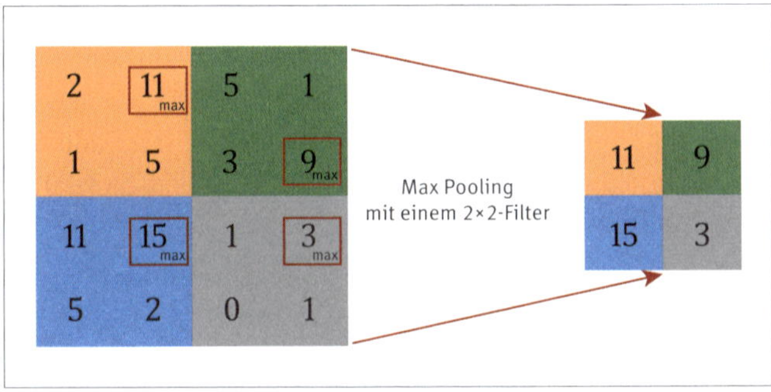

Abbildung 7.8 Beispiel für ein Max Pooling mit einem 2×2-Filter

Überlappen, ausfüllen und Schrittlänge

Wie Sie gesehen haben, spielen Filter eine gewichtige Rolle in Convolutional Neural Networks. Dafür müssen Sie einige Besonderheiten berücksichtigen, die auch als (Hyper-) Parameter für die einzelnen Schichten festzulegen sind. Wir werden hier genauer darauf eingehen und auch die englischen Begriffe dafür angeben.

Beginnen wir mit dem Ausfüllen oder *Padding* eines Bildes, das notwendig wird, wenn wir die Funktionsweise von Filtern am Rand eines Bildes betrachten. Lassen wir einen Filter über die Randpixel laufen, dann entsteht ein Problem, wie in Abbildung 7.9 mit den Fragezeichen angedeutet. Welchen Wert soll der Filter zur Multiplikation nehmen? Die Lösung besteht darin, den fehlenden Bereich auszufüllen, was wie erwähnt auch als Padding bezeichnet wird.

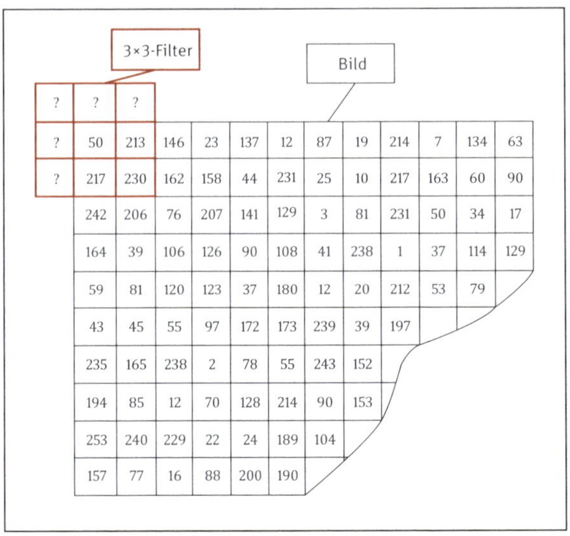

Abbildung 7.9 Filter – was tun mit Randpixeln?

Es gibt verschiedene Möglichkeiten, die fehlenden Werte aufzufüllen. Die Python-Bibliothek TensorFlow bietet hier drei Möglichkeiten an, die in Abbildung 7.10 dargestellt werden: *Constant Padding*, *Symmetric Padding* und *Reflect Padding*. Natürlich können Sie das Ausfüllen auch nach eigenem Gutdünken in Python programmieren. Die Padding-Größe muss sich natürlich der Filtergröße anpassen. Das heißt, für einen 3×3-Filter braucht es nur eine zusätzliche Randpixelzeile bzw. -spalte, für einen 5×5-Filter braucht es zwei Randpixelzeilen bzw. -spalten. Abbildung 7.10 zeigt ein Beispiel für einen 5×5-Filter, da hier die drei Padding-Möglichkeiten eindeutiger zu erkennen sind. Standardmäßig wird Constant Padding mit dem Wert 0 verwendet, was auch als *Zero Padding* bezeichnet wird.

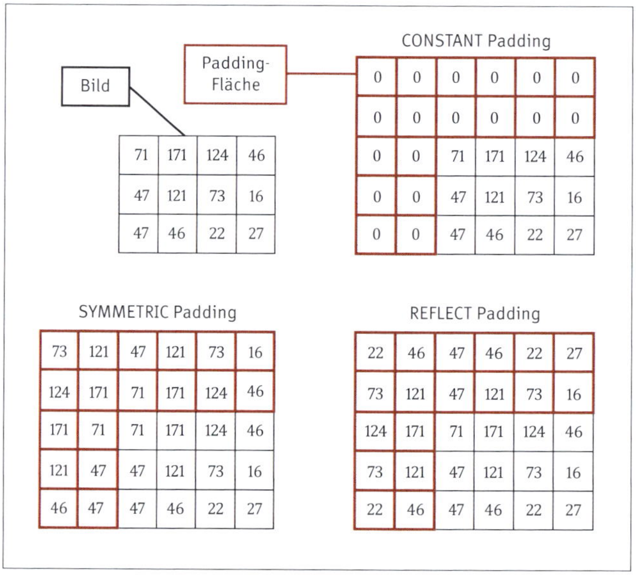

Abbildung 7.10 Padding-Beispiele für einen 5×5-Filter – TensorFlow

Bisher haben wir immer von einem 3×3- oder 5×5-Filter gesprochen, auch deshalb, weil in einem Großteil der CNN-Anwendungen Filter dieser Größe verwendet werden. Um den Filter zu definieren, benötigen Sie also Angaben zur Ausdehnung $m.n$, wobei m die waagrechte und n die senkrechte Ausbreitung festlegt. Das reicht allerdings noch nicht, denn wir müssen auch noch festlegen, wie sich der Filter durch das Bild bewegt. Der Filter ist sozusagen wie eine Taschenlampe, deren Lichtfeld durch das Bild wandert. Natürlich passiert das nicht zufällig, sondern Zeile für Zeile.

Wie genau das Lichtfeld durch das Bild zieht, wird durch die *Schrittlänge* bzw. *Stride* angegeben. Für den Convolutional Layer nimmt man zumeist Schrittlängen, bei denen sich die Filterbereiche überlappen (siehe Abbildung 7.11). Beim Pooling wählt man Schrittlängen ohne Überlappung.

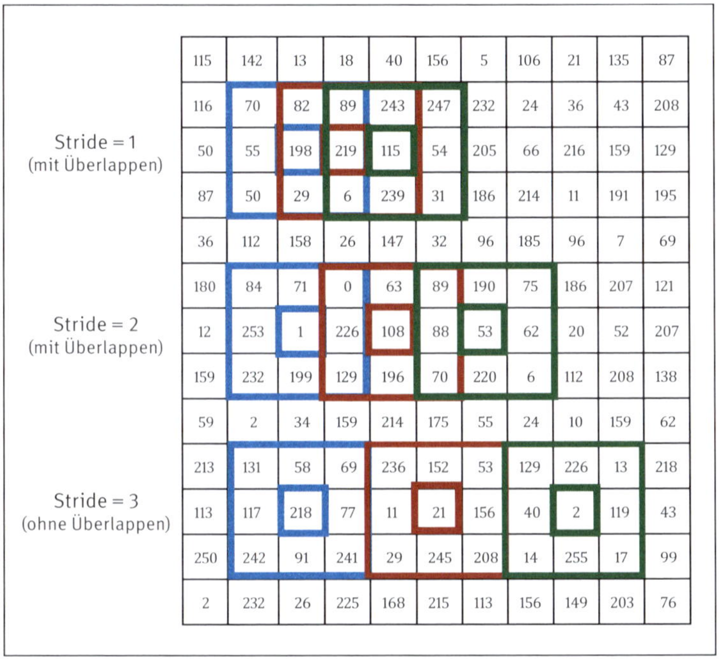

Abbildung 7.11 Die Schrittlänge (Stride) eines Filters

7.1.3 Der Prädiktionsblock

Im Prinzip könnte man an den Kodierungsblock ein beliebiges Machine-Learning-Verfahren anhängen, um zur endgültigen Klasse zu gelangen. Bei den typischen CNN ist es aber in der Regel ein mehrlagiges, vollständig verbundenes neuronales Netz.

Flatten

Wie in Abbildung 7.2 dargestellt, ist die letzte Schicht des Kodierungsblocks eines CNN ein Pooling Layer, in dem die Neuronen dreidimensional angeordnet sind und auch als dreidimensionale Matrix dargestellt werden.

Der Prädiktionsblock besteht aus einem vollständig verbundenen neuronalen Netz (*Fully Connected Network*), das als Eingabe einen eindimensionalen Vektor erwartet. Somit ist eine Verflachung des letzten Pooling-Blocks notwendig, der die Neuronen (bzw. die Werte des Ausgangssignals) zu einem Vektor umformt, wie in Abbildung 7.12 symbolisch dargestellt wird.

Wie die Koordinaten aus dem Pooling Layer im verflachten Vektor angeordnet sind, ist für die nachfolgende Klassifizierung egal. Üblicherweise erfolgt die Anordnung aber nach einer bestimmten Reihenfolge aus dem Pooling Layer.

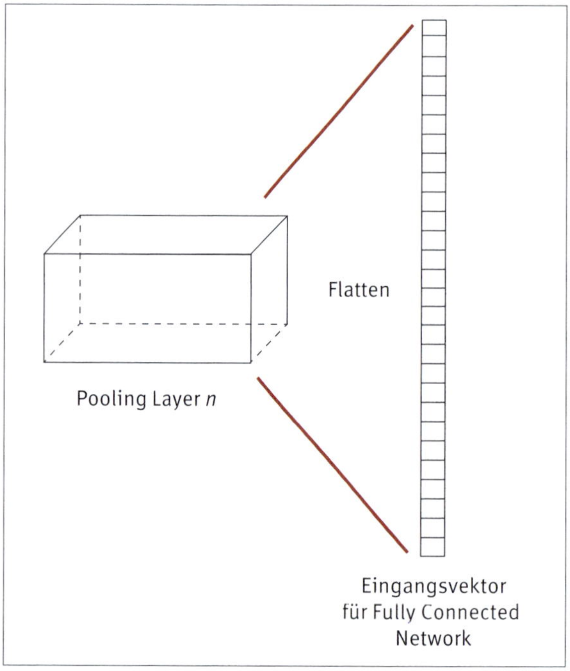

Abbildung 7.12 Flattening des letzten Blocks im Kodierungsblock

Softmax

In den vorigen Kapiteln gab es zumeist nur ein einziges Ausgangsneuron, da wir oft nur eine binäre Aufgabenstellung hatten mit den Antworten ja/nein oder 1/0 oder wahr/falsch. CNN werden üblicherweise für Multiklassifikationsaufgaben eingesetzt. Das bedeutet, wir geben Klassen vor (wie zum Beispiel »Auto«, »Lastwagen« oder »Fahrrad«) und wollen nun unsere Bilder einer dieser Klassen zuordnen – also klassifizieren. Genauer gesagt möchten wir wissen, mit welcher Wahrscheinlichkeit ein Bild zu einer Klasse gehört, und zwar für alle vorgegebenen Klassen. Deshalb liefern die CNN nun immer Ausgangsvektoren mit genauso vielen Elementen, wie Klassen vorgegeben sind (siehe auch Abbildung 7.2).

Die vorletzte Schicht des Prädiktionsblocks besteht genau aus so einem Vektor, der genauso viele Koordinaten wie zu erkennende Klassen hat. Jede Koordinate ist also einer Klasse zugeordnet, und die Höhe des Wertes korreliert mit der Klassenzugehörigkeitswahrscheinlichkeit. Diese Ebene wird auch als *Logits Layer* bezeichnet.

Wenn wir nun die Klasse bestimmen wollen, dann nehmen wir einfach die Klasse mit dem höchsten Wert. Sind wir aber an der Klassenwahrscheinlichkeit interessiert, so empfiehlt sich *Softmax* als Aktivierungsfunktion für den Logits Layer. Softmax transformiert die Werte aus dem Logits Layer in einen Wertebereich von 0 und 1, aber so, dass die Summe aller Werte gleich 1 ergibt.

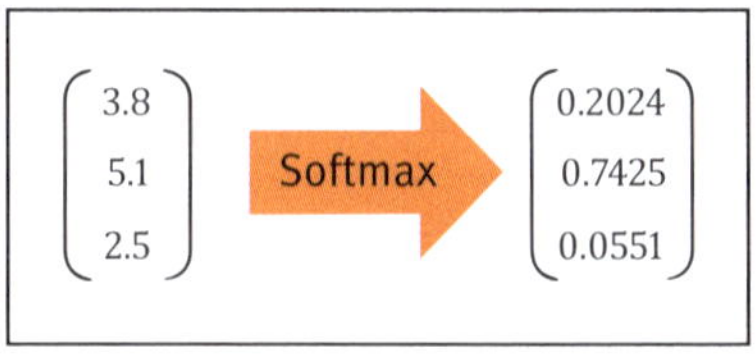

Abbildung 7.13 Beispiel für Softmax für drei Klassen

Softmax kann auch als Aktivierungsfunktion betrachtet werden und wird bei k Klassen und $i = 1, \ldots, k$ für die Klasse c_j folgendermaßen definiert:

$$\text{Softmax: } f_{\text{akt}}(c_j) = f_{\text{softmax}}(c_j) = \frac{e^{c_j}}{\sum_{i=1}^{k} e^{c_i}}$$

Ein Beispiel wird in Abbildung 7.13 gezeigt, wo sehr schön zu sehen ist, dass der höchste Logit-Wert auch zum höchsten Wert im *Softmax Layer* führt. Diese Zahlen im Softmax Layer geben eine Wahrscheinlichkeitsverteilung der Klassen an.

7.1.4 Trainieren von Convolutional Neural Networks

Bisher haben wir im Wesentlichen die Vorwärtsrichtung betrachtet, also vom Eingabebild zum Klassifikationsresultat. Jetzt müssen wir das Netz auch noch trainieren, wobei wir so vorgehen, wie wir es in Kapitel 6, »Lernen im mehrschichtigen Netz«, beschrieben haben. Das heißt, auch Convolutional Neural Networks werden üblicherweise durch Backpropagation trainiert. Der Fehler der Klassifikation wird so eingesetzt, um die Gewichte unseres Netzes zu verändern, und zwar rückwärtsgerichtet, beginnend bei der letzten Schicht des Netzwerks.

Das Training von Convolutional Neural Networks unterscheidet sich also nicht zu sehr vom Training herkömmlicher neuronaler Netzwerke.

Wie Sie in den folgenden Abschnitten sehen werden, haben wir beim Trainieren mit einigen Problemen zu kämpfen, etwa mit dem Problem explodierender/verschwindender Gradienten (Exploding/Vanishing Gradients), dem Overfitting (d. h. einer zu starken Anpassung des Netzes an den Trainingsdatensatz) oder auch mit der Sättigung (d. h., das Netz verbessert sich nur sehr wenig beim Training).

Viele dieser Herausforderungen resultieren aus der Größe dieser Convolutional Neural Networks. Wobei mit »Größe« hier die Anzahl der Neuronen, Gewichte oder Verbindungen gemeint ist. Tabelle 7.1 zeigt einige bekannte CNN und die Anzahl ihrer Parameter.

Name des Convolutional Neural Networks	Anzahl der Parameter
LeNet5 (1998)	~ 60.000
AlexNet (2012)	~ 60.000.000
VGG (2014)	~ 138.000.000
GoogleNet (2014)	~ 4.000.000
ResNet50 (2015)	~ 2.400.000

Tabelle 7.1 Vergleich von CNN anhand der Anzahl ihrer Parameter

Das Problem der explodierenden bzw. verschwindenden Gradienten

Der Backpropagation-Lernalgorithmus geht von der Ausgabeschicht aus, arbeitet sich Schicht für Schicht in Richtung Eingabeschicht und berechnet dabei den Fehlergradienten. Wird der Fehlergradient nach jeder Schicht bestimmt, dann können die Gewichte des Netzes entsprechend angepasst werden. Unangenehmerweise werden diese Gradienten immer kleiner, je näher man der Eingabeschicht kommt, was dazu führt, dass das Training nicht oder nur sehr langsam zu einer Lösung konvergiert. In diesem Fall spricht man vom *verschwindenden Gradienten*.

Umgekehrt kann es auch – wenn auch seltener und nur in bestimmten Netzformen – dazu kommen, dass die Gewichte der Schichten extrem stark verändert werden und dadurch das Training divergiert, was dann auch als das Problem *explodierender Gradienten* bezeichnet wird.

Wegen dieser Probleme verschwanden die Deep-Learning-Netze lange Zeit in der Schublade. Die Autoren Xavier Glorot und Yoshua Bengio trugen mit ihrer Arbeit dazu bei, die Ursachen dieses Verhaltens besser zu verstehen, die in einer ungünstigen Kombination aus Initialisierung (die Gewichte müssen ja initial irgendeinen Wert haben) und verwendeter Aktivierungsfunktion liegen (bis dahin war die Sigmoidfunktion sehr weit verbreitet).

Initialisierung

Eine Grundidee ist, dass das Signal sowohl in Vorwärtsrichtung für die Vorhersage als auch in Rückwärtsrichtung für das Durchschleusen der Gradienten möglichst ungehindert fließen können muss. Glorot und Bengio und auch neuere Arbeiten zu diesem Thema schlagen vor, dass dies durch eine zufällige Belegung der Gewichte nach bestimmten Vorgaben erfolgen soll.

Die Zufallswerte sollen so gewählt werden, dass sie einer Normalverteilung mit dem Mittelwert 0 und einer Standardabweichung bzw. einer Gleichverteilung zwischen $-v$ und $+v$ entsprechen. Dabei sind sowohl die Standardabweichung als auch der Wert v von der Anzahl der eingehenden und ausgehenden Verbindungen abhängig. Tabelle 7.2 zeigt die Vorgaben für die zufällige Initialisierung in Abhängigkeit von der gewählten Aktivierungsfunktion und der Anzahl der Eingabeverbindungen (n_{ein}) und der Ausgabeverbindungen (n_{aus}). Der Tangens hyperbolicus als Aktivierungsfunktion wird Ihnen neu sein; er ist aber eine durchaus gängige Alternative zur Sigmoidfunktion, deshalb nehmen wir ihn in unsere Tabelle mit auf.

Aktivierungsfunktion	Gleichverteilung $(-v, v)$	Normalverteilung
Sigmoidfunktion	$v = \sqrt{\frac{6}{n_{\text{ein}} + n_{\text{aus}}}}$	$\sigma = \sqrt{\frac{2}{n_{\text{ein}} + n_{\text{aus}}}}$
Tangens hyperbolicus	$v = 4\sqrt{\frac{6}{n_{\text{ein}} + n_{\text{aus}}}}$	$\sigma = 4\sqrt{\frac{2}{n_{\text{ein}} + n_{\text{aus}}}}$
ReLU	$v = \sqrt{2}\sqrt{\frac{6}{n_{\text{ein}} + n_{\text{aus}}}}$	$\sigma = \sqrt{2}\sqrt{\frac{2}{n_{\text{ein}} + n_{\text{aus}}}}$

Tabelle 7.2 Gleichverteilung und Normalverteilung für die zufällige Initialisierung der Gewichte

Die Initialisierungsarten werden typischerweise nach den Autoren benannt, die sie zum ersten Mal veröffentlicht haben. Die Initialisierung für die Sigmoidfunktion laut Tabelle 7.2 wird deshalb als Initialisierung nach Xavier Glorot und die nach der ReLU-Funktion als Initialisierung nach Kaiming He benannt.

Aber was bedeutet das nun genau? Zeichnen wir uns zuerst eine Normalverteilung auf, die wegen ihrer Glockenform auch als *gaußsche Glockenkurve* bezeichnet wird (siehe Abbildung 7.14).

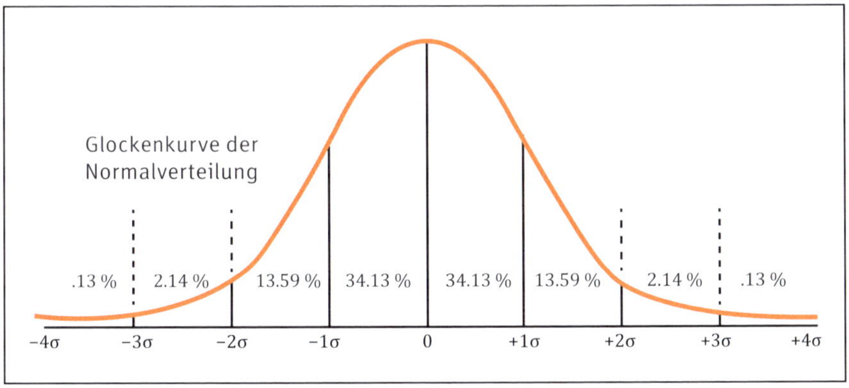

Abbildung 7.14 Typische Normalverteilung

Jeder Generator von Zufallswerten muss so funktionieren, dass die Verteilung eingehalten wird. Das bedeutet für eine Normalverteilung mit dem Mittelwert 0 und den in Tabelle 7.2 definierten Standardabweichungen, dass 64,26 % der Gewichtswerte zwischen -1σ und $+1\sigma$ liegen müssen.

Aktivierungsfunktion

Die Sigmoidfunktion galt lange Zeit als optimale Wahl für die Aktivierungsfunktion für neuronale Netze. Die logistische Sigmoidfunktion in Abbildung 7.15 hat die Eigenschaft, dass die Ableitung dieser Funktion bei großen positiven wie negativen Eingabewerten sehr klein ist. In einem neuronalen Netz gilt das in weiterer Folge auch für unsere Gradienten. Kleine Gradienten bedeuten prinzipiell, dass wir uns im Fehlergelände nur sehr langsam in Richtung Optimum bewegen. Da die Änderung der Gewichte abhängig von einer Folge von Gradienten der einzelnen Schichten ist, wird der Gesamtgradient verschwindend klein, je weiter man in Richtung Eingabeschicht kommt. Man spricht auch von einer *Sättigung* bei großen Eingabewerten.

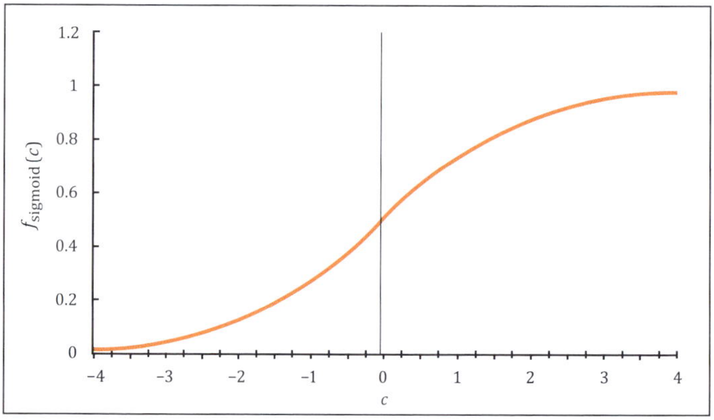

Abbildung 7.15 Sigmoidfunktion

Aus diesem Grund hat man sich Aktivierungsfunktionen überlegt, die eben nicht der Sättigungsgefahr unterliegen. Die ReLU-Funktion hat sich bei der Lösung als sehr effektiv herausgestellt, auch deshalb, weil sie sich sehr effektiv und schnell berechnen lässt. Das ist bei neuronalen Netzen mit vielen Parametern doch von entscheidender Bedeutung.

Aber auch die ReLU-Funktion ist nicht ganz perfekt, denn es kann zum Phänomen der *Dying ReLU* kommen. Ein Neuron, das in diesen Status kommt, liefert beim Lernen immer die Ausgabe 0 und steuert daher keinen Beitrag zum Lernen bei, egal welche Eingabe erfolgt.

Es gibt allerdings Varianten der ReLU-Funktion, wie die *Leaky ReLU* oder die *ELU*-Funktion (*Exponential Linear Unit*), die dieses Problem reduzieren bzw. lösen. Die Leaky-ReLU-Funktion (siehe Abbildung 7.16) ist folgendermaßen definiert:

lReLU: $f_{\text{akt}}(x) = f_{\text{lReLU}}(x) = \max(\alpha x, x)$, wo $\alpha = 0.01$ (sehr klein)

Der *Hyperparameter* α soll sehr klein gewählt werden. Damit wird sichergestellt, dass das Ausgangssignal nie 0 ist, mag es auch sehr klein (und negativ) sein. Aber das gibt einem Lernalgorithmus die Chance, dieses Neuron wieder entsprechend zu trainieren und zu verändern.

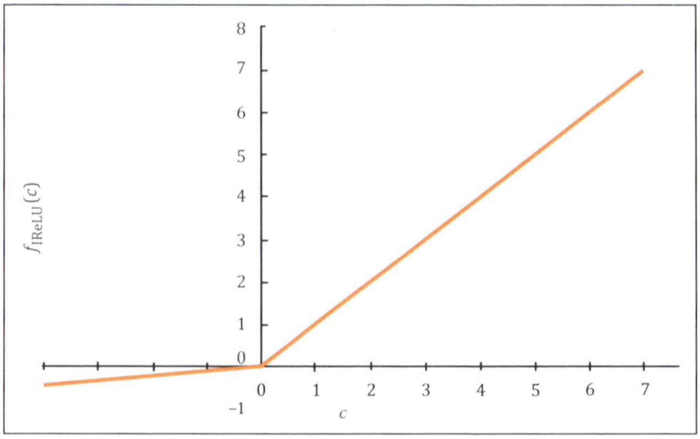

Abbildung 7.16 Die Leaky-ReLU-Aktivierungsfunktion

Die ELU-Funktion ist in Abbildung 7.17 dargestellt und wird so definiert:

$$\text{ELU: } f_{\text{akt}}(x) = f_{\text{ELU}}(x) = \begin{cases} \alpha(e^x - 1), & \text{falls } x < 0 \\ x, & \text{falls } x \geq 0 \end{cases}$$

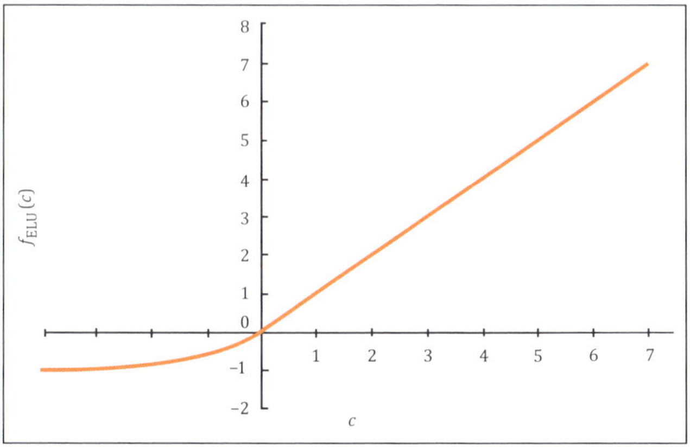

Abbildung 7.17 Die ELU-Aktivierungsfunktion

Die ELU-Funktion hat zwar den Nachteil, dass sie aufwendiger zu berechnen ist. Allerdings konvergiert sie schneller, das heißt, das Training bzw. Lernen dauert im Vergleich zur ReLU-Aktivierungsfunktion weniger lang.

7.2 Transformer Neural Networks

Transformer Neural Networks sind eine relativ junge, aber revolutionäre Architektur im Bereich der künstlichen Intelligenz und des maschinellen Lernens. Ursprünglich in der Arbeit »Attention is All You Need« von Ashish Vaswani et al. im Jahr 2017 vorgestellt, haben Transformer-Netzwerke schnell an Popularität gewonnen und sind heute ein zentraler Bestandteil vieler fortschrittlicher Systeme bzw. *Large-Language-Modelle*, insbesondere solcher zur Verarbeitung natürlicher Sprache.

Im Gegensatz zu traditionellen rekurrenten neuronalen Netzen (RNNs), die sequenzielle Daten Schritt für Schritt und meist nur von links nach rechts verarbeiten, arbeiten Transformer mit einem Mechanismus namens *Self-Attention*. Dieser Mechanismus ermöglicht es dem Modell, verschiedene Teile einer Eingabesequenz (also einen Satz oder einen ganzen Text) gleichzeitig zu betrachten und zu gewichten, unabhängig davon, wie weit diese Teile voneinander entfernt sind. Dieser Umstand macht Transformer-Netzwerke besonders effektiv bei der Verarbeitung von langen Sequenzen und komplexen Abhängigkeiten.

Ein wesentlicher Vorteil der Transformer-Architektur besteht in ihrer Parallelisierbarkeit. Während RNNs aufgrund ihrer sequenziellen Natur schwer parallelisierbar sind und daher oft langsamer trainieren, ermöglicht die Struktur des Transformers, dass Berechnungen unabhängig voneinander und gleichzeitig durchgeführt werden können. Dies führt zu einer erheblichen Beschleunigung des Trainingsprozesses, insbesondere bei großen Datensätzen.

Die Transformer-Architektur besteht im Wesentlichen aus einem Encoder-Decoder-System, das auf mehreren Schichten von Self-Attention und Feed-Forward-Netzwerken basiert. Jede Schicht in diesem System hilft dabei, die relevanten Teile der Eingabesequenz herauszufiltern und zu kombinieren, um eine möglichst präzise Vorhersage oder Übersetzung zu ermöglichen.

In den folgenden Abschnitten dieses Kapitels werden wir die grundlegenden Konzepte und die Funktionsweise von Transformer Neural Networks detailliert betrachten. Dabei werden wir uns insbesondere auf das Embedding, die Positionskodierung und den Self-Attention-Mechanismus konzentrieren, die entscheidend dafür sind, dass das Modell den Kontext und die Reihenfolge von Informationen in einer Sequenz fehlerfrei erfassen kann.

7.2.1 Die Netzwerkstruktur

Sehen wir uns die Struktur und Funktionsweise eines Transformer Neural Networks anhand einer spezifischen NLP-Aufgabe an: Wir wollen einen Text generieren, und zwar auf Basis eines kurzen Stück Textes, das im Englischen als *Prompt* bezeichnet wird.

Prompt und Prompt Engineering

Ein *Prompt* ist eine Eingabe oder eine Aufforderung, die einem KI-Modell, zum Beispiel einem Sprachmodell, gegeben wird, um eine bestimmte Reaktion oder Ausgabe zu erzeugen. Das kann ein einzelnes Wort, ein Satz oder sogar ein komplexer Befehl sein, der dem Modell den Kontext und die Richtung vorgibt, in die die Antwort gehen soll.

Prompt Engineering bezeichnet die Kunst und Wissenschaft, Prompts so zu gestalten und zu optimieren, dass ein KI-Modell die gewünschten Ergebnisse liefert. Dabei wird sorgfältig überlegt, wie ein Prompt formuliert werden muss, um die Qualität, Relevanz und Präzision der vom Modell generierten Antwort zu maximieren. Dies kann durch das Experimentieren mit verschiedenen Formulierungen, Kontextinformationen und speziellen Anweisungen geschehen.

Beispiel:

- **Prompt:** »Erkläre den Unterschied zwischen Wetter und Klima«
- **Prompt Engineering:** »Beschreibe in einfachen Worten den Unterschied zwischen Wetter und Klima und gib Beispiele für jedes«.

Prompt Engineering wird manchmal als Beruf der Zukunft angesehen, in der Zwischenzeit sind Large-Language-Modelle allerdings schon sehr gut darin, Prompts selbstständig zu verbessern.

Transformer Neural Networks sind eigentlich nichts anderes als Nächstes-Wort-Schätzer, die auf Basis eines Eingabetexts das am besten passende Wort (genauer gesagt *Token*) hinzufügen. Dieser Vorgang wird iterativ wiederholt, bis ein sogenanntes Satzende-Token vom Modell ausgegeben wird (siehe Abbildung 7.18).

Dazu muss das Transformer Neural Network in jedem Schritt eine Liste von Wörtern (bzw. Token) und deren Wahrscheinlichkeit angeben, wie in Abbildung 7.18 dargestellt. Die Summe der Wahrscheinlichkeiten summiert sich üblicherweise auf 100 %. Das klingt zunächst recht einfach, aber um zu dieser Liste zu kommen, braucht es eine durchaus komplexe, aber geniale Netzwerkstruktur und eine sehr große Menge an Texten (also Trainingsdaten).

Angelehnt an die bahnbrechende Arbeit von Ashish Vaswani und Kollegen aus dem Jahre 2017 »Attention is All You Need« besteht ein Transformer Neural Network aus einem Encoder- und einem Decoder-Block.

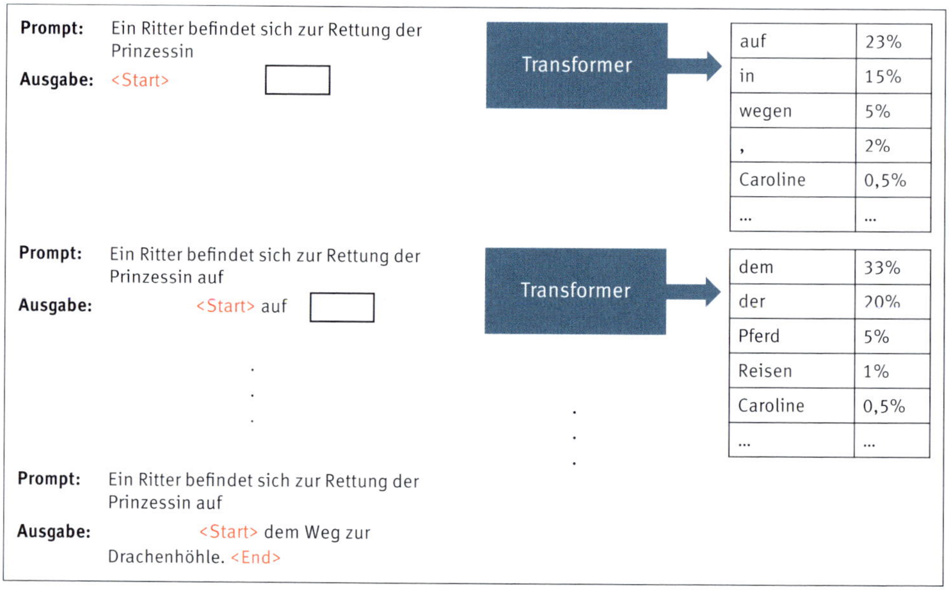

Abbildung 7.18 Transformer als Nächstes-Wort-Schätzer

Abbildung 7.19 gibt uns eine etwas vereinfachte Übersicht über den Aufbau eines Transformer Neural Networks. Es gibt natürlich eine Menge von Derivaten mit kleineren oder größeren Modifikationen, aber die Grundstruktur mit einem Encoder- und einem Decoder-Block ist bei allen vorhanden. Um Text in das Netzwerk zu füttern, müssen wir ihn zuerst in Zahlen umwandeln. Das passiert durch das Embedding.

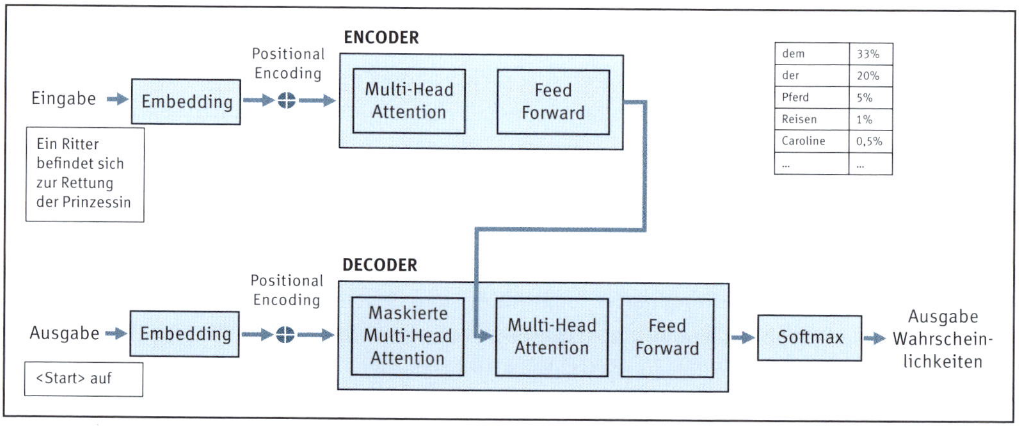

Abbildung 7.19 Architektur eines Transformer Neural Networks

7.2.2 Embeddings

Zuerst muss die Eingabe (also ein Satz, ein Absatz oder ein ganzes Buch) zerteilt werden. Eine natürliche Unterteilung wären die einzelnen Wörter und Satzzeichen, und als Denkmodell können wir das beibehalten. Eigentlich spricht man aber von *Tokens*, die ganze Wörter, aber oft auch Wortteile oder Satzzeichen sein können. Zusätzlich gibt es noch zwei spezielle Token: das <Start>- und das <End>-Token, die den Anfang und das Ende der Ausgabe markieren. Jedes Wort (bzw. Token) wird dann durch einen Vektor repräsentiert.

Das Word-Embedding in Abbildung 7.20 ist bereits ein Vorgriff auf Kapitel 11, »Der Machine-Learning-Prozess«, in dem wir uns mit der Vorverarbeitung von Textdaten befassen, und ist gleichzeitig eine vereinfachte Darstellung. Man kann sich ein Wort als einen Punkt in einem hochdimensionalen Raum vorstellen, wobei sich idealerweise Wörter mit ähnlicher Bedeutung in unmittelbarer Nähe zueinander befinden. Wenn wir hier von einem »mehrdimensionalen Raum« sprechen, dann ist das kein 5-dimensionaler Raum, wie in Abbildung 7.20 suggeriert, sondern er kann in Large-Language-Modellen mehrere tausend Dimensionen umfassen. (Der Embedding-Raum für GPT-3 hat über 12.000 Dimensionen.)

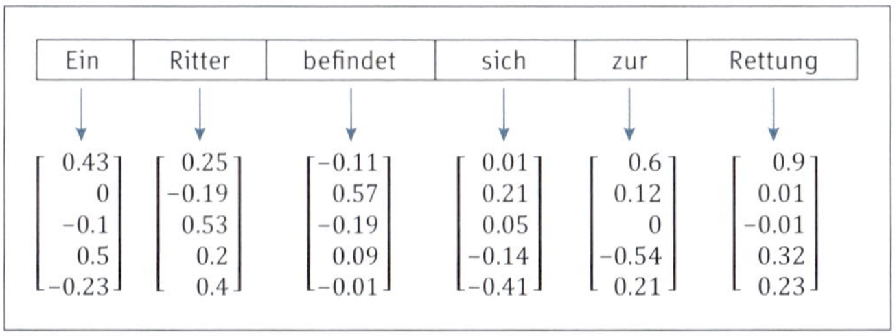

Abbildung 7.20 Einfaches Word-Embedding

Wie wird nun dieses Embedding bestimmt, also die Vektorwerte? Das passiert im Laufe des Trainings dieses neuronalen Netzwerks mit einem riesigen Datensatz. Nun, diese Word-Embeddings sind an sich nichts Neues und werden im Natural Language Processing schon seit Langem eingesetzt. Die Bedeutung eines Wortes (bzw. Tokens) hängt aber nicht nur vom Wort selbst, sondern auch vom Kontext in einem Text ab. Transformer-Netze schaffen es, diesen Kontext einzubeziehen und diesen ursprünglichen Embedding-Vektor je nach Kontext anzupassen und an der richtigen Position im Embedding-Raum (oder auch Bedeutungsraum) zu platzieren.

7.2.3 Positional Encoding

Bis zur Entwicklung von Transformer Neural Networks wurden NLP-Aufgaben mit rekurrenten neuronalen Netzen gelöst. Dieser Form von neuronalen Netzen wurde der

Text Wort für Wort bzw. Token für Token präsentiert. Die Position eines Wortes in einem Text ist durch das sequenzielle Füttern des rekurrenten neuronalen Netzes mit Wörtern bzw. deren Embedding-Vektoren automatisch gegeben und daher auch kein Thema. Transformer Neural Networks erhalten den Eingabetext hingegen parallel, also zur gleichen Zeit. Das macht es nötig, die Position zu enkodieren, denn sonst kann die Unterschiedlichkeit von Satzbedeutungen nicht erkannt werden (siehe Abbildung 7.21).

Der Fuchs jagt den Wolf

Der Wolf jagt den Fuchs

Abbildung 7.21 Zwei Sätze mit unterschiedlicher Bedeutung, die aber aus den gleichen Wörtern (Tokens) bestehen

Eine einfache Lösung ist ein *absolutes Positional Encoding* mit Ziffern, wie in Abbildung 7.22 dargestellt, indem wir die Wörter der Eingabe nummerieren. Hier können allerdings mehrere Probleme entstehen. Zum einen bekommen Wörter mit höherer Nummerierung auch eine höhere Bedeutung. Zum anderen können die Eingaben zu einem Transformer Neural Network unterschiedlich lang sein und durch das absolute Nummerieren ebenso zu ungewollten Bedeutungsverschiebungen beitragen. Sollte die Wortkombination »Der Fuchs« wie in unserem Beispiel später noch einmal vorkommen, dann würde die höhere Nummerierung die Bedeutung verändern, obwohl es der gleiche Fuchs im gleichen Zusammenhang ist.

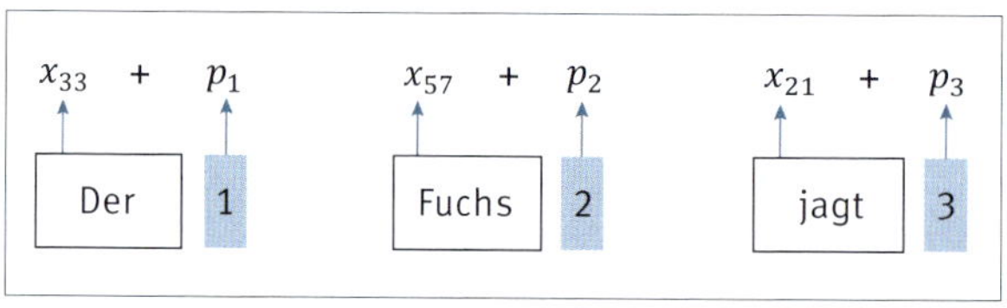

Abbildung 7.22 Absolutes Positional Encoding

Wir möchten eine Variante des Positional Encodings nutzen, das die folgenden Eigenschaften hat:

1. **eindeutig:** Die Position entspricht dem Wert.
2. **deterministisch:** Unsere Variante basiert auf einer zugrunde liegenden Regel.
3. **distanzeninvariant:** Sie ermöglicht es, die Distanz der Positionen zweier beliebiger Token abzuschätzen.
4. **sequenzlängenunabhängig:** Die Eingabe kann eine unterschiedliche Anzahl an Tokens haben.

Ashish Vaswani hat in seiner Arbeit zu Transformer Neural Networks ein *frequenzenbasiertes Positional Encoding* vorgeschlagen, das diese Eigenschaften erfüllt. Beim frequenzenbasierten Positional Encoding wird ein Vektor in Abhängigkeit von der Positionszahl zurückgegeben. Dieser Positionsvektor P hat die gleiche Länge wie die Vektoren des Word-Embeddings (in unserem Beispiel 5, bei GPT-3 mehr als 12.000). Wir bezeichnen die Vektorlänge als d_{emb}.

Das frequenzenbasierte Encoding basiert dann in folgender Art und Weise auf Sinus- und Cosinus-Funktionen: Es gibt eine Laufvariable k, die den Wert von 1 bis zur Vektorlänge, d_{emb}, annimmt. Eine weitere Laufvariable, p, steht für die Positionsnummer eines Tokens im Text und kann maximal den Wert der Sequenzlänge annehmen. Zusätzlich definieren wir noch eine Konstante L, die üblicherweise auf den Wert 10000 gesetzt wird. Diese Konstante stellt einen Skalierungsfaktor dar, der die Werte unseres Positionsvektors in vernünftigen Grenzen hält. Nun können wir die Regeln bestimmen, die die Werte des Positionsvektors mit der Länge, d_{emb}, festlegen. Die Bezeichnung als frequenzenbasiertes Positional Encoding kommt daher, dass für diese Regeln Sinus- und Cosinus-Funktionen verwendet werden.

7

Was hat Sinus und Cosinus mit Frequenzen zu tun?

Sinus und Cosinus sind trigonometrische Funktionen, die für die Beschreibung von harmonischen Schwingungen eingesetzt werden. Eine Schwingung kann durch eine Wellenfunktion dargestellt werden, die die X-Achse in einem Diagramm kreuzt. Je öfter diese Kreuzung pro Intervall stattfindet, desto höher ist die Frequenz (siehe Abbildung 7.23).

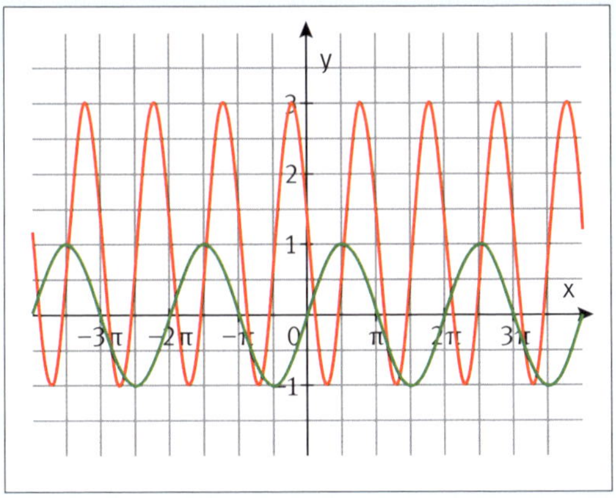

Abbildung 7.23 Zwei unterschiedlich hohe Schwingungen, die durch Sinus und Cosinus dargestellt werden können

Die rote Funktion hat in dieser Abbildung also eine höhere Frequenz als die grüne Funktion; beide Funktionen können durch Sinus und Cosinus dargestellt werden.

Für die geraden Elemente des Positionsvektors wird eine Sinus-Funktion verwendet, für die ungeraden Elemente eine Cosinus-Funktion. Der Grund dafür ist, dass für den Wert 0 alle Sinus-Funktionen auch den Wert 0 zurückgeben und man potenziell für einen Positionsvektor einen Nullvektor erhalten könnte, was man durch abwechselnde Sinus- und Cosinus-Funktionen leicht verhindern kann.

Wenn also unsere Laufvariable *k* gerade ist, dann definiert man für den Wert an der Stelle *k* des Positionsvektors:

$$k\ gerade: P^{k,p} = sin\left(\frac{p}{L^{\frac{k}{d_{emb}}}}\right)$$

Für die ungeraden *k*:

$$k\ ungerade: P^{k,p} = cos\left(\frac{p}{L^{\frac{k}{d_{emb}}}}\right)$$

Formeln sind manchmal nicht ganz so einfach zu verstehen, deshalb visualisieren wir das Ergebnis in Abbildung 7.24.

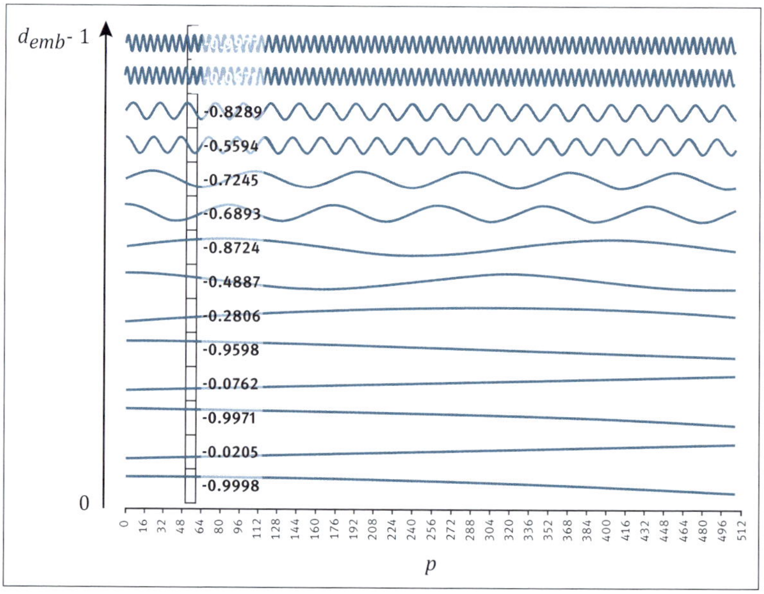

Abbildung 7.24 Visualisiertes frequenzenbasiertes Position Embedding

Der Word-Embedding-Vektor und der Positions-Embedding-Vektor werden addiert und dienen als so als Eingabe des Encoders.

7.2.4 Encoder

Die Hauptaufgabe des Encoders besteht darin, die Eingabesequenz in mathematische Vektoren umzuwandeln. Dabei muss er die Position (via *Positional Encoding*) und die Kontextinformation (via *Multi-Head Attention*) entsprechend berücksichtigen, um so eine reichhaltige, kontextualisierte Repräsentation für die weitere Verarbeitung bereitzustellen.

Self-Attention

Eines der Grundprobleme der Verarbeitung von Text ist die Abhängigkeit der Bedeutung eines Wortes vom Kontext, also von der ganzen Sequenz eines Eingabetextes. Rekurrente Netze konnten das bis zu einem gewissen Grad bereits abdecken. Allerdings wurde die Kontextabhängigkeit nur in einer Richtung im Satz berücksichtigt. Das zweite Problem der rekurrenten Netze ist die Tatsache, dass der Erhalt des Kontexts bei längeren Textsequenzen nur schwer zu kodieren ist. Der Schlüssel beim Attention-Mechanismus ist, dass man gleichzeitig Zugriff auf die ganze (durchaus sehr große) Sequenz hat, denn eine Sequenz wird dem Transformer Neural Network als Ganzes präsentiert und nicht Wort für Wort wie bei rekurrenten Netzen.

Self-Attention hat die Aufgabe, die Informationsgenauigkeit einer Sequenz durch Berücksichtigung des Kontextes zu erhöhen. Man startet im Wesentlichen beim Input Embedding, also bei einem Punkt im mehrdimensionalen Verständnisraum, und verschiebt diesen Punkt je nach Kontext an den passenden Ort des *Verständnisraums*. Um das zu erreichen, wird für jedes Wort (bzw. Token) die Beziehung zu allen Wörtern (Tokens) in der Sequenz betrachtet.

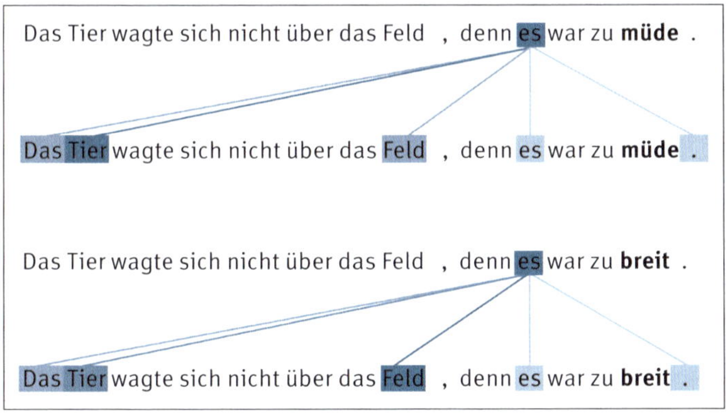

Abbildung 7.25 Illustration einer Self-Attention-Schicht im Netzwerk

In Abbildung 7.25 sehen Sie symbolisch, wie diese Verbindungen aussehen sollten und welchen Einfluss eine Wortänderung auf die Verbindungen haben kann. In dieser Abbildung wird die Beziehung des Wortes »es« zu allen anderen Wörtern dargestellt. Diese Darstellung könnte man natürlich auch als quadratische Matrix umsetzen, in der die Stärke der Verbindung eingetragen wird. (In der Abbildung ist der Wert umso höher, je dunkler die Verbindungsgerade gefärbt ist.) Die Stärke der Verbindung gibt an, wie viel Aufmerksamkeit »es« den anderen Wörtern im Satz schenken sollte.

Wie kann man nun diese Verbindungen berechnen? Für jedes Wort wird im Laufe des Trainings ein *Query*-, ein *Key*- und ein *Value-Vektor* erzeugt, die es erlauben, die Relevanz zu berechnen.

Query-, Key- und Value-Vektor

Für jedes Wort (bzw. Token) wird ein Query-, Key- und Value-Vektor berechnet. Sehen wir uns das anhand eines Satzes an: »Die Katze jagt die Maus«.

- **Query:** Nach was sucht oder fragt ein bestimmtes Wort? Für die Wortebene könnte der Query-Vektor darstellen: »Mit welchen anderen Wörtern stehe ich in Beziehung?«
- **Key:** Wie kann ein Wort mit anderen Wörtern verglichen werden? Der Key-Vektor ist eine Beschreibung jedes Wortes. Der Key-Vektor des Wortes »Maus« könnte als Information enthalten: »Ich bin ein Objekt, das gejagt wird.«
- **Value:** Welche Information kann ein Wort als Ergebnis beitragen? Wenn das Modell weiß, dass »Katze« und »Maus« wichtig sind, dann wird der Value-Vektor die relevanten Informationen enthalten, die das Modell verwenden soll.

Am Ende des Self-Attention-Schritts hat jedes Wort eine neue Darstellung (*Embedding*), die berücksichtigt, wie stark es mit den anderen Wörtern im Satz in Beziehung steht, und liegt daher idealerweise am passenden Ort im Verständnisraum.

Wenn Sie diesen Abschnitt aufmerksam gelesen haben, haben Sie sicher entdeckt, dass wir in Abbildung 7.19 nicht von *Self-Attention*, sondern von *Multi-Head Attention* sprechen. Dabei werden anstatt nur einer Self-Attention-Berechnung (ein einzelner »Head«) mehrere Self-Attention-Berechnungen, also Query-, Key- und Value-Vektoren, parallel ausgeführt. Jeder Head kann sich auf unterschiedliche Aspekte der Wortbeziehungen fokussieren (zum Beispiel betrachtet ein Head die grammatikalische Beziehung, ein anderer die semantische Nähe der Wörter etc.). Die Ergebnisse der verschiedenen Heads werden kombiniert und liefern so eine umfassendere Darstellung der Eingabesequenz.

7.2.5 Decoder

Der Decoder in einem Transformer Neural Network hat die Aufgabe, für die vom Encoder erzeugten Repräsentationen der Eingabesequenz eine Ausgabe zu generieren. In einem Modell für Übersetzungen könnten die Repräsentationen eines englischen Textes aus dem Encoder verwendet werden, um durch den Decoder einen deutschen Satz zu erstellen.

Ein Decoder arbeitet üblicherweise autoregressiv, d. h., er erzeugt die Ausgabe (zum Beispiel ein Wort bzw. Token) Schritt für Schritt, wobei jedes neue Wort auf den zuvor generierten Wörtern basiert. Gestartet wird dieser Prozess üblicherweise mit einer Startinformation bzw. einem Start-Token *<Start>*; aus dem bisher erzeugten Text wird das nächste Wort bzw. Token generiert und dieser Prozess wird so lange fortgeführt, bis ein Endsymbol *<End>* erreicht wird.

Masked Self-Attention

Für die Erzeugung der Ausgabe darf natürlich nur auf die bereits erzeugten neuen Tokens zurückgegriffen werden und nicht auf zukünftig mögliche Token. Man verwendet die sogenannte *Masked Self-Attention*, um keine zukünftigen Informationen zu verarbeiten. Wenn das Modell beispielsweise das dritte Wort vorhersagt, dann darf es nur auf die ersten beiden Wörter zugreifen, die zukünftigen Wörter werden maskiert. Das wird rechnerisch meist erreicht, indem die Stärke der Verbindung zu zukünftigen Wörtern mit sehr niedrigen oder negativen Werten belegt wird.

Encoder-Decoder Attention

Bei der *Encoder-Decoder Attention* nutzt der Decoder die Repräsentation des Encoders, um zu lernen, welche Teile der Eingabesequenz (vom Encoder erzeugt) wichtig für die Erzeugung des nächsten Tokens sind. In diesem Schritt wird die Relevanz der Eingabesequenz (zum Beispiel Originaltext auf Deutsch) berücksichtigt, um das nächste Token (zum Beispiel für eine Übersetzung ins Englische) korrekt zu bestimmen.

Ausgabe

Wir wissen bereits, dass Transformer Neural Networks Nächste-Wort-Schätzer sind. Man könnte also meinen, dass in jedem Schritt ein Wort ausgegeben wird. Das ist natürlich nicht ganz richtig, vielmehr wird die gesamte Liste an möglichen Token und eine dazugehörige Wahrscheinlichkeit ausgegeben. Die Token mit den höchsten Wahrscheinlichkeiten sind dann auch die wahrscheinlichsten Kandidaten für die nächste Position in der Ausgabesequenz. Für diesen Schritt wird eine Softmax-Funktion verwendet, um sicherzustellen, dass die Summe der Wahrscheinlichkeiten gleich 1 ist. In manchen Transformer Neural Networks kann man einen Hyperparameter setzen, der als *Temp*(eratur) bezeichnet wird und einen Wert zwischen 0 und 1 annehmen kann. Wird dieser auf 0 gesetzt, wird immer das Token mit der höchsten Wahrscheinlichkeit verwendet, ansonsten wird zufällig ein Wort aus den wahrscheinlichsten Tokens gewählt. Mit dieser Zufälligkeit kann man die »Kreativität« eines Transformer Neural Networks erhöhen.

7.2.6 Trainieren von Transformer Neural Networks

Das Trainieren eines Transformer Neural Networks unterscheidet sich eigentlich kaum vom Training eines Convolutional Neural Networks bzw. überhaupt anderen neuronalen Netzen. Allerdings werden Transformer Neural Networks meist mit viel größeren Datensätzen trainiert und brauchen entsprechend mehr Rechenleistung.

Der Trainingsdatensatz von Transformer Neural Networks besteht aus Eingabe-Ausgabe-Paaren, die von der spezifischen Aufgabe abhängen:

- **Übersetzung**
  Eingabe: »The wolf chases the fox.«
  Ausgabe: »Der Wolf jagt den Fuchs.«
- **Textvervollständigung**
  Eingabe: »Der Wolf jagt«
  Ausgabe: »den Fuchs«
- **Textklassifikation**
  Eingabe: »Dieser Film war eine Katastrophe. Würde ich nie mehr ansehen!«
  Ausgabe: »negativ«

In Kapitel 11, »Der Machine-Learning-Prozess«, beschreiben wir, wie Texte in Token unterteilt werden. Diese Liste von Token ist dann die Grundlage für die Weiterverarbeitung dieser Daten.

7.3 Das Optimierungsverfahren

Wie wir bereits in Kapitel 6, »Lernen im mehrschichtigen Netz«, erläutert haben, ist das Optimierungsverfahren der Wahl ein Gradientenabstiegsverfahren. Das ist ein sehr sperriger Name für ein sehr natürliches Verhalten, vergleichbar mit dem Wandern im Gebirge und dem Ziel, sehr schnell ins Tal zu gelangen – man wählt immer den steilsten Abstieg.

Bei der Menge an zu trainierenden Gewichten von Convolutional oder Transformer Neural Networks kann das Trainieren sehr viel Zeit in Anspruch nehmen. Deshalb ist man immer auf der Suche nach schnelleren gradientenbasierten Verfahren, die das Training oft wesentlich beschleunigen können.

Wir wissen also schon, dass die Gewichte im Netzwerk auf der Suche nach dem Optimum während des Trainings immer wieder kleine Veränderungen erfahren. Mathematisch ausgedrückt gilt für unsere Gewichte W und die dazugehörige *Kostenfunktion* $C(W)$ (im Englischen auch als *Loss Function* bezeichnet), dass die Gewichte um ein kleines Stückchen verändert werden, und zwar so, dass wir der Gradientenrichtung, also der steilsten Richtung, mit dem Ziel folgen, die Kostenfunktion zu minimieren. Der Gradient ist also ein Richtungsvektor, der aus der ersten Ableitung über alle Gewichte geht:

$$\nabla_W C(W) = \begin{pmatrix} \frac{\partial}{\partial W_0} C(W) \\ \frac{\partial}{\partial W_1} C(W) \\ \vdots \\ \frac{\partial}{\partial W_n} C(W) \end{pmatrix}$$

Das bedeutet also, vom Gewichtsvektor wird ein Veränderungsvektor $\vec{h}$ abgezogen. Dieser Veränderungsvektor sieht dann beim Standard-Gradientenverfahren folgendermaßen aus:

$$\vec{h} = \eta \nabla_W C(W)$$

Dabei ist η unsere schon bekannte Lernrate. Die neuen Gewichtsvektoren erhalten wir also durch Subtraktion des Veränderungsvektors:

$$W^{\text{neu}} = W^{alt} - \vec{h}$$

Die folgenden beiden Beispiele von Optimierungsvarianten modifizieren diesen Veränderungsvektor, um das Training schneller konvergieren zu lassen.

7.3.1 Momentum-Optimierung

Der Begriff *Momentum* steht für die physikalische Größe Impuls, die den mechanischen Bewegungszustand eines Objekts bestimmt. Der Impuls wird auch als *Schwung* bezeichnet. Die Momentum-Optimierung möchte bei der Talfahrt den bereits aufgenommenen Schwung berücksichtigen, um so schneller das Optimum zu erreichen, wie ein Ball, der immer schneller zu Tal rollt. Unser Veränderungsvektor $\vec{h}_{\text{neu}}$ berücksichtigt also auch den vorherigen Veränderungsvektor $\vec{h}_{\text{alt}}$.

$$\vec{h}_{\text{neu}} = \eta_{\text{momentum}} \vec{h}_{\text{alt}} + \eta \nabla_W C(W)$$

Wir handeln uns zwar den Nachteil eines weiteren Hyperparameters η_{momentum} ein (er liegt zwischen 0 und 1), aber wir gewinnen auch. Stellen Sie sich vor, das Minimum liegt in einem sehr flachen Tal. Mit der Standardmethode kämen wir nur sehr langsam zum Optimum, mit der Momentum-Optimierung hingegen nehmen wir den Schwung mit und gelangen schneller zum Ziel.

7.3.2 Adam-Optimierung

Adam ist eine Abkürzung für **Ada***ptive* **M***oment Estimation* und berücksichtigt vergangene Gradienten und zusätzlich deren koordinatenweise quadrierte Gradienten. Allerdings wird im Unterschied zur Momentum-Methode nur der Durchschnitt der vorherigen Gradienten und der quadrierten Gradienten für die Änderung der Gewichte verwendet:

$$W_{\text{neu}} = W_{\text{alt}} - \eta_{\text{Adam}}(h_{\text{alt}}, h_{\text{alt}}^2)$$

Das Besondere an diesem Algorithmus ist, dass die Lernrate implizit reduziert bzw. adaptiert wird, und zwar umso schneller, je steiler das Fehlergelände ist. Dadurch bewegt man sich im Fehlerraum direkter auf das Optimum zu. Ein weiterer Vorteil ist, dass die Feinabstimmung der Lernrate η nahezu wegfällt.

Die Details dieser Methode lassen sich in einer Arbeit von Diederik Kigma und Jimmy Lei Ba nachlesen.

7.4 Overfitting verhindern

Aufgrund der großen Anzahl von Parametern kann ein weiteres Problem auftreten, nämlich dass das Netz genau auf den Trainingsdatensatz trainiert wird. Wird das trainierte Netz dann auf neue unbekannte Datensätze angewendet, versagt es. Hier spricht man auch von *Overfitting*, was bedeutet, dass das Netz keine Generalisierungsfähigkeit besitzt.

Wir besprechen hier zwei sehr beliebte Verfahren, die sich dieses Problems annehmen.

7.4.1 Early Stopping

Ein beliebtes und einfaches Verfahren, um Overfitting zu verhindern, ist das sogenannte *Early Stopping*. Das Ziel des Lernens ist, den Netzwerkfehler durch das Training mit den Trainingsdaten zu minimieren. Die Fehlerkurve verläuft in etwa so wie die in Abbildung 7.26 dargestellte blaue Kurve, verbessert sich nach jedem Trainingszyklus und nähert sich dem Nullwert.

Die Fehlerkurve des Validierungsdatensatzes (in Abbildung 7.26 rot dargestellt) verläuft ähnlich, aber ab einem gewissen Punkt steigt der Fehler wieder. Ab diesem Punkt begibt man sich in den Bereich des Overfittings, wo sich das Netz zu sehr dem Trainingsdatensatz anpasst und seine Fähigkeit zur Generalisierung verliert.

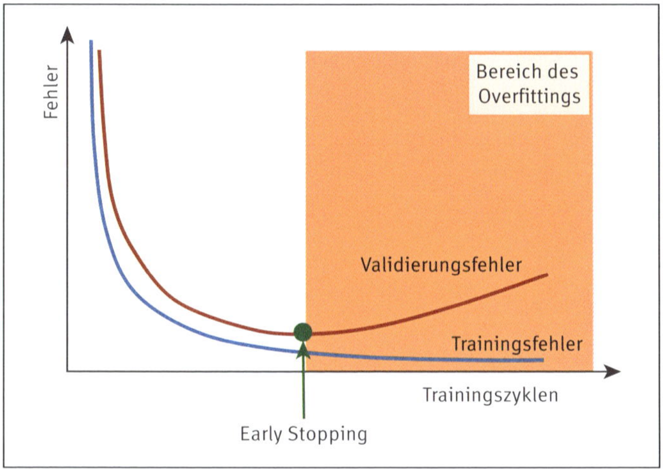

Abbildung 7.26 Fehlerkurve beim Early Stopping

Trainings- und Validierungsdaten

Jedes Machine-Learning-Verfahren braucht einen Trainingsdatensatz und einen Validierungsdatensatz. Der Validierungsdatensatz darf nicht zum Training des neuronalen Netzes verwendet werden, sondern dient einzig dem Zweck, die Qualität des bisher trainierten Netzes zu bestimmen – es also zu validieren.

Das Early Stopping bedeutet das Beenden des Trainings an diesem Punkt, obwohl man den Trainingsfehler noch weiter reduzieren könnte.

7.4.2 Dropout

Das *Dropout* ist eine sehr interessante Idee, die Geoffrey E. Hinton und Nitish Srivastava vorgeschlagen haben und deren Erfolg sie vor allem für Deep Neural Networks bewiesen haben. Bei dieser Methode lässt man in jedem Trainingszyklus zufällig einen gewissen Teil der Neuronen nicht mitspielen. Das heißt, sie werden für das Gewichtsupdate einfach nicht berücksichtigt (siehe Abbildung 7.27). Umgesetzt wird das durch einen neuerlichen Hyperparameter, die Dropout-Rate p, die eine Wahrscheinlichkeit angibt, mit der ein Neuron im Trainingszyklus dabei ist oder nicht. Diese Wahrscheinlichkeit wird aber natürlich nur den Eingangsneuronen und den Neuronen der versteckten Schichten zugeordnet – nicht aber der Ausgangsschicht.

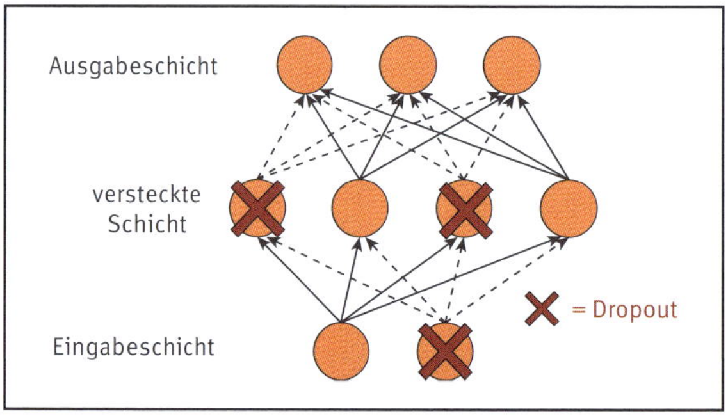

Abbildung 7.27 Netz mit Dropout-Neuronen (Dropout-Rate p = 50 %)

Mit dem Dropout-Verfahren braucht es zwar mehr Trainingszyklen, bis das Netz konvergiert, aber pro Trainingszyklus ist der Rechenaufwand geringer.

Warum Dropout so gut funktioniert, ist gar nicht so einfach zu erklären. Ein Erklärungsversuch besteht darin, dass die Neuronen an sich selbstständiger werden. Das heißt, es kann nicht passieren, dass ein Neuron einer Schicht sich ähnlich verhält wie ein benachbartes Neuron, da nicht sichergestellt ist, dass immer beide Neuronen im Trainingszyklus dabei sind. Es kann aber auch daran liegen, dass man eigentlich in jedem Trainingszyklus ein anderes Netzwerk trainiert. Diese Netzwerke sind aber natürlich nicht ganz unabhängig voneinander, da sie sich ja Gewichte teilen.

7.5 Zusammenfassung

Sie haben in diesem Kapitel zwei sehr mächtige Netzwerktypen aus der Familie der tiefen neuronalen Netze kennengelernt – die Convolutional Neural Networks und die Transfer Neural Networks. Die *Convolutional Neural Networks* werden der Klasse der diskriminativen KI zugerechnet, deren Aufgabe es ist, zu unterscheiden und zu kategorisieren, und die vor allem für Bild- und Videodaten eingesetzt werden. *Transformer Neural Networks* wiederum sind Vertreter der generativen KI, denn sie erzeugen neue Daten in Form von Texten, um Aufgaben des Natural Language Processing (NLP) zu erfüllen.

Beide Netztypen können Millionen von trainierbaren Parametern enthalten, was einen Indikator für ihre Leistungsfähigkeit darstellt.

Nachdem wir uns in diesem Kapitel mit diesen Netztypen auseinandergesetzt haben, ohne uns von der Programmierung ablenken zu lassen, werden wir im nun folgenden Kapitel in unsere Programmierhände spucken und unser gewonnenes Wissen praktisch anwenden.

7.6 Referenzen

- David H. Hubel und Torsten N. Wiesel: *www.ncbi.nlm.nih.gov/pmc/articles/PMC1363130*
- Yann LeCun: *http://yann.lecun.com/exdb/publis/pdf/lecun-01a.pdf*
- Xavier Glorot und Yoshua Bengio: *http://proceedings.mlr.press/v9/glorot10a/glorot10a.pdf*
- Kaiming He, Xiangyu Zhang, Shaoqing Ren und Jian Sun: *https://arxiv.org/pdf/1502.01852v1.pdf*
- Diederik Kigma und Jimmy Lei Ba: *https://arxiv.org/pdf/1412.6980v8.pdf*
- Geoffrey E. Hinton: *https://arxiv.org/pdf/1207.0580.pdf*
- Nitish Srivastava: *http://jmlr.org/papers/volume15/srivastava14a/srivastava14a.pdf*
- Ashish Vaswani: Attention is all you need, *https://arxiv.org/abs/1706.03762*
- 3Blue1Brown: *https://youtu.be/wjZofJX0v4M?si=GvUiEwEyYJ4YITTK*

Kapitel 8

Programmierung von Deep Neural Networks mit TensorFlow 2

Trainiere, evaluiere und siege.

In diesem Kapitel widmen wir uns der Programmierung von Convolutional und Transformer Neural Networks mit der Python-Bibliothek *TensorFlow 2*. (In Anhang C gehen wir genauer auf Details von TensorFlow 2 und der integrierten Keras-Bibliothek ein.) Wir wagen uns also nun mit dem Wissen, das Sie in Kapitel 7, »Beispiele für tiefe neuronale Netze«, erworben haben, an die Implementierung eines eigenen CNN zur Handschriftenerkennung. In den folgenden beiden Abschnitten verwenden wir vortrainierte Netzwerke zur Bildklassifikation (siehe Abschnitt 8.2) und für Aufgaben des Natural Language Processing (siehe Abschnitt 8.3).

8.1 Convolutional Networks zur Handschriftenerkennung

Für diese Aufgabe verwenden wir den sogenannten *MNIST-Datensatz*. Der MNIST-Datensatz basiert auf einer **m**odifizierten Datenbank des **N**ational **I**nstitute of **S**tandards and **T**echnology (*NIST*), die einen Datensatz von handgeschriebenen Ziffern zur Verfügung stellt. Dieser modifizierte NIST-Datensatz wird immer wieder für den Vergleich von Methoden zur Handschriftenerkennung verwendet, auch deshalb, weil keine Vorverarbeitung der Daten mehr notwendig ist. Yann LeCun setzte 1998 das erste Mal Convolutional Neural Networks für die Handschrifterkennung auf Basis des MNIST-Datensatzes ein. Das war der Startpunkt für die Erfolgswelle dieser besonderen Netzwerkarchitektur.

8.1.1 Der Datensatz

Der MNIST-Datensatz besteht aus 60.000 Bildern (für das Training) und zusätzlich 10.000 Bildern (für das Testen) mit handgeschriebenen Ziffern, wie in Abbildung 8.1 dargestellt.

Jedes Ziffernbild besteht aus 28 × 28 Grauwertepixeln im Wertebereich von 0 bis 255.

Abbildung 8.1 Ausschnitt aus dem MNIST-Datensatz

Verwendung der Code-Listings

Die in diesem Buch verwendeten Code-Listings bauen meist aufeinander auf und würden alleinstehend daher nicht funktionieren. Wir haben die zusammengehörenden Code-Listings im Downloadbereich zu diesem Buch in Jupyter Notebooks zusammengefasst. Die Code-Listings in den einzelnen Zellen des Notebooks müssen nacheinander ausgeführt werden.

Bevor wir beginnen, den Datensatz zu laden, müssen wir wie üblich die notwendigen Bibliotheken laden. Wir greifen dazu auf die in TensorFlow integrierte Keras-Bibliothek zurück:

```
from tensorflow.keras.datasets import mnist
from tensorflow.keras.utils import to_categorical

(train_images, train_labels), (test_images, test_labels) = mnist.load_data()

print("Shape Trainingsdaten: {}".format(train_images.shape))
print("Dimension Bild Nr. 5: {}".format(train_images[5].shape))
print("Label zu Bild Nr. 5 {}".format(train_labels[5]))
# Ausgabe:
Shape Trainingsdaten: (60000, 28, 28)
Dimension Bild Nr. 5: (28, 28)
Label zu Bild Nr. 5: 2
```

Listing 8.1 Laden des MNIST-Datensatzes aus der »tensorflow.keras«-Bibliothek

Keras

Die Keras-Bibliothek verdient eine besondere Erwähnung. Sie wurde von François Chollet entwickelt. Keras ist eine Python-Bibliothek, die eine einheitliche Schnittstelle für verschiedene Bibliotheken für neuronale Netzwerke bietet, wie TensorFlow, CNTK oder Theano. Das Ziel von Keras ist, die Anwendung dieser Bibliotheken so einsteiger- und benutzerfreundlich wie möglich zu machen. Obwohl Keras als eigenständige Bibliothek erhalten bleibt, wurde sie ab der TensorFlow-Version 1.4 integriert und ab der Version 2.0 noch mehr an TensorFlow angepasst und erweitert.

Wie zu erwarten, hat ein Bild 28 × 28 Pixel, und das dazugehörige Label ist eine Ganzzahl, was wir am Beispiel von Bild Nr. 5 in Listing 8.1 zeigen. Das reicht uns aber noch nicht ganz: Wir müssen unseren Datensatz umformen.

Zum einen müssen wir unseren Bilddatensatz um eine Dimension erweitern. Diese zusätzliche Dimension wird für die Anzahl der Bildkanäle im Bild benötigt. Im Fall der MNIST-Daten handelt es sich um Grauwertbilder, also um Bilder, die nur einen Farbkanal haben. Farbbilder bräuchten drei Kanäle für Rot, Grün und Blau. Zusätzlich transformieren wir die Pixelwerte aus dem Bereich 0–255 in den Bereich 0–1. Es ist von Vorteil, die Eingangsdaten auf einen gewissen Normbereich zu standardisieren, denn damit können neuronale Netze besser umgehen. Das gilt besonders für Trainingsdaten, deren Features aus unterschiedlichen Wertebereichen bzw. physikalischen Einheiten stammen.

Aber auch das Label oder die Klasse müssen wir noch ändern. Da es sich hier um eine Multiklassenaufgabe mit genau 10 Klassen handelt, möchten wir als Zwischenschritt die Zugehörigkeit zu jeder Klasse bestimmen. Die höchste Klassenzugehörigkeit bestimmt dann schlussendlich die Klasse. Das bedeutet aber, dass unser Ausgangsresultat nicht nur aus einem Neuron besteht, sondern aus zehn Neuronen – also für jede Klasse eines. Wir erreichen das mit der Funktion `to_categorical()`, die zum Beispiel die Klasse mit der Zahl 3 in einen zehnstelligen binären Vektor umwandelt, mit einer 1 an der 4. Position des Vektors:

(0,0,0,1,0,0,0,0,0,0)

Diese Form der Umwandlung einer Zahl in einen Vektor wird auch als *One-Hot-Encoding* bezeichnet. Dazu erfahren Sie in Abschnitt 11.3, »Feature Engineering«, etwas mehr.

```
train_images = train_images.reshape((60000, 28, 28, 1))
train_images = train_images.astype('float32')
train_images /= 255

test_images = test_images.reshape((10000, 28, 28, 1))
test_images = test_images.astype('float32')
```

```
test_images /= 255

train_labels = to_categorical(train_labels)
test_labels = to_categorical(test_labels)

NrTrainimages = train_images.shape[0]
NrTestimages = test_images.shape[0]
```

Listing 8.2 Laden und Vorverarbeitung des MNIST-Datensatzes

Mit Listing 8.2 haben wir nun die Vorverarbeitung durchgeführt.

Bevor wir fortfahren, sollten wir uns ein paar Informationen über unseren MNIST-Datensatz anzeigen lassen:

```
print("Trainingsdatensatz:{}".format(train_images.shape))
print("Testdatensatz:{}".format(test_images.shape))

print("Wir haben {} Trainingsbilder und {} Testbilder.".format(NrTrainimages, Nr
Testimages))

# Ausgabe:
Trainingsdatensatz:(60000, 28, 28, 1)
Testdatensatz:(10000, 28, 28, 1)
Wir haben 60000 Trainingsbilder und 10000 Testbilder.
```

Listing 8.3 Format des modifizierten Trainings- und Testdatensatzes

Lassen wir uns nun ein zufällig ausgewähltes Bild anzeigen, damit wir auch sicher sind, dass wir mit den richtigen Daten arbeiten. Zusätzlich lassen wir uns die dazugehörige Klasse als Vektor im Titel anzeigen. Wir verwenden die Bibliothek `matplotlib` zum Darstellen der Bilder und `random`, um uns eine Zufallszahl zu generieren:

```
%matplotlib inline
import matplotlib.pyplot as plt
import random

# Zufallszahl zwischen 0 und 60000,
# da unser Trainingsdatensatz 60000 Bilder umfasst

randindex = random.randint(0,60000)
plttitle = "Trainingsbild Nr. {} \n Klasse: {}".format(randindex,
train_labels[randindex])
```

```
plt.imshow(train_images[randindex].reshape(28,28), cmap='gray')
plt.title(plttitle)
plt.axis('off')
plt.show()
```

Listing 8.4 Darstellung eines zufällig ausgewählten MNIST-Bildes

In Listing 8.4 verwenden wir matplotlib zur Darstellung des Bildes. Die Befehle dieser Bibliothek sind aufgrund ihres Namens nahezu selbsterklärend. Da matplotlib für die Darstellung von mathematischen Objekten und Funktionen verwendet wird, erscheint in Darstellungen immer eine x- und eine y-Achse. Das ist für Funktionen wichtig, bei Bildern aber nicht unbedingt. Deshalb schalten wir die Darstellung mit plt.axis('off') einfach aus. Mit diesem Listing erhalten wir ein Ergebnis wie in Abbildung 8.2.

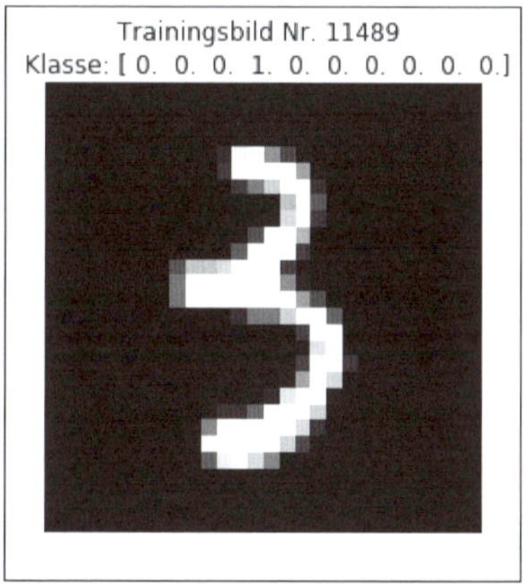

Abbildung 8.2 Zufällig ausgewähltes Trainingsbild des MNIST-Datensatzes

8.1.2 Ein einfaches CNN

Basierend auf unserem Datensatz bauen wir uns nun ein Convolutional Neural Network. Da wir auch wissen wollen, wie der Berechnungsgraph aussieht und wie sich der Verlust und die Genauigkeit entwickeln, müssen wir diese Informationen entsprechend ausgeben, um sie mit *TensorBoard* visuell darzustellen.

Die Struktur dieses Netzwerks sehen Sie in Abbildung 8.3.

Der Kodierungsblock unseres CNN besteht also aus zwei Convolutional-Blöcken, wobei ein Block immer aus einem Convolutional Layer und einem Max Pooling Layer besteht. Der Prädiktionsblock besteht aus zwei Fully Connected Layers.

Für den ersten Convolutional-Block wollen wir 32 Feature Maps mit einem 5×5-Filter erstellen, gefolgt von einem Max Pooling Layer mit einem 2×2-Filter.

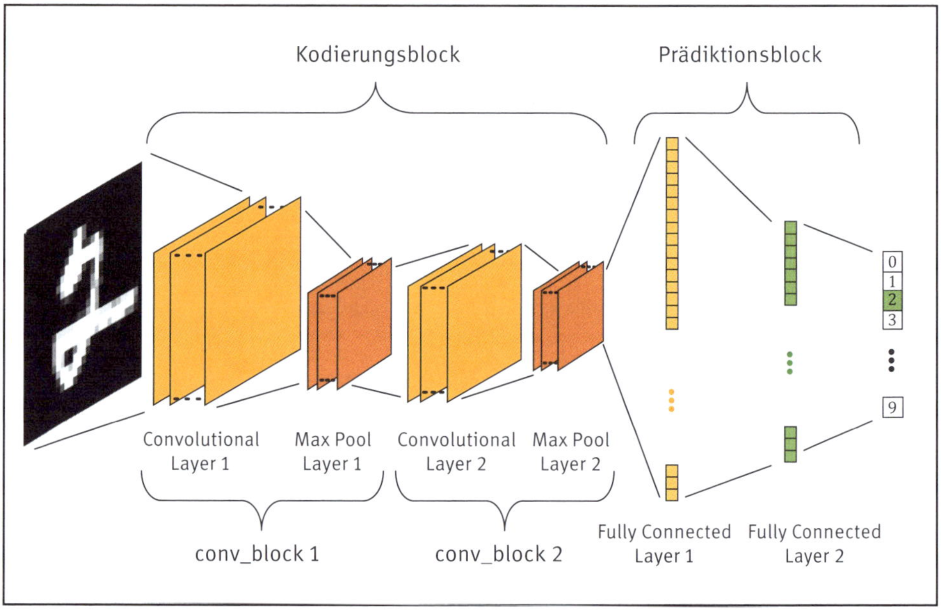

Abbildung 8.3 Die Struktur unseres CNN für den MNIST-Datensatz

Der zweite Convolutional-Block besteht aus 64 Feature Maps und einem 5×5-Filter, gefolgt von einem Max Pooling Layer mit einem 2×2-Filter. Es ist durchaus üblich, dass die späteren Blöcke mehr Feature Maps generieren, denn im ersten Block werden einfache Elemente im Bild erkannt, wie horizontale bzw. vertikale Linien und/oder Kanten, in den nächsten Blöcken kommen dann schon komplexere Kombinationen aus diesen einfachen Elementen hinzu.

Nach dem zweiten Convolutional-Block fügen wir noch ein Dropout ein.

Wir beginnen mit dem Import aller notwendigen Bibliotheken:

```
import os
import numpy as np

from tensorflow.keras.callbacks import TensorBoard
from tensorflow.keras.models import Sequential
from tensorflow.keras.layers import Dense, Dropout, Flatten
from tensorflow.keras.layers import Conv2D, MaxPooling2D
from tensorflow.keras import backend as K
```

Listing 8.5 Import der Bibliotheken

Sie erkennen schon am Import alle Funktionen zur Herstellung unseres CNN: `Conv2D()` für unsere Convolutional Layer, `MaxPooling2D()` für den Pooling Layer im Kodierungsblock, `Dense()` für den Fully Connected Layer im Prädiktionsblock.

Das Modell

Der nächste Schritt ist die Spezifikation eines Modells, das aus der Festlegung der folgenden Elemente besteht:

- Netzwerkarchitektur mit Hyperparameter
- Verlustfunktion (oder *Loss*)
- Optimierer
- Modellevaluierung

Danach können wir das Training und die Evaluierung unseres Modells starten.

Die Netzwerkarchitektur wird folgendermaßen erstellt:

```
# Bestimmung des Formats der Eingabedaten
mnist_inputshape = train_images.shape[1:4]

# Die Netzwerkarchitektur
model = Sequential()

# Kodierungsblock
model.add(Conv2D(32, kernel_size=(5,5),
      activation = 'relu',
      input_shape=mnist_inputshape))
model.add(MaxPooling2D(pool_size=(2,2)))
# Conv_Block 2
model.add(Conv2D(64, kernel_size=(5,5),activation= 'relu'))
model.add(MaxPooling2D(pool_size=(2,2)))
model.add(Dropout(0.5))

# Prädiktionsblock
model.add(Flatten())
model.add(Dense(128, activation='relu', name='features'))
model.add(Dropout(0.5))
model.add(Dense(64, activation='relu'))
model.add(Dense(10,activation='softmax'))
model.summary()
```

Listing 8.6 Codeabschnitt für die Netzwerkarchitektur

```
_________________________________________________________________
Layer (type)                 Output Shape              Param #
=================================================================
conv2d_8 (Conv2D)            (None, 24, 24, 32)        832
_________________________________________________________________
max_pooling2d_8 (MaxPooling2 (None, 12, 12, 32)        0
_________________________________________________________________
conv2d_9 (Conv2D)            (None, 8, 8, 64)          51264
_________________________________________________________________
max_pooling2d_9 (MaxPooling2 (None, 4, 4, 64)          0
_________________________________________________________________
dropout_8 (Dropout)          (None, 4, 4, 64)          0
_________________________________________________________________
flatten_4 (Flatten)          (None, 1024)              0
_________________________________________________________________
features (Dense)             (None, 128)               131200
_________________________________________________________________
dropout_9 (Dropout)          (None, 128)               0
_________________________________________________________________
dense_7 (Dense)              (None, 64)                8256
_________________________________________________________________
dense_8 (Dense)              (None, 10)                650
=================================================================
Total params: 192,202
Trainable params: 192,202
Non-trainable params: 0
_________________________________________________________________
```

Abbildung 8.4 Ausgabe der Funktion »model.summary()«

Mit `model.summary()` können wir uns sehr schön die Netzwerkarchitektur anzeigen lassen, mit ein paar interessanten Zusatzinformationen (siehe Abbildung 8.4). Mit den paar Zeilen aus Listing 8.6 haben wir uns ein CNN mit nahezu 200.000 Parametern gebastelt!

Sie haben zwar in Abschnitt 7.1.2, »Der Kodierungsblock«, von Padding und Stride gehört, wir haben aber in Listing 8.6 noch nichts dergleichen festgelegt. TensorFlow nutzt hier übliche Standardwerte; damit geben wir uns zwar zufrieden, aber man könnte Parameter für Padding und Stride auch selbst festlegen.

Im nächsten Schritt legen wir die Verlustfunktion und das Optimierungsverfahren fest und kompilieren, also erstellen, unser Modell:

```
model.compile(loss='categorical_crossentropy',
              optimizer='Adam',
              metrics=['accuracy'])
```

Listing 8.7 Festlegung Verlustfunktion und Optimierung

Als Verlustfunktion verwenden wir *Categorical Cross-Entropy* und als Optimierungsverfahren den Adam-Optimierer, den Sie bereits in Abschnitt 7.3.2 kennengelernt haben. Die Verlustfunktion Categorical Cross-Entropy L_i für einen Datenpunkt i ist folgendermaßen definiert:

$$\sum_j y_{i,j} \log\left(\hat{y}_{i,j}\right)$$

Dabei bezeichnet j die Klasse, y das Ziel-Label (also 0 oder 1) und $\hat{y}$ die Vorhersage (also einen Wert zwischen 0 und 1).

Das Training

Nachdem wir unser Modell definiert haben, geht es nun an die Ausführung und das Training des Modells. Dazu müssen wir noch gewisse Einstellungen vorgeben, nämlich die Anzahl der Trainingsepochen und die Batchgröße.

Eine *Trainingsepoche* besteht aus der Präsentation eines Trainingsdatensatzes und der Anpassung des Modells. Die Anzahl der Trainingsepochen gibt uns an, wie oft wir dem Netz die Trainingsdaten präsentieren bzw. wie oft das Modell angepasst wird. Wir könnten pro Trainingsepoche genau einen einzelnen Datensatz präsentieren, was als *Stochastic Gradient Descent* bezeichnet wird, und dann unser Modell aktualisieren. Ein veritabler Nachteil ist allerdings der signifikant höhere Rechenaufwand. Für unser Beispiel wäre das noch möglich, aber für größere Netze und Eingabedaten stellt das ein Problem dar. Wenn wir für eine Trainingsepoche den gesamten Trainingsdatensatz präsentieren und das Modell erst danach aktualisieren, nennt man das *Batch Gradient Descent*.

Obwohl das *Batch Gradient Descent*-Verfahren natürlich weniger Modell-Updates benötigt, ist es auch noch nicht optimal, denn für sehr große Trainingsdatenmengen kann die Modellaktualisierung und dadurch natürlich auch das Training sehr langsam werden. Die Methode, die sich hier durchgesetzt hat, ist das sogenannte *Mini-Batch Gradient Descent*. Dabei präsentieren wir dem Netz nur eine gewisse Anzahl an Trainingsdaten und modifizieren erst dann das Netzmodell, verändern also die Gewichte. Wir müssen dazu zwar einen zusätzlichen Hyperparameter, die *Batchgröße*, einführen, aber die Vorteile überwiegen hier ganz klar. TensorFlow ist darauf natürlich vorbereitet und bietet in der Funktion `model.fit()` einen entsprechenden Parameter dafür an (in Listing 8.8 als `batch_size` bezeichnet).

Im folgenden Listing definieren wir also die Hyperparameter, bereiten TensorBoard vor und führen das Training durch:

```
# TensorBoard - Vorbereitung
LOGDIR = "logs"
```

```
my_tensorboard = TensorBoard(log_dir = LOGDIR,
      histogram_freq=0,
      write_graph=True,
      write_images=True)
# Hyperparameter
my_batch_size = 128
my_num_classes = 10
my_epochs = 12

history = model.fit(train_images, train_labels,
      batch_size=my_batch_size,
      callbacks=[my_tensorboard],
      epochs=my_epochs,
      verbose=1,
      validation_data=(test_images, test_labels))

# Ausgabe:
Train on 60000 samples, validate on 10000 samples
Epoch 1/12
60000/60000 [==============================] - 114s 2ms/step - loss: 0.3730 -
acc: 0.8801 - val_loss: 0.0554 - val_acc: 0.9831
. . .
```

Listing 8.8 Training des Modells mit »model.fit()«

Listing 8.8 zeigt bereits die Ergebnisse für Verlustfunktion (`loss`) und Genauigkeit (`acc`) für den Trainingsdatensatz und für den Testdatensatz an.

Aufgabe

Verändern Sie das Modell so, dass für den ersten Convolutional-Block ein 3×3-Filter verwendet wird und für den zweiten Convolutional-Block ein 3×3-Filter. Der Dropout Layer im Prädiktionsblock soll weggelassen werden.

Vergleichen Sie Verlust und Genauigkeit!

8.1.3 Die Ergebnisse

In Abbildung 8.5 lassen wir uns einen Ausschnitt der Netzwerkstruktur als TensorBoard-Graphen darstellen.

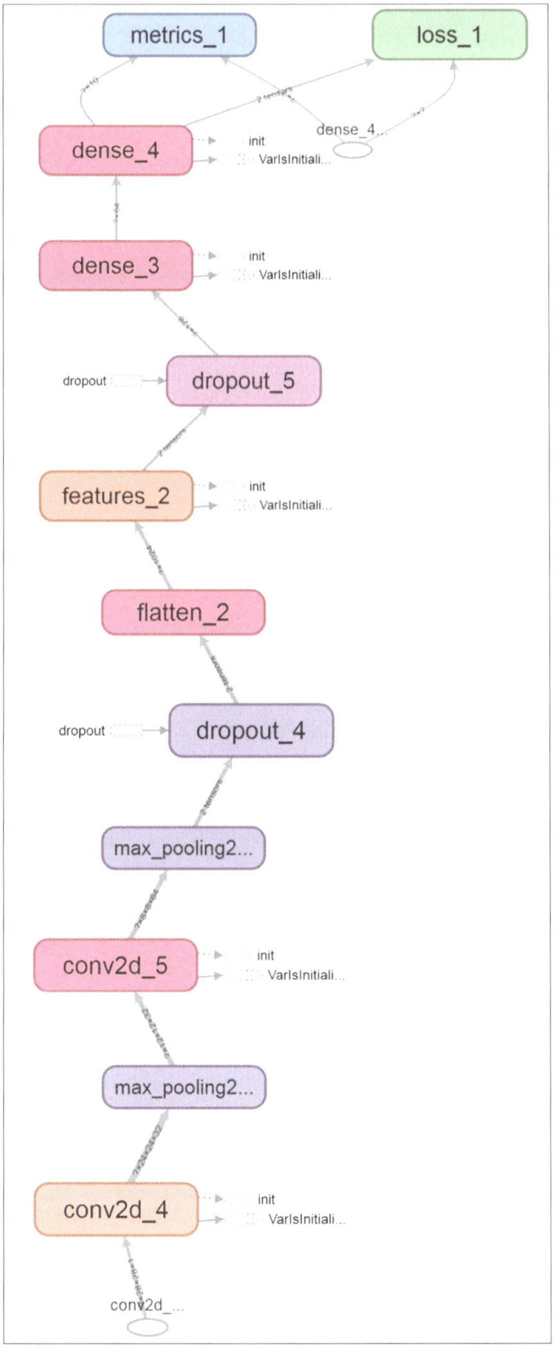

Abbildung 8.5 Unser Convolutional Neuronal Network im TensorBoard (Ausschnitt)

TensorBoard

Um die Ergebnisse selbst mittels TensorBoard nachzuvollziehen, können Sie es in einem Terminal (am besten aus Anaconda Navigator im entsprechenden Environment) selbst starten, und zwar mit dem Befehl:

```
tensorboard -logdir "logs"
```

Achtung! Sie müssen im Terminal zuerst in das Verzeichnis wechseln, in dem sich auch das Jupyter Notebook befindet. Statt `"logs"` müssen Sie das Verzeichnis eintragen, dass Sie in Listing 8.8 für die Variable `LOG_DIR` gewählt haben.

Danach öffnen Sie einen Webbrowser und starten die TensorBoard-Webapplikation mit der URL *http://localhost:6006/* (oder, wenn das nicht funktioniert, mit *http://rechner-name:6006*).

Mit der Funktion `model.evaluate()` können wir uns die Genauigkeit und die Verlustfunktion auf Basis des Testdatensatzes anzeigen lassen:

```
score = model.evaluate(test_images, test_labels)
print('Test Verlust:', score[0])
print('Test Genauigkeit:', score[1])
# Ausgabe:
10000/10000 [==============================] - 6s 650us/step
Test Verlust: 0.0206829725912
Test Genauigkeit: 0.994
```

Listing 8.9 Verlust und Genauigkeit unseres trainierten CNN

Wir haben eine sehr gute Genauigkeit von 99.4 % erreicht, und das nach nur wenigen Epochen.

Interessant wäre nun noch, uns den Verlauf des Verlusts und der Genauigkeit während des Trainings anzusehen. In Abbildung 8.6 und Abbildung 8.7 zeigen wir die Genauigkeit (»acc«) bzw. den Verlust (»loss«) der Trainingsdaten bzw. Testdaten über die Trainingsepochen hinweg.

In Abbildung 8.6 und Abbildung 8.7 sehen Sie eine dicke orangefarbene Kurve und eine Kurve mit einer etwas blasseren Farbe. Da die Kurven oft keinen schönen Verlauf haben, bietet TensorBoard eine Glättungs- bzw. Smoothing-Funktion an. Die dicke orangefarbene Kurve zeigt die geglättete Kurve, während die blasse Kurve den tatsächlichen Verlauf darstellt.

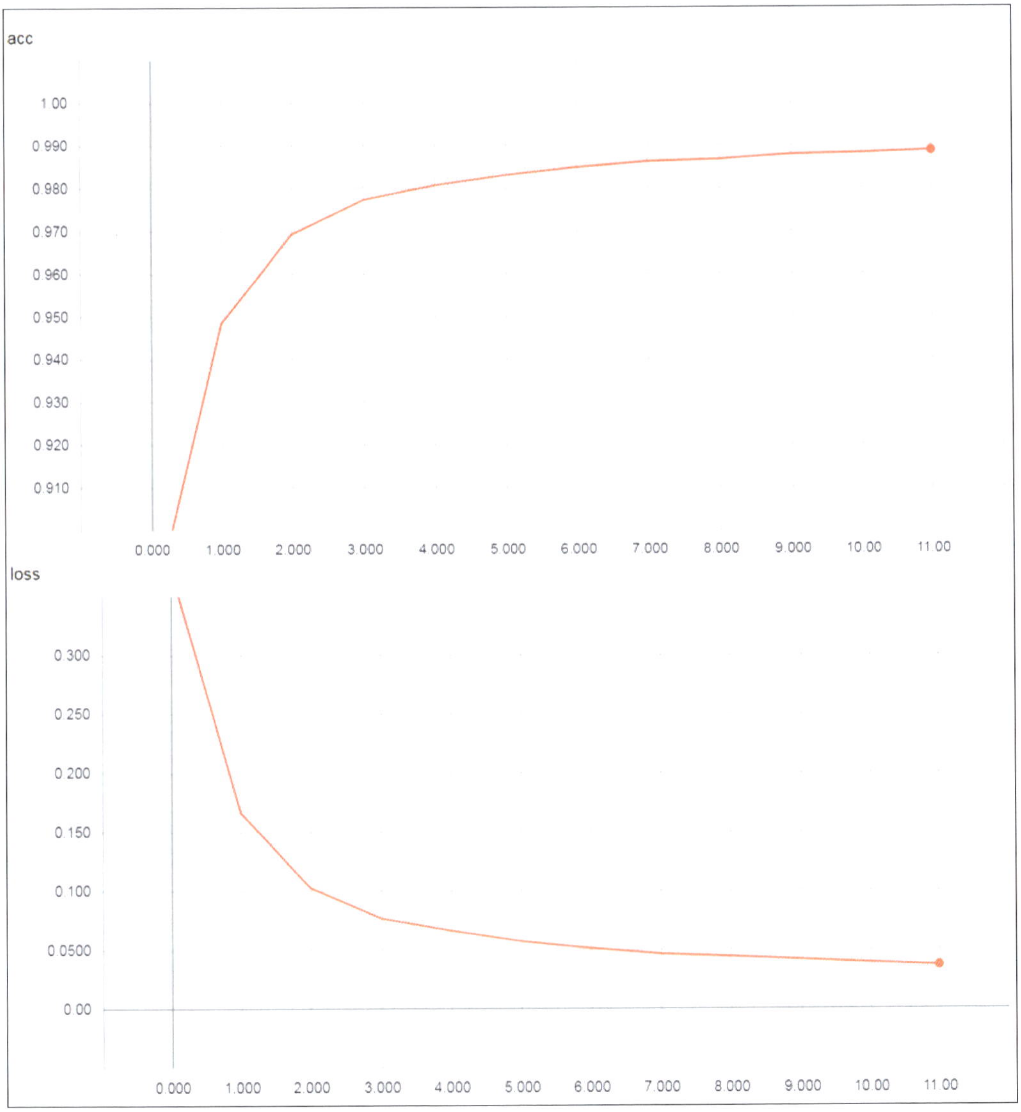

Abbildung 8.6 Verlauf der Genauigkeit (»acc«) und des Verlusts (»loss«) der Trainingsdaten

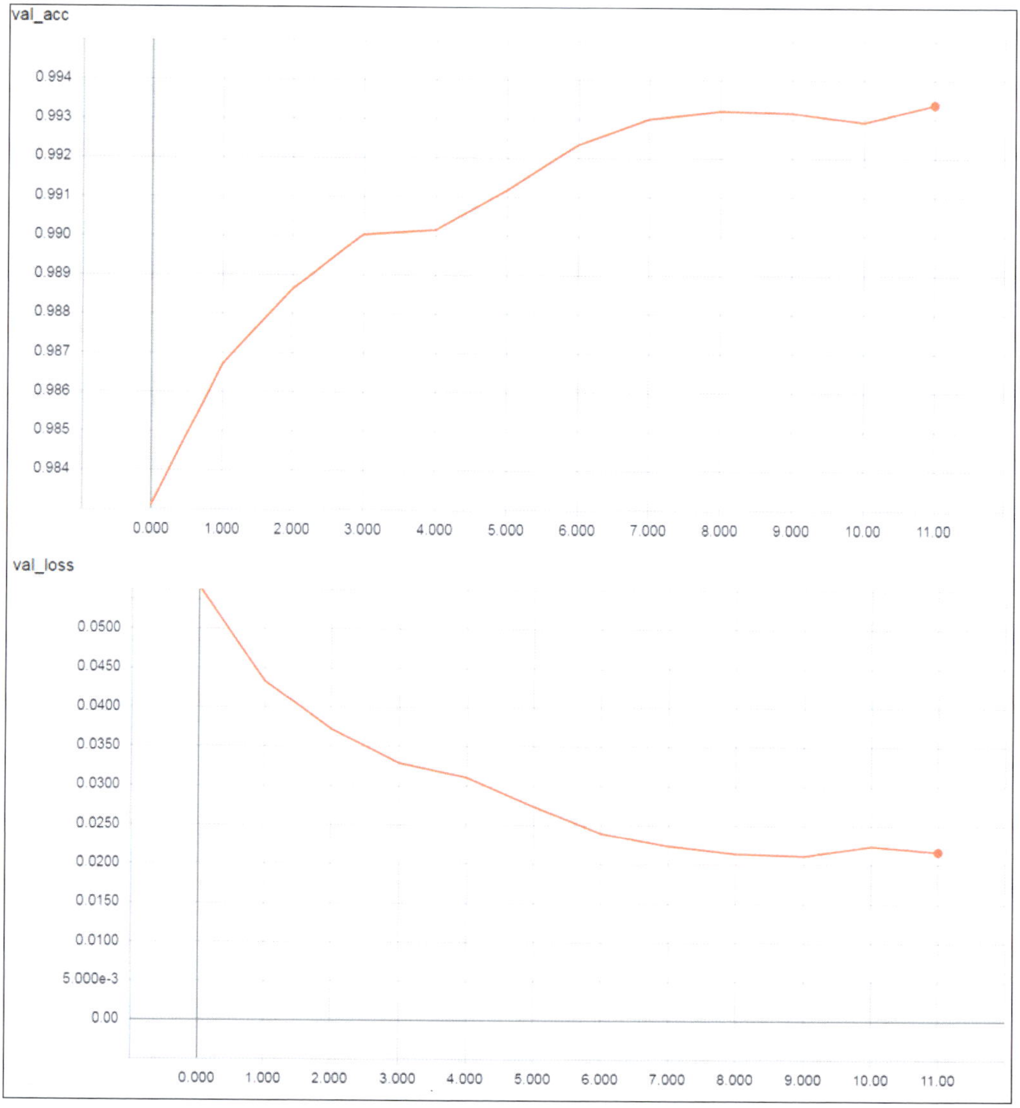

Abbildung 8.7 Verlauf der Genauigkeit (»acc«) und des Verlusts (»loss«) der Testdaten

Das ist natürlich nicht das einzige Ergebnis. Wir haben jetzt auch ein vortrainiertes Netzwerk, das wir auf beliebige Daten anwenden können.

TensorFlow bietet uns die Möglichkeit, die Netzwerkarchitektur mit den trainierten Gewichten abzuspeichern. So könnten wir das Netz zum Beispiel weitergeben, zur Ziffernerkennung in eine Webseite einbauen oder zum späteren Vergleich mit anderen Modellen abspeichern:

```
from tensorflow.keras import models

# Speichern des Modells im Keras-HDF5-Format
model.save('SimpleCNN_MNIST.h5')
```

Listing 8.10 Speichern des Modells und der Gewichte (»h5«-Format)

Mit Listing 8.10 wird das Modell samt der trainierten Gewichte im *HDF5*-Format in der Datei *SimpleCNN_MNIST.h5* abgespeichert. Die Datei enthält die Netzwerkarchitektur, die Gewichte, die Trainingskonfiguration (d. h. die Verlustfunktion und das Optimierungsverfahren) und den Status des Optimierungsverfahrens.

TensorFlow 2 bietet auch die Möglichkeit, das trainierte Modell im TensorFlow-eigenen Format (SavedModel, PB-Format) abzuspeichern, wie in Anhang C gezeigt wird. Das HDF5-Format stammt noch aus der ursprünglichen Keras-Bibliothek, während das SavedModel-Format eine reine TensorFlow-Entwicklung ist.

```
from tensorflow import models
modellverzeichnis = 'models'

# Speichern des Modells im TensorFlow-SavedModel-Format
model.save(modellverzeichnis, save_format = 'tf')
```

Listing 8.11 Speichern des Modells und der Gewichte (»pb«-format)

Hierarchical Data Format 5 (HDF5)

Dieses Format wird insbesondere in wissenschaftlichen Anwendungen zur Speicherung großer Datenmengen verwendet.

Die Wiederverwendung eines Modells ist denkbar einfach. Dabei ist es egal, welches Format gewählt wird:

```
from tensorflow.keras.models import load_model
modellverzeichnis = 'models'
```

```
# Laden des HDF5-Modells (h5)
# h5 ist die typische Dateierweiterung für dieses Format.
# Alles wird in einer Datei abgespeichert
new_model_h5 = load_model('SimpleCNN_MNIST.h5')

# Laden des SavedModel-Modells (pb)
# pb ist die typische Dateierweiterung für dieses Format.
# Es werden auch die Verzeichnisse assets und variables angelegt
new_model_pb = load_model(modellverzeichnis)

prediction_h5 = new_model_h5.predict(test_images)
prediction_pb = new_model_pb.predict(test_images)
```

Listing 8.12 Laden und Verwenden des vortrainierten Modells

In Listing 8.12 wurde das Modell aus unterschiedlichen Formaten wieder geladen, und wir überprüfen im folgenden Listing, ob wir auch in beiden Fällen das gleiche Ergebnis anhand unserer Testbilder erhalten. Mit Listing 8.13 (das dem Listing 8.4 nicht unähnlich ist) überprüfen wir gleichzeitig stichprobenartig, ob unser trainiertes Netz auch wirklich richtig klassifiziert.

```
import matplotlib.pyplot as plt
import random

randindex = random.randint(0,10000)
# Die Funktion argmax() liefert uns den Index des höchsten Werts
# des Ergebnisvektors
h5_class = prediction_h5[randindex].argmax()
pb_class = prediction_pb[randindex].argmax()
plttitle = "Testbild Nr. {} \n (h5) Klasse: {} \n (pb) Klasse: {}".format(rand-
index,h5_class, pb_class)
plt.imshow(test_images[randindex].reshape(28,28), cmap='gray')
plt.title(plttitle)
plt.axis('off')
plt.show()
```

Listing 8.13 Vergleich der Ergebnisse und Prüfung des trainierten Netzes

Listing 8.13 sollte die Ausgabe liefern, die Sie in Abbildung 8.8 sehen. Da wir einen Zufallszahlengenerator verwenden, wird das Testbild und entsprechend auch das Ergebnis bei Ihnen voraussichtlich ein anderes sein.

Bezüglich des Speicherformats bestehen natürlich gewisse Unterschiede darin, was alles abgespeichert wird. Auf diese Unterschiede müssen wir hier aber nicht näher eingehen.

Über die Wiederverwendung von trainierten Netzen erfahren Sie mehr in Abschnitt 8.3.

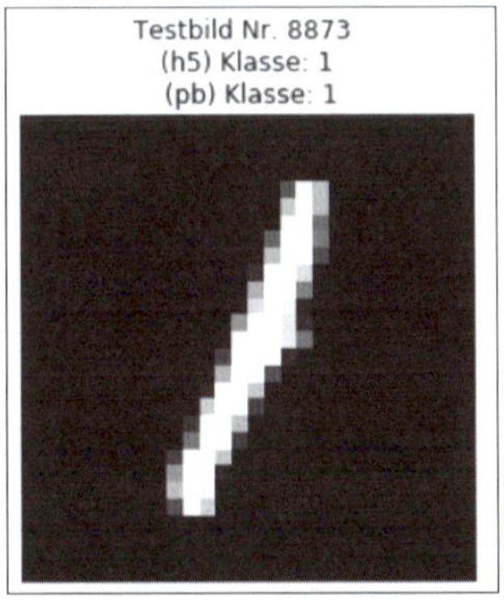

Abbildung 8.8 Klassifikationsergebnis eines Testbildes

8.2 Transfer Learning mit Convolutional Neural Networks

Das MNIST-Beispiel zeigt, dass dieses Konzept für die überwachte Klassifizierung von Bildern sehr gut funktioniert. Für diesen Bildtypus reicht bereits ein einfaches Convolutional Neural Network aus. Das Trainieren, das rechentechnisch intensivste Element, lässt sich auch mit einfachen Rechnern noch in akzeptabler Zeit bewerkstelligen.

Was wäre aber nun, wenn wir 100 oder 1000 Bildklassen zu unterscheiden hätten? Wir bräuchten für das Training des neuronalen Netzes erheblich mehr Rechenpower, aber vor allem eine Unmenge an Trainingsdaten, also Bild-Klasse-Paaren.

Verbinden wir das gleich mit einer konkreten Aufgabe (siehe Kasten).

Aufgabe

Gegeben seien die in Abbildung 8.9 gezeigten Bilder. Implementieren Sie einen Bildklassifikator, der die folgenden sechs Klassen erkennen kann: Berge, Dachs, Dampflokomotive, Deutscher Schäferhund, Erdbeere und Staplerfahrzeug.

Das ist eine Aufgabe, die vor rund zwei Jahrzehnten eine große Herausforderung darstellte und deren Lösung nur Bildverarbeitungsspezialisten vorbehalten war.

Wir werden in diesem Abschnitt zeigen, wie diese Aufgabe mit Mitteln des *Transfer Learnings* mit einigen wenigen Zeilen Python-Code zu lösen ist.

Abbildung 8.9 Beispielbilder für unsere Aufgabe

Der erste mühsame Schritt zur Lösung dieser Aufgabe wäre, ausreichend Trainingsdaten zu sammeln. Glücklicherweise kann man sich das ersparen, indem man vortrainierte Convolutional Neural Networks (wie z. B. unser in Abschnitt 8.1 erstelltes MNIST-Modell) verwendet, die selbstverständlich die Klassen aus Abbildung 8.9 enthalten müssen. Aber wie sind diese vortrainierten Netze entstanden? Und warum können wir sie verwenden?

Die Stanford University stellte im Jahre 2010 einen Datensatz zur Verfügung und rief einen Wettbewerb aus, der als die *ImageNet Large Scale Visual Recognition Challenge* (ILSVRC) bekannt ist. Der Datensatz wird oft auch als *ImageNet-Datensatz* bezeichnet und besteht aus 150.000 Bildern mit 1000 Klassen. Die jeweils drei besten Teams wurden eingeladen, während einer renommierten wissenschaftlichen Veranstaltung der *IEEE Conference on Computer Vision and Pattern Recognition (CVPR)* ihre Lösungen zu präsentieren. Im Jahre 2012 überflügelt erstmals ein CNN (*AlexNet*) die anderen Konkurrenten mit einer bis dahin nicht erreichten Fehlerrate von 15,3 % (der Zweitplatzierte lag bei 26,2 %).

Abbildung 8.10 zeigt die Entwicklung der Fehlerraten seit dem Jahr 2010, wobei eine Reduktion von 28 % auf unter 3 % innerhalb von 6 Jahren gelang. Die menschliche Fehlerrate liegt bei 5 bis 10 %.

Dieses Ergebnis bei einem Datensatz mit 1000 Klassen ist wirklich beeindruckend.

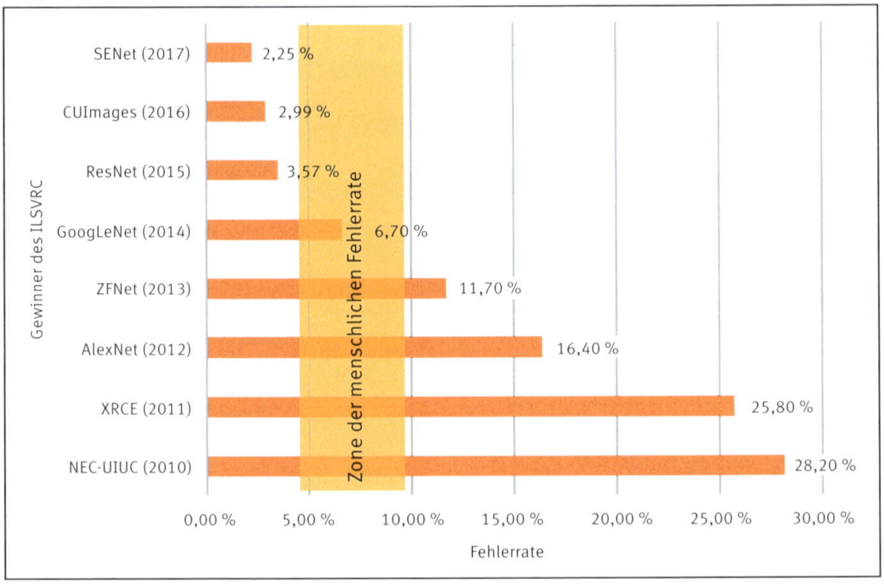

Abbildung 8.10 Gewinner des ILSVRC seit 2010 mit Angabe der Fehlerrate

8.2.1 Das vortrainierte Netzwerk

Für unser Beispiel verwenden wir eine Netzwerkstruktur namens *Inception-v3* mit trainierten Gewichten. Dieses Netzwerk wurde mit dem zuvor erwähnten Bilddatensatz ImageNet trainiert.

Abbildung 8.11 zeigt schematisch den Aufbau des Inception-v3-Netzes und lässt erahnen, dass das Training eines solchen Netzwerks durchaus eine große Herausforderung darstellt.

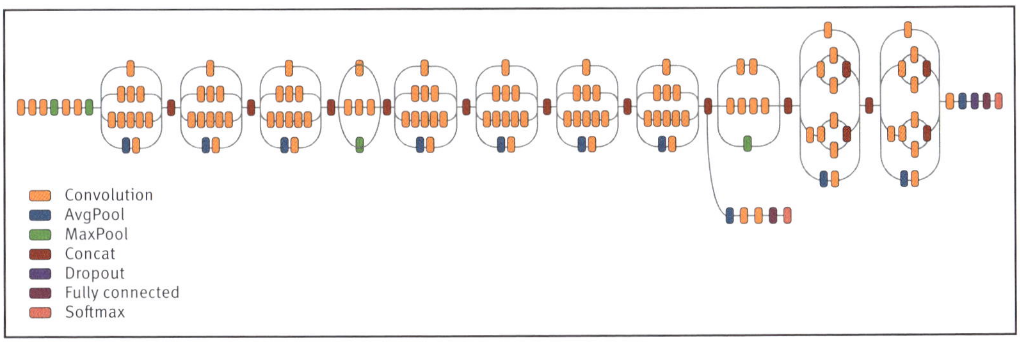

Abbildung 8.11 Die Netzwerkstruktur von Inception-v3

Warum heißt das Inception?

Gerüchten zufolge soll der Name in der Tat im Zusammenhang mit dem Kinofilm »Inception« entstanden sein. Abbildung 8.12 zeigt ein Meme, das die Namensgebung wesentlich beeinflusst haben soll.

Abbildung 8.12 Meme auf Basis des Kinofilms »Inception« (Quelle: memegenerator.net)

Die Inspiration rührt von folgender Idee her: Bei der Entwicklung der Netzwerkarchitektur muss man für jeden Layer immer entscheiden, ob ein 3×3-Filter oder ein 5×5-Filter oder ein Average Pooling oder Max Pooling folgt. Aber warum entscheiden? Warum sollte man nicht alles nehmen und das Modell entscheiden lassen? Und genau das passiert bei einem Inception-Modul: Man wendet alles an und verbindet dann die Ergebnisse – was als *Filter Concatenation* bezeichnet wird –, in der Art und Weise, die in Abbildung 8.13 schematisch dargestellt ist.

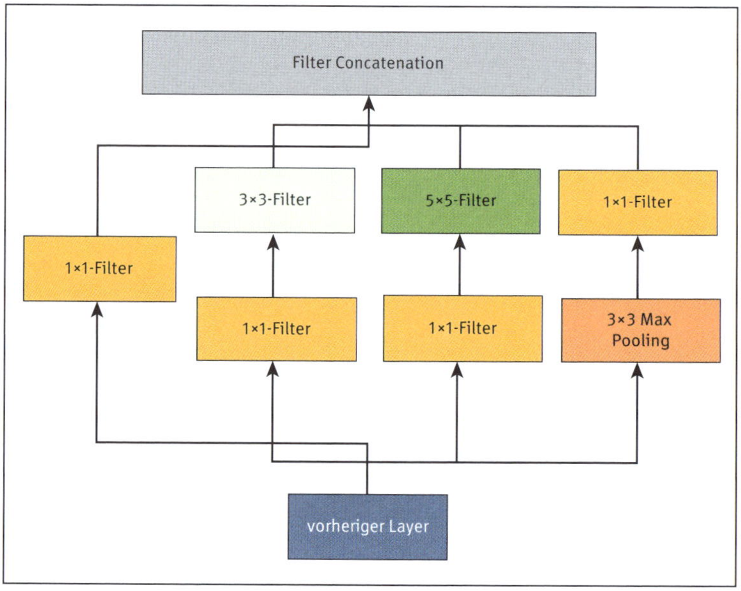

Abbildung 8.13 Eines der Inception-Module, aus denen Inception-v3 aufgebaut ist

Details zu diesem Netzwerk finden Sie unter *https://arxiv.org/abs/1409.4842*.

8.2.2 Datenvorbereitung

Zuerst beginnen wir wie üblich mit dem Importieren der benötigten Bibliotheken bzw. Pakete:

```
import tensorflow.keras as tf

from tensorflow.keras.applications.inception_v3 import InceptionV3
from tensorflow.keras.applications.inception_v3 import preprocess_input,
decode_predictions
from tensorflow.keras.preprocessing import image
```

Listing 8.14 Import der Bibliotheken für neuronale Netze

In Listing 8.14 lässt sich schon erkennen, dass wir die bewährten Bibliotheken `tensorflow` und `keras` verwenden. Mit dem Import von `InceptionV3` haben wir uns auf ein bestimmtes Modell eines CNN festgelegt.

Alle vortrainierten CNN verlangen Bilder einer bestimmten Größe; leider tun uns die Bilder nicht den Gefallen, genauso zur Verfügung zu stehen, wie es das CNN braucht. TensorFlow ist hier sehr hilfreich, denn es stellt Funktionen wie `preprocess_input` und `image` zur Verfügung, die uns bei der Aufbereitung der Bilder helfen.

Für das Laden, Darstellen und Transformieren brauchen wir aber noch weitere Bibliotheken:

```
%matplotlib inline
import matplotlib.pyplot as plt
import numpy as np
import os
```

Listing 8.15 Wichtige Helferlein für die Bildbearbeitung

Die Bibliothek `matplotlib` verwenden wir für die Darstellung des Bildes bzw. des Ergebnisses und `numpy` für die Transformierung des Bildes in eine NumPy-Matrix, die von `tensorflow.keras` als Eingabe verlangt wird.

8.2.3 Das vortrainierte Netz

Nun laden wir uns das Modell *Inception-v3* mit den Gewichten, die durch das Training mit den Bildern des ImageNet-Datensatzes entstanden sind:

```
model = InceptionV3(weights='imagenet')
model.summary()
```

Listing 8.16 Laden und Anzeigen des Modells »Inception-v3«

Abbildung 8.14 zeigt uns den Beginn und das Ende der Modellstruktur von Inception-v3. Das Modell besteht aus fast 24 Millionen Parametern. Die letzte Schicht, `predictions (Dense)`, gibt einen Vektor mit der Länge `1000` aus, was auch zu erwarten ist, da der ImageNet-Datensatz 1000 Klassen enthält.

```
Model: "inception_v3"
__________________________________________________________________________________________________
Layer (type)                    Output Shape         Param #     Connected to
==================================================================================================
input_1 (InputLayer)            [(None, 299, 299, 3) 0
__________________________________________________________________________________________________
conv2d (Conv2D)                 (None, 149, 149, 32) 864         input_1[0][0]
__________________________________________________________________________________________________
batch_normalization (BatchNorma (None, 149, 149, 32) 96          conv2d[0][0]
__________________________________________________________________________________________________
activation (Activation)         (None, 149, 149, 32) 0           batch_normalization[0][0]
__________________________________________________________________________________________________
conv2d_1 (Conv2D)               (None, 147, 147, 32) 9216        activation[0][0]
__________________________________________________________________________________________________
batch_normalization_1 (BatchNor (None, 147, 147, 32) 96          conv2d_1[0][0]
__________________________________________________________________________________________________
activation_1 (Activation)       (None, 147, 147, 32) 0           batch_normalization_1[0][0]
__________________________________________________________________________________________________
conv2d_2 (Conv2D)               (None, 147, 147, 64) 18432       activation_1[0][0]
          .                                .                          .
          .                                .                          .
          .                                .                          .
__________________________________________________________________________________________________
concatenate_1 (Concatenate)     (None, 8, 8, 768)    0           activation_91[0][0]
                                                                 activation_92[0][0]
__________________________________________________________________________________________________
activation_93 (Activation)      (None, 8, 8, 192)    0           batch_normalization_93[0][0]
__________________________________________________________________________________________________
mixed10 (Concatenate)           (None, 8, 8, 2048)   0           activation_85[0][0]
                                                                 mixed9_1[0][0]
                                                                 concatenate_1[0][0]
                                                                 activation_93[0][0]
__________________________________________________________________________________________________
avg_pool (GlobalAveragePooling2 (None, 2048)         0           mixed10[0][0]
__________________________________________________________________________________________________
predictions (Dense)             (None, 1000)         2049000     avg_pool[0][0]
==================================================================================================
Total params: 23,851,784
Trainable params: 23,817,352
Non-trainable params: 34,432
__________________________________________________________________________________________________
```

Abbildung 8.14 Ausschnitt der Inception-v3-Netzwerkstruktur

Wir haben nun unser Modell geladen. Jetzt fehlt nur noch ein Bild, das zu klassifizieren ist. In unserem Beispiel nehmen wir ein Bild mit dem Namen *schaeferhund.jpg*, Sie können natürlich auch ein eigenes Bild verwenden. Idealerweise achten Sie darauf, dass das Bild ein Objekt enthält, das einer der 1000 Klassen des ImageNet-Datensatzes entspricht (*https://gist.github.com/yrevar/942d3a0ac09ec9e5eb3a*). Selbstverständlich sind die 6 Klassen für unsere Aufgabe auch aus den 1000 Klassen des ImageNet-Datensatzes entnommen.


```
path = 'eingabebilder/'
file = 'schaeferhund.jpg'
img_file = os.path.join(path,file)

img = image.load_img(img_file, target_size=(299, 299))

x = image.img_to_array(img)
print(x.shape)
print(x)
# Ausgabe:
(299, 299, 3)
[[[219. 224. 228.]
  [212. 217. 221.]
  [213. 218. 222.]
  ...
```

Listing 8.17 Laden des zu klassifizierenden Bildes

Abbildung 8.15 Bild eines Deutschen Schäferhunds[1]

1 von Budinho, CC-BY-SA 3.0, *https://commons.wikimedia.org/wiki/File:Grauer_Deutscher_Schäferhund_Standbild.jpg*

Hier ist zu bemerken, dass in Listing 8.17 der Pfad relativ zum Startverzeichnis des Jupyter Notebooks gesetzt wurde. Es ist natürlich auch möglich, einen absoluten Pfad zu setzen, also z. B. `D:\pfad_zu_den_Bildern\eingabebilder`. Es ist ratsam, die Funktion `os.path.join` zu verwenden, denn sie kombiniert Pfad und Dateiname entsprechend dem eingesetzten Betriebssystem. Sie sparen sich viel Ärger rund um den richtigen Einsatz von Schrägstrichen bzw. linksseitigen Schrägstrichen, denn diese Aufgabe übernimmt die `os`-Funktion.

Die Funktion `imgage.load_img()` erfüllt zwei Aufgaben, nämlich das Laden der Bilddaten aus der Datei und die Transformation in dic Bildgrößc 299 × 299 Pixel. Das ist notwendig, da das Modell Inception-v3 Bilder genau in dieser Größe erwartet. Da wir es mit Farbbildern – also mit drei Kanälen für Rot, Grün, Blau – zu tun haben, ist die Dimension (299, 299, 3).

Mit der Funktion `print(x)` wird die gesamte Bildmatrix ausgegeben. Wenn Sie die Ausgaben vonListing 8.17 und Listing 8.18 vergleichen, sehen Sie, dass sich die Pixelwerte verändert haben. Üblicherweise befinden sich die Pixelwerte im Zahlenbereich von 0 bis 255. Inception-v3 erwartet jedoch Bilder mit Pixelwerten im Wertebereich zwischen 0 und +1. Das erreichen wir mit der von `tensorflow.keras` zur Verfügung gestellten Funktion `preprocess_input()`.

Zusätzlich wird unser Bild um eine Dimension erweitert. Für die Bildklassifikation an sich wäre das nicht notwendig. Allerdings braucht das Modell Inception-v3 für die Trainingsphase diese zusätzliche Dimension, nämlich für die Batch-Verarbeitung von Bildern. Da für das Training und für die Klassifikation klarerweise dasselbe Netz verwendet wird, müssen wir auch Bilder derselben Dimension verwenden.

```
x = np.expand_dims(x, axis=0)
x = preprocess_input(x)
print(x.shape)
print(x)
# Ausgabe:
(1, 299, 299, 3)
[[[[ 0.7176471    0.75686276   0.7882353 ]
   [ 0.6627451    0.7019608    0.73333335]
   [ 0.67058825   0.70980394   0.7411765 ]
   ...
```

Listing 8.18 Weitere Bildvorverarbeitung und Ausgabe der Form und der Pixelwerte

8.2.4 Die Ergebnisse

Jetzt ist das Bild bereit und kann klassifiziert werden:

```
prediction = model.predict(x)

decoded = decode_predictions(prediction, top=3)[0]
print(decoded)
# Ausgabe:
[('n02106662', 'German_shepherd', 0.92125314), ('n02105162', 'malinois',
0.02156584), ('n02105412', 'kelpie', 0.0059969528)]
```

Listing 8.19 Klassifikation des Bildes

Mit Listing 8.19 wird unser Bild klassifiziert, und die Aufgabe ist somit gelöst! Die Funktion model.predict(x) liefert uns, wie erwartet, einen Vektor der Länge 1000. Für jede Koordinate wird ein Wert zwischen 0 und 1 ausgegeben, der die Klassenzugehörigkeit repräsentiert. Je höher der Wert ist, desto eher gehört das Bild zu der Klasse, die dieser Position im Vektor entspricht. Glücklicherweise gibt es in tensorflow.keras auch noch die Funktion decode_predictions(), die die Klassenbezeichnung und Klassenzugehörigkeit liefert und das Ergebnis nach der Klassenzugehörigkeitswahrscheinlichkeit sortiert. Standardmäßig gibt diese Funktion die ersten fünf Ergebnisse in lesbarer Form aus – uns reichen die ersten drei.

Damit sind wir eigentlich schon fast am Ziel, dennoch wollen wir noch das Bild mit den ersten drei Klassen in Jupyter Notebook darstellen:

```
plt.figure(figsize=(8, 8))
plt.axis('off')

pos_x, pos_y = 1,10
for id, lab, prob in decoded:
    plt.text(pos_x, pos_y, 'Klasse: {} - {:.2f}%'.format(lab,prob*100),
            fontsize=12, color='black',
            bbox=dict(boxstyle="round", pad=0.1, fc='white'))
    pos_y += 10

plt.imshow(img)
```

Listing 8.20 Das klassifizierte Bild mit Klassenlegende

In Listing 8.20 verwenden wir matplotlib zur Darstellung des Bildes. Mit der Funktion matplotlib.text() (im Listing als plt.text() zu finden) können wir Texte in Bilder integrieren (siehe Abbildung 8.16). Das verwenden wir, um die Klassenbezeichnungen und -wahrscheinlichkeiten darzustellen.

Abbildung 8.16 Klassifikationsergebnis

Das Bild erzielt für die Klasse `German shepherd` (Deutscher Schäferhund) eine Klassifikationswahrscheinlichkeit von 92.13 % – kein schlechtes Ergebnis. An zweiter Stelle folgt `malinois` (Belgischer Schäferhund) und an dritter Stelle `kelpie` (Australian Kelpie), allerdings mit sehr geringen Werten – also Klassen, die dem Deutschen Schäferhund gar nicht so unähnlich sind.

In Abbildung 8.16 sehen Sie das Eingabebild für das Inception-v3-Netz mit der Dimension 299 × 299 Pixel. Die Verzerrung macht für die Klassifizierung sehr wenig aus, was auch ein Qualitätsmerkmal für unseren Klassifikator ist.

Aufgabe

In diesem Beispiel haben wir Inception-v3 für die Bildklassifikation verwendet. Versuchen Sie nun, die gleiche Klassifikation durchzuführen, aber mit dem Model *ResNet50*, und bauen Sie den Code entsprechend um. Wo müssen Sie aufpassen? Natürlich beim Import der entsprechenden `tensorflow.keras`-Bibliothek (`tensorflow.keras.applications.resnet50`). Bei der Modelldefinition (siehe Listing 8.16) sollten außerdem die Gewichte durch Training mit dem ImageNet-Datensatz verwendet werden. Die Größe der Eingabebilder ist ebenfalls zu beachten – sie beträgt nämlich (224,224,3).

Probieren Sie Ihren Code auch mit den anderen Bildern im Downloadbereich oder mit Ihren eigenen Bildern aus!

8.3 Transfer Learning mit Transformer Neural Networks

Einige typische Aufgaben im Bereich des *Natural Language Processing* (NLP) sind in folgender Liste beschrieben:

- **Textklassifikation:** Zuordnung eines Textes zu einer oder mehreren vordefinierten Kategorien, wie z. B. Spam-Erkennung oder Sentiment-Analyse
- **Maschinelle Übersetzung:** automatische Übersetzung von Texten zwischen verschiedenen Sprachen
- **Textzusammenfassung:** automatische Erstellung einer kürzeren Version eines Textes, die aber die wesentlichen Inhalte enthält
- **Fragebeantwortung:** Beantwortung von Fragen basierend auf einer trainierten Wissensbasis
- **Textgenerierung:** automatische Erstellung neuer Texte auf Basis von sogenannten *Prompts*

Wir zeigen anhand der *Transformer*-Bibliothek von *Hugging Face*, wie wir vortrainierte Transformer-Netze für unterschiedliche Aufgaben einsetzen können.

Hugging Face

Hugging Face ist ein Unternehmen und eine Open-Source-Plattform, die sich ursprünglich auf Technologien zur Verarbeitung natürlicher Sprache (Natural Language Processing, NLP) spezialisiert hat. Mittlerweile ist Hugging Face vor allem für seine umfassende Bibliothek vortrainierter Modelle für alle möglichen KI-Aufgaben sowie für Tools zur Entwicklung und Implementierung von KI-Lösungen bekannt. Das Hauptziel ist es, die Nutzung moderner maschineller Lernmodelle für Forscher und Entwickler zugänglicher zu machen.

Auf dieser Plattform finden Sie

- eine Sammlung von **Datensätzen** für das Trainieren von neuronalen Netzen,
- ein zentrales Repository mit Tausenden von **vortrainierten Modellen** für verschiedene Aufgaben,
- eine Plattform für das Ausprobieren von **Anwendungen** (die hier *Spaces* genannt werden) mithilfe von benutzerfreundlichen Schnittstellen – und vieles mehr!

8.3.1 Die Transformer-Bibliothek

Bevor Sie starten, müssen Sie die notwendigen Bibliotheken installieren. Die Installation in der Anaconda-Umgebung sowie in einem Google Colab sollte Ihnen bereits bekannt sein. Wir geben hier das Installationskommando in einer Jupyter-Notebook- bzw. Google-Colab-Zelle an:

```
!pip install transformers datasets evaluate accelerate
```

Listing 8.21 Installation der Transformer-Bibliotheken

Um nun auf eines der Modelle für eine bestimmte NLP-Aufgabe zuzugreifen, erzeugen wir eine `pipeline()`-Instanz und definieren die Art der Aufgabe. Im Folgenden zeigen wir ein Beispiel, das eine Textklassifikation durchführt, genauer gesagt eine Sentiment-Analyse. Das Ziel ist es, einen Text hinsichtlich seiner Positivität bzw. Negativität zu klassifizieren.

```
from transformers import pipeline
sentclassifier = pipeline("text-classification")
resultat= sentclassifier("I am very happy with this book on Neural Nets!")
print(resultat)
# Ausgabe:
([{'label': 'POSITIVE', 'score': 0.9998326301574707}]
```

Listing 8.22 Textklassifikation mit vortrainiertem Default-Modell

Wir haben hier nur die Aufgabe vorgegeben; die Funktion `pipeline()` nutzt dann ein sogenanntes Default-Transformernetz – in diesem Beispiel ist das ein *BERT-Transformer*: `distilbert/distilbert-base-uncased-finetuned-sst-2-english`. Dieses Modell funktioniert allerdings nur für die englische Sprache.

Für die deutsche Sprache finden Sie auf Hugging Face ebenfalls Modelle, die Sie dann genauer spezifizieren müssen:

```
from transformers import pipeline
sentclassifier = pipeline("text-classification", model=" nlptown/bert-base-
multilingual-uncased-sentiment",device="cuda")
resultat= sentclassifier("Ich bin sehr glücklich mit diesem Buch zu Neuronalen
Netzen!")
print(resultat)
# Ausgabe:
[{'label': '5 stars', 'score': 0.8118821382522583}]
```

Listing 8.23 Textklassifikation mit spezifiziertem Modell

Sie sehen, dass sich die Ausgabe etwas unterscheidet, aber der Text wird immer noch positiv bewertet. Zusätzlich haben wir bei der Definition von `sentclassifier` noch den

Parameter device="cuda" angegeben, damit die Funktion auch die GPU zur Sentimentanalyse verwendet.

Natürlich besteht auch die Möglichkeit, gleich mehrere Sätze gleichzeitig zu übergeben:

```
from transformers import pipeline
sentclassifier = pipeline("text-classification", model="nlptown/bert-base-multi-
lingual-uncased-sentiment",device="cuda")
resultate = sentclassifier(["I am very happy with this book on Neural
Nets!","Das Thema gefällt mir überhaupt nicht!"])
print(resultate)
# Ausgabe:
[{'label': '5 stars', 'score': 0.7789900898933411}, {'label': '1 star',
'score': 0.673673152923584}]
```

Listing 8.24 Textklassifikation mit mehreren Eingaben

Aufgabe

Experimentieren Sie mit eigenen Sätzen und überprüfen Sie stichprobenartig die Qualität der Modelle zu Textklassifikation. Suchen Sie auf der Hugging-Face-Webseite nach weiteren Modellen und testen Sie diese in Google Colab.

8.3.2 Tokenizer und Modelle

Sehen wir uns nun die inneren Abläufe etwas genauer an. Wie Sie aus Kapitel 7, »Beispiele für tiefe neuronale Netze«, gelernt haben, ist der erste Schritt die Transformation von Text zu Tokens bzw. Token-IDs. Bei den vorherigen Beispielen läuft das automatisch ab, wir wollen aber nun genau sehen, was hier passiert:

```
from transformers import pipeline
from transformers import AutoTokenizer, AutoModelForSequenceClassification
model_name = "nlptown/bert-base-multilingual-uncased-sentiment"
model = AutoModelForSequenceClassification.from_pretrained(model_name)
tokenizer = AutoTokenizer.from_pretrained(model_name)
sentclassifier = pipeline("sentiment-analysis", model=model, tokenizer=tokeni-
zer)
```

Listing 8.25 Definition eines Tokenizers und eines vortrainierten Modells

Wir nehmen das gleiche Modell wie in Listing 8.24 und sehen uns an, wie so eine Tokenliste aussieht. Die Funktion AutoTokenizer() liefert uns die Tokens, während sie das Modell durchläuft. Wichtig ist, dass alle Modelle ihre eigenen Tokenizer haben und dass diese zumeist unterschiedlich sind:

```
sequence = "Ich mag dieses Buch über Neuronale Netze immer noch!"
# Transformation zu Tokens
tokens = tokenizer.tokenize(sequence)
print("Tokens: ", tokens)
# Transformation in IDs
ids = tokenizer.convert_tokens_to_ids(tokens)
print("IDs: ", ids)
# Rücktransformation von IDs in einen Satz
decode_ids = tokenizer.decode(ids)
print("IDs zu Satz: ", decode_ids)
# Ausgabe:
['ich', 'mag', 'dieses', 'buch', 'uber', 'neu', '##rona', '##le', 'netz',
'##e', 'immer', 'noch', '!']
[12373, 18115, 15221, 20767, 10859, 13468, 38481, 10301, 67319, 10111, 16042,
11360, 106]
ich mag dieses buch uber neuronale netze immer noch!
```

Listing 8.26 Darstellung von Tokens und IDs

Hier sehen Sie nun, dass in der Tat nicht jedes Wort ein Token ist, sondern dass manche Wörter unterteilt werden. Jedes Token hat eine eigene ID, die schlussendlich verwendet wird. Spannend ist auch, dass sowohl die Tokens als auch der rücktransformierte Satz kleingeschrieben sind. Woran liegt das? Nun, wenn wir uns den Namen des verwendeten Modells ansehen, `bert-base-multilingual-uncased-sentiment`, dann lesen wir darin `uncased`, was so viel bedeutet wie *ohne Berücksichtigung der Groß- und Kleinschreibung*.

8.3.3 Der Model Hub von Hugging Face

Wie finden wir nun das passende Modell für unsere NLP-Aufgaben? Für den Einstieg wollen wir ein Modell finden, das uns einen deutschen Text zusammenfasst. Dazu rufen wir die Seite *https://huggingface.co/models* auf. Sie bietet eine Übersicht aller Modelle, die Hugging Face uns zur Verfügung stellt (siehe Abbildung 8.17).

Dann wählen wir unter TASKS die Aufgabe SUMMARIZATION (in Abbildung 8.17 links unten) und unter LANGUAGES die Sprache GERMAN. Wir lassen uns nun den Text dieses Kapitels zusammenfassen.

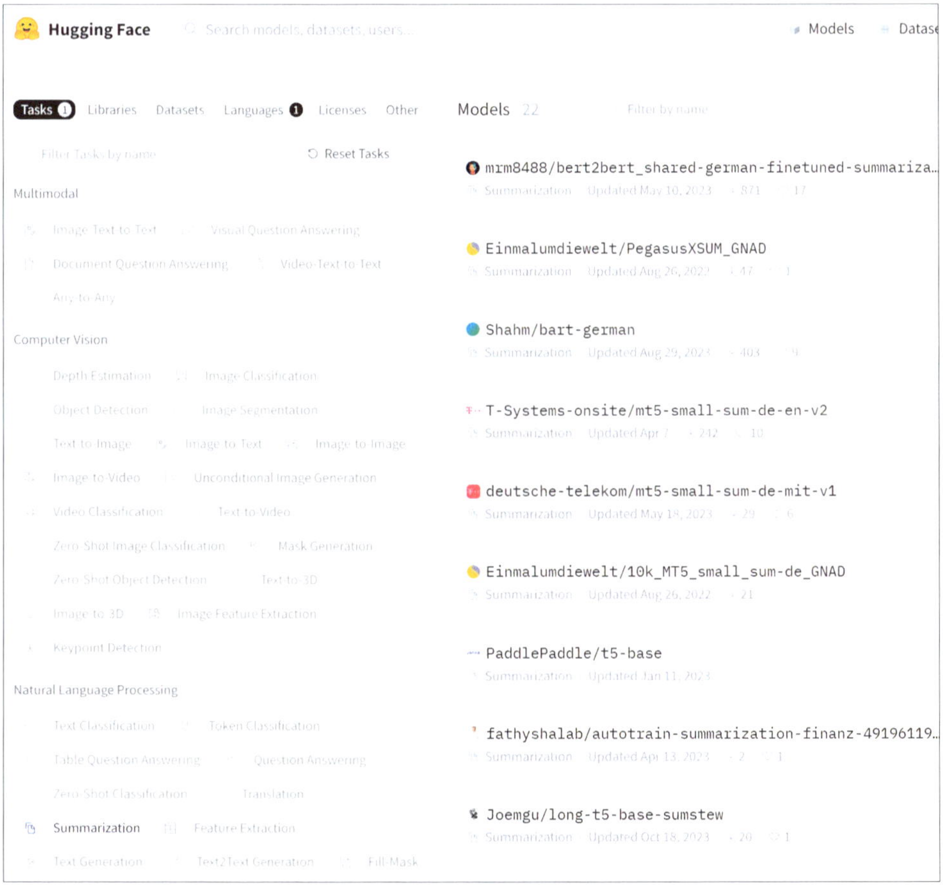

Abbildung 8.17 Modellauswahl auf Hugging Face

Aus der Modellauswahl können wir dazu ein beliebiges Modell auswählen. Ideal sind Modelle, die bereits öfter heruntergeladen wurden. Das lässt oft auf eine passable Qualität schließen. Wir wählen daher das Modell `shahm/bart-german` aus, das auf dem Modell `facebook/bart-base` basiert und mit einem speziellen Datensatz angepasst wurde:

```
from transformers import pipeline

summarizer = pipeline("summarization",model="Shahm/bart-german", device="cuda")

text = "Nachdem wir uns im vorherigen Kapitel die theoretischen Kenntnisse zu
Convolutional Neural Networks und Transformer Neural Networks angeeignet haben,
```

```
setzen wir hier nun die Werkzeuge zur Umsetzung mittels TensorFlow und der
integrierten Keras-Bibliothek um. Wir haben zuerst unser eigenes Netzwerk-
modell erzeugt, um einen Klassifikator für den MNIST-Datensatz zu erzeugen.
Danach haben wir (sehr komplexe und leistungsfähige) vortrainierte Deep Neural
Nets verwendet, um sie für Aufgaben einzusetzen. Zum einen setzten wir ein
Convolutional Neural Net mit der Bezeichnung Inception-v3 ein, das bereits sehr
gut in der Lage ist, wesentliche Merkmale aus einem Bild zu extrahieren. Zum
anderen bedienten wir uns der Hugging Face Bibliothek um typsiche NLP-Aufgaben
zu lösen. Diese Vorgangsweise, auch als Transfer Learning bezeichnet, erspart
uns ein aufwendiges Trainieren eines eigenen komplexen Netzes."

summary = summarizer(text, min_length=10, max_length=100)
print(summary)
# Ausgabe:
[{'summary_text': 'Nachdem wir uns im vorherigen Kapitel die theoretischen
Kenntnisse zu Convolutional Neural Networks und Transformer Neural Networks
angeeignet haben, setzen wir hier nun die Werkzeuge zur Umsetzung mittels
TensorFlow und der integrierten Keras-Bibliothek um.'}]
```

Listing 8.27 Textzusammenfassung mit einem ausgewählten Modell

Denken Sie daran, dass die Ausgabe bei Transformer Neural Networks nicht immer gleich sein muss. Wenn Sie also eine andere Textzusammenfassung erhalten, dann ist das durchaus erwartbar.

8.4 Zusammenfassung

Nachdem Sie sich in Kapitel 7 die theoretischen Kenntnisse zu Convolutional Neural Networks und Transformer Neural Networks angeeignet haben, haben Sie hier die Werkzeuge zur praktischen Umsetzung mittels TensorFlow, der integrierten Keras-Bibliothek und der Transformer-Bibliothek kennengelernt. Sie haben zuerst Ihr eigenes Netzwerkmodell erzeugt, um einen *Klassifikator* für den MNIST-Datensatz zu erzeugen. Danach haben Sie (sehr komplexe und leistungsfähige) vortrainierte Deep Neural Networks verwendet, um sie für verschiedene Aufgaben einzusetzen. Zum einen haben Sie ein Convolutional Neural Network mit der Bezeichnung *Inception-v3* eingesetzt, das bereits sehr gut in der Lage ist, wesentliche Merkmale aus einem Bild zu extrahieren. Zum anderen haben Sie die *Transformer*-Bibliothek von Hugging Face verwendet, um typische NLP-Aufgaben zu lösen. Diese Vorgangsweise, die auch als *Transfer Learning* bezeichnet wird, erspart Ihnen ein aufwendiges Trainieren eines eigenen komplexen Netzes.

8.5 Referenzen

- Yann LeCun, Gradient-Based Learning Applied to Document Recognition: *http://yann.lecun.com/exdb/publis/pdf/lecun-98.pdf*
- Inception-v3: *https://arxiv.org/abs/1409.4842* und *http://image-net.org/challenges/LSVRC/2014/browse-synsets*
- Francois Chollet, Keras: *https://keras.io*
- Hugging Face: *https://huggingface.co*

Teil II

Deep Dive

Im zweiten Teil werden wir die Praxis nicht verlassen, aber den Blick zusätzlich auf die theoretischen Grundlagen richten. Außerdem ist es uns ein Anliegen, dass Sie über den Tellerrand der Feed-forward-Netze blicken können und lernen, andere Netztypen für Ihre Projekte einzusetzen. Damit haben wir uns für diesen Teil Folgendes vorgenommen: Sie erfahren mehr zur Biologie und zu biologischen Mechanismen; wir schildern die historische Entwicklung von KNN, beschreiben den Machine-Learning-Prozess, stellen unterschiedliche Lernverfahren vor und liefern eine Zusammenstellung von Einsatzgebieten und Praxisbeispielen. Auf in die nächste Runde!

Kapitel 9

Vom Hirn zum Netz

Die Biologie als Vorlage für mathematische Modelle – das bedeutet Denken über das Denken. Geht das? Kann ein Hirn sich selbst ergründen?

Unser bisheriger Fokus galt den Feed-forward-Netzwerken, da sie die populärste und beliebteste Variante der KNN-Modelle sind. Die tatsächlich vorhandenen Modelle gehen natürlich weit darüber hinaus. Die biologische Vorlage liefert viele Punkte, die wir in den Modellen berücksichtigen können. Einige Beispiele für solche Modelle können wir natürlich auch bereits jetzt nennen, obwohl wir die biologischen Grundlagen dazu erst später erklären werden:

- *Spiking Neural Networks* (SNN) sind Netze, die für die Kodierung der Informationen nicht die *Signalamplitude* verwenden (das ist der Outputwert), sondern die *Signalfrequenz*, d. h., wie oft ein Neuron in einem bestimmten Zeitraum feuert. Diese Netzwerke sind nützlich für zeitabhängige Aufgaben wie Sprachverarbeitung und Sensordatenanalyse.
- *Self-Organizing Map* (SOM) simuliert *topologische Repräsentationen* im Hirn, mit denen Körperfunktionen in der *Hirnrinde* lokalisiert werden. Jedes Sinnesorgan, jede Bewegungsabfolge ist im Gehirn in definierten Arealen vertreten (Repräsentation), wobei benachbarte Körperbereiche auch im Gehirn ihre Nachbarschaft beibehalten. Dieser Aspekt wird als *topologieerhaltend* bezeichnet.
- *Neocognitron* orientiert sich im Aufbau und in der Funktionsweise am visuellen Cortex. Das Neocognitron besteht aus mehreren Schichten, die hierarchisch angeordnet sind. Jede Schicht enthält Zellen, die auf bestimmte Merkmale reagieren. Diese Merkmale werden von den unteren zu den oberen Schichten immer komplexer. Das Konzept des Neocognitrons hat maßgeblich zur Entwicklung der Convolutional Neural Networks beigetragen.
- *Recurrent Neural Networks* (RNNs) und *Long Short-Term Memory* (LSTM) modellieren die zeitlichen Abhängigkeiten und Erinnerungsfähigkeiten des menschlichen Gehirns, insbesondere in der Verarbeitung sequenzieller Daten. Sie werden in der Sprachverarbeitung, in der Zeitreihenanalyse und bei maschinellen Übersetzungen eingesetzt.

Details zu einigen der obigen Modelle und deren Funktionsweisen besprechen wir in Kapitel 10, »Die Evolution der künstlichen neuronalen Netze«.

9.1 Ihr Gehirn in Aktion

Beginnen wir mit einem kleinen Beispiel. Sie lesen und haben tatsächlich ein Buch in der Hand. Nun ist das Ende der Seite erreicht und die nächste Zeile steht fast unerreichbar auf der nächsten Seite, die leider nur durch Umblättern erreicht werden kann. Unglaublich, aber doch greift Ihre Hand zur Buchseite, nimmt das Blatt zwischen Zeigefinger und Daumen und wendet es um. Sie haben erfolgreich die Seite gewechselt und fahren mit dem Lesen fort, ohne diesen Moment der höchsten neuronalen Interaktion bewusst zu beachten. Wenn wir uns Ihr vollbrachtes Kunststück im Detail ansehen, dann sind die verschiedensten Neuronen damit beschäftigt, Sie bei solchen Kompetenzen zu unterstützen. Zuerst aktiviert das *zentrale Nervensystem* die Hand- und Armmuskulatur mithilfe von *Motoneuronen*. Dabei werden permanent *sensorische* Informationen, wie die Lage und Position ihrer Hand bzw. Finger und der Fingerdruck, durch sensorische Neuronen an Ihr Gehirn gesendet, dort durch Neuronen kontrolliert und mittels Motoneuronen wieder zurück an die Muskulatur gesendet. Voilà, damit haben Sie erfolgreich, jedoch wahrscheinlich unbewusst, das Blatt gewendet.

In diesem Kapitel sehen wir unter die Schädeldecke und holen uns die Inspiration für KNN aus der Biologie. Unsere Motivation ist, Ihnen ein Grundverständnis für die biologischen Prozesse zu vermitteln und Sie zu eigenen kreativen, technischen Lösungen zu motivieren. Als Wissenschaftszweig ist dabei die *Neurologie*, die Wissenschaft der Neuronen, für uns »Machine Learner« die Futterquelle für unsere Tätigkeiten. Künstliche Neuronen und Netze sind zweifelsohne durch ihre biologischen Pendants motiviert. Durch Abstraktion und Vereinfachung, also durch *Modellierung* von Eigenschaften und Funktionsweisen, sind wir in der Lage, gewinnbringende Verhaltensweisen für unsere Belange zu extrahieren. In diesem Abschnitt holen wir die Biologie auf unsere Werkbank und extrahieren die wichtigen Elemente für die Erschaffung von künstlichen neuronalen Netzen. Als primäre Vorlage dient uns natürlich unser menschliches Gehirn mit manchen seiner Bestandteile, auch wenn wir als Menschen noch nicht alle seine Wirkungsweisen tatsächlich verstanden haben.

9.2 Das Nervensystem

Unser Nervensystem umfasst alle Nervenzellen unseres Körpers. Es dient zur Verarbeitung von *Reizen* unseres Organismus und führt zu *Reaktionen* darauf.

Es wird zwischen dem *zentralen* (ZNS) und dem *peripheren Nervensystem* (PNS) unterschieden (siehe Abbildung 9.1). Unser Interesse gilt dem *zentralen Nervensystem*, das die *Nervenbahnen* in Gehirn und Rückenmark umfasst. Das ZNS liegt wohlbehütet im Schädel und im *Wirbelkanal* der Wirbelsäule.

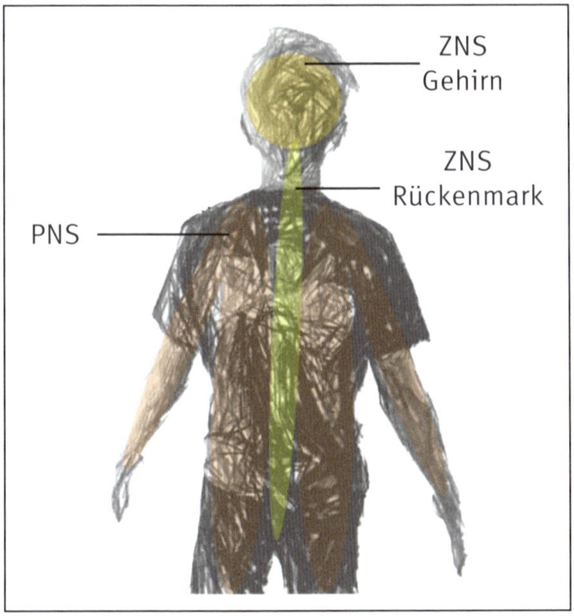

Abbildung 9.1 Das Nervensystem und seine Teilsysteme

9.3 Das Gehirn

Das Gehirn (*Encephalon* ist Altgriechisch und bedeutet auf Deutsch »in« + »Kopf«) ist eine ca. 1,4 kg schwere schwammige Masse, in der sich die unglaubliche Menge von ungefähr 80–100 Milliarden Nervenzellen mit im Mittel je 1.000 Synapsen pro Nervenzelle befindet. Das macht dann ungefähr 100 Billionen Verknüpfungen, die benachbarte, aber auch weit voneinander entfernte Zellen miteinander verbinden (*Konnektom*). Natürlich sind diese Zellen nicht als Knäuel organisiert, sondern in unterschiedlichen Regionen, die grob in vier Bereiche eingeteilt werden (siehe Abbildung 9.2):

- Großhirn
- Zwischenhirn
- Kleinhirn
- Hirnstamm

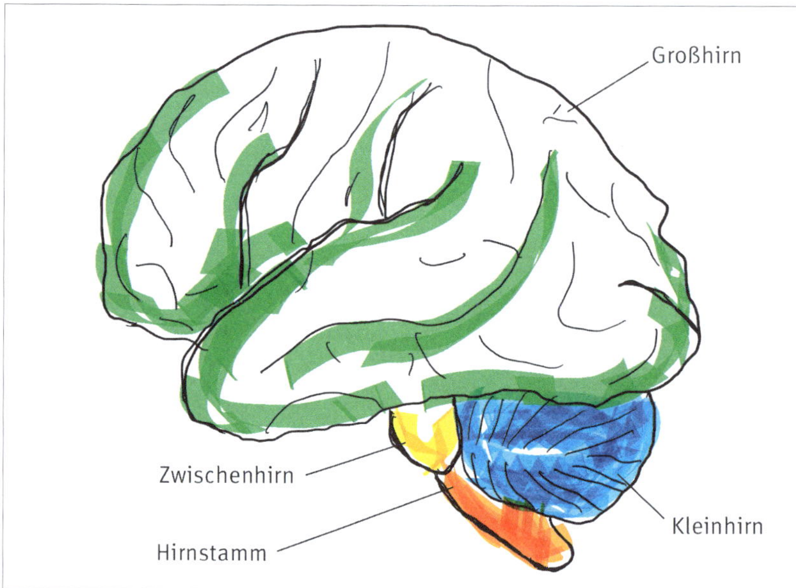

Abbildung 9.2 Das Gehirn

9.3.1 Die Teile

Das Großhirn ist durch eine große Furche in zwei *Hemisphären* geteilt. Zwischen ihnen gibt es eine fette Autobahn, *Corpus callosum* genannt.

Die Oberfläche ist stark gefaltet und erinnert an eine Walnuss. Ihre Fläche ist mit 0,25 Quadratmetern beachtlich, genauso wie die Anzahl der 16 Milliarden Nervenzellen, die sich dort befinden – immerhin nahezu ein Fünftel der geschätzten Anzahl der Gesamtneuronen im Gehirn.

Auf der *Großhirnrinde* (*Cortex cerebri*, cerebraler Cortex) werden *Rindenfelder* lokalisiert, die für die Verarbeitung von spezialisierten Informationen zuständig sind. Sie werden als *primäre Felder* bezeichnet, und ein berühmtes Beispiel dafür ist der *visuelle Cortex*. Er ist deswegen so wichtig für uns Konnektionisten, weil sich die unterschiedlichsten KNN-Arten an seiner Architektur und Funktionalität versucht haben. Besonders zu nennen sind *Fukushimas Neocognitron* oder auch *Convolutional Neural Networks*. Außerdem möchten wir an dieser Stelle David Marr mit seinem Hauptwerk »Vision« erwähnen, der als einer der Begründer der Neuroinformatik gilt und ein Modell des Sehens als Informationsverarbeitung des Gehirns entwickelte.

Das *Zwischenhirn* als weiterer Bereich des Hirns beherbergt unter anderem den *Thalamus*, der sensorische und motorische Signale vom und zum Großhirn vermittelt. Alle Signale der Sinnesorgane werden hier gesammelt und verteilt.

Am *Kleinhirn*, das vom Aussehen her an einen Blumenkohl (österreichisch Karfiol) erinnert, lassen sich ebenfalls zwei Hemisphären ausmachen. Es ist für Gleichgewicht, Bewegungen und deren Koordination zuständig.

Der *Hirnstamm*, der älteste Teil des Hirns, verschaltet und verarbeitet eingehende Sinneseindrücke und ausgehende motorische Informationen. Er ist für elementare und reflexartige Steuermechanismen zuständig, zum Beispiel für die lebenserhaltenden Funktionen Atmung und Herzfrequenzsteuerung. Der Hirnstamm stellt die Verbindung zum *Rückenmark* her.

9.3.2 Ein Ausschnitt

Zu guter Letzt folgt noch eine Ansicht, die Ihnen zeigt, wie die Vernetzungen im Gehirn aussehen können. Der Ausschnitt, den Sie in Abbildung 9.3 sehen, ist dem *cerebralen Cortex* entnommen, der beim Menschen ungefähr 4 mm dick ist. Die Neuronen werden in **sechs Schichten** eingeteilt, wobei die Schichtung anhand der unterschiedlichen Zelltypen erfolgt, die je nach Schicht vorkommen. Die größten Zellen im cerebralen Cortex sind übrigens die *Pyramidalzellen*, deren Name sich von ihrer Form ableitet.

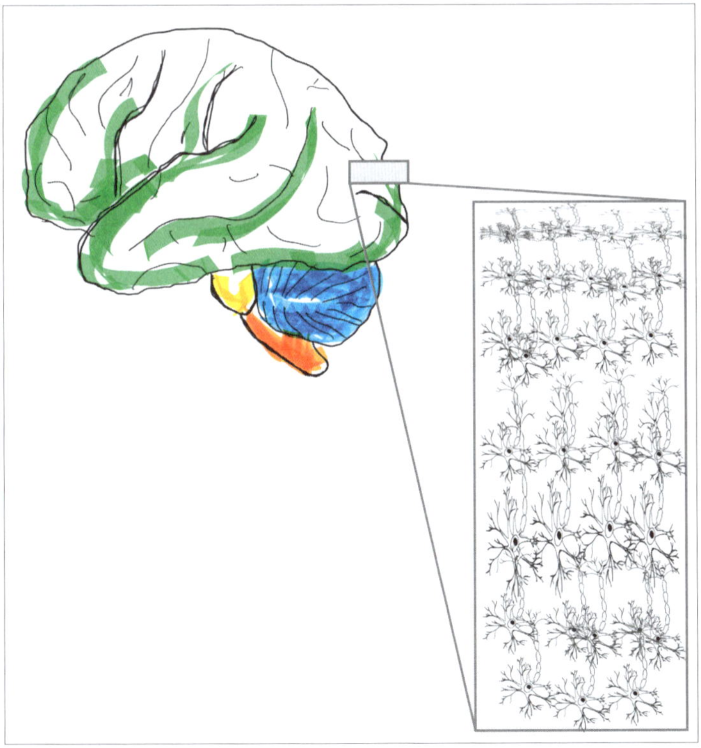

Abbildung 9.3 Eine schematische Darstellung eines Schnitts durch den Cortex

Im Folgenden wollen wir uns detaillierter mit dem Neuron befassen und die einzelnen Bestandteile zeigen. Bereits bei den Namen und Bezeichnungen für die Elemente der Neuronen werden Sie die Analogie zu den künstlichen neuronalen Netzen herstellen.

9.4 Neuronen und Gliazellen

Ihr Auftrag, wenn Sie ihn annehmen, lautet: »Spezialisieren Sie sich auf Erregungsleitung und Erregungsübertragung!« So oder so ähnlich könnte man die Mission eines Neurons beschreiben. Natürlich ist das Neuron nicht allein, sondern erledigt mit 80–100 Milliarden weiteren Neuronenkollegen diverse Aufgaben.

Aufbauend auf Abschnitt 1.6.1, »Das biologische Neuron und seine technische Kopie«, wollen wir zusätzliche Aspekte der Zellen besprechen, darum eilen wir schnell durch die Grundlagen. Jede Nervenzelle besteht aus einem *Zellkörper* (*Soma*) und Fortsätzen (siehe Abbildung 9.4). Die Fortsätze, die wie Fühler Signale (Erregungen) einsammeln, werden als *Dendriten* bezeichnet. Der ausgehende signalleitende Fortsatz wird als *Axon* oder *Neurit* bezeichnet. Er kann bis zu einem Meter lang sein und ist natürlich wieder mit anderen Zellen verbunden.

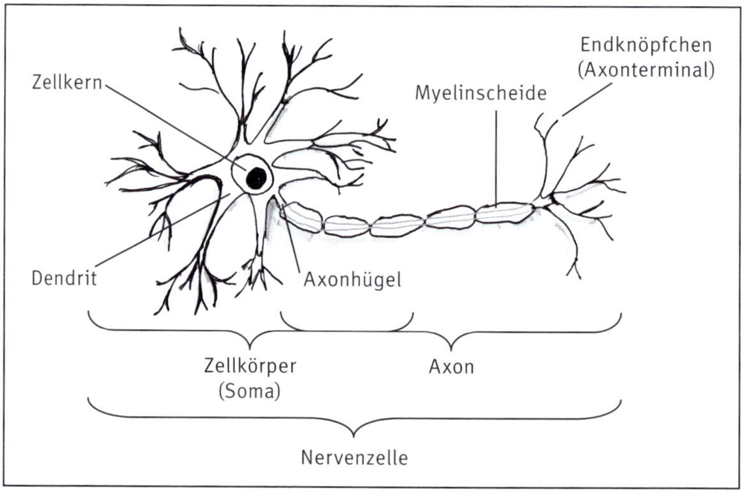

Abbildung 9.4 Das Neuron

Die Verbindungsstellen zwischen den Neuronen werden als *Synapsen* bezeichnet, und an ihnen werden die Signale übertragen (siehe Abbildung 9.5). Von diesen Synapsen können pro Neuron im Mittel 1000 vorhanden sein.

Entlang der Axone werde in kodierten Mustern elektrische *Aktionspotenziale* (Nervenimpulse) gesendet. Jeder Impuls hat eine Spannung von ungefähr 0,1 Volt, dauert 1–2

Tausendstel einer Sekunde und hat eine Geschwindigkeit von maximal 480 km/h. Kommt der elektrische Impuls an einer Synapse an, wird er in chemische Signale umkodiert. Die Informationen fließen vom sendenden zum empfangenden Neuron. So wird durch den Impuls die Freisetzung von *Botenstoffen*, den sogenannten *Neurotransmittern*, ausgelöst, die auch *Signalmoleküle* genannt werden.

Die Neurotransmitter sind in kleinen, von einer Membran umschlossenen Bläschen gespeichert, den synaptischen *Vesikeln*. Jedes Nervenende im ZNS hat davon einige Hundert. Synapsen, die an den motorischen Endplatten der Muskeln anliegen, können deutlich mehr haben. Nach der Ankunft des Aktionspotenzials findet ein molekularer Prozess statt, der dafür sorgt, dass die Membran der Vesikel mit der Membran der Synapse verschmilzt, wodurch die im Vesikel gespeicherten Neurotransmitter in den synaptischen Spalt ausgeschüttet werden.

Der Empfang der Transmittermoleküle findet auf der postsynaptischen Seite durch *Rezeptoren* statt, die auf bestimmte Neurotransmitter spezialisiert sind. Die Neurotransmitter wirken dabei *anregend* (*exzitatorisch*) oder *hemmend* (*inhibitorisch*). Je nachdem, welche Neurotransmitter eingehen, regulieren die Rezeptoren die elektrischen Eigenschaften der postsynaptischen Membran, und durch die einsetzende Änderung des Membranwiderstands kommt es zu einer Spannungsänderung, die vom *postsynaptischen* Neuron verarbeitet wird (siehe Abbildung 9.5).

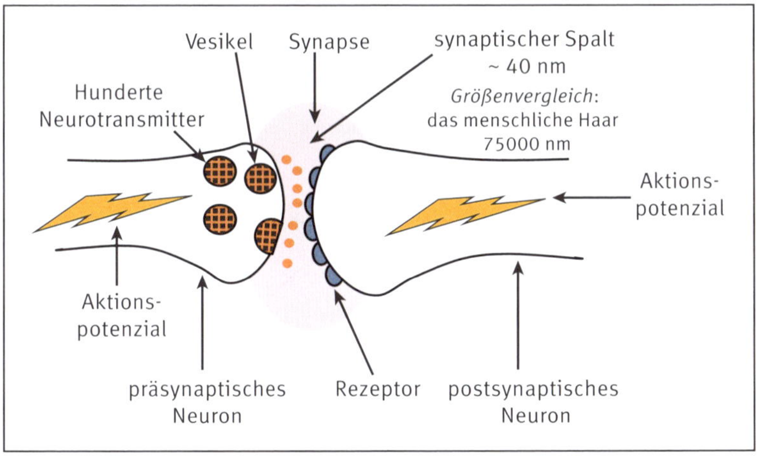

Abbildung 9.5 Prä- und postsynaptische Interaktion

Die korrekte Funktionsweise und Übertragung hängt von einem passenden Chemikalienmix ab, der die Synapse umgibt. Dafür sind die sogenannten *Gliazellen* zuständig, die sich rührend um die Neuronen kümmern; sie helfen beim Verbinden der Neuronen im sich entwickelnden Hirn, nähren die Zellen, isolieren die Axone, entsorgen tote Zellen, recyceln verbrauchte Neurotransmitter und schützen das Gehirn vor Infektionen. Gliazellen bilden eine Isolierschicht um die Axone, die *Myelinschicht*, und erlauben dadurch eine schnellere Erregungsleitung.

Nehmen wir beispielsweise den optischen Nerv, der ungefähr eine Million Axone umfasst und mit hoher Geschwindigkeit Signale überträgt. Falls kein Myelin zur Isolation verwendet würde, müssten dickere Axone verwendet werden, um die hohe Übertragungsrate zu gewährleisten, insgesamt geschätzte 0,75 m, und das Hirn hätte einen Durchmesser von 20 m.

9.5 Eine Übertragung im Detail

Haben Sie schon mal was von Standby gehört? Natürlich! Der Standby-Modus Ihres Laptops ist vergleichbar mit dem *Ruhepotenzial* einer Zelle. Ihr Laptop ist zwar bereit, aber eben nicht aktiv, und genauso verhält es sich bei der Zelle. Offiziell versteht man unter dem Ruhepotenzial den negativ geladenen Zustand einer unerregten Nervenzelle.

Damit Sie die offizielle Variante verstehen können, müssen wir zuerst einige Begriffe klären, wie zum Beispiel *Membranpotenzial*, das auch als *Membranspannung* bezeichnet wird (siehe Abbildung 9.6).

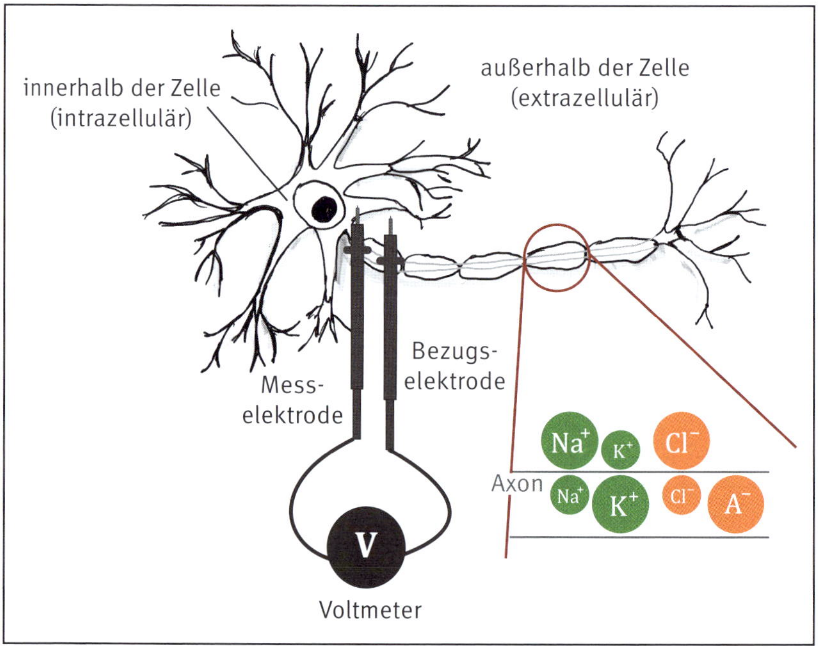

Abbildung 9.6 Messung des Membranpotenzials mithilfe von Elektroden und einem Voltmeter

Das Membranpotenzial ist der Ladungsunterschied zwischen der Innenseite der Membran und außerhalb der Zelle. Es schwankt zwischen –110 mV und +30 mV, je nach Erregungszustand der Zelle. Der Ladungsunterschied entsteht durch die positiv geladene Außenseite und die negativ geladene Innenseite der Zelle. Ausschlaggebend für die Art der Ladung ist die Konzentration der *Ionen*.

Ion

Ein Ion ist ein *elektrisch geladenes* Atom oder Molekül. Atome und Moleküle haben im neutralen Zustand genauso viele Elektronen wie Protonen. Besitzt ein Atom oder Molekül jedoch ein oder mehrere Elektronen weniger oder mehr als im Neutralzustand, hat es dadurch elektrische *Ladung* und wird als Ion bezeichnet. Ionen mit **Elektronenmangel sind positiv**, Ionen mit **Elektronenüberschuss negativ** geladen.

Da Sie nun verstehen, was das Membranpotenzial ist, können wir uns wieder dem Ruhepotenzial zuwenden. Wodurch entsteht das Ruhepotenzial? Im Inneren der Nervenzelle befinden sich viele positiv geladene *Kalium-Ionen* (K^+) und außerhalb der Zelle wenige. Daher besteht ein *Konzentrationsunterschied*. Da ein prinzipieller Drang zum Konzentrationsausgleich vorhanden ist und Kanäle vorhanden sind, durch die die Kalium-Ionen (K^+) entfleuchen können, wandern sie nach außen und nehmen ihre positive Ladung mit. Dadurch lädt sich die Außenseite positiv auf. Die negativen Ionen sitzen im Zellinneren fest, da sie zu groß sind, um nach außen zu verschwinden. Damit wird es im Zellinneren negativer, und je mehr Kalium-Ionen (K^+) nach außen wandern, desto größer wird die Membranspannung.

Je negativer aber die Innenseite wird, desto stärker werden die positiven Kalium-Ionen (K^+) angezogen, und dies führt zum Stillstand der Kalium-Wanderung nach außen. Dieser Zustand wird als *elektrochemisches Gleichgewicht* bezeichnet und die zu diesem Zeitpunkt gemessene Spannung als *Ruhepotenzial*.

Nachdem Sie nun wissen, was das *Ruhepotenzial* ist, können wir uns überlegen, was passiert, wenn Signale von anderen Neuronen an ein Neuron gesendet werden und welche Auswirkungen das auf die Betriebsamkeit des Neurons hat. So wie bei Ihrem Fernseher, den Sie aus dem Standby-Modus holen, indem Sie ihn einschalten, wird eine Zelle durch ein Aktionspotenzial aktiviert (siehe Abbildung 9.7).

Ein nicht feuerndes Neuron befindet sich im Ruhezustand, das heißt, es macht nichts. An der Außenhaut der Zelle, der Membran, herrscht das Ruhepotenzial. Die *Erregungen* von eingehenden Zellen werden unter anderem an den Dendriten gesammelt, und es ändert sich die Spannung an der Membran des Axons, die sich bis zu den Synapsen fortpflanzt. Dies wird als *Aktionspotenzial* bezeichnet und dauert beim Menschen ungefähr 2 Millisekunden (ms).

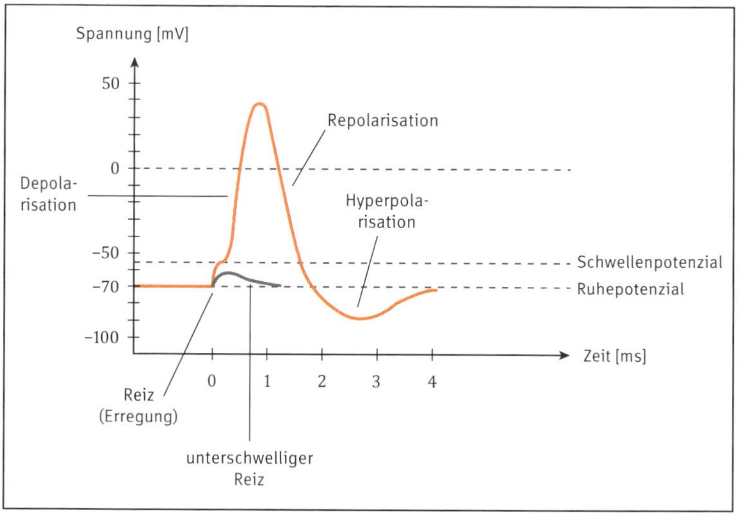

Abbildung 9.7 Aktionspotenzial

Am *Axonhügel* stellt sich heraus, ob das *Schwellenpotenzial* überschritten ist und in weiterer Folge ein Aktionspotenzial ausgelöst wird, dem *Alles-oder-nichts-Prinzip* folgend. Das heißt, entweder wird gesendet oder eben nicht – sehr binär. Falls es zum Auslösen des Aktionspotenzials kommt, folgt die Ausschüttung der Neurotransmitter, und in der empfangenden Zelle wird in weiterer Folge ein Aktionspotenzial ausgelöst. Die Bedeutung der Signale wird durch die Frequenz und die Anzahl der ankommenden Aktionspotenziale bestimmt; man könnte in diesem Fall auch von einer *Kodierung* sprechen.

Kodierung

Wie können wir zwischen leise, laut und sehr laut unterscheiden, also wie können Intensitäten durch Neuronen kodiert werden? Prinzipiell können Intensitäten durch *Amplituden-* oder *Frequenzmodulierung* dargestellt werden. Da das Neuron keine beliebig hohen Spannungen (Amplituden) zulässt, bleibt für die Kodierung nur die Frequenzmodulierung, d. h. die Anzahl an Aktionspotenzialen pro Sekunde.

Liegt zum Beispiel das Membranpotenzial am Axonhügel nur knapp über dem Schwellenwert, so werden wenige Aktionspotenziale pro Sekunde gebildet, zum Beispiel 50. Liegt hingegen das Membranpotenzial weit über dem Schwellenwert, so werden viele Aktionspotenziale gebildet, zum Beispiel 170.

Damit haben wir die biologischen Grundlagen vom Empfang bis zum Senden des Signals geschildert. Ein Bereich, der uns noch sehr gefällt und den wir mit Ihnen teilen wollen, ist die Darstellung von Neuronen und Netzen.

9.6 Darstellung von Zellen und Netzen

Die Nervenzellen des Nervensystems sind stark miteinander vernetzt und besitzen dadurch eine hohe Komplexität. Dabei ist jede Zelle für sich allein bereits sehr komplex. Um diese Komplexitäten begreifbar zu machen, bieten sich unterschiedliche Ansätze an. Einer davon ist, ein Abbild der Realität zu erstellen. Bei der Erstellung von Zeichnungen des Nervensystems hat sich besonders Santiago Felipe Ramón y Cajal hervorgetan, und seine Arbeit wurde 1906 mit dem Nobelpreis für Physiologie und Medizin gewürdigt. Sein Co-Nobelpreisträger war Camillo Golgi, der die *Golgi-Färbung* entwickelte, mit der man das Nervengewebe kontrastieren und damit vom bildlichen Hintergrund abheben kann. Damit wird die isolierte Darstellung einer Nervenzelle möglich. Abbildung 9.8 zeigt eine der Arbeiten von Ramón y Cajal. In ihr sind bereits grundlegende Strukturen der Vernetzung und des Aufbaus von Zellen ersichtlich.

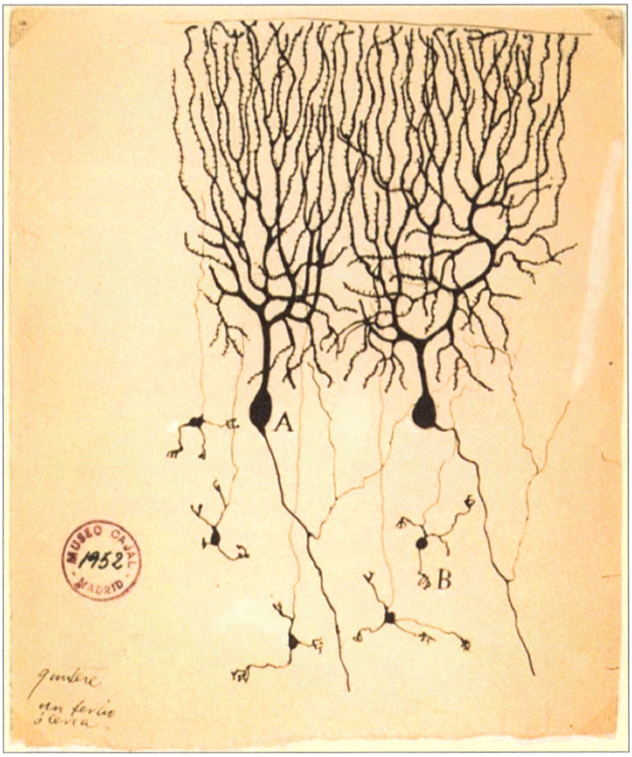

Abbildung 9.8 Die Zeichnung von zwei Purkinjezellen (A) und fünf Körnerzellen (B) aus dem Kleinhirn einer Taube von Santiago Felipe Ramón y Cajal, 1899[1]

1 PurkinjeCell.jpg, 6. August 2018. Wikimedia Commons, the free media repository. 10. Dezember 2018, 14:43, aus https://commons.wikimedia.org/w/index.php?title=File:PurkinjeCell.jpg&oldid=313838888

Modernere bildgebende Verfahren (engl. *neuroimaging*), die es ermöglichen, dem Hirn beim Denken »zuzusehen«, liefern nicht minder spektakuläre Einsichten. Die unterschiedlichsten technischen Ansätze sind in Verwendung und liefern solche beeindruckenden Bilder wie in Abbildung 9.9, in diesem Fall unter Verwendung einer *Mikroskoptechnik*.

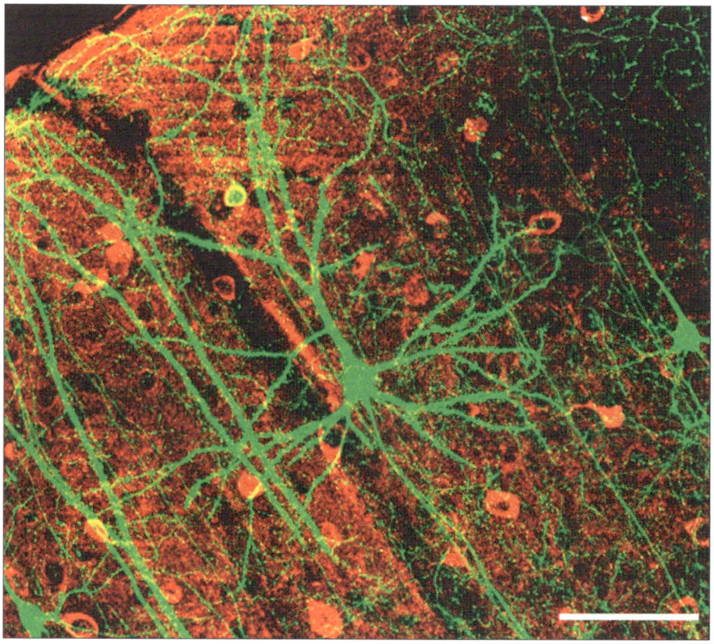

Abbildung 9.9 Mikroskopische Aufnahme der Großhirnrinde einer Maus[2]

Damit werden wir den vertiefenden Blick in die Biologie abschließen und geben Ihnen die Möglichkeit, mit all den neuen Ideen und Anregungen zu spielen, die Sie für eigene KNN-Modelle verwenden können.

9.7 Zusammenfassung

All diese biologischen, neurophysiologischen, chemischen und physikalischen Grundlagen sind mögliche Motivationen für abstraktere und natürlich stark vereinfachte Modelle, mit denen wir umgehen und die wir auch technisch abbilden können. Künstliche neuronale Netze nutzen die Prinzipien der biologischen Netze, ergänzen diese aber auch

2 Von Wei-Chung Allen Lee, Hayden Huang, Guoping Feng, Joshua R. Sanes, Emery N. Brown, Peter T. So, Elly Nedivi, Lizenz: CC-BY-2.5

um von der Biologie losgelöste Prinzipien, so wie die Modelle, die wir eingangs vorgestellt haben.

Das wichtigste Prinzip: Neuronen sammeln Input aus den unterschiedlichen Quellen, integrieren diese Signale und leiten ein neu generiertes Signal an nachfolgende Neuronen weiter. Das ist das einfache Prinzip, das die Basis der von uns verwendeten KNN darstellt und das wir von der Natur lernen durften.

9.8 Referenzen

- *https://www.mpg.de/gehirn*
- *https://en.wikipedia.org/wiki/Neuron*
- Schünke, Michael; Schulte, Erik; Schumacher, Udo: »Kopf, Hals und Neuroanatomie«. In: *Prometheus LernAtlas der Anatomie*. Georg Thieme Verlag 2009
- Fasel, B.: »An introduction to bio-inspired artificial neural network architectures«. In: *Acta Neurolica Belgica*, 2003 März 103(1), Seiten 6–12

Kapitel 10

Die Evolution der künstlichen neuronalen Netze

Evolution! In Auszügen.

10

In diesem Kapitel tauchen wir in die Geschichte der neuronalen Netze ein. Sie werden dabei unterschiedliche Netzwerkansätze, Anwendungsgebiete, Werkzeuge und in diesem Zusammenhang einflussreiche Publikationen kennenlernen. Unser Ziel ist es, Ihnen das breite Spektrum und die Vielfältigkeit von KNN-Alternativen zu zeigen, die Ihre Fantasie anregen und das eigenständige Experimentieren fördern sollten. Dabei folgen wir der Geschichte und fassen immer zehn Jahre zu einem Geschichtsblock zusammen. Los geht's mit den ersten Blöcken, den 1940er- bis 1980er-Jahren (siehe Abbildung 10.1).

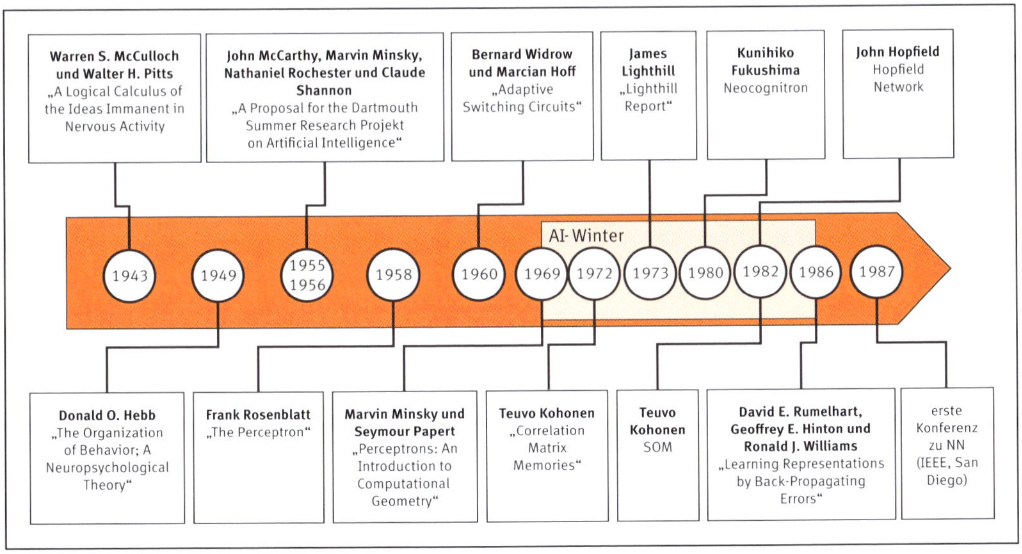

Abbildung 10.1 KNN-Geschichte, Teil 1

Noch eine Anmerkung, bevor wir loslegen: Die Auswahl der Publikationen wurde von uns subjektiv zusammengestellt und erhebt keinen Anspruch auf Vollständigkeit. Wir stützen uns bei der Auswahl auf historische Relevanz plus einige Statistiken zu Zitierhäufigkeiten.

10.1 Die 1940er-Jahre

Ohne Santiago Felipe Ramón y Cajal, der bereits 1911 die Existenz von Synapsen nachwies, wäre die folgende Entwicklung wohl kaum möglich gewesen. Er war nicht nur ein ausgezeichneter Künstler und fertigte detaillierte Zeichnungen zum Beispiel vom Nagetier-Hippocampus an, er lieferte auch die Grundlage für die ersten Abstraktionen von neuronalen Netzen.

10.1.1 1943: McCulloch-Pitts Neurons

1943 stellten der Neurophysiologe Warren McCulloch und der Logiker Walter Pitts ein einfaches Neuronenmodell vor, das als *McCulloch-Pitts* (*MCP-Zelle*) bzw. *MCP-Neuron* bezeichnet wird.

Sie verwendeten elektrische Schaltkreise, um zu zeigen, wie das Gehirn aus ihrer Sicht funktioniert. Die Grundbausteine, die sie dabei einsetzten, nannten sie *Threshold Logic Units*, da diese analogen Input in digitalen umwandelten. Dies entspricht ganz dem Alles-oder-nichts-Prinzip eines Neurons. McCulloch und Pitts zeigten, dass Neuronen mit binären Signalen (»binary threshold activation function«) analog sind zu Aussagen in der mathematischen Logik.

In Abbildung 10.2 sehen Sie einen Ausschnitt aus den Originalzeichnungen der Netze. Ein MCP sendet nur dann einen Output, wenn zwei erregende (engl. *excitatory*) Inputs und kein hemmender (engl. *inhibitory*) Input am Neuron landet. Die erregenden Inputs sind mit einem Punkt dargestellt, hemmende mit einer Schlaufe.

Abbildung 10.2 Grafische Darstellung (Ausschnitt) von McCulloch-Pitts-Netzen aus deren Originalpaper von 1943: »A logical calculus of the ideas immanent in nervous activity«

Die Signale in McCulloch-Pitts-Netzen sind ausschließlich binär. Das heißt unter anderem, dass jedes Neuron am Ausgang nur 0 oder 1 haben kann. So wie in biologischen Netzen können hemmende Signale verarbeitet werden, der Schwellenwert ist hingegen eine reelle Zahl. Die Berechnung der Ausgabe erfolgt wie weiter unten in Abbildung 10.3 dargestellt:

- Am Eingang liegen n erregende Signale an (Input $\vec{x}$) und m hemmende Signale (Input $\vec{y}$), die den Wert 0 oder 1 annehmen können.
- Falls $m \geq 1$ und eines der hemmenden Signale = 1, dann ist der Output 0.
- Ansonsten wird die Summe der erregenden Signale, d. h. $x_1 + x_2 + \cdots + x_n$, errechnet und mit dem Schwellenwert θ verglichen. Falls die Summe größer oder gleich dem Schwellenwert ist, dann ist der Output 1, ansonsten 0.

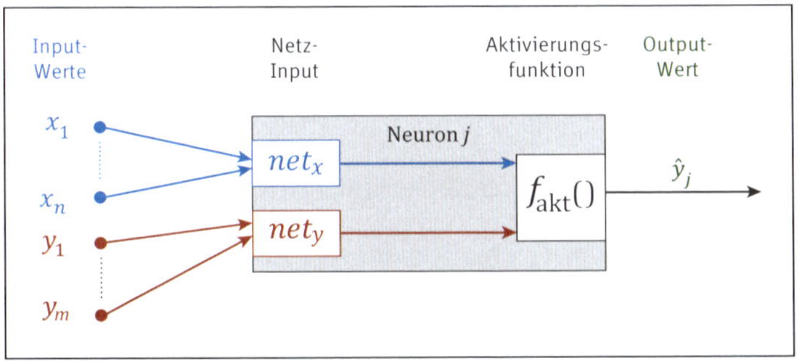

Abbildung 10.3 Darstellung eines McCulloch-Pitts-Neurons

Wenn man nun eher der formale Typ ist, dann wird man sich eine kompakte Darstellung wünschen, die wir, farblich angereichert, gerne liefern:

$$net_x = \sum_{i=1}^{n} x_i$$

$$net_y = \sum_{i=1}^{m} y_i$$

$$f_{akt}(net_x, net_y, \theta) = \hat{y}_j = \begin{cases} 1, & \text{falls } net_x \geq \theta \text{ und } net_y = 0 \\ 0, & \text{sonst} \end{cases}$$

10.1.2 1949: Donald Hebb

1949 veröffentlichte Donald Hebb in seinem Buch »The Organization of Behavior« die *hebbsche Lernregel*. Sie beschreibt den Effekt, dass, je häufiger ein Neuron A gleichzeitig mit Neuron B aktiv ist, die beiden Neuronen umso bevorzugter aufeinander reagieren werden.

Somit gilt Hebb als der Entdecker der sogenannten *synaptischen Plastizität*, die die neurophysiologische Grundlage des Lernens darstellt und deren Prinzip auch in den heutigen Lernstrategien noch verwendet wird.

Zitat in Kurzform

»What fires together, wires together.«

Die *hebbsche Lernregel* wird in KNN eingesetzt und ist historisch gesehen die älteste aller Lernregeln. Als weitere populäre Lernregeln haben Sie bereits die *Perceptron-Lernregel*, die *Delta-Regel* (Widrow/Hoff) und die *Error-Backpropagation* kennengelernt.

10.2 Die 1950er-Jahre

In den 1950er-Jahren entwickelte sich die Computertechnik weiter, und damit war es möglich, neuronale Netze zu simulieren.

10.2.1 1951: Marvin Minsky und Dean Edmonds – SNARC

1951 bauten Marvin Minsky und Dean Edmonds, motiviert durch die Arbeiten von McCulloch und Pitts, aus Vakuumröhren und Motoren das erste hardware-basierte neuronale Netz (*SNARC – Stochastic Neural Analog Reinforcement Calculator*), das eine Ratte simulierte, die den Weg durch ein Labyrinth fand. Sie verwendeten 40 zufällig verbundene hebbsche Synapsen, die einen Speicher besitzen, in dem der Wahrscheinlichkeitswert für das Ankommen eines Signals über einen Input und das Ausgehen eines Signals über den Output gehalten wird. Das Lernen bzw. Belohnen des Netzes wird manuell durch einen menschlichen Operator durchgeführt.

10.2.2 1955/1956: Artificial Intelligence

Das Jahr 1956 und John McCarthy, Marvin Minsky, Claude Shannon und Nathaniel Rochester haben wir bereits in Kapitel 1, »Einleitung«, erwähnt und gewürdigt, wir möchten die Wissenschaftler aber dennoch nochmals in der Chronologie erwähnen und ihnen den gebührenden Platz zur Verfügung stellen.

Im Kontext der künstlichen Intelligenz bietet es sich an, noch einen weiteren Ansatz zu erwähnen: die *Kybernetik*. Sie wurde unter anderem von Norbert Wiener in den 1940er-Jahren begründet und beschäftigte sich mit dem *Steuern* und *Regeln* von Maschinen, lebenden Organismen und Organisationen. Es geht daher bei dem Ansatz zum Beispiel um Maschinen, die lernen und sich selbst steuern können. Interessant ist für uns an dieser Stelle, dass unter anderem Warren McCulloch und Walter Pitts mit ihren Arbeiten 1943 den Anfang der Kybernetik markierten.

10.2.3 1958: Rosenblatts Perceptron

Manche bezeichnen Frank Rosenblatt, der am Cornell Aeronautical Laboratory das *Perceptron* entwickelte, als Vorreiter auf dem Gebiet der neuronalen Netze. Das Perceptron besteht aus 400 fotosensitiven Input-Zellen. Mittels einer Assoziationsschicht (*Association Layer*) wird der Input mit dem Output verbunden, der aus acht Einheiten besteht.

Sie haben das rosenblattsche Perceptron ja bereits sehr intensiv kennengelernt und in Python implementiert. Daher gibt es hier nicht viel dazu zu sagen, außer dass es sich lohnt, das *Konvergenztheorem* von 1958 intensiv zu studieren, denn dort wird gezeigt, dass mit dem Perceptron-Lernen alle möglichen Lösungen für linear trennbare Aufgabenstellungen erlernt werden können.

10.2.4 1960: Bernard Widrow und Marcian Hoff – Adaline und Madaline

1960 publizierten Bernard Widrow and Marcian Hoff an der Stanford-Universität ihre Modelle für neuronale Netze mit den Namen *Adaline* (**Ada**ptive **Li**near **Ne**uron) und *Madaline* (**M**ultiple **Ada**ptive **Li**near **Ne**uron).

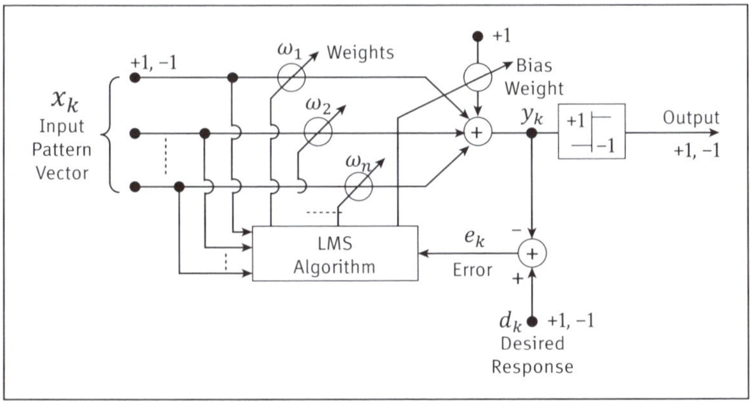

Abbildung 10.4 Adaline-Schaltdiagramm von Widrow und Hoff

Die Motivation des Adaline (siehe Abbildung 10.4) war es, in einer Folge von Bits, die über eine Telefonleitung übertragen wurden, das nächste Bit vorherzusagen. Madaline wurde eingesetzt, um als adaptiver Filter Echos einer Telefonleitung zu eliminieren. Sie haben das Adaline bereits selbst implementiert und eine besonders interessante Eigenschaft kennengelernt: Auch wenn zwei Klassen nicht perfekt trennbar sind, findet das Adaline trotzdem eine möglichst gute und stabile Lösung.

Die Delta-Regel haben Sie als *Gradientenabstieg* oder *Least Mean Square* (LMS) kennengelernt; sie wurde von Widrow und Hoff erstmals im Jahre 1960 für das Trainieren des Adaline eingesetzt.

10.3 Die 1960er-Jahre

So erfolgversprechend die 1960er für die KNN begannen, so jäh endete der Höhenflug durch eine einzige Publikation.

10.3.1 1969: Marvin Minsky und Seymour Papert

Marvin Minsky und Seymour Papert verfassten das Buch »Perceptrons : An Introduction to Computational Geometry«, in dem sie mathematisch nachwiesen, dass das Konzept des Perceptron nicht in der Lage ist, das XOR abzubilden; diesen Aspekt kennen Sie als *lineare Separierbarkeit*. Leider verursachte die Publikation für 15 Jahre einen Rückgang der Förderungen im KNN-Bereich (den sogenannten »AI Winter«).

Spätere Algorithmen neuronaler Netze, beispielsweise das auf dem Perceptron basierende Backpropagation-Netz, behoben allerdings dieses Defizit. Ironischerweise wandte sich Minsky in den 1980er-Jahren selbst neuronalen Netzen zu, und seine Forschungen basierten auf den Ergebnissen Rosenblatts.

10.4 Die 1970er-Jahre

In den 1970ern entstanden wichtige Ansätze, die den KNN wieder Aufwind gaben, speziell das Trainieren von mehrschichtigen Netzen.

10.4.1 1972: Kohonen – assoziativer Memory

Teuvo Kohonen stellte mit »Correlation Matrix Memories« 1972 ein Modell eines speziellen *Assoziativspeichers* mit linearen Aktivierungsfunktionen und kontinuierlichen Werten für Gewichte, Aktivierungen und Ausgaben vor.

10.4.2 1973: Lighthill Report

Im *Lighthill Report* (James Lighthill: »Artificial Intelligence: A General Survey«) – ein Report, der den Status quo zur Forschung im Bereich der künstlichen Intelligenz aus der Sicht James Lighthills wiedergab – wird die *kombinatorische Explosion* als einer der wichtigsten Kritikpunkte an der AI präsentiert und damit der AI die Anwendbarkeit für reale Aufgabenstellungen abgesprochen. In Reaktion darauf beschloss die britische Regierung, die Förderung der Forschung im Bereich AI einzustellen, außer an den Universitäten Edinburgh, Sussex und Essex.

10.4.3 1974: Backpropagation

Paul Werbos erwähnte 1974 in seiner Dissertation an der Harvard-Universität die Anwendbarkeit des Backpropagation-Lernverfahrens auf KNN, die er 1982 in der derzeit gebräuchlichen Formalisierung publizierte, d. h. so, wie wir sie in Kapitel 6, »Lernen im mehrschichtigen Netz«, besprochen haben.

10.5 Die 1980er-Jahre

Ein erneutes Erstarken der KNN und die Entstehung einer Vielzahl von unterschiedlichsten Modellen prägten dieses Jahrzehnt.

10.5.1 1980: Fukushimas Neocognitron

Ein absolutes Muss in der Ahnenreihe der neuronalen Netzwerktypen ist das *Neocognitron* von Kunihiko Fukushima, das auf dessen *Cognitron* aufbaut. Mit seinem Ansatz war er der Motivator, Inspirator und Wegbegleiter für die *Convolutional Neural Networks*. Das Neocognitron wiederum wurde durch die Modelle von Hubel und Wiesel aus dem Jahre 1959 angeregt. Diese fanden zwei Arten von Zellen im visuellen Cortex, die sogenannten *Simple Cells* und *Complex Cells*.

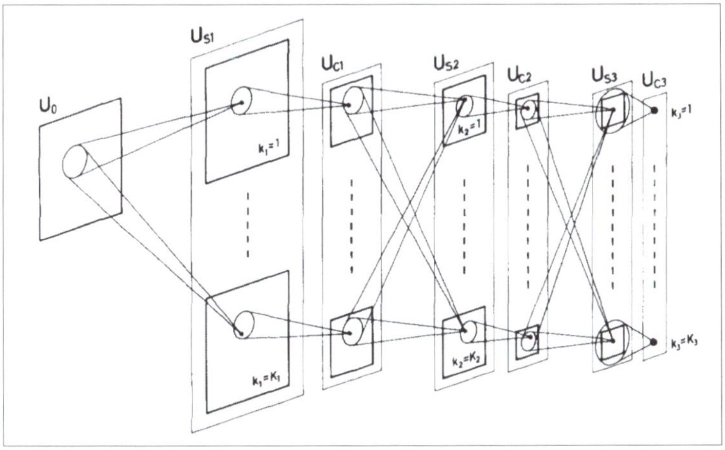

Abbildung 10.5 Schematisches Bild der Verschaltungen im Neocognitron von Fukushima (Quelle: https://www.rctn.org/bruno/public/papers/Fukushima1980.pdf)

Im Neocognitron (siehe Abbildung 10.5) werden aus den Simple und Complex Cells die S-Cells und C-Cells. Die *S-Cells* haben die Aufgabe, lokale Features (zum Beispiel Kanten) zu erkennen, die *C-Cells* hingegen haben die Aufgabe, Deformationen der Features zu behandeln, zum Beispiel Verschiebungen oder Skalierungen. Die S- und C-Schichten integrieren die Features auf immer höheren Ebenen, wodurch komplexe Mustererkennungen möglich werden (siehe Abbildung 10.6).

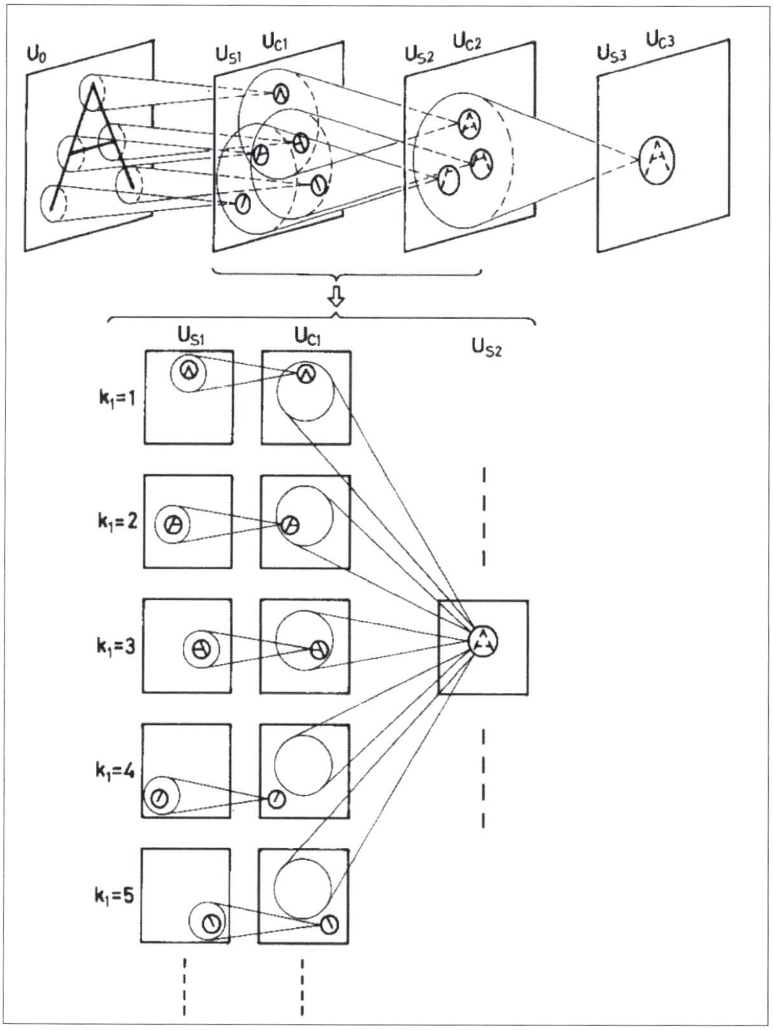

Abbildung 10.6 Neocognitron-Beispiel für die Extraktion von Features[1]

1 Fukushima, K. (1980). »Neocognitron: A Self-Organizing Neural Network Model for a Mechanism of Pattern Recognition Unaffected by Shift in Position«. In: Biological Cybernetics, 36, S. 193–202.

Das Neocognitron ist zur positions- und skalierungsinvarianten Erkennung handgeschriebener Zeichen aus einer schichtweisen Folge einfacher und komplexer Zellen fähig, wie sie auch im biologischen visuellen System von Katzen vorkommen.

Die Inputverbindungen zu den S-Cells sind trainierbar, und nach dem Training können die S-Cells auf bestimmte Features in ihrem sogenannten *rezeptiven Feld* antworten. Die Inputverbindungen zu den C-Cells sind nicht änderbar, und die C-Cells bekommen Inputs von S-Cells, die auf dasselbe Feature reagieren, nur an einer verschobenen Position. Die C-Cell reagiert, sobald eine der S-Cells einen Output liefert; dadurch können die C-Cells positionsinvariant auf Features antworten (siehe Abbildung 10.7).

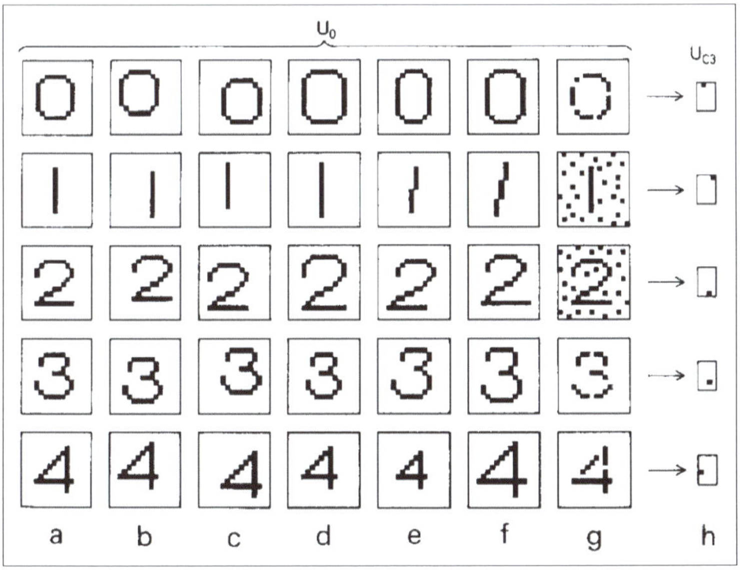

Abbildung 10.7 Neocognitron-Beispiel von unterschiedlichen Variationen und die Antwort im höchsten Layer[2]

10.5.2 1982: John Hopfield

Der AI-Winter ging langsam in einen Frühling über, als das japanische *Ministerium für Internationalen Handel und Industrie* (MITI) auf der US-Japan-Konferenz über Cooperative/Competitive Neural Networks im Jahr 1982 ankündigte, die Finanzierung der Entwicklung der fünften Generation von Computer-Hardware unter Berücksichtigung von AI zu unternehmen, und John Hopfield sein binäres *Hopfield-Netzwerk* präsentierte.

2 Fukushima, K. (1980). »Neocognitron: A Self-Organizing Neural Network Model for a Mechanism of Pattern Recognition Unaffected by Shift in Position«. Biological Cybernetics, 36, S. 193–202.

Geschichte der Computer-Hardware

- **1. Generation:** Schaltungen, Röhren und Kabel (Maschinensprache)
- **2. Generation:** Transistoren und Dioden (Assembler)
- **3. Generation:** Solid-State-Technologie, zum Beispiel integrierte Schaltungen (höhere Programmiersprachen)
- **4. Generation:** Codegenerierung und Mikroprozessoren (domänenspezifische Sprachen)
- **5. Generation:** (ab 1982) hohe Anzahl an CPUs und Artificial Intelligence

Ein Hopfield-Netzwerk ist ein *rückgekoppeltes Netzwerk* (engl. *Recurrent Neural Network, RNN*), also ein Netzwerk, das den errechneten Output wieder in das Netzwerk einspeist.

Rückgekoppelte Netzwerke

Rückgekoppelte neuronale Netzwerke (RNNs) sind eine Kategorie von künstlichen neuronalen Netzen, die speziell dafür entwickelt wurden, sequenzielle Daten zu verarbeiten. RNNs sind so konzipiert, dass sie die Abhängigkeiten zwischen Elementen in Sequenzen erfassen können. RNNs haben *Rückkopplungsschleifen*, die es ihnen ermöglichen, Informationen über vorhergehende Eingaben zu speichern und diese Informationen in die Verarbeitung aktueller Eingaben einfließen zu lassen. Diese Rückkopplungsschleifen erzeugen eine Art Gedächtnis, das ihnen hilft, Sequenzabhängigkeiten zu erfassen. Dies macht sie besonders nützlich für Aufgaben wie Zeitreihenvorhersage, Sprachverarbeitung und maschinelle Übersetzung.

Motiviert wurde das Hopfield-Netzwerk durch die assoziativen Fähigkeiten des menschlichen Gehirns, das auch aus undeutlichen Darstellungen noch etwas herauslesen kann (siehe Abbildung 10.8).

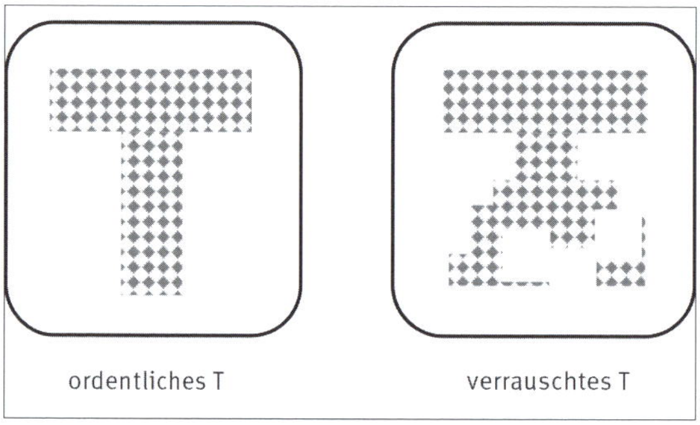

Abbildung 10.8 Assoziativer Speicher

Das Hopfield-Netzwerk (siehe Abbildung 10.9) hat nur eine Schicht, die als Input- und Output-Schicht dient. Jedes der Neuronen, genauer gesagt McCulloch-Pitts-Neuronen, ist mit jedem anderen Neuron verbunden, außer mit sich selbst. Die Outputs der Neuronen können die Werte +1 oder –1 annehmen, und die Gewichte der Verbindungen zwischen zwei Neuronen sind unabhängig von der Richtung identisch, d. h. $w_{ij} = w_{ji}$.

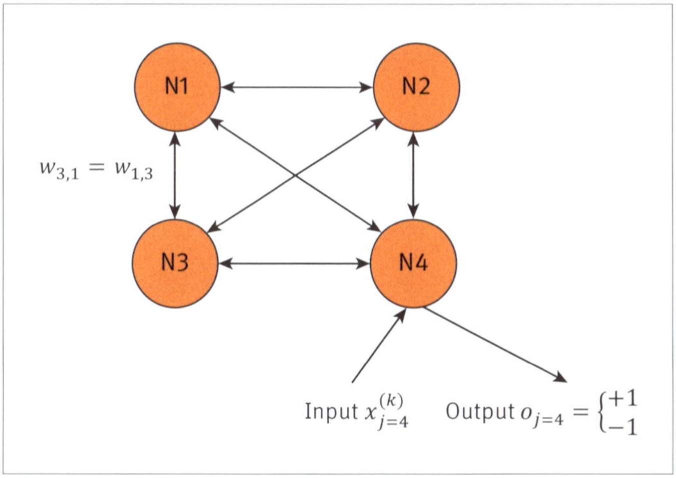

Abbildung 10.9 Beispiel eines binären Hopfield-Netzwerks

Gelernt wird im Hopfield-Netzwerk durch das Anpassen der Gewichte für alle Trainingsbeispiele, indem zum Beispiel eine Iteration durch alle Trainingsbeispiele durchgeführt wird und dann die Gewichtsanpassung für alle Neuronen stattfindet. Die Berechnung der Gewichte ist folgendermaßen definiert:

$$w_{ij} = \sum_{k=1}^{N} x_i^{(k)} \cdot x_j^{(k)}$$

Dabei

- stellt w_{ij} das Gewicht der Verbindung von Neuron i nach Neuron j dar,
- und N ist die Anzahl der Inputs, die wie bereits gewohnt als Vektor repräsentiert werden, zum Beispiel der k-te Input $\vec{x}^{(k)} = \left(x_1^{(k)}, x_2^{(k)}, \ldots\right)$.

Die Berechnung der Outputs kann entweder asynchron durchgeführt werden, indem ein Neuron zufällig pro Iteration ausgewählt wird, oder synchron, indem der Output jedes Neurons berechnet wird, und zwar so lange, bis sich keine Änderungen mehr einstellen oder eine maximale Anzahl an Iterationen erreicht ist.

Der Output eines Neurons errechnet sich wiederum auf bewährte Art und Weise. Somit gilt für ein Hopfield-Netzwerk mit n Neuronen:

$$net_j = \sum_{i=1}^{n} w_{ij} \cdot o_i$$

$$f_{\text{step}}(net_j) = o_j = \begin{cases} +1, & \text{falls } net_j \geq \theta_j \\ -1, & \text{falls } net_j < \theta_j \end{cases}$$

Wenn das Netz nun gelernt hat und ihm ein Input präsentiert wird, der unbekannt ist oder ein verrauschtes Beispiel eines Lernbeispiels darstellt, dann findet das Netz jenen Output, der am besten zu den gelernten Beispielen passt. Dem Hopfield-Netzwerk sind Grenzen hinsichtlich der lernbaren Beispiele gesetzt, die durch die folgende Formel berechnet werden können:

$$N < 0.14 \cdot n$$

Dabei wird ein *Recall-Fehler* in maximal 5 % der Fälle toleriert. Zum Beispiel kann ein Netz mit $n = 10$ Neuronen maximal $1.4 > N$, also 1 Beispiel, lernen.

Ein kleines Beispiel

In Abbildung 10.10 haben wir zwei Inputs vorbereitet, die das Netz lernen sollte. Die grauen Kästchen bekommen den Wert +1 und die weißen den Wert –1. Die Werte werden zeilenweise ermittelt und zu einem Vektor verknüpft. Das T wird durch den Vektor

$$\vec{x}^{(\text{T})} = (+1, +1, +1, -1, +1, -1, -1, +1, -1)$$

und das U durch den Vektor

$$\vec{x}^{(\text{U})} = (+1, -1, +1, +1, -1, +1, +1, +1, +1)$$

repräsentiert.

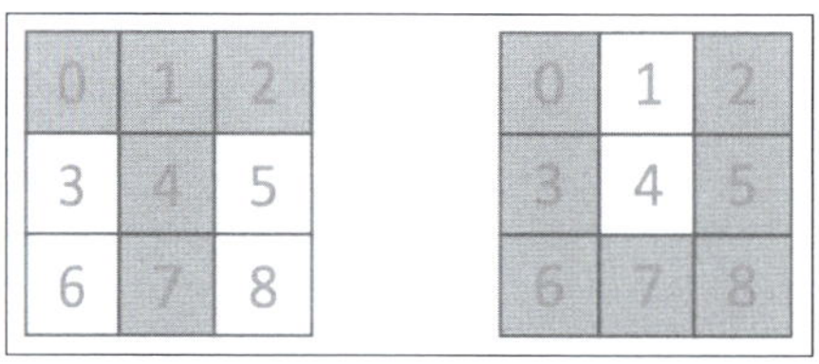

Abbildung 10.10 Links ein T und rechts ein U mit den Indizes für den Vektor

Als Nächstes folgt die Ermittlung der Gewichte, die wiederum in Form einer Matrix dargestellt werden; dabei entspricht der erste Index beim Gewicht w_{ij}, also i, der Zeile in der

Matrix und der zweite Index, also j, der Spalte. Des Weiteren haben die Neuronen zu sich selbst keine Verbindungen, das heißt, dass $w_{ii} = 0$. Darüber hinaus sind die Gewichte symmetrisch: $w_{ij} = w_{ji}$, somit müssen wir nur die Werte oberhalb der Diagonale der Matrix berechnen.

Wir werden die Werte nun pro Vektor berechnen und dann einfach die Matrizen addieren. Fangen wir mit dem ersten Vektor $\vec{x}^{(\mathrm{T})}$ an, und berechnen wir etwa $w_{11} = x_1^{(\mathrm{T})} \cdot x_1^{(\mathrm{T})} = (+1) \cdot (+1) = +1$ und $w_{41} = x_4^{(\mathrm{T})} \cdot x_1^{(\mathrm{T})} = (-1) \cdot (+1) = -1$, und wenn wir das nun weiterführen, dann kommt dabei folgende Matrix heraus:

$$W_{\mathrm{T}} = \begin{pmatrix} 0 & 1 & 1 & -1 & 1 & -1 & -1 & 1 & -1 \\ 1 & 0 & 1 & -1 & 1 & -1 & -1 & 1 & -1 \\ 1 & 1 & 0 & -1 & 1 & -1 & -1 & 1 & -1 \\ -1 & -1 & -1 & 0 & -1 & 1 & 1 & -1 & 1 \\ 1 & 1 & 1 & -1 & 0 & -1 & -1 & 1 & -1 \\ -1 & -1 & -1 & 1 & -1 & 0 & 1 & -1 & 1 \\ -1 & -1 & -1 & 1 & -1 & 1 & 0 & -1 & 1 \\ 1 & 1 & 1 & -1 & 1 & -1 & -1 & 0 & -1 \\ -1 & -1 & -1 & 1 & -1 & 1 & 1 & -1 & 0 \end{pmatrix}$$

Ein kleiner Hinweis: Falls Sie zu faul zum Rechnen sind, so wie wir, dann erledigt das folgende kleine Python-Programm die Matrixberechnung. Wir gehen davon aus, dass Sie sich bereits ein Jupyter Notebook für dieses Kapitel erstellt haben und nun eine Code-Zelle nach der anderen anlegen werden und mit uns programmieren:

```
import numpy as np
# T
xT = np.matrix([+1,+1,+1,-1,+1,-1,-1,+1,-1])
WT = np.matmul(xT.T,xT)
print(WT)
# Ausgabe:
[[ 1  1  1 -1  1 -1 -1  1 -1]
 [ 1  1  1 -1  1 -1 -1  1 -1]
 [ 1  1  1 -1  1 -1 -1  1 -1]
 [-1 -1 -1  1 -1  1  1 -1  1]
 [ 1  1  1 -1  1 -1 -1  1 -1]
 [-1 -1 -1  1 -1  1  1 -1  1]
 [-1 -1 -1  1 -1  1  1 -1  1]
 [ 1  1  1 -1  1 -1 -1  1 -1]
 [-1 -1 -1  1 -1  1  1 -1  1]]
```

Listing 10.1 Die Multiplikation des transponierten T-Vektors mit sich selbst ergibt eine Matrix.

Als Nächstes berechnen wir die zweite Matrix – das ist die Matrix für den Vektor $\vec{x}^{(U)}$ – ebenfalls durch das Programm:

```
import numpy as np
# U
xU = np.matrix([+1,-1,+1,+1,-1,+1,+1,+1,+1])
WU = np.matmul(xU.T,xU)
print(WU)
# Ausgabe:
[[ 1 -1  1  1 -1  1  1  1  1]
 [-1  1 -1 -1  1 -1 -1 -1 -1]
 [ 1 -1  1  1 -1  1  1  1  1]
 [ 1 -1  1  1 -1  1  1  1  1]
 [-1  1 -1 -1  1 -1 -1 -1 -1]
 [ 1 -1  1  1 -1  1  1  1  1]
 [ 1 -1  1  1 -1  1  1  1  1]
 [ 1 -1  1  1 -1  1  1  1  1]
 [ 1 -1  1  1 -1  1  1  1  1]]
```

Listing 10.2 Die Matrix für den U-Vektor

Zu guter Letzt folgt noch die Summation der zwei Matrizen `W = WT + WU`: In der Diagonale stehen natürlich 0-Werte, die denken wir uns einfach, und falls Sie das stört, dann können Sie die Diagonale in Ihrem Programm gerne auf 0 setzen.

```
import numpy as np
# T + U
W = WT + WU
print(W)
# Ausgabe:
[[ 2  0  2  0  0  0  0  2  0]
 [ 0  2  0 -2  2 -2 -2  0 -2]
 [ 2  0  2  0  0  0  0  2  0]
 [ 0 -2  0  2 -2  2  2  0  2]
 [ 0  2  0 -2  2 -2 -2  0 -2]
 [ 0 -2  0  2 -2  2  2  0  2]
 [ 0 -2  0  2 -2  2  2  0  2]
 [ 2  0  2  0  0  0  0  2  0]
 [ 0 -2  0  2 -2  2  2  0  2]]
```

Listing 10.3 Die Summe der zwei Gewichtsmatrizen W = WU + WT

Nun folgt der Schritt der Erkennung eines angelegten Musters, schließlich wollen wir ja das Hopfield-Netz als Assoziationsspeicher verwenden.

1. Dazu legen wir den ersten Vektor $\vec{x}^{(0)}$ an das Netz an und hoffen, dass er erkannt wird. Für jedes Neuron muss der Output berechnet werden, was ja nichts anderes ist als die folgende Multiplikation (Sie erinnern sich sicher noch an die vielen Matrix-Vektor-Multiplikationen, die wir bei der Backpropagation berechnet haben):

   $$\vec{x}_{t+1} = W \cdot \vec{x}_t$$

   wobei $\vec{x}_t$ der angelegte Vektor zum Zeitpunkt t ist. Wir starten im Zeitpunkt 0, somit ist $\vec{x}^{(0)}$ der Vektor, der am Start angelegt wird.
2. Auf jede Komponente des Vektors muss noch die Aktivierungsfunktion angewendet werden.

Wir haben für die Auswertung natürlich auch noch ein Programm zusammengestellt. Damit können Sie experimentieren und die Bilder, das heißt die Vektoren, »verrauschen« und die Grenzen ausloten, wann das Netz einen Input als T oder U erkennt.

Beachten Sie auch, dass wir den Output des Buchstabens in die Funktion `drawLetter` verkapselt haben, und die Stufenfunktion haben wir als Lambda umgesetzt:

```
# Matrix und Vektoroperationen
import numpy as np
# Zeichnen
import matplotlib.pyplot as plt
%matplotlib inline

# Zeilendimension der Matrix
rowDim = 3
# Eine Matrix in einer Zeile
lineDim = rowDim * rowDim

# Zeichnen eines Buchstabens
def drawLetter(letter):
    global rowDim
    fig = plt.figure(111)
    ax1 = fig.add_subplot(111)
    # Ausgabe der Matrix in Schwarzweiß, cm = Colormap,
    # interpolation: diskrete Farben
    ax1.imshow(letter.reshape(rowDim,rowDim),cmap=plt.cm.binary, interpolation=
'nearest')
    plt.show()
```

```
# Lambda für Stufenfunktion
f_step = lambda w: 1 if w >= 0 else -1
# Lambda vektorisieren
vectorized_step = np.vectorize(f_step)

# Lernen
# Identity
Wi = np.identity(lineDim)
# T
xT = np.matrix([+1,+1,+1,-1,+1,-1,-1,+1,-1])
WT = np.matmul(xT.T,xT) - Wi
print('T - Muster')
drawLetter(xT)
print('T - Matrix minus Einheitsmatrix')
print(WT)

# U
xU = np.matrix([+1,-1,+1,+1,-1,+1,+1,+1,+1])
WU = np.matmul(xU.T,xU) - Wi
print('U - Muster')
drawLetter(xU)
print('U - Matrix minus Einheitsmatrix')
print(WU)

# Summe der Mustermatrizen
W = WT + WU
print('T + U - Matrix')
print(W)

### Auswertung
x0 = np.matrix([-1,-1,-1,+1,-1,+1,+1,+1,+1])
print('Inputvektor')
drawLetter(xX)
vt = x0.T

# Attraktor suchen
for t in range(2):
    vt1 = vectorized_act(W * vt)
    print('Schritt {}'.format(t))
```

```
Wt1 = vt1.reshape(rowDim,rowDim)
drawLetter(vt1)
vt = vt1
```

Listing 10.4 Lernen und Auswertung mit Hopfield-Netzen

Die Ausgabe sieht so aus:

```
T - Muster
```

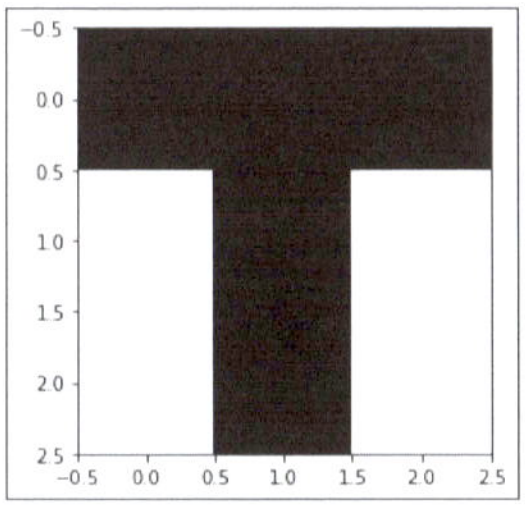


```
T - Matrix minus Einheitsmatrix
[[ 0.  1.  1. -1.  1. -1. -1.  1. -1.]
 [ 1.  0.  1. -1.  1. -1. -1.  1. -1.]
 [ 1.  1.  0. -1.  1. -1. -1.  1. -1.]
 [-1. -1. -1.  0. -1.  1.  1. -1.  1.]
 [ 1.  1.  1. -1.  0. -1. -1.  1. -1.]
 [-1. -1. -1.  1. -1.  0.  1. -1.  1.]
 [-1. -1. -1.  1. -1.  1.  0. -1.  1.]
 [ 1.  1.  1. -1.  1. -1. -1.  0. -1.]
 [-1. -1. -1.  1. -1.  1.  1. -1.  0.]]
U - Muster
```

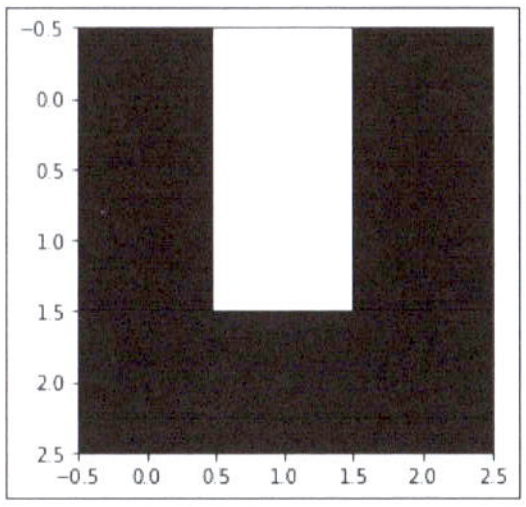

```
U - Matrix minus Einheitsmatrix
[[ 0. -1.  1.  1. -1.  1.  1.  1.  1.]
 [-1.  0. -1. -1.  1. -1. -1. -1. -1.]
 [ 1. -1.  0.  1. -1.  1.  1.  1.  1.]
 [ 1. -1.  1.  0. -1.  1.  1.  1.  1.]
 [-1.  1. -1. -1.  0. -1. -1. -1. -1.]
 [ 1. -1.  1.  1. -1.  0.  1.  1.  1.]
 [ 1. -1.  1.  1. -1.  1.  0.  1.  1.]
 [ 1. -1.  1.  1. -1.  1.  1.  0.  1.]
 [ 1. -1.  1.  1. -1.  1.  1.  1.  0.]]
T + U - Matrix
[[ 0.  0.  2.  0.  0.  0.  0.  2.  0.]
 [ 0.  0.  0. -2.  2. -2. -2.  0. -2.]
 [ 2.  0.  0.  0.  0.  0.  0.  2.  0.]
 [ 0. -2.  0.  0. -2.  2.  2.  0.  2.]
 [ 0.  2.  0. -2.  0. -2. -2.  0. -2.]
 [ 0. -2.  0.  2. -2.  0.  2.  0.  2.]
 [ 0. -2.  0.  2. -2.  2.  0.  0.  2.]
 [ 2.  0.  2.  0.  0.  0.  0.  0.  0.]
 [ 0. -2.  0.  2. -2.  2.  2.  0.  0.]]
Inputvektor
```

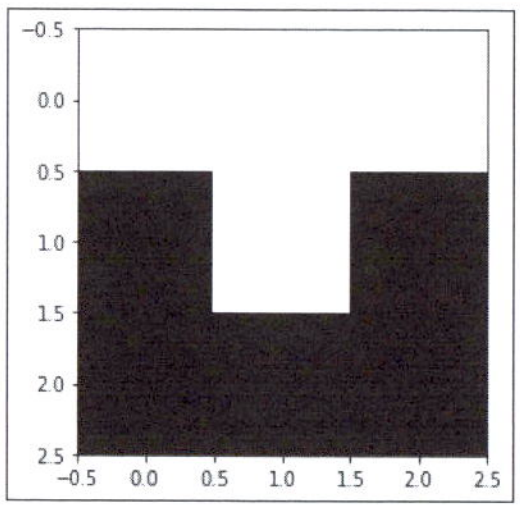


```
Schritt 0
```

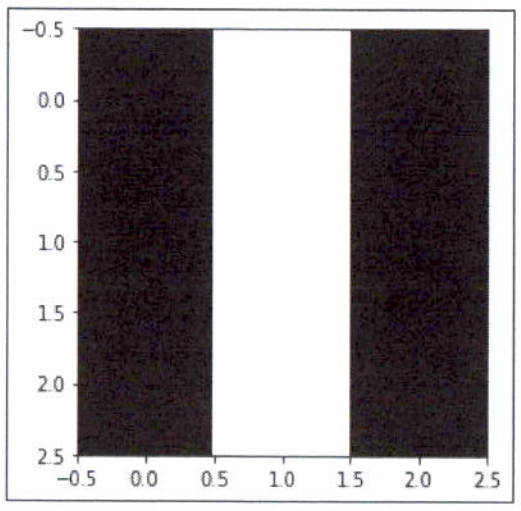

```
Schritt 1
```

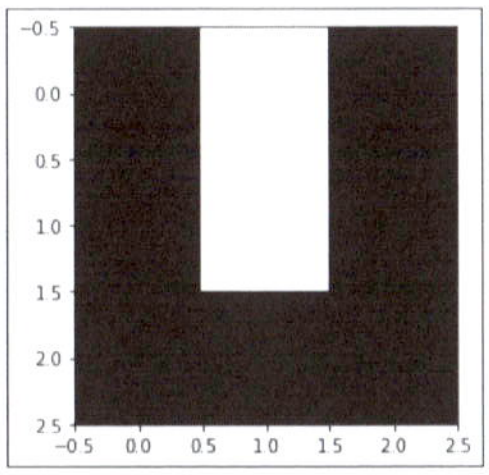

Am Anfang des Programms lernen wir die beiden Muster, indem wir eine Matrixmultiplikation der Gewichte mit den einzelnen Vektoren durchführen, und ziehen dann die sogenannte *Einheitsmatrix* vom Ergebnis ab, damit in der Diagonale tatsächlich nur Nullen stehen. Die Einheitsmatrix hat lauter Einsen in der Diagonale und sonst nur Nullen.

Wir summieren beide Matrizen, um den assoziativen Speicher zu erhalten. Danach folgt die Berechnung der Outputs der Neuronen, so wie beim Perceptron. Die Schleife am Ende wird verwendet, um bei der Auswertung zu iterieren und die Assoziationsmatrix immer wieder auf den Output der vorherigen Iteration anzuwenden. Dies wird in unserem Fall fünfmal gemacht, kann aber auch davon abhängen, ob sich im Vergleich zur letzten Iteration eine Veränderung ergeben hat.

10.5.3 1982: Kohonens SOM

Die *selbstorganisierenden Karten* (SOM) von Teuvo Kohonen werden wir in Kapitel 12, »Lernverfahren«, näher besprechen und auch implementieren. Dieser Ansatz ist durch neurobiologische Studien motiviert, die zeigen, dass sensorische Informationen mit den folgenden zwei Eigenschaften auf korrespondierende Bereiche im zerebralen Cortex abgebildet werden:

- Die eingehende Information wird in ihrem passenden Kontext gehalten.
- Neuronen, die verwandte Informationen verarbeiten, sind sich räumlich nahe, sodass sie durch kurze Verbindungen miteinander interagieren können.

Daraus ergibt sich das Prinzip der *topografischen Karte*: Die räumliche Positionierung eines Output-Neurons in einer topografischen Karte entspricht einem Feature, das aus dem Input extrahiert wurde. Das bedeutet, dass ein SOM einen hochdimensionalen Vektor auf eine ein- bzw. zweidimensionale Karte abbildet, und zwar so, dass sie die Topologie erhält.

10.5.4 1986: Backpropagation

Im Jahr 1986 erschien die Publikation des Lernverfahrens *Backpropagation* durch Rumelhart, Hinton und Williams. Auch dieses Verfahren haben Sie bereits komplett implementiert, und jede weitere Erläuterung wäre eine Beleidigung.

10.5.5 1987: NN-Konferenz

Die erste Konferenz zu neuronalen Netzen wurde von der *IEEE* in San Diego veranstaltet und fand mit 200 Vortragenden und 2000 Besuchern statt.

10.5.6 1989: Yann LeCun: Convolutional Neural Networks

Yann LeCuns Tech Report CRG-TR-89-4 von 1989 behandelt Generalisierungsprobleme und Netzwerkdesign-Strategien in neuronalen Netzen. Ein zentraler Aspekt des Berichts ist die Einführung von *Convolutional Neural Networks* (CNNs), so wie in Kapitel 7 besprochen, die speziell für die Verarbeitung von Bilddaten entwickelt wurden.

Damit kommen wir zu Teil 2 unserer KNN-Geschichte (siehe Abbildung 10.11).

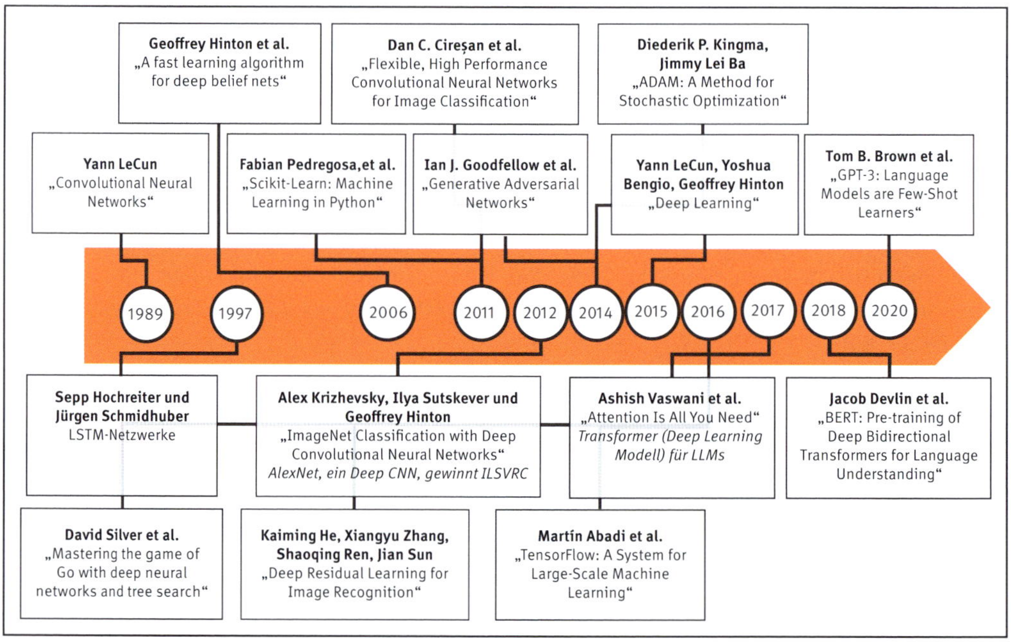

Abbildung 10.11 KNN-Geschichte, Teil 2

10.6 Die 1990er-Jahre

Ein Highlight in den 1990er-Jahren war die Berücksichtigung von Zeitabhängigkeiten in den Daten, wie zum Beispiel im Falle von gesprochener Sprache. Dazu wurden die schon länger bekannten rückgekoppelten neuronalen Netze (RNN) als Basis verwendet.

10.6.1 1997 Sepp Hochreiter und Jürgen Schmidhuber – LSTM

Sepp Hochreiter und Jürgen Schmidhuber publizierten 1997 einen Artikel, der eine neue Architektur vorschlug für Netze, die ein *langes Kurzzeitgedächtnis* besitzen, das sogenannte *Long Short-Term Memory* (LSTM). Es gibt zwar Ansätze (wie Sie zum Beispiel beim *Q-Learning* in Kapitel 12, »Lernverfahren«, sehen werden), die es »klassischen« Feed-forward-Architekturen ermöglichen, ein Gedächtnis aufzubauen. Jedoch liefert LSTM eine viel bessere Performance bzw. kann Probleme und Aufgabestellungen lösen, die von klassischen Architekturen nicht gelöst werden können.

Long-Short-Term-Memory-Netzwerke sind eine spezielle Form rekurrenter neuronaler Netzwerke, die entwickelt wurden, um Langzeitabhängigkeiten in Sequenzdaten zu erfassen und die Probleme der Vanishing und Exploding Gradients zu überwinden. LSTM verwenden einen *Zellenzustand*, der Informationen über viele Zeitschritte hinweg nahezu unverändert beibehält, und drei *Gates*:

- Das *Input-Gate* bestimmt, welche neuen Informationen in den Zellenzustand aufgenommen werden.
- Das *Forget-Gate* regelt, welche Informationen aus dem Zellenzustand entfernt werden.
- Das *Output-Gate* steuert, welche Informationen aus dem Zellenzustand als Ausgabe weitergegeben werden.

Dadurch können LSTMs wichtige Informationen über längere Zeiträume speichern und irrelevante Daten verwerfen, was sie besonders nützlich für Aufgaben wie Sprachverarbeitung, Zeitreihenanalyse und Bildunterschriftenerzeugung macht.

10.7 Die 2000er-Jahre

Ab den 2000er-Jahren standen viel mehr Daten für das Trainieren der KNN zur Verfügung, und auch die Rechenleistungen nahmen entsprechend zu. Durch diese beiden Aspekte wurden die Karten für das Lernen von KNN hinsichtlich Lerngeschwindigkeit und -menge neu gemischt.

10.7.1 2006: Geoffrey Hinton et al.

Geoffrey Hinton, Simon Osindero und Yee Whye Teh stellten im Jahr 2006 in ihrem Paper »A fast learning algorithm for deep belief nets« das erfolgreiche Training eines mehrschichtigen neuronalen Netzes vor und kurbelten dadurch die Forschung im Bereich KNN wieder an. Basierend darauf schlug die Stunde der *Deep Neural Networks* und deren Verwendung in den unterschiedlichsten Bereichen, zum Beispiel beim Go-Spielen – AlphaGo war ja in aller Munde. Die Firma Google DeepMind entwickelte *AlphaGo*, ein Programm, das das Brettspiel Go spielt und im März 2016 den weltbesten Profispieler Lee Sedol aus Südkorea schlug. Damit war aber noch nicht Schluss, im Dezember 2017 stellte DeepMind die KI *AlphaZero* vor. Diese erlernte innerhalb weniger Stunden selbstständig und nur durch Kenntnis der Spielregeln Schach, Go und Shogi (die japanische Variante von Schach) auf einem höheren Niveau als jeder Mensch.

10.8 Die 2010er-Jahre

Eine weitere Steigerung der Rechenleistungen wurde durch den Einsatz der GPUs auf Grafikkarten erreicht. Damit ergaben sich Möglichkeiten, noch komplexere Netze mit viel mehr Parametern, zum Beispiel einer höheren Anzahl an Neuronen, Verbindungen und Schichten, zu erstellen – sogar solche, die gegeneinander antreten und das jeweils andere Netz zum Lernen anregen.

10.8.1 2014: Ian J. Goodfellow et al. – Generative Adversarial Networks (GAN)

Die Idee von zwei sich ergänzenden bzw. bekämpfenden Netzen, die zu einem sich stetig verbessernden Ergebnis führen, ist Ian J. Goodfellow und seiner Forschungsgruppe, damals an der Universität von Montreal, zu verdanken.

Die Hauptidee besteht darin, zwei Netze gegeneinander antreten zu lassen (siehe Abbildung 10.12), wobei das eine Netz, genannt *Generator*, aus Rauschen – also Zufallszahlen – Bilder erzeugt und das andere Netz, genannt *Diskriminator*, vorhersagt, ob es sich bei einem gegebenen Input um ein echtes Bild aus den Trainingsbeispielen handelt oder um ein Bild, das der Generator erzeugt hat.

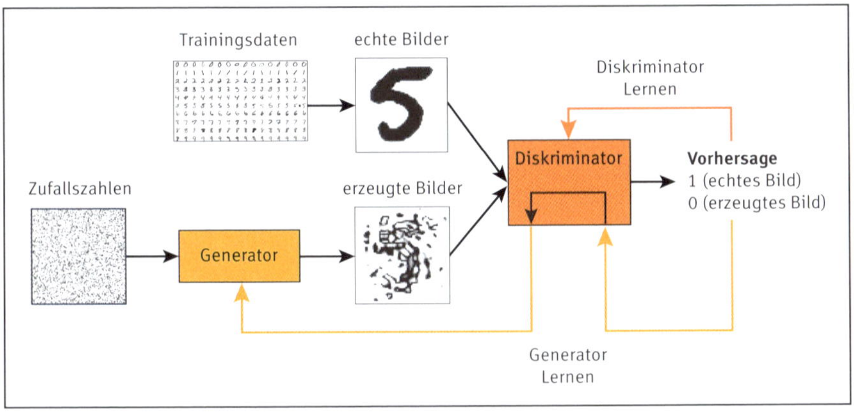

Abbildung 10.12 GAN – prinzipieller Aufbau

Das Zusammenspiel zwischen Generator und Diskriminator lässt sich folgendermaßen zusammenfassen:

- Der Generator bekommt einen Vektor mit Zufallszahlen (engl. *latent sample*) übergeben und erzeugt daraus ein Bild (siehe Abbildung 10.13). Mit der Zeit lernt der Generator, Bilder zu erzeugen, die echten Bildern ähnlich sehen.

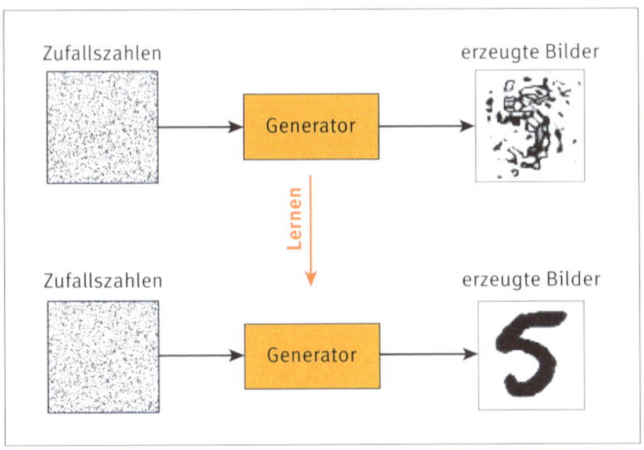

Abbildung 10.13 Der Generator lernt, Bilder zu erzeugen.

- Dieses erzeugte Bild wird dem Diskriminator übergeben, der für die Klassifikation von Bildern mittels Error-Backpropagation trainiert wird. Als Trainings-Input werden einerseits Bilder aus einer Trainingsmenge von echten Bildern (zum Beispiel Personenbilder als positive Beispiele) und andererseits die generierten Bilder des Generators (als negative Beispiele) verwendet.

Der Diskriminator liefert eine Vorhersage, d. h. eine Zahl zwischen 0 und 1, über die Authentizität des Bildes, wobei 0 für »gefälscht« und 1 für »echt« steht (siehe Abbildung 10.14). Die möglichen Fehler bei der Klassifikation werden für das Error-Backpropagation-Lernen des Diskriminators verwendet.

- Der errechnete Klassifikationswert des Diskriminators wird unter anderem verwendet, um mittels Backpropagation die Gewichte des Generators anzupassen, sodass bessere Bilder produziert werden. Dabei wird die Error-Backpropagation durch das Diskriminator- und dann das Generator-Netzwerk durchgeführt, ohne dabei die Gewichte des Diskriminators anzupassen.
- Das Training des Diskriminators bzw. des Generators findet abwechselnd statt. Immer wenn der eine trainiert wird, wird der andere fixiert, d. h., es findet keine Änderung der Gewichte statt. Im Laufe des Trainings sollte der Generator sich kontinuierlich verbessern und die Klassifikationsleistung des Diskriminators sich verschlechtern. Im besten Fall, d. h. dann, wenn der Generator perfekt funktioniert, kann der Diskriminator nur noch raten, d. h., eine Vorhersagewahrscheinlichkeit von 0,5 erreichen, ob es sich um ein echtes oder um ein erzeugtes Bild handelt.

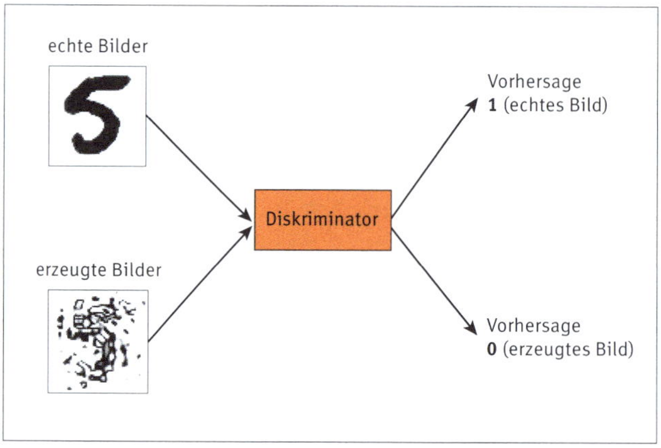

Abbildung 10.14 Der Diskriminator lernt, Bilder zu unterscheiden.

Dieses Spiel wird immer und immer wieder gespielt, und damit lernt der Generator, immer bessere Beispiele zu produzieren, und der Diskriminator lernt, immer besser zu unterscheiden.

10.8.2 2017: Ashish Vaswani et al. – Attention Is All You Need

In ihrem wegweisenden Paper »Attention Is All You Need« (2017) stellen Ashish Vaswani und seine Kollegen das *Transformer-Modell* vor, das die Architektur für viele moderne *Natural Language Processing*-(NLP-)Aufgaben revolutionierte. Im Gegensatz zu traditionellen rekurrenten neuronalen Netzwerken (RNNs) und Long-Short-Term-Memory-(LSTM-)Netzwerken, verzichtet der Transformer vollständig auf rekurrente Strukturen und setzt stattdessen auf einen *selbstaufmerksamen* (*self-attention*) Mechanismus, der die Beziehungen zwischen allen Wörtern in einem Satz parallel verarbeitet. In Kapitel 7, »Beispiele für tiefe neuronale Netze«, und Kapitel 8, »Programmierung von Deep Neural Networks mit TensorFlow 2«, haben wir uns intensiv mit den Transformer-Modellen auseinandergesetzt.

10.9 Zusammenfassung

Dieses Kapitel hat es historisch in sich, und wir haben Ihnen noch einige alternative Modelle für neuronale Netze gezeigt. Wir wollten Sie anregen und die Vielfalt neuronaler Netze präsentieren, die sich nicht auf einzelne Ansätze reduzieren lässt. Des Weiteren haben Sie gesehen, dass das Gebiet bei Weitem noch nicht ausgeschöpft ist und noch viele Variationen zulässt. Tiefe Netze, rückgekoppelte Netze und generative Ansätze sind auf der Höhe der Zeit und warten darauf, von Ihnen implementiert und weitergedacht zu werden. Beginnen Sie gleich mal mit einem Hopfield-Netzwerk!

10.10 Referenzen

- **1943**: Warren S. McCulloch und Walter H. Pitts, A Logical Calculus of the Ideas Immanent in Nervous Activity. In: Bulletin of Mathematical Biophysics, Vol. 5, p. 115–133 (1943), *http://www.cse.chalmers.se/~coquand/AUTOMATA/mcp.pdf*
- **1949:** Donald O. Hebb, The Organization of Behavior; A Neuropsychological Theory. John Wiley & Sons, New York, 1949, *https://archive.org/details/in.ernet.dli.2015.168156*
- **1955:** John McCarthy, Marvin Minsky, Nathaniel Rochester und Claude Shannon, A Proposal for the Dartmouth Summer Research Project on Artificial Intelligence, *http://jmc.stanford.edu/articles/dartmouth/dartmouth.pdf*
- **1958**: Frank Rosenblatt, The Perceptron: A probabilistic Model for Information Storage and Organization in the Brain. Psychological Review, Vol. 65, No. 6, 1958, *https://www.ling.upenn.edu/courses/cogs501/Rosenblatt1958.pdf*
- **1960**: Bernard Widrow und Marcian Hoff, Adaptive Switching Circuits. 1960 I.R.E. Wescon Convention Record: Sessions at Los Angeles, August 23–26, 1960, Vol. 4, Part 4, p. 96–104 Institute of Radio Engineers, *https://www-isl.stanford.edu/~widrow/papers/c1960adaptiveswitching.pdf*
- **1972**: Teuvo Kohonen, Correlation Matrix Memories. In: IEEE TRANSACTIONS ON COMPUTERS, VOL. c-21, No. 4, April 1972, *https://lucidar.me/fr/neural-networks/files/1972-correlation-matrix-memories.pdf*

- **1973**: James Lighthill, »Lighthill report«, *https://en.wikipedia.org/wiki/Lighthill_report*
- **1980**: Kunihiko Fukushima. Neocognitron: A Self-organizing Neural Network Model for a Mechanism of Pattern Recognition Unaffected by Shift in Position, *https://www.rctn.org/bruno/public/papers/Fukushima1980.pdf*
- **1982**: John Hopfield, Neural networks and physical systems with emergent collective computational abilities. In: Proc. NatL Acad. Sci. USA Vol. 79, pp. 2554–2558, April 1982 Biophysics, *https://www.pnas.org/content/pnas/79/8/2554.full.pdf*
- **1982**: Teuvo Kohonen, Self-Organized Formation of Topologically Correct Feature Maps. In: Biol. Cybern. 43, p. 59–69 (1982). *https://tcosmo.github.io/assets/soms/doc/kohonen1982.pdf*
- **1986**: David E. Rumelhart, Geoffrey E. Hinton und Ronald J. Williams, Learning Internal Representations by Error Propagation. September 1985, ICS Report 8506, Also published in D. E. Rumelhart & i. L. McClelland (Eds.), Parallel Distributed Processing: Explorations in the Microstructure of Cognition. Vol. 1: Foundations. Cambridge, MA: Bradford Books/MIT Press
- **1989**: Yann LeCun, Generalization and Network Design Strategies. Y. le Cun Department of Computer Science University of Toronto Technical Report CRG-TR-89-4 June 1989, *http://yann.lecun.com/exdb/publis/pdf/lecun-89.pdf*
- **1997** Sepp Hochreiter und Jürgen Schmidhuber, LONG SHORT-TERM MEMORY, Neural Computation 9(8):1735–1780, 1997, *https://www.bioinf.jku.at/publications/older/2604.pdf*
- **2006**: Geoffrey Hinton et al., A Fast Learning Algorithm for Deep Belief Nets. In: Neural Computation (2006) 18 (7):1527–1554. *https://www.mitpressjournals.org/doi/pdf/10.1162/neco.2006.18.7.1527*
- **2014**: Ian J. Goodfellow et al., Generative Adversarial Nets, *https://arxiv.org/pdf/1406.2661.pdf*
- **2017**: Ashish Vaswani et al., Attention Is All You Need. 31st Conference on Neural Information Processing Systems (NIPS 2017), Long Beach, CA, USA, *https://arxiv.org/pdf/1706.03762*

Bildquellen:

- Abbildung 10.4: Bernard Widrow und Marcian Hoff, Adaptive Switching Circuits. In: Technical Report 1553-1, Stanford Electron. Labs., Stanford, CA, June 30, 1960
- Abbildung 10.5 und Abbildung 10.6: Kunihiko Fukushima, Neocognitron: A Self-Organizing Neural Network Model for a Mechanism of Pattern Recognition Unaffected by Shift in Position. In: Biological Cybernetics, 36, p. 193–202, 1980

Kapitel 11

Der Machine-Learning-Prozess

»Etwas lernen und mit der Zeit darin immer geübter werden, ist das nicht auch eine Freude?«
– Konfuzius (551–479 v. Chr.)

Wir haben uns bisher auf die neuronalen Netze selbst konzentriert. Sie wissen nun, was Eingangs- und Ausgabedaten sind, und ebenso, was Trainings-, Test- und Validierungsdatensätze sind und wozu Sie sie brauchen. Und obwohl das eine Menge ist, könnte die Frage aufkommen: War es das schon? Vielleicht fragen Sie sich: »Was will ich mit dem neuronalen Netz tun? Woher bekomme ich die Daten? Wie kann ich das fertige neuronale Netz dann produktiv einsetzen?« Es wird schnell klar: Unsere neuronalen Netze sind Teil eines Prozesses, den wir jetzt als *Machine-Learning-Prozess* bezeichnen wollen.

Wir orientieren uns in diesem Kapitel zuerst an einer der gebräuchlichsten Prozessbeschreibungen für Datenanalyse-Aufgaben – dem *CRISP-DM*-Modell. Danach sehen wir uns einige Aspekte an, die Sie ebenfalls bei der Entwicklung von und der Arbeit mit neuronalen Netzen berücksichtigen müssen. Diese betreffen Fragen der Ethik und des Rechts, aber auch ökologische Aspekte. Im dritten Teil dieses Kapitels picken wir uns alle Elemente aus dem Modell heraus, die mit der Datenvorbereitung zu tun haben. Die Datenvorbereitung wird auch als *Feature Engineering* bezeichnet.

11.1 Das CRISP-DM-Modell

Kommen wir nun zur Auflösung des Rätsels: CRISP-DM steht für *Cross Industry Standard Process for Data Mining* und entstand als theoretisches Modell Ende der 1990er-Jahre im Zuge von großen Data-Mining-Projekten. Abbildung 11.1 gibt Ihnen einen ersten Eindruck von seinen Bestandteilen.

Wir werden uns nicht in der genauen Beschreibung dieses Modells verlieren (das gäbe genug Stoff für ein weiteres Buch), aber wir präsentieren Ihnen die relevanten Informationen. Wir lassen uns auch nicht davon irritieren, dass es ein Standardprozess für das Data Mining ist. Data Mining, Machine Learning und neuronale Netze sind eng miteinander verwandt, obwohl wir keine Aussage über die Art der »Verwandtschaft« treffen möchten: Es gibt in den Weiten des Internets unendlich viele Definitions- und Unterscheidungsversuche, aber keine wirklich allgemein anerkannte Deutung. *Data Mining* könnte man als einen Bereich bezeichnen, in dem versucht wird, in einer großen Menge von Daten Muster zu erkennen, die dann die Grundlage für Business-Entscheidungen liefern. Dabei können auch Machine-Learning-Verfahren eingesetzt werden.

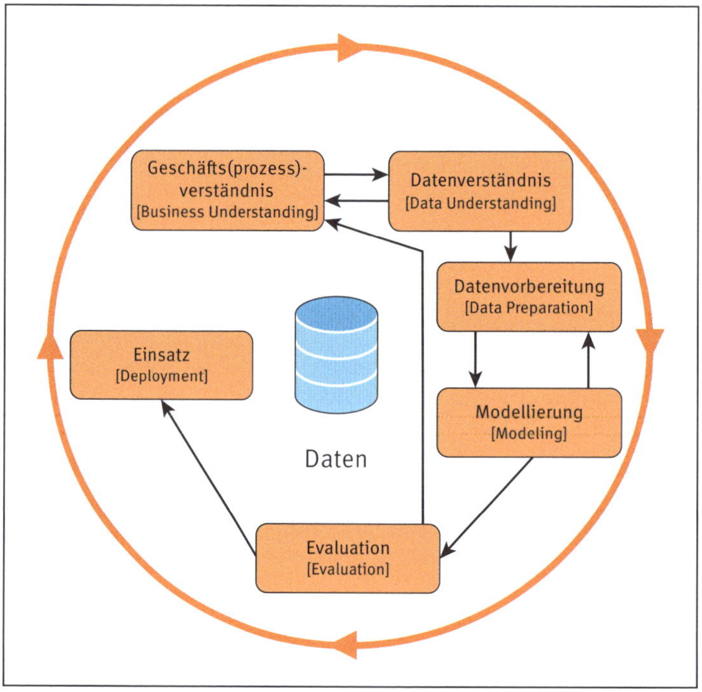

Abbildung 11.1 Das CRISP-DM-Modell (Quelle: Wikimedia Commons)

Wie aus Abbildung 11.1 zu ersehen ist, besteht ein Data-Mining-Projekt aus sechs Phasen (*Business Understanding*, *Data Understanding*, *Data Preparation*, *Modeling*, *Evaluation*, *Deployment*), die kreisförmig angeordnet sind. Die Kreisform weist natürlich auf die zirkuläre Struktur von Data-Mining-Projekten hin. Interessant ist auch, dass es zwischen den Phasen immer wieder Rückbeziehungen gibt, das heißt, dass ein ständiges Vor und Zurück zwischen den Phasen eine Notwendigkeit ist.

Wir versuchen, diese theoretischen Ansätze mit einem Beispiel zu garnieren.

11.1.1 Geschäfts(prozess)-Verständnis / Business Understanding

Diese Phase dient dazu, die Richtung zu bestimmen, bevor man losläuft. Hier werden (sowohl Business- wie Data-Mining-)Ziele bestimmt und auch Erfolgskriterien, an denen man das Ergebnis messen kann. In dieser initialen Phase wird ein Inventar der möglichen Datenquellen angelegt, und es werden Anforderungen, Prämissen und Bedingungen festgelegt. Eine Cost-Benefit-Analyse gehört genauso dazu wie die Abklärung von Risiken und Ungewissheiten. Und der Vollständigkeit halber sei erwähnt, dass etwas Projektmanagement hinzukommt – wie eigentlich immer.

Nehmen wir als Beispiel einen Online-News-Herausgeber, der zum Zwecke der Erhöhung der Abonnentenzahl bzw. Webseitenbesuche wissen möchte, welche Eigenschaften eines Artikels zu vielen Klicks führen. Das könnten der Schreibstil, die Länge des Artikels, sein Inhalt, das Thema, das Format etc. sein.

11.1.2 Datenverständnis / Data Understanding

In dieser Phase werden die Daten nicht manipuliert und verändert, sondern zuerst gesammelt und dann untersucht. Eine genaue Beschreibung der Daten und der Datenqualität ist eine wichtige Voraussetzung für den nächsten Schritt. Verständlicherweise beeinflussen sich Geschäftsverständnis und Datenverständnis sehr, denn die Untersuchung der Daten und deren Qualität kann Einfluss auf die Business- und Data-Mining-Ziele haben und zu einer Reduktion oder Erweiterung der Ziele führen.

In unserem Beispiel geht es darum, abzuklären, welche Daten man braucht und welche Daten zur Verfügung stehen und vor allem in welcher Qualität. Quantitative Daten wie die Anzahl der Klicks oder die Länge eines Artikels sind relativ einfach zur Verfügung zu stellen. Qualitative Eigenschaften wie der Schreibstil sind nicht von vornherein verfügbar und müssten zuerst festgelegt und manuell bestimmt werden. Eigenschaften wie das Thema oder der Themenbereich könnten schon vorhanden sein, aber auch das gilt es festzustellen.

11.1.3 Datenvorbereitung / Data Preparation

Datenvorbereitung und Elemente des Datenverständnisses werden im Jargon des Machine Learnings als *Feature Engineering* bezeichnet. In dieser Phase geht es darum, die Daten so herzurichten, dass man sie für ein Machine-Learning-Modell verwenden kann (und das schließt natürlich neuronale Netze mit ein). Diese Phase ist gespickt mit Herausforderungen und auch sehr zeitaufwendig. Typische Aufgaben sind die Auswahl, das Reinigen, Konstruieren und Integrieren von Daten, um sie in einen Datensatz zu transformieren, auf den Machine-Learning-Algorithmen angewendet werden können. Diesen Datensatz bezeichnen wir dann als *ML-bereiten Datensatz*.

Um die Schwierigkeiten zu veranschaulichen, die in dieser Phase zu bewältigen sind, nehmen wir uns die Eigenschaft *Anzahl der Klicks* vor. Im ersten Augenblick scheint das sehr einfach zu sein, aber es könnte sein, dass Sie sich diese Daten erst sehr mühsam aus sogenannten *Logdateien* herauspicken müssen. In unserem Fall wären das sogenannte Webserver-Logdateien. Sie müssten dann ein Computerprogramm schreiben, das diese Informationen aus den Logdateien herausholt und in eine Datenbank zur weiteren Wiederverwendung schreibt. Dabei müssen Sie überhaupt erst einmal feststellen, ob für den ausgewählten Zeitraum noch alle Logdateien vorhanden sind. Durch eine Änderung des Webauftritts können sich die Logdateien ja verändern.

Logdateien

Logdateien enthalten das automatisch geführte Protokoll über Aktionen von Prozessen auf einem Computersystem. Logdateien enthalten typischerweise einen Zeitstempel mit dem Datum, der genauen Uhrzeit und der Art der Aktion. Webserver-Logdateien enthalten auch Zugriffsinformationen wie Benutzer und IP-Adressen und verzeichnen auch, von welcher Webseite oder mit welchem Browser eine Aktion ausgeführt wurde.

Sie erkennen schon, dass die Datenerhebung sehr aufwendig werden kann.

11.1.4 Modellierung / Modeling

Sie haben bereits eine gute Vorstellung davon, was in dieser Phase nötig ist. Es beginnt mit der Auswahl von Modellen; das kann ein konventionelles Machine-Learning-Verfahren sein, aber natürlich auch ein neuronales Netz oder Ensemble-Techniken, die mehrere Verfahren gleichzeitig einsetzen.

Unabhängig vom Modell sind die Aufgaben sehr ähnlich: Man bildet ein Modell, bestimmt iterativ die Modellparameter und versucht, die Modellqualität zu maximieren. Im Falle von neuronalen Netzen wäre das die Festlegung auf eine Netzwerkarchitektur, Lernrate, Verlustfunktion etc. Klar ist, dass sich die Phasen Datenvorbereitung und Modellierung beschreibungstechnisch gut trennen lassen, aber operativ eine hohe Interaktion besteht, da die Modellqualität auch sehr stark von der Datenqualität abhängt.

Für die Modellierung unseres Onlineartikel-Beispiels müssen wir uns auf die Eingangsdaten und die Ausgangsdaten festlegen. Jede Änderung hier hat sofort Auswirkungen auf die Datenvorbereitung und natürlich auf das Modell. In unserem Beispiel einigen wir uns darauf, dass unser Modell für einen Artikel die Anzahl der Klicks vorhersagen können soll, und legen diese als unsere Ausgabedaten fest. Eingabedaten sind die Länge des Artikels, der Schreibstil, das Thema, die Aktualität, der Autor etc.

11.1.5 Evaluation

Hier gilt es, die Evaluierung eines Modells in Bezug auf Genauigkeit und Generalisierbarkeit von der Evaluation als Phase des CRISP-DM-Modells zu unterscheiden. Ersteres ist

Teil der Modellierung, während Letzteres den Vergleich des Modells mit den Business-Zielen betrifft. Dieses Assessment ist allerdings nicht sehr einfach und wird oft in Form von Testanwendungen im Produktivbetrieb durchgeführt und auf diese Art überprüft. Die Evaluation umfasst auch die Überprüfung von Ergebnissen, die als Nebenprodukt neues, nicht erwartetes Wissen liefert.

Ein wichtiger Output dieser Phase ist auch die Festlegung, ob an den Businesszielen etwas verändert werden soll. Hier wird entschieden, ob man in die nächste Phase eintritt oder ob eine neue Iteration durch Änderung der Business- (und Data-Mining-)Ziele gestartet wird.

Für unser Onlineartikel-Modell erhielte man einen Prädiktor, der die Anzahl von Klicks vorhersagen kann oder der – besser noch – einen Qualitäts-Score für einen Artikel bestimmt. Das könnte eine wertvolle Entscheidungsunterstützung für den Onlineredakteur darstellen. Für die Evaluation müsste man untersuchen, ob die Verwendung dieses Prädiktors eine Veränderung in der Anzahl der Webseitenbesuche erkennen lässt.

11.1.6 Einsatz / Deployment

Diese Phase beschäftigt sich mit der Inbetriebnahme der entwickelten Werkzeuge. Es wird also geplant, beobachtet und entsprechend für das Tagesgeschäft umgesetzt. Wie im Projektmanagement auch üblich, wird in dieser Phase der Abschlussreport erstellt.

Unser Onlineredakteur erhält ein Werkzeug, das als Eingabe den Artikel und dessen Eigenschaften erwartet und einen Qualitätsscore ausgibt. Damit erhält der Redakteur ein entscheidungsunterstützendes System zur Auswahl von Artikeln. Im Echtbetrieb können nun damit Erfahrungen gesammelt werden. Das führt eventuell dazu, neue Eigenschaften zur Bewertung aufzunehmen, was wieder unseren CRISP-DM-Kreislauf anstößt.

11.2 Ethische und rechtliche Aspekte

Die Entwicklung und Anwendung der künstlichen Intelligenz berührt immer mehr den Menschen in seiner persönlichen Entwicklung. Daraus folgt, dass man auch den CRISP-DM-Prozess nach ethischen und rechtlichen Gesichtspunkten untersuchen und gestalten muss. Bestimmte Aspekte, wie die sogenannte *algorithmische Fairness* , betreffen nahezu alle Elemente des CRISP-DM-Modells, ein Großteil der Abklärungen sollte schon am Beginn beim Geschäftsprozessverständnis erfolgen. Dem Thema Ethik kann man sich aus philosophischer Sicht annähern, aber zur Umsetzung von KI-Ethik-Prinzipien braucht es natürlich auch technische Werkzeuge. Ein Modell, das einen aus philosophischer Sicht ethischen Rahmen für künstliche Intelligenz schafft, besteht aus den fünf Prinzipien nach Luciano Floridi et al. (2018), das in Abbildung 11.2 schematisch dargestellt ist.

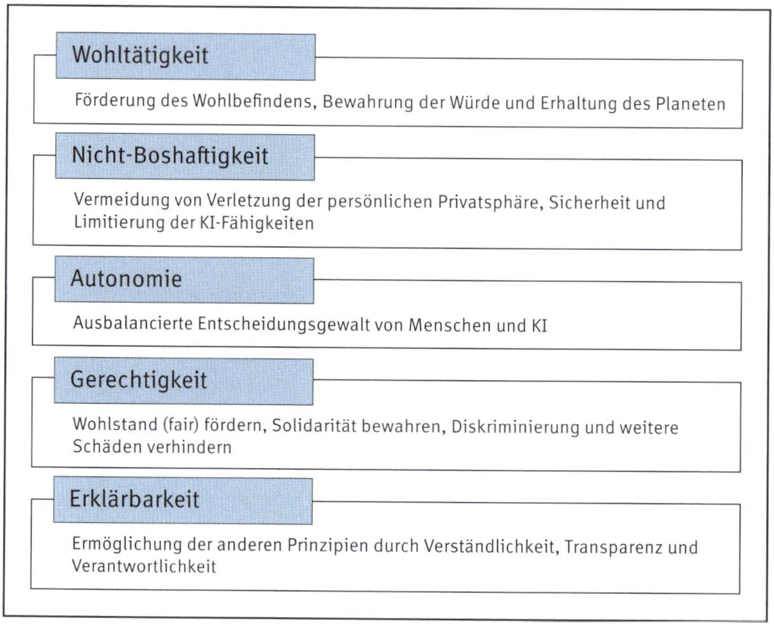

Abbildung 11.2 Die fünf Ethik-Prinzipien für künstliche Intelligenz

Aber warum spricht man von Recht und Ethik? Sollten der Rechtsrahmen nicht die gesellschaftliche Ethik sicherstellen? Eine der ersten Gleichungen, die Juristen in der Ausbildung kennenlernen, ist folgende:

Recht ≠ Sitte und Moral

Es gibt sehr große Überschneidungen und das Ziel eines jeden Rechtssystems ist die Gewährleistung einer gesellschaftlich anerkannten Ethik. Allerdings kann man Ethik aus mathematischer Sicht als Funktion von Zeit und Ort beschreiben, also *Ethik* $[t,(x,y)]$, was das Setzen eines Rechtsrahmens nicht einfacher macht. Über dieses Thema wurden schon Bücher geschrieben und es lässt sich trefflich darüber diskutieren. Die Menge des geduldigen Papiers ist jedoch klein – deshalb zurück zu neuronalen Netzen und künstlicher Intelligenz.

Damit Sie sich in Ihrer Arbeit an den ethischen Prinzipien aus Abbildung 11.2 orientieren können, picken wir für unsere Betrachtung folgende Elemente heraus: *algorithmische Fairness*, *Erklärbarkeit* und *Interpretierbarkeit*, *ökologische* und *juristische Aspekte*.

11.2.1 Algorithmische Fairness und Bias

Man hört hin und wieder in den Medien von Fehlleistungen von KI-Systemen – seien es KI-Chatbots, die durch gezielte Beeinflussung rassistische Aussagen treffen, Bilderkennungsmethoden, die schwarze Menschen als Gorillas klassifizieren, Rekrutierungssysteme, die Männer bevorzugen, und sogar KI-Werkzeuge, die im amerikanischen Rechtssystem weiße Menschen gegenüber schwarzen Menschen bevorzugen. Diese Liste an Beispielen könnte noch weitergeführt werden.

Um *algorithmische Fairness* zu gewährleisten, müssen Sie zunächst die Ursachen für diese Fehlleistungen ermitteln. Diese beruhen auf unterschiedlichen Formen von *Bias* (Verzerrung).

Bias bzw. Verzerrung

Der Begriff *Bias* oder *Verzerrung* stammt aus der Statistik. Die Statistik versucht ja, aus einer Auswahl (oder Stichprobe) aus einem Gesamtdatensatz (oder Gesamtpopulation) Schlüsse über die gesamten Daten bzw. die Gesamtpopulation zu ziehen. Bei unpassender Stichprobenwahl können systematische Fehler entstehen, die ein mehr oder weniger stark verzerrtes Ergebnis liefern. Ähnlich ist das auch bei neuronalen Netzen, die ja ebenfalls mit einer Auswahl aller möglichen Datensätze trainiert werden. Fehler bei der Auswahl oder auch tatsächlich bestehende Ungerechtigkeiten werden dann vom KI-System gelernt und können dadurch sogar noch verstärkt werden.

Bias kann verschiedenste Ursachen haben. Wir listen hier nur einige beispielhaft auf:

- **Selektionsbias:** Man nimmt nur Daten in die Stichprobe bzw. den Trainingsdatensatz auf, die einem genehm sind.
- **Historischer Bias:** Das ist eigentlich kein Bias im herkömmlichen Sinne, sondern es sind Ungerechtigkeiten, die auch in der Gesamtpopulation zu finden sind. Ein Beispiel dafür wäre, dass Frauen weniger verdienen als Männer.
- **Algorithmischer Bias:** Es kann auch zu systemischen Fehlern kommen, wenn der Algorithmus (also ein von uns trainiertes neuronales Netz) mit gewissen Daten schlechter zurechtkommt. Beispielsweise könnte die Fehlklassifizierung von dunkelhäutigen Menschen daran liegen, dass die Konturen vom Bildverarbeitungsalgorithmus schlechter erkennbar sind.

Aber wie gehen Sie gegen diese Unfairness vor? Es gibt im Wesentlichen drei Angriffspunkte:

- Modifikation der Trainingsdaten
- Modifikation des zu trainierenden Algorithmus
- Modifikation der Ausgaben des trainierten Algorithmus

Abbildung 11.3 zeigt ein Beispiel, wie die Eigenschaft Einkommen durch statistische Angleichung modifiziert werden kann, sodass der (historische) Bias reduziert werden kann und die Verteilung für Männer und Frauen angeglichen ist.

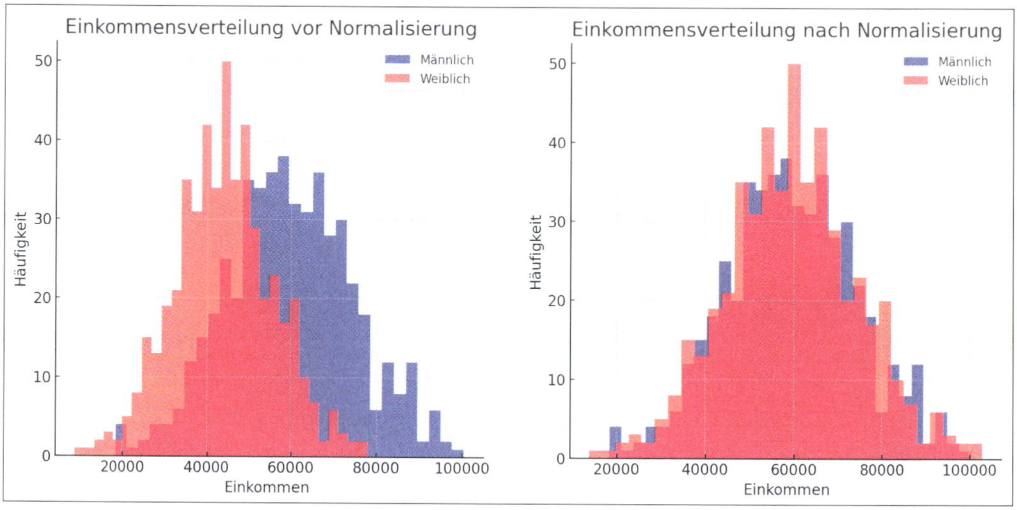

Abbildung 11.3 (Synthetische) Einkommensverteilung vor und nach der Modifikation der Trainingdaten

Sollten wir den Eindruck erweckt haben, dass mit den Methoden der algorithmischen Fairness alles geklärt wäre, dann müssen wir Sie leider enttäuschen. Folgende Fragen sind immer noch vorhanden:

- **Was ist überhaupt fair?** Hier stößt das qualitative Feld der Ethik mit dem quantitativen Feld der Statistik zusammen. Bedeutet Fairness »gleiche Möglichkeiten für alle« (engl. *equality of opportunity*) oder »gleiches Ergebnis für alle« (engl. *equality of outcome*)? Ein Unternehmen muss schon in der Phase *Geschäfts(prozess-)Verständnis* festlegen, was es unter Fairness versteht, und danach handeln.
- **Wie sieht es mit Fairness für unterschiedliche Gruppen aus?** Korrigieren Sie Eigenschaften des Trainingsdatensatzes für eine nichtprivilegierte Gruppe, zum Beispiel die der Frauen, dann ist nicht gewährleistet, dass der Bias infolgedessen auch für andere Gruppenunterteilungen (zum Beispiel nach Ethnie, Religion oder Behinderung) reduziert ist.
- **Bedeutet Fairness für eine Gruppierung auch Fairness für das Individuum?** *Individualfairness* bedeutet, dass zwei ähnliche Bewerber in einem KI-System auch ähnlich behandelt werden sollen. Die meisten Systeme zielen aber auf *Gruppenfairness* ab, was bedeutet, dass verschiedene demografische Gruppen im Durchschnitt fair behandelt werden. Bei zu starker Fokussierung auf die Gruppenfairness kann es jedoch passieren, dass ähnliche Individuen ungleich behandelt werden, weil sie zu unterschiedlichen Gruppen gehören.

Algorithmische Fairness braucht also auch nichtquantitative Elemente, und es ist schon hilfreich, wenn Sie sich der Problematik bewusst sind. Ein wesentlicher Aspekt ist auch, dass Sie verstehen, wie ein Algorithmus zu einem Ergebnis kommt. Das besprechen wir im nächsten Abschnitt.

11.2.2 Erklärbarkeit und Interpretierbarkeit

In der Geschichte der künstlichen Intelligenz hat es verschiedene Herangehensweisen gegeben. Eine davon ist die sogenannte *regelbasierte künstliche Intelligenz* in Form von Expertensystemen, Domänenontologien, Fuzzy-Regelsystemen und weiteren. Dabei wurde versucht, das Wissen von Experten in formalisierte, programmierbare Regeln zu übersetzen und in einem KI-System anzuwenden.

Diese Regeln können ganz einfach sein, zum Beispiel: »Wenn der systolische Blutdruck größer als 140 mmHg ist, dann liegt erhöhter Blutdruck vor.« Eine Sammlung von Regeln kann dann zu einer Gesamtdiagnose führen. Mit dieser Form der künstlichen Intelligenz hat man nicht nur ein Ergebnis, sondern durch die Regelkette auch gleichzeitig eine Erklärung, wie das KI-System auf das Ergebnis kommt. Und das ist wichtig, denn wenn ein KI-System einem Patienten eine Krebsdiagnose stellt, dann möchte der Patient auch eine Erklärung dazu geliefert bekommen.

Das Problem ist nun, dass die erfolgreichsten KI-Systeme – allen voran jene, die auf neuronalen Netzen basieren – datenbasierte Systeme sind. Es werden also nicht aktiv Regeln formuliert, sondern diese Systeme lernen durch Trainingsdaten und formulieren sich ihre Regeln selbst. Leider geschieht das oft in höchst intransparenter Weise.

Die Frage ist, wie weit wir solchen datenbasierten KI-Systemen trauen können. Das Erreichen hoher Genauigkeitsmetriken beim Lernen bzw. Trainieren ist nicht genug. Wir möchten nicht nur wissen, wie das Ergebnis lautet, sondern auch, warum das KI-System zu einem Ergebnis oder einer Prädiktion kommt.

Es gibt jedoch interpretierbare KI-Systeme, zum Beispiel den *Entscheidungsbaum*-Algorithmus (engl. *Decision tree*). Wir werden diesen Algorithmus auf den uns bereits bekannten Iris-Datensatz anwenden und das Ergebnis visualisieren. Beginnen Sie, wie im folgenden Listing gezeigt:

```
import numpy as np
import pandas as pd
from sklearn.datasets import load_iris
from sklearn.tree import DecisionTreeClassifier, plot_tree
import matplotlib.pyplot as plt
```

```
# Laden des Iris-Datensatzes
iris = load_iris()
X = iris.data
y = iris.target
```

Listing 11.1 Laden der benötigten Bibliotheken und des Iris-Datensatzes

Für diese Aufgabe verwenden wir die Bibliothek `Scikit-Learn`, die verschiedene Algorithmen für das maschinelle Lernen zur Verfügung stellt. In Listing 11.2 übersetzen wir noch die Eigenschaftsnamen des Iris-Datensatzes:

```
# Übersetzung der Merkmale und Klassen ins Deutsche
feature_names_german = [
'Kelchblattlänge', 'Kelchblattbreite', 'Blütenblattlänge', 'Blütenblattbreite']
class_names_german = ['Setosa', 'Versicolor', 'Virginica']
```

Listing 11.2 Übersetzung der Eigenschaftsnamen des Iris-Datensatzes

Das Trainieren des Entscheidungsbaums ist ein Zweizeiler, wobei wir hier nicht genau auf die Funktionsweise des Algorithmus eingehen. Wichtig jedoch ist, dass wir einen Entscheidungsbaum erhalten, der anhand von Unterteilungen der Eigenschaften eine Kette von Regeln liefert, die uns zu einer Prädiktion führt (in unserem Fall zu einer der drei Iris-Spezies *setosa*, *versicolor* oder *virginica*):

```
# Erstellen eines Decision Tree Classifiers
clf = DecisionTreeClassifier(max_depth=3, random_state=0)
clf.fit(X, y)

# Visualisierung des Entscheidungsbaums
plt.figure(figsize=(12, 8))
plot_tree(clf, filled=True, feature_names=feature_names_german, class_names=
class_names_german, rounded=True,
          label='none', impurity=False)
plt.title("Entscheidungsbaum für den Iris-Datensatz")
plt.show()
```

Listing 11.3 Training und visuelle Darstellung des Entscheidungsbaums

Bei der Definition des Klassifikators `DecisionTreeClassifier` haben wir den Hyperparameter `max_depth` auf 3 gesetzt. Das bedeutet, dass der trainierte Entscheidungsbaum maximal drei Ebenen besitzt, was natürlich Einfluss auf die Genauigkeit hat. Wir haben diesen Parameter so gewählt, um eine einfachere Darstellung zu gewährleisten, die unsere Argumente unterstützt.

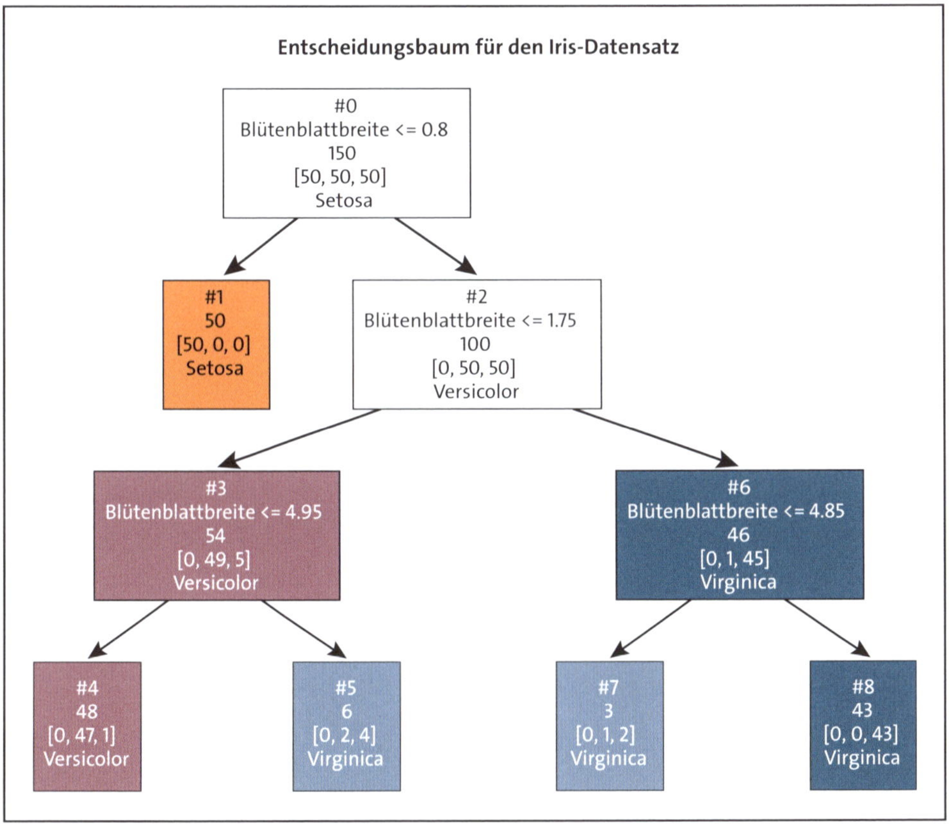

Abbildung 11.4 Der trainierte Entscheidungsbaum

Wie ist der Entscheidungsbaum aus Abbildung 11.4 nun zu verstehen? In der ersten Zeile steht immer die Regel, also in der Box Nummer #0 die »Blütenblattbreite <= 0.8 cm«. Erfüllt die Eigenschaft Blütenblattbreite diese Regel, d. h., ist die Blütenblattbreite kleiner oder gleich 0,8 cm, dann folgen wir dem linken Zweig, ansonsten dem rechten Zweig.

Versuchen wir nun, ein Iris-Datum anhand des Entscheidungsbaums zu klassifizieren:

- Kelchblattlänge = 6.3 cm
- Kelchblattbreite = 2.9 cm,
- Blütenblattlänge = 5.6 cm
- Blütenblattbreite = 1.8 cm

Die Blütenblattbreite ist größer als 0.8 cm, also folgen wir dem rechten Zweig zur Box #2. Die Regel »Blütenblattbreite <= 1,75 cm« ist nicht erfüllt, also folgen wir dem rechten Zweig zu Box #6. Deren Regel »Blütenblattlänge <= 4.85 cm« ist nicht erfüllt, also folgen wir weiter dem rechten Zweig zum Blatt #8, das uns die Prädiktion liefert: Unser Datensatz würde als Iris virginica klassifiziert.

Wir haben nun eine Folge von für Menschen lesbaren und verständlichen Regeln, die uns zu einer Klassifikation führen. Wir sehen aber auch, dass in diesem Entscheidungsbaum die Kelchblattbreite und -länge nicht verwendet wird. Das verstehen wir so, dass das Blütenblatt uns mehr Information liefert als das Kelchblatt.

Leider ist es aber so, dass interpretierbare datenbasierte Modelle oft für gewisse Aufgabenstellungen nützlich, aber bei Weitem nicht so mächtig sind wie neuronale Netze, die unglücklicherweise nicht so schöne Regeln liefern.

Für diese Fälle gibt es Interpretationsmethoden, die noch grob nach folgenden Kriterien eingeteilt werden können:

- modellspezifische vs. modellagnostische Methoden
- lokale und globale Methoden

Modellspezifische Methoden funktionieren eben nur für ein bestimmtes KI-Modell. Für neuronale Netze wären das sogenannte Pixel-Attributions-Karten, die man vor allem für Bilddaten gerne einsetzt. Die Idee dahinter ist, dass man jedem Pixel eines zu klassifizierenden Bildes einen Attributionswert zwischen 0 und 1 zuordnet, der angibt, wie viel ein Pixel zu einer Klassifikation beigetragen (also attributiert) hat.

Listing 11.5 zeigt auf ihrer rechten Seite die Attributionskarte für die Klassifikation: Je stärker die Pixel rot gefärbt sind, desto mehr tragen sie zur Klassifikation als Ziffer 3 bei. Aus dem Bild können Sie erkennen, dass vor allem die Spitze in der Mitte der Ziffer 3 besonders wichtig zur Klassifikation ist.

Diese Pixelattributionskarten gehören sowohl zu den *modellspezifischen* Interpretationsmethoden als auch zu den *lokalen Methoden*, weil sie eine Klassifikation für einen bestimmten Datensatz erklären.

Modellagnostische Methoden sehen sich nur die Eingangs- und Ausgangsdaten zu einem KI-Modell an. Genauer gesagt wird beobachtet, wie sich die Ausgangsdaten bei kleinen Veränderungen der Eingangsdaten verhalten. Wenn diese Veränderungen über den ganzen Datensatz angesehen werden, so haben wir eine *globale modellagnostische Methode*. Wenn wir das nur für einen bestimmten Datensatz machen, so sprechen wir von einer *lokalen modellagnostischen Methode*.

Es gibt eine Unmenge an möglichen Interpretationsmethoden für KI-Systeme, deshalb können wir hier nur die Oberfläche kratzen. Wenn Sie sich intensiver damit auseinandersetzen wollen, sollten Sie »Interpretable Machine Learning – A Guide for Making Black Box Models Explainable« von Christian Molnar lesen (siehe die Referenzen in Abschnitt 11.5).

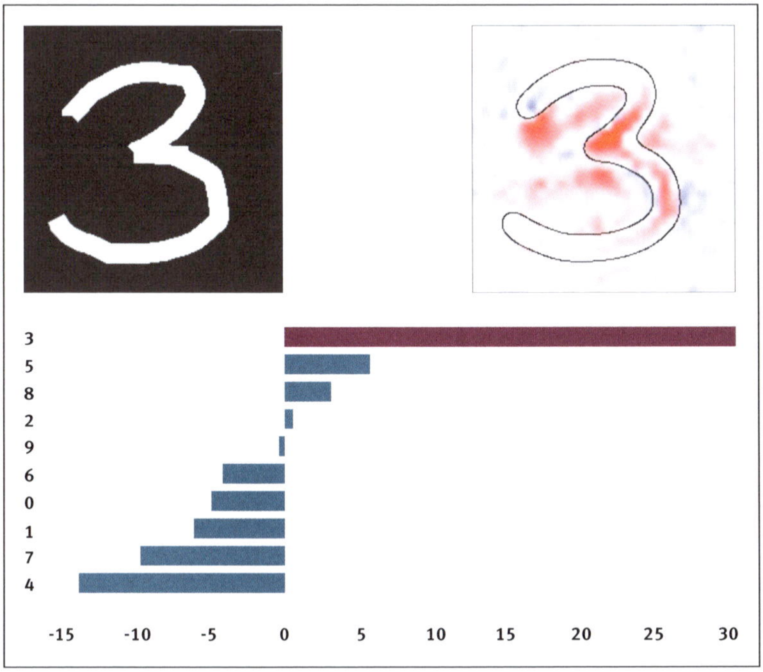

Abbildung 11.5 Ein Bild einer 3 (links oben) und die zugehörige Pixelattribution (rechts oben) zur Klassifikation (unten)

11.2.3 Ökologische Aspekte

Die rasante Entwicklung und der verstärkte Einsatz von neuronalen Netzen (vor allem im Bereich der generativen KI) haben in den letzten Jahren zu bemerkenswerten Fortschritten in verschiedenen Bereichen der künstlichen Intelligenz geführt. Trotz ihrer beeindruckenden Leistungsfähigkeit werfen diese Technologien jedoch herausfordernde ökologische Fragen auf, die bei ihrer Entwicklung und Anwendung berücksichtigt werden sollten.

Ein zentraler ökologischer Aspekt ist der hohe *Energieverbrauch*, der insbesondere beim Training großer neuronaler Netze anfällt. Das Training komplexer Modelle erfordert enorme Rechenressourcen und kann zu einem beträchtlichen CO_2-Fußabdruck führen. Studien haben gezeigt, dass das Training einzelner großer Modelle einen Energieverbrauch verursachen kann, der dem Jahresverbrauch mehrerer Haushalte entspricht. Dieser hohe Energiebedarf trägt zur globalen Klimaerwärmung bei und stellt eine Herausforderung für die Nachhaltigkeit dar.

Zusätzlich zum Energieverbrauch ist auch der *Ressourcenbedarf* für Hardware ein wichtiger Faktor. Die Herstellung spezialisierter Hardwarekomponenten wie GPUs und TPUs erfordert seltene und oft umweltschädlich gewonnene Materialien. Darüber hinaus führt der schnelle Innovationszyklus in der Technologiebranche zu einer verkürzten Lebensdauer von Hardware und somit zu elektronischem Abfall, der häufig nicht angemessen recycelt wird und Umweltprobleme verursacht.

Ein weiterer, oft übersehener Aspekt ist der *Wasserverbrauch*, da Wasser sowohl für die Kühlung von Rechenzentren als auch in der Produktion von Halbleitern und anderen Hardwarekomponenten benötigt wird. Die Kühlung großer Rechenzentren, in denen das Training und die Ausführung von neuronalen Netzen stattfinden, erfordert erhebliche Mengen an Wasser. In wasserarmen Regionen kann dies zu zusätzlichem Druck auf lokale Wasserressourcen führen. Darüber hinaus wird Wasser in der Produktion von elektronischen Bauteilen oft durch umweltschädliche Prozesse verunreinigt.

Um diesen Herausforderungen zu begegnen, werden verschiedene Strategien und Technologien entwickelt. Dazu gehören die Optimierung von Algorithmen, um den Rechenaufwand zu reduzieren, und die Modellkompression, die es ermöglicht, kleinere und energieeffizientere Modelle mit vergleichbarer Leistung zu erstellen. Der Einsatz von energieeffizienter Hardware, wasserarmen Kühlsystemen und die Verlagerung von Rechenprozessen in Regionen mit sauberer Energieerzeugung und ausreichenden Wasserressourcen sind weitere Maßnahmen zur Minimierung der Umweltbelastung.

Zudem gewinnt das Konzept der grünen KI an Bedeutung, bei dem ökologische Überlegungen bereits in der Entwicklungsphase von KI-Systemen integriert werden – im Sinne des CRIPS-DM-Modells. Dieses beinhaltet auch die Bewertung und Transparenz des Energie- und Wasserverbrauchs von KI-Modellen, um bewusste Entscheidungen bei deren Einsatz treffen zu können.

Schließlich ist es wichtig, den gesellschaftlichen Nutzen von neuronalen Netzen gegen ihre ökologischen Kosten abzuwägen. In Bereichen wie Medizin, Umweltüberwachung und erneuerbaren Energien können neuronale Netze dazu beitragen, Lösungen für globale Herausforderungen zu entwickeln, und somit indirekt positive Umweltauswirkungen haben.

All diese Themen müssen Unternehmen im Sinne der Nachhaltigkeit bereits in der Geschäfts(-prozess-)phase berücksichtigen und abklären.

11.2.4 Juristische Aspekte

Neuronale Netze und die breitere Anwendung künstlicher Intelligenz (KI) werfen eine Vielzahl von rechtlichen Fragen auf, die sowohl bestehende Gesetze als auch neue, spezifische Regulierungen betreffen. Diese rechtlichen Rahmenbedingungen sind von zentraler Bedeutung, um die verantwortungsvolle Entwicklung und Nutzung von neuronalen Netzen sicherzustellen, und sie umfassen Bereiche wie Datenschutz, Urheberrecht und spezifische KI-Gesetze.

Ein wesentliches Thema ist der *Datenschutz*, der insbesondere in Europa durch die Datenschutz-Grundverordnung (DSGVO) geregelt wird. Die DSGVO stellt sicher, dass personenbezogene Daten nur mit ausdrücklicher Zustimmung der Betroffenen verarbeitet werden dürfen. Für neuronale Netze, die häufig große Mengen an Daten benötigen, bedeutet dies, dass Entwickler und Betreiber sorgfältig prüfen müssen, wie Daten gesammelt, gespeichert und verarbeitet werden. Ein zentraler Grundsatz der DSGVO ist dabei die *Transparenz*. Dies bedeutet, dass betroffene Personen klar und verständlich informiert werden müssen, wie ihre Daten verwendet werden, welche Zwecke die Verarbeitung verfolgt und welche Rechte ihnen zustehen. Dies stellt eine besondere Herausforderung dar, da neuronale Netze oft komplexe und schwer nachvollziehbare Entscheidungen treffen, was eine transparente Kommunikation erschwert.

Anonymisierung und *Pseudonymisierung* sind wichtige Werkzeuge, um die Vorgaben der DSGVO zu erfüllen und gleichzeitig die Funktionalität der Netze zu gewährleisten. Gleichzeitig müssen Unternehmen sicherstellen, dass sie den Transparenzanforderungen der DSGVO gerecht werden, indem sie klare und verständliche Datenschutzerklärungen bereitstellen und den Nutzern die Möglichkeit geben, informierte Entscheidungen über die Nutzung ihrer Daten zu treffen.

Im Bereich des *Urheberrechts* stellt sich die Frage, wem die Rechte an Inhalten gehören, die von neuronalen Netzen erstellt werden. Wenn ein neuronales Netz etwa Kunstwerke, Musik oder Texte generiert, ist oft unklar, ob diese Ergebnisse dem Entwickler des Netzes, dem Nutzer oder möglicherweise dem Urheber der ursprünglichen Trainingsdaten zugeordnet werden sollten. Das Urheberrecht sieht in vielen Ländern keine klare Regelung für solche von Maschinen erstellten Werke vor, was zu rechtlichen Unsicherheiten führt.

In jüngster Zeit haben sich die rechtlichen Diskussionen auch auf speziellere *KI-Gesetze* ausgeweitet. In Europa wurde der *Legal AI Act* vorgeschlagen, der darauf abzielt, ein umfassendes Regelwerk für den Einsatz von KI zu schaffen. Der Legal AI Act soll sicherstellen, dass KI-Systeme transparent, sicher und ethisch einwandfrei eingesetzt werden. Dies schließt Vorschriften für Hochrisiko-KI-Systeme ein, die besonders strenge Anforderungen erfüllen müssen, wie zum Beispiel Transparenz, menschliche Überwachung und Rechenschaftspflicht.

International sind ähnliche Bestrebungen im Gange, etwa durch die OECD und die UNESCO, die Rahmenwerke für den ethischen Einsatz von KI erarbeiten. Diese Rahmenwerke zielen darauf ab, globale Standards für KI zu setzen, die sowohl den Schutz der Menschenrechte als auch die Förderung von Innovation und Wettbewerbsfähigkeit berücksichtigen. Die USA und China, als führende Nationen in der KI-Entwicklung, haben ebenfalls ihre eigenen regulatorischen Ansätze, die jedoch oft weniger stringent sind als die europäischen Vorschriften.

Ein weiteres wichtiges Thema ist die *Haftung bei Schäden*, die durch KI-Systeme verursacht werden. Die traditionellen Haftungsregeln stoßen an ihre Grenzen, wenn es darum geht, Verantwortung für Entscheidungen oder Aktionen von autonomen Systemen zuzuweisen. Es besteht die Notwendigkeit, klare Regelungen zu schaffen, die sicherstellen, dass Opfer von Fehlfunktionen oder Fehlentscheidungen von KI-Systemen angemessen entschädigt werden können, ohne die Innovation zu behindern.

11.3 Feature Engineering

Kehren wir nun zurück zu den technischen Gesichtspunkten des Machine-Learning-Prozesses. Eingangs haben Sie das CRISP-DM-Modell kennengelernt. Dort greifen wir uns ob seiner enormen Wichtigkeit vor allem den Teil der Datenvorbereitung heraus. Dort haben wir zum einen Daten in unterschiedlichster Form zur Verfügung, aber nicht immer so, dass wir sie unmittelbar für neuronale Netze einsetzen können. Dieser Teil der Datenvorbereitung wird auch als *Feature Engineering* bezeichnet und ist ein wesentliches Element eines jeden Machine-Learning-Projekts. Zum anderen muss das Training, das dem sportlichen Training nicht unähnlich ist, zum Erfolg führen. Dieser Erfolg muss auch beobachtet und gemessen werden, und es sind einige Herausforderungen zu berücksichtigen. Dieser Abschnitt beschäftigt sich mit beiden Themen.

Im Großteil der Lektüre zu neuronalen Netzen (und auch dieses Buch ist davon nicht ausgenommen) findet man schöne Beispiele mit sauberen, vollständigen Daten. Das ist auch gut so, denn so können Sie sich auf das Lernziel konzentrieren, und das betrifft in vielen Fällen die Auswahl des richtigen Modells, das Trainieren und die Anwendung.

Wir wünschen uns, dass ein Machine-Learning-Projekt so abläuft wie in Abbildung 11.6: mit einem schönen Rohdatensatz, der einfach in einen Datensatz für neuronale Netze umgewandelt werden kann.

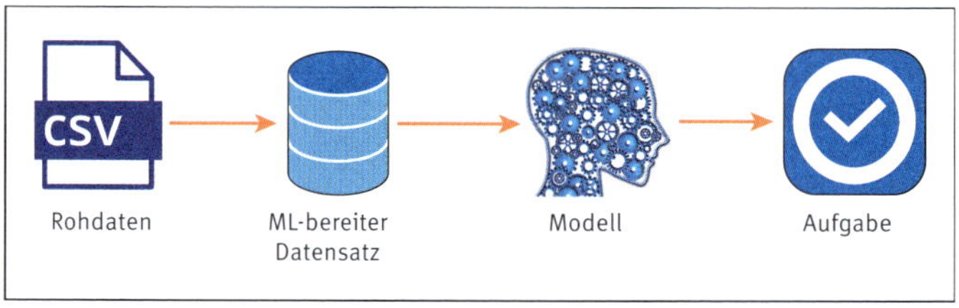

Abbildung 11.6 Gewünschter Ablauf eines Machine-Learning-Projekts

Die Welt ist aber ungerecht – denn meistens sind die Daten nicht wohlgeordnet. Und fragt man einen Data Scientist, was denn so seine Hauptaufgabe sei, so erhält man oft die rhetorisch übertriebene Auskunft: »80 % meiner Zeit bin ich mit der Datenaufbereitung beschäftigt.«

Abbildung 11.7 spiegelt daher viel eher die reale Situation in einem Machine-Learning-Projekt wider.

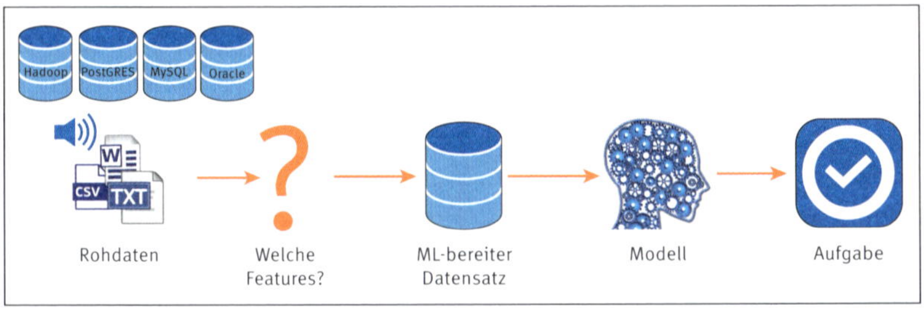

Abbildung 11.7 Realität eines Machine-Learning-Projekts

Andrew Ng, Professor an der Stanford University und Chef-Wissenschaftler des Unternehmens Baidu, ist eine der Schlüsselpersonen bei der Entwicklung des Deep-Learning-Ansatzes. Folgendes Zitat gibt seine Meinung zum Feature Engineering wieder:

> *»Coming up with features is difficult, time-consuming, requires expert knowledge. ›Applied Machine Learning‹ is basically feature engineering.«*

Unter einem für ML (Machine Learning) bereiten Datensatz verstehen wir eine Tabelle von Daten, in der jedes Sample aus verschiedenen Features besteht (siehe Abbildung 11.8).

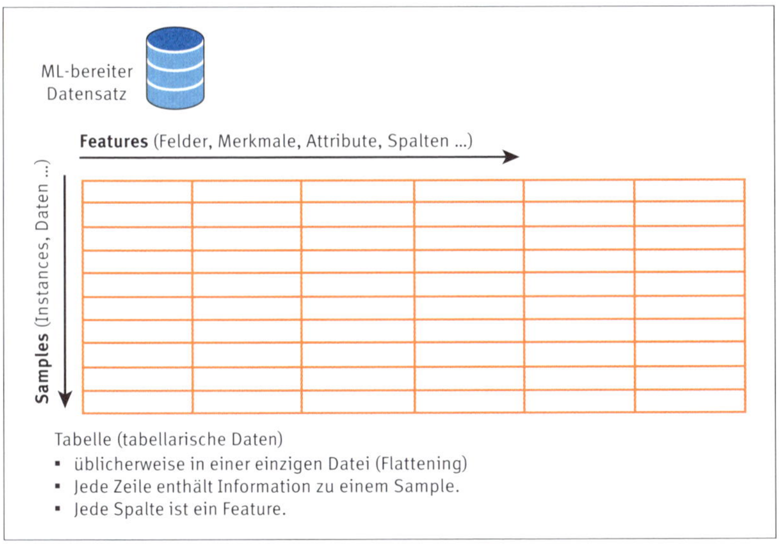

Abbildung 11.8 Für ML (Machine Learning) bereiter Datensatz

Die Aufgaben des Feature Engineerings sind sehr vielfältig. Eine durchaus nicht zu unterschätzende Herausforderung ist die Extraktion der Daten aus Datenbanken, Weblogs,

Signalen, Bildern – also Dateien oder Streams, die in unterschiedlichen Formaten vorliegen. Jedes Machine-Learning-Projekt verlangt numerische Eingabewerte, aber oft liegen die Daten in anderer Form vor und müssen intelligent umgewandelt bzw. kodiert werden. In unserem Beispiel mit den Online-Zeitungsartikeln (siehe Abschnitt 11.1) könnten noch die Bilder zum Artikel oder der Text selbst als Eingangsdaten dienen.

Daten enthalten oft Hunderte von Features, man spricht auch von *Daten mit hoher Dimensionalität*. Methoden zur Reduktion dieser Dimensionalität gehören daher zum Handwerkszeug eines jeden Data Scientists. Die ungleiche mengenmäßige Verteilung von Trainingsdatensätzen, d. h. die Unter- oder Überrepräsentation von einzelnen Klassen bei der überwachten Klassifizierung, muss ebenfalls beachtet werden.

11.3.1 Feature-Kodierung

Neuronale Netze brauchen numerische Werte für den Input-Vektor $\vec{x}$. Die Rohdaten können allerdings in unterschiedlichen Formaten vorliegen. Und selbst wenn diese Daten bereits als Zahlen vorliegen, ist unter Umständen noch eine Umwandlung vonnöten. Abbildung 11.9 zeigt eine Einteilung der Features.

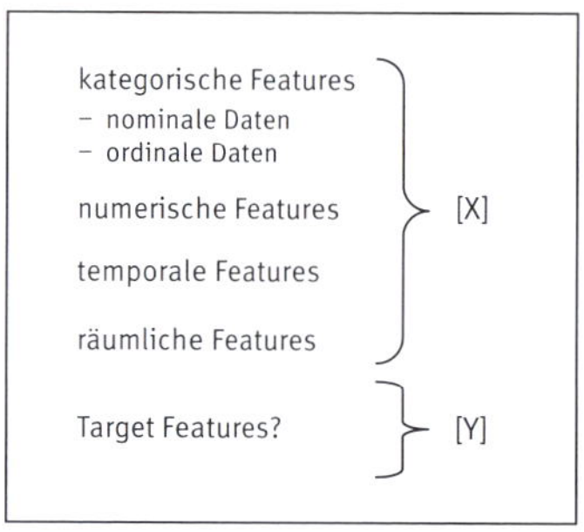

Abbildung 11.9 Einteilung des Formats der Rohdaten

Die Umwandlung von Rohdaten in ML-bereite Daten bezeichnet man auch als *Kodierung*.

Sehen wir uns die erste Kategorie, die kategorischen Features, an. *Kategorische Features* liegen meist im Textformat vor, zum Beispiel das Feature Haarfarbe: *Schwarz, Blond, Braun, Rot*. Das ist gleichzeitig ein Beispiel für *nominale kategorische Features*, denn es gibt keine Wertung der unterschiedlichen Features. Schwarz ist nicht besser oder schlechter als Braun. Schulnoten mit den Ausprägungen *sehr gut, gut, befriedigend, genügend, nicht genügend* hingegen sind ein Beispiel für *ordinale kategorische Features*, denn hier gibt es eine Relation zwischen den Werten: *Sehr gut* ist besser als *gut*, *gut* ist besser als *befriedigend* und so weiter.

Kategorische Rohdaten brauchen eigentlich immer eine Art Vorbehandlung und können daher nicht direkt übernommen werden.

Kategorische Features

Die einfachste Form der Kodierung von kategorischen Features ist das sogenannte *Label Encoding*, das einer Nummerierung der einzelnen Ausprägungen eines Features entspricht (siehe Tabelle 11.1).

Rohdaten als Text	Zugeordnetes Label
sehr gut	1
gut	2
befriedigend	3
genügend	4
nicht genügend	5

Tabelle 11.1 Beispiel für Label Encoding (Schulnoten in Österreich)

Während das für ordinale Daten durchaus passend ist, führt man bei nominalen Daten eine Ordnung ein, die durchaus problematisch sein kann. In Listing 11.4 wird die Haarfarbe von Schülern als Zahl kodiert, was automatisch eine Ordnung erstellt. Neuronale Netze verwenden die Ordnung von Zahlen, und das kann ein Modell durchaus negativ beeinflussen. Vorteilhaft ist jedoch, dass diese Form der Kodierung die Dimension bzw. die Länge der Eingangsvektoren nicht erhöht.

Für die folgenden Beispiele sollten Sie ein neues Jupyter Notebook öffnen und die Listings selbst ausprobieren. Wir verwenden auch hier wieder zum Teil neue Python-Bibliotheken, die vorab installiert werden müssen. In Listing 11.4 wären das `sklearn`, eine Machine-Learning-Bibliothek, und `pandas`, ein sehr hilfreiches Datenanalyse-Werkzeug:

```
# Importiere scikit-learn und pandas für Label Encoding
from sklearn import preprocessing
import pandas as pd

schueler_liste = { 'Schueler' : [1, 2, 3, 4, 5, 6, 7, 8, 9, 10],
    'Note': ["sehr gut", "gut", "gut", "befriedigend", "genügend", "nicht
genügend", "sehr gut", "genügend", "gut", "gut"],
    'Haarfarbe': ["braun", "schwarz", "blond", "blau", "schwarz", "brünett",
"rot", "braun", "schwarz", "schwarz"] }

df = pd.DataFrame(schueler_liste, columns = ['Schueler', 'Note', 'Haarfarbe'])

lab_enc = preprocessing.LabelEncoder()
lab_enc.fit(df['Note'])
```

```
lab_enc.transform(df['Note'])

# Ausgabe:
array([4, 2, 2, 0, 1, 3, 4, 1, 2, 2])
```

Listing 11.4 Beispiel für ein Label Encoding der Haarfarbe der Schüler durch »sklearn«

Für nicht ordinale Daten empfiehlt sich das sogenannte *One-Hot-Encoding*, bei dem jeder Eintrag durch einen binären Vektor ersetzt wird. Wir haben diese Form der Kodierung bereits in Kapitel 8, »Programmierung von Deep Neural Networks mit TensorFlow 2«, eingesetzt. Dieser Vektor enthält so viele Elemente, wie es unterschiedliche Werte gibt. Im Beispiel in Listing 11.4 kommen sechs unterschiedliche Haarfarben vor. Wendet man nun One-Hot-Encoding an, wird deshalb jedes Vorkommen durch einen 6-stelligen binären Vektor dargestellt. In diesem Vektor wird an einer bestimmten Stelle – je nachdem, welche Haarfarbe vorliegt – eine 1 gesetzt, die anderen Elemente bleiben 0.

In Listing 11.5 verwenden wir dazu den One-Hot-Encoder von *scikit-learn*, der als Eingabe allerdings ein Array von Integer-Werten verlangt. Deshalb wandeln wir die Einträge für die Haarfarben mit einem `LabelEncoder` in ganze Zahlen um, bevor wir sie übergeben:

```
one_enc = preprocessing.OneHotEncoder(sparse=False)
help_enc = preprocessing.LabelEncoder()

# Umwandlung der Haarfarben-Spalte (= string-Daten) in Ganzzahlendarstellung
help_col = help_enc.fit_transform(df['Haarfarbe'])
one_enc.fit_transform(help_col.reshape(len(df['Haarfarbe']),-1))
# Ausgabe:
array([[0., 0., 1., 0., 0., 0.],
       [0., 0., 0., 0., 0., 1.],
       [0., 1., 0., 0., 0., 0.],
       [1., 0., 0., 0., 0., 0.],
       [0., 0., 0., 0., 0., 1.],
       [0., 0., 0., 1., 0., 0.],
       [0., 0., 0., 0., 1., 0.],
       [0., 0., 1., 0., 0., 0.],
       [0., 0., 0., 0., 0., 1.],
       [0., 0., 0., 0., 0., 1.]])
```

Listing 11.5 One-Hot-Encoding mit der »scikit-learn«-Bibliothek

Die Haarfarbe Braun wird in diesem Beispiel also als Vektor `[0, 0, 1, 0, 0, 0]` dargestellt (siehe die erste Zeile in der Ausgabe von Listing 11.5).

So einfach diese Art der Kodierung ist, sie erhöht die Dimensionalität der Eingabedaten (die Haarfarbe wird nun ja mit einem 6-dimensionalen Vektor dargestellt), und das stellt ein Problem dar, da der Suchraum für die Optimierungsaufgabe wesentlich erweitert wird.

Die Bibliothek `category_encoders` wartet mit zusätzlichen *scikit-learn*-kompatiblen Encodern für kategorische Variablen auf, zum Beispiel mit `HashingEncoder`, `PolynomialEncoder` oder `LeaveOneOutEncoder`. Diese Bibliothek gehört nicht zur Standardausstattung und muss noch installiert werden. In den Jupyter Notebooks, die zu diesem Kapitel gehören, befindet sich ein Notebook, das diese Aufgabe bewerkstelligt. Natürlich können Sie dieses Paket auch wie bisher geschehen über den Anaconda Navigator installieren (siehe Abschnitt 2.1.1, »Die Anaconda-Distribution«).

Im folgenden Beispiel laden wir den *Boston-Housing-Prices*-Datensatz, der durch die *scikit-learn*-Bibliothek zur Verfügung gestellt wird, und zeigen, wie diese Bibliothek anzuwenden ist:


```
import category_encoders as ce
import pandas as pd


# Vorbereitung der Daten
# Der Boston_housing Datensatz wird aus einer csv-Datei eingelesen
# und für scikit-learn aufbereitet
data = pd.read_csv('BostonHousing.csv')

# Die Spalte medv enthält die Zielvariable y - den Medianpreis des Hauses
X = data.drop('medv', axis=1)
y = data['medv']

X.head(3)
```

Listing 11.6 Vorbereitung der Daten für »category_encoders«

```
# Ausgabe:
```

	CRIM	ZN	INDUS	CHAS	NOX	RM	AGE	DIS	RAD	TAX	PTRATIO	B	LSTAT
0	0.00632	18.0	2.31	0.0	0.538	6.575	65.2	4.0900	1.0	296.0	15.3	396.90	4.98
1	0.02731	0.0	7.07	0.0	0.469	6.421	78.9	4.9671	2.0	242.0	17.8	396.90	9.14
2	0.02729	0.0	7.07	0.0	0.469	7.185	61.1	4.9671	2.0	242.0	17.8	392.83	4.03

Abbildung 11.10 Ausgabe zu Listing 11.6

Der »Boston Housing Prices«-Datensatz

Der *Boston Housing Prices*-Datensatz wird schon sehr lange unkritisch als Beispieldatensatz in unterschiedlichen Statistik- und Machine-Learning-Büchern und -Kursen verwendet. Auch in der *scikit-learn*-Bibliothek war er bis zur Version 1.2 als Lehrdatensatz enthalten.

Dieser Datensatz hat allerdings ein ethisches Problem, was wir in Abschnitt 11.2.1, »Algorithmische Fairness und Bias«, thematisieren: Die Ersteller dieses Datensatzes haben ein Feature *B* erstellt, das fälschlicherweise annimmt, dass eine Trennung von Menschen nach Ethnie einen positiven Einfluss auf die Hauspreise hätte. Ursprünglich sollte der Datensatz eigentlich die Auswirkungen der Luftqualität auf die Preise untersuchen.

Die Entwickler von *scikit-learn* empfehlen, diesen Datensatz nicht mehr zu verwenden, außer wenn es darum geht, etwas über ethische Probleme des Machine Learnings zu lernen oder diese zu diskutieren.

Genau aus diesem Grund haben wir diesen Datensatz auch in dieser Auflage belassen, um eine gewisse Sensibilität für dieses Thema zu initieren.

In Listing 11.7 verwenden wir die Funktion `BinaryEncoder()` für das One-Hot-Encoding. Die Funktion wird so bezeichnet, weil sie das Ergebnis des One-Hot-Encodings, einen Vektor mit 0 und 1, als binäre Zahl speichert. Das spart eine Menge Speicherplatz.

```
# Verwendung von Binary Encoding für zwei kategorische Features
encoded = ce.BinaryEncoder(cols=['CHAS', 'RAD']).fit(X, y)

# Transformation des Datensatzes
X_trans = encoded.transform(X)

# Anzeige des Ergebnisses
X_trans.head(3)
```

Listing 11.7 Verwendung weiterer Encoder

```
# Ausgabe:
```

	CRIM	ZN	INDUS	CHAS_0	CHAS_1	NOX	RM	AGE	DIS	RAD_0	RAD_1	RAD_2	RAD_3	RAD_4	TAX	PTRATIO	B	LSTAT
0	0.00632	18.0	2.31	0	1	0.538	6.575	65.2	4.0900	0	0	0	0	1	296.0	15.3	396.90	4.98
1	0.02731	0.0	7.07	0	1	0.469	6.421	78.9	4.9671	0	0	0	1	0	242.0	17.8	396.90	9.14
2	0.02729	0.0	7.07	0	1	0.469	7.185	61.1	4.9671	0	0	0	1	0	242.0	17.8	392.83	4.03

Abbildung 11.11 Ausgabe zu Listing 11.7

Weitere Informationen zu den unterschiedlichen Varianten der Bibliothek `category_encoders` finden Sie auf folgenden Dokumentationsseiten:

http://contrib.scikit-learn.org/category_encoders

Numerische Features

Selbst bei numerischen Features kann es sich als Vorteil erweisen, wenn sie noch bearbeitet werden. Numerische Werte können von so unterschiedlichen Quellen kommen wie Zählungen von Benutzerzugriffen, Messungen von Sensoren oder von der Geolokation von Personen oder Objekten.

Die Größe und Verteilung der numerischen Features unserer Trainingsdatensätze ist entscheidend im Umgang mit diesen Werten. Feature Engineering muss aber nicht nur unsere Eingangsgrößen betreffen, es kann auch von Vorteil sein, die Zielvariable $\vec{y}$ zu bearbeiten.

Wir stellen Ihnen zwei Verfahren vor: das *Binning* und die *Feature-Skalierung*.

Binning bedeutet, dass numerische Werte in Kategorien umgewandelt werden. Nun fragen Sie sich sicher, warum man das macht. Bisher war ja immer die Rede davon, kategorische Features in numerische Werte umzuwandeln.

Allerdings gibt es Beispiele, in denen der genaue Wert zu genau ist. Nehmen wir an, es handelt sich um eine wirtschaftliche Fragestellung, bei der es um das Kaufverhalten von Menschen geht. Dann ist das Feature *Alter* zwar ein wesentliches Element, aber zu genau. Hier würde man eher in Altersklassen einteilen, die in etwa mit dem Einkommen korrelieren.

Ein anderes Beispiel sind Benutzerzugriffe oder Bewertungen von Musik, Büchern, Filmen etc. Hier kann es sein, dass durch Robots oder ungewöhnliches Verhalten aufseiten der Benutzer Zahlen entstehen, die sich um einige Größenordnungen unterscheiden. Die folgenden Beispiele zeigen, wie man hier Binning einsetzen kann:

```
import numpy as np
import matplotlib.pyplot as plt

# Erzeuge 150 zufällige Alterswerte im Bereich zwischen 0 und 99
zaehler = np.random.randint(0,100,150)

# Ordne die Zahlenwerte den Bins zu, im 10er-Abstand (also 0-9, 10-19 etc.)
np.floor_divide(zaehler,10)

# Die Ausgabe als Grafik
plt.hist(zaehler, bins=10)
```

```
plt.ylabel('Frequenz')
plt.xlabel('Altersbereiche')
plt.show()

# Zeige die ersten 10 Werte
print(zaehler[:10])

# Ausgabe:
[65 85  0 41 44 85 51 18 50 43]
```

Listing 11.8 Binning von Altersangaben mit fixer Bereichslänge

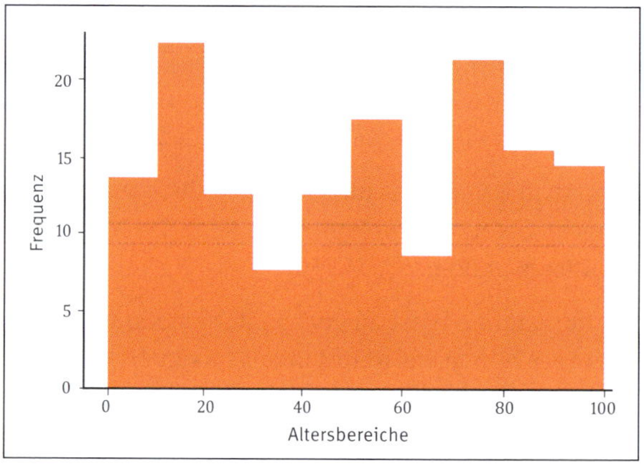

Abbildung 11.12 Ausgabe zu Listing 11.8

Bei großen Datensätzen kann es auch zu Lücken in den Zahlenbereichen kommen, sodass es viele Bins ohne Inhalt gibt. Das Ziel sollte aber sein, Bins mit gleichmäßig vielen Elementen zu erhalten. In diesem Fall ist es besser, auf das sogenannte *Quantil-Binning* zurückzugreifen. Während Sie beim Binning mit fixer Bereichslänge der Bin-Grenzen eine fixe Aufteilung des Zahlenbereichs der Eingabewerte nutzen, greift das Quantil-Binning auf die Häufigkeit des Vorkommens zurück. Es funktioniert bei einem 10-teiligen Binning (*Perzentil-Binning*) so, dass im ersten Bin die ersten 10 % aller vorkommenden Daten zusammengefasst werden, im zweiten die nächsten 10 % und so weiter ...

```
import pandas as pd
# Generiere beliebige Zahlen
rand_elems = np.random.randint(0,10000,100)

# Bei der Bestimmung der Perzentil-Grenzen hilft uns die pandas-Funktion qcut
perc_limits = pd.qcut(rand_elems, 10)
```

```
perc_limits
# Ausgabe:
[(5835.0, 6820.3], (998.2, 2315.0], (6820.3, 7949.4], (998.2, 2315.0], (5835.0,
6820.3], ..., (5835.0, 6820.3], (7949.4, 8530.6], (998.2, 2315.0], (8530.6,
9358.0], (5099.0, 5835.0]]
Length: 100
Categories (10, interval[float64]): [(0.999, 998.2] < (998.2, 2315.0] <
(2315.0, 3483.6] < (3483.6, 4222.2] ... (5835.0, 6820.3] < (6820.3, 7949.4] <
(7949.4, 8530.6] < (8530.6, 9358.0]]
```

Listing 11.9 Quantiles Binning

Nach Listing 11.9 liegen die Grenzen der ersten Perzentile zwischen 0.99 und 998.2, diejenigen der zweiten Perzentile zwischen 998.2 und 2315.0 und so weiter.

Was aber tun Sie, wenn die Zahlenwerte sich um einige Größenordnungen unterscheiden? Hier greift man auf das sogenannte *logarithmische Binning* mit fixer Bereichslänge zurück, wobei die Zahlengruppen durch 10er-Potenzen bestimmt werden (oder durch irgendeine Potenz einer beliebigen ganzen Zahl): 0–9, 10–99, 100–999, 1000–9999 etc.:

```
import numpy as np
import matplotlib.pyplot as plt

# Generiere 150 Zahlen mit großen Zahlenunterschieden, die Webzugriffe
# simulieren sollen
webzugriffe = np.random.randint(0,1000000,150)

# Ausgabe des logarithmischen Binnings, bei dem die Grenzen der Bins
# 10er-Logarithmen sind
plt.hist(webzugriffe,bins=np.logspace(np.log10(0.1),np.log10(1000000.0),50))
plt.gca().set_xscale("log")
plt.ylabel('Frequenz')
plt.xlabel('Webzugriffe')
plt.show()

print(webzugriffe[:10])

# Ausgabe:
[3671012 2205678 9276288 3960628 8983584 4708590 7067269 9354739 6834788
 6917483]
```

Listing 11.10 Logarithmisches Binning

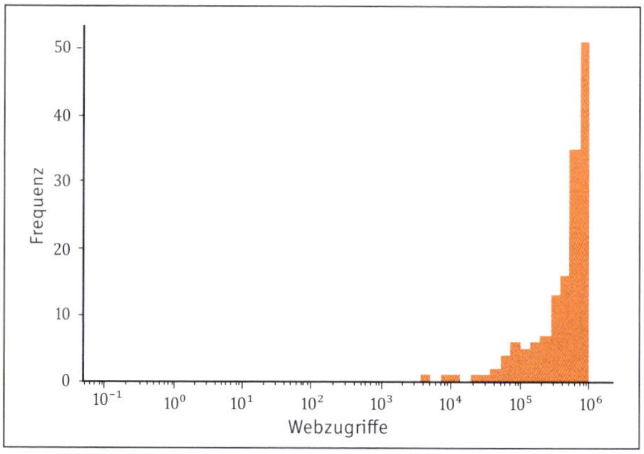

Abbildung 11.13 Bildausgabe zu Listing 11.10

Die Form des Histogramms in Abbildung 11.13 lässt sich leicht erklären: Unsere zufällig gewählten Webzugriffszahlen werden mit der Funktion `np.random.randint` erstellt. Diese generiert in unserem Beispiel Zufallszahlen, die über den Zahlenbereich 0, 1000000 gleichverteilt sind. Da aber beim logarithmischen Binning die Grenzen der Bins immer größer werden (0–9, 10–99, 100–999 etc.), sogar exponentiell größer, umfassen die Bins immer mehr Werte. Je größer also die Webzugriffszahlen sind, desto mehr Werte fallen in die Bins. Dadurch erhalten wir größere Bins am rechten Rand.

Nun zur *Skalierung*: Es gibt gewisse Features, die im Wertebereich eingeschränkt sind, zum Beispiel Körpertemperatur, Körpergewicht, Längen- und Breitengrade. Modelle wie Entscheidungsbäume sind nicht empfindlich für den Wertebereich der Features, neuronale Netze reagieren jedoch sehr stark darauf. *Feature-Skalierung* (die auch als *Feature-Normalisierung* bezeichnet wird) erlaubt die Transformation der Originaldaten auf einen bestimmten Wertebereich, typischerweise auf einen Wertebereich zwischen 0 und 1, wie in Abbildung 11.14 dargestellt.

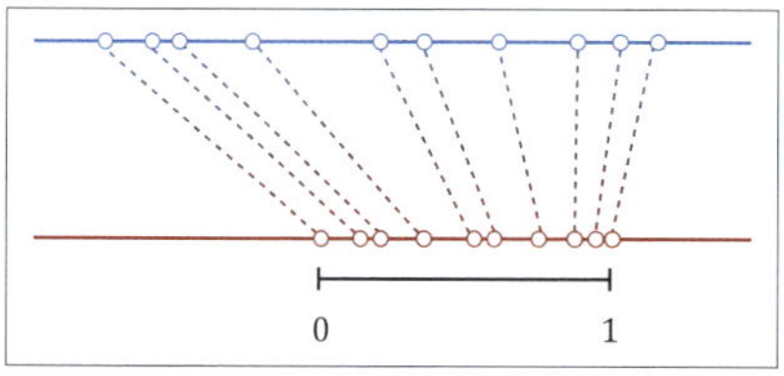

Abbildung 11.14 Skizze einer Skalierung in den Wertebereich [0,1]

Die einfachste Möglichkeit der Skalierung eines Wertes x_i ist die *Min-Max-Skalierung*, wobei der minimale Wert aller Daten auf 0 abgebildet wird und der maximale auf 1 mit folgender Formel:

$$x\_minmax\_sc_i = \frac{x_i - \min(\vec{x})}{\max(\vec{x}) - \min(\vec{x})}$$

Diese Formel wird für alle Elemente x_i angewandt, wobei $\vec{x} = (x_1, x_2, \dots, x_n)$.

Der Nachteil ist jedoch, dass bei extremen Minimal- oder Maximalwerten, die in der Statistik auch als *Ausreißer* bezeichnet werden, die Daten auf einen sehr kleinen Wertebereich zusammengedrückt werden und man dadurch Unterschiede reduziert. Das könnten Sie verhindern, indem Sie nicht den Minimal- oder Maximalwert nehmen, sondern die 95-%-Perzentilgrenzen. Alle Werte, die kleiner als der untere Perzentilwert sind, werden auf 0 abgebildet; alle Werte, die größer als der obere Perzentilwert sind, werden auf 1 abgebildet.

Eine weitere Möglichkeit der Skalierung ist die *Varianzskalierung*, die mithilfe folgender Formel durchgeführt wird:

$$x\_var\_sc_i = \frac{x_i - \text{mean}(\vec{x})}{\sqrt{\text{var}(\vec{x})}}$$

Ein Feature, das so transformiert wird, hat dann einen Mittelwert von 0 und eine Varianz von 1.

Natürlich gibt es auch hier schon Funktionen, die diese Skalierungen durchführen. Dabei führen wir zuerst einen Zufallsvektor `rand_elems` ein, um ihn danach entsprechend umzuformen:

```
from sklearn.preprocessing import scale, minmax_scale
import matplotlib.pyplot as plt
import numpy as np

rand_elems = np.random.randint(0,10000,100).astype(np.float64)

x_minmax_sc = minmax_scale(rand_elems)
x_var_sc = scale(rand_elems,with_mean=True, with_std=True)
```

Listing 11.11 Min-Max- und Varianzskalierung mit »sklearn«

Temporale Features

Features, die Zeitinformationen enthalten, können sehr mühsam sein. Zum einen müssen Sie die Zeitzonen berücksichtigen, zum Beispiel bei Benutzerzugriffsdaten auf Webseiten. Allerdings müssen Sie beachten, dass oft nicht die absolute Zeit wichtig ist, sondern die Position innerhalb eines Tages.

Dafür gibt es das sogenannte *Time Binning*, bei dem die Zeitinformation in Tagesperioden eingeteilt wird, wie in Tabelle 11.2 dargestellt.

Tageszeit (Stunde)	Kategorie-ID	Kategorie-Beschreibung
[5, 8)	1	frühmorgens
[8, 11)	2	morgens
[11, 14)	3	mittags
[14, 19)	4	nachmittags
[19, 22)	5	abends
[22, 24) und [0, 5)	6	nachts

Tabelle 11.2 Time Binning der Tageszeit

Natürlich können Sie auch größere Binning-Perioden verwenden, wie Kalenderwoche, Monat, Quartal oder Jahre.

Es kann auch von Nutzen sein, nicht den Zeitwert an sich zu nehmen, sondern den Abstand zu gewissen Ereignissen. Bei der Bestimmung des Verhaltens beim Geldausgeben ist der zeitliche Abstand zu Ferienbeginn, Weihnachten, Großsportereignissen oder zum Zeitpunkt der Gehaltsauszahlung wichtiger als das Feature Zeit.

Räumliche Features

Features, die Auskunft über den Ort geben, können sehr hilfreich sein. Denken Sie nur an die Verwendung von Kreditkarten an zwei sehr weit auseinanderliegenden Orten innerhalb einer Stunde, was aufgrund der unmöglich hohen Reisegeschwindigkeit einen wichtigen Indikator für die Betrugserkennung darstellt. Auch die Feststellung von attraktiven Orten für einen Touristen basierend auf der räumlichen Distanz kann wertvolle Informationen liefern.

In manchen Datensätzen liegt die Ortsbeschreibung in Form von Adressen vor, die man natürlich in keinem Machine-Learning-Projekt direkt verwenden kann. Die Umwandlung in Höhen- und Breitengrade ist mit der Python-Bibliothek `geopy` ein Leichtes. Diese Bibliothek muss wieder entsprechend installiert werden:

```
# Importieren der richtigen Bibliothek
from geopy.geocoders import Nominatim

# Verwendung des Nominatim-geocoder für OpenStreetMap-Daten
# Nominatim braucht einen user_agent,
# der eine beliebige Bezeichnung tragen kann
```

```
geolocator = Nominatim(user_agent="Meine Anwendung")

# Eingabe der geschriebenen Adresse
lokation = geolocator.geocode("Rheinwerkallee 4, 52227 Bonn")
print("Adresse:", lokation.address)
print("LatLon:", lokation.latitude, lokation.longitude)
# Ausgabe:
Adresse: Rheinwerk Verlag, 4, Rheinwerkallee, Ramersdorf, Bonn-Beuel, Bonn,
Regierungsbezirk Köln, Nordrhein-Westfalen, 53227, Deutschland
Höhen- u. Breitengrad: 50.7172803 7.1538127
```

Listing 11.12 Umwandlung einer Adresse in Höhen- und Breitengrad

Target-Features

Wir haben bisher immer von Features gesprochen und damit alle Werte des Eingabevektors $\vec{x}$ gemeint. Allerdings können die besprochenen Verfahren auch die Zielvektoren $\vec{y}$ betreffen und genauso angewendet werden.

11.3.2 Feature-Extraktion

Es ist schwer vorauszusehen, woher die Rohdaten kommen, aber im Wesentlichen stammen sie aus folgenden Quellen:

- Datenbanken
- Textdateien
- Bilddaten
- Audiodaten

Mit *Feature-Extraktion* bezeichnet man Methoden, die Rohdaten in einen Eingabevektor $\vec{x}$ transformieren. Allein darüber könnte man wieder ein eigenes Buch schreiben, deshalb konzentrieren wir uns auf wesentliche Elemente.

Datenbanken

Natürlicherweise sind viele Daten in Datenbanken gesammelt. Für sogenannte relationale Datenbanken gibt es eine standardisierte Sprache für die Definition, das Bearbeiten und das Abfragen von Daten. Diese Datenbanksprache mit der Bezeichnung *SQL* basiert auf einer relationalen Algebra, und ihr Aufbau ist relativ einfach und an die englische Umgangssprache angelehnt.

SQL

Die Abkürzung SQL steht für *Structured Query Language*. Es gibt einen internationalen Standard, der von einem gemeinsamen Gremium von ISO und IEC unter Mitwirkung nationaler Normungsgremien definiert wird. Die meisten Datenbanken unterstützen zwar SQL, jedoch haben sich leicht abgewandelte Dialekte entwickelt, die oft nicht den ganzen Sprachumfang abdecken.

Eine relationale Datenbank besteht im Wesentlichen aus Tabellen, die miteinander verknüpft sind, also in Relation zueinander stehen. Diese Tabellen und Relationen lassen sich in einem in der Datenbankwelt üblichen ER-Diagramm anschaulich darstellen (siehe Abbildung 11.15).

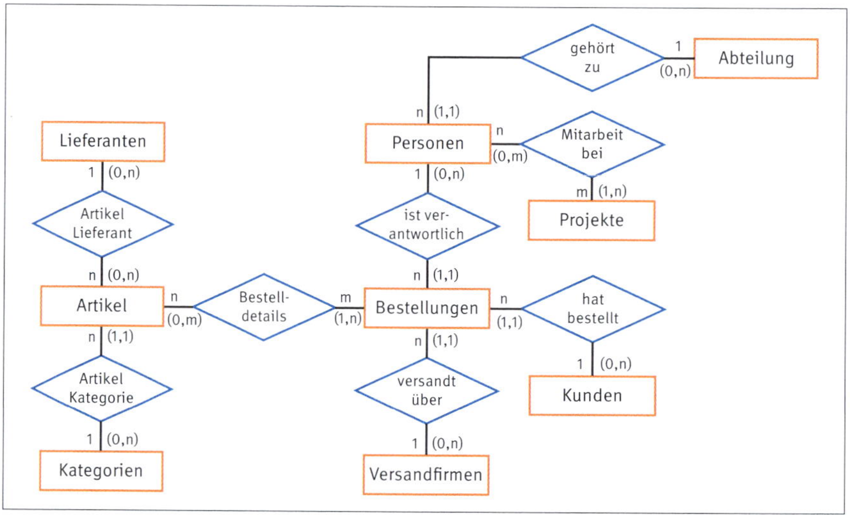

Abbildung 11.15 Ein »einfaches« ER-Diagramm

Entity-Relationship-Diagramm (ER-Diagramm)

Das *ER-Diagramm* ist eine Möglichkeit zur Darstellung bzw. Modellierung von logischen Datenbankbeziehungen. *Entitys* (Entitäten, Objekte) und *Relations* (Relationen, Beziehungen) werden in Datenbanken als Tabellen realisiert. In Abbildung 11.15 sind die Entitys als Rechteck dargestellt und die Relations als Rauten.

Die Darstellung des ER-Diagramms in Abbildung 11.15 zeigt das Datenmodell einer kleinen Datenbank für ein Bestellsystem eines Handelsunternehmens. Die orangefarbenen Kästchen repräsentieren dabei Tabellen. Die blauen Rauten und die Verbindungen stellen Relationen zwischen den Tabellen dar.

Dieses Datenmodell ist natürlich stark vereinfacht, denn Produktivsysteme haben meist wesentlich komplexere Datenmodelle. Aber schon dieses einfache Beispiel zeigt, dass die Erstellung einer Datenbankstruktur aufgrund der Zweidimensionalität von Tabellen sehr schnell kompliziert wird.

Die Trainingsdaten für eine Machine-Learning-Aufgabe müssen aber als ML-bereiter Datensatz vorliegen, also in Form einer einzigen Tabelle. Dieser Prozess der Transformation von einer SQL-Datenbank in eine Tabelle wird als *Datenverflachung* (engl. *data flattening*) bezeichnet. Abbildung 11.16 zeigt ein Beispiel.

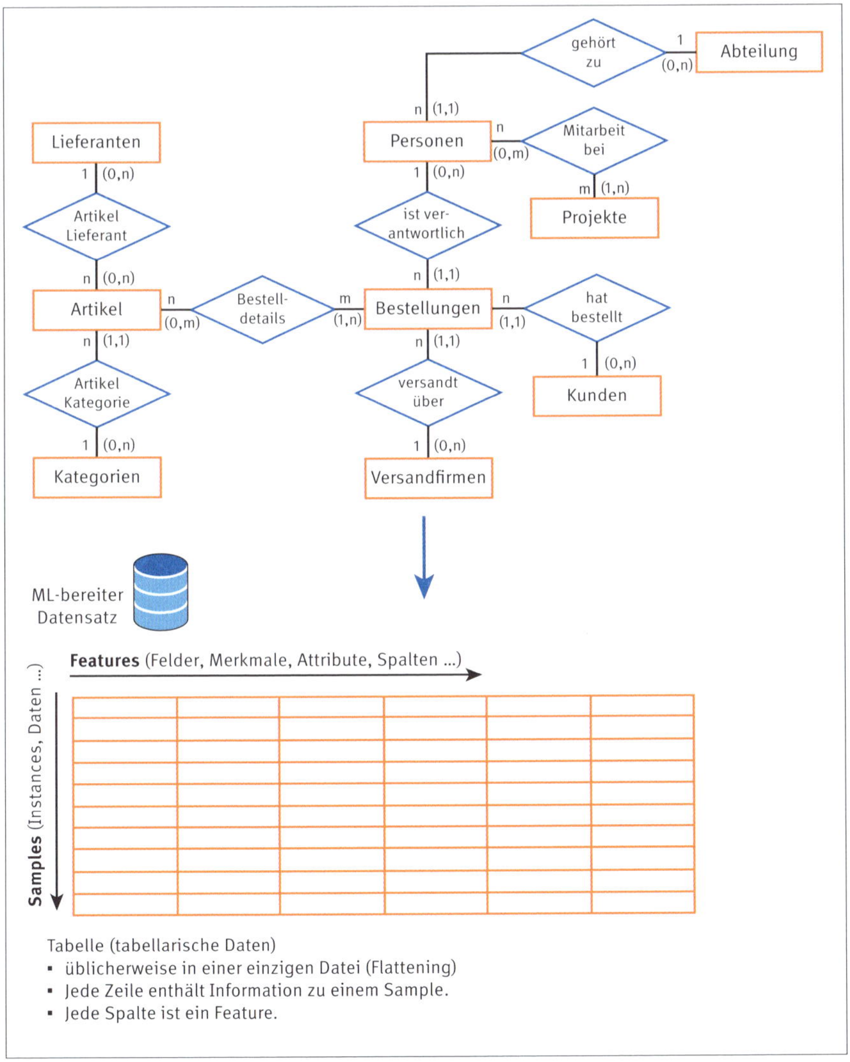

Abbildung 11.16 Datenverflachung einer Datenbank

Mit dem Aufkommen von *Big Data* haben sich auch immer mehr sogenannte *NoSQL*-Datenbanken etabliert. NoSQL steht für »Not Only SQL« und bedeutet, dass es auch andere Zugriffssprachen gibt, die sich allerdings an der speziellen Klasse von NoSQL-Datenbank orientieren.

Big Data und NoSQL

Big Data wird meist als Sammelbegriff für Technologien verwendet, für Datenmengen mit hohem Volumen, schneller Verfügbarkeit und hoher Datentypvariabilität. Herkömmliche Datenbanksysteme sind mit den Datenvolumina bzw. mit dem schnellen Zuwachs an Daten überfordert. Ein Merkmal von NoSQL-Datenbanken ist ihre einfache Skalierbarkeit.

In Tabelle 11.3 stellen wir ein paar typische SQL-Abfragen einer NoSQL-Abfragesprache gegenüber.

SQL	NoSQL
`SELECT vorname, alter` `FROM benutzer`	`db.benutzer.find({}, {vorname:1, alter:2})`

`SELECT *`
`FROM benutzer`
`WHERE alter=25`
	`db.benutzer.find({alter:25})`

`SELECT *`
`FROM benutzer`
`WHERE alter=30`
`ORDER BY vorname`
	`db.benutzer.find({alter:30}).sort({vorname:1})`

Tabelle 11.3 Beispiele von SQL- vs. NoSQL-Abfragen

Das flexible Datenmodell von NoSQL-Datenbanken wird oft als Vorteil gegenüber relationalen Datenbanken genannt.

Das Ziel ist also eine Verflachung der in komplexen Strukturen vorhandenen Daten. Dazu müssen wir sehr oft komplexe SQL-Abfragen erstellen, die uns die Daten unseres Eingabevektors, also unsere Features, liefern.

Textdaten

Um Texte mit neuronalen Netzen zu analysieren, muss ein Text irgendwie in einen Vektor umgeformt werden. Vorher werden solche Texte sozusagen vorverarbeitet. Diese Vorverarbeitung umfasst die folgenden Elemente:

- Säubern (*Cleaning*)
- Entfernen (*Removal*)
- Wortwurzel (*Stem, Chop*)
- Tokenisierung (*Tokenization*)

Das Säubern eines Textes kann auf viele Arten erfolgen. Sehr oft wird der ganze Text kleingeschrieben oder es werden Ziffern und Satzzeichen entfernt oder sogar mit Grammatikprüfern Wörter korrigiert. Es ist schwer, hier allgemeine Tipps zu geben, denn dieser Teil hängt sehr von der spezifischen Aufgabe ab, die zu erfüllen ist.

Wir werden uns anhand eines Beispiels diese verschiedenen Schritte ansehen. Dazu verwenden wir eine Python-Bibliothek namens `nltk`. Die Installation dieser Bibliothek müssen wir Ihnen nicht mehr zeigen, allerdings müssen Sie nach der Installation noch einige `nltk`-Daten herunterladen. Das sind Textkörper, Grammatiken etc.


```
import nltk

# nltk mit GUI-Auswahl
nltk.download()

# nltk mit direktem Download von populären Textkörpern
nltk.download("popular")
```

Listing 11.13 Befehl zum Download der »nltk«-Daten

Der Befehl `nltk.download()` ohne Parameter öffnet ein interaktives Fenster (siehe Abbildung 11.17). Hier sehen Sie alle Pakete, die es in dieser Bibliothek gibt, können sie manuell auswählen und klicken dann auf den DOWNLOAD-Knopf. Der einfachere Weg ist natürlich, den Befehl `nltk.download('popular')` auszuführen, um einige grundsätzliche Daten und Modelle herunterzuladen.

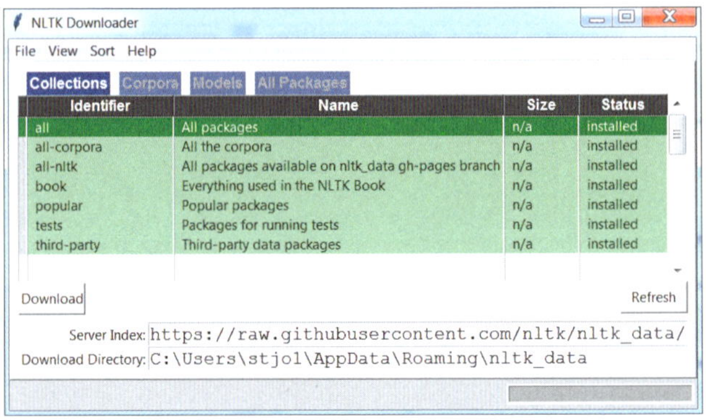

Abbildung 11.17 Das interaktive »nltk«-Download-Fenster

Im ersten Schritt teilen wir nun den Eingabetext in Einzelteile auf:

```
from nltk.tokenize import word_tokenize
meinText = """Albert hat heute zwar gefrühstückt, allerdings hat er schon
wieder einen Riesenhunger. Möglicherweise ist schon wieder Mittag!"""

tokens = nltk.word_tokenize(meinText,'german')

print(tokens)
# Ausgabe:
['Albert', 'hat', 'heute', 'zwar', 'gefrühstückt', ',', 'allerdings', 'hat',
'er', 'schon', 'wieder', 'einen', 'Riesenhunger', '.', 'Möglicherweise', 'ist',
'schon', 'wieder', 'Mittag', '!']
```

Listing 11.14 Tokenisierung eines Textes

Dieser Vorgang liefert uns neben den einzelnen Wörtern aber auch die Interpunktion, die uns keine Information liefert. Gleichzeitig wollen wir alles auf Kleinschreibung normalisieren:

```
tokens = [w.lower() for w in tokens]
worte = [w for w in tokens if w.isalpha()]
print(worte)
# Ausgabe:
['albert', 'hat', 'heute', 'zwar', 'gefrühstückt', 'allerdings', 'hat', 'er',
'schon', 'wieder', 'einen', 'riesenhunger', 'möglicherweise', 'ist', 'schon',
'wieder', 'mittag']
```

Listing 11.15 Jetzt alles kleinschreiben und Interpunktionszeichen entfernen

In unserer Sprache gebrauchen wir viele Wörter, die zur Bedeutung einer Phrase keinen Beitrag leisten. Beispiele dafür sind bestimmte und unbestimmte Artikel oder Verbformen von »sein«. Diese Wörter werden auch als *Stoppwörter* oder *Stop Words* bezeichnet. Die Bibliothek `nltk` enthält eine Liste von Stoppwörtern in unterschiedlichen Sprachen. Diese Stoppwörter müssen aktiv geladen werden:

```
from random import shuffle
from nltk.corpus import stopwords
stoppwoerter = stopwords.words('german')
geschuettelt = stopwords.words('german')
shuffle(geschuettelt)
print(stoppwoerter[:10])
print(geschuettelt[:10])
```

```
# Ausgabe:
['aber', 'alle', 'allem', 'allen', 'aller', 'alles', 'als', 'also', 'am', 'an']
['dieses', 'diesem', 'eure', 'dort', 'wirst', 'etwas', 'einiges', 'dasselbe',
'einem', 'an']
```

Listing 11.16 Zufällige Auswahl aus der Liste deutscher Stoppwörter

Die Liste der Stoppwörter ist natürlich alphabetisch sortiert. Mit dem Befehl `shuffle()` können Sie die Stoppwörter mischen; die Ausgabe zeigt dann eine zufällig ausgewählte Liste von Elementen.

Oftmals liefert auch eine Wortform nicht unbedingt eine relevante Zusatzinformation. Um das auszunutzen, können Sie Begriffe auf den Wortstamm reduzieren. Dazu verwenden Sie sogenannte *Stemming*-Algorithmen. Auch hier hilft Ihnen die Bibliothek `nltk` mit vielen Stemming-Algorithmen weiter. Sehen wir uns einen davon an:


```
from nltk.stem.snowball import SnowballStemmer
snow = SnowballStemmer("german")
stemmed = [snow.stem(w) for w in word_list]
print(stemmed)
# Ausgabe:
['albert', 'hat', 'heut', 'zwar', 'gefruhstuckt', 'allerding', 'hat', 'er',
'schon', 'wied', 'ein', 'riesenh', 'moglicherweis', 'ist', 'schon', 'wied',
'mittag']
```

Listing 11.17 Reduzierung auf den Wortstamm mit dem »SnowballStemmer«

Meist sorgen die Stemming-Algorithmen schon für die Kleinschreibung und das Entfernen der Interpunktion und enthalten eine Liste mit Stoppwörtern. Beachten Sie aber, dass solche Stemming-Algorithmen eben Algorithmen sind und oft unerwartete Resultate liefern. Genauere Resultate liefern natürlich Stemmer wie der sogenannte *Hunspell Stemmer*, der auf einem Vokabular basiert. Natürlich gibt es dazu auch eine Python-Bibliothek namens `hunspell` – aber das würde jetzt zu weit führen.

Uns fehlt noch etwas Wesentliches: Wir müssen diese gesäuberte Wortliste in einen Vektor überführen. Dazu gibt es Methoden, die auf der Häufigkeit des Vorkommens von Wörtern basieren, wie *Bag-of-Words*. Hier wird jedes Dokument durch einen Vektor repräsentiert, wobei jede Koordinate des Vektors ein Wort repräsentiert. Der Wert der Koordinate enthält das Vorkommen des Wortes im Dokumenttext. Die Python-Bibliothek *scikit-learn* (`sklearn`) ist hier sehr hilfreich:

```
from sklearn.feature_extraction.text import CountVectorizer
myText = ["Albert hat heute zwar gefrühstückt, allerdings hat er schon wieder
einen Riesenhunger. Möglicherweise ist schon wieder Mittag!"]
```

```
count_vector = CountVectorizer()
bow = count_vector.fit_transform(myText)
print(count_vector.vocabulary_)
# Ausgabe:
{'albert': 0, 'hat': 5, 'heute': 6, 'zwar': 13, 'gefrühstückt': 4, 'aller-
dings': 1, 'er': 3, 'schon': 11, 'wieder': 12, 'einen': 2, 'riesenhunger': 10,
'möglicherweise': 9, 'ist': 7, 'mittag': 8}
```

Listing 11.18 Bag-of-Words für Texte

An der Ausgabe von Listing 11.18 erkennen Sie, dass bereits eine Tokenisierung durchgeführt wurde.

Mit diesen Funktionen können Sie nicht nur das Vorkommen von Wörtern zählen, sondern auch das Vorkommen von Wortkombination mit zwei, drei oder mehr Wörtern. Diese Wortkombinationen heißen auch *n-grams*, wobei das *n* für die Länge der Wortkombination steht. Diese Parameter haben natürlich ein Problem, denn häufig vorkommende Wörter werden überbewertet und seltene Begriffe unterbewertet, obwohl sie entscheidend zur Beurteilung des Textes beitragen können.

Aus diesem Grund gibt es den Indikator *TF-IDF*. *TF* steht für *Term Frequency*, also die Anzahl des Worts *w* in einem Dokument, geteilt durch die Gesamtanzahl der Wörter in diesem Dokument, und *IDF* ist die Abkürzung für *Inverse Document Frequency*, also log(*Anzahl aller Dokumente/Anzahl aller Dokumente mit Wort w*). Werden TF und IDF miteinander multipliziert, so werden unübliche Begriffe im Wert erhöht, denn sie können entscheidend für die Bedeutung eines Textes sein, und häufige Begriffe werden reduziert.

Aber am besten zeigen wir das an einem einfachen Beispiel und nehmen uns folgende Sätze vor:

Satz 1: Das Auto fährt man auf einer Autobahn.

Satz 2: Das Fahrrad fährt man auf einer Straße.

Zu diesen zwei Sätzen (= zwei Dokumente) berechnen wir TF, IDF und TF-IDF (siehe Abbildung 11.18).

Alle Wörter mit einem TF-IDF von 0 sind nicht bzw. kaum bedeutend für das jeweilige Dokument. Wörter wie »Auto«, »Fahrrad«, »Straße« und »Autobahn« haben einen Wert ungleich 0 und tragen zur Bedeutung des Dokuments bei. Die Artikel gehören zur Liste der Stoppwörter und werden somit vorab entfernt. In einem größeren Datensatz an Dokumenten wäre die Häufigkeit der Artikel innerhalb eines Dokuments sehr hoch, was ihre Bedeutung erhöhen würde. Da Artikel aber auch über alle Dokumente hinweg sehr häufig vorkämen, verlören die Artikel an Bedeutung und erhielten insgesamt einen sehr geringen Wert. Das bedeutet, dass man Stoppwörter in diesem Fall gar nicht entfernen müsste.

Wort	TF		IDF	TF*IDF	
	Satz 1	Satz 2		Satz 1	Satz 2
Das	1/7	1/7	log(2/2)=0	0	0
Auto	1/7	0	log(2/1)=0,3	0,043	0
Fahrrad	0	1/7	log(2/1)=0,3	0	0,043
fährt	1/7	1/7	log(2/2)=0	0	0
man	1/7	1/7	log(2/2)=0	0	0
auf	1/7	1/7	log(2/2)=0	0	0
einer	1/7	1/7	log(2/2)=0	0	0
Straße	0	1/7	log(2/1)=0,3	0	0,043
Autobahn	1/7	0	log(2/1)=0,3	0,043	0

Abbildung 11.18 TF-IDF-Beispiel

Bilddaten

In Bezug auf Bilddaten nehmen uns Convolutional Neural Networks (CNN) bereits einige Arbeit ab. Im Kodierungsblock eines CNN wird quasi ein automatisiertes Feature Engineering betrieben. Die einzige Vorverarbeitung, die manchmal notwendig ist, ist die Skalierung von Bildern auf eine gewisse Bilddimension.

Was aber für CNN von großer Bedeutung ist, ist die Menge an Trainingsdaten, und hier können wir uns sehr leicht helfen. Im Allgemeinen spricht man hier von *Data Augmentation*, wenn basierend auf bestehenden Daten neue und leicht veränderte Daten erzeugt werden.

Im Bereich der Bildverarbeitung können durch einfache geometrische Transformationen neue Bilder geschaffen werden:

- Translation (Verschieben)
- Rotation (Drehen)
- Skalierung (Vergrößern, Verkleinern)
- Scheren (Skalieren, aber in x- und y-Richtung unterschiedlich)
- horizontales und/oder vertikales Spiegeln

Die Anwendung dieser Transformationen ändert die Erscheinungsform, aber ändert meistens nicht die Klasse des Bildes und macht es daher relativ einfach, den bestehenden Datensatz zu vergrößern.

Da sich CNN für die Bildanalyse hervorragend eignen, ist es nicht verwunderlich, dass die Python-Bibliothek *tensorflow.keras* uns hier Funktionen zur Verfügung stellt, die das Erstellen von zusätzlichen Daten erleichtern:

```
from tensorflow.keras.preprocessing.image import ImageDataGenerator
datagenerator = ImageDataGenerator(
    rotation_range = 45,
    zoom_range=0.3,
    horizontal_flip=True,
    width_shift_range=0.3,
    height_shift_range=0.2,
    fill_mode='nearest')
```

Listing 11.19 Datenaugmentation für Bilddaten

Der Code in Listing 11.19 liefert uns so, wie er hier gezeigt wird, kein Ergebnis und dient nur zum Aufzeigen der Möglichkeiten des `ImageDataGenerator()`. Aber in Kapitel 13, »Anwendungsbereiche und Praxisbeispiele«, werden wir ihn ausgiebig verwenden.

Wir zeigen hier nur einige Optionen für die Bilddaten-Augmentation und sehen uns genauer an, was sie bedeuten:

- `rotation_range` gibt den Bereich in Grad an, um den ein Bild zufällig gedreht wird.
- `zoom_range` ist der Bereich, in den hineingezoomt wird, hier also bis zum Faktor 0.3.
- `width_shift_range` und `height_shift_range` geben den Bereich an, in dem die Bilder in x- bzw. y-Richtung zufällig verschoben werden.
- `horizontal_flip` erlaubt das zufällige Spiegeln des Bildes in horizontaler Richtung.
- `fill_mode` legt das Verfahren fest, nach dem bei Drehung oder Verschiebung neu entstandene Pixel erzeugt werden.

Abbildung 11.19 Beispiel für Data Augmentation von Bildern (Quelle: Wikimedia Commons)

11.3.3 Der Fluch der Dimensionalität

Im Englischen als *curse of dimensionality* bezeichnet, beschreibt dieser Begriff das Problem, das auftritt, wenn die Anzahl der Datensätze und die Dimension des Feature-Raums nicht zusammenpassen. Das heißt, es gibt zu wenige Datensätze. Die Anzahl der notwendigen Datensätze für Aufgaben im Machine Learning steigt exponentiell mit der Anzahl der Features pro Datensatz. Das bedeutet:

- Aufgaben, die im niederdimensionalen Raum einfach sind, erweisen sich in hochdimensionalen Räumen als wesentlich schwieriger.
- Die Intuition (bei 2- oder 3-dimensionalen Aufgaben) hilft im hoch-dimensionalen Raum nicht, sondern kann im Gegenteil sogar hinderlich sein.
- In hochdimensionalen Räumen werden die Distanzen zwischen Datensätzen größer.

Aus diesem Grund sind einfache Verfahren für die Umwandlung von kategorischen Features, wie zum Beispiel das One-Hot-Encoding, mit Vorsicht zu genießen, da sie die Dimensionalität mit einem Schlag stark erhöhen. Abbildung 11.20 zeigt, wie man mit dem Fluch der Dimensionalität umgehen kann.

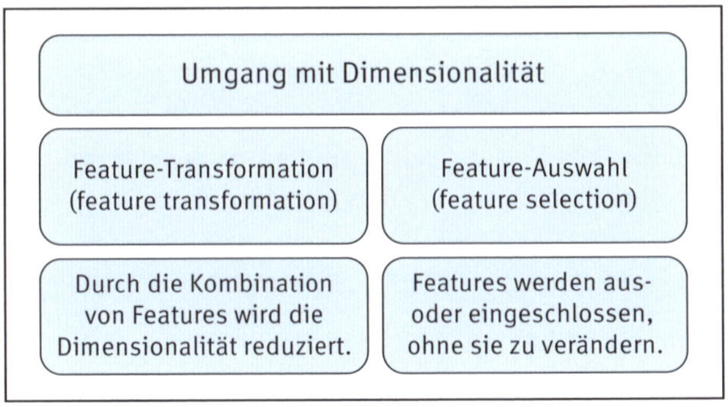

Abbildung 11.20 Umgang mit Dimensionalität

11.3.4 Feature-Transformation

Die Idee der Feature-Transformation ist, dass durch eine Kombination von Features die Dimension reduziert wird.

Wissensbasiert

Die wissensbasierte Feature-Transformation hängt sehr stark von der spezifischen Domäne ab, in der neuronale Netze eingesetzt werden. Um die wissensbasierte Feature-Transformation einzubauen, müssen Sie sich daher gut in dieser Domäne auskennen.

Einfache Beispiele dafür wären der sogenannte Body-Mass-Index (BMI) des Menschen, der nach folgender Formel berechnet wird:

$$BMI = \frac{kg(\text{Körpergewicht})}{m(\text{Körpergröße})^2}$$

Hier würden die beiden Features *Körpergewicht* und *Körpergröße* durch ein neues kombiniertes Feature *BMI* ersetzt.

Ein Beispiel aus dem Bereich der Satellitenbild-Fernerkundung ist der sogenannte *Normalized Difference Vegetation Index* (NDVI, der normalisierte Differenz-Vegetationsindex). Satellitenbilder liefern im elektromagnetischen Spektrum die üblichen optischen Rot-, Grün- und Blaureflexionen, aber auch das für das Auge nicht mehr sichtbare Infrarot. Bei Machine-Learning-Aufgaben für Vegetationsfragen ist es hilfreich zu wissen, dass die Differenz zwischen dem roten (R-) und dem nahen Infrarot(-NIR-)Band recht groß ist. Um sonstige Einflüsse bei der Aufnahme des Satellitenbildes zu reduzieren, verwendet man den NDVI zur Hervorhebung der Vegetationsbereiche im Bild und ersetzt die zwei Features (R, NIR) durch ein neues (NDVI):

$$NDVI = \frac{(NIR - R)}{(NIR + R)}$$

Man könnte natürlich sagen, dass das der Idee des Machine Learnings widerspricht, da es ja um Algorithmen geht, die aus den Daten lernen sollen. Andererseits spricht nichts dagegen, gesichertes, vorhandenes Wissen in diesen Prozess einzubeziehen.

Automatisch

Eine weitere sehr bekannte Methode zur Reduktion der Dimensionalität eines Datensatzes nennt sich *Principal Component Analysis* (PCA). Unsere Datensätze bestehen aus Vektoren mit Zahlen, die einem bestimmten Koordinatensystem entsprechen. Die einzelnen Koordinaten des Vektors entsprechen den in Zahlen ausgedrückten Ausprägungen unserer Features. Diese Features korrelieren oft miteinander, vereinfacht gesagt sind sie abhängig voneinander. Man könnte jetzt einfach ein Feature a wegnehmen, wenn es mit einem Feature b korreliert, um dadurch die Dimensionalität zu verringern. Doch auch wenn Features korrelieren, heißt das noch nicht, dass diese Features keine Information zur Lösung unseres Machine-Learning-Problems beitragen.

Die PCA ist ein Verfahren, das ein neues Koordinatensystem bildet, und zwar mit dem Ziel, möglichst wenig korrelierte Features zu erhalten. Diese neuen unkorrelierten Features bezeichnet man als *Principal Components.* Diese Principal Components kann man noch dazu nach dem Grad ihrer Unkorreliertheit anordnen, um es etwas salopp auszudrücken. Nimmt man nun nur den obersten Teil der Principal Components, so hat man zwei Fliegen mit einer Klappe geschlagen, nämlich Dimensionsreduktion und neue Features mit geringer Korrelation. Abbildung 11.21 zeigt die Funktionsweise.

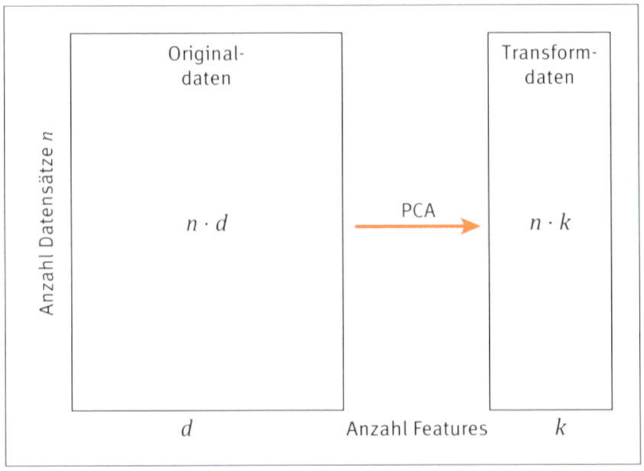

Abbildung 11.21 Funktionsweise der Principal-Components-Analyse

Die PCA verwendet dazu eine sogenannte Eigenwertzerlegung der Kovarianzmatrix des Datensatzes. Die Kovarianzmatrix A ist eine (dxd)-Matrix, wobei d der Anzahl der Features unseres Datensatzes entspricht, der die paarweise Interaktion der Features darstellt.

Die genaue Herleitung benötigt einiges an linearer Algebra und würde nicht zu viel mehr Information führen. Die Python-Bibliothek *scikit-learn* bietet eine Funktion an, die eine PCA durchführt. Wir sehen uns die Folgen der PCA am Beispiel des schon bekannten Iris-Datensatzes an:

```
from sklearn.datasets import load_iris
iris_daten = load_iris()
iris_X, iris_y = iris_daten.data, iris_daten.target
```

Listing 11.20 Laden des Iris-Datensatzes

Hier laden wir den Iris-Datensatz, den uns *scikit-learn* zur Verfügung stellt:

```
from sklearn.decomposition import PCA
iris_pca = PCA(n_components=2)
```

Listing 11.21 PCA von scikit-learn

In Listing 11.21 importieren wir die entsprechende Funktion `PCA` und legen bereits fest, wie viele neue Features wir wollen. Der Parameter `n_components` entspricht also unserem k aus Abbildung 11.21.

```
iris_pca.fit(iris_X)
iris_X_pca = iris_pca.transform(iris_X)

iris_ pca.components_
# Ausgabe:
array([[ 0.36158968, -0.08226889, 0.85657211, 0.35884393],
       [ 0.65653988, 0.72971237, -0.1757674 , -0.07470647]])
```

Listing 11.22 Bestimmung der Principal Components

Mit der Funktion `iris_pca.fit()` haben wir die Principal Components (also unsere *Eigenvektoren*) zur Transformation unserer Daten bestimmt. Die Funktion `iris_pca.transform()` transformiert unseren Datensatz in die neuen Features.

Nun sehen wir uns noch die Auswirkungen dieser Transformation an:

```
import matplotlib.pyplot as plt
%matplotlib inline

for lab, mark, col in zip(range(3), ('^','s','o'), ('green','red','blue')):
    plt.scatter(x=iris_X[:,0].real[iris_y==lab],
                y=iris_X[:,1].real(iris_y==lab],
                color = col)
plt.title("Original-Iris-Daten")
plt.xlabel("Sepal-Länge (cm)")
plt.ylabel("Sepal-Breite (cm)")
```

Listing 11.23 Code für ein Streudiagramm (Scatter-Plot) des Iris-Datensatzes

Abbildung 11.22 liefert uns ein Streudiagramm, in dem für die einzelnen Iris-Klassen die Kelchblattlänge gegen die Kelchblattbreite aufgetragen wird, wobei für die Arten *setosa* (grün), *versicolor* (rot) und *virginica* (blau) die Punkte entsprechend ihrer Klasse eingefärbt sind. Ein typisches Merkmal für die Korreliertheit der Features ist die relative Nähe der unterschiedlichen Clusterklassen. Je unkorrelierter sie sind, desto klarer sind auch die Klassencluster voneinander entfernt.

Aufgabe

Erstellen Sie auf Basis von Listing 11.23 den Plot für die PCA-transformierten Iris-Daten. Beachten Sie, dass Sie statt `iris_X` nun die transformierten Daten (siehe Listing 11.22, `iris_X_pca`) verwenden müssen.

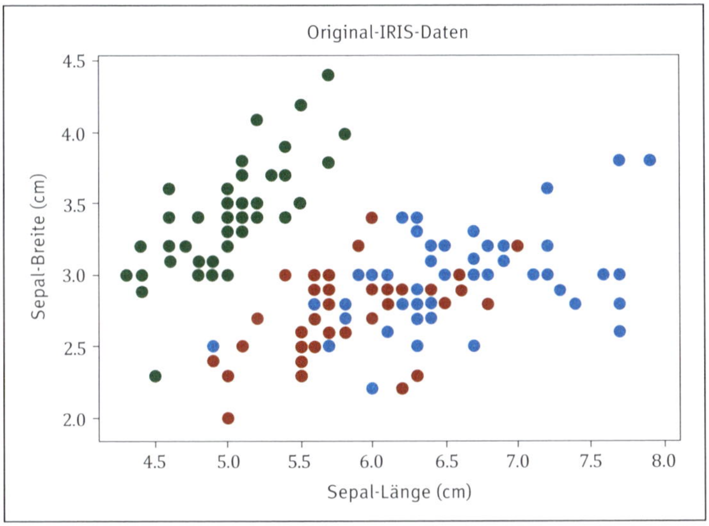

Abbildung 11.22 Scatter-Plot der Original-Iris-Daten

Die Lösung dieser Aufgabe sollte das in Abbildung 11.23 dargestellte Bild liefern.

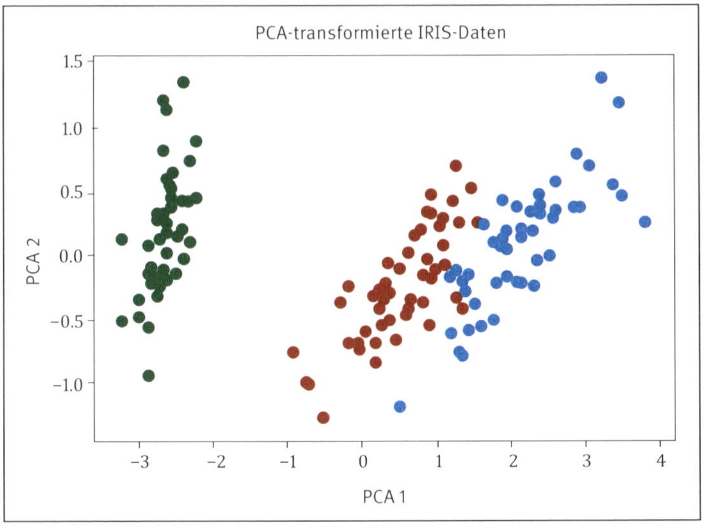

Abbildung 11.23 Streudiagramm der PCA-transformierten Iris-Daten

Wie in Abbildung 11.23 deutlich zu sehen ist, sind die Klassencluster klarer getrennt, was wir auch erreichen wollten.

11.3.5 Feature-Auswahl

Die Datensätze, die wir zur Verfügung haben, können durchaus Features enthalten, die nichts oder nur sehr wenig zu unserer Machine-Learning-Aufgabe beitragen oder im schlimmsten Fall unser Ergebnis negativ beeinflussen. Unnötige Features erhöhen den Trainingsaufwand und verringern die Generalisierungsfähigkeit des Modells.

Der Prozess des Auswählens einer Teilmenge von relevanten Features kann auf folgende Art erfolgen, wobei uns die Programmbibliothek *scikit-learn* eine Menge an Funktionen zur Verfügung stellt.

Filtermethoden

Für Filtermethoden wird ein statistisches Maß verwendet, um jedes Feature mit einem Wert auszustatten. Die Features werden nach dem Wert sortiert, und die *k* besten Features werden ausgewählt. Listing 11.24 skizziert die Vorgehensweise für diese Methode:

```
from sklearn.feature_selection import SelectKBest
from sklearn.feature_selection import chi2

X, y = iris_X, iris_y

test = SelectKBest(score_func=chi2, k=2)
myFilter = test.fit(X,y)
X_trans = myFilter.transform(X)
print(X_trans)
# Ausgabe:
[[1.4 0.2]
 [1.4 0.2]
 [1.3 0.2]
. . . ]
```

Listing 11.24 Filtermethode zur Feature-Selektion für den Datensatz X, y

In Listing 11.24 wurde die Funktion `SelectKBest()` ausgewählt; als statistisches Maß dient der *Chi-Quadrat-Test*, und mit *k* wird die Anzahl der besten ausgewählten Features des Datensatzes vorgegeben.

Chi-Quadrat-Test

Der Chi-Quadrat-Test ist ein statistisches Maß, das bestimmt, ob es zwischen zwei beliebigen (kategorischen) Features einen Zusammenhang gibt. Der Name kommt daher, dass eine quadrierte Differenz von erwarteten und beobachteten Häufigkeiten von Features zur Berechnung verwendet wird.

Wrapper-Methoden

Die Auswahl der Feature-Menge wird als Optimierungsaufgabe betrachtet, wobei verschiedene Feature-Kombinationen vorbereitet, evaluiert und mit anderen Kombinationen verglichen werden. Für die Bewertung der Kombinationen wird ein Modell verwendet. Die Funktionsweise wird in Listing 11.25 demonstriert:

```
X, y = iris_X, iris_y

from sklearn.feature_selection import RFE
from sklearn.linear_model import LogisticRegression

myModel = LogisticRegression()
test = RFE(myModel, n_features_to_select=3)
myFilter = test.fit(X,y)

X_fre = myFilter.transform(X)

print(X_fre)
# Ausgabe:
[[3.5 1.4 0.2]
 [3.  1.4 0.2]
 [3.2 1.3 0.2]
. . .]
```

Listing 11.25 Wrapper-Methode zur Feature-Selektion für den Datensatz X, y

Die *rekursive Feature-Elimination* (`RFE()`) wird hier als Suchmethode verwendet auf Basis des Bewertungsmodells *logistische Regression* (`LogisticRegression()`). Mit dem Parameter `n_features_to_select` wird wieder die Anzahl der ausgewählten Features angegeben.

11.4 Zusammenfassung

Im ersten Teil dieses Kapitels haben wird uns dem Machine-Learning-Prozess nach CRISP-DM gewidmet. Da die KI-Anwendungen mittels neuronaler Netzen immer leistungsfähiger werden und auch Einfluss auf das menschliche Individuum haben können, haben wir uns dann den ethischen und rechtlichen Implikationen und Herausforderungen zugewandt, die bereits in der ersten Phase des CRISP-DM, dem Geschäfts(prozess)-Verständnis, berücksichtigt werden müssen.

Das Feature Engineering ist in die Phase der Datenvorbereitung einzuordnen. In dem ihm gewidmeten Abschnitt haben wir die Aspekte der Aufbereitung für unterschiedliche Machine-Learning-Methoden betrachtet, zu denen natürlich auch neuronale Netze gehören. Das Feature Engineering wird oft unterschätzt, aber der Ressourcenaufwand für eine gute Datenvorbereitung ist meist höher als der Aufwand für die eigentliche Modellentwicklung.

11.5 Referenzen

- CRISP-DM: *http://crisp-dm.eu*
- Luciano Floridi et al., AI4People's Ethical Framework for a Good AI Society: Opportunities, Risks, Principles, and Recommendations, *https://ai4people.org/PDF/AI4People_Ethical_Framework_For_A_Good_AI_Society.pdf*
- Christian Molnar, Interpretable Machine Learning – A Guide for Making Black Box Models Explainable, *https://christophm.github.io/interpretable-ml-book*
- OECD AI Principles overview: *https://oecd.ai/en/ai-principles*
- Feature Engineering: *https://en.wikipedia.org/wiki/Feature_engineering*
- Codierung kategorischer Variablen: *http://contrib.scikit-learn.org/category_encoders*

Kapitel 12
Lernverfahren

So unterschiedlich die Gehirne, so unterschiedlich die Lernverfahren.

Im Eifer des Gefechts haben wir beinahe übersehen, dass es neben dem Lernen von Input-Output-Beziehungen noch andere Arten des Lernens gibt. Denken Sie zum Beispiel an eine Platte, die auf Stäben steht, so richtig stabilen Stäben, damit die Platte nicht umfallen kann. Die Platte ist ungefähr in einem Meter Höhe auf den Stäben angebracht. Wie würden Sie so etwas nennen?

Das, was bei Ihnen gerade im Geiste abläuft, ist das Suchen nach Ähnlichkeiten. Das bedeutet, Sie versuchen, dieses unbekannte Ding anhand seiner Eigenschaft einer Gruppe zuzuordnen. Das ist eine ganz andere Art zu lernen als das Input-Output-Lernen.

Oder stellen Sie sich Ameisen vor, die vor Ihnen am Boden laufen und auf der Suche nach Material und Futter sind. Bei genauerem Hinsehen stellen Sie fest, dass die Ameisen wie auf einer Straße laufen, fast so, als ob es eine unsichtbare Verkehrsleitzentrale gibt, die den Ameisen mitteilt, wo sie zu laufen haben. Wie machen die Ameisen das? Schon wieder eine andere Art zu lernen. Es wird Zeit für eine Einteilung der Lernstrategien, und diese halten wir natürlich so einfach wie möglich.

12.1 Lernstrategien

In Kapitel 1, »Einleitung«, haben wir uns bereits oberflächlich mit den unterschiedlichen Arten von Lernen beschäftigt. Nun werden wir tiefer in die Materie einsteigen, um einen ganzheitlichen (holistischen) Blick auf das Lernen zu entwickeln.

Eine gängige Einteilung des Lernens im maschinellen Kontext unterscheidet vier große Ansätze: *Supervised* (*überwachtes*), *Unsupervised* (*unüberwachtes*), *Semi-supervised* (*teilüberwachtes*) und *Reinforcement* (*verstärkendes*) Lernen (siehe Abbildung 12.1). Wir werden auf den folgenden Seiten diese unterschiedlichen Ansätze genauer betrachten und jeweils einfache Beispiele diskutieren. Für das Supervised Learning haben wir ein Schmankerl vorbereitet: Wie werden den *Q-Learning*-Algorithmus implementieren, der es *DeepMind* ermöglichte, einem Modell das Atari-Spielen beizubringen. Die Implementation zeigen wir sowohl tabellenbasiert als auch mithilfe eines neuronalen Netzes.

Und dann folgt noch ein Gusto-Stückerl, in dem wir mittels Teuvo Kohonens *Self-Organizing Maps* Daten in Unsupervised-Learning-Manier clustern.

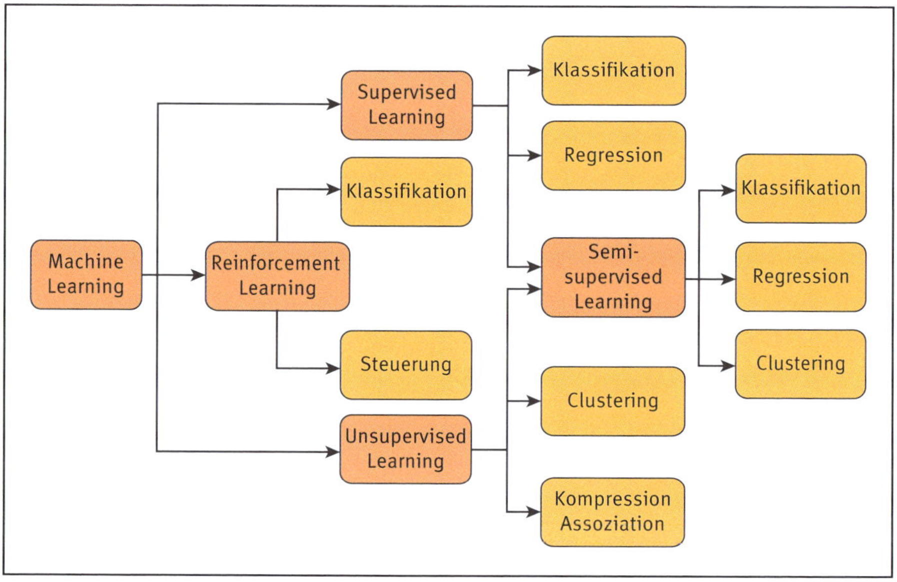

Abbildung 12.1 Lernstrategien und ihre möglichen Anwendungen

Wir beginnen unsere Erläuterungen mit der am häufigsten eingesetzten Lernstrategie, dem Supervised Learning.

12.1.1 Überwachtes Lernen (Supervised Learning)

Die Aufgabe beim überwachten Lernen könnte lauten: »Entwickle ein Vorhersagemodell basierend auf Input und bereitgestelltem Output« oder »Lerne die Zuordnung eines Inputs zu einer gegebenen Klasse«.

Wie der Name sagt, überwacht jemand das Lernen. Das geschieht fast so, als ob man einer anderen Person etwas beibringen möchte, indem man ihr ein Beispiel mit dem gewünschten Ergebnis mitteilt, d. h. zum Beispiel das Bild einer Katze mit dem Namen »Das ist eine Katze«. (Der beigefügte Name wird in diesem Zusammenhang auch als *Label* bezeichnet.)

»Nein, das ist kein Hund, das ist eine Katze!« Das heißt, es wird eine *Assoziation* zwischen Dingen (Input/Output) gelernt. Eine beliebte Anwendung dieser Lerntechnik wäre die *Klassifikation*, wobei das natürlich nur ein Beispiel einer Technik ist. Ein weiteres Anwendungsgebiet ist die *Regression*, auch als *Vorhersage* bezeichnet. Sehen wir uns nun die Anwendungsgebiete etwas genauer an.

Klassifikation

Als Beispiel für die *Klassifikation* (siehe Abbildung 12.2) könnten Sie sich die Zuordnung von Büchern zu einer Gruppierung vorstellen, möglicherweise nur zu zwei Kategorien: U(nterhaltungs)-Buch und S(ach)-Buch. Wo würden Sie das Buch über das Programmieren von neuronalen Netzen, das Sie gerade lesen, einordnen? Und welches Beispiel hätten Sie dann für die andere Kategorie? Wo würden Sie zum Beispiel »Der kleine Prinz« einordnen?

Ein anderes Beispiel für Klassifikation könnte bei einer Snack-Produktion die Sortierung in gute und schlechte Produktionsqualität sein. Gut ist die Qualität zum Beispiel dann, wenn die Schweißnähte der Verpackung fehlerfrei sind.

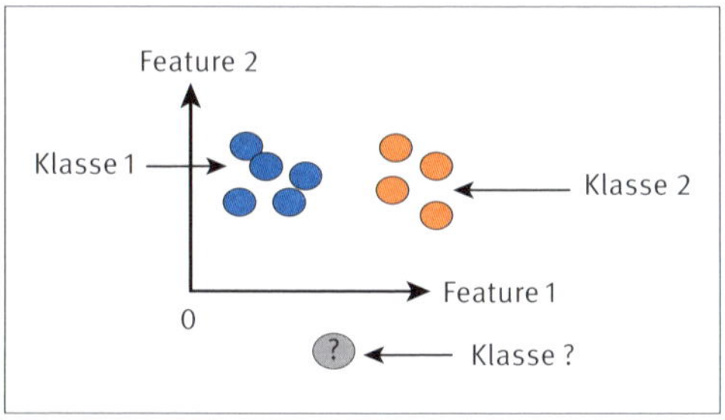

Abbildung 12.2 Klassifikation

Ganz allgemein basiert die Klassifikation darauf, unterschiedliche *Merkmale*, die auch als *Features* bezeichnet werden, als Input zu benutzen. Die Länge des *Feature-Vektors* richtet sich nach der Anzahl der Merkmale, die als Input verwendet werden. Ein Quadrat kann zum Beispiel durch das eine Merkmal *Seitenlänge* gekennzeichnet werden, ein Rechteck hingegen benötigt zwei Merkmale: *Länge* und *Breite*.

Regression

Das andere Anwendungsgebiet des überwachten Lernens betrifft die *Regression*, mit deren Hilfe *Vorhersagen* getroffen werden. Nimmt man Werte, die miteinander in Beziehung stehen, so können Netze die Zusammenhänge lernen und auf noch unbekannte Werte anwenden. Dies könnte als *Abstraktionsvermögen* bezeichnet werden. Ein handfestes Beispiel wäre festzustellen, ob das Wetter einen Einfluss auf die Qualität des produzierten Weins hat oder ob die Zuhörerzahl eines Electronic-Dance-Festivals die nächsten Jahre gleich bleibt.

In der (linearen) Regression hängt die Genauigkeit der Vorhersage von dem (linearen) Zusammenhang der Variablen ab. Die Variablen werden als *unabhängige* und als *abhängige Variablen* bezeichnet. Der Winzer will zum Beispiel für die unabhängige Variable »Wetter« die abhängige Variable »Qualität« prognostiziert haben. Je stärker die beiden

Variablen zusammenhängen, desto höher sind sie korreliert. *Korrelation* ist das Wort für den Zusammenhang hinsichtlich einer Annahme, wie zum Beispiel, dass sich »Wetter« und »Qualität« als Gerade abbilden lassen (siehe Abbildung 12.3).

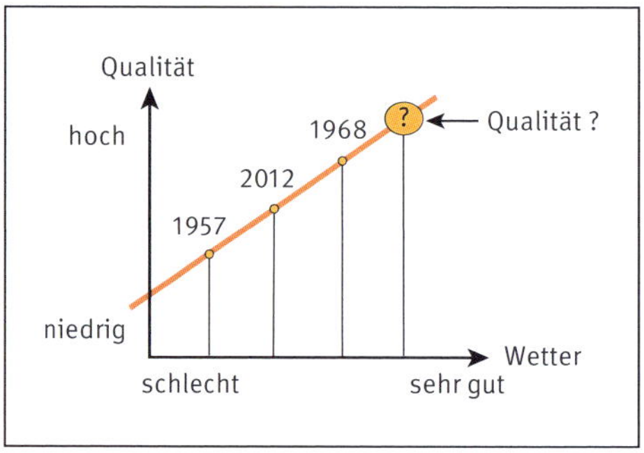

Abbildung 12.3 Wein-Qualität-Regression

Für die Analyse bieten sich unterschiedliche Werkzeuge an, zum Beispiel ein *Scatter-Plot* (Streudiagramm) wie in Abbildung 12.3. Darin sehen Sie wunderbar, dass Wetter und Qualität perfekt linear zusammenhängen. Je mehr Wertekombinationen die Beziehung erfüllen, desto sicherer können wir uns sein, dass wir eine gültige Beschreibung der Beziehung gefunden haben.

Aber natürlich ist die Realität nicht so ideal, wie in unserem Beispiel dargestellt. Realistischerweise schwirren die Punkte und bilden Punktwolken um das Ideal herum. In Abbildung 12.4 sehen Sie ein konkretes Beispiel für dieses Wobbeln um das ideale Modell: konkret die Entwicklung der Temperatur über einen bestimmten Zeitraum.

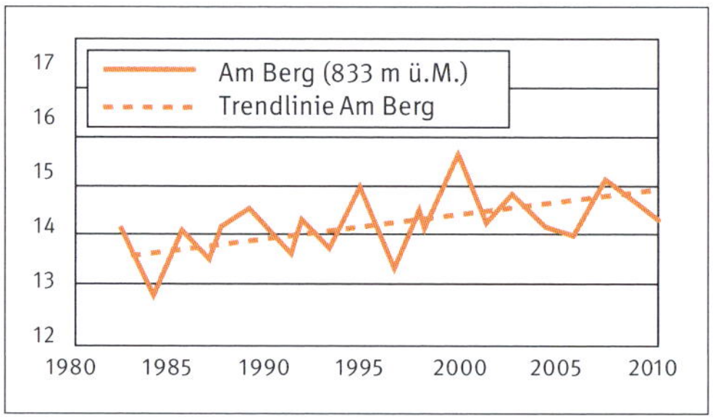

Abbildung 12.4 Schematische Darstellung der Trendanalyse für den Mittelwert der Temperatur im Ort »Am Berg«

Die Frage, die sich nun stellt, lautet: »Wie genau kann die Gerade durch diese Wolke gelegt werden?« Dafür gibt es natürlich viele Möglichkeiten; daher ist es nötig, dafür ein Kriterium festzulegen. Eine Möglichkeit ist, dass die Summe aus den Abständen der Punkte y zu den Punkten auf der Gerade $\hat{y}$ möglichst klein wird. Damit sowohl positive als auch negative Abweichungen von der Geraden – der Punkt kann ja oberhalb oder unterhalb der Geraden liegen – fehlererhöhend in die Berechnung einfließen, verwendet man das Quadrat aus dem Abstand. Damit ergibt sich die unten stehende Formel für den Fehler E, wobei n die Anzahl der gemessenen Punkte bzw. der Punkte auf der Gerade bezeichnet:

$$E = \frac{1}{2}\sum_{i=1}^{n}(y_i - \hat{y}_i)^2$$

Diese Gleichung kennen Sie schon, und Sie haben gesehen, dass sie bei dem Adaline- und dem Backpropagation-Algorithmus eine entscheidende Rolle für die Fehlerminimierung, also das Lernen, spielte.

Zeitreihe

Ein spezieller Aspekt der Regression ist die Anwendung auf *Zeitreihen*. Dabei liegt eine *Ordnung* der Werte entlang der Zeitachse vor. Zu jedem Zeitpunkt steht ein Wert zur Verfügung, zum Beispiel Absatzzahlen eines bestimmten Artikels, möglicherweise eines Schokoriegels. Unser Ziel könnte es sein, den Bedarf an Schokoriegeln aus den Vergangenheitsdaten abzuleiten und für den nächsten Tag zu prognostizieren. Dabei haben sich drei datenbasierte Verfahren entwickelt:

- Zeitreihenprognosen
- kausale Prognosen
- kombinierte Prognosen

Die *Zeitreihenprognose* verwendet die geordnete Folge von Inputwerten mit einer bestimmten Zeitfenstergröße (siehe Abbildung 12.5). In unserem Beispiel richtet sich die Fenstergröße nach der Anzahl der Input-Neuronen. Das Fenster wird von Index 0 beginnend über die Zeitreihe geschoben.

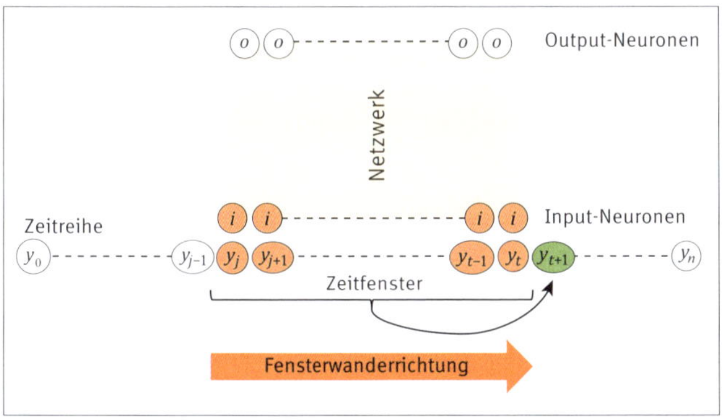

Abbildung 12.5 Zeitreihe mit Netzwerk

Aus den Werten im Zeitfenster sollte ein Wert vorhergesagt werden, wobei wir den Wert im nächsten Index mit y_{t+1} eingezeichnet haben, dieser jedoch auch weiter in der Zukunft liegen kann. Festzuhalten ist, dass zwischen dem ermittelten Wert und den Werten in der Vergangenheit eine funktionale Beziehung besteht.

Die *kausale Prognose* verwendet nicht die Zeitreihe der y_i, sondern berücksichtigt andere unabhängige Einflüsse, zum Beispiel den Wochentag, das Wetter oder die Fußball-WM. Die Einflüsse werden auch als *unabhängige- / Einfluss-* bzw. *Erklärungsvariablen* bezeichnet. Das heißt, dass der zu ermittelnde Wert von Einflussvariablen funktional abhängig ist.

Das *kombinierte Prognosemodell*, auch als *dynamische Regression* bezeichnet, nutzt, wie sein Name bereits andeutet, beide vorherigen Verfahren für die Prognose.

Lernalgorithmen

In Tabelle 12.1 haben wir bekannte Algorithmen für das Supervised Learning zusammengefasst. Wir haben hier aber auch die neuronalen Netze eingefügt:

Algorithmus	**Einsatzgebiet**
Classification Rule Learners	Klassifikation
Decision Trees	Klassifikation
Naive Bayes	Klassifikation
Nearest Neighbor	Klassifikation
Linear Regression	Regression
Model Trees	Regression
Regression Trees	Regression
Neural Networks	*Klassifikation/Regression*
Support Vector Machines	Klassifikation/Regression

Tabelle 12.1 Lernalgorithmen für überwachtes Lernen

12.1.2 Unüberwachtes Lernen (Unsupervised Learning)

Beim *unüberwachten Lernen* lautet die Aufgabe folgendermaßen: »Entdecke eine interne Repräsentation der Daten nur anhand des Inputs.«

Das heißt: Falls keine Output-Kategorien oder -Labels existieren, anhand derer der Algorithmus eine Beziehung herstellen kann, müssen *inhärente*, möglicherweise noch unbekannte Eigenschaften für die Ermittlung von Ähnlichkeiten entdeckt werden.

Für die Daten wird ein (Cluster-)Modell erstellt, ohne dass wir tatsächlich wissen, wie die einzelnen Cluster zu nennen sind. Trotzdem existieren diese Gruppierungen. Das ist fast so, als ob Sie Tausende Bilder von Stühlen gesehen haben, aber den Begriff für Stuhl noch nicht kennen. Irgendwann werden Sie aus Bequemlichkeit den Begriff »Stuhl« erfinden, um einfacher und effizienter kommunizieren zu können. Sie verwenden dann den Begriff »Stuhl« stellvertretend für ein Element aus der Gruppe der Stuhlobjekte. Also erzeugt diese Lernstrategie eine interne Repräsentation der Daten und kann mit neuen, noch nicht trainierten Daten umgehen. Die Haupttechniken, die beim unüberwachten Lernen eingesetzt werden, sind *Clustering* und *Assoziation*.

Clustering

Die Aufgabe der Clustering-Algorithmen ist es, Inputs in Gruppen, Kategorien bzw. Klassen aufzuteilen – und das nur anhand der Information, die in den Inputs liegt, ohne weitere zusätzliche Informationen (siehe Abbildung 12.6). Im Gegensatz zur Klassifikation, bei der die Output-Werte vorgegeben sind, stehen diese Informationen beim Clustering nicht zur Verfügung.

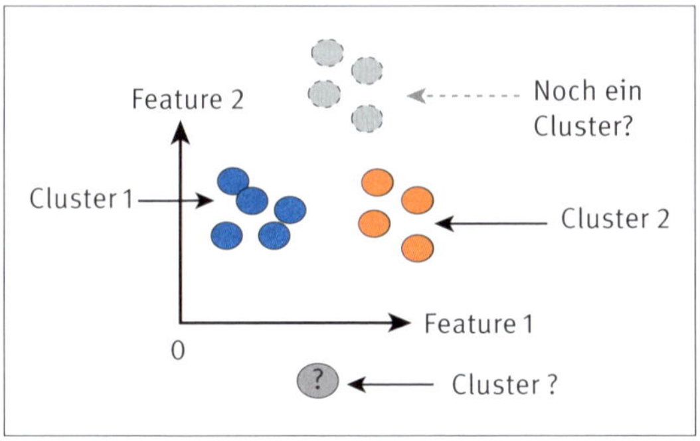

Abbildung 12.6 Cluster

Clustering wird unter anderem für die *Segmentation-Analyse* verwendet, die Gruppen von Individuen mit ähnlichem Verhalten oder demografischen Informationen identifiziert, um Werbekampagnen zielgerichteter abstimmen zu können. Wichtig ist an dieser Stelle festzuhalten, dass die Algorithmen zwar das Clustering durchführen können, dass aber für die Bewertung und Interpretation dieser Cluster immer noch Menschen herangezogen werden.

Assoziation

Lernalgorithmen aus dieser Kategorie extrahieren Regeln und Muster aus den Datensätzen, erklären damit die Zusammenhänge zwischen den Variablen und zeigen Frequenzen (Wiederholungen) und Muster. Diese Regeln wiederum ermöglichen Organisationen tiefere Einblicke in ihre Datenstände. Ein einfaches Beispiel wäre die Analyse von Warenkörben und Ableitungen aus den Zusammensetzungen, zum Beispiel:

$$\{\text{Käse,Wurst}\} \Longrightarrow \{\text{Brot}\}$$

Dies kann gelesen werden als: »Wenn Kunden Käse und Wurst kaufen, dann kaufen sie auch Brot.«

Lernalgorithmen

In Tabelle 12.2 haben wir bekannte Algorithmen für das Unsupervised Learning versammelt, neben den neuronalen Netzen, die wir auch eingefügt haben. (Algorithmen, die kursiv dargestellt sind, zählen wir zur Gruppe der neuronalen Netze.)

Algorithmus	**Einsatzgebiet**
k-means	Clustering
Gaussian Mixture	Clustering
Hierarchical Clustering	Clustering
PCA-Hauptkomponentenanalyse (Dimensionsreduzierung)	Clustering
Hidden Markov Model	Clustering
Neural Networks	*Clustering*
Hopfield Networks	*Assoziation*
Self-Organizing Map (SOM)	*Clustering*
Association Rules	Pattern Discovery

Tabelle 12.2 Lernalgorithmen für unüberwachtes Lernen

Anwendungsgebiet

Ein Anwendungsfall für den beschriebenen (deskriptiven) Ansatz von Daten ist die *Pattern Discovery*, die Assoziationen in den Daten entdeckt. Sie wird eingesetzt, um Market-Basket-Analysen durchzuführen, die zum Ziel haben, festzustellen, welche Produkte gemeinsam gekauft werden und somit dem Kunden beim Onlinekauf vorgeschlagen oder im Laden anders platziert werden sollten.

Beispiel: SOM

Mit Teuvo Kohonens *Self-Organizing Maps* (SOM) und der *Adaptive Resonance Theory* (ART) stehen zwei Netzarten für das Unsupervised Learning zur Verfügung. Wir möchten Ihnen nun gerne die SOM vorstellen, um ein wenig praktisch zu werden und diesen vielfältig einsetzbaren Ansatz zu durchleuchten.

Eine *Self-Organizing Map* hat zwei zentrale Bauteile: den *Input Layer*, so wie Sie ihn von den anderen Netzarten kennen, und die *Map*. In dieser Map sind Knoten/Neuronen so wie bei einem Fischernetz miteinander verbunden: Jedes Input-Neuron ist mit jedem Knoten v in der Map verbunden. Jeder Knoten v in der Map bekommt von allen Input-Neuronen den Input (siehe Abbildung 12.7).

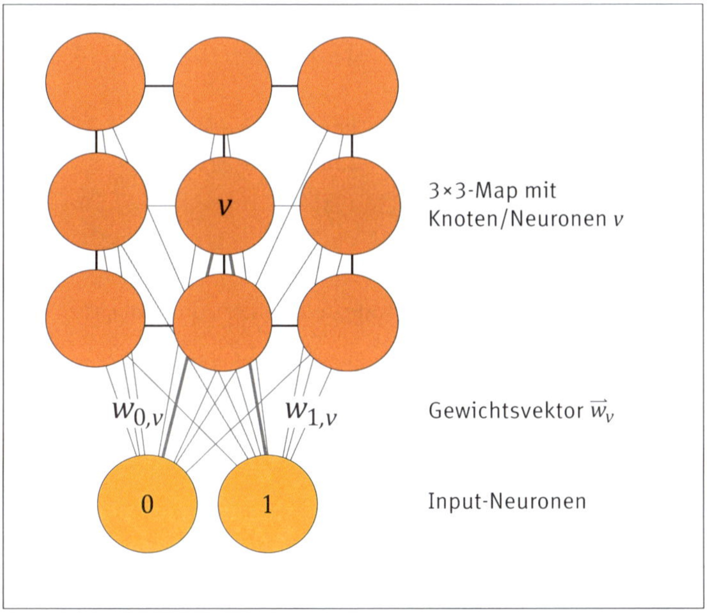

Abbildung 12.7 SOM mit zwei Input-Neuronen

Der Clou ist, dass Inputs, die räumlich in der Nähe sind, auch in der Map auf benachbarte Knoten abgebildet werden. Darum könnte man auch sagen, dass die SOMs eine *topografische Organisation* darstellen, in der nahe Orte in der Map Inputs mit ähnlichen Eigenschaften repräsentieren.

Zum Lernen wird nicht die Fehlerkorrektur eingesetzt , so wie bei der Back-Propagation, sondern das sogenannte *Competitive Learning*, das eine Form von Unsupervised Learning darstellt. In dieser Lernstrategie »kämpft« ein Knoten dafür, auf einen Input antworten zu dürfen.

Wie in Abbildung 12.7 angedeutet ist, besitzt jeder Knoten v in der Map einen Gewichtsvektor $\vec{w}_v$, wobei jeder Knoten mit jedem Input-Neuron verbunden ist. Mit diesen Hintergrundinformationen können wir uns den Lernalgorithmus genauer ansehen.

Algorithmus

1. Initialisiere die Gewichte der Gewichtsvektoren $\vec{w}_v$ zu jedem Knoten v mit kleinen zufälligen Werten aus dem Intervall [0,1].
2. Wiederhole Folgendes für eine bestimmte Anzahl an Iterationen I:
   - Wähle einen Input-Vektor $\vec{x}(s)$ aus der Menge der Trainingsbeispiele X zufällig aus, wobei s der Iterationsschritt ist.
   - Berechne die Distanz d vom Input-Vektor zu den Gewichtsvektoren aller Knoten mit $d(\vec{x}(s), \vec{w}(s))$.
   - Bestimme den Knoten u mit der kleinsten Distanz. Dieser wird auch als *Best Matching Unit* (BMU) bezeichnet.
   - Passe den BMU-Gewichtsvektor $\vec{w}_u(s)$ und den der Knotennachbarn in Richtung des Input-Vektors an. Die Anpassung erfolgt anhand folgender Formel:

     $$\vec{w}_v(s+1) = \vec{w}_v(s) + \theta(u,v,s) \cdot \alpha(s) \cdot \left(\vec{x}(s) - \vec{w}_v(s)\right)$$

Dabei haben die unterschiedlichen Elemente der Formel folgende Bedeutung:

- $\vec{w}_v(s)$ – der Gewichtsvektor für Knoten mit dem Index v zum Iterationsschritt s
- s – der Iterationsschritt
- u – der Index für die BMU bezüglich des Input-Vektors $\vec{x}(s)$
- $\vec{x}(s)$ – der Input-Vektor
- $\alpha(s)$ – eine Lernrate, die im Laufe der Zeit abnimmt
- $\theta(u,v,s)$ – die Nachbarschaftsfunktion zur Ermittlung der Nachbarn mit dem Index v für BMU und mit dem Index u zum Iterationsschritt s. Mit zunehmendem Iterationsschritt s schrumpft die Nachbarschaft und bekommt Werte im Intervall [0,1].

Einige Aspekte müssen wir uns noch genauer ansehen, zum Beispiel die Berechnung der *Distanz* zwischen zwei Vektoren, beispielsweise dem Input-Vektor $\vec{x}(s)$ und einem Gewichtsvektor $\vec{w_v}(s)$. Diese Distanz ist festgelegt als sogenannter *euklidischer Abstand* mit

$$d(\vec{x},\vec{w}) = \|\vec{x} - \vec{w}\|$$

$$= \sqrt{(x_1 - w_1)^2 + (x_2 - w_2)^2 + \dots} = \sqrt{\sum_i (x_i - w_i)^2}$$

So formulieren es die Mathematiker. Importieren Sie das Modul `math`, um die Sache in gut lesbaren Python-Code zu übersetzen:

```
def distance(self, vec1, vec2):
    return math.sqrt((vec1[0]-vec2[0])**2+(vec1[1]-vec2[1])**2)
```

Listing 12.1 Euklidischer Abstand der zwei zweidimensionalen Vektoren »vec1« und »vec2«

Zeichnerisch können Sie sich den Abstand auch gut vorstellen, indem Sie sich in Abbildung 12.8 die geometrische Darstellung genauer ansehen. Wir haben Beispielwerte für den Abstand eingefügt, um die Berechnung zu üben.

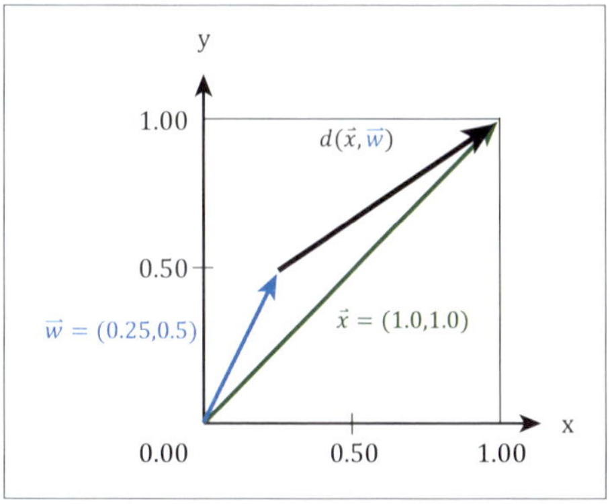

Abbildung 12.8 Euklidische Distanz von zwei Vektoren

Nehmen wir mal an, wir haben die zwei Vektoren $\vec{w} = (0.25,0.5)$ und $\vec{x} = (1.0,1.0)$. Wenn wir sie in die Formel für den euklidischen Abstand einsetzen, dann bekommen wir das folgende Ergebnis:

$$\begin{aligned} d(\vec{x},\vec{w}) &= \|\vec{x} - \vec{w}\| \\ &= \sqrt{(1.0-0.25)^2 + (1.0-0.5)^2} \\ &= \sqrt{0.5625 + 0.25} \\ &\cong 0.9 \end{aligned}$$

Super, damit können Sie nun den Abstand zwischen zwei Vektoren ausrechnen. Wenn Sie so wollen, ist das die Grundrechenoperation für den SOM-Algorithmus.

Für die Definition der *Lernrate* können unterschiedliche Funktionen verwendet werden. Eine einfach zu implementierende Funktion, die gleichmäßig fällt, kann abhängig vom Iterationsschritt s und von der initialen Lernrate $\alpha(0)$ folgendermaßen definiert werden:

$$\alpha(s) = \alpha(0) \cdot \frac{1}{s}$$

Dies entspricht der Forderung, dass am Anfang des Lernens starke Änderungen gewünscht sind und dann anschließend im Laufe der Zeit eine Stabilisierung einsetzt (siehe Abbildung 12.9).

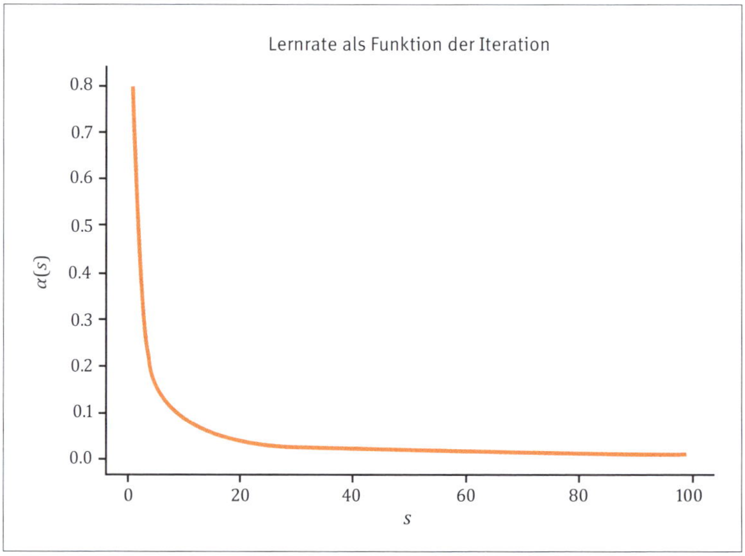

Abbildung 12.9 Abfall der Lernrate im Laufe der Zunahme der Iterationen

Als Beispiel haben wir die Lernrate $\alpha(0) = 0.80$ angesetzt und die Anzahl der Iterationen mit 100 festgelegt. Zum Iterationsschritt 10 wäre die Lernrate dann:

$$\alpha(10) = \frac{\alpha(0)}{10} = \frac{0.80}{10} = 0.08$$

Eine alternative Funktion, die wir auch in der Implementierung für die Lernrate verwenden können, sorgt für einen linearen Abbau während der I Iterationen:

$$\alpha(s, I) = \alpha(0) \cdot (1 - \frac{s}{I})$$

Der nächste Aspekt, den wir betrachten, ist die *Nachbarschaft* eines Vektors. In Abbildung 12.10 sehen Sie auf der linken Seite eine Nachbarschaft, die durch den Radius festgelegt ist. Immer wenn innerhalb des Kreises eine Kreuzung vorkommt, dann bedeutet das, dass ein Knoten aus der SOM in der Nachbarschaft liegt. *Der Radius sollte mit den Iterationen abnehmen.*

Auf der rechten Seite sehen Sie zwei unterschiedliche Möglichkeiten, die Entfernung von der BMU zum Nachbarn zu berücksichtigen. Im oberen Fall ist die Bewertung immer gleich, egal wie weit weg der Nachbar ist – solange er noch innerhalb des Radius ist. Im unteren Fall wird für die Bewertung eine *Glockenkurve* verwendet, die den Wert für die Entfernung zur BMU nicht immer gleich bewertet.

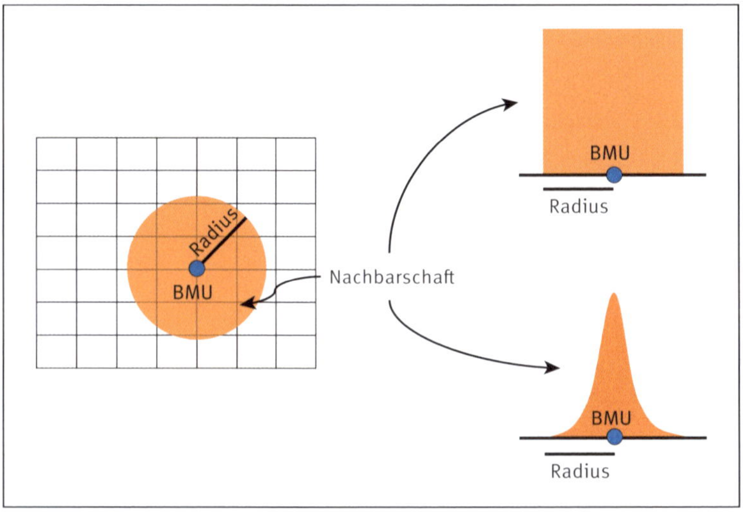

Abbildung 12.10 Unterschiedliche Nachbarschaftsfunktionen

Diesen Sachverhalt gießen wir wieder in eine berechenbare Form. Für die Berechnung, die wir für die *Nachbarschaft* zwischen Knoten *u* und *v* verwenden werden, gilt die folgende Formel:

$$\theta(u,v,s) = \begin{cases} h_{u,v}(s), & \text{falls } d(u,v) \leq r(s,I) \\ 0, & \text{sonst} \end{cases}$$

Das heißt, falls ein Knoten mit dem Index v innerhalb der Distanz $r(s)$ der BMU u liegt, wird die Nachbarschaft mit der Funktion $h_{u,v}(s)$ zum Zeitpunkt s bewertet. Für den Wert der Nachbarschaft können Sie eine beliebige Funktion verwenden, die über die Zeit an Wert verliert, damit mit der Zeit die Nachbarschaft kleiner wird, zum Beispiel $\alpha(s)$, so wie vorher definiert.

Der *Radius* $r(s,I)$ ist das letzte Element, das wir noch definieren müssen. Auch dafür gibt es natürlich eine Fülle an Möglichkeiten, er sollte aber so definiert werden, dass er mit jedem Iterationsschritt s immer kleiner wird, zum Beispiel so:

$$r(s,I) = r(0) \cdot e^{\left(-\frac{s}{I}\right)}$$

In Abbildung 12.11 sehen Sie ein Beispiel für die Entwicklung des Radius mit den Iterationen. Er startet bei 6 und reduziert sich auf einen Wert unter 2 im Laufe der 100 Iterationen.

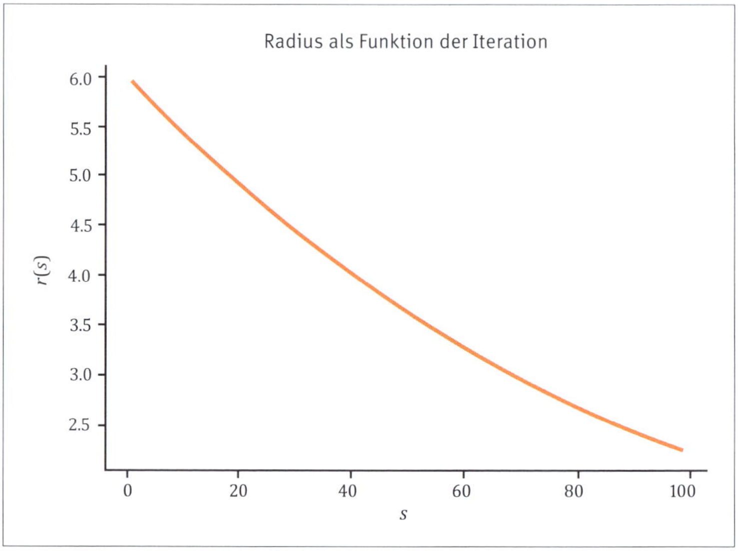

Abbildung 12.11 Radius als Funktion der Iteration

Bevor wir zur Implementierung schreiten, sehen wir uns noch einmal die Lernformel für die SOM mit dem bisher Gehörten an:

$$\vec{w}_v(s+1) = \vec{w}_v(s) + \underbrace{\theta(u,v,s)}_{\text{kleiner 1}} \cdot \underbrace{\alpha(s)}_{\text{kleiner 1}} \cdot \underbrace{(\vec{x}(s) - \vec{w}_v(s))}_{\text{Vektor zur } BMU}$$

Wir können die Formel nun folgendermaßen in Worten zusammenfassen:

SOM-Lernen

»Ändere pro Iterationsschritt das Gewicht eines Map-Knotens in Richtung der BMU.«

Die Richtung vom Gewichtsvektor zur BMU ergibt sich aufgrund der Differenz der Vektoren $(\vec{x}(s) - \vec{w}_v(s))$, die in Anhang B detailliert erläutert wird.

Noch eine Anmerkung: Wenn zum Vektor $\vec{w}_v(s)$ der Differenzvektor dazugezählt wird, dann zeigt der neue Vektor $\vec{w}_v(s+1)$ mehr in Richtung Input-Vektor.

Der Code

Damit sind wir für die Implementierung gerüstet und nehmen uns den Python-Code vor. Natürlich wollen wir wieder die Funktionalitäten sauber verkapseln, legen nicht allzu großen Wert auf Performance und wollen auch die Objektorientierung einsetzen. Die Grundbausteine, die wir in der Einleitung zur SOM besprochen haben, sind: Inputs, Map mit Knoten und Gewichte (siehe Abbildung 12.12).

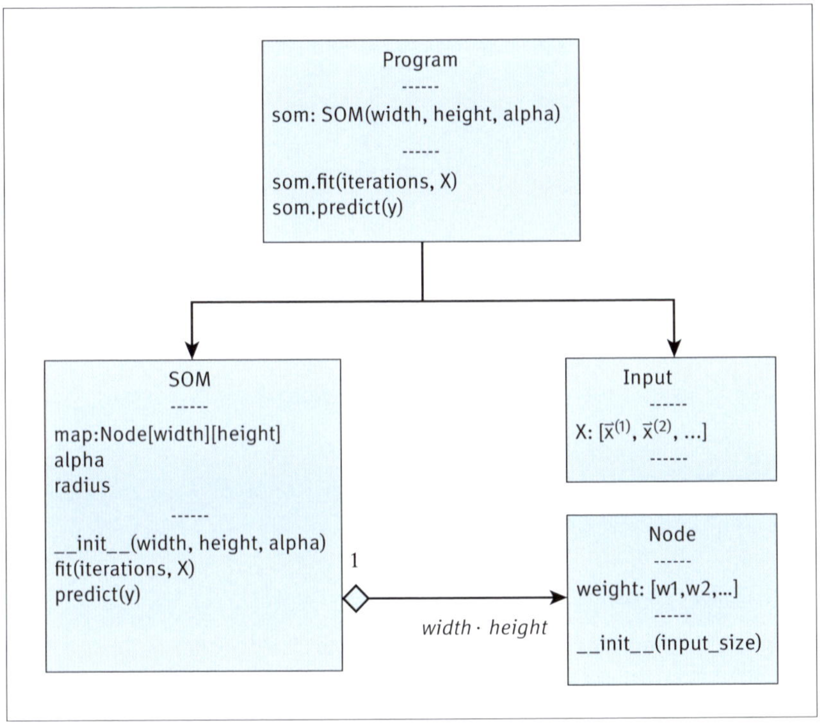

Abbildung 12.12 Die Bausteine zur SOM und ihre Zusammenhänge

Die Hauptaufgabe erledigt wie immer die Methode `fit()` in der Klasse `SOM`. Dort werden die Gewichtsanpassungen durchgeführt, wird also das Lernen implementiert, so wie eingangs beschrieben. Wir haben den Code ausführlich beschrieben und kommentiert, daher sollte es Ihnen nicht allzu schwerfallen, ihn nachzuvollziehen. Als Beispiel haben wir wieder unser beliebtes XOR-Problem verwendet.

```
# Teuvo Kohonens SOM

import random
import math
import numpy as np
import matplotlib.pyplot as plt
import matplotlib.colors as col

# Leichter Overkill, da wir nur Gewichte verwenden, aber ausbaufähig
class Node(object):
    def __init__(self, input_size=2):
        self.input_size = input_size
```

```
        self.weight = np.array([random.random() \
                                for e in range(self.input_size)])
# Das ist die SOM
class SOM(object):
    def __init__(self, map_width=10, map_height=10, alpha=0.005):
        """Initialisierung der SOM
        """
        self.map_width = map_width
        self.map_height = map_height
        self.radius = 0.6 # Radius
        self.alpha = alpha # Lernrate
        self.map = [[Node() for j in range(self.map_width)] \
                    for i in range(self.map_height)] # Die Map mit den Knoten

    def fit(self, iterations, X):
        """ Competitive Learning für die SOM
        """
        for s in range(1,iterations+1):
            radius_s = self.radius * math.exp(-1.0*s/iterations)
            # Alpha: V1
            # alpha_s = self.alpha / s
            # Alpha: V2
            alpha_s = self.alpha*(1.0 - s/iterations)
            # Zufälligen Input-Vektor auswählen
            x = X[random.randint(0,X.shape[0]-1)]
            distances = np.empty((self.map_width, self.map_height))
            # Alle Distanzen berechnen
            for i in range(self.map_width):
                for j in range(self.map_height):
                    distances[i][j] = self.distance(x,self.map[i][j].weight)
            # Best-Matching-Unit-Index finden
            bmu_index = np.unravel_index(np.argmin(distances, axis=None),\
                        distances.shape)
            for i in range(self.map_width):
                for j in range(self.map_height):
                    v=self.map[i][j].weight # Gewichtsvektor eines Knotens
                    u=self.map[bmu_index[0]][bmu_index[1]].weight # BMU
                    distance=self.distance(u,v) # Distanz BMU und Gewichtsvektor
                    if distance <= radius_s:
                        neighborhood = radius_s # Nachbarschaftswert
```

```
                    self.map[i][j].weight += \
                      neighborhood * alpha_s * (x - v) # Gewichtsanpassung
        # Weight-Vektoren zeichnen in 2-dimensionalem Plot
        self.plot_weights(x)

# Welcher Vektor ist am nächsten?
def predict(self, y):
    distances = np.empty((self.map_width, self.map_height))
    # Alle Distanzen berechnen
    for i in range(self.map_width):
        for j in range(self.map_height):
            distances[i][j] = self.distance(y,self.map[i][j].weight)
    # Knoten mit kleinstem Abstand zwischen Gewichtsvektor und Target y
    min_dist_index = np.unravel_index(np.argmin(distances, axis=None),\
                    distances.shape)
    # Rückgabe des Gewichtsvektors
    return self.map[min_dist_index[0]][min_dist_index[1]].weight

# Distanz zwischen zwei Vektoren, Berechnung optimiert
def distance(self, u, v):
    return np.linalg.norm(u-v)

# Gewichte als Plot ausgeben
def plot_weights(self,x):
    # Für Ausgabe
    fig, ax = plt.subplots()
    weights_x = [] # x-Koordinaten
    weights_y = [] # y-Koordinaten
    # Alle Gewichte
    for i in range(self.map_width):
        for j in range(self.map_height):
            weights_x.append(self.map[i][j].weight[0])
            weights_y.append(self.map[i][j].weight[1])
    ax.scatter(weights_x, weights_y, color='b')
    plt.title('Gewichtsvektoren - Iteration ' + str(i))
    plt.xlabel('x')
    plt.ylabel('y')
    xticks=np.arange(0,1,0.1)
    yticks=np.arange(0,1,0.1)
    plt.yticks(yticks)
```

12

```
        plt.xticks(xticks)
        plt.show()
########### Let the SOM begin #################
###############################################
# Steuerung des SOM-Trainings und der Auswertung
# Breite und Höhe der Map
map_width = 4
map_height = 4
# Lernrate
alpha = 0.8
# Iterationen
iterations = 100
# Zufall
random.seed(1)
# Die SOM instanziieren
som=SOM(map_width,map_height,alpha)
# Training
# Initialisierung der Trainingsbeispiele
X=np.array([[0.0,0.0],[0.0,1.0],[1.0,0.0],[1.0,1.0]])
print("Trainiere die XOR-Funktion")
som.fit(iterations,X)
# Auswertung
# Drei Nachkommastellen ausgeben
np.set_printoptions(formatter={'float': lambda x: "{0:0.3f}".format(x)})
print("Aussagen zur XOR-Funktion")
print("Aussage 0 0, {}".format(som.predict([0,0])))
print("Aussage 1 0, {}".format(som.predict([1,0])))
print("Aussage 0 1, {}".format(som.predict([0,1])))
print("Aussage 1 1, {}".format(som.predict([1,1])))
```

Listing 12.2 SOM-Implementierung

Wenn Sie den Code laufen lassen, dann wird in der Methode `fit()` nach jedem Iterationsschritt die Methode `plot_weights()` aufgerufen. Dies sorgt dafür, dass ein Diagramm mit den Gewichtsvektoren gezeichnet wird und wir die Wanderbewegung der Gewichte zu den BMU hin und das Formen von Clustern entdecken können.

In Abbildung 12.13 haben wir einige der Iterationsschritte herausgenommen, um Ihnen die Entwicklung der Cluster zu zeigen, die letztlich zu einer beeindruckenden Klassifikationsgenauigkeit führt:

```
# Ausgabe:
Aussagen zur XOR-Funktion
Aussage 0 0, [0.001 0.000]
Aussage 1 0, [0.999 0.000]
Aussage 0 1, [0.001 0.999]
Aussage 1 1, [0.999 1.000]
```

Listing 12.3 Das Ergebnis der Auswertung des XOR-Problems

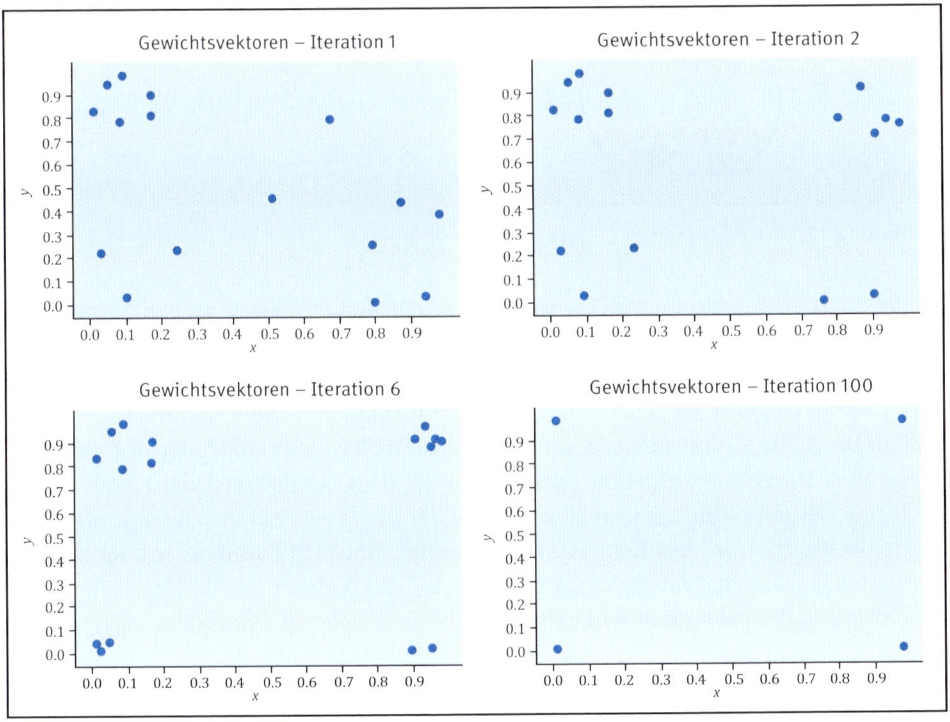

Abbildung 12.13 SOM und die Clusterbildung während des Lernvorgangs

Wir wünschen Ihnen noch viel Spaß beim Anpassen des Codes an Ihre Bedürfnisse und Aufgabenstellungen. Mit obiger Implementierung und der dazu besprochenen Theorie bekommen Sie ein mächtiges Instrument an die Hand, das Sie vielseitig einsetzen können. Wir müssen aber leider weiter und zum nächsten Thema wechseln, dem *Reinforcement Learning*.

12.1.3 Verstärkendes Lernen (Reinforcement Learning)

Reinforcement Learning stellt die dritte große Kategorie von Lernansätzen neben dem überwachten und dem unüberwachten Lernen dar und ist durch Ansätze aus der Psychologie motiviert. Wie oben beschrieben, charakterisiert sich das überwachte Lernen dadurch, dass dem KNN (x, y) Wertepaare präsentiert werden, deren Mappings durch das KNN gelernt werden.

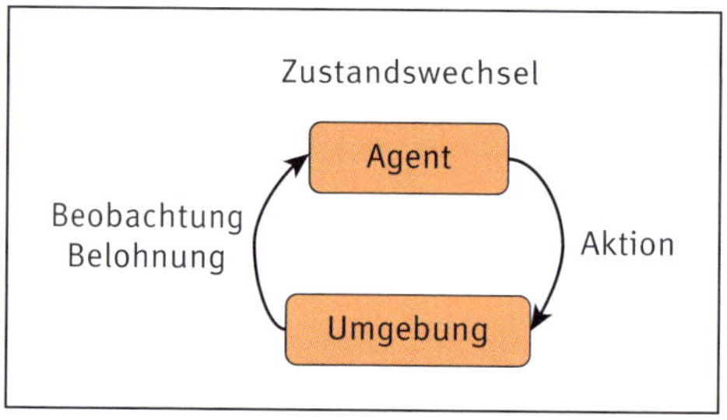

Abbildung 12.14 Reinforcement-System

Im Reinforcement Learning geschieht Lernen durch »Belohnung« beziehungsweise »Bestrafung« (siehe Abbildung 12.14). Das Grund-Setup sieht einen *Agenten* (engl. *agent*) vor, der *Aktionen* (engl. *actions*) in einer *Umgebung* (engl. *environment*) ausführt und dadurch *Belohnungen* (engl. *rewards*) bekommt. Informationen werden durch Interaktion mit der Umgebung mit dem Ziel gesammelt, belohnt zu werden und/oder Bestrafung zu vermeiden. Durch die ausgeführten Aktionen wird die Umgebung von einem in den nächsten Zustand geführt. Als Ergebnis erlernt der Agent eine Taktik bzw. eine Strategie, die seine Reaktion in teils bekannten, teils unbekannten Situationen ermöglicht. Wir würden sagen, dass der Ansatz einen hohen *Gamification*-Anteil besitzt, da der Agent danach trachtet, die Belohnung zu maximieren.

Der Agent kennt im Vorhinein nicht die Umgebung, sondern erkundet sie Schritt für Schritt (inkrementell). Wenn der Agent also zum Zeitpunkt t und Umgebungszustand s_t eine Aktion a_t ausführt, so ändert sich der Zustand der Umgebung in s_{t+1}, und der Agent erhält die Belohnung r_t.

Der Agent wird eine Aktion so auswählen, dass er seinen erwarteten Gewinn zum Zeitpunkt t und zukünftig maximieren kann. Nennen wir einfach den Gewinn R_t zu einem Zeitpunkt t. Dann kann man den zukünftigen Gewinn als die Summe der einzelnen Gewinne in jedem Schritt sehen, wobei die Zukunft noch T Schritte weiter geht:

$$G_t = R_{t+1} + R_{t+2} + R_{t+3} + \cdots + R_{t+T}$$

Zum Beispiel fährt der Agent im nächsten Schritt in die Mauer und erhält dafür eine Belohnung von –10, dann fährt er auf einen freien Platz, das macht +3 Punkte, dann besucht er wieder einen bereits besuchten Platz und erhält dafür 1 Punkt usw. Wenn wir dies in die obige Formel einsetzen, ergibt das:

$$G_t = -10 + 3 + 1 + \cdots$$

Die obige Formel ist noch nicht elegant genug; das können wir einfacher schreiben:

$$G_t = \sum_{k=1}^{T} R_{t+k}$$

Wenn wir nun zusätzlich berücksichtigen wollen, dass zukünftige Belohnungen noch einen Abschlag erhalten, weil es ja noch nicht sicher ist, ob wir die Belohnung bekommen, und dies, je weiter es in der Zukunft liegt, umso unsicherer ist, dann müssen wir noch eine kleine Änderung an der Formel vornehmen: den *Abschlagsfaktor* γ (»Gamma«) oder auch *Diskontierungsfaktor* genannt.

$$G_t = \sum_{k=1}^{T} \gamma^k \cdot r_{t+k} \text{ mit } 0 \leq \gamma < 1$$

So, das wäre es, diese Formel wird die Basis für einen berühmten Reinforcement-Algorithmus, den wir in aller Tiefe mit Ihnen gemeinsam auskosten werden: *Q-Learning* (von Chris Watkins, 1989). Sie werden diesen Algorithmus verwenden, um einem kleinen Agenten beizubringen, sich optimal in einem unbekannten Gelände zu bewegen und dabei eine Strategie zu entwickeln: also nicht ins Loch zu fallen, sondern Mauern zu vermeiden!

Theorie: Was ist Q-Learning?

Mit *Q-Learning* wurde eine Technik erfunden, die basierend auf einer State-Action-Value-(*reward*-)Funktion ($Q: S \times A \rightarrow \mathbb{R}$) angibt, welchen zukünftigen Ertrag (also die Belohnung) ein Agent erwarten kann, wenn er im Zustand s die Aktion a ausführt und dann der bestmöglichen Strategie folgt.

Anders als bei modellbasierten Methoden, bei denen der Agent versucht, eine genaue Vorstellung von der Umwelt zu entwickeln, lernt Q-Learning direkt durch Interaktionen mit der Umwelt.

Dabei nimmt die sogenannte Q-Funktion, die oft als $Q(s,a)$ bezeichnet wird, als Input den aktuellen Zustand und eine mögliche Aktion und errechnet daraus die potenzielle Belohnung für diese Aktion und alle folgenden Aktionen. Genauer spricht man von *Temporal Difference Learning*, das pro Schritt die Schätzung der zukünftigen Gesamtbelohnung G_t anpasst. Sehen wir uns die Formel zum Q-Learning, die auch als *Bellman-Gleichung* bezeichnet wird, in ihrer ganzen Schönheit und ohne Scheu vor der mathematischen Notation an:

$$Q^{\text{neu}}(s_t, a_t) \leftarrow Q^{\text{alt}}(s_t, a_t) + \underbrace{\alpha}_{\text{LR}} \cdot \left(r_t + \underbrace{\gamma}_{\text{DF}} \cdot \underbrace{\max_{a \in A} Q(s_{t+1}, a)}_{\text{ZW}} - Q^{\text{alt}}(s_t, a_t) \right)$$

Nun der Reihe nach:

- Der **alte Wert** $Q^{\text{alt}}(s_t, a_t)$ ist der Gewinn für den Zustand s_t und die Aktion a_t, zu ihm wird ein geschätzter zukünftiger Wert gerechnet. Begonnen wird mit einem zufälligen Wert, der vom Entwickler festgelegt wird.
- Die **Lernrate** (LR α) steuert den Einfluss des zukünftigen Wertes. Wenn a zum Beispiel 0 ist, dann hat der zukünftige Wert keinerlei Einfluss.
- Die **Belohnung** r_t wurde durch das Anwenden der Aktion a_t im Zustand s_t erhalten.
- Der **Diskontierungsfaktor** (DF γ) sorgt dafür, dass ältere Erkenntnisse höher bewertet werden als jüngere. Für den Anfang kann er einfach mit 1 angesetzt werden, im Regelfall bewegt er sich im Wertebereich von $0 \leq \gamma \leq 1$.
- Der **geschätzte zukünftige Wert** (ZW) $\max_{a \in A} Q(s_{t+1}, a)$ stellt das Maximum aller Aktionen im nächsten Schritt dar.

Am Anfang ist die Auswahl der Aktion nicht einfach, da ja noch nichts gelernt wurde: Sollte der Agent viel herumwandern und entdecken oder doch auf das bereits Entdeckte zurückgreifen? Diesen Zwiespalt findet man auch unter dem Begriff *Exploration-Exploitation-Dilemma* in der Literatur.

Ein möglicher Ausweg ist ein **Auswahlverfahren** für Aktionen, das auch die Lerndauer berücksichtigt. Dazu wird die sogenannte ε-Schranke (gesprochen *Epsilon*, also E wie in *Exploration* oder *Exploitation*) definiert, die einen Wert zwischen 0 und 1 (zum Beispiel 0,2) annehmen kann, so wie in Abbildung 12.15 dargestellt.

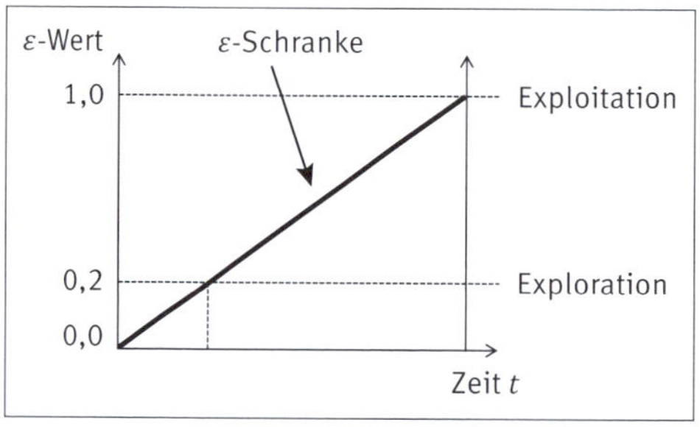

Abbildung 12.15 Exploration versus Exploitation

Die Auswahl der Aktion geht so vonstatten:

1. Bei der Aktionsauswahl wird ein Zufallswert zwischen 0 und 1 generiert.
2. Falls dieser Wert größer als die ε-Schranke ist, dann wird eine zufällige Aktion ermittelt.

3. Falls der Wert kleiner als die ε-Schranke ist, dann wird die Aktion mit dem maximalen Q-Wert verwendet.
4. Mit der Anzahl der Iterationen wird der Wert der Schranke angehoben, und die Wahrscheinlichkeit für eine zufällige Auswahl einer Aktion sinkt.

Damit trägt man der Tatsache Rechnung, dass der Agent im Laufe der Zeit dazulernt (was manchmal sogar bei Menschen angenommen wird). Wechseln wir nun in die Praxis.

Praxisbeispiel: Der Roboter im Labyrinth

Um die Theorie in die Praxis umzusetzen, betrachten wir ein einfaches Beispiel: den Roboter im *Labyrinth*. Stellen Sie sich ein einfaches, quadratisches Labyrinth vor, das aus einer 5x5-*Rasterfläche* besteht. Einige der Felder stellen *Hindernisse* dar, die der Roboter nicht passieren kann, während ein Feld den *Ausgang* markiert. Der Roboter startet immer in der unteren linken Ecke des Labyrinths (*Position (0,0)*), und das Ziel ist es, den Ausgang in der oberen rechten Ecke (*Position (4,4)*) zu erreichen. (Anmerkung: Sie werden es eh schon wissen: Informatiker fangen mit dem Zählen bei 0 an.)

Der Roboter hat zu Beginn keine Informationen über das Labyrinth. Er weiß nicht, welche Wege begehbar sind und welche nicht. Jedes Mal, wenn er eine Aktion ausführt, erhält er eine Belohnung:

- eine kleine negative Belohnung (-1) für jede Bewegung, um zielloses Herumwandern zu verhindern
- eine größere negative Belohnung (-10), wenn er an eine Wand beziehungsweise ein Hindernis stößt
- eine hohe positive Belohnung (+100), wenn er den Ausgang erreicht

In jeder *Episode* startet der Roboter wieder in der unteren linken Ecke und versucht, den Ausgang zu finden. Anfänglich wird der Roboter viele Fehler machen und oft gegen Hindernisse laufen. Doch mit der Zeit und durch viele Wiederholungen wird er lernen, welche Wege zum Ziel führen und welche nicht. Jede Aktion, die der Roboter ausführt, wird ihn etwas »schlauer« machen, indem die Q-Werte für diese Aktion und den entsprechenden Zustand angepasst werden.

Im Laufe der vielen Episoden wird der Roboter schließlich (hoffentlich) den besten Weg durch das Labyrinth finden – entsprechend der Formel zum Q-Learning: Der gewählte Weg minimiert die negativen Belohnungen und maximiert die positive Belohnung, indem er den kürzesten und sichersten Weg zum Ausgang wählt. Das ist der Pfad, den wir als *optimalen Pfad* bezeichnen.

Für die Umsetzung des Q-Learning können wir entweder das *tabellarische Q-Learning* oder den *Deep Q-Network*-(DQN-)Ansatz verwenden.

- Das *tabellarische Q-Learning* eignet sich gut für kleine Zustandsräume, in denen alle möglichen Zustände und Aktionen explizit gespeichert werden können. Bei größeren Problemen, zum Beispiel Spielen mit komplexen Umgebungen, wird diese Methode jedoch ineffizient. Dies liegt daran, dass der Speicher- und Rechenaufwand exponentiell mit der Größe des Zustandsraums wächst. Um dieses Problem zu umgehen, wird der Deep Q-Network Ansatz eingesetzt.
- Der *Deep Q-Network*-Ansatz verwendet neuronale Netze, um die Q-Werte zu approximieren, anstatt sie in einer Tabelle zu speichern. Ein neuronales Netz kann aufgrund seiner Fähigkeit zur Generalisierung auch in großen oder kontinuierlichen Zustandsräumen effektive Vorhersagen treffen. Es lernt aus den Daten und passt die Gewichtungen im Netz an, um Muster zu erkennen und optimale Q-Werte zu approximieren.

Implementierung: Q-Learning mit einem neuronalen Netz

Jetzt, wo wir uns die Theorie und das Praxisbeispiel zu Gemüte geführt haben, kommen wir zur Implementierung des Q-Learning-Algorithmus unter Verwendung eines neuronalen Netzes. Das Modell lernt, Q-Werte vorherzusagen – und wie das geht, das sehen wir uns im Folgenden an. Wir haben den Code mit Kommentaren gespickt und so die Erläuterungen in den Code mit einfließen lassen:

```
# Für die mathematischen Operationen
import numpy as np
# Unser Neuronale-Netze-Framework
import tensorflow as tf
from tensorflow import keras
from tensorflow.keras import layers
# Plot
import matplotlib.pyplot as plt
# Datencontainer - Double Ended Queue
from collections import deque
# Der Zufall
import random

# Parameter
alpha = 0.001  # Lernrate
gamma = 0.9    # Diskontierungsfaktor
epsilon = 0.1  # Erkundungsrate
epsilon_decay = 0.995 # Von Exploit zu Explore
epsilon_min = 0.01
episodes = 10  # Anzahl der Episoden
batch_size = 32 # Anzahl der Lernbeispiele
```

```
memory = deque(maxlen=2000)

# Labyrinth-Setup
maze_size = (5, 5)
start_position = (0, 0)
goal_position = (4, 4)
walls = [(1, 1), (2, 2), (3, 3)]

# Hilfsfunktionen
def is_valid_move(position):
    x, y = position
    return 0 <= x < maze_size[0] and 0 <= y < maze_size[1] and position not in
walls

def get_next_position(position, action):
    x, y = position
    if action == 0: return (x - 1, y) # oben
    if action == 1: return (x, y + 1) # rechts
    if action == 2: return (x + 1, y) # unten
    if action == 3: return (x, y - 1) # links

def get_reward(position):
    if position == goal_position:
        return 100
    elif position in walls:
        return -10
    else:
        return -1

# Konvertiert den Zustand (Position) in einen Eingabevektor für das Netzwerk
def state_to_input(state):
    state_input = np.zeros(maze_size)
    state_input[state] = 1
    return state_input.reshape(1, -1)

# Q-Network (neuronales Netz) definieren
model = keras.Sequential([
    layers.Input(shape=(maze_size[0] * maze_size[1],)),  # Eingabe-Layer mit
der richtigen Eingabeform
    layers.Dense(24, activation='relu'),  # Erste versteckte Schicht
```

```
    layers.Dense(24, activation='relu'),  # Zweite versteckte Schicht
    layers.Dense(4, activation='linear')  # Ausgabeschicht mit 4 möglichen
Aktionen
])

# Adam = Stochastic Gradient Descent Methode
# mse = Mean Square Error
model.compile(optimizer=keras.optimizers.Adam(learning_rate=alpha), loss='mse')

# Funktion für die Auswahl der Aktion (Epsilon-Schranke)
def choose_action(state):
    if np.random.rand() <= epsilon:
        return np.random.randint(4)  # Zufällige Aktion
    q_values = model.predict(state_to_input(state), verbose=0)
    return np.argmax(q_values[0])  # Aktion mit dem höchsten Q-Wert

# Speichert Erfahrungen im Replay-Memory
def remember(state, action, reward, next_state, done):
    memory.append((state, action, reward, next_state, done))

# Trainiert das Netzwerk mit Erfahrungen aus dem Replay-Memory
def replay():
    global epsilon
    if len(memory) < batch_size:
        return
    minibatch = random.sample(memory, batch_size)
    for state, action, reward, next_state, done in minibatch:
        target = reward
        if not done:
            target = reward + gamma * np.amax(model.predict(state_to_
input(next_state), verbose=0)[0])
        target_f = model.predict(state_to_input(state), verbose=0)
        target_f[0][action] = target
        model.fit(state_to_input(state), target_f, epochs=1, verbose=0)
    if epsilon > epsilon_min:
        epsilon *= epsilon_decay

# Q-Learning-Algorithmus mit neuronalen Netzen
for episode in range(episodes):
    state = start_position
```

```
    done = False

    step = 0
    while not done:
        step += 1
        print(f"Step: {episode}/{step}")
        action = choose_action(state)
        next_state = get_next_position(state, action)
        if not is_valid_move(next_state):
            next_state = state
            reward = -10
        else:
            reward = get_reward(next_state)

        done = next_state == goal_position
        remember(state, action, reward, next_state, done)
        state = next_state

        replay()

# Den optimalen Weg berechnen
optimal_path = []
state = start_position
while state != goal_position:
    optimal_path.append(state)
    action = choose_action(state)
    next_state = get_next_position(state, action)
    if not is_valid_move(next_state):
        break
    state = next_state

optimal_path.append(goal_position)

# Labyrinth plotten
fig, ax = plt.subplots(figsize=(6, 6))

# Zeichne die Wände (Hindernisse)
for wall in walls:
    rect = plt.Rectangle(wall, 1, 1, facecolor='black')
    ax.add_patch(rect)
```

```
# Zeichne den optimalen Pfad
for i in range(len(optimal_path) - 1):
    start = optimal_path[i]
    end = optimal_path[i + 1]
    ax.arrow(start[1] + 0.5, start[0] + 0.5, end[1] - start[1], end[0] -
start[0], head_width=0.2, head_length=0.2, fc='blue', ec='blue')

# Markiere den Startpunkt
ax.plot(start_position[1] + 0.5, start_position[0] + 0.5, 'go', markersize=10)
# Grün für den Start

# Markiere den Endpunkt
ax.plot(goal_position[1] + 0.5, goal_position[0] + 0.5, 'rs', markersize=10)
# Rot für das Ziel

# Konfiguration des Plots
ax.set_xlim(0, maze_size[1])
ax.sct_ylim(0, maze_size[0])
ax.set_xticks(np.arange(maze_size[1] + 1))
ax.set_yticks(np.arange(maze_size[0] + 1))
ax.grid(True)
ax.set_aspect('equal')

plt.show()
```

Listing 12.4 Q-Learning mit neuronalen Netzen

Erklärung des Codes:

- **Q-Network**: Wir verwenden ein neuronales Netz, das mit *Keras* implementiert ist. Das Netz hat zwei versteckte Schichten mit jeweils 24 Neuronen und verwendet *ReLU* als Aktivierungsfunktion. Die Ausgangsschicht hat 4 Neuronen, die jeweils die Q-Werte für die vier möglichen Aktionen darstellen.
- **Epsilon-Schranke (*Epsilon-Greedy-Strategie*)**: Diese Strategie wird verwendet, um entweder eine zufällige Aktion auszuwählen (*Exploration*) oder die Aktion mit dem höchsten Q-Wert (*Exploitation*) auszuführen. Der Epsilon-Wert wird schrittweise reduziert, um das Lernen zu fördern.
- **Replay Memory**: Erfahrungen (d. h. Übergänge zwischen Zuständen) werden in einem Replay Memory gespeichert, um den Netzwerk-Trainingsprozess stabiler zu machen.

- **Replay**: Das neuronale Netz wird periodisch auf einem zufälligen Batch von Erfahrungen trainiert, um den Q-Learning-Algorithmus zu implementieren.
- **Visualisierung**: Der Pfad wird nach dem Training anhand des neuronalen Netzwerks bestimmt und visuell dargestellt, so zum Beispiel, wie es für den optimalen Pfad in Abbildung 12.16 zu sehen ist.

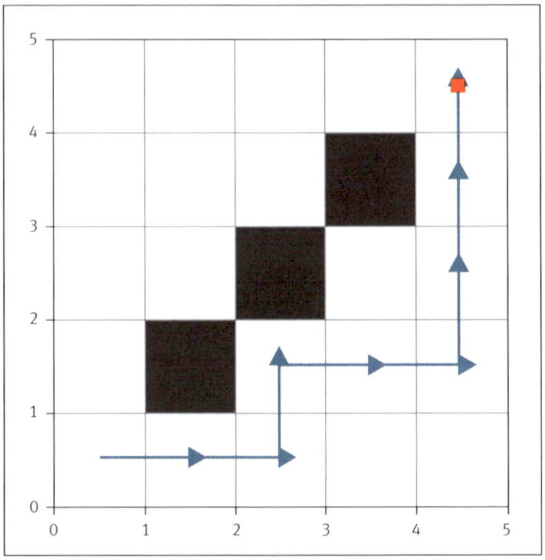

Abbildung 12.16 Der optimale Pfad für den Roboter durch das Labyrinth, gelernt durch Deep-Q-Networks

Fazit

Durch die Verwendung eines neuronalen Netzes haben wir die Fähigkeit des Agenten realisiert, in komplexeren Umgebungen zu lernen. Das neuronale Netz lernt, die Q-Werte zu approximieren, und ermöglicht es dem Roboter, effizient zu lernen, auch wenn der Zustandsraum groß ist oder sich ändert. Dies ist ein erster Schritt in die Richtung, wie fortgeschrittene Anwendungen von Reinforcement Learning funktionieren, wie sie etwa in den Arbeiten von *Richard S. Sutton* und *Andrew Barto* oder in den berühmten Anwendungen von *DeepMind* zu sehen sind.

Damit endet unser Ausflug in die Reinforcement-Welt und wir schauen uns mit dem teilüberwachten Lernen eine weitere Lernstrategie an.

12.1.4 Teilüberwachtes Lernen (Semi-supervised Learning)

Im Falle des überwachten Lernens kann es vorkommen, dass nicht für jeden Datensatz die gewünschten Output-Werte bekannt sind oder dass der Aufwand zu hoch wäre, die

Inputs mit dem gewünschten Output zu versehen. Für dieses gemischte Szenario, in dem nur teilweise die gewünschten Outputs vorhanden sind, bietet sich *teilüberwachtes Lernen* an.

Stellen Sie sich als Beispiel eine Menge von Daten vor, die kein *Label* besitzen (siehe Abbildung 12.17): Durch Clustering bilden sich zum Beispiel zwei Cluster heraus, die jedoch kein Label besitzen. Kommen nun Daten hinzu, die sehr wohl ein Label besitzen, ist es möglich, diese Labels stellvertretend für den Cluster zu verwenden.

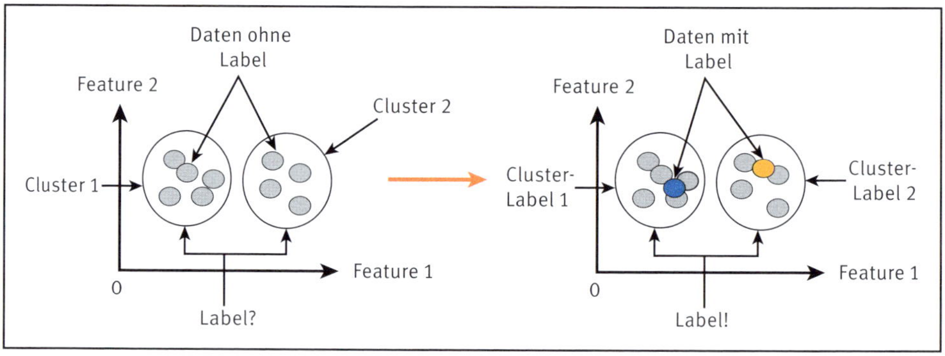

Abbildung 12.17 Semi-supervised Learning

Das oben beschriebene Vorgehen wird als *Semi-supervised Classification* bezeichnet und hat in letzter Zeit an Beliebtheit gewonnen, da dadurch nicht gelabelte Daten, die sehr leicht zu sammeln sind, nutzbar verwendet werden können. Würde man versuchen, jedes Datum mit einem Label zu versehen, wäre dies aufgrund des Zeitaufwands, der Komplexität und der Kosten nicht möglich. Dabei hilft das Semi-supervised Learning, da es die große Menge an nicht gelabelten Daten und gelabelte Daten gemeinsam einsetzt, um bessere Klassifizierer zu erstellen. Neben der Semi-supervised Classification existieren *Semi-supervised Clustering* und *Semi-supervised Regression*.

Damit wollen wir die Diskussion der Lernstrategien abschließen und Ihnen noch einige Werkzeuge präsentieren. Diese dienen zum Beispiel dazu, die Klassifikationsgüte zu ermitteln oder Vergleiche von Modellen zu ermöglichen.

12.2 Werkzeuge

Wie kann die Güte von KNN bewertet werden? Beziehungsweise wie können Modelle miteinander verglichen werden? Die Beantwortung dieser Frage wird unsere Aufgabe für die letzten Abschnitte in diesem Kapitel.

12.2.1 Confusion Matrix

Ein Werkzeug, das uns bei der Bewertung der Güte hilft, ist die sogenannte *Konfusionsmatrix* bzw. *Confusion Matrix*. Diese erläutert das Klassifikationsverhalten eines Netzes. In Tabelle 12.3 sehen Sie ein Beispiel.

		tatsächliche Klasse		
		A	**nicht A**	**Summe**
vorhergesagte Klasse	**A**	True Positive (TP)	False Positive (FP)	$TP + FP$
	nicht A	False Negative (FN)	True Negative (TN)	$FN + TN$
	Summe	$TP + FN$	$FP + TN$	

Tabelle 12.3 Konfusionsmatrix

In der Confusion Matrix können Sie ablesen, wie gut das neuronale Netz gelernt hat zu klassifizieren, zum Beispiel in einem Bild die Stopp-Verkehrsschilder zu benennen. In Tabelle 12.3 wird dies als »Klasse A« bezeichnet. Je nach Vorhersage gibt es unterschiedliche Ergebnisse, im besten Fall kann das Netz ein Stoppschild korrekt klassifizieren (»True Positive«) oder ein Nicht-Stoppschild ebenfalls korrekt benennen (»True Negative«). Jedoch wird es wohl auch vorkommen, dass das Netz Stoppschilder als solche nicht erkennt (»False Negative«) oder Nicht-Stoppschilder als Stoppschilder bezeichnet (»False Positive«).

Basierend auf den einzelnen Auswertungsfeldern können Kennzahlen abgeleitet werden, die Auskunft über die Klassifikationsqualität liefern. Wir werden nun drei dieser Kennzahlen genauer besprechen und zwei davon in weiterer Folge wiederverwenden. Als einfaches Beispiel mit Zahlen, die aus der Luft gegriffen sind und möglichst schöne Rechenergebnisse liefern, nehmen wir die Ergebnisse aus Tabelle 12.4 für einen Stoppschild-Klassifikator an.

Die *Genauigkeit* als erstes einfaches Beispiel einer Kennzahl ergibt den Anteil der als korrekt klassifizierten Ereignisse (*TP*) im Verhältnis zu der Gesamtheit der als Klasse »A« klassifizierten Ereignisse (*TP* + *FP*), das heißt

$$Genauigkeit = \frac{TP}{TP + FP}$$

Dadurch ergibt sich die $Genauigkeit = \frac{9}{12} = 0.75$.

		tatsächliche Klasse		
		A	nicht A	Summe
vorhergesagte Klasse	A	9 (TP)	3 (FP)	12 $(TP + FP)$
	nicht A	6 (FN)	9 (TN)	15 $(FN + TN)$
	Summe	15 $(TP + FN)$	12 $(FP + TN)$	27

Tabelle 12.4 Konfusionsmatrix für einen Stoppschild-Klassifikator

Die *Sensitivität* (Empfindlichkeit) ist der Anteil der als korrekt klassifizierten Ereignisse (*TP*) im Verhältnis zu der Gesamtheit aller als Klasse »A« zu klassifizierenden bzw. tatsächlich der Klasse »A« zugehörigen Ereignisse (*TP* + *FN*), das heißt

$$Sensitivität = \frac{TP}{TP + FN}$$

Dadurch ergibt sich die $Sensitivität = \frac{9}{15} = 0.6$.

Die *Spezifität* ist der Anteil der korrekt klassifizierten Nicht-Stoppschilder (*TN*) im Verhältnis zu der Gesamtheit aller als Klasse »nicht A« klassifizierten Ereignisse (*FP* + *TN*), das heißt

$$Spezifität = \frac{TN}{FP + TN}$$

Dann ergibt sich dadurch die $Spezifität = \frac{9}{12} = 0.75$.

Mit diesen Zahlen als Basis sehen wir uns das nächste Werkzeug an, das sich in der Machine-Learning-Community großer Beliebtheit erfreut: ROC-Curves.

12.2.2 ROC-Curves

Die *Receiver-Operating-Characteristic*-(ROC)-Analyse bewertet die Qualität der Diagnose eines (binären) Klassifikationsmodells, indem auf grafische und numerische Art und Weise der Zusammenhang zwischen der *Sensitivität* und *Spezifität* für dieses Modell veranschaulicht wird. Des Weiteren kann mithilfe der Fläche unter der ROC-Kurve (*AUROC* = Area Under ROC Curve) der Vorteil der Verwendung eines bestimmten Klassifikationsmodells im Vergleich zu einem anderen Modell bestimmt werden.

Entwickelt wurden die *Receiver Operating Characteristics* (ROC) 1941 in den USA nach dem Angriff auf Pearl Harbor. Die ursprüngliche Aufgabenstellung war, herauszufinden, warum die Receiver Operators des US-Radars die japanischen Flugzeuge übersehen konnten. Sie wurden dann schnell in anderen Wissenschaftsdisziplinen eingeführt und in diesen entsprechend eingesetzt, zum Beispiel in der Psychologie oder in der Medizin. Wie baut man sich nun eine ROC-Kurve für ein Klassifikations-KNN?

1. Zuerst benötigen wir ein künstliches neuronales Netz, das eine Klassifikationsaufgabe im Sinne des vorherigen Abschnitts erfüllt (zum Beispiel »Stoppschilder vs. Nicht-Stoppschilder«).
2. Dann folgt die Ermittlung der *Sensitivität* und *Spezifität* für unterschiedliche Schwellenwerte für die Klassifikation der Netze in der Output-Schicht (zum Beispiel *Softmax*) plus die Berechnung von *1-Spezifität* (also der *False Positive Rate*). Letztere ist der Anteil der False-Positive-Klassifizierten aller »nicht A«, das heißt Bilder, die als Stoppschild klassifiziert wurden, in der Menge aller nicht als Stoppschild klassifizierten Aufnahmen.
3. Mit diesen x/y-Wertepärchen (1-Spezifität, Sensitivität) kann die ROC-Kurve gezeichnet werden.

12

Ein kleines Zahlenbeispiel wird uns helfen, die obigen Schritte praktisch zu zeigen. Wir beginnen mit den Werten in Tabelle 12.5, in der wir fiktive Werte für 1-Spezifität und Sensitivität zusammengestellt haben.

Schwellenwert	**1-Spezifität**	**Sensitivität**
0.00	0.00	0.00
0.10	0.00	0.13
0.20	0.01	0.37
...	...	...
0.50	0.25	0.60
...		
1.00	1.00	1.00

Tabelle 12.5 Spezifität und Sensitivität für die Ermittlung der ROC-Kurve

Unter *Schwellenwert* wird der Schwellenwert in der Output-Schicht eines KNN verstanden. Zur Erinnerung: Ein Feed-forward-Netz wird trainiert, um Inputs in die Klasse »A« oder »B« einzuteilen. Wenn am Output der Wert 0 als Ergebnis vorhanden ist, dann ist der Input der Klasse »A« zuzuordnen; und wenn 1 als Ergebnis am Output vorhanden ist, dann ist der Input der Klasse »B« zuzuordnen. In der Praxis wird aber kein 0 oder 1 am Output anliegen, sondern eine Zahl im Intervall [0,1]. Daher stehen Sie nun vor der schweren Aufgabe, festzulegen, wo die Grenze einzuziehen ist. Das heißt, Sie müssen den Schwellenwert zwischen Klasse »A« und Klasse »B« festlegen. Je nach gewähltem Schwellenwert wird sich die Qualität der Klassifikation verändern.

Führen wir unser Beispiel fort, und zeichnen wir mithilfe der ermittelten Spezifitäts- und Sensitivitätswerte aus Tabelle 12.5 die ROC-Kurve.

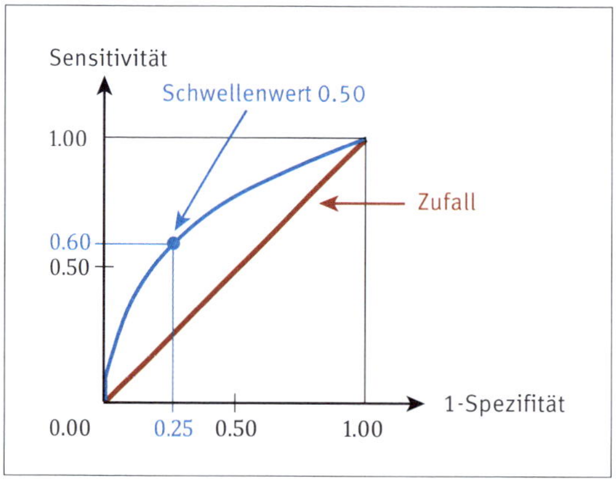

Abbildung 12.18 ROC-Kurve

In Abbildung 12.18 haben wir die Punkte aus der Tabelle übernommen und daraus die blaue Kurve erzeugt. Den Punkt für den Schwellenwert 0.50 haben wir besonders hervorgehoben, damit Sie das Auftragen der Punkte deutlicher sehen können. Generell kann man sagen: Je näher ein Punkt zur linken oberen Ecke liegt, also (0.0, 1.0), desto besser ist der Schwellenwert für die Klassifikation geeignet. Würde tatsächlich der Punkt links oben erreicht, dann könnten die Klassen »A« und »nicht A« mit 100 % Sensitivität und Spezifität unterschieden werden – ein in der Realität wohl kaum erreichbarer Wert.

Falls sich die Messungen, die zu Klasse »A« und »nicht A« gehören, komplett überschneiden, kommt es zu keiner ROC-Kurve, sondern zu einer ROC-Geraden, die wir in Abbildung 12.18 rot eingezeichnet haben. In diesem Fall ist kompletter Zufall angesagt. Das käme dem Werfen einer Münze für die Entscheidungsfindung gleich.

Einen Aspekt der ROC-Kurven möchten wir Ihnen noch nahebringen: Möchten Sie zwei Klassifikationsmodelle miteinander vergleichen, so können Sie dafür die ROC-Kurve bzw. die AUROC heranziehen. Zwei KNN-Klassifikationsmodelle unterscheiden sich zum Beispiel durch die unterschiedliche Anzahl an Hidden Units (siehe Abbildung 12.19).

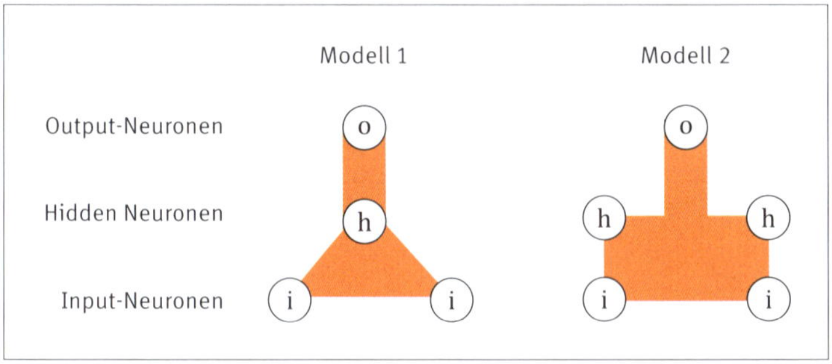

Abbildung 12.19 Modellvergleich

Mit der Variation der Schwellenwerte für die Output-Unit für Modell 1 bzw. Modell 2 lassen sich zwei ROC-Kurven erstellen. Diese können zum Beispiel so aussehen wie in Abbildung 12.20.

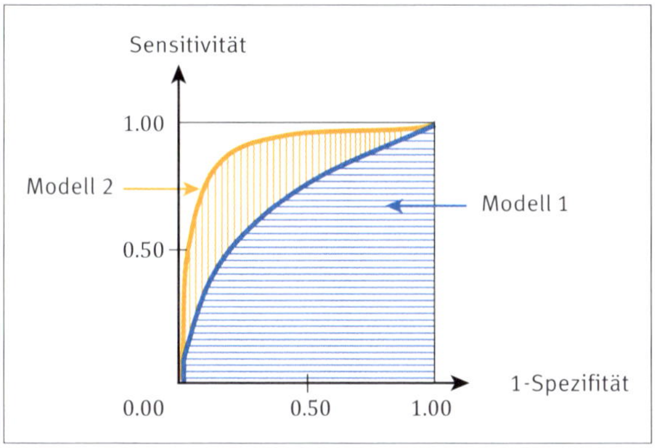

Abbildung 12.20 Zwei ROC-Kurven und ihre AUROC

Eine einfache Aussage für den Vergleich der Modelle lautet: Je weiter die Kurve nach links oben reicht, umso effizienter ist das Modell. In unserem Fall ist Modell 2 definitiv besser als Modell 1.

12.3 Zusammenfassung

Das war's mit den zusätzlichen Betrachtungen zum Lernen. Wir haben die großen Hauptkategorien des Lernens besprochen und dazu noch zwei Algorithmen zu Unsupervised und Reinforcement Learning implementiert. Die Implementierungen haben Ihnen einerseits beim Q-Learning Anwendungsmöglichkeiten von Netzen gezeigt und andererseits komplett neue Lernstrategien bei *Self-Organizing Maps* (SOM) vermittelt.

Speziell das Thema SOM hat Ihnen gezeigt, dass es sehr nützlich ist, die Entwicklungsgeschichte der KNN zu kennen, da auch bei den vermeintlich alten Ansätzen noch immer sehr nützliche Aspekte auch für aktuelle Aufgabenstellungen zu finden sind. Da wir nun schon von Anwendungsgebieten sprechen, sollten Sie gleich zum nächsten Kapitel weitergehen, in dem wir Ihnen die praktische Seite und die Einsatzgebiete von KNN näherbringen.

12.4 Referenzen

- *https://openai.com/index/openai-gym-beta*
- *https://github.com/Farama-Foundation/Gymnasium*
- *https://medium.com/machine-learning-for-humans/reinforcement-learning-6eacf258b265*
- *http://adventuresinmachinelearning.com/reinforcement-learning-tutorial-python-keras*
- *https://de.wikipedia.org/wiki/Best%C3%A4rkendes_Lernen*
- *www.cs.rhul.ac.uk/~chrisw*

Kapitel 13

Anwendungsbereiche und Praxisbeispiele

Aus der Praxis-Welt der neuronalen Netze

Wir haben uns mit den tiefen neuronalen Netzen ein Werkzeug erarbeitet, das sehr vielfältig einsetzbar ist. In diesem Kapitel wollen wir ein paar Beispiele aufzeigen, die auf eindrucksvolle Weise erkennen lassen, wie mächtig neuronale Netze sein können. Wir beginnen mit einer einfachen Regressionsaufgabe.

Anschließend zeigen wir Beispiele für die Bildklassifikation mit einem eigenen Convolutional Neural Network (CNN) und einem vortrainierten CNN. Zum Abschluss lassen wir dann neuronale Netze träumen und stellen ein bereits trainiertes Netzwerk als Produkt über eine Webapplikation zur Verfügung.

Im Zuge des Kapitels werden wir auch Funktionen von bisher nicht verwendeten Python-Bibliotheken einsetzen müssen. Die Installation von Bibliotheken erläutern wir in Kapitel 2, »Das minimale Starterkit für die Entwicklung von neuronalen Netzen mit Python«. Auch die Jupyter Notebooks im Downloadbereich enthalten bereits Zellen mit den Installationsbefehlen.

13.1 Warmup

Wir beginnen mit einem sehr einfachen Beispiel, um uns die wesentlichen Elemente der Klassifikation bzw. Regression wieder in Erinnerung zu rufen.

Dazu verwenden wir den California-Housing-Datensatz des US Census Service, der zwar schon einige Jahre auf dem Buckel hat, aber für unser Aufwärmen ausreicht. Die genaue Beschreibung finden Sie unter *https://www.kaggle.com/datasets/camnugent/california-housing-prices*.

Die Aufgabe besteht darin, den Wert eines Hauses vorherzusagen, und zwar basierend auf Daten wie Kriminalitätsrate, durchschnittlicher Raumanzahl pro Gebäude, Steuerrate, Verhältnis der Anzahl Schüler/Lehrer, Alter und Stickoxidkonzentration. Wir werden diese Aufgabe mit einem nicht allzu tiefen Netz lösen.

```
import os
from time import time
from sklearn.datasets import fetch_california_housing
import tensorflow
from tensorflow.keras import models
from tensorflow.keras import layers
```

Listing 13.1 Importieren der wichtigsten Bibliotheken

Wir verwenden die in TensorFlow integrierte Bibliothek `keras`, die uns das Leben mit neuronalen Netzen einfacher macht. Angenehm ist auch, dass `keras`, wie viele andere Machine-Learning-Bibliotheken auch, uns den Datensatz gleich mitliefert.

Dann teilen wir unseren Datensatz in einen Trainings- und einen Testdatensatz auf und lassen uns noch ein paar Informationen zu diesem Datensatz ausgeben:

```
data = fetch_california_housing()
X, y = data.data, data.target
print("Anzahl der Input-Features:", X.shape[1])
print("Die ersten 5 Hauspreise:",y[0:5]*10000)
print("Mittlerer Hauspreis in Dollar:",y.mean()*10000)
# Ausgabe:
Anzahl der Input-Features: 8
Die ersten 5 Hauspreise: [45260. 35850. 35210. 34130. 34220.]
Mittlerer Hauspreis in Dollar: 20685.58169089147
```

Listing 13.2 Laden des California-Housing-Datensatzes

In Listing 13.2 sehen Sie, dass wir wie erwartet 8 Eingabe-Features haben. Die Median-Hauspreise, die mit dem neuronalen Netz geschätzt werden sollen, liegen im Mittel bei rund 20.685 Dollar.

Wir definieren im folgenden Listing unser nicht sehr tiefes neuronales Netz. Weil es so wichtig ist, wiederholen wir an dieser Stelle, dass für das Training nur der Trainingsdatensatz verwendet werden darf. Der Testdatensatz ist nur zur Evaluierung unseres trainierten Netzes da!

```
# Daten in Trainings- und Testdatensatz aufteilen
X_train, X_test, y_train, y_test = train_test_split(X, y, test_size=0.2,
random_state=42)

model = models.Sequential()
model.add(layers.Dense(32, activation='relu',
                       input_shape=(X_train.shape[1],)))
```

```
model.add(layers.Dense(64, activation='relu'))

model.add(layers.Dense(1))
model.compile(optimizer='rmsprop', loss='mse', metrics=['mae'])
```

Listing 13.3 Erstellen des neuronalen Netzes

Als Optimierungsverfahren haben wir das *RMSprop*-Verfahren ausgewählt. Diese Methode ist der Adam-Methode aus Kapitel 7, »Beispiele für tiefe neuronale Netze«, nicht unähnlich. Sie berücksichtigt vergangene Gradienten aus dem Optimierungsprozess. Als Verlustfunktion (`loss`) wählen wir den mittleren Quadratfehler (`mse` = *Mean Squared Error*). Als Maß für die Genauigkeit wählen wir den mittleren Absolutfehler (`mae` = *Mean Absolute Error*).

Wir haben also ein neuronales Netz mit 13 Eingabe-Features. Die erste Schicht besteht aus 32 Neuronen, die zweite Schicht aus 64 Neuronen, und wir haben genau ein Ausgabe-Neuron, das uns den geschätzten Median-Hauswert liefert (siehe Abbildung 13.1).


```
model.summary()
model.save('california_housing.keras')
```

Listing 13.4 Speicherung und Ausgabe des Netzmodells

```
________________________________________________________________
Layer (type)                Output Shape              Param #
================================================================
dense_3 (Dense)             (None, 32)                448
________________________________________________________________
dense_4 (Dense)             (None, 64)                2112
________________________________________________________________
dense_5 (Dense)             (None, 1)                 65
================================================================
Total params: 2,625
Trainable params: 2,625
Non-trainable params: 0
________________________________________________________________
```

Abbildung 13.1 Netzwerkmodell für den California-Housing-Datensatz

Es ist immer anzuraten, das Netzwerkmodell abzuspeichern (`model.save()`, siehe Listing 13.4), um es später mit anderen Modellen vergleichen zu können. Mit `model.summary()` können wir uns die Struktur noch einmal genauer ansehen.

```
model.fit(X_train, y_train,
          epochs=500, batch_size=16, verbose=0)

test_mse_score, test_mae_score = model.evaluate(X_test, y_test)
```

```
print(test_mse_score,test_mae_score)
# Ausgabe:
27.615190393784466 3.3850744
```

Listing 13.5 Training und Evaluierung des neuronalen Netzes

Wie können wir das Resultat aus Listing 13.5 nun interpretieren? Zuerst müssen wir darauf hinweisen, dass Sie höchstwahrscheinlich ähnliche, aber nicht genau die gleichen Ergebnisse erhalten werden. Der mittlere quadrierte Fehler liegt bei ca. 27,6 und der mittlere absolute Fehler bei ca. 3,4. Wenn wir den mittleren absoluten Fehler mit der Zahl 1000 multiplizieren, erhalten wir den Fehler als Dollarbetrag. Wir verschätzen uns also um ca. 3400 Dollar, basierend auf dem absoluten Fehler.

Bei einem mittleren Wert der Median-Hauspreise von rund 23.000 Dollar ist das durchaus kein schlechtes Ergebnis.

Aufgabe

Experimentieren Sie mit zusätzlichen Schichten mit unterschiedlicher Anzahl an Neuronen. Dazu müssen Sie die Funktion `model.add(layers.Dense(#AnzahlNeuronen, activation='relu'))` zu Listing 13.3 hinzuzufügen. Versuchen Sie, ein besseres Ergebnis zu erreichen.

13.2 Bildklassifikation

Bevor wir uns dem Beispiel der Bildklassifikation zuwenden, wollen wir etwas Ordnung in die Terminologie bringen: Sprechen wir von Bildklassifikation, Objekterkennung, Objektidentifikation oder gar von Objektsegmentierung?

Diese Begriffe werden auch in der Literatur nicht sehr einheitlich verwendet, deshalb legen wir für uns jetzt eine Interpretation fest. Da wir uns im Bereich der Bildanalyse befinden, erklären wir das auch am besten mit Bildern.

13.2.1 Begriffsbestimmung

Bei der *Bildklassifikation* wird ein Bild einer Klasse zugeordnet. Die Klasse bezeichnet typischerweise das (einzelne) Objekt, das im Bild angezeigt wird, in Abbildung 13.2 also die Klasse »Schere«.

Abbildung 13.2 Beispiel für die Bildklassifikation

Bei der *Objekterkennung* geht es darum, ein oder mehrere Objekte zu erkennen bzw. zu detektieren. Dabei werden oft ein achsenparalleles umschreibendes Rechteck (auch *Bounding Box* genannt) und damit die Größe und Position des Objekts im Bild bestimmt. Das ist nützlich, wenn Sie Objekte in einem Video detektieren wollen, um auf die Bewegung oder Größe des Objekts reagieren zu können.

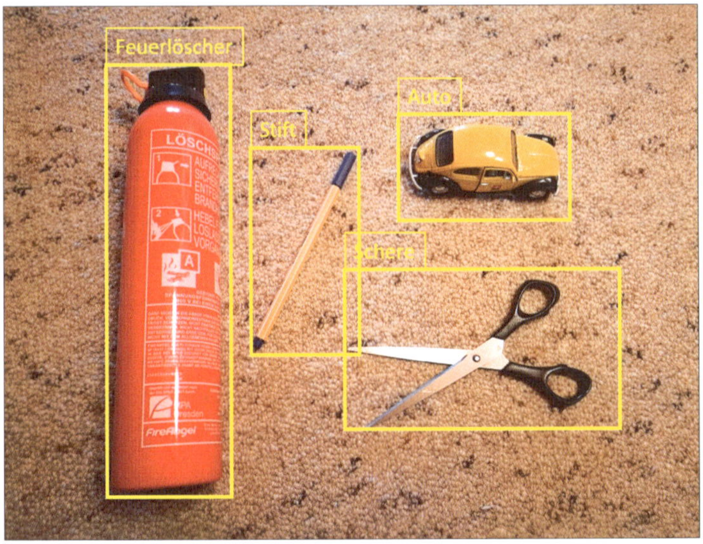

Abbildung 13.3 Beispiel für die Objektidentifikation

Für die *Objektidentifikation* (siehe Abbildung 13.3) werden die Objekte detektiert *und* klassifiziert. Meist wird nicht nur die Klasse an sich angegeben, sondern auch die Klassifikationsgenauigkeit.

Die *Objektsegmentierung* geht noch einen Schritt weiter als die Objektidentifikation und bestimmt die zum Objekt gehörenden Pixel. In Abbildung 13.4 werden die Segmente farbig dargestellt. Damit können Sie das Objekt relativ scharf vom Hintergrund und von anderen Objekten trennen.

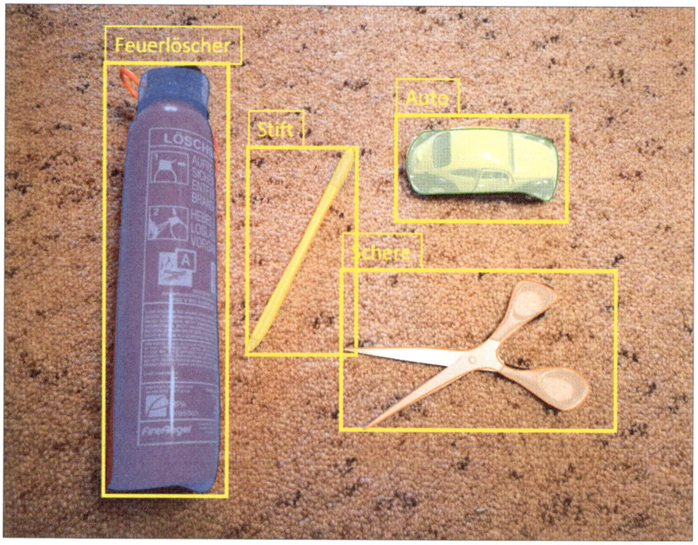

Abbildung 13.4 Beispiel für die Objektsegmentierung

Die Begriffe sind nun abgeklärt, und wir widmen uns zwei Beispielen zur Bildklassifikation.

13.2.2 Von Bienen und Hummeln

Wir haben das Buch mit Bienen begonnen und beenden es quasi im letzten Kapitel wieder mit diesen interessanten und nützlichen Insekten. Wir werden versuchen, ein Netzwerk zu trainieren, das Bilder von Bienen und Hummeln unterscheiden kann.

Wir beginnen schon mit dem Schritt, uns die Trainingsdaten zu besorgen. Damit halten wir uns länger auf, um zu zeigen, dass der mühsame Teil vor dem eigentlichen Training stattfindet. Wie wir in Kapitel 11, »Der Machine-Learning-Prozess«, erwähnt haben, ist die Aufbereitung und Gewinnung der Daten mit vielen Mühen verbunden. Aber genug des Jammerns, legen wir los!

Datenvorbereitung

Wir verwenden einen *Naive-Bees*-Datensatz, der aus einer Machine Learning Competition von Driven Data Labs stammt. Dieser Datensatz besteht aus ca. 4000 Bildern von

Hummeln und Bienen. Etwa ein Viertel der Bilder sind Bienenbilder, der überwiegende Teil Hummelbilder. Wir haben es also mit einer binären Klassifikation mit einem unbalancierten Datensatz zu tun. Die Menge der Bilder scheint auf den ersten Blick groß, für ein CNN sind es aber nicht allzu viele. Aber auch da wissen wir uns via Data Augmentation zu helfen.

Implementierung

Wie üblich beginnen wir mit dem Import der notwendigen Bibliotheken:

```
import pandas as pd
import urllib
import os
import PIL
import shutil
import numpy as np
%matplotlib inline
```

Listing 13.6 Bibliotheken zur Datenvorbereitung

`pandas` verwenden wir zum Laden einer *.csv*-Datei in einen `DataFrame` und zum Bearbeiten des `DataFrame`-Objekts. Die Bibliothek `PIL` brauchen wir zwar nicht direkt, aber Funktionen aus `keras` für die Bildbearbeitung verwenden Elemente aus ihr. Hier dient es als Hinweis, dass diese Bibliothek, wie gehabt, vorher installiert werden muss.

`urllib` ist eine Programmbibliothek, die uns Funktionen zum Download von Daten zur Verfügung stellt. `shutil` wiederum brauchen wir, um die heruntergeladenen Dateien in eine bestimmte Dateistruktur zu kopieren.

Kommen wir nun zum Basisverzeichnis und der Dateistruktur:

```
basedir = r'biene_hummel'
dir_dict = {
    'download': os.path.join(basedir,'download'),
    'train':  os.path.join(basedir,'train'),
    'test':  os.path.join(basedir,'test'),
    'valid': os.path.join(basedir,'valid'),
    'train_bee': os.path.join(basedir,'train','biene'),
    'train_bumble': os.path.join(basedir,'train','hummel'),
    'test_bee': os.path.join(basedir,'test','biene'),
    'test_bumble': os.path.join(basedir,'test','hummel'),
    'valid_bee': os.path.join(basedir,'valid','biene'),
    'valid_bumble': os.path.join(basedir,'valid','hummel')}
```

```
# Erzeuge die Verzeichnisse (nur wenn sie noch nicht vorhanden sind)
for key in dir_dict:
    if os.path.exists()=False: os.makedirs(dir_dict[key])
```

Listing 13.7 Basisverzeichnis und Dateistruktur als Dictionary

Das Basisverzeichnis `basedir` hier ist als `biene_hummel` angegeben. Sie müssen sich natürlich ein eigenes Verzeichnis erstellen und die Variable `basedir` entsprechend belegen. Das vorangestellte `r` vor `'biene_hummel'` ist kein Tippfehler, sondern bedeutet für Python, den String so zu nehmen, wie er ist, also innerhalb des Strings nichts zu interpretieren. Das ist besonders wichtig, wenn Schrägstriche, vor allem linksgerichtete Schrägstriche, innerhalb des Strings vorkommen. Die könnten sonst als Beginn einer *Escape-Sequenz* interpretiert werden.

Escape-Sequenzen

Als Escape-Sequenz bezeichnet man eine Zeichenkombination, die keinen Text repräsentiert, sondern eine Art Funktion, zum Beispiel `\n` für einen Zeilenvorschub oder `\t` für ein Tabulatorzeichen.

Sehen wir uns in Abbildung 13.5 die notwendige Verzeichnisstruktur genauer an, die durch Listing 13.7 angelegt wurde.

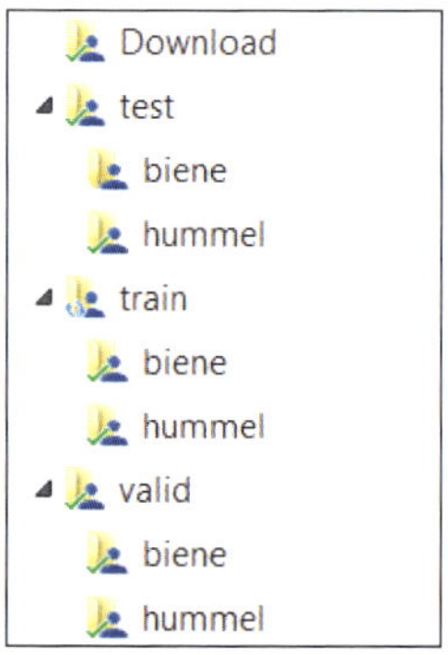

Abbildung 13.5 Verzeichnisstruktur für den Naive-Bees-Datensatz

Wir sehen also ein *Download*-Verzeichnis und für den Trainings-, Test- und Validierungsdatensatz jeweils ein eigenes Verzeichnis. Bis auf das *Download*-Verzeichnis werden pro Klasse wieder eigene Unterverzeichnisse namens *biene* und *hummel* angelegt.

Laden wir uns zunächst die Bilder und die Datei *train_labels.csv* von einem *Git-Repository* herunter.

GitHub-Repository

GitHub ist ein sehr populäres, frei verfügbares Versionskontrollsystem (*https://github.com*). Mit ihm verwalten Sie Daten und deren Versionierung. Es wird vor allem für die gemeinsame Programmentwicklung eingesetzt.

Ein *Repository* ist vereinfacht ausgedrückt ein Verzeichnis, in dem programmspezifische Daten wie Programmcode, Dokumentation und sonstige Informationen abgelegt werden.

```
url = 'https://raw.githubusercontent.com/dionhagan/naive-bees/master/train_
labels.csv'
urlretrieve(url, os.path.join(dir_dict['download'],'train_labels.csv'))
```

Listing 13.8 Download der Datei »train_labels.csv«

Mit `urlretrieve()` wird die Datei über die Webadresse heruntergeladen und in unser *Download*-Verzeichnis kopiert. Falls Ihnen das zu lange dauert, holen Sie sich die Daten aus dem Download-Bereich zu diesem Kapitel.

13

Sehen wir uns gleich an, wie diese Datei aussieht:

```
df = pd.read_csv(os.path.join(dir_dict['download'],'train_labels.csv'))
df.info()
print(df.head(5))
# Ausgabe:
<class 'pandas.core.frame.DataFrame'>
RangeIndex: 3969 entries, 0 to 3968
Data columns (total 2 columns):
id        3969 non-null int64
genus     3969 non-null float64
dtypes: float64(1), int64(1)
memory usage: 62.1 KB
     id  genus
0   520    1.0
1  3800    1.0
2  3289    1.0
3  2695    1.0
4  4922    1.0
```

Listing 13.9 Übertragen der Datei in einen DataFrame

Mit den Funktionen `df.info()` und `df.head()` können wir uns die Eigenschaften und den Inhalt des `DataFrame`-Elements ansehen. Es besteht aus 3969 Einträgen und einer Spalte

»id«, die gleichzeitig ein Bestandteil des Dateinamens des zugehörigen Bildes ist, sowie aus einer Spalte »genus«, die uns die Klasse angibt. Die Hummelbilder haben den Wert 1, während die Bienenbilder den Wert 0 haben.

Wir modifizieren diesen DataFrame, damit uns das Kopieren in unsere Verzeichnisstruktur etwas erleichtert wird. Durch die Änderungen in Listing 13.10 wird nach der »id« sortiert und eine weitere Spalte hinzugefügt, die uns den Klassennamen anzeigt:

```
df = df.sort_values(['id'])
df['class'] = np.where(df['genus']==1,'_bumble','_bee')
print(df.head(5))
# Ausgabe:
      id  genus    class
2681   1    1.0  _bumble
1056   2    1.0  _bumble
2745   3    1.0  _bumble
2234   4    0.0     _bee
2645   5    0.0     _bee
```

Listing 13.10 Modifikation des DataFrames

Wenn Sie aufmerksam hingeschaut haben, haben Sie auch bemerkt, dass wir hier mit np.where() eine Funktion der Bibliothek numpy verwenden, um abhängig vom Wert der Spalte »genus« die Spalte »class« zu befüllen.

Nun holen wir uns die rund 4000 Bilder und speichern sie im *Download*-Verzeichnis. Haben Sie Geduld; dieser Vorgang wird ein paar Minuten in Anspruch nehmen. Der Dateiname eines Bildes setzt sich übrigens zusammen aus der »id« und der Dateierweiterung *jpg* – also *4.jpg* für das Bild mit der ID 4 (übrigens ein Bienenbild, wie aus Listing 13.10 hervorgeht).

```
for index, row in df.iterrows():
    fname = "{:.0f}.jpg".format(row['id'])
    url = 'https://raw.githubusercontent.com/dionhagan/naive-bees/master/images/
train/'+fname
    print(url)
    urllib.request.urlretrieve(url, os.path.join(dir_dict['download'],fname))
```

Listing 13.11 Download der Bilder des Naive-Bees-Datensatzes

Zur Kontrolle lassen wir uns ein Bild anzeigen:

```
from IPython.display import Image
Image(os.path.join(dir_dict['download'],'8.jpg'))
```

Listing 13.12 Code zur Anzeige des Bildes »8.jpg«

Abbildung 13.6 Bild Nummer 8 (Biene oder Hummel? Das ist nicht nur wegen der Unschärfe schwer zu entscheiden.)

Die Bilder haben übrigens ein Format von 200 × 200 Pixeln, das ist wichtig für die Definition unseres Netzwerks, da wir die Eingangsgröße bekannt geben müssen.

Nun verteilen wir die Bilder aus dem *Download*-Verzeichnis in unsere Verzeichnisstruktur nach Abbildung 13.5. Die ersten 3000 Bilder verwenden wir als Trainingsdaten, die nächsten 500 stellen Testdaten dar. Und der Rest, etwas weniger als 500 Bilder, dient als Validierungsdatensatz:

```
for index, row in df.iterrows():
    fname = "{:.0f}.jpg".format(row['id'])

    classname = row['class']
    if row['id']<3000:
        dest_dir = os.path.join(dir_dict['train'+classname])
    elif row['id']<3500:
        dest_dir = os.path.join(dir_dict['test'+classname])
    else:
        dest_dir = os.path.join(dir_dict['valid'+classname])

    src = os.path.join(dir_dict['download'],fname)
    dest = os.path.join(dest_dir,fname)
    shutil.copyfile(src, dest)
```

Listing 13.13 Verteilung der Bilddaten auf die Netzwerkstruktur

Nun definieren wir uns unser eigenes CNN:

```
from tensorflow.keras import layers
from tensorflow.keras import models
from tensorflow.keras import optimizers

model = models.Sequential()
model.add(layers.Conv2D(32, (3, 3), activation='relu',
                        input_shape=(200, 200, 3)))
model.add(layers.MaxPooling2D((2, 2)))
model.add(layers.Conv2D(64, (3, 3), activation='relu'))
model.add(layers.MaxPooling2D((2, 2)))
model.add(layers.Conv2D(128, (3, 3), activation='relu'))
model.add(layers.MaxPooling2D((2, 2)))
model.add(layers.Conv2D(128, (3, 3), activation='relu'))
model.add(layers.MaxPooling2D((2, 2)))
model.add(layers.Flatten())
model.add(layers.Dense(512, activation='relu'))
model.add(layers.Dense(1, activation='sigmoid'))

model.compile(loss='binary_crossentropy',
              optimizer=optimizers.RMSprop(lr=1e-4),
              metrics=['acc'])

model.summary()
```

Listing 13.14 Code für die Modellstruktur des CNN

In der ersten Ebene geben wir das Bilddatenformat an. Wir haben Farbbilder mit dem Format 200 × 200 Pixel. Ein Bild besteht aus drei Farbkanälen – Rot, Grün, Blau –, die zusammen ein Farbbild ergeben. Deshalb hat der Input in das Netz schlussendlich die Form `(200, 200, 3)`. Der Kodierungsblock dieses CNN geht bis zur Schicht `Flatten()` und enthält die typische Abfolge von Convolutional-Blöcken mit Convolution-Schicht (hier `Conv2D()`) und Pooling-Schichten (hier `MaxPooling()`). Der Prädiktionsblock besteht aus einem Fully-Connected neuronalen Netz mit einer versteckten Schicht, die 512 Neuronen enthält (siehe Abbildung 13.7).

Mit den paar Zeilen aus Listing 13.14 haben wir ein Modell mit insgesamt fast 7 Millionen Parametern erschaffen – ganz beachtlich. Dieses Netz hat genau ein Ausgabeneuron, das die Klasse enthält. Mit `model.compile()` legen wir noch weitere wichtige Parameter für das Training fest. Die Verlustfunktion ist `binary_crossentropy`, die sehr gerne für binäre Klassifikationsaufgaben, also Aufgaben mit nur zwei Klassen, verwendet wird.

```
_________________________________________________________________
Layer (type)                 Output Shape              Param #   
=================================================================
conv2d (Conv2D)              (None, 198, 198, 32)      896       
_________________________________________________________________
max_pooling2d (MaxPooling2D) (None, 99, 99, 32)        0         
_________________________________________________________________
conv2d_1 (Conv2D)            (None, 97, 97, 64)        18496     
_________________________________________________________________
max_pooling2d_1 (MaxPooling2 (None, 48, 48, 64)        0         
_________________________________________________________________
conv2d_2 (Conv2D)            (None, 46, 46, 128)       73856     
_________________________________________________________________
max_pooling2d_2 (MaxPooling2 (None, 23, 23, 128)       0         
_________________________________________________________________
conv2d_3 (Conv2D)            (None, 21, 21, 128)       147584    
_________________________________________________________________
max_pooling2d_3 (MaxPooling2 (None, 10, 10, 128)       0         
_________________________________________________________________
flatten (Flatten)            (None, 12800)             0         
_________________________________________________________________
dense (Dense)                (None, 512)               6554112   
_________________________________________________________________
dense_1 (Dense)              (None, 1)                 513       
=================================================================
Total params: 6,795,457
Trainable params: 6,795,457
Non-trainable params: 0
_________________________________________________________________
```

Abbildung 13.7 Schichten des Modells

Als Optimierungsverfahren wählen wir *RMSprop*, da es sich besonders für neuronale Netze eignet. Es wurde von Geoffrey Hinton entwickelt und publiziert. Die Lernrate `lr` wird hier mit 0.0001 relativ klein gewählt.

Damit wären wir schon fast bereit für die Trainingsphase; wir müssen dem Modell nur noch mitteilen, wie es zu den Bildern kommt. Außerdem stehen wir vor zwei Herausforderungen: die Trainingsdatenmenge ist nicht allzu groß, und wir haben einen unbalancierten Datensatz, da es viel weniger Bienen- als Hummelbilder gibt (Verhältnis 1 : 4).

Glücklicherweise hilft uns Keras wieder ungemein mit der Funktion `ImageDataGenerator()`, die Sie schon aus Kapitel 11 kennen. Damit können Sie gleichzeitig die Pixelwerte aus dem Zahlenbereich 0–255 in den Zahlenbereich 0–1 skalieren und zusätzliche Bilder durch Rotieren, Verschieben, Zoomen und Scheren erstellen. Mit der Funktion `flow_from_directory()` stellen wir die Verbindung zwischen den Bilddateien und dem notwendigen Input für das CNN her. Diese Funktion enthält einen Parameter `target_size`, dessen Auswirkungen mächtiger sind, als man im ersten Augenblick annimmt. In unserem Beispiel haben alle Bilder das gleiche Format – nämlich (200, 200, 3). Sollten unsere

Bilder verschiedene Größen haben, so werden sie auf die durch `target_size` angegebene Größe skaliert.

```
from tensorflow.keras.preprocessing.image import ImageDataGenerator

train_datagen = ImageDataGenerator(
    rescale=1./255,
    rotation_range=40,
    width_shift_range=0.2,
    height_shift_range=0.2,
    shear_range=0.2,
    zoom_range=0.2,
    horizontal_flip=True,)

test_datagen = ImageDataGenerator(rescale=1./255)

train_generator = train_datagen.flow_from_directory(
        dir_dict['train'],
        target_size=(200, 200),
        batch_size=20,
        class_mode='binary')

validation_generator = test_datagen.flow_from_directory(
        dir_dict['valid'],
        target_size=(200, 200),
        batch_size=20,
        class_mode='binary')
```

Listing 13.15 Erzeugung der Trainings-, Test- und Validierungsdaten aus den Bilddaten

Hier kommt uns jetzt unsere Verzeichnisstruktur zugute, denn Keras teilt die Bilder automatisch der jeweiligen Klasse zu, je nachdem, ob ein Bild im Verzeichnis *biene* oder im Verzeichnis *hummel* liegt:

```
from sklearn.utils import class_weight
import numpy as np

class_weights = class_weight.compute_class_weight(
               'balanced',
                np.unique(train_generator.classes),
                train_generator.classes)
```

```
print(class_weights)
# Ausgabe:
[2.39547038 0.63189338]
```

Listing 13.16 Bestimmung von Klassengewichten für den unbalancierten Datensatz

Diese Klassengewichte werden in der Verlustfunktion eingesetzt, und zwar so, dass in der Trainingsphase Falschklassifizierungen der unterrepräsentierten Klasse (in unserem Fall die Bienen) mehr zum Fehlerwert beitragen, also quasi bestraft werden. Man spricht deshalb auch von einem *Penalty Term*.

Jetzt sind wir bereit, das Netzwerk zu trainieren:

```
history = model.fit_generator(
      train_generator,
      steps_per_epoch=100,
      epochs=30,
      validation_data=validation_generator,
      validation_steps=50,
      class_weight = class_weights)
# Ausgabe:
Epoch 1/30
100/100 [==============================] - 383s 4s/step - loss: 0.5191 - acc:
0.7921 - val_loss: 0.6164 - val_acc: 0.7660
Epoch 2/30
100/100 [==============================] - 364s 4s/step - loss: 0.4958 - acc:
0.7944 - val_loss: 0.5100 - val_acc: 0.7720
. . .
```

Listing 13.17 Starten des Trainings

Abhängig von der zur Verfügung stehenden Rechenkapazität dauert das Training ein paar Minuten (GPU-Maschine) bis zu ein paar Stunden (Standard-CPU-Computer).

Zum Schluss sehen wir uns noch die Entwicklung der Genauigkeit bzw. des Fehlers (*Loss*) im Verlauf des Trainings an, die wir mit Listing 13.18 erstellen. Dieser Code greift auf die Variable `history` aus Listing 13.17 zurück, die Trainingsverlaufsinformationen speichert.

```
import matplotlib.pyplot as plt
acc = history.history['acc']
val_acc = history.history['val_acc']
loss = history.history['loss']
```

```
val_loss = history.history['val_loss']

epochs = range(len(acc))

plt.plot(epochs, acc, 'bo', label='Trainingsgenauigkeit')
plt.plot(epochs, val_acc, 'b', label='Validierungsgenauigkeit')
plt.title('Trainings- und Validierungsgenauigkeit')
plt.legend()

plt.figure()

plt.plot(epochs, loss, 'bo', label='Trainings-Loss')
plt.plot(epochs, val_loss, 'b', label='Validierungs-Loss')
plt.title('Training- und Validierungs-Loss')
plt.legend()

plt.show()
```

Listing 13.18 Erstellung der Verlaufsgrafiken

In Abbildung 13.8 und Abbildung 13.9 sehen Sie die beiden Verlaufskurven.

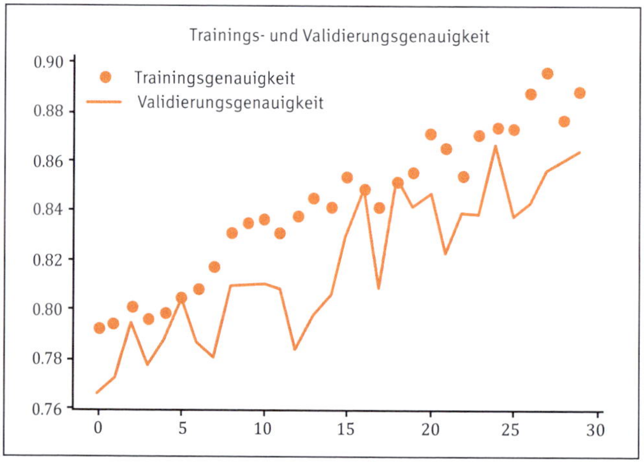

Abbildung 13.8 Verlaufskurve für Trainings- und Validierungsgenauigkeit

Wir erreichen also eine Genauigkeit von ca. 86 %, was für unser relativ einfaches CNN ohne viel Finetuning kein schlechtes Ergebnis ist. Typischerweise sind Ergebnisse ab ca. 95 % wünschenswert. In einem Wettbewerb wurden Genauigkeitswerte bis zu 99 % erreicht (*https://github.com/drivendataorg/naive-bees-classifier*), wobei hier allerdings mit Kombinationen von vortrainierten Netzen und sehr viel Finetuning von Parametern gearbeitet wurde.

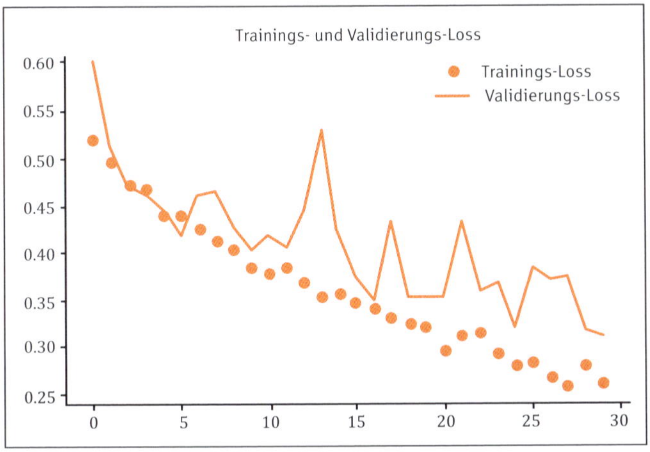

Abbildung 13.9 Verlaufskurve für den Trainings- und Validierungs-Loss

Aufgabe

Experimentieren Sie mit diesem Datensatz, indem Sie das Modell aus Listing 13.14 verändern. Sie können noch einen Convolution-Block hinzufügen oder noch einen Dense Layer im Prädiktionsblock des Modells oder auch andere Optimierungsverfahren verwenden. Schaffen Sie mehr als 90 % Genauigkeit?

13.2.3 (Vor-)Trainierte Netze

Sie haben in Kapitel 8, »Programmierung von Deep Neural Networks mit TensorFlow 2«, bereits den Umgang mit vortrainierten Netzen kennengelernt, indem wir beliebige Bilder klassifiziert haben. Dabei sind wir ohne Training ausgekommen.

Jetzt verwenden wir vortrainierte Netze und machen uns den bereits trainierten Kodierungsblock für unsere neuen Bilder zunutze. Trainiert wird jetzt nur ein neuer Prädiktionsblock, den wir uns selbst erstellen. Sie wissen auch bereits, dass die Verwendung von vortrainierten Deep Neural Networks als *Transfer Learning* bezeichnet wird.

Für dieses Beispiel verwenden wir einen beliebten Bilddatensatz mit Katzen und Hunden. Die Aufgabe ist ähnlich gelagert wie im vorigen Beispiel – hier geht es nun darum, statt Bienen und Hummeln Katzen- und Hundebilder zu unterscheiden.

Datenvorbereitung

Wir laden uns den Datensatz auf herkömmliche Weise, also mit einem einfachen Download, über den folgenden Link herunter. Den Datensatz finden Sie auf der *Kaggle*-Plattform unter *www.kaggle.com/chetankv/dogs-cats-images*. Sie erhalten eine komprimierte Datei im ZIP-Format, die nach der Dekomprimierung praktischerweise die Daten schon in der Verzeichnisstruktur liefert, die für den `ImageDataGenerator()` von Keras notwendig ist.

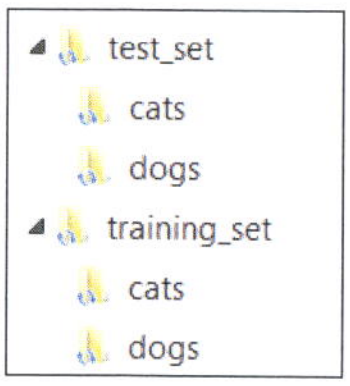

Abbildung 13.10 Die Verzeichnisstruktur des Katzen- und Hundedatensatzes

> **Kaggle**
>
> *Kaggle* ist eine Online-Community für Datenwissenschaftler und Machine-Learning-Enthusiasten. Kaggle ermöglicht den Benutzern und Benutzerinnen, Datensätze für Machine-Learning-Aufgaben zu finden und sich an einem Wettbewerb zu beteiligen. Es besteht natürlich auch die Möglichkeit, selbst Datensätze hochzuladen, um geeignete Lösungen zu finden. Viele der Wettbewerbe sind auch mit Preisen dotiert. Kaggle wurde im Jahre 2017 von Google erworben.

Im Trainingsdatensatz befinden sich 4000 Katzen- und 4000 Hundebilder, im Testdatensatz 1000 Katzen- und 1000 Hundebilder. Somit haben wir es mit einem ausgeglichenen Datensatz zu tun. Allerdings ist die Anzahl an Trainingsdaten relativ gering für eine Deep-Learning-Aufgabe. Aber genau für diesen Fall bieten sich vortrainierte CNN an, bei denen der Kodierungsblock bereits darauf trainiert wurde, Muster zu erkennen.

Implementierung

Wie üblich beginnen wir mit dem Import der notwendigen Bibliotheken:

```
import pandas as pd
import os
import PIL
import shutil
import numpy as np
```

Listing 13.19 Import der Bibliotheken

Ähnlich wie in Listing 13.7 erstellen wir uns wieder ein Dictionary, das das Basisverzeichnis und seine Unterverzeichnisse speichert:

```
basedir = r'cat_dog'
dir_dict = {
    'train':  os.path.join(basedir,'training_set'),
    'test':  os.path.join(basedir,'test_set'),
    'train_cats': os.path.join(basedir,'training_set','cats'),
    'train_dogs': os.path.join(basedir,'training_set','dogs'),
    'test_cats': os.path.join(basedir,'test_set','cats'),
    'test_dogs': os.path.join(basedir,'test_set','dogs')
           }

# Erzeuge die Verzeichnisse (nur wenn sie noch nicht vorhanden sind)
for key in dir_dict:
    if not os.path.exists(dir_dict[key]):
        os.makedirs(dir_dict[key])
```


Listing 13.20 Dictionary für unsere Verzeichnisse

Wir prüfen noch einmal, ob wirklich pro Klasse 4000 Bilder für den Trainingsdatensatz und 1000 Bilder für den Testdatensatz vorhanden sind, indem wir uns die Anzahl der Dateien im jeweiligen Verzeichnis ausgeben lassen:

```
print("Anzahl Katzenbilder (Training):",len(os.listdir(dir_dict['train_cats'])))
print("Anzahl Hundebilder (Training):",len(os.listdir(dir_dict['train_dogs'])))
print("Anzahl Katzenbilder (Test):",len(os.listdir(dir_dict['test_cats'])))
print("Anzahl Hundebilder (Test):",len(os.listdir(dir_dict['test_dogs'])))
# Ausgabe:
Anzahl Katzenbilder (Training): 4000
Anzahl Hundebilder (Training): 4000
Anzahl Katzenbilder (Test): 1000
Anzahl Hundebilder (Test): 1000
```

Listing 13.21 Überprüfung der Anzahl an Bildern

Eine kleine Auswahl der Testbilder zeigt, dass diese durchaus schwierig sind. Abbildung 13.11 und Abbildung 13.12 zeigen, dass die Bilder auch Schrift, Menschen oder sonstige Elemente enthalten können. Umso bemerkenswerter ist die Fähigkeit von CNN, solche Bilder zu unterscheiden.

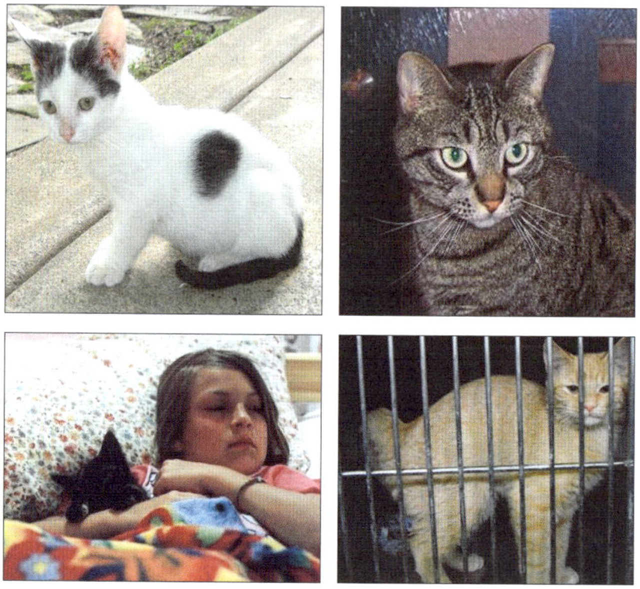

Abbildung 13.11 Auszug aus dem Testdatensatz für Katzen

Abbildung 13.12 Auszug aus dem Testdatensatz für Hunde

Nun sind wir in der Lage, unser Netzwerk zusammenzubauen, und starten mit dem Import der `tensorflow.keras`-Bibliotheken:

```
from tensorflow.keras import layers
from tensorflow.keras import models
from tensorflow.keras.applications.inception_v3 import InceptionV3
from tensorflow.keras.applications.inception_v3 import preprocess_input,
decode_predictions
from tensorflow.keras.preprocessing import image

model = models.Sequential()
base_model = InceptionV3(weights='imagenet',include_top=False,input_shape=
(200, 200, 3))
model.add(base_model)
model.add(layers.Flatten())
model.add(layers.Dense(256, activation='relu'))
model.add(layers.Dense(512, activation='relu'))
model.add(layers.Dense(1, activation='sigmoid'))
```

Listing 13.22 Import und Aufbau des vortrainierten CNN

Das vortrainierte Netz *Inception-v3* wird uns von `tensorflow.keras` bereits zur Verfügung gestellt. Die Variable `base_model` enthält die Struktur von Inception-v3. Mit dem Parameter `weights='imagenet'` übergeben wir nicht nur die Struktur, sondern auch die trainierten Gewichte auf Basis des Datensatzes `imagenet`. Da wir nur den Kodierungsblock brauchen, übergeben wir bei der Initialisierung von Inception-v3 noch die Parameter `include_top=False`. Damit verzichten wir auf den Prädiktionsblock dieses CNN. Das ist gut, denn wir wollen ja einen eigenen Prädiktionsblock trainieren auf Basis unseres Hunde- und Katzendatensatzes.

Unser Netzwerkmodell beginnt mit dem `base_model`, und wir fügen unser Fully-Connected neuronales Netzwerk hinzu, das aus zwei Schichten mit 512 beziehungsweise 256 Neuronen besteht.

Wenn wir unser Netzwerkmodell trainieren, wollen wir aber die Gewichte unseres Kodierungsblocks nicht mehr verändern. Es wurde ja schon vortrainiert und besitzt bereits die Fähigkeit, entsprechende Muster zu erkennen. Glücklicherweise ist das Fixieren der Gewichte für unser `base_model`, Inception-v3, ziemlich einfach, wie Sie in Listing 13.23 erkennen:

```
base_model.trainable = False
model.summary()
```

Listing 13.23 Gewichte des Kodierungsblocks fixieren und Ausgabe des Modells

Abbildung 13.13 zeigt uns, dass rund 2/3 der Parameter nicht trainierbar sind. Das ist eine Folge des Fixierens der Gewichte unseres vortrainierten Netzes. Aber es bleiben uns immer noch fast 9 Millionen Parameter übrig.

```
Layer (type)                 Output Shape              Param #
=================================================================
inception_v3 (Model)         (None, 4, 4, 2048)        21802784
_________________________________________________________________
flatten (Flatten)            (None, 32768)             0
_________________________________________________________________
dense (Dense)                (None, 256)               8388864
_________________________________________________________________
dense_1 (Dense)              (None, 512)               131584
_________________________________________________________________
dense_2 (Dense)              (None, 1)                 513
=================================================================
Total params: 30,323,745
Trainable params: 8,520,961
Non-trainable params: 21,802,784
_________________________________________________________________
```

Abbildung 13.13 Ausgabe von »model.summary()« unseres Netzes

Was uns noch fehlt, ist die Festlegung der Verlustfunktion, des Optimierungsverfahrens und der Genauigkeitsmetrik.

```
from tensorflow.keras import optimizers

model.compile(loss='binary_crossentropy',
              optimizer=optimizers.RMSprop(lr=1e-4),
              metrics=['acc'])
```

Listing 13.24 Festlegung von Verlustfunktion und Optimierungsverfahren

Da wir es wieder mit einem binären Klassifikationsproblem zu tun haben, verwenden wir in Listing 13.24 wie bereits bei den Bienen und Hummeln `binary_crossentropy` und `RMSprop` als Optimierungsverfahren.

In Listing 13.25 verwenden wir wieder den `ImageDataGenerator()` von `tensorflow.keras`, um die Daten entsprechend vorzubereiten. Da wir, wie schon erwähnt, relativ wenige Trainingsdaten haben, erzeugen wir uns zusätzliche Trainingsdaten durch Rotieren, Verschieben und Drehen der Bilder. Wichtig sind wieder die Transformation auf einen Pixelwertbereich von [0,255] auf [0,1] und die erforderliche Eingangsgröße des Bildes von (200,200,3):

```
from tensorflow.keras.preprocessing.image import ImageDataGenerator

train_datagen = ImageDataGenerator(
```

```
    rescale=1./255,
    rotation_range=40,
    width_shift_range=0.2,
    height_shift_range=0.2,
    shear_range=0.2,
    zoom_range=0.2,
    horizontal_flip=True,)

test_datagen = ImageDataGenerator(rescale=1./255)

train_generator = train_datagen.flow_from_directory(
        dir_dict['train'],
        target_size=(200, 200),
        batch_size=20,
        class_mode='binary')

validation_generator = test_datagen.flow_from_directory(
        dir_dict['test'],
        target_size=(200, 200),
        batch_size=20,
        class_mode='binary')
# Ausgabe:
Found 8000 images belonging to 2 classes.
Found 2000 images belonging to 2 classes.
```

Listing 13.25 Vorbereiten der Bilddaten

Jetzt sind wir so weit, dass wir unser Netzwerk ins Trainingslager schicken können. Listing 13.26 erfordert wieder einiges an Geduld, falls Sie keinen GPU-Rechner verwenden.

```
history = model.fit_generator(
      train_generator,
      steps_per_epoch=100,
      epochs=40,
      validation_data=validation_generator,
      validation_steps=50)
```

Listing 13.26 Training unseres Modells

Für das Vergleichen von unterschiedlichen Netzwerkstrukturen kann das trainierte Modell wieder abgespeichert werden:

```
model.save(os.path.join(basedir,'cats_dogs_1.h5'))
```

Listing 13.27 Sicherung des trainierten Netzes

Den Trainingsverlauf lassen wir uns wieder als Grafiken ausgeben, die den Verlauf der Verlustfunktion (*Loss*, siehe Abbildung 13.15) und die Genauigkeit des Trainings- und des Validierungsdatensatzes ausgeben (siehe Abbildung 13.14).

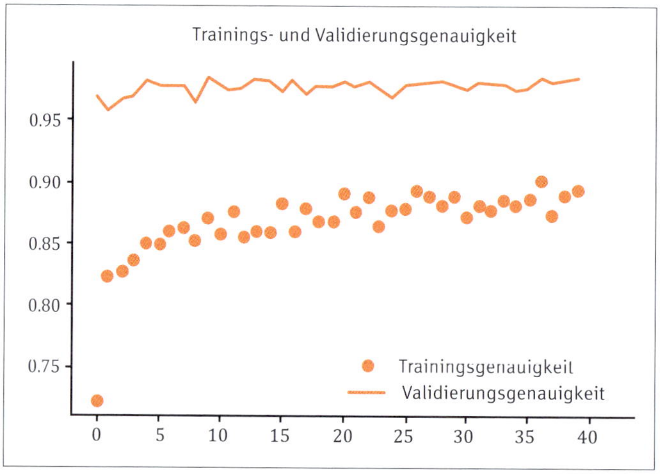

Abbildung 13.14 Genauigkeitsentwicklung über 40 Trainingsepochen

Durch das vortrainierte Netz erhalten wir schon in den ersten Epochen eine sehr hohe Validierungsgenauigkeit von ca. 97 %, während die Trainingsgenauigkeit langsam, aber stetig auf ca. 90 % anwächst. Das ist bei der Verwendung von vortrainierten Netzen durchaus nicht unüblich, sofern die trainierten Bilder in etwa auch dem Trainingsdatensatz des vortrainierten Datensatzes entsprechen. Der ImageNet-Datensatz enthält auch Hunde und Katzen als Klasse und ist daher bestens geeignet.

Der Verlauf des Verlusts (*Loss*) verhält sich ähnlich wie die Entwicklung der Genauigkeit, wie in Abbildung 13.15 zu erkennen ist. Diese Grafiken wurden mit Listing 13.18 erstellt, das Sie unverändert übernehmen können.

Somit haben wir bereits ein leistungsfähiges Netzwerk für die Klassifikation von Katzen- und Hundebildern.

Um eine höhere Genauigkeit zu erreichen, bedarf es eines weiteren Finetunings des Netzes, also der Verfeinerung der Hyperparameter. Für das Finetuning gibt es leider kein Rezept. Hier spielt die Erfahrung im Umgang mit den unterschiedlichen Datensätzen und Verfahren eine große Rolle, und Sie werden mit unterschiedlichen Netzwerkstrukturen experimentieren müssen.

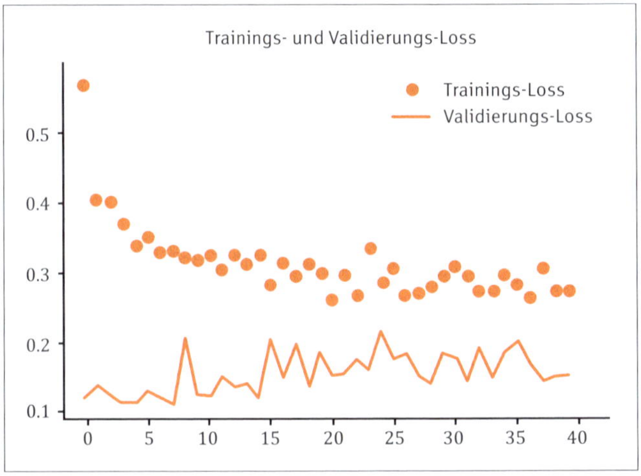

Abbildung 13.15 Verlustentwicklung über 40 Trainingsepochen

Aufgabe

Versuchen Sie, statt auf *Inception-v3* auf ein anderes vortrainiertes Netzwerk zurückzugreifen, zum Beispiel auf *ResNet50*. Listing 13.22 müsste dazu so verändert werden, dass ResNet50 importiert wird:

```
from tensorflow.keras.applications.resnet50 import ResNet50
```

Die Initialisierung ist bis auf die Eingabedimension des Bildes (224,224,3) gleich. Achten Sie außerdem darauf, dass Sie die richtige Bildvorbereitungsfunktion importieren: `preprocess_input`. Natürlich können und sollen Sie auch mit dem Prädiktionsblock experimentieren und auch hier die Hyperparameter verändern.

13.3 Erträumte Bilder

Im Jahre 2015 präsentierte Google eine Methode, die als *DeepDream* bezeichnet wird. Alexander Mordvintsev hatte diese Methode entwickelt, und ihre Veröffentlichung initiierte einen regelrechten Internet-Hype. Forscher im Deep-Learning-Bereich wollten wissen, was ihre Convolutional Neuronal Nets so träumen.

Abbildung 13.16 zeigt links ein Beispiel einer Herbstlandschaft und rechts das Bild nach der Anwendung eines DeepDream-Algorithmus, also die geträumte Variante.

Abbildung 13.16 Bild einer Herbstlandschaft und die Traumvariante (Quelle: Wikimedia Commons)

13.3.1 Der Algorithmus

Aber wie funktioniert nun dieser DeepDream-Algorithmus? Kurz zusammengefasst, besteht er aus drei Schritten:

1. Starte mit einem Eingabebild.
2. Verarbeite das Eingabebild mit unterschiedlichen Auflösungen (Stufen).
3. Für jede Stufe maximiere die Aktivierung einer Menge an Schichten und mische die Resultate.

Im Unterschied zu anderen Anwendungen müssen wir weder ein Netz trainieren noch Gewichte durch Training modifizieren. Im Gegenteil, wir lassen die Gewichte, wie sie sind, und modifizieren stattdessen das Eingabebild. Das modifizierte Eingabebild wird in anderer Auflösung wieder dem CNN zugeführt – wir lassen das CNN also verkehrt durchlaufen. Genauer gesagt kreieren wir eine *Rückkopplungsschleife*, bei der das mit jeder Stufe modifizierte Eingabebild dem CNN zugeführt wird.

Rückkopplung-(Feedback-)Schleife

In einem Prozess gibt es meist eine Eingabe und eine Ausgabe. Die Eingabe wird modifiziert (zum Beispiel durch ein neuronales Netz geschickt), und man erhält eine Ausgabe. Wird dieser Prozess erneut durchlaufen und verwendet man die Ausgabe der vorherigen Stufe als Eingabe der nächsten Stufe, so erhält man eine sogenannte *Rückkopplungsschleife*, wie auch in Abbildung 13.17 skizziert.

Wir verwenden dazu wieder ein vortrainiertes Netz – das *Inception_v3*. Für die Implementierung sind alle geeignet, aber sie beeinflussen natürlich die Ergebnisse: CNN, die auf Basis des *ImageNet*-Datensatzes trainiert wurden, enthalten vermehrt Elemente von Hunden, Katzen und Vögeln. Aus diesem Grund enthalten dann die DeepDream-Bilder Elemente dieser Objekte.

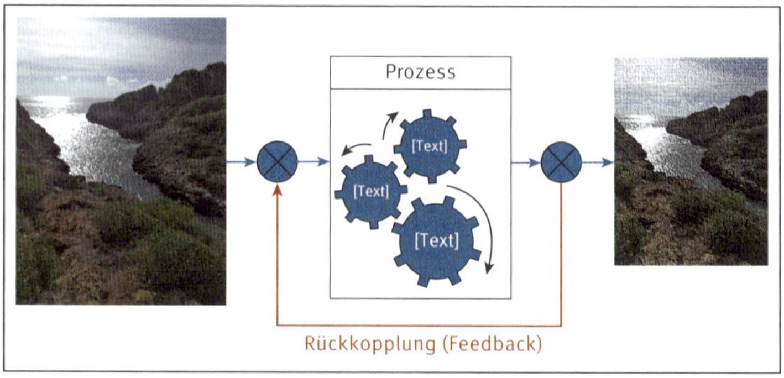

Abbildung 13.17 Diagramm einer Rückkopplungsschleife

Für den eigentlichen Algorithmus müssen wir eine Bildpyramide erstellen, indem wir das Originalbild um einen gewissen Faktor reduzieren. In unserem Programmbeispiel verwenden wir den Faktor 2. Das machen wir natürlich nicht unendlich, sondern wir wählen eine gewisse Anzahl an Stufen, üblicherweise 5 bis 6. Und genauso oft wird das Bild reduziert, wie in Abbildung 13.18 dargestellt.

Abbildung 13.18 Fünfstufige Bildpyramide

Wir beginnen den Algorithmus mit dem kleinsten Bild und das lassen wir im CNN »träumen«, indem wir für die Optimierung auf die Eingabe ein Gradientenaufstiegsverfahren anwenden, das wir noch auswählen müssen. Dabei versuchen wir, die Aktivierung ganzer Layer zu maximieren. Wir wählen eine Verlustfunktion (*Loss*), bei der eine ausgewählte Anzahl von Layern einen gewissen Beitrag leistet. Die Auswahl der Gewichte steuert das Träumen ein bisschen; die ersten Layer führen zu geometrischen Mustern, die späteren Layer führen zu Darstellungen, in denen komplexe Objekte (zum Beispiel ein Hundekopf, ein Vogel) im Ergebnis abgebildet werden.

Wie in Abbildung 13.19 dargestellt, wird nach einer Traumstufe das Ergebnis in beiden Dimensionen (also Höhe und Breite) hochskaliert. Dadurch verlieren wir natürlich viele Details. Aber wir können uns helfen, indem wir das Traumergebnis mit dem passenden Originalbild aus unserer zu Beginn erstellten Bildpyramide kombinieren, um Details zu erhalten. Diese neue Bildkombination schicken wir dann erneut in die Traumwelt.

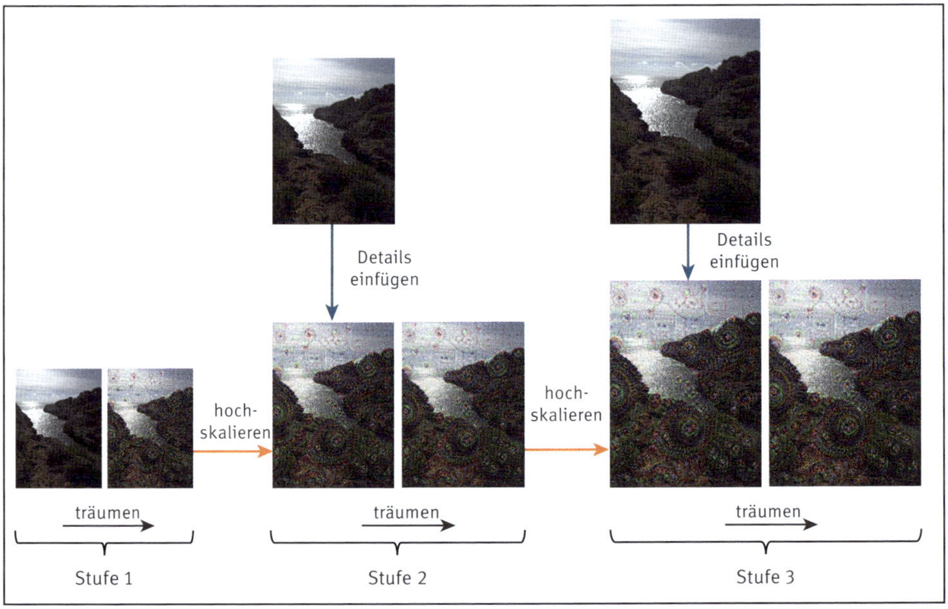

Abbildung 13.19 Bildhafte Darstellung des stufenweisen DeepDream-Algorithmus

13.3.2 Die Implementierung

Zuallererst importieren wir wie üblich alle benötigten Bibliotheken, aus denen wir Funktionen oder Klassen für die Programmierung benötigen:

```
import numpy as np

# IPython.display brauchen wir, um die Ausgabe einer
# Zelle zu löschen - sehr praktisch
from IPython.display import clear_output

import matplotlib as mpl
from matplotlib import pyplot as plt

from tensorflow.keras.preprocessing import image
import tensorflow as tf
```

Listing 13.28 Import der Bibliotheken und Funktionen

Wir können wieder jedes vortrainierte CNN verwenden, diesmal benutzen wir das *Inception_v3*.

Dann definieren wir uns einige nützliche Funktionen, die Bilder im Jupyter Notebook darstellen, die Datentypen des Bildes von Fließkomma (Float) in Ganzzahl (Integer) umwandeln und umgekehrt sowie für das richtige Eingabeformat für unsere Netzwerkarchitektur Inception_v3 sorgen:

```
# Normalisiere das Bild
def deprocess(img):
  img = 255*(img + 1.0)/2.0
  return tf.cast(img, tf.uint8)

# Bildanzeige
def show(img):
  plt.figure(figsize=(12,12))
  plt.grid(False)
  plt.axis('off')
  plt.imshow(img)
  plt.show()
```

Listing 13.29 Nützliche Bildfunktionen

Die Funktion `show_img()` dient lediglich dazu, Bilder in Jupyter Notebook darzustellen, und bedient sich der `matplotlib`-Bibliothek. Die Funktion `deprocess()` transformiert die Pixelwerte des Ergebnisbildes in den Bereich (0, 255), um es entsprechend ausgeben zu können.

Als weitere Vorbereitung laden wir uns ein Bild einer Strandszene aus Mallorca, das anschließend im neuronalen Netz »verträumt« wird (als ob der Strand nicht schon traumhaft genug wäre):

```
import os

basedir = 'deepdream'
original_image = os.path.join(basedir,'mallorca.jpg')
final_image = os.path.join(basedir,'mallorca_dream.jpg')

original_img = np.array(original_img)

show(original_img)
```

Listing 13.30 Laden des Originalbildes und Anzeige des geladenen Bildes

Die Strandszene aus Mallorca haben Sie bereits in Abbildung 13.18 gesehen. Verwenden Sie auch eigene Bilder, und passen Sie die Variable `basedir` entsprechend der eigenen Verzeichnisstruktur an.

Nun laden wir uns das Netzwerk, das wir träumen lassen. Diese Netzwerkstruktur, hier *Inception_v3*, wird mit Gewichten versehen, die aus dem Training mit dem ImageNet-Datensatz entstehen:

```
base_model = tf.keras.applications.InceptionV3(include_top=False, weights=
'imagenet')
base_model.summary()
```

Listing 13.31 Laden des Modells »Inception_v3«

Abbildung 13.20 zeigt einen Ausschnitt aus seiner Struktur.

Es gibt mehrere Möglichkeiten, das Träumen zu steuern. In Listing 13.32 definieren wir die Schichten, die wir für das Träumen verwenden, und ihre Gewichtung. Je höher das Gewicht ist, desto mehr trägt die Schicht zum Lernen bei.

```
# Ziel ist die Maximierung der Aktivierung in diesen Layern
names = ['mixed3', 'mixed5']
layers = [base_model.get_layer(name).output for name in names]

# Unser Traummodell basiert auf Inception_v3
dream_model = tf.keras.Model(inputs=base_model.input, outputs=layers)
```

Listing 13.32 Schichten, die für das Träumen verwendet werden

```
_________________________________________________________________
Layer (type)                 Output Shape              Param #
=================================================================
input_3 (InputLayer)         (None, None, None, 3)     0
_________________________________________________________________
block1_conv1 (Conv2D)        (None, None, None, 64)    1792
_________________________________________________________________
block1_conv2 (Conv2D)        (None, None, None, 64)    36928
_________________________________________________________________
block1_pool (MaxPooling2D)   (None, None, None, 64)    0
_________________________________________________________________
block2_conv1 (Conv2D)        (None, None, None, 128)   73856
_________________________________________________________________
block2_conv2 (Conv2D)        (None, None, None, 128)   147584
_________________________________________________________________
block2_pool (MaxPooling2D)   (None, None, None, 128)   0
_________________________________________________________________
block3_conv1 (Conv2D)        (None, None, None, 256)   295168
_________________________________________________________________
block3_conv2 (Conv2D)        (None, None, None, 256)   590080
_________________________________________________________________
block3_conv3 (Conv2D)        (None, None, None, 256)   590080
_________________________________________________________________
block3_conv4 (Conv2D)        (None, None, None, 256)   590080
_________________________________________________________________
block3_pool (MaxPooling2D)   (None, None, None, 256)   0
_________________________________________________________________
block4_conv1 (Conv2D)        (None, None, None, 512)   1180160
_________________________________________________________________
block4_conv2 (Conv2D)        (None, None, None, 512)   2359808
_________________________________________________________________
block4_conv3 (Conv2D)        (None, None, None, 512)   2359808
_________________________________________________________________
block4_conv4 (Conv2D)        (None, None, None, 512)   2359808
_________________________________________________________________
block4_pool (MaxPooling2D)   (None, None, None, 512)   0
_________________________________________________________________
block5_conv1 (Conv2D)        (None, None, None, 512)   2359808
_________________________________________________________________
block5_conv2 (Conv2D)        (None, None, None, 512)   2359808
_________________________________________________________________
block5_conv3 (Conv2D)        (None, None, None, 512)   2359808
_________________________________________________________________
block5_conv4 (Conv2D)        (None, None, None, 512)   2359808
_________________________________________________________________
block5_pool (MaxPooling2D)   (None, None, None, 512)   0
=================================================================
Total params: 20,024,384
Trainable params: 20,024,384
Non-trainable params: 0
```

Abbildung 13.20 Ein Ausschnitt der Netzwerkstruktur von »Inception_v3« (Ausgabe von »model.summary()«)

Die Bezeichnung der Schicht muss direkt aus der Struktur übernommen werden. In Abbildung 13.20 sehen Sie in der linken Spalte die Bezeichnung der Netzwerkschicht. Nehmen Sie für das Träumen ein anderes Modell, müssen Sie die entsprechende Bezeichnung übernehmen.

Dann definieren wir Funktionen, die es uns erlauben, den Loss- und den Gradientenwert unseres Bildes zu holen (siehe Listing 13.33). Erinnern wir uns: Das Ziel ist die Maximierung der Aktivierung ganzer Schichten.

```
def calculate_loss(img, model):
  # Forward Pass des Bildes durch das Inception_v3, um die Aktivierung
  # zu erhalten
  img_batch = tf.expand_dims(img, axis=0)
  layer_activations = model(img_batch)

  losses = []
  for act in layer_activations:
    loss = tf.math.reduce_mean(act)
    losses.append(loss)

  return  tf.reduce_sum(losses)
```

Listing 13.33 Loss- und Gradientenfunktion für den Optimierungsprozess

Für jede Optimierungsaufgabe müssen wir die Verlustfunktion berechnen – diese Aufgabe haben wir mit Listing 13.33 erfüllt: Beachten Sie, dass wir hier die Schichten verwenden, die wir in Listing 13.32 festgelegt haben.

Damit bleibt uns noch, eine Funktion zu definieren, die die Optimierung an sich durchführt, wobei wir `tf.GradientTape()` verwenden – eine Neuerung in TensorFlow 2, die es uns auf einfache Weise erlaubt, die Gradienten zu berechnen:

```
@tf.function
def deepdream(model, img, step_size):
    with tf.GradientTape() as tape:
      # Wir brauchen Gradienten relativ zu `img`
      tape.watch(img)
      loss = calculate_loss(img, model)

    # Berechne Gradient der Lossfunktion in Bezug zu den Bildwerten
    # des Eingabebildes
    gradients = tape.gradient(loss, img)

    # Normalisiere die Werte des Gradienten
    gradients /= tf.math.reduce_std(gradients) + 1e-8

    # Im Gradientenanstieg wird der Loss maximiert, sodass das Eingabebild
    # die Layer immer mehr "anregt"
```

```
    # Das Bild wird modifiziert durch Addition des Gradienten
    img = img + gradients*step_size
    img = tf.clip_by_value(img, -1, 1)

    return loss, img
```

Listing 13.34 Optimierungsfunktion zum Träumen

@tf.function – was ist denn das?

@tf.function ist eine sogenannte *Decorator*-Funktion und wird auf eine Originalfunktion angewandt. Vereinfacht gesagt, schmückt sie die Originalfunktion (in unserem Fall deepdream()) aus, wie der Name schon andeutet. Am einfachsten lässt sich ein Decorator durch ein Beispiel erklären. Dazu dient nun Listing 13.35, in dem wir eine Decorator-Funktion @timeit definieren:

```
import time

# Das ist unsere Decorator-Funktion
def timeit(original_fn):
    def decorator_fn(*args, **kwargs):
        start = time.time()
        res = original_fn(*args, **kwargs)
        end = time.time()
        print('func:%r args:[%r, %r] Ergebnis: %r Zeit:
 %2.6f sec' % (original_fn.__name__,args, kwargs, res, end - start))

    return decorator_fn

@timeit
def add(x, y):
    return x + y

add(3,4)
#Ausgabe:
func: 'add' args:[(3, 4), {}] Ergebnis: 7 Zeit: 0.000000 sec
```

Listing 13.35 Der »@timeit«-Decorator

Die Originalfunktion add() wird durch den @timeit-Decorator so ausgeschmückt, dass für die Ausführung der Funktion add() neben dem Ergebnis auch die Ausführungszeit der Originalfunktion gemessen und ausgegeben wird.

Die Ausschmückung durch `@tf.function` ist etwas komplexer und transformiert eine Python-Funktion in eine TensorFlow-Graph-Repräsentation zur optimierten Berechnung.

In der Funktion `deepdream()` verwenden wir die Verlustfunktion `calculate_loss()`, um die Aktivierung an den ausgewählten Layern zu berechnen, und `tf.GradientTape()` zur Berechnung des Gradienten.

Nachdem wir nun alle notwendigen Funktionen beisammenhaben, starten wir unsere Rückkopplungs-Traumschleife mit folgender Funktion:

```
def run_deepdream_feedback(model, img, steps=100, step_size=0.01):
  # Konvertierung von uint8 in den Bereich, der von Inception_v3 erwartet wird.
  img = tf.keras.applications.inception_v3.preprocess_input(img)

  for step in range(steps):
    loss, img = deepdream(model, img, step_size)

    if step % 100 == 0:
      clear_output(wait=True)
      show(deprocess(img))
      print ("Step {}, loss {}".format(step, loss))


  result = deprocess(img)
  clear_output(wait=True)
  show(result)

  return result
```

Listing 13.36 Der Traumprozess

Bis hierhin haben wir nun unser Bild mehrfach durch unser vortrainiertes Netz gejagt, das versucht hat, irgendwelche Muster zu entdecken. Wenn es auch nur ansatzweise ein Muster entdeckt, dann verstärken wir das und geben es in der Rückkopplungsschleife zurück. Jetzt müssen wir noch unsere Bildpyramide (d. h. Oktaven) einbauen, um ein höherauflösendes Bild zu erhalten:

```
OCTAVE_SCALE = 1.3


img = tf.constant(np.array(original_img))
base_shape = tf.cast(tf.shape(img)[:-1], tf.float32)
```

```
for n in range(5):
  new_shape = tf.cast(base_shape*(OCTAVE_SCALE**n), tf.int32)

  img = tf.image.resize(img, new_shape).numpy()

  img = run_deepdream_feedback(model=dream_model, img=img, steps=500,
step_size=0.001)

show(img)
```

Listing 13.37 Lauf durch die Pyramide und Ausgabe des Ergebnisbildes (siehe Abbildung 13.21)

Abbildung 13.21 Original und Traumbild auf Basis von Inception_v3

Aufgabe

Lassen Sie auf Basis dieses Codes verschiedene Bilder träumen. Variieren Sie die Parameter, zum Beispiel die `layers`-Gewichte in Listing 13.32, oder nehmen Sie eine Pyramide mit mehr Stufen oder unterschiedlicher Skalierung (siehe Listing 13.37) und erhöhen Sie die Anzahl der Iterationen in der Funktion `run_deepdream_feedback()` (siehe Listing 13.36). Sie können aber statt *Inception_v3* auch ein anderes der bekannten vortrainierten Netze verwenden, wobei Sie darauf achten müssen, die richtigen Layer-Bezeichnungen zu verwenden.

13.4 Deployment mit vortrainierten Netzen

In den bisherigen Beispielen haben wir uns mit neuronalen Netzen, deren Aufbau, dem Training und der Darstellung beschäftigt. Nun wollen wir einen einfachen Weg zeigen, um ein trainiertes Netzwerk auch als Produkt über eine Webapplikation zur Verfügung zu stellen. Dazu bedienen wir uns wieder der Bibliotheken, die uns die Plattform *Hugging Face* (siehe Abschnitt 8.3, »Transfer Learning mit Transformer Neural Networks«) zur Verfügung stellt.

Das erste Beispiel verwendet ein vortrainiertes neuronales Netz, das als Eingabe ein Bild erwartet und eine entsprechende textuelle Beschreibung des Bildes ausgibt, kurz: eine Bild-to-Text-Aufgabe. Dieses Netz wollen wir über eine Webapplikation zur Verfügung stellen, sodass ein Benutzer ein Bild hochladen kann und eine entsprechende Bildbeschreibung erhält. Für die Erstellung der Webapplikation verwenden wir `gradio`, eine Bibliothek, die wir mit dem Befehl `!pip install gradio` (entweder in einer Code-Zelle oder via Anaconda-Umgebung) installieren können.

Gradio

Gradio ist eine Open-Source-Bibliothek, die es Entwicklern ermöglicht, benutzerfreundliche Webschnittstellen für Machine-Learning-Modelle und andere Anwendungen schnell zu erstellen. Mit Gradio können Modelle interaktiv getestet und genutzt werden, indem sie in einer Webanwendung präsentiert werden, ohne dass umfangreiche Programmierkenntnisse erforderlich sind. Gradio unterstützt verschiedene Eingabe- und Ausgabekomponenten wie Bilder, Text und Audio und erleichtert so die Visualisierung und Nutzung von ML-Modellen in Echtzeit. Gradio ist besonders nützlich für die Erstellung von Prototypen, Demo-Anwendungen und zur Kollaboration.

13.4.1 Eine Webapplikation für ein neuronales Netz zur Erzeugung von Bildbeschreibungen

Sie wissen ja schon, wie einfach eine `pipeline` mit der *Transformer*-Bibliothek erstellt werden kann, aber bevor wir damit beginnen, müssen wir die `gradio`-Bibliothek noch installieren. Dafür wählen wir ein entsprechendes Modell für die Image-to-Text-Aufgabe, nämlich `Salesforce/blip-image-captioning-large`:

```
from transformers import pipeline

mypipe = pipeline("image-to-text", model=" Salesforce/blip-image-captioning-
large", device="cuda")
mypipe("https://huggingface.co/datasets/Narsil/image_dummy/resolve/main/
parrots.png")
# Ausgabe:
[{'generated_text': 'there are two parrots that are standing next to each
other'}]
```

Listing 13.38 Bildbeschreibung mit der Transformer-Bibliothek

In diesem Programmcode definieren wir die Aufgabe sowie das dazugehörige Modell und übergeben der Pipeline mypipe ein Bild – in diesem Fall das Bild eines Papageis, das via Hugging Face zur Verfügung gestellt wird. Überprüfen wir die Richtigkeit der Ausgabe anhand von Abbildung 13.22.

Abbildung 13.22 Bild von zwei Papageien

Aber wie stellen wir das nun als Webapplikation zur Verfügung? Falls Sie nun ein elendslanges Programm erwarten, müssen wir Sie enttäuschen:

```
import gradio as gr

gr.Interface.from_pipeline(mypipe).launch(share=True)
# Ausgabe:
Colab notebook detected. To show errors in colab notebook, set debug=True in
launch()
Running on public URL: https://94b05d4907012a73df.gradio.live

This share link expires in 72 hours. For free permanent hosting and GPU upgra-
des, run `gradio deploy` from Terminal to deploy to Spaces (https://hugging-
face.co/spaces)
```

Listing 13.39 Webapplikation via Gradio

Die URL *https://94b05d4907012a73df.gradio.live* ist nun für 72 Stunden gültig, kann aber dauerhaft via Hugging Face erstellt werden. Dies geschieht mit dem Befehl `!gradio deploy`. Selbstverständlich wird diese URL bei Ihnen etwas anders aussehen.

Abbildung 13.23 Webapplikation mit Gradio zum Hochladen eigener Bilder

Zu dem Bild in Abbildung 13.23 hat die Webapplikation die Beschreibung »neuronale netze programmieren mit python« ausgegeben. Das ist nicht ganz perfekt, weil sie kein Buch erkennt, aber durchaus passend.

13.4.2 Eine Webapplikation für die Bilderzeugung

Die sogenannte *generative KI*, also Modelle, die Texte, Bilder, Audio und Videos erstellen können, haben in den letzten Jahren sehr an Bedeutung gewonnen. Wir wollen hier ein sogenanntes *Stable-Diffusion-Modell* besprechen, das in der Lage ist, anhand eines Textes (auch *Prompt* genannt) ein Bild zu erzeugen. Wir gehen ähnlich vor wie in Abschnitt 13.4.1, »Eine Webapplikation für ein neuronales Netz zur Erzeugung von Bildbeschreibungen«, definieren aber die notwendigen Einträge für die Erzeugung der Webapplikation via Gradio selbst:

```
from diffusers import StableDiffusionPipeline
import torch

model_id = "runwayml/stable-diffusion-v1-5"
SDpipe = StableDiffusionPipeline.from_pretrained(model_id, torch_dtype=
torch.float16)
SDpipe = SDpipe.to("cuda")
```

Listing 13.40 Ein Stable-Diffusion-Modell für die Bilderzeugung

Hier verwenden wir die Bibliotheken `diffusers`, die von Hugging Face speziell für die Verwendung von Diffusionsmodellen zur Bilderzeugung entwickelt wurde, und `torch`, eine Neuronale-Netze-Bibliothek, die ähnliche Leistungen erbringt wie die uns bestens bekannte Bibliothek `tensorflow`.

Für die Webapplikation definieren wir nun die Eingabe (`inputs`), die Ausgabe (`outputs`) und eine Funktion, die die Eingabe in die Ausgabe überführt (`fn`). Diese Funktion, wir nennen sie `get_completion`, wird dann dem Gradio-Interface übergeben und erwartet einen Prompt. Anschließend gibt sie das mithilfe des Modells `runwayml/stable-diffusion-v1-5` generierte Modell zurück.

13

```
import gradio as gr

def get_completion(prompt):
  negative_prompt = """
  simple background, duplicate, low quality, lowest quality,
  bad anatomy, bad proportions, extra digits, lowres, username,
  artist name, error, duplicate, watermark, signature, text,
  extra digit, fewer digits, worst quality, jpeg artifacts, blurry
  """
  return SDpipe(prompt, negative_prompt=negative_prompt).images[0]


genai_app = gr.Interface(fn=get_completion,
    inputs=[gr.Textbox(label="Ihr Prompt")],
    outputs=[gr.Image(label="Resultat")],
    title="Erzeuge coole Bilder",
    description="Erzeuge beliebige Bilder mit Stable Diffusion",
    allow_flagging="never",
```

```
    examples=["astronaut, riding a horse, on mars",
              "cargo ship, flying, in space"])
genai_app.launch()
```

Listing 13.41 Webapplikation für Stable Diffusion

Mit diesem Code wird nun eine Gradio-App erstellt, die es uns erlaubt, beliebige Prompts einzugeben und ein Bild zu generieren, wie in Abbildung 13.24 dargestellt.

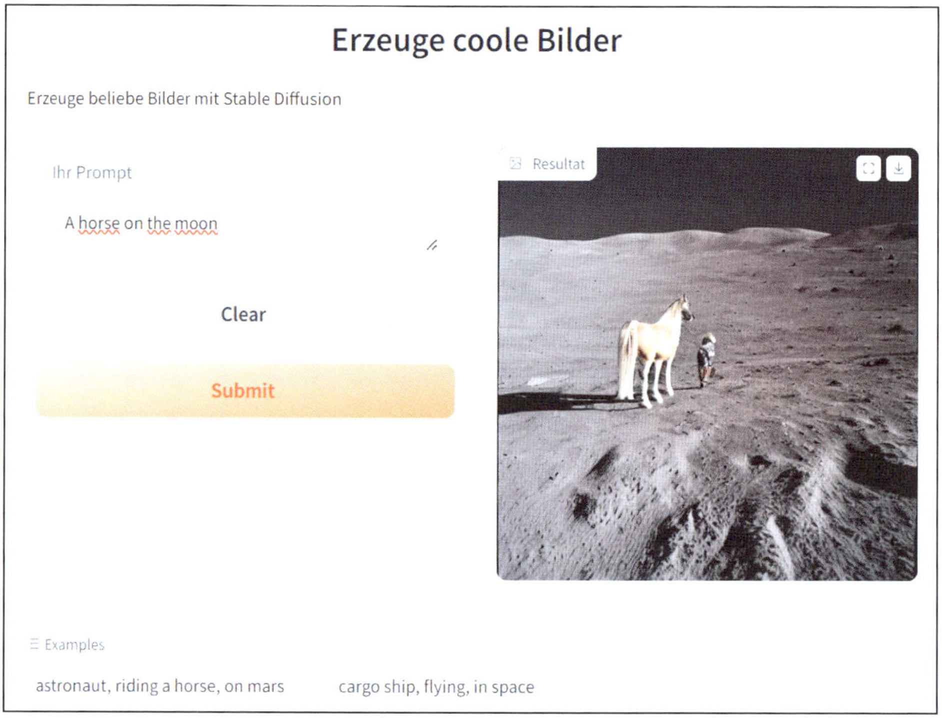

Abbildung 13.24 Webapplikation zur Bilderzeugung

13.5 Zusammenfassung

In diesem Kapitel haben wir einige Anwendungsbeispiele für Regressions- und Bildklassifikationsaufgaben gezeigt. Wir haben eigene CNN mittels `tensorflow.keras` kreiert und trainiert. Die Verwendung von vortrainierten Netzen wie *Inception-v3*, *ResNet50* oder *VGG19* erleichtert die Bildklassifikation bei einer kleinen Bilddatentrainingsmenge. Um zu sehen, welche Informationen sich in einem tiefen neuronalen Netz befinden, wurde der *Deep-Dream*-Algorithmus implementiert – das Träumen eines tiefen Netzes gehört zur Klasse der generativen Netzwerke. Um ein Stück in Richtung Deployment zu gehen, haben wir anhand der *Transformer*-Bibliothek und *Gradio* gezeigt, wie Sie vortrainierte Netzwerke als Webapplikation zur Verfügung stellen können.

13.6 Referenzen

- California-Housing-Datensatz: *https://www.kaggle.com/datasets/camnugent/california-housing-prices*
- David Harrison Jr. und Daniel L. Rubinfeld, Hedonic housing prices and the demand for clean air. In: Journal of Environmental Economics and Management, Vol. 5, Issue 1, March 1978, p. 81–102
- Naive-Bees-Datensatz: *www.drivendata.org/competitions/8/naive-bees-classifier/page/31*
- DeepDream von Alexander Mordvintsev: *https://znah.net*
- TensorFlow und Keras: *www.tensorflow.org/guide/keras*
- Gradio: *https://www.gradio.app/*

Anhang

Anhang A
Python kompakt

Das Leben gleicht einer Achterbahn: Wenn es bergab geht, fangen wir an zu schreien; wenn es hinaufgeht, bewundern wir die Aussicht.

Auch die Tätigkeit des Programmierens ist wie eine emotionale Achterbahn, ein ständiger Wechsel zwischen himmelhoch jauchzend (wenn das Programm das tut, was es soll) und tief betrübt (wenn man stundenlang über dem Programm brütet und den Fehler noch immer nicht entdeckt hat).

Hinzu kommt, dass Begriffe wie *objektorientiert*, *rekursiv*, *Lambda* und *dynamische Typisierung* die Welt der Programmierung etwas mystifizieren und es dem Unbedarften schwermachen, die ersten Schritte zu wagen.

Zu unserem Glück hat sich im Bereich der neuronalen Netze eine Programmiersprache namens Python etabliert, die mehrere Vorteile bietet:

- Python wird in einem offenen, gemeinschaftsbasierten Entwicklungsmodell geführt (*Open Source* durch die Python Software Foundation). Das bedeutet, die Sprache ist im Rahmen einer bestimmten Lizenz frei verfügbar, und nicht nur das: Auch der Quellcode zu Python ist offen für jedermann.
- Python hat eine knappe, gut lesbare Syntax, was zu einem einfach aufgebauten und verständlichem Programmiercode führt. Das wird dadurch erreicht, dass die Sprache mit relativ wenigen unterschiedlichen Sprachkonstrukten auskommt und sehr oft mit Einrückungen statt mit Klammern arbeitet.
- Python verfügt über eine sehr große Anzahl von Standardbibliotheken. Diese werden auch *Module* oder *Pakete* genannt und sind im Wesentlichen vorgefertigte Programme, die man verwenden kann und nicht erst selbst programmieren muss. Zusätzlich gibt es von Drittanbietern speziell auch für die Themen Machine Learning und neuronale Netze leistungsfähige Pakete wie *sklearn*, *scipy*, *NumPy*, *TensorFlow* oder *keras*.

Bevor wir aber so richtig loslegen, ist noch zu sagen, dass Programmieren spannend und herausfordernd ist und einfach Spaß macht – besonders mit Python!

Abbildung A.1 Willkommen! »Python« heißt auch die Achterbahn in Efteling, Niederlande. Die Eftelinger scheinen zu wissen, wie sich Programmieren anfühlen kann.

Namensgebung

Die Programmiersprache Python wurde von Guido van Rossum am Centrum Wiskunde & Informatica in Amsterdam entwickelt. Ihren Namen verdankt die Sprache nicht etwa der Riesenschlange, sondern der bekannten BBC-Komödienserie »Monty Python's Flying Circus«.

In diesem Anhang geben wir eine kurze Einführung in Python, die zugegeben nur einen kleinen Teil aller Möglichkeiten dieser Programmiersprache umfassen kann. Unser Ziel ist es, Ihnen einen kleinen Rucksack mit Fertigkeiten zu füllen, die Ihnen die Reise in die Welt des Programmierens von neuronalen Netzen erleichtern.

Achtung

Um die Programmbeispiele hier anwenden zu können, brauchen Sie eine entsprechende Entwicklungsumgebung. In diesem Buch verwenden wir *Anaconda* zur Verwaltung von Python und seinen Paketen und zum Starten von *Jupyter Notebook*, das unser Programmierwerkzeug darstellt.

Zur Installation dieser Werkzeuge erfahren Sie mehr in Kapitel 2, »Das minimale Starterkit für die Entwicklung von neuronalen Netzen mit Python«, das Sie zuerst durcharbeiten sollten.

Um die Codebeispiele nachzuvollziehen, starten Sie dann Jupyter Notebook und tippen die einzelnen Listings in jeweils eine Zelle – oder Sie machen es sich einfach und verwenden die Listings aus dem Downloadmaterial unter *https://www.rheinwerk-verlag.de/5925*.

A.1 Der erste Anstieg – Datentypen, Variablen und Werte

Nun sind Sitz und Gurt eingestellt, und die Python-Achterbahnfahrt beginnt mit folgender Frage: Was ist ein Computerprogramm überhaupt?

Ein Computerprogramm ist eine Folge von exakten Anweisungen, die vom Computer umgesetzt werden, zum Beispiel Zahlen summieren, den Sinus eines Winkels berechnen, Text am Bildschirm ausgeben, eine Seite ausdrucken oder Dateien löschen. Die Ergebnisse dieser Anweisungen hängen natürlich immer von Daten ab, die einem Programm zugeführt werden – über Tastatur, Dateien, als Daten von Sensoren etc. So ist auch ein neuronales Netz ein Computerprogramm, das aber auch Gewichte bzw. Einstellungen mitspeichert. Diese Gewichte steuern die Ausgabe eines neuronalen Netzes und werden durch eine Menge von (Trainings-)Daten gelernt – das Lernen ist auch wiederum eine Folge von Anweisungen, die eben die Gewichte verändert. Der Wert des maschinellen Lernens – und neuronale Netze sind ein Teil der Familie an Verfahren – besteht hier darin, dass durch neue Daten eine ständige Veränderung bzw. Anpassung der Einstellungen und somit der Ausgabe des Computerprogramms erfolgt.

Die Anweisungen werden in einer Hochsprache wie Python von Ihnen in Form eines Programmcodes erstellt. Dieser Programmcode wird wiederum in eine vom Computer lesbare *Maschinensprache* übersetzt. Diese besteht im Wesentlichen aus einer (sehr langen) Folge von Nullen und Einsen.

A.1.1 Variablen sind WERTvoll

Eine der einfachsten Anweisungen ist die Zuweisung von Werten (zum Beispiel einer Zahl, eines Textes, eines Ja/Nein-Werts) zu einer Variable. Eine Variable in Python ist wie ein leeres Behältnis, das unterschiedliche Inhalte haben kann. Im folgenden Beispiel wird dem Behältnis mit Namen `pot` einmal die Zahl `12345` und dann der Text `"Das ist ein Text"` zugewiesen, und mit der Angabe des Variablennamens `pot` wird der Inhalt angezeigt. Eine Besonderheit von Python ist, dass man der Variable `pot` einmal eine Zahl, einmal einen Text, eine Matrix oder ein anderes beliebiges Objekt zuweisen kann, was als *dynamische Typisierung* bezeichnet wird. In vielen anderen Programmiersprachen wird der Datentyp (zum Beispiel Ganzzahl, Fließkommazahl, Text) einer Variable vorher definiert, und sie kann dann nur Werte dieses bestimmten Datentyps enthalten. Python ist da flexibler, wie Listing A.1 beweist:

```
pot = 12345
pot
# Ausgabe:
12345

pot = 'Das ist ein Text'
pot
# Ausgabe:
'Das ist ein Text'
```

Listing A.1 Zuweisung von Werten

Bei einer Zuweisung steht der Name der Variable (bzw. des Behältnisses), die befüllt werden soll, immer auf der linken Seite, gefolgt von einem Gleichheitszeichen `=`. Auf der rechten Seite befindet sich immer die Füllung (*Ausdruck* genannt), und die kann durchaus kompliziert aufgebaut sein: Zahlen können addiert werden (zum Beispiel `3 + 5`, wobei das Plus- und Minuszeichen etc. auch als *Operator* bezeichnet wird).

Die folgenden Ausschnitte enthalten auch einen *Kommentar* zum Programmcode. Dieser Kommentar wird in Python immer mit einem vorangestellten `#` gekennzeichnet. Das bedeutet, der folgende Text wird nicht als Anweisung betrachtet, sondern vom Computer ignoriert. Kommentare dienen beim Programmieren zur Beschreibung des Programmcodes und sind wichtig, da die Logik und die Struktur eines Programms sehr komplex werden können. Selbst erfahrene Programmierer brauchen diese Informationen, um sich später noch in ihrem eigenen Programmcode zurechtzufinden.

```
# Das ist ein erster Kommentar im Programmcode
a = 3 + 5 # ergibt 8 (Kommentar nach Anweisung möglich!)
b = 5 - 8 # ergibt -3

# Die Variablen können auch auf der rechten Seite eingesetzt werden
# Zum Rechnen wird dann einfach die "Füllung" der Variable verwendet
c = (1 + 4) * a # sollte 40 ergeben

# ... und nicht gar so bekannte Operatoren
# abgerundete Division
d = 7 // 4  # ergibt 1
e = -7 // 5
```

```
# Modulo-Operation: Rest einer Division
f = 11 % 3  # ergibt 2
```

Listing A.2 Beispiele zu einfachen Datentypen

```
# und hier erfolgt die Ausgabe unter Verwendung der Funktion print()
print("a =", a)
print("b =", b)
print("c =", c)
print("d =", d)
print("e =", e)
print("f =", f)
# Ausgabe:
a = 8
b = -3
c = 40
d = 1
e = -2
f = 2
```

Listing A.3 Die Funktion »print()«

Die Funktion `print()` verdient etwas mehr Beachtung, sie wird generell für die Ausgabe von Text, Variablen etc. verwendet. `print()` ist auch deshalb bemerkenswert, weil man ihr nahezu beliebig viele Parameter übergeben kann, die dann entsprechend ausgegeben werden. Die meisten Funktionen erwarten dahingegen eine fix vorgegebene Anzahl an Parametern.

A.1.2 1 und 0 ist bool

Da der Computer schlussendlich nur mit 0 und 1 umgehen können muss, ist es auch logisch, dass es einen speziellen Datentyp geben muss, der nur 0 oder 1 enthalten kann. Variablen mit diesem Datentyp nennt man auch *boolesche Variablen*, benannt nach dem englischen Mathematiker, Logiker und Philosophen George Boole. Diese Variablen können eben nur zwei Ausprägungen annehmen, die wir als ja oder nein, 1 oder 0, `True` oder `False` interpretieren. Dieser Datentyp ist auch deshalb so wichtig, weil zusammen mit sogenannten Kontrollstrukturen (die wir in Abschnitt A.2 besprechen) der Ablauf eines Programms sehr gut gesteuert werden kann:

```
# Boolesche Werte
True   # bedeutet ja, 1, on ... True
```

```
False  # bedeutet nein, 0, off ... False

# Man kann die booleschen Werte auch negieren
not True  # entspricht also False
not False # entspricht also True

# Sehr wichtig sind boolesche Operatoren wie
# die Abfrage auf Gleichheit  ==
0 == 1  # ergibt False
2 == 2  # ergibt True

# Abfrage auf Ungleichheit !=
0 != 1  # ergibt True
2 != 2  # ergibt False

# noch mehr Vergleiche: kleiner als <, größer als >,
# kleiner gleich <= , größer gleich >=
1 < 100  # ergibt True
20 < 10  # ergibt False
3 <= 8   # ergibt True
11 >= 11 # ergibt True
# Ausgabe:
True
```

Listing A.4 Boolesche Werte und Operatoren

Die Ausgabe dieses Listings zeigt nur das Ergebnis des letzten Vergleichs. Wer den Kommentaren nicht glaubt, umgibt die Ausdrücke mit einem `print()` – also zum Beispiel `print(2 !=2)`.

A.1.3 Ein Text ist ein String

Natürlich gibt es neben dem booleschen Typ und Zahlen auch noch Text. Üblicherweise werden Texte im Programmierjargon als *String* bezeichnet. Der englische Begriff *string* steht für *Schnur*, *Ablauf*, *Folge* oder *Kette* und bedeutet in unserem Fall eine Kette von aufeinanderfolgenden Zeichen (das können Buchstaben, Ziffern oder auch Sonderzeichen sein).

Jetzt wird es aber etwas schwierig, da ja eigentlich der ganze Programmcode eine Folge von Zeichen ist. Um nun einen Text als Wert einer Variable vom Rest des Programmcodes zu unterscheiden, wird er in Python in einfache oder doppelte Anführungszeichen gesetzt:

```
# Strings werden entweder mit
# einfachen ' Anführungszeichen oder
# doppelten " Anführungszeichen
# umgeben
myText = "Das ist mein erster Python-string"
# oder
myText = 'Das ist mein zweiter Python-string'

# Strings können sogar "addiert", genauer gesagt zusammengefügt werden
addText = "Teil1 und " + "Teil2"

# Es gibt auch eine Funktion, die die Anzahl der Zeichen eines Strings
# errechnet. Das wird auch als Länge eines Strings bezeichnet
lenText = len("Dieser Text hat wie viele Zeichen?")

# Zur Zusammensetzung von Strings gibt es eine
# interessante Funktion: .format()
formatText = "Der {} heisst {}.".format("Hund","Bello"}
print(formatText)
# Ausgabe: 'Der Hund heisst Bello.'

# Ein String ist eine Folge von Zeichen
# Python erlaubt es, mit eckigen Klammern [] auf einzelne Zeichen zuzugreifen
theABC = 'abcdefghijklmnopqrstuvwxyz'
firstLetter = theABC[0] # ACHTUNG: Die Nummerierung beginnt bei 0
lastLetter = theABC[25] # Deshalb hat das 26. Zeichen den Index 25
```

Listing A.5 Ein Text ist ein String.

Mit der Methode `.format()` greifen wir schon etwas vor, weil wir die Funktionsweise von Objekten und Methoden erst später erklären – aber es ist eine tolle Textformatierungsfunktion, die wir schon früher verwenden wollen.

Am Beispiel der Strings können wir eine weitere Besonderheit der Programmiersprache Python zeigen, die als *Slicing* (engl. für »in Scheiben schneiden«) bezeichnet wird. Hierbei handelt es sich um eine einfache Möglichkeit, Teile aus einer Folge von Zeichen herauszuschneiden.

Die Slicing-Indizes beziehen sich eigentlich immer auf die Lücken zwischen den Zeichen einer Zeichenfolge (oder auch einer Liste, eines Arrays …), wie in Abbildung A.2 dargestellt. Somit bedeutet `[2:5]` alles, was zwischen Lücke 2 und Lücke 5 steht.

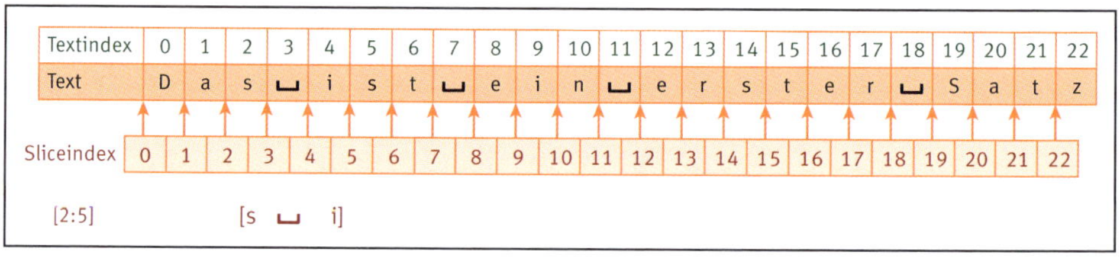

Abbildung A.2 Slicing-Indizes zeigen auf die Lücken zwischen den Buchstaben.

```
# Slicing bei Strings bedeutet das Herausschneiden von Zeichenfolgen
theSentence = "Das ist ein erster Satz"
theSentence[0:3]    # liefert die Zeichen von Textindex 0 bis 2 bzw.
                    # von Lücke 0 bis Lücke 3
# Ausgabe: 'Das'

# … und noch ein paar Beispiele des Slicings
theSentence[4:7]
# Ausgabe: 'ist'

# man kann auch vom Anfang bis zu einer bestimmten Position schneiden
theSentence[:7]
# Ausgabe: 'Das ist'

# oder bis zum Ende einer Folge schneiden
theSentence[8:]
# Ausgabe: 'ein erster Satz'

# und das passiert, wenn eine Position gewählt wird, die es nicht gibt
theSentence [99]
---------------------------------------------------------------------------
IndexError                                Traceback (most recent call last)
<ipython-input-5-003d8dbd3e73> in <module>()
      1 # und das passiert, wenn eine Position gewählt wird, die es nicht gibt
----> 2 derSatz[99]

IndexError: string index out of range
```

Listing A.6 Slicing – das Herausschneiden von Textteilen

A.2 Am Gipfel: wenn – dann – sonst und Schleifen

Wie bereits erwähnt, besteht ein Programmcode aus einer Folge von Anweisungen. Das bedeutet nun nicht, dass immer die gleiche Folge ausgeführt werden soll, sondern das, was getan werden soll, ist interaktiv abhängig von Eingaben eines Menschen oder einer Maschine, von Berechnungen oder von gemessenen Werten. Um das zu erreichen, braucht es Werkzeuge zur Ablaufsteuerung, sogenannte *Kontrollstrukturen*.

A.2.1 Wenn das mal gut geht – die »if«-Anweisung

Eine der wichtigsten Kontrollstrukturen ist die `if`-Anweisung, die zuerst eine Bedingung abfragt, die einen booleschen Wert, nämlich das bereits bekannte `True` oder `False`, zurückliefert und die entsprechenden weiteren Anweisungen ausführt:

```
# Beispiel für die if-Anweisung
age = 5

if age < 4:
    print("Der Wert der Variable age ist kleiner als 4!")
elif age==4:
    print("Der Wert der Variable age ist gleich 4!")
else:
    print("Der Wert der Variable age ist größer 4!")
# Ausgabe: 'Der Wert der Variable age ist größer als 4!'
```

Listing A.7 Ein Beispiel für eine »if«-Anweisung

In Listing A.7 sehen wir plötzlich Einrückungen – nein, die sind kein Druckfehler. In Python werden Befehle zu Blöcken zusammengefasst, indem man sie einrückt. In unserem Beispiel bedeutet das, dass alle gleich eingerückten untereinanderstehenden Befehle zu einem Block gehören. In vielen anderen Programmiersprachen werden solche Befehle mithilfe einer Klammer zusammengefasst, sehr oft mit der Mengenklammer `{}`. Die Zusammenfassung durch Einrückung macht den Programmcode im Allgemeinen besser lesbar – meinen zumindest die Python-Anhänger.

A.2.2 Immer wieder – »for«- und »while«-Schleifen

Schleifen erlauben es, eine Anweisung oder einen Block von mehreren Anweisungen öfter hintereinander durchzuführen, entweder durch eine festgelegte Anzahl von Durchläufen (`for`-Schleifen) oder so oft, bis eine bestimmte Bedingung nicht mehr erfüllt ist (`while`-Schleifen). Diese Bedingung in der `while`-Schleife wird oft auch als *Abbruchbedingung* bezeichnet, obwohl es ja eher eine Durchlaufbedingung ist.

In Python dient die for-Schleife zur Iteration über eine Folge bzw. Sequenz von Objekten. for x in [0,1,2,3]: bedeutet, dass x hintereinander die Werte von 0 bis 3 annimmt. Das sind vier verschiedene Werte, also wird die nachfolgende Anweisung bzw. der folgende Block von Anweisungen genau viermal durchgeführt. Dabei kann der aktuelle Wert von x auch in den Anweisungen der for-Schleife verwendet werden.

```
# eine einfache for-Schleife
myValues = [0,1,2,3]  # eine Folge/Sequenz von Objekten
for x in myValues:
   print("Zahl: {} und Quadratzahl: {}".format(x,x*x))
# Ausgabe:
Zahl: 0 und Quadratzahl: 0
Zahl: 1 und Quadratzahl: 1
Zahl: 2 und Quadratzahl: 4
Zahl: 3 und Quadratzahl: 9

# myValues lässt sich auch mit der Funktion range() erzeugen
myValues = range(0,4) # wie beim Slicing: inklusive 0, exklusive 5
for x in myValues:
   print("Zahl: {} und Quadratzahl: {}".format(x,x*x))
# Ausgabe:
Zahl: 0 und Quadratzahl: 0
Zahl: 1 und Quadratzahl: 1
Zahl: 2 und Quadratzahl: 4
Zahl: 3 und Quadratzahl: 9

# range() ist noch mächtiger, man kann auch ein Intervall bzw.
# eine Schrittgröße angeben: range(start,stop,intervall)
# print() fügt am Ende automatisch einen Zeilenumbruch hinzu und
# mit end='' kann man das verhindern
# Es muss auch nicht immer x sein - es kann ein beliebiger Variablenname
# verwendet werden
myValues = range(0, 10, 2)
for geradeZahl in myValues:
    print(geradeZahl, ", ", end='')
# Ausgabe:
0 , 2 , 4 , 6 , 8 ,
```

```
# oder rückwärts, und diesmal ohne den Umweg über die Variable myValues
for y in range(500,0,-100):
    print(y,", ", end='')
# Ausgabe:
500, 400, 300, 200, 100 ,
```

Listing A.8 »for«-Schleifen mit Zahlenfolgen bzw. -sequenzen

Die Folgen für eine `for`-Schleife können aber aus beliebigen unterschiedlichen Objekttypen bestehen, zum Beispiel aus Strings, booleschen Variablen, Zahlen – also aus allen Objekttypen, die in Python existieren:

```
# Das geht natürlich auch mit anderen Objekten, hier mit einer Folge
# von Strings mit einem Block von zwei Anweisungen
programLanguages = ['Ada','C','C#','Pascal','Modula','PYTHON']
row = 0
for lang in programLanguages:
    row = row + 1
    print(row,". ",lang)
# Ausgabe:
1 .  Ada
2 .  C
3 .  C#
4 .  Pascal
5 .  Modula
6 .  PYTHON

# Sogar mit einer Folge von gemischten Objekttypen funktioniert das.
# Die Funktion type() gibt den Datentyp aus
mixedObjects = ["Text", 1, 4.2, "noch ein Text"]
for obj in mixedObjects:
    print("Wert: {}, Datentyp: {}".format(obj, type(obj)))
# Ausgabe:
Wert: Text, Datentyp: <class 'str'>
Wert: 1, Datentyp: <class 'int'>
Wert: 4.2, Datentyp: <class 'float'>
Wert: noch ein Text, Datentyp: <class 'str'>
```

Listing A.9 Verschiedene Objektsequenzen

Was aber, wenn wir eine Schleife haben wollen, die nicht über eine Liste von Objekten geht? Dafür gibt es die `while`-Schleife. Die Bedingung einer `while`-Schleife liefert einen booleschen Wert – wie Sie schon wissen, ist das `True` oder `False`. Alle Anweisungen innerhalb der `while`-Schleife werden so oft ausgeführt, bis die Bedingung nicht mehr erfüllt ist, also den Wert `False` ergibt, was zum Abbruch der `while`-Schleife führt. Es ist naheliegend, warum diese Bedingung auch als *Abbruchbedingung* bezeichnet wird:

```
# ein einfaches Beispiel
nrLoops = 10
i = 1
sum = 0

while i <= nrLoops:
# Diese Bedingung ist erfüllt, solange i kleiner oder gleich 10 ist,
# liefert also den Wert True, und so lange wird auch der Anweisungsblock
# mit den beiden Anweisungen durchgeführt
    sum = sum + i
    i = i + 1

print("Die Summe ist:", sum)
# Ausgabe:
Die Summe ist: 55

# Man kann die Abbruchbedingung auch an das Ende der Schleife setzen.
# Mit dem Befehl break "springt" man aus einer while-Schleife
nrLoops = 15
i = 1
product = 1

while True:
   product = product * i
   i = i + 1
   if i > nrLoops:
      break
print("Das Produkt ist:",product)
# Ausgabe:
Das Produkt ist: 1307674368000
```

Listing A.10 »while«-Schleifen mit Abbruchbedingung am Anfang oder Ende

A.2.3 Verständnis für Listen – List Comprehension

Python hat mit List Comprehension eine Methode geschaffen, um unter anderem Schleifen eleganter und konziser zu erstellen. Prinzipiell ist es eine kompakte Methode, um Listen aus anderen Objekten, über die man iterieren kann – sogenannten Iterablen – zu erstellen.

Iterable

Ein Iterable ist in Python ein Objekt, das nacheinander über seine Elemente „iterieren" kann, also Element für Element durchlaufen lässt. Die bekanntesten Iterablen sind Listen, Tupel, Zeichenketten (Text) und Dictionaries. Im folgenden Beispiel sehen wir eine Liste und wie wir mit einer for-Schleife darüber iterieren können.

```
meine_liste = [ 10, 20, 30, 40]
for element in meine_liste:
    print(element)
```

Alle Objekte, die in einer for-Schleife verwendet werden können, sind Iterable..

Erstellen wir uns eine Liste quadrate mit den ersten 8 Quadratzahlen. Üblicherweise macht man das in der Programmierung mit einer Schleife.

```
quadrate = []
for x in range(1,8):
    quadrate.append(x**2)
print(quadrate)
# Ausgabe:
[1, 4, 9, 16, 25, 36, 49, 64]
```

Listing A.11 Erstellen einer Liste mit einer Schleife

Wir können das gleiche mittels List Comprehension machen. Der grundlegende Aufbau einer List Comprehension sieht folgendermaßen aus: [Ausdruck for Element in Iterable if Bedingung].

```
quadrate = []
quadrate = [x**2 for x in range(1, 8)]
```

Listing A.12 Erstellen einer Liste mit List Comprehension

Die Funktion range() liefert uns eine Iterable, genauer gesagt alle ganzen Zahlen zwischen 1 und 8.

Wenn wir nur die quadrierten Zahlen aller ungeraden Zahlen zwischen 1 und 8 wollten, können wir das ebenfalls einfach umsetzen.

```
ungerade_quadrate = []
ungerade_quadrate = [x**2 for x in range(1,8) if x % 2 == 1]
print(ungerade_quadrate)
# Ausgabe:
[1, 9, 25, 49]
```

Listing A.13 List Comprehension mit Bedingung

Wir haben einfach die Bedingung `x % 2 == 1` hinzugefügt. Dazu wird der Modulo-Operator `%` verwendet, der uns den Rest einer Division zurückgibt. Bei ungeraden Zahlen ist der Rest bei einer Division durch 2 eben 1.

A.3 Und bergab: Funktionen, Klassen, Module und etwas Griechisch

»Bergab« ist hier natürlich nicht negativ gemeint, sondern beschreibt den Teil der Python-Achterbahnfahrt, den manche Mitfahrer zum Schreien (gut) finden. Hier ist Python richtig mächtig.

A.3.1 Funktionen funktionieren

Funktionen werden üblicherweise dann eingesetzt, wenn bestimmte Codestücke immer wieder vorkommen. Diese Teile werden dann genau einmal als Funktion definiert und können immer wieder verwendet (d. h. aufgerufen) werden. Einige Vertreter solcher Funktionen haben wir in unseren Beispielen bereits eingesetzt – nämlich die `print`-, `range`-, `format`- oder `type`-Funktion. Diese Funktionen gehören zu den sogenannten *Built-in-Funktionen*, da sie originärer Bestandteil von Python sind. Das bedeutet, irgendjemand hat sich schon sehr viele Gedanken zur Implementierung gemacht, und wir als frischgebackene Programmierer*innen können diese Funktionen verwenden.

Ein Funktionsaufruf besteht immer aus einem Funktionsnamen und in runde Klammern gesetzten Parametern, die wir auch als *Argumente* bezeichnen. Was kann für diese Argumente eingesetzt werden? Zuallererst hängt das davon ab, wie eine Funktion definiert ist. Das kann auch bedeuten, dass eine Funktion gar kein Argument braucht. Aber prinzipiell können die Argumente aus unseren bekannten Datentypen, Variablen, aber auch aus anderen Funktionen bestehen.

Wie so oft bei Programmiersprachen werden die Funktionen am besten durch Beispiele erklärt:

```
# Funktionsdefinitionen werden mit dem Schlüsselwort def eingeleitet.
# Funktionen können, aber müssen keine Argumente enthalten.
# Die Anweisungen, die eine Funktion ausführen soll, werden eingerückt
def greetTheWorld():
   print("Hallo Welt!")

# Der Aufruf der Funktion erfolgt wie bekannt
greetTheWorld()
# Ausgabe:
Hallo Welt!

# ... nun grüßen wir jemanden mit Namen,
# das heißt, wir übergeben ein Argument name
def greetings(name):
   print("Hallo {}!".format(name))

greetings("Brunhilde")
greetings("Otto")
# Ausgabe:
Hallo Brunhilde!
Hallo Otto!

# Wir können für das Argument name auch einen Standardwert vergeben.
# Das nennt man auch Default-Wert
def greetingsWithDefault(name="zusammen"):
   print("Hi {}!".format(name))

greetingsWithDefault("Janine")
greetingsWithDefault()
# Ausgabe:
Hi Janine!
Hi zusammen!

# Jetzt schreiben wir eine Funktion mit Zahlen, die einen Wert zurückgibt
def convertCelsius2Fahrenheit(temp_in_Celsius):
   return (temp_in_Celsius *9 / 5) + 32
```

```
# Jetzt mischen wir eine for-Schleife mit dem Funktionsaufruf
for temp in [0.0, 36.0, 100.0, -273]:
    print("°C: {}  : °F: {}".format(temp, convertCelsius2Fahrenheit(temp)))
# Ausgabe:
°C: 0.0   : °F: 32.0
°C: 36.0   : °F: 96.8
°C: 100.0   : °F: 212.0
°C: -274   : °F: -461.2
```

Listing A.14 Funktionen funktionieren

Sie wissen bereits, wie Sie in Python Kommentare eingeben können. Für Funktionen ist es üblich, direkt zu Beginn der Definition in einen Kommentar zu schreiben, was die Funktion tut und wie sie sich verwenden lässt. Dies richtet sich wie eine Gebrauchsanweisung an Programmierer, die die Funktion verwenden – das müssen Sie ja nicht immer selbst sein.

Python bietet dafür eine eigene Syntax an. Schließen Sie den Kommentar in drei Paare doppelter Anführungszeichen ein, um ihn als Kurzbeschreibung der Funktion zu markieren. Diese Beschreibung kann dann während der Programmierung interaktiv aufgerufen oder wie im folgenden Beispiel auch ausgegeben werden:

```
# Jetzt eine Funktion, die eine
# Kurzbeschreibung (Docstring) enthält
def convertFahrenheit2Celsius(temp_in_Fahrenheit):
    """ gibt die Temperatur in Grad Celsius zurück"""
    return (temp_in_Fahrenheit - 32) / 1.8

# Ausgabe einer Kurzbeschreibung mit der help-Funktion
help(convertFahrenheit2Celsius)

# oder Direktzugriff auf den docstring mit __doc__
print("convertFahrenheit2Celsius:", convertFahrenheit2Celsius.__doc__)
# Ausgabe:
Help on function convertFahrenheit2Celsius in module __main__:

convertFahrenheit2Celsius(temp_in_Fahrenheit)
    gibt die Temperatur in Grad Celsius zurück

convertFahrenheit2Celsius:  gibt die Temperatur in Grad Celsius zurück
```

Listing A.15 Kurzbeschreibung (»help«-Funktion oder Docstring) einer Funktion

Manchmal kann es auch vorkommen, dass man bei der Definition einer Funktion noch gar nicht weiß, wie viele Parameter benötigt werden oder welchen Datentyp der Parameter hat (siehe die Funktion `print()`). Aber auch dafür gibt es in Python eine elegante Lösung: Sehen Sie ein Argument vor, und stellen Sie bei der Definition seinem Namen ein Sternchen (*, auch *Asterisk* genannt) voran. Dann geht Python davon aus, dass beim Aufruf der Funktion eine beliebige Anzahl an Parametern eingegeben werden kann, und der Parameter mit dem Asterisk kann als Liste benutzt werden:

```
# berechne den Mittelwert einer beliebigen Anzahl an Werten
def computeAverage(*arguments):
    """Diese Funktion berechnet den Mittelwert einer beliebigen Anzahl an Zahlen"""
    sum = 0
    count = len(arguments)
    for x in arguments:
        sum = sum + x
    return sum/count

print(computeAverage(3.0,5.0))
print(computeAverage(50.0,43.75,10.33,100.35))
# Ausgabe:
4.0
51.1075
```

Listing A.16 Beliebige Anzahl an Argumenten

A.3.2 Etwas Griechisch – Lambda-Funktionen

Der Wert der Lambda-Funktionen, die auch *anonyme Funktionen* genannt werden, erschließt sich nicht auf den ersten Blick, wenn man gerade erst mit dem Programmieren anfängt. Stark vereinfacht lässt sich sagen, dass Lambda-Funktionen zur einfacheren Lesbarkeit beitragen oder besser gesagt zur Verkürzung des Programmiercodes eingesetzt werden. Da wir Lambda-Funktionen in den ersten Kapiteln verwenden, haben sie auch Eingang in diesen Anhang gefunden.

Aber sehen wir uns mal ihre grundsätzliche Syntax an:

```
lambda argumente : ausdruck
```

Listing A.17 Syntax der Lambda-Funktion

Die Anzahl der Argumente ist beliebig, aber es kann nur einen Ausdruck geben.

Da Sie ja jetzt schon wissen, wie man eine herkömmliche Funktion definiert, starten wir mit einer einfachen Additionsfunktion und zeigen dann, wie die Umsetzung mit Lambda-Funktionen aussieht.

```
def add_values(x, y, z):
      return x + y + z

print(5,4,7)
# Ausgabe:
16
```

Listing A.18 Eine einfache Additionsfunktion

Mit einer Lambda-Funktion würde hier der Variablen `add_values` zugewiesen:

```
add_values = lambda x, y, z: x+y+z
print(add_values(x,y,z))
# Ausgabe:
16
```

Listing A.19 Eine einfache Lambda-Funktion

Mehr Worte wollen wir darüber nicht verlieren, denn Lambda-Funktionen können den Programmcode zwar verkürzen, aber auch schwerer verständlich machen.

A.3.3 Klassen sind klasse

Programmiercode von komplexer Software enthält sehr viele Zeilen. Da braucht man eine Möglichkeit, den Code besser zu strukturieren. Eine Möglichkeit durch die vorangegangene Definition von Funktionen haben wir schon besprochen. Eine weitere Option zur klaren Strukturierung des Programmiercodes besteht darin, zusammengehörige Daten und Funktionen zu Objekten zusammenzufassen, wie es in der objektorientierten Programmierung vorgeschlagen wird.

Objektorientierte Programmierung (OOP)

OOP ist ein Programmierparadigma, dessen wesentliche Idee darin besteht, Daten und zugehörige Funktionen zu einem Objekt zusammenzufassen. Zur Umsetzung der objektorientierten Programmierung braucht es Konzepte wie Klassen, Vererbung, Polymorphie oder spätes Binden. Genauere Informationen dazu werden wir im Verlauf des Buches geben, außerdem verweisen wir auf entsprechende weiterführende Literatur.

Klassen sind Vorlagen beziehungsweise Beschreibungen von Objekten und haben natürlich einen Namen und dazugehörige Daten, Eigenschaften und Funktionen. Eine Klasse ist also so etwas wie eine Ausstechform, und die Instanzen dieser Klasse sind die unterschiedlichen Kekse:

```
# Wir verwenden das "class"-Statement, um eine Klasse zu erstellen
class Human:

    # Klassenattribute, die alle Instanzen dieser Klasse teilen
    species = "Homo sapiens"

    # Jede Klasse braucht eine Initialisierung, wenn mittels dieser
    # Klassendefinition ein Objekt bzw. eine Instanz erzeugt wird.
    # In Python ist das eine spezielle Methode __init__, die es für alle
    # Klassen gibt. Wenn Sie keine schreiben, erzeugt Python sie.
    def __init__(self, name):
        # In der Initialisierung werden die Attribute mit Werten belegt.
        # Das macht man mit einem speziellen Parameter: self
        self.name = name
        # Die Variable _age ist "gekapselt", d. h. nur innerhalb
        # der Klasse bekannt.
        # Um diese Variable zu belegen bzw. auszugeben, braucht es eigene Methoden
        self._age = 0

    # Eine erste Methode dieser Klasse.
    # Jede Methode braucht als erstes Argument "self"!
    def greet(self, person):
        print("ich, {greeter}, grüsse {welcomed}!".format(greeter=self.name,
welcomed=person.name))

    # Eine Klasseneigenschaft, die uns die gekapselte Variable age ausgibt
    @property
    def age(self):
        return self._age

    # Diese Klasseneigenschaft belegt den Wert der Klassenvariable _age
    @age.setter
    def age(self, ageInYears):
        self._age = ageInYears
```

Listing A.20 Eine einfache Klassendefinition für einen Menschen

Nun haben wir zwar eine eigene Klasse definiert, jetzt müssen wir sie aber noch mit Leben füllen. Das heißt, wir müssen Objekte mit dieser Vorlage bzw. Beschreibung erstellen. Diese Objekte werden auch als *Instanzen* der Klasse bezeichnet:

```
person1 = Human("Jasmin")
person2 = Human("Ottokar")

person1.age = 40
person2.age = 35

print(person1.age)
person1.greet(person2)

# Ausgabe:
40
ich, Jasmin, grüße Ottokar!
```

Listing A.21 Instanzen unserer Klasse »Human«

Im Verlauf des Buches werden wir immer wieder Klassen verwenden und auf unterschiedliche Aspekte hinweisen.

A.3.4 Module sind in Mode

Wie schon zu Beginn dieses Anhangs erwähnt, ist Python eine offene Programmiersprache, ist somit frei verfügbar, und es gibt eine große Gemeinde, die immer wieder zur Erweiterung von Python beiträgt. Eine Form der Erweiterung sind *Module* zu den unterschiedlichsten Themenbereichen. Module enthalten jeweils eine Sammlung von Datentypen, Funktionen und Klassen. Im Verlaufe dieses Buches werden wir auf viele Module zurückgreifen, deshalb schildern wir hier kurz, wie Module zu verwenden sind.

Um Module verwenden zu können, müssen sie importiert werden. Im folgenden Listing importieren wir ein Mathematikmodul namens `math`. Sobald wir das gemacht haben, stehen uns alle damit verbundenen Daten, Funktionen und Klassen zur Verfügung:

```
import math
print(math.sqrt(16))
# Ausgabe:
4.0
```

Listing A.22 Import von Modulen bzw. Python-Bibliotheken

Sie können auch nur ausgewählte Funktionen eines Moduls importieren:

```
from math import sin, cos, pi
# Die sinus-Funktion sin() erwartet einen Winkel, aber wie?
# Als Grad oder Radiant?
# Wie Sie das herausfinden? Das wissen Sie schon.
print(sin.__doc__)
print(sin(0), sin(pi/2), sin(pi), cos(pi/2))
# Ausgabe:
Return the sine of x (measured in radians).
0.0 1.0 1.2246467991473532e-16 6.123233995736766e-17
```

Listing A.23 Import und Verwendung ausgewählter Funktionen

Wir würden erwarten, dass `sin(pi)` oder `cos(pi/2)` gleich 0 ergibt. Wir erhalten zwar sehr, sehr kleine Zahlen, die aber eben nicht ganz 0 sind. Und warum? Nun, `pi` kann nur bis zu einer gewissen Kommastelle abgebildet werden, somit ist das ein Rundungsfehler.

Manche Modulnamen können sehr lang sein, aber man kann ein verkürztes Alias wählen und zum Beispiel `m` statt `math` schreiben. Dazu dient folgendes `import`-Statement:

```
import math as m
# die Quadratwurzel
m.sqrt(25)
# Ausgabe:
5.0
```

Listing A.24 Aufruf und Verwendung von Modulen

Sie ahnen jetzt schon, dass es eine unglaublich große Anzahl an unterschiedlichen Modulen gibt. Auch deswegen ist die Programmiersprache Python so mächtig.

A.4 Mittendrin – besondere Datentypen für Vektor, Matrix und Tensor

Da wir im Umgang mit neuronalen Netzen viel mit Vektoren und Matrizen hantieren müssen, widmen wir uns in einem eigenen Abschnitt diesen beiden mathematischen Objekten bzw. deren Umsetzung als Datentypen in Python. Während der mathematische Hintergrund in Anhang B dieses Buches beleuchtet wird, begnügen wir uns hier mit einer vereinfachten, aber ausreichenden Beschreibung.

Vektoren sind, einfach gesagt, eine Folge von Zahlen:

$$v = \begin{pmatrix} 2{,}1 \\ 0 \\ 3{,}1 \end{pmatrix}$$

Dieser Vektor v besteht aus einer Folge von drei Zahlen. Die Anzahl der Zahlen bezeichnet man auch als *Dimension* eines Vektors. Vektoren werden auch als *Tensoren 1. Stufe* bezeichnet, womit wir auch schon einen Hinweis auf die Namensgebung des Python-Moduls `tensorflow` erhalten.

Eine Matrix ist ein Feld von Werten. Eine andere Betrachtungsweise ist, sie als Folge von Vektoren gleicher Dimension anzusehen.

$$A = \begin{pmatrix} 2{,}1 & 0 & 6{,}21 & 2{,}1 \\ -3{,}5 & 3{,}45 & 9{,}2 & 1{,}55 \\ 22 & 0{,}45 & 3{,}14 & -32{,}1 \end{pmatrix}$$

Die Matrix A hat in diesem Fall $m = 4$ Spalten und $n = 3$ Zeilen – also insgesamt 12 Elemente.

Und was sind Tensoren?

- Eine Zahl ist ein Tensor 0. Stufe und wird auch Skalar genannt.
- Vektoren als Folge von Zahlen werden auch als Tensoren 1. Stufe bezeichnet.
- Eine Matrix als Folge von Vektoren ist ein Tensor 2. Stufe.
- Man könnte das so weiterführen, und alles, was danach kommt, sind Hypermatrizen oder Tensoren 3., 4., 5. Stufe etc.

A.4.1 Datentypen in Kern-Python

Als *Kern-Python* bezeichnet man alles, was Python ohne Verwendung irgendwelcher Module zur Verfügung stellt – und das ist schon ganz schön viel. Da gibt es zum einen den Datentyp *Liste*, der es erlaubt, eine Folge von Zahlen darzustellen:

```
# Eine vorgefüllte Liste als Darstellung eines Vektors
myValues = [2.1, 0 , 3.1, -5]

# Man kann auch etwas anhängen
myValues.append(11)
print("myValues: \t", myValues)

# und etwas entfernen
myValues.pop()  # entfernt das letzte Element der Liste
```

```
# Zugriff auf einzelne Elemente der Liste
# wie in der Informatik oft üblich, beginnt die Nummerierung bei 0
print("myValues[1]: \t", myValues[1])

# Man kann einzelne Elemente verändern
myValues[1] = 33

# Man kann auch Bereiche aus einer Liste herausheben.
# Das kommt uns bekannt vor -> Slicing.
# Der Bereich geht von Lücke 1 bis Lücke 3
print("myValues[1:3]: \t",myValues[1:3])   #  -> [33, 3.1]
# Lasse den Beginn aus
print("myValues[2:]: \t", myValues[2:])    #  -> [3.1, -5]
# Nimm nur jeden zweiten Eintrag
print("myValues[::2]: \t",myValues[::2])   #  -> [33, -5]
# Drehe die Liste um
print("myValues[::-1]: \t",myValues[::-1])   #  -> [-5, 3.1, 33, 2.1]
# Ausgabe:
myValues:       [2.1, 0, 3.1, -5, 11]
myValues[1]:    0
myValues[1:3]:  [33, 3.1]
myValues[2:]:   [3.1, -5]
myValues[::2]:  [2.1, 3.1]
myValues[::-1]: [-5, 3.1, 33, 2.1]
```

Listing A.25 Listen als Datentyp für die Darstellung von Vektoren

Da hat sich doch in die `print()`-Funktion eine eigenartige Zeichenkombination eingeschlichen: `\t`, eine sogenannte *Escape-Sequenz*, die man für nicht druckbare Elemente verwendet. Dieses Zeichen steht für einen Tabulator und ermöglicht uns die formschöne Ausgabe der Strings und Variablen.

Es gibt natürlich noch weitere interessante Datentypen im Kern-Python, zum Beispiel Tuples, Dictionarys oder Sets, die wir für das Thema dieses Buches aber nicht brauchen. Für Details dazu verweisen wir Sie auf Abschnitt A.6, »Nach der Fahrt ist vor der Fahrt«, mit Hinweisen auf weiterführende Informationen.

A.4.2 Das Modul »numpy« (Numerical Python)

Dieses Modul liefert uns nicht nur den Datentyp `array`, der für die Darstellung von Vektoren, Matrizen bzw. allgemein Tensoren ideal ist, sondern auch die speziellen Rechenoperationen und sonstige nützliche Funktionen, die mit diesen mathematischen Objekten definiert und möglich sind. Dazu ist dieses Modul auch noch sehr schnell und effizient implementiert.

Es kann sein, dass dieses Modul noch nicht installiert wurde. In Kapitel 2, »Das minimale Starterkit für die Entwicklung von neuronalen Netzen mit Python«, lesen Sie, wie das Installieren von Modulen funktioniert.

Listing A.26 zeigt, wie eine Liste erstellt und in ein NumPy-Array umgewandelt wird:

```
# Der schon bekannte Import eines Moduls
import numpy as np

# Wir erstellen zuerst eine Liste (Kern-Python) von Werten = Vektor
myValues = [10, 120, 250, 50, 88, 99, 600]

# Umwandlung in numpy.array
myArray = np.array(myValues)
print(myArray)
# Ausgabe:
[ 10 120 250 50 88 99 600 ]
```

Listing A.26 Das Modul »numpy«

Nehmen wir an, die Werte im folgenden NumPy-Array sind Distanzangaben in Kilometer, und wir wollen die Entsprechung in Meilen berechnen (1 km = 0,621371 Meilen). Hier zeigt sich schon die Mächtigkeit von Python im Allgemeinen und von NumPy im Speziellen:

```
print(myArray * 0.621371)
# Ausgabe:
[ 6.21371 74.56452 155.34275 31.06855 54.680648 61.515729 372.8226 ]
myArrayInMiles = myArray * 0.621371
```

Listing A.27 Umwandlung von ganzen Listen/Arrays

```
type(myArrayInMiles)
# Ausgabe:
numpy.ndarray

# So wird eine Matrix in NumPy dargestellt
A = np.array([ [ 2.1, 0, 6.21, 2.1], [-3.5, 3.45, 9.2, 1.55], [22, 0.45, 3.14,
-32.1]])
print(A)
```

```
# Ausgabe:
[[  2.1    0.     6.21   2.1 ]
 [ -3.5    3.45   9.2    1.55]
 [ 22.     0.45   3.14 -32.1 ]]

# Man kann auch "Spezial"-Arrays erstellen
B = np.ones((3,4))  # erstellt eine 3(Zeilen)x4(Spalten)-Matrix mit 1en

# und einige Arrayoperationen
C = A - B   # Elementweise Subtraktion
print(C)
# Ausgabe:
[[  1.1   -1.     5.21   1.1 ]
 [ -4.5    2.45   8.2    0.55]
 [ 21.    -0.55   2.14 -33.1 ]]

# Transponieren einer Matrix, d. h., man spiegelt die Matrix,
# sodass aus einer 3x4-Matrix eine 4x3-Matrix wird
print(A.T)
# Ausgabe:
[[  2.1   -3.5   22.  ]
 [  0.     3.45   0.45]
 [  6.21   9.2    3.14]
 [  2.1    1.55 -32.1 ]]

# Die Matrixmultiplikation wird folgendermaßen durchgeführt
Czufall = np.random.random((4,3))*3  # Erstelle eine Matrix mit Zufallszahlen
C = np.matmul(A,Czufall)
print(C)
# Ausgabe:
[[ 18.02296147  13.15311799  19.28537819]
 [ 19.77867607  13.74555499  12.58145763]
 [-37.34231983 -30.03962606  37.20194038]]
```

Listing A.28 Der Datentyp »array« des Moduls »numpy« für die Darstellung von Vektoren und Matrizen

Listing A.28 zeigt die Darstellung und einige Operationen von Matrizen (also Tensoren 2. Stufe).

Selbstverständlich bietet auch das Modul `numpy` noch viel mehr, aber für den Einstieg ist diese Information ausreichend.

A.5 Im Ziel – ein fertiger k-NN-Klassifizierer

Wir haben nun viele Elemente der Python-Programmierung studiert und nähern uns mit rasender Geschwindigkeit dem Ende unserer ersten Achterbahnfahrt – dem *k-nächste-Nachbarn-Klassifikator* (k-NN).

Achtung: Doppeldeutige Abkürzung k-NN

Die Abkürzung *k-NN* (auch *KNN* oder *kNN*) wird oft auch für *künstliche neuronale Netze* verwendet, wobei beide Verfahren aber methodisch nichts miteinander zu tun haben, außer dass beide Verfahren, also *k-nächste-Nachbarn* und *künstliche neuronale Netze*, für die überwachte Klassifikation von Daten eingesetzt werden können.

Bevor Sie dieses Verfahren implementieren können, müssen wir noch erklären, was diese Methode macht und wie sie funktioniert.

Klassifikation bedeutet die Einteilung von Objekten in unterschiedliche Kategorien oder Klassen. Dafür brauchen Sie natürlich Objektbeschreibungen, die beim maschinellen Lernen in Form von Merkmalen eines Objekts angegeben werden. Wir verwenden zur besseren Erklärung Zahlen als Merkmale. In Abbildung A.3 werden Objekte (zum Beispiel Quadrate und Dreiecke) durch zwei Merkmale, und zwar Zahlen, beschrieben. Die Zahlen werden auf der x-y-Achse aufgetragen. Somit stellt ein Punkt zwei Zahlen dar, die wiederum ein Objekt darstellen.

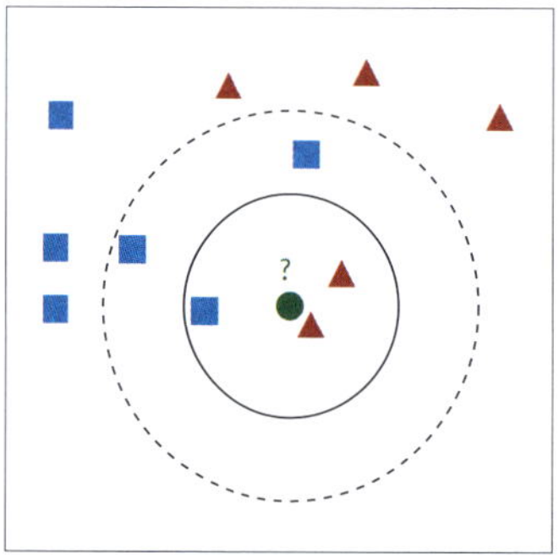

Abbildung A.3 Zwei Objekttypen (blaue Quadrate und rote Dreiecke) und ein Objekt unbekannter Klasse (grüner Kreis)[1]

1 Antti Ajanki, Example of k-nearest neighbour classification, *https://commons.wikimedia.org/wiki/File:KnnClassification.svg*

In Abbildung A.3 werden Vertreter von zwei Klassen dargestellt: blaues Quadrat und rotes Dreieck. In Listing A.30 könnten wir »blaues Quadrat« und »rotes Dreieck« schreiben, wir werden aber handlicher »0« und »1« als Klassenbezeichnungen verwenden.

Als grüner Kreis wird ein Objekt dargestellt, dessen Klasse noch nicht bekannt ist. Die Aufgabe des Klassifikators ist die Bestimmung der Klasse für dieses unbekannte Objekt.

Überwachte Klassifikation bedeutet, dass wir dem Klassifikator eine Menge an Objekten mit bekannter Klasse zur Verfügung stellen. In obigem Beispiel wären das die blauen Quadrate und roten Dreiecke. Mit dieser Liste an Objekten mit bekannter Klasse können wir den Klassifikator trainieren und ihm sozusagen die Muster der Objekte beibringen. Daher finden sich diese Verfahren auch unter dem Sammelbegriff der *Mustererkennung* wieder.

Ein *k-nächste-Nachbarn-Klassifikator* sieht sich nun die k örtlich nächsten bekannten Nachbarn des unbekannten Objekts an und ordnet dem unbekannten Objekt jene Klasse zu, die unter den k örtlich nächsten Nachbarn am häufigsten vorkommt. In unserer Abbildung würden wir bei k = 3 die Klasse »rotes Dreieck« zuordnen, da die drei nächsten Nachbarn (innerhalb des durchgezogenen Kreises) aus zwei roten Dreiecken und nur einem blauen Quadrat bestehen. Würden wir k = 5 wählen (innerhalb des gestrichelten Kreises), so erhielte unser unbekanntes Objekt die Klasse »blaues Quadrat«. An diesem Beispiel sehen Sie eine Herausforderung des maschinellen Lernens, nämlich die Wahl eines optimalen *k* oder, allgemeiner gesagt, der optimalen Parameter, was auch als *Parametrisierungsproblem* bezeichnet wird.

Kommen wir nun aber zur Implementierung unseres Klassifikators. In den vorherigen Absätzen haben wir eine qualitative Beschreibung des Verfahrens geliefert. Zur Implementierung braucht es allerdings eine formale Beschreibung des Algorithmus. Dazu verwendet man häufig einen *Pseudocode*. Pseudocode ist eine formale Auflistung der notwendigen Schritte, die zu einem Ergebnis führen, allerdings ohne Berücksichtigung irgendwelcher formaler Vorgaben einer bestimmten Programmiersprache. Das kann zum Beispiel so aussehen:

```
# Pseudocode für einen k-nächste-Nachbarn-Klassifikator
Für alle unbekannten Objekte i mache Folgendes:
    Berechne die Distanz von jedem bekannten Objekt zum (unbekannten Objekt) i.
    Sortiere die Distanzen nach der Größe, beginnend mit der kleinsten Distanz.
    Bestimme die Häufigkeit der vorkommenden Klassen der ersten k Distanzen.
    Weise die Klasse mit der höchsten Häufigkeit dem unbekannten Objekt i zu.
```

Listing A.29 Pseudocode für einen k-nächste-Nachbarn-Klassifikator

Basierend auf diesem Pseudocode erzeugen wir nun eine Klasse für den k-NN-Klassifikator. Dazu verwenden wir bereits bestehende Module. Wir nutzen hier Funktionen von

Modulen ohne weitere Erklärung, denn das würde an dieser Stelle zu weit führen. Um das Wesentliche zu zeigen, implementieren wir auch keine Fehlerabfragen oder Hilfen.

Als Namen der Klassenfunktionen für das Training und die Klassifikation verwenden wir Bezeichnungen, die in Python-Modulen zu maschinellem Lernen (zum Beispiel *scikit-learn*, *keras*) üblich sind: *fit* für das Training, *predict* für die Klassifizierung.

```
# die folgenden Module liefern uns ...
import numpy as np   # Funktionen zum Sortieren der Distanzen
import numpy.linalg as nl   # Funktionen zur Distanzberechnung
from collections import Counter # Zählen und Bestimmen der häufigsten Klassen

# unsere kNN-Klassifikator-Klasse
class myKNN:
   """k-Nächste-Nachbarn-Klassifikator"""

   def __init__(self, k_neighbours=3):
      """
      Wird zur Initialisierung des Klassifikators aufgerufen
      """
      self.k_neighbours = k_neighbours

   # Trainingsphase des Klassifikators
   # Der kNN-Klassifikator braucht eigentlich kein Training, da
   # die Klassenzugehörigkeit anhand der nächsten Nachbarn bestimmt wird.
   # Wir übernehmen nur die Liste Xb der bekannten Objekte in die Klasse
   def fit(self, Xb, y=None):
      """
      Training des Klassifikators mit Liste der bekannten Objekte Xb
      """
      self.Xb = Xb
      self.y = y

      return self

   def predict(self, Xu, y=None):
      """
      Klassifizierung der Liste der unbekannten Objekte Xu
      """
      # zuerst bereiten wir den Resultatsvektor vor
      classindices = []
```

```
        for i in Xu:
            # Diese Anweisung bestimmt die Distanzen des unbekannten Objekts
            # zu allen bekannten Objekten unserer Liste
            distances = nl.norm(np.transpose(i - self.Xb), axis=0)
            # Sortierung der Distanzen und Liste der ersten k_neighbours-Indizes
            indicesSortedDistances = np.argsort(distances)[:self.k_neighbours]
            # Bestimme die Häufigkeiten der Klassen und gib die häufigste zurück
            mostfrequentClass = Counter(self.y[indicesSortedDistances]).most_com-
mon(1)[0][0]

            # Füge das Ergebnis dem Resultatsvektor hinzu
            classindices.append(mostfrequentClass)
        return classindices
```

Listing A.30 Unsere erste eigene Klasse eines k-NN-Klassifikators

Nun haben wir unsere Klasse definiert, jetzt geht es ans »Kekse-Ausstechen«, d. h., wir erzeugen einige Instanzen und führen Klassifikationen durch.

Wir verwenden dazu den aus Abbildung A.3 bekannten Datensatz mit 10 Objekten, eingeteilt in 2 Klassen: blaue Objekte und rote Objekte. Die Klassen werden üblicherweise nummeriert (blau = 1 und rot = 0), weshalb die Ergebnisse hier auch als Zahl dargestellt sind. Jedes Objekt wird also durch zwei Merkmale beschrieben.

```
# Initialisierung von zwei "Keksen" mit unterschiedlichen Parametern
classificator1 = myKNN(k_neighbours=3)
classificator2 = myKNN(k_neighbours=5)

# Hier nun die x-y-Koordinaten unserer roten und blauen Objekte
# und die dazugehörige Klasse
Xb = np.array([[1, 8.8], [1, 11], [1.2, 15.9], [3.7, 11], [6.1, 8.8],
[9.8, 14.5], [7, 17], [10, 8.1], [11, 10.5], [11.8, 17.5], [16.4, 15.8]])
y = np.array([1, 1, 1, 1, 1, 1, 0, 0, 0, 0, 0])

# dann das Trainieren
classificator1.fit(Xb,y)
classificator2.fit(Xb,y)

# Zum Testen der Klassifikation verwenden wir das grüne Objekt
# mit den Merkmalen (9,9) mit
# unbekannter Klasse und speichern sie unter der Variablen Xu ab.
```

```
# Auch hier verwenden wir das Modul numpy, das wir bei der Definition
# der Klasse bereits importiert haben
Xu = np.array([[9, 9]])

# Und jetzt zur Klassifikation
print("classificator 1: ", classificator1.predict(Xu))
print("classificator 2: ", classificator2.predict(Xu))
# Ausgabe:
classificator 1:  [0]
classificator 2:  [1]
```

Listing A.31 Die Anwendung unserer Klasse »myKNN«

Wir waren hier vielleicht etwas übereifrig, aber wir haben erfolgreich unsere erste eigene Klasse geschaffen und gleichzeitig eine einfache Machine-Learning-Methode implementiert, die kurz und knackig das Machine Learning als Konzept vorstellt – und Lust auf mehr in diesem Buch machen soll.

A.6 Nach der Fahrt ist vor der Fahrt

Sie haben nun eine »kompakte« Achterbahn-Fahrt hinter sich. Das Programmieren bzw. das Programmieren-Lernen erfordert natürlich mehrerer Fahrten auf immer wilderen Achterbahnen. Diese erste Fahrt sollte Sie an die in diesem Buch vorkommenden komplexeren, aber auch aufregenderen Achterbahnen gewöhnen.

Es gibt zu Python natürlich auch unzählige Tutorials im Internet, von denen wir einige in der folgenden unvollständigen Liste angeben. Viele dieser Tutorials sind allerdings in englischer Sprache verfasst. Wenn Sie ein Buch auf Deutsch bevorzugen, empfehlen wir Ihnen die Werke von Thomas Theis, Michael Kofler oder Johannes Ernesti und Peter Kaiser, die ebenfalls im Rheinwerk Verlag erschienen sind.

A.7 Referenzen

- *www.python.org*
- *www.learnpython.org*
- *https://learnxinyminutes.com/docs/python3*
- *www.rheinwerk-verlag.de/python-3_4467*
- *www.rheinwerk-verlag.de/python_4791*
- *www.rheinwerk-verlag.de/einstieg-in-python_4374*

Anhang B

Mathematik kompakt

Dieses Kapitel ist nichts für Feiglinge. Sie werden nochmals das komplette Trauma Ihrer Schulzeit durchleben, und sobald sich ein mathematisches Symbol zeigt, wird Ihnen der Schweiß von der Stirn tropfen. Dafür ist in diesem Kapitel reichlich gesorgt.

In diesem Kapitel finden Sie das eine oder andere aus der Mathematik, das für neuronale Netze spannend ist und das Sie brauchen, um die Programmierung der Algorithmen zu verstehen.

B.1 Lineare Algebra – liebevoll auch als LinAlg bezeichnet

Spätestens seit Google das Framework TensorFlow für KNN zur Verfügung gestellt hat, ist der Begriff *Tensor* plötzlich recht bekannt. Er gehört zu den schwierigsten Begriffen aus der linearen Algebra. Er ist »erst« etwa 180 Jahre alt, und Albert Einstein hat ihn gebraucht, um die Relativitätstheorie zu entwickeln.

In der linearen Algebra geht es zunächst – unter anderem – um *Skalare*, *Vektoren* und *Matrizen*.

Unter einem *Skalar* dürfen Sie sich einfach eine Zahl vorstellen, zum Beispiel

5

Natürlich können Sie einen Skalar auch mithilfe von numpy in einem kleinen Programm implementieren, zum Beispiel so:

```
import numpy as np
a = np.array(5)
print(a)
print('Der Skalar a hat die Dimension %d' %(a.ndim))
# Ausgabe
5
Der Skalar a hat die Dimension 0
```

Listing B.1 Ein Skalar mit »numpy«

Stellen Sie sich unter einem *Vektor* eine solche Zusammenfassung von Zahlen vor (Details erfahren Sie in Abschnitt B.1.1, »Punkt, Vektor und Matrizen«):

$$\begin{pmatrix} 0 \\ 1 \\ -1 \end{pmatrix}$$

Das war die Spalten-Schreibweise. Der gleiche Vektor sieht in der Zeilen-Schreibweise so aus:

$$(0, 1, -1)$$

Und so sieht es aus, wenn wir ihn in numpy implementieren:

```
import numpy as np
v = np.array([0,1,-1])
print(v)
print('Der Vektor v hat die Dimension %d' %(v.ndim))
# Ausgabe
[ 0  1 -1]
Der Vektor v hat die Dimension 1
```

Listing B.2 Ein Vektor mit »numpy«

Unter einer *Matrix* stellen Sie sich ein ähnliches Objekt vor, das nun eine Dimension mehr braucht:

$$\begin{pmatrix} 0 & 2 & -2 \\ 0 & 0.5 & 2 \end{pmatrix}$$

Auch dafür haben wir ein kleines Programm parat:

```
import numpy as np
m = np.array([[0,2,-2],
             [0,0.5,2]])
print(m)
print('Die Matrix m hat die Dimension %d' %(m.ndim))
# Ausgabe
[[ 0.   2.  -2. ]
 [ 0.   0.5  2. ]]
Die Matrix m hat die Dimension 2
```

Listing B.3 Eine Matrix mit »numpy«

Mit den Beziehungen zwischen solchen Objekten beschäftigt sich die lineare Algebra. Sie können geometrisch interpretiert werden, zum Beispiel als Punkte oder Veränderungen im dreidimensionalen Raum. Sie können außerdem verwendet werden, um lineare Gleichungssysteme zu lösen, physikalische Kräfte darzustellen (und mit ihnen zu rechnen) und um bei der Erfassung großer Datenmengen zu helfen.

Die lineare Algebra stellt eine wichtige Grundlage für die KI dar, weil mit ihr etablierte Algorithmen für das Lernen zur Verfügung stehen (etwa der Backpropagation-Algorithmus) und Rechenoperationen optimal auf Hardware abgebildet werden können.

Stellen Sie sich nun vor, dieses Papier hätte noch eine dritte Dimension, dann könnten wir die Reihe Skalar, Vektor, Matrix ... fortführen. Oder eine vierte oder eine fünfte. Willkommen in der Welt der Tensoren! So jedenfalls dürfen Sie sich einen Tensor vorstellen.

B.1.1 Punkt, Vektor und Matrizen

Unter einem *Punkt* stellen wir uns eine konkrete Position in einem *Koordinatensystem* vor, die durch Positionsinformationen, die *Koordinaten*, beschrieben wird. Zum Beispiel hat der Punkt $P = (1,2)$ im zweidimensionalen Raum die Koordinaten $x = 1$ und $y = 2$ (siehe Abbildung B.1).

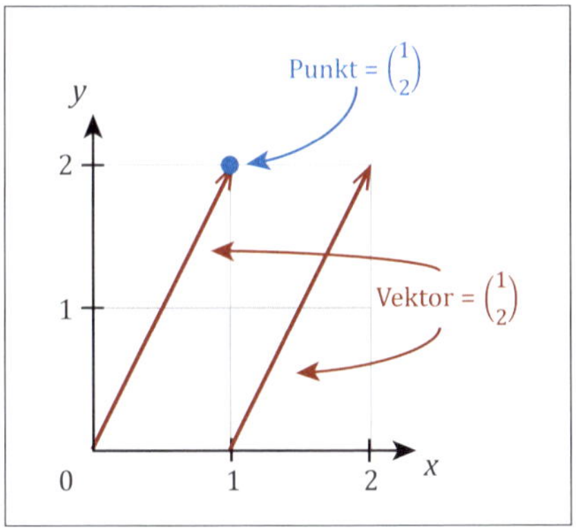

Abbildung B.1 Punkt und Vektor

Ein *Vektor* kann durch einen Pfeil beschrieben werden, der von einem (Start-)Punkt zu einem (End-)Punkt führt. Die Vektoren können in dem von uns verwendeten Koordinatensystem auch durch Zahlenpaare dargestellt werden. Die Zahlenpaare beschreiben dann nicht wie beim Punkt die Lage, sondern die Richtung des Vektors. Alle **parallelen** Pfeile mit der **gleichen Länge** und der **gleichen Orientierung** beschreiben denselben Vektor.

Ein Beispiel für einen Vektor ist:

$$\vec{v} = \binom{1}{2}$$

Vektoren können addiert, subtrahiert und auf mehrere Weisen multipliziert werden, wie wir im nächsten Abschnitt zeigen werden.

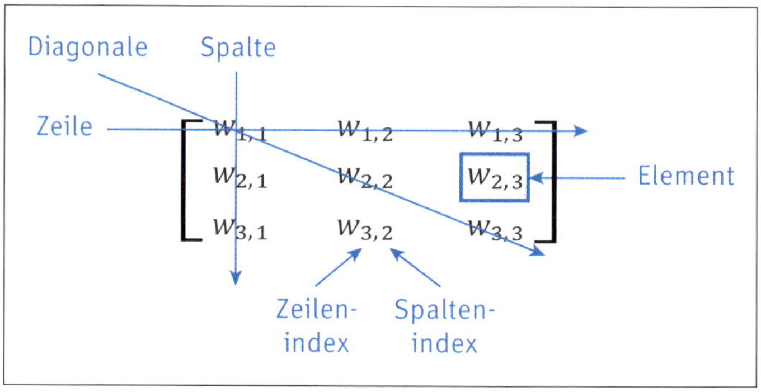

Abbildung B.2 Matrix

Eine *Matrix* (siehe Abbildung B.2) ist eine rechteckige Anordnung von Elementen, wie zum Beispiel Zahlen:

$$A = \begin{pmatrix} 0.4 & 2 \\ 2 & 1 \end{pmatrix}$$

Eine Matrix hat Zeilen und Spalten, zum Beispiel hat die Matrix in Abbildung B.2 drei Zeilen und drei Spalten. Um ein Element und dessen Position in der Matrix exakt benennen zu können, werden sogenannte *Indizes* verwendet, in unserem Beispiel sind das der Zeilen- und der Spaltenindex. Ein Index ist ein Zähler, der in ganzen Schritten hochgezählt wird und situationsabhängig mit 0 oder 1 beginnt. Das Element $w_{3,2}$ zum Beispiel befindet sich in der dritten Zeile und in der zweiten Spalte.

Mit Matrizen kann ebenfalls gerechnet werden, zum Beispiel können Sie sie multiplizieren oder addieren. Für uns sind die Matrizen von besonderer Bedeutung, da die Berechnungen in den KNN mit Matrixoperationen durchgeführt werden.

B.1.2 Vektoren addieren

Das Rechnen mit Vektoren ist wie das Aneinanderreihen von Zündhölzern, so wie in Abbildung B.3 dargestellt. Dabei spielt der Zündkopf des Streichholzes die Rolle des Pfeils, und dieser zeigt die Richtung, in die es geht. Das andere Ende des Streichholzes wird an den Zündkopf des Vorgängerstreichholzes gelegt.

Sei zum Beispiel der Vektor $\vec{a} = (0.25{,}0.5)$ und $\vec{b} = (0.75{,}0.5)$, dann wird die Summe der Vektoren errechnet, indem man die einzelnen Komponenten addiert:

$$
\begin{aligned}
(\vec{a}+\vec{b}) = ((a_1+b_1),(a_2+b_2)) \\
&= ((0.25+0.75),(0.5+0.5)) \\
&= (1.0, 1.0)
\end{aligned}
$$

Die Summe aus den zwei Vektoren $\vec{a}$ und $\vec{b}$ ist wieder ein Vektor $\vec{c} = (1.0{,}1.0)$.

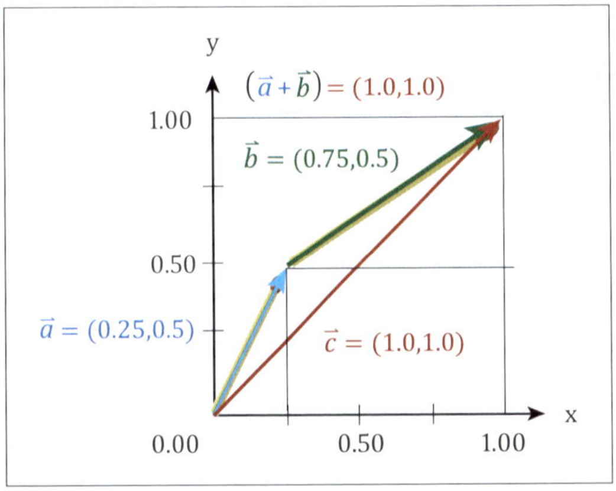

Abbildung B.3 Vektoren addieren

B.1.3 Vektoren mit Skalaren multiplizieren

Wenn man einen Vektor $\vec{x} = (x, y)$ zum Beispiel strecken oder verkürzen möchte, dann multipliziert man ihn mit einem Skalar k, das heißt mit einem Wert. Für einen zweidimensionalen Vektor sieht das so aus:

$$\vec{x} \cdot k = \begin{pmatrix} x \\ y \end{pmatrix} \cdot k = \begin{pmatrix} x \cdot k \\ y \cdot k \end{pmatrix}$$

Ein Pfeil, der den Vektor darstellt, wird dabei k-mal so lang. In Abbildung B.4 wird zum Beispiel der Vektor $\vec{c} = (1.0{,}1.0)$ mit dem Skalar $k = \frac{1}{2}$ multipliziert.

Dabei wird jede der Komponenten mit dem Skalar k multipliziert. Ein konkretes Anwendungsbeispiel für die *Skalarmultiplikation* ist die *Normierung* eines Input-Vektors für das Trainieren im KNN. Man kann nämlich das Lernen beschleunigen, wenn man die Input-Vektoren auf die Länge 1 bringt. Dazu muss jede Komponente des Vektors durch die Länge des Vektors dividiert werden. Die Länge eines Vektors $\vec{x} = (x, y)$ berechnen Sie so, wie Sie es vielleicht in der Schule beim Thema rechtwinkliges Dreieck und Satz des Pythagoras ($a^2 + b^2 = c^2$ bzw. $c = \sqrt{a^2 + b^2}$) schon mal gesehen haben:

$$|\vec{x}| = \sqrt{x^2 + y^2}$$

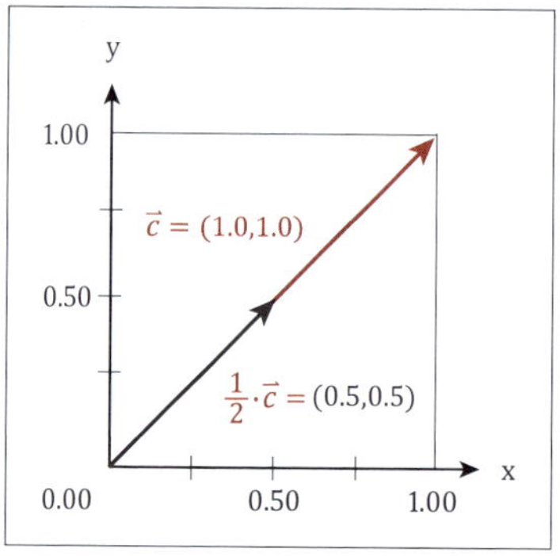

Abbildung B.4 Vektor skalieren

In Abbildung B.5 zeigen wir Ihnen die Längenberechnung für den Vektor $\vec{c} = (1,1)$.

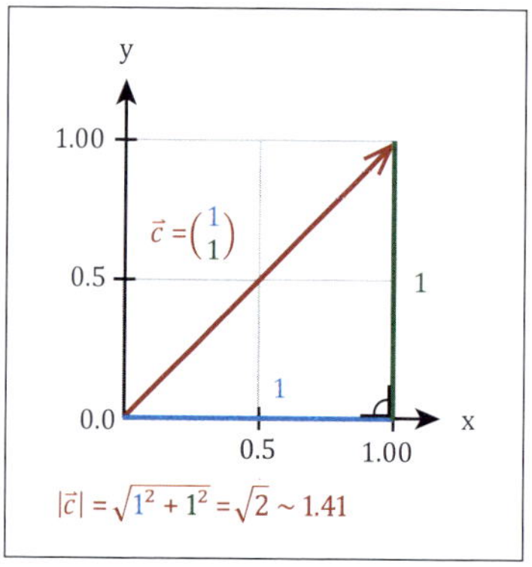

Abbildung B.5 Längenberechnung für einen Vektor

Dividieren Sie nun den Vektor durch diesen Wert, hat er also die Länge 1. Da eine Division durch $|\vec{x}|$ dasselbe bedeutet wie eine Multiplikation mit $\frac{1}{|\vec{x}|}$, gilt auch hier: Jede Komponente wird einzeln behandelt.

$$\vec{e}_x = \begin{pmatrix} \frac{x}{|\vec{x}|} \\ \frac{y}{|\vec{x}|} \end{pmatrix}$$

Der Vektor $\vec{e}_x$ wird als *Einheitsvektor* bezeichnet. In unserem Beispiel für den Vektor $\vec{c}$ wäre der Einheitsvektor:

$$\vec{e}_c = \begin{pmatrix} \frac{1}{1.41} \\ \frac{1}{1.41} \end{pmatrix} \sim \begin{pmatrix} 0.71 \\ 0.71 \end{pmatrix}$$

B.1.4 Vektoren subtrahieren

Bei der Vektorsubtraktion von zwei Vektoren $\vec{c}$ und $\vec{b}$ wird vom zweiten Vektor $\vec{b}$ der sogenannte *Gegenvektor* durch die Multiplikation mit dem Skalar -1 gebildet, also $(-1) \cdot \vec{b}$, und dann wird die Addition der beiden Vektoren durchgeführt, also $\vec{c} + (-\vec{b}) = \vec{c} - \vec{b}$. Der Gegenvektor hat immer noch die gleiche Lage, zeigt aber nun in die entgegengesetzte Richtung.

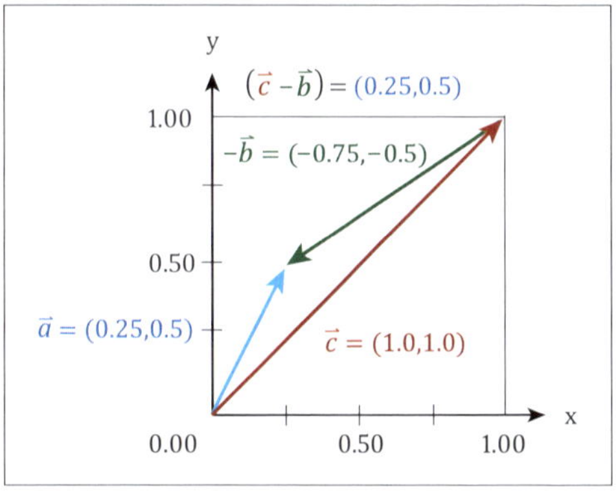

Abbildung B.6 Vektordifferenz

Sei zum Beispiel der Vektor $\vec{c} = (1.0,1.0)$ und $\vec{b} = (0.75,0.5)$, dann ermitteln Sie die Differenz der Vektoren, indem Sie die einzelnen Komponenten subtrahieren:

$$
\begin{aligned}
(\vec{c} - \vec{b}) &= ((c_1 - b_1), (c_2 - b_2)) \\
&= ((1.0 - 0.75), (1.0 - 0.5)) \\
&= (0.25, 0.5)
\end{aligned}
$$

B.1.5 Vektoren miteinander multiplizieren

Für die Multiplikation von Vektoren mit Vektoren gibt es gleich mehrere Varianten: Es kann wieder ein Vektor herauskommen oder ein nulldimensionaler Wert, also ein Skalar, so wie wir es in der Einleitung zu diesem Abschnitt besprochen haben.

Hier interessiert uns nur der letzte Fall. Diese Variante der Multiplikationen heißt *Skalarprodukt*, manchmal wird sie auch *inneres Produkt* genannt. Das Skalarprodukt macht aus zwei gerichteten Größen, den Vektoren, eine ungerichtete Größe, einen Skalar. Das Skalarprodukt von zwei Vektoren $\vec{a} = (a_1, a_2)$ und $\vec{b} = (b_1, b_2)$ im zweidimensionalen Raum ist definiert als:

$$\vec{a} \cdot \vec{b} = \begin{pmatrix} a_1 \\ a_2 \end{pmatrix} \cdot \begin{pmatrix} b_1 \\ b_2 \end{pmatrix} = a_1 \cdot b_1 + a_2 \cdot b_2$$

Die Komponenten werden also paarweise multipliziert!

Sehen wir uns einige Eigenschaften des Skalarprodukts an, die in Abbildung B.7 dargestellt sind.

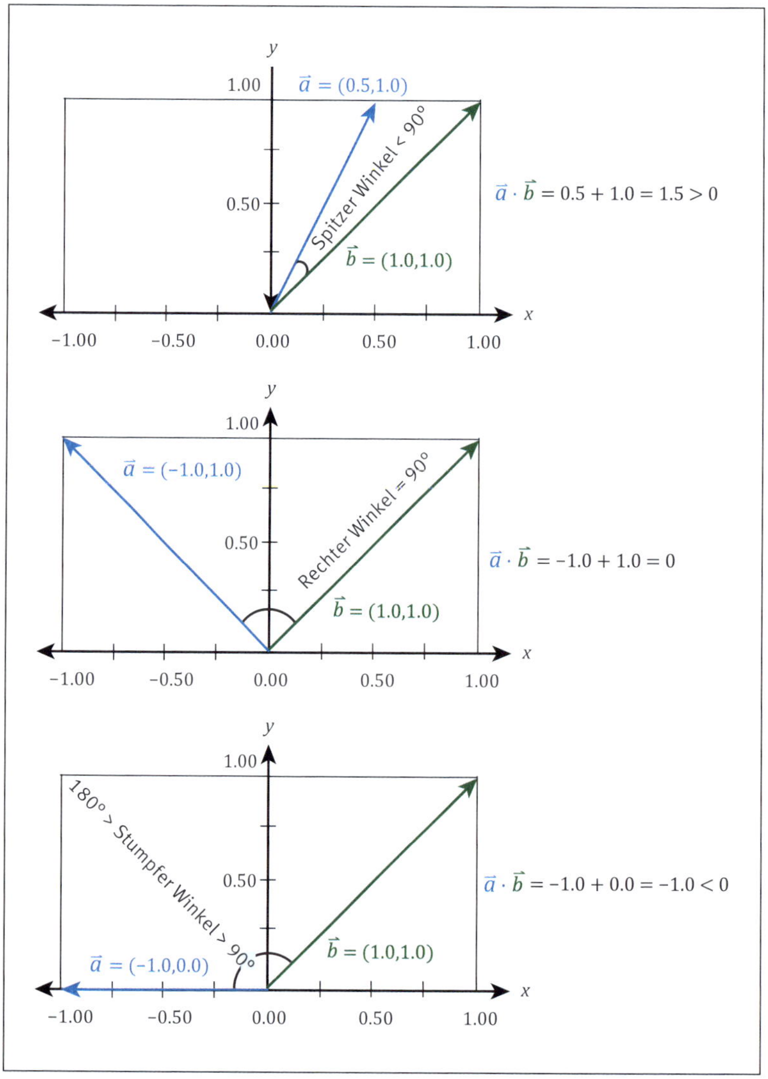

Abbildung B.7 Einige Eigenschaften des Skalarprodukts

- Es gilt $\vec{a} \cdot \vec{b} > 0$ genau dann, wenn $\vec{a}$ und $\vec{b}$ einen spitzen Winkel einschließen.
- Es gilt $\vec{a} \cdot \vec{b} < 0$ genau dann, wenn $\vec{a}$ und $\vec{b}$ einen stumpfen Winkel einschließen.
- Es gilt $\vec{a} \cdot \vec{b} = 0$ genau dann, wenn $\vec{a}$ und $\vec{b}$ aufeinander im rechten Winkel stehen.

Eine Anwendung des Skalarprodukts werden Sie bei der Ermittlung der Trenngeraden für zwei Klassen in Abschnitt B.1.9, »Vom Gewicht zur Geraden«, sehen.

B.1.6 Matrizen und Vektoren miteinander multiplizieren

Eine Matrix W kann mit einem Vektor $\vec{x}$ multipliziert werden, wenn die Spaltenanzahl der Matrix mit der Anzahl der Komponenten des Vektors übereinstimmt. Das Ergebnis der Multiplikation ist ein Vektor, der so viele Komponenten besitzt, wie Zeilen in der Matrix vorhanden sind.

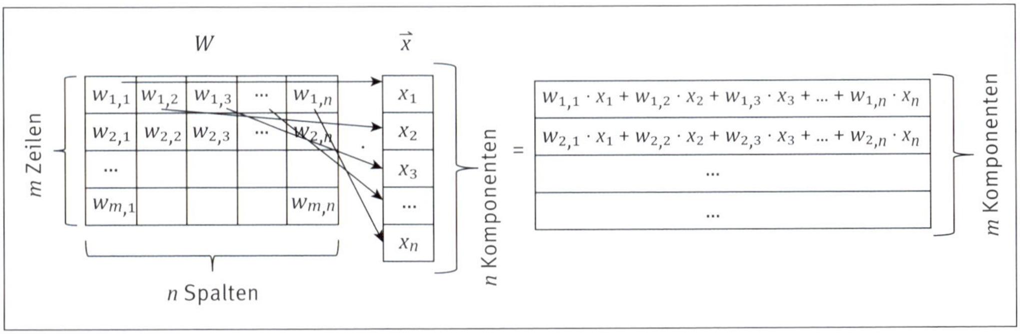

Abbildung B.8 Matrizen und Vektormultiplikation

Sie multiplizieren jede Zeile der Matrix mit dem ganzen Vektor, und zwar Element für Element. Die Ergebnisse der Multiplikation werden addiert, und das Ergebnis wird für jede Matrixzeile als Wert in den neu entstehenden Vektor eingetragen, so wie in Abbildung B.8 dargestellt.

Wir verwenden die Matrix-Vektormultiplikation zum Beispiel, um die gewichtete Summe für ein Neuron oder mehrere Neuronen zu berechnen. Lesen Sie dazu zum Beispiel Abschnitt 5.3, »Vorbereitungen für den Start«, in dem wir dieses Werkzeug nutzen.

B.1.7 Transponieren einer Matrix

Die sogenannte *Transponierte* einer Matrix W, mit W^{T} bezeichnet, bedeutet, dass die Matrix entlang der Matrixdiagonale gekippt ist, also entlang derjenigen Einträge, für die der Zeilen- und Spaltenindex gleich ist. Um dies zu erreichen, tauscht man den Zeilen- mit dem Spaltenindex, so wie in Abbildung B.9 dargestellt. Als Ergebnis entsteht dabei die erste Zeile der transponierten Matrix auf der rechten Seite aus der ersten Spalte der Ausgangsmatrix auf der linken Seite, die zweite Zeile aus der zweiten Spalte und so weiter.

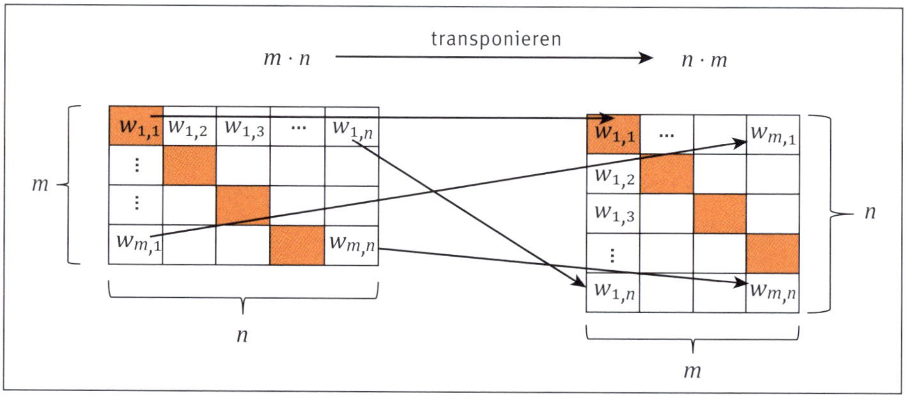

Abbildung B.9 Transponieren einer Matrix

Ein Beispiel zur Veranschaulichung:

$$W = \begin{bmatrix} 1 & 2 & 3 \\ 4 & 5 & 6 \end{bmatrix}$$

$$W^{\mathrm{T}} = \begin{bmatrix} 1 & 4 \\ 2 & 5 \\ 3 & 6 \end{bmatrix}$$

Wir setzen das Transponieren der Matrix in Abschnitt 6.4, »Der coole Algorithmus mit Vorwärts-Delta und Rückwärts-Propagation«, ein, um die Ermittlung des Fehleranteils pro Neuron zu ermitteln, der im Backpropagation-Algorithmus für die Anpassung der Gewichte verwendet wird.

B.1.8 Geradengleichung

Auch wenn die erklärten mathematischen Konzepte einfach aussehen, lohnt es sich, sie kurz anzusehen. Das Konzept einer *Geraden* ist zum Beispiel ganz wichtig für das Perceptron, weil dieses damit lernen kann, zwei Kategorien zu unterscheiden:

$$f(x) = y = k \cdot x + d,$$

zum Beispiel

$$y = -2 \cdot x + 1$$

Diese Darstellung nennen die Mathematiker *Hauptform* oder auch *Normalform*. Zu jedem Wert x wird mittels der Geradengleichung ein Wert y berechnet. In unserem Beispiel hat $f(x)$ an der Stelle $x = 0$ den Wert $y = 1$, und das können Sie als Wertepaar schreiben: $A = (0{,}1)$. An der Stelle $x = 0.5$ wird der Wert $y = 0$ zugeordnet, als Wertepaar wäre das $B = (0.5{,}0)$. Die Punkte zu diesen Wertepaaren liegen auf der Geraden.

Sehen Sie sich dazu bitte Abbildung B.10 an, in der wir die Gerade und die zwei Punkte eingezeichnet haben.

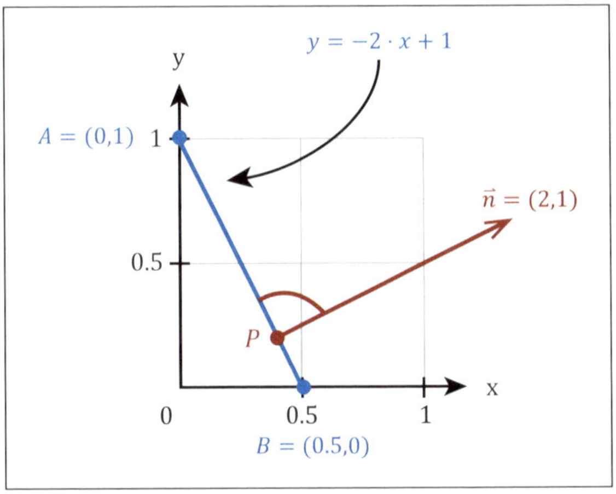

Abbildung B.10 Eine Gerade in Blau, zwei Punkte und die Normale in Rot

B.1.9 Vom Gewicht zur Geraden

Eine Gerade lässt sich auch mithilfe eines Vektors $\vec{n}$ und eines Punktes P beschreiben, das nennt man die *Normalvektorform*. Dabei steht der Vektor *normal* (das ist Mathematikersprech für »im rechten Winkel«) auf der Geraden, so wie es in Abbildung B.10 dargestellt wird.

$$\vec{n} \cdot X = \vec{n} \cdot P$$

Aufgabe

Multiplizieren Sie die Vektoren mithilfe des Skalarprodukts aus, wobei der Vektor $\vec{n} = \binom{n_1}{n_2}$ und die Punkte $X = \binom{x_1}{x_2}$ und $P = \binom{p_1}{p_2}$ lauten.

Lösung:

$$n_1 \cdot x_1 + n_2 \cdot x_2 = n_1 \cdot p_1 + n_2 \cdot p_2$$

Sehen wir uns nochmals die Gleichung aus Abschnitt 3.10, »Die gewichtete Summe reloaded«, an, in dem wir eine einheitliche Form für die gewichtete Summe mit Schwellenwertvergleich hergeleitet haben:

$$\sum_{i=0}^{n} w_i \cdot x_i \geq 0$$

Wir interessieren uns für die Ermittlung der Trenngerade, d. h.:

$$\sum_{i=0}^{n} w_i \cdot x_i = 0$$

Wir könnten natürlich diese Gleichung, die auch im Perceptron für die Berechnung des *Net Input* verwendet wird, wieder auf Normalform bringen, indem wir sie umformen:

$$0 = w_0 \cdot 1 + w_1 \cdot x_1 + w_2 \cdot x_2 \qquad | - w_2 \cdot x_2$$

$$-w_2 \cdot x_2 = w_0 \cdot 1 + w_1 \cdot x_1 \qquad | : -w_2$$

$$x_2 = -\frac{(w_0 + w_1 \cdot x_1)}{w_2}$$

$$x_2 = -\frac{w_1}{w_2} \cdot x_1 - \frac{w_0}{w_2}$$

Jetzt werden Sie sich möglicherweise fragen, warum wir hier herumumformen? Das lässt sich schnell auflösen: Mit dieser Darstellung können wir wunderbar die *Trenngerade* zumindest im zweidimensionalen Raum zwischen den Kategorien zeichnen.

Noch mal ein kleines, aber wichtiges Detail: Wenn wir uns die ausmultiplizierte *Normalvektorform* von oben ansehen, werden Sie sofort einen Aha-Effekt erleben:

$$n_1 \cdot x_1 + n_2 \cdot x_2 = n_1 \cdot p_1 + n_2 \cdot p_2$$

Noch kein Aha da? Moment, wir schreiben die Gleichung etwas anders und verwenden anstatt der Komponenten n_i die Gewichte w_i:

$$w_1 \cdot x_1 + w_2 \cdot x_2 - (w_1 \cdot p_1 + w_2 \cdot p_2) = 0$$

Und jetzt? Genau, das ist ja die Normalform von oben, und das bedeutet für uns, dass die **Gewichte im Netz** die *Komponenten* des **Normalvektors** sind.

B.2 Analysis

Die *Analysis* – der Name allein zeigt schon, dass es hier ums Lösen bzw. Auflösen geht – beschäftigt sich mit Funktionen und zum Beispiel mit dem Differenzieren von Funktionen.

B.2.1 Was ist eine Funktion?

Was ist also eine *Funktion*? Ganz einfach kann man sagen, dass eine Funktion eine *Zuordnung* ist, die jedem Element $x \in X$ (X wird als *Definitionsbereich* bezeichnet) ein Element

$y \in Y$ (Y ist der *Wertebereich*) zuordnet, wie es zum Beispiel in Tabelle B.1 dargestellt ist. Die Elemente x und y in diesem Beispiel kommen aus den natürlichen Zahlen mit 0.

x	y
0	0
1	2
2	4
3	6
4	?
...	...

Tabelle B.1 Ein kleines Beispiel einer Zuordnung

Nun steht das Fragezeichen nicht aus Versehen in der Tabelle. Haben Sie eine Idee, wie die Zahl lautet und wie die Zuordnungstabelle weitergeführt wird? Können Sie möglicherweise sogar eine Berechnungsvorschrift dafür nennen?

Diese Berechnungsvorschriften sind das, was wir als *Funktion* verstehen, wobei einem Wert x ein berechneter Wert y zugeordnet wird. In unserem Beispiel ergibt sich aus dem x durch eine Multiplikation mit 2 der Wert y, und das lässt sich kompakt und platzsparend im Vergleich zur Tabelle mit

$$y = f(x) = 2 \cdot x$$

beschreiben. f ist die Funktion, und als Eingabe benutzen Sie ein x. Man sagt, dass y eine Funktion von x ist und durch $2 \cdot x$ berechnet wird.

B.2.2 Differenzialrechnung

Mithilfe der *Differenzialrechnung* können wir die *Änderungsrate* oder *Ableitung* einer Funktion ermitteln, d. h., wie stark sich eine Bezugsgröße abhängig von einer anderen ändert. Für Funktionen der Form $y = f(x) = \cdots$ lautet die Frage: »Wie ändert sich y, wenn sich x ändert?« In Abbildung B.11 sehen Sie in Grau den Funktionsgraphen der Funktion $f(x) = y = x^2$. Er zeigt zunächst, wie y von x abhängt. Zum Beispiel hat y für $x = 0.5$ den Wert 0.25.

In der Differenzialrechnung geht es nun darum, wie sich x **ändert**, wenn sich y ändert.

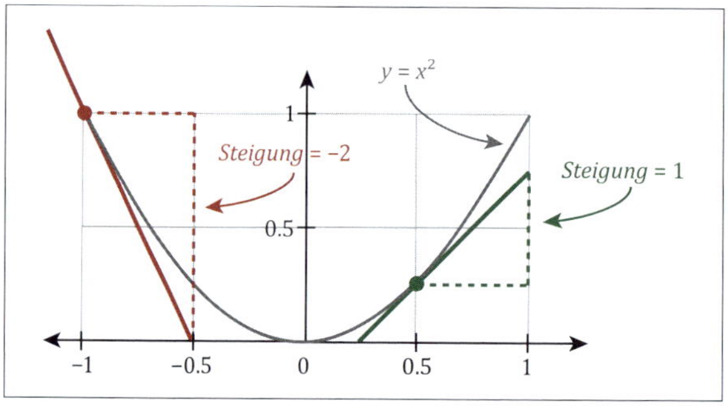

Abbildung B.11 Steigung

Die Ableitung für unser Beispiel $f(x) = x^2$ an einer Stelle kann man am schönsten durch eine Gerade darstellen, die durch einen Punkt des Funktionsgraphen geht und die gleiche Steigung wie der Graph an dieser Stelle hat. Eine solche Gerade heißt *Tangente*. Zwei Tangenten, für $x = -0.5$ und $x = 0.5$, sind in der Abbildung in Rot und Grün dargestellt. Den Wert der Ableitung können Sie dann von der *Tangentensteigung* ablesen. Das geht ganz einfach, indem Sie vom Punkt (rot und grün) eine Einheit nach rechts gehen und dann messen, wie weit Sie rauf- oder runtergehen müssen, bis Sie die Gerade erreichen. Im Falle der roten Geraden gehen Sie eine Einheit nach rechts und dann zwei Einheiten nach unten, also ist die *Steigung* und damit der Wert der Ableitung –2.

B.2.3 Regeln aus der Differenzialrechnung

Wenn Sie sich jetzt möglicherweise überlegen, was Differenzialrechnung mit KNN zu tun hat, dann können wir Ihnen sagen: eine Menge, da es ja darum geht, dass Netze lernen sollten, und Lernen bedeutet zum Beispiel, dass Fehler beim Lernen verringert werden. Jetzt kommt die entscheidende Frage: Wie kann denn ein Fehler verringert werden?

Stellen Sie sich dazu einen Hügel vor, auf den Sie eine Kugel befördert haben. Falls Sie die Kugel nicht mehr festhalten, dann rollt sie den Hügel hinunter und landet im Tal, wo es kein Gefälle mehr gibt. Die Richtung, in die die Kugel rollt, also ins Flache, wo keine Steigung mehr vorhanden ist, können wir mithilfe der Differenzialrechnung ermitteln. Die beschäftigt sich ja mit dem Steigungsverhalten.

Sehen wir uns dazu einige konkrete *Ableitungsregeln* an. Prinzipiell benötigen wir nur die folgenden Regeln (a ist eine konkrete Zahl, zum Beispiel 2 oder 3 oder ...):

R1: Wenn $f(x) = a$, dann ist die erste Ableitung $f'(x) = 0$

R2: Wenn $f(x) = a \cdot x$, dann ist die erste Ableitung $f'(x) = a$

R3: Wenn $f(x) = x^a$, dann ist die erste Ableitung $f'(x) = a \cdot x^{a-1}$

R4: Wenn $f(x) = g(x) + h(x)$, dann ist die erste Ableitung

$$f'(x) = g'(x) + h'(x)$$

R5: Wenn $f(x) = g\big(h(x)\big)$, dann ist die erste Ableitung

$$f'(x) = g'(h(x)) \cdot h'(x)$$

R6: Wenn $f(x) = \frac{h(x)}{g(x)}$, dann ist die erste Ableitung

$$f'(x) = \left(\frac{h(x)}{g(x)}\right)' = \frac{h'(x) \cdot g(x) - h(x) \cdot g'(x)}{g(x)^2}$$

Stellen Sie sich den Graph zu $f(x) = a$ als waagerechte Gerade vor – die Funktion hat immer den gleichen Wert, der Graph hat keine Steigung. Anders gesagt: Die Steigung ist immer null. Das macht die erste Regel anschaulich. Auch die zweite und vielleicht auch die anderen Regeln werden anschaulich, wenn Sie dazu Graphen zeichnen und sich die Steigungen ansehen. Wir erlauben uns hier, die Regeln und die Schreibweise f' für die Ableitung ohne weitere Begründung zu verwenden. Falls Sie recherchieren oder ein Schulbuch dazu hervorholen wollen, helfen die Stichworte *Differenzialrechnung* und *Ableitungsregeln* weiter.

B.2.4 Beispiel zur Kettenregel

Die fünfte Regel heißt *Kettenregel* und erschließt sich nicht sofort, darum haben wir dieses Beispiel für Sie:

$$h(x) = a \cdot x + b \cdot x$$

$$g(x) = x^2$$

Dann können wir $f(x)$ so schreiben:

$$f(x) = g(h(x)) = (a \cdot x + b \cdot x)^2$$

So weit, so gut, nun kommt die Ableitung:

$$f'(x) = \underbrace{\underbrace{g'}_{\text{R3}}(h(x)) \cdot \underbrace{h'}_{\text{R4, R2}}(x)}_{\text{R5}} = 2 \cdot (a \cdot x + b \cdot x) \cdot (a + b)$$

Wir haben noch ein Beispiel aus Kapitel 6, in dem wir die folgende Fehlerfunktion verwendet haben:

$$E = \frac{1}{2} \cdot (y - \hat{y})^2$$

Um die erste Ableitung bezüglich der Gewichte zu erstellen, müssen wir die Ersetzungen $\hat{y} = w \cdot x$ für die Berechnung durchführen. Damit ergibt sich:

$$E = \frac{1}{2} \cdot (y - w \cdot x)^2$$

Die Ermittlung der Minimalstelle des Fehlers hinsichtlich des Gewichts ergibt sich durch die Anwendung der Kettenregel:

$$E'(w) = 2 \cdot \frac{1}{2} \cdot (y - w \cdot x) \cdot (-\mathrm{x}) = (-1) \cdot x \cdot (y - \hat{y})$$

Damit haben wir an zwei Beispielen die Kettenregel demonstriert, die auch bei der Berechnung im Backpropagation-Algorithmus eine Rolle spielt, wie wir soeben gesehen haben.

B.3 Ableitung der Sigmoidfunktion $f(x)$

In Kapitel 6, »Lernen im mehrschichtigen Netz«, behaupten wir lapidar, dass die 1. Ableitung $f'(x)$ der Sigmoidfunktion (oder sigmoiden Funktion) $f(x) = \frac{1}{1+e^{-x}}$ so aussieht:

$$f'(x) = f(x)(1 - f(x))$$

Da wir nun mit einigen Regeln der Differenzialrechnung vertraut sind, wagen wir uns an den Beweis dieser Aussage, aber formen die Sigmoidfunktion zuerst etwas um:

$$f(x) = \frac{1}{(1 + e^{-x})} = \frac{e^x}{e^x} \frac{1}{(1 + e^{-x})} = \frac{e^x}{(1 + e^x)}$$

Nun leiten wir die Sigmoidfunktion nach allen Regeln der mathematischen Kunst mithilfe der Regel R6, der sogenannten *Quotientenregel*, ab:

$$\left(\frac{h}{g}\right)' = \frac{h'g - hg'}{g^2}$$

mit

$$h(x) = e^x, \qquad g(x) = e^x + 1$$

also:

$$\frac{1}{(e^x + 1)^2}\left((e^x + 1)e^x - e^{2x}\right) = \frac{e^x}{(e^x + 1)^2}$$

Führen wir uns noch mal die erste Ableitung einer Sigmoidfunktion $f(x)$ vor Augen:

$$f'(x) = f(x)(1 - f(x))$$

Stimmt unsere errechnete Ableitung mit der Eigenschaft überein? Mal sehen:

$$\frac{e^x}{(e^x+1)^2} \stackrel{?}{=} \frac{e^x}{(1+e^x)}\left(1-\frac{e^x}{(1+e^x)}\right)$$

Wir formen den rechten Teil der vorherigen Formel um:

$$\begin{aligned}\frac{e^x}{(1+e^x)}\left(1-\frac{e^x}{(1+e^x)}\right)\\ &= \frac{e^x}{(1+e^x)}\left(\frac{1+e^x-e^x}{(1+e^x)}\right)\\ &= \frac{e^x}{(1+e^x)}\frac{1}{(1+e^x)} = \frac{e^x}{(e^x+1)^2}\end{aligned}$$

Und, in der Tat, es ist identisch!

Nun würde der Mathematiker sagen: *quod erat demonstrandum*, abgekürzt q. e. d.

B.4 Wichtige Aussagen

Obwohl wir in diesem Buch natürlich den absoluten Fokus auf die Praxis haben, ist es dennoch interessant zu wissen, welche Eigenschaften die von uns verwendeten Netze besitzen. Darum haben wir einige generelle Aussagen zusammengestellt, die auch mathematisch bewiesen sind (in der Sprache der Mathematiker: einige *Theoreme*).

B.4.1 Perceptron-Konvergenztheorem

Das *Konvergenztheorem* von Frank Rosenblatt von 1959 besagt, dass für jeden linear trennbaren Datensatz die Perceptron-Lernregel garantiert eine Lösung in einer endlichen Anzahl an Schritten findet.

B.4.2 Funktionsapproximierung nach Kolmogorov 1957

Frei übersetzt hat Andrei Nikolajewitsch Kolmogorov 1957 bewiesen, dass eine Funktion mit mehreren Variablen durch eine lineare Kombination von vielen Funktionen mit einer Variablen dargestellt werden kann.

Für unseren Kontext der KNN hat George Cybenko 1989 das Theorem angepasst, sodass ein ausreichend großer Hidden Layer mit sigmoiden Aktivierungsfunktionen und einer Ausgabeschicht grundsätzlich genügt, um jede beliebige Funktion zu approximieren.

Weitere spannende Lektüre dazu bieten Kurt Hornik, Maxwell Stinchcombe und Halber White (1989), die zeigen, dass mehrschichtige Netze universelle Approximatoren sind. Das heißt, dass jede Funktion aus einer großen Funktionsklasse beliebig genau approximiert werden kann – unter der Voraussetzung, dass genügend versteckte Neuronen vorhanden sind.

B.5 Notation

Wie schreibt man was? Wir wollen in Tabelle B.2 eine Antwort darauf liefern und halten uns auch im Buch daran.

Mathematische Objekte	
x	Skalarwert = eine Zahl
$\vec{x}^{(\boldsymbol{k})}, \vec{w}^{(\boldsymbol{k})}$	Der k-te Vektor x bzw. w in Spaltenschreibweise (Spaltenvektor)
$\mathrm{x}_i^{(k)}$	Die Vektorkomponente an der i-ten Position des k-ten Vektors x
$\vec{x}^{\mathrm{T}}, \vec{x}^{\mathrm{t}}, \vec{x}'$	Eingabevektor transponiert, d. h. in Zeilenschreibweise (Zeilenvektor)
$\vec{w}^{\mathrm{T}}$	Gewichtsvektor transponiert (Zeilenvektor)
$X, W, \ldots$	Matrix
X^{T}	transponierte Matrix: die Spiegelung der Werte an der Diagonalen, d. h., aus x_{ij} wird x_{ji}.
$f(x)$	Funktion: Berechnungsvorschrift, die für einen Wert x einen Wert berechnet
Σ	Summenzeichen
$\sum_{i=0}^{n} w_i \cdot x_i$	Gewichtete Summe, gezählt wird von 0 bis n, also $w_0 \cdot x_0 + w_1 \cdot x_1 + \cdots + w_n \cdot x_n$
η	Lernrate: der Wert, der steuert, wie stark Veränderungen beim Lernen stattfinden
θ	Schwellenwert: der Wert, der festlegt, ab wann Veränderungen stattfinden
Bedeutung für KNN	
X	Eingabematrix: Trainingsdaten

Tabelle B.2 Notation – trocken, aber nötig!

Mathematische Objekte	
$\vec{x}$	Eingabevektor: ein Datensatz aus den Trainingsdaten
$\vec{w}$	Gewichtsvektor
$w_{j,i}$ oder auch w_{ji} oder $w_{i,j}$ oder auch w_{ij}	Gewicht von Knoten *i* nach Knoten *j* Die Indexreihenfolge kommt als *ij* oder auch *ji* vor.
$\vec{y}$	Gewünschter Ausgabevektor (Trainingsdaten)
$\hat{\vec{y}}$	Berechneter Ausgabevektor (des neuronalen Netzes)
W	Gewichtsmatrix
$\text{sgn}(x)$, $\text{step}(x)$, $\text{sigma}(x)$	Stufenfunktionen
$\sigma(x)$	Sigmoide Funktion
Ein paar griechische Buchstaben	
α	Alpha
β	Beta
γ	Gamma
δ	Delta
ε	Epsilon
η	Eta

Tabelle B.2 Notation – trocken, aber nötig! (Forts.)

B.6 Zusammenfassung

In diesem Anhang haben wir so schonend wie möglich (wir hoffen, Sie stimmen uns zu) einige Aspekte der Mathematik behandelt und detailliert betrachtet. Die Auswahl der Themen wurde durch die Theorie der KNN vorgegeben. Analysis und Algebra sind die Hauptgebiete, die zum Einsatz kommen, und dort wiederum ausgewählte Aspekte. Die Differenzialrechnung aus der Analysis stellt ein passendes Mittel dar, um die Gewichtsänderungen beim Lernen in Netzen zu ermitteln. Die Berechnungen selbst wurden mittels Matrixberechnungen aus der Algebra umgesetzt. Zu guter Letzt haben wir es uns nicht nehmen lassen, das Perceptron-Konvergenztheorem von Frank Rosenblatt und die Funktionsapproximierung nach Andrei N. Kolmogorov zumindest zu erwähnen.

B.7 Referenzen

- Frank Rosenblatt, Two Theorems of Statistical Separability in the Perceptron. *Mechanisation of Thought Processes*, Proc. Symp. at Nat. Phys. Lab., London, 1959. *https://aitopics.org/download/classics:254C7499*
- George Cybenko, Approximation by Superpositions of a Sigmoidal Function*. In: Mathematics of Control Signals and Systems, Vol. 2, 1989, p. 303–314, *http://cognitivemedium.com/magic_paper/assets/Cybenko.pdf*
- Kurt Hornik, Maxwell Stinchcombe und Halber White, Multilayer Feedforward Networks are Universal Approximators. In: Neural Networks, Vol. 2, Issue 5, 1989, p. 359–366. *https://www.cs.cmu.edu/~epxing/Class/10715/reading/Kornick_et_al.pdf*

Anhang C

TensorFlow 2 und Keras

TensorFlow(er Power)

Es ist unbestritten, dass die öffentliche Bereitstellung von Programmierbibliotheken durch die großen Player in der künstlichen Intelligenz einen wesentlichen Beitrag zur rasanten Entwicklung geleistet hat. Besonders Googles Beitrag mit einem ganzen Programmbibliotheken-Ökosystem namens TensorFlow hat hier sehr viel geleistet, sodass nahezu jeder mit künstlicher Intelligenz, aber auf alle Fälle mit neuronalen Netzen arbeiten kann (besonders auch nach der Lektüre dieses Buches). Im Folgenden werden wir einige wichtige Elemente zum Verständnis dieses Ökosystems vorstellen.

C.1 Einführung in TensorFlow 2

Die Bedeutung des Begriffs TensorFlow hat sich mit der Version 2 gewandelt. War es in der Version 1 noch einzig die Bezeichnung für eine Programmbibliothek, so ist TensorFlow jetzt ein Sammelbegriff für ein ganzes Ökosystem an Bibliotheken, die für Training, Speicherung und Deployment verantwortlich zeichnen. Einen Überblick dazu erhalten Sie in Abbildung C.1.

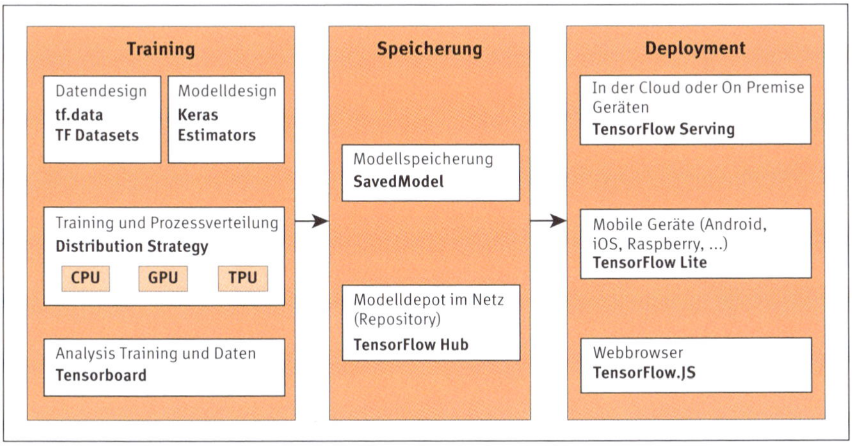

Abbildung C.1 Das TensorFlow-Ökosystem

TensorFlow-Begriffsverwirrung

Es ist nun etwas verwirrend, dass mit dem Begriff *TensorFlow* zum einen die Python-Bibliothek gemeint sein kann, zum anderen aber auch das gesamte Ökosystem. Wir werden den Begriff TensorFlow grundsätzlich für die Python-Kernbibliothek verwenden, und wenn wir das Ökosystem meinen, dann schreiben wir *TensorFlow-Ökosystem*.

Für die Trainingsphase wurden Funktionen geschaffen, die den Umgang mit Daten erleichtern (`tf.data`), die das Erstellen der Netzwerkarchitektur und -parameter wesentlich vereinfachen (integrierte Keras-Bibliothek), die eine bessere Kontrolle der Rechenressourcen erlauben (*Distribution Strategy*); und ein bereits altbewährtes Werkzeug, *TensorBoard*, dient zur Analyse und Kontrolle des Trainingsverlaufs und der Trainingsgenauigkeit. Die Speicherung der konstruierten Netzwerkstruktur inklusiver trainierter Gewichte wird nun besser unterstützt, und es gibt die Möglichkeit, vortrainierte Netzwerke, die über den *TensorFlow Hub* zur Verfügung gestellt werden, für eigene Zwecke zu verwenden.

Will man die trainierten Modelle produktiv einsetzen, so hat das TensorFlow-Ökosystem auch hier einiges zu bieten: in der Cloud (*TensorFlow Serving*), für mobile Geräte (*TensorFlow Lite*) und für webbasierte Anwendungen (*TensorFlow JS*).

Die Kernbibliothek von TensorFlow ist speziell auf daten- und rechenintensive Aufgaben des Machine Learnings ausgerichtet. Die Grundidee von TensorFlow beruht darauf, Rechenoperationen und Datenflüsse als Graphen darzustellen. Dadurch kann man sofort erkennen, welche Aufgaben parallelisierbar sind, d. h. gleichzeitig auf unterschiedlichen CPUs, GPUs, TPUs oder verteilten Rechnern im Netz durchgeführt werden können. Obwohl TensorFlow eine Python-Bibliothek ist, werden die Berechnungen beim Graphdurchlauf mit sehr effizient programmierten C++-Modulen ausgeführt.

Mit dieser auf Skalierbarkeit ausgerichteten Programmbibliothek können riesige neuronale Netze mit Millionen von Parametern für hochkomplexe Aufgaben implementiert werden. Man hat plötzlich ein Werkzeug, das viele Ideen für neuronale Netze auch durchführbar macht – Ideen, deren Umsetzung bisher an der Datenmenge oder fehlender Rechenpower scheiterte.

Hinter der Entwicklung von TensorFlow steht das Unternehmen Google, das das TensorFlow-Ökosystem als quelloffenes System der Allgemeinheit zur Verfügung stellt. Die Kernbibliothek TensorFlow gibt es in zwei Varianten:

- `tensorflow` verwendet ausschließlich die CPU eines Rechners.
- `tensorflow-gpu` verwendet CPU und GPUs eines Rechners.

Die CPU-Variante ist wesentlich einfacher zu installieren und reicht für unsere Zwecke vollkommen aus. Wir geben aber im Kasten Hinweise, wie Sie dennoch zu einer GPU-Ressource kommen.

Keine GPU?

Viele Neuronale-Netzwerke-Aspiranten bauen sich eine eigene GPU-Maschine. Dazu gibt es hervorragende Tutorials, zum Beispiel unter *http://bit.ly/2JfzwsSDeepMachine* oder auch unter *http://bit.ly/2IQsFmeDeepMachine*. GPU steht übrigens für *Graphical Processing Unit* und ist normalerweise eine Grafikkarte mit hochparallelen Recheneinheiten, die schnelle Bildschirmdarstellung und -änderungen ermöglicht, wie man sie zum Beispiel für Computerspiele braucht. Für Machine-Learning-Aufgaben sind GPUs aber ebenfalls hervorragend geeignet.

Viel einfacher geht es allerdings mit Hosting-Services von Amazon AWS (*https://aws.amazon.com*) oder auch mit dem Google Cloud Service für Cloud Machine Learning (*https://cloud.google.com/ml*), die für das Experimentieren bis zu einer gewissen Rechen- und Datengrenze gratis zur Verfügung stehen. Google bietet mit *https://colab.research.google.com* eine Jupyter-Notebook-Umgebung mit GPU- oder TPU-Unterstützung, mit kleineren Einschränkungen bezüglich der Dauer der Verwendung der GPU. Während GPUs eigentlich für Grafikdarstellungen entwickelt und dann für das Machine Learning »missbraucht« wurden, sind *Tensor Processing Units* (TPU) von Google speziell für das Machine Learning entwickelt worden und arbeiten bestens mit dem TensorFlow-Ökosystem zusammen.

Eine eigene GPU-Maschine (auch als On-Premises-Lösung bezeichnet) erfordert einen relativ hohen initialen Investitionsaufwand, wobei nach oben fast keine Grenzen gesetzt sind. Mit ihr können Sie dann allerdings beliebig experimentieren, ohne an die Kosten der GPU-Verwendung denken zu müssen. Cloudlösungen berechnen die Nutzung der GPUs nach der Zeit. Ideal ist eine Strategie, die das Experimentieren und die Programmentwicklung auf einer On-Premises-Lösung durchführt. Für Durchläufe mit großen Datenmengen und mehr Rechenressourcen sollte eine Cloudlösung verwendet werden.

C.2 Eigenschaften von TensorFlow 2

Das TensorFlow-Ökosystem bietet einige Möglichkeiten, die es umso interessanter machen und die wir hier kurz beschreiben.

C.2.1 Eager Execution

Eine der größten und wichtigsten Änderungen von TensorFlow 2 gegenüber den Versionen 1.10 bis 1.18 (wir werden das als 1.10+ abkürzen) ist die Einführung von *Eager Execution*. Ohne Eager Execution muss immer zuerst ein Berechnungsgraph erstellt werden, der dann im zweiten Schritt innerhalb einer Session ausgeführt wird. In Listing C.1 wird Eager Execution in der TensorFlow-2-Bibliothek deaktiviert und entspricht also einem TensorFlow-Code der Versionen 1.10+:

```
import tensorflow as tf
from tensorflow.python.framework.ops import disable_eager_execution,
enable_eager_execution
disable_eager_execution()

a = tf.constant(1)
b = tf.constant(2)
c = tf.Variable()
d = a + b
print(c)

# Ausgabe:
Tensor("add_1:0", shape=(), dtype=int32)
```

Listing C.1 TensorFlow ohne Eager Execution (entspricht TensorFlow Version 1.10+)

Hier wird also nichts berechnet, sondern nur der Berechnungsgraph angelegt und beim `print`-Befehl die Form des Ausgabetensors angegeben. Lassen wir in Listing C.2 den gleichen Code noch einmal ablaufen, aktivieren wir aber nun Eager Execution. Wichtig hier ist zu erwähnen, dass Sie dieses Listing noch mal in einem eigenen Jupyter Notebook laufen lassen sollten, denn die Eager Execution muss zu Beginn aus- oder eingeschaltet werden und kann für den laufenden Jupyter-Kernel nicht mehr geändert werden. Wir müssen Eager Execution nicht extra aktivieren, denn das ist bei TensorFlow 2 automatisch der Fall, überprüfen es aber mit der Funktion `tf.executing_eagerly()`:

```
import tensorflow as tf

a = tf.constant(1)
b = tf.constant(2)
c = tf.Variable(5)
d = tf.multiply(a,c)+b

print("Eager Execution ist eingeschaltet? {}".format(tf.executing_eagerly()))
```

```
print(d)
# Ausgabe:
Eager Execution ist eingeschaltet? True
tf.Tensor(7, shape=(), dtype=int32)
```

Listing C.2 TensorFlow mit Eager Execution (defaultmäßig eingeschaltet bei Version 2)

Sie erkennen sofort, dass hier nicht nur der Ausgabetensor ausgegeben wird, sondern auch unmittelbar das Ergebnis der Berechnung – nämlich 7.

Eager Execution

Es gibt für *Eager Execution* keine gute deutsche Übersetzung, sogar Google Translate lässt uns hier im Stich und liefert uns *eifrige Hinrichtung* als Resultat. Das ist zwar lustig, aber natürlich vollkommen falsch – am ehesten könnte man es noch mit *prompte Ausführung* übersetzen. Klingt aber auch nicht sexy.

C.2.2 Multi-GPU-Verwaltung

TensorFlow hat sich natürlich GPU-Ressourcen zunutze gemacht; wenn allerdings mehrere GPUs in einer Maschine vorhanden waren, dann wurden diese Ressourcen nicht immer optimal verwendet.

Mit dem Modul `MirroredStrategy()` bietet das TensorFlow-Ökosystem nun eine Möglichkeit, das synchrone verteilte Training auf mehreren GPUs besser zu unterstützen:

```
# Importieren der Sequential-Klasse und der Dense-Schicht
from tensorflow.keras.models import Sequential
from tensorflow.keras.layers import

strategy = tf.distribute.MirroredStrategy()
print("Anzahl GPUs: {}".format(strategy.num_replicas_in_sync))

input_dimension = 4
# also Daten mit 4 Features (z. B. Iris-Datensatz, Kapitel 3)
classes = 3 # wir erwarten also drei Klassen

with strategy.scope():
    model = Sequential()
    model.add(Dense(32,input_shape = (input_dimension,)))
    model.add(Dense(64))
    model.add(Dense(classes))
```

```
model.compile(loss='categorical_crossentropy',
              optimizer='adam',
              metrics=['accuracy'])
# Ausgabe:
Anzahl GPUs: 1
```

Listing C.3 Verwendung der GPU-Ressourcenverwaltung in TensorFlow 2

Die Ausgabe in Listing C.3 variiert natürlich von Rechner zu Rechner in Abhängigkeit von der Anzahl der GPU-Ressourcen.

Wichtig zu erwähnen ist, dass die Modellbildung innerhalb von `strategy.scope()` stattfinden muss.

C.2.3 TFLite

Sie können Ihre selbst entwickelten Netzwerkmodelle auf dem eigenen Rechner oder in der Cloud mehr oder minder unverändert verwenden. Spannend wird es, wenn Sie das eigene trainierte Netz auf einem mobilen Gerät (Raspberry Pi, Arduino, Android- oder iOS-Smartphone, Tablet ...) installieren und einsetzen wollen. Besonders hervorheben möchten wir, dass auf einem mobilen Gerät grundsätzlich kein neuronales Netz trainiert wird, da die Rechenleistung und der Speicher einfach zu gering sind. Auf diesen Geräten kann nur die Klassifizierung bzw. Regression auf Basis des trainierten Netzes stattfinden.

```
import tensorflow as tf

verzeichnis = "test" # Hier ist ein beliebiges eigenes Verzeichnis einzusetzen

# Erstelle ein einfaches tf.keras-Modell
x = np.array([-1, 0, 1, 2, 3, 4])
y = np.array([3, 1, -1, -3, -5, -7])

model = tf.keras.models.Sequential()
model.add(Dense(2, input_shape=[1]))
model.add(Dense(1))

# Bestimme Loss-Funktion und Optimierungsverfahren
model.compile(optimizer='sgd', loss='mean_squared_error')

# Starte das Training
model.fit(x, y, epochs=50)
```

```
# Initialisiere den Konverter direkt vom Python-Modell
converter = tf.lite.TFLiteConverter.from_keras_model(model)

# Konvertiere das Modell
tflite_model = converter.convert()
# Ausgabe:
Train on 6 samples
Epoch 1/50
6/6 [==============================] - 0s 52ms/sample - loss: 45.3186
Epoch 2/50
6/6 [==============================] - 0s 2ms/sample - loss: 22.9742
Epoch 3/50
6/6 [==============================] - 0s 1ms/sample - loss: 15.4052
. . .
. . .
```

Listing C.4 Anwendung des TFLite-Konverters

In Listing C.4 wird zuerst ein einfaches neuronales Netz erstellt, dann werden die Loss-Funktion und Optimierungsverfahren definiert, und das Netz wird mit einfachen Daten trainiert.

Mit der Funktion `tf.lite.TFLiteConverter.from_keras_model()` wird das trainierte Modell in ein TFLite-Format konvertiert.

Damit wir das komprimierte, optimierte Netzwerk auch auf ein mobiles Gerät verschieben können, müssen wir es auch noch abspeichern können:

```
import pathlib

verzeichnis = "test" # Hier ist ein beliebiges eigenes Verzeichnis einzusetzen

# Speichern des TFLite-Modells
tflite_models_dir = pathlib.Path(verzeichnis)
tflite_models_dir.mkdir(exist_ok=True, parents=True)
tflite_model_file = tflite_models_dir/"mein_model.tflite"
tflite_model_file.write_bytes(tflite_model)
```

Listing C.5 Speichern des komprimierten TFLite-Modells

Mit diesem Listing wird das TFLite-Modell unter dem Dateinamen *mein_model.tflite* abgespeichert, wobei das in einem Byte-Format geschieht. Das bedeutet, diese Datei ist für einen Menschen nicht direkt lesbar, wenn sie zum Beispiel mithilfe eines Texteditors geöffnet wird.

Um dieses Modell verwenden zu können, müssen Sie auf dem mobilen Gerät natürlich TFLite installieren, wobei Sie je nach Gerät gewisse Unterschiede berücksichtigen müssen. Hierzu verweisen wir allerdings auf den *TFLite Guide* (*https://www.tensorflow.org/lite/guide*).

C.3 Integrierte Keras-Bibliothek

Wir haben ja bereits in Kapitel 2 einige Bibliotheken vorgestellt, darunter auch die wundervolle Keras-Bibliothek von Francois Chollet. Diese Bibliothek wurde entwickelt, um die unterschiedlichen Neuronale-Netze-Backends wie zum Beispiel *Theano*, *CNTK*, *mxnet* und natürlich *TensorFlow* besser zu abstrahieren und deren Nutzung wesentlich zu vereinfachen. Diese Backends übernehmen eigentlich die notwendige harte Rechenarbeit, und Keras bietet einen vereinfachten und standardisierten Zugriff auf die Funktionalitäten. Keras als Bibliothek besteht natürlich auch weiterhin, allerdings hat Google nicht nur Keras übernommen, sondern auch Francois Chollet – somit ist es eine nachhaltige Strategie, TensorFlow 2 mit dem noch enger und besser integrierten Keras zu verwenden.

TensorFlow 2 bietet nun drei Varianten an, um Neuronale-Netze-Modelle mit Keras zu implementieren: *Sequential API*, *Functional API* und *Model Subclassing*. Wir werden uns hier nur die ersten beiden näher ansehen, denn das Model Subclassing ist zum einen viel schwerer zu implementieren und zum anderen wird es meist von Forschenden benutzt, die die Kontrolle über jedes kleinste Detail des Netzwerkmodells und des Lernens haben möchten. Das wollen wir, zumindest in diesem Buch, noch nicht.

C.3.1 Sequenzielles Modell (Sequential API)

Diese Methode ist die einfachste, um mit Keras ein Netzwerk zu bauen. Für dieses Buch reicht das Wissen darüber auch vollkommen aus. Denn die geringere Funktionalität dieser Methode wirkt sich auf unsere Beispiele nicht aus. Mit der sequenziellen Methode ist es zwar möglich, das Teilen von Layern im Netzwerk, Verzweigungen von Layern oder mehrere Eingabe- bzw. Ausgabeäste zu implementieren, aber es ist sehr kompliziert.

Aber betrachten wir an einem einfachen Beispiel, wie schnell eine Netzwerkarchitektur aufgebaut ist:

```
# Import der notwendigen Pakete
from tensorflow.keras.models import Model
```

```
from tensorflow.keras.models import Sequential
from tensorflow.keras.layers import Activation
from tensorflow.keras.layers import Dense

input_dimension = 4 # also Daten mit 4 Features (z. B. Iris-Datensatz, Kapitel 3)
classes = 3 # wir erwarten also drei Klassen

model = Sequential()
model.add(Dense(32,input_shape = (input_dimension,)))
model.add(Dense(64))
model.add(Dense(classes))
model.add(Activation("softmax"))

model.summary()
# Ausgabe:
Model: "sequential"
_________________________________________________________________
Layer (type)                 Output Shape              Param #
=================================================================
dense (Dense)                (None, 32)                160
_________________________________________________________________
dense_1 (Dense)              (None, 64)                2112
_________________________________________________________________
dense_2 (Dense)              (None, 3)                 195
_________________________________________________________________
activation (Activation)      (None, 3)                 0
=================================================================
Total params: 2,467
Trainable params: 2,467
Non-trainable params: 0
_________________________________________________________________
```

Listing C.6 Einfaches neuronales Netz nach dem sequenziellen Modell

Mit diesem Netz könnte man bereits die Klassifikation des Iris-Datensatzes aus Kapitel 3 lösen. Es fehlen nur noch die Definition einer Loss-Funktion und eines Optimierungsverfahrens sowie die Daten – wie wir bereits in Listing C.4 gezeigt haben.

C.3.2 Funktionales Paradigma (Functional API)

Das funktionale Paradigma erlaubt uns das Erstellen von komplexeren Modellen mit mehreren Eingaben und mehreren Ausgaben (an unterschiedlichen Stellen im Netz), die Erzeugung von Verzweigungen im Netz usw.

Wir erstellen nun in Listing C.7 das Netzwerk aus Listing C.6 nach dem funktionalen Paradigma:

```
Import der notwendigen Pakete
from tensorflow.keras.models import Model
from tensorflow.keras.models import Sequential
from tensorflow.keras.layers import Activation
from tensorflow.keras.layers import Input
from tensorflow.keras.layers import Dense

input_dimension = 4
# also Daten mit 4 Features (z. B. Iris-Datensatz, Kapitel 3)
classes = 3 # wir erwarten also drei Klassen

x_in = Input(shape=(input_dimension,))
x = Dense(32)(x_in)
x = Dense(64)(x)
x_inter = Dense(classes)(x)
x_out = Activation("softmax")(x_inter)


model = Model(inputs=x_in, outputs=x_out)

model.summary()
print("Ausgabe Zwischenschicht: ",x_inter)
print("Ausgabe letzte Schicht: ",x_out)
# Ausgabe:
Model: "model_6"
_________________________________________________________________
Layer (type)                 Output Shape              Param #
=================================================================
input_7 (InputLayer)         [(None, 4)]               0
_________________________________________________________________
dense_24 (Dense)             (None, 32)                160
_________________________________________________________________
```

```
dense_25 (Dense)             (None, 64)               2112
_________________________________________________________________
dense_26 (Dense)             (None, 3)                195
_________________________________________________________________
activation_7 (Activation)    (None, 3)                0
=================================================================
Total params: 2,467
Trainable params: 2,467
Non-trainable params: 0

Ausgabe Zwischenschicht:  Tensor("dense_26/Identity:0", shape=(None, 3), dtype=
float32)
Ausgabe letzte Schicht:  Tensor("activation_7/Identity:0", shape=
(None, 3), dtype=float32)
```

Listing C.7 Neuronales Netz, mit funktionalem Paradigma erstellt

Wie Sie an Listing C.7 sehen, erlaubt uns das auf sehr einfache Weise den Zugriff auf die Ausgabe von Zwischenschichten (`x_inter`), die man in komplexen Netzwerken in späteren Schichten wiederverwenden könnte, was auch in der Tat gemacht wird. Sie erreichen auf diese Weise eine wesentlich höhere Flexibilität bei der Erstellung von noch komplexeren Netzwerken, die auch Eingangsdaten unterschiedlichen Typs (wie Bilder, Audio- oder Textdaten) einfacher kombinieren lassen. Außerdem können Zwischenergebnisse ausgegeben werden.

C.4 Zusammenfassung

Mit diesen Informationen sind Sie nun gewappnet, um TensorFlow 2 anzuwenden oder zumindest nicht davon überrascht zu werden. Es gibt natürlich noch eine Unmenge an anderen mächtigen Bibliotheken für neuronale Netze, wir raten aber dazu, sich zuerst in eine Bibliothek einzuarbeiten und Know-how aufzubauen, bevor Sie sich an andere Varianten heranwagen.

C.5 Referenz

- *www.tensorflow.org*

Index

A

B

C

D

E

F

G

H

I

J

K

L

M

N

O

P

Q

R

S

T

X

Z